개정판

알기쉽게 풀어 헤친

부동산 공법론

서남진 지음

21세기사

개정판 서문

초판을 발행한지 얼마 지나지 않아 개정판을 내게 되었다. 초판에서 미진했던 부분이 항상 마음을 불편하게 했는데 이참에 이를 보완하고 최근 개정된 국토의 계획 및 이용에 관한 법률과 도시 및 주거환경정비법 등의 개정사항을 반영하고자 하였다.

1. 초판의 기본적인 틀은 유지하되 책 제목을 〈부동산공법론〉으로 변경하고 말미에 찾아보기를 추가하여 교재내용 검색기능을 부가하였다. 그리고 전체적인 디자인과 편집도 새롭게 바꾸고자 하였다.

2. 최근 주요 법 개정사항을 반영하였다.

먼저 〈국토의 계획 및 이용에 관한 법률〉에서는 도시·군기본계획의 부문별 계획인 생활권계획에 관한 내용을 추가하였고 도시·군관리계획 중 용도구역 및 계획과 관련하여 기존의 입지규제최소구역 및 입지규제최소구역계획을 삭제하는 대신, 도시혁신구역과 복합용도구역의 지정 및 해당 용도구역에 대한 계획수립을 위한 공간재구조화계획, 도시·군계획시설 입체복합구역에 관한 내용을 추가하였다.

다음으로 〈도시 및 주거환경정비법〉에서는 최근 노후계획도시의 원활한 재정비를 위하여 2025년 6월 4일부터 시행예정인 개정사항을 요약하여 추가하였다. 주요내용은 재건축안전진단 명칭변경, 재건축진단 실시기한의 사업시행계획인가전까지 연장, 재건축진단요청 주체 확대, 재건축 추진 준비를 위한 토지주택공사등 및 신탁업자 등과의 협약체결, 정비구역 지정전 주민대표회의 구성 등이다.

마지막으로 〈농지법〉은 2025년 1월 24일부터 시행예정인 농지이용계획 관련 개정내용을 반영하였다.

부동산공법은 특성상 부득이하게 법령 개정이 자주 발생할 수 밖에 없다. 그때 마다 개정판을 내는 일은 쉽지 않지만 적어도 주기적으로는 개정사항을 반영할 예정이다. 특별히 이번 개정판에서는 과분하게도 단국대학교 부동산건설대학원장이신 김호철 교수님께서 직접 추천서를 보내주셨는바 이에 깊이 감사를 드립니다.

2025년 1월

서 남 진

추천서

부동산공법은 도시계획과 부동산을 전공하는 학생들에게는 필수적인 과목이다. 부동산은 사적 재산이지만 공공복리를 위해서 그 계획과 이용에 필수적으로 공법적 규제가 뒤따르기 마련이다. 그럼에도 불구하고 중요하게 다루이지지 않은 것은 이른바 '회색지대'에 존재하기 때문이다. 도시계획학, 경제학, 법학, 건축학 등 일반학문들만큼 독립적이지도 그리고 내용적으로 깊지 않지만 그렇다고 어느 한 분야도 소홀히 해서는 정확히 이해할 수 없는, 다양한 분야에 대한 경험과 지식이 바탕에 깔려 있을 때 제대로 이해하고 이를 전달할 수 있다.

저자는 대학에서 법을 전공하고, 대학원에서 도시 및 지역계획을 전공하여 법과 부동산에 대한 이론적 기반을 다졌으며, 부동산개발 관련 공기업에서 30년 이상 근무하면서 실무를 익혀왔다. 또한 대학에서 수년간 부동산과목을 강의해 왔으며, 칼럼을 통해 도시계획과 부동산에 대한 자기만의 생각과 관심, 열정을 보여 주었다.

부동산공법은 여러 학문이 중첩되는 분야로서 부동산에 관한 다양한 분야의 이론적 지식과 경험을 가진 전문가들이 다루기에 아주 적합한 것으로 보인다. 금번 개정판 출간과 함께 지속적인 연구와 강의로 부동산관련 학문의 지평을 넓히는 데 기여하였으면 한다.

2025년 1월

단국대학교 부동산건설대학원장

김호철

초판 서문

우리나라에서 부동산은 가계자산에서 매우 큰 비중을 차지하고 있으며, 경제 전반에도 큰 영향을 미치고 있다. 정부에서 발표하는 경제정책의 상당한 부분은 부동산 관련 정책이며, 금융기관이 부동산 대출, 투자, 보증 등을 통해 위험에 노출된 금액은 수십조에 달할 정도이다. 부동산 정책 실패는 국가경제의 실패로 귀결될 수 있다. 따라서 우리나라가 자유시장경제원리를 채택하고 있지만 시장실패를 대비한 정부의 개입은 불가피하다. 헌법과 법률에서도 개인의 재산권을 기본적으로 보호하면서도 공공복리를 위해 제한될 수 있음을 명시하고 있다. 부동산 공법은 공공복리의 관점에서 토지를 비롯한 국토자원의 계획, 이용 및 개발, 관리, 처분 등에 대한 국가의 규제를 법령으로 명시한 것이다.

부동산이 국가경제의 깊은 곳까지 다양한 형태로 복잡하게 얽혀 있어 부동산공법 또한 여러 분야의 법률, 시행령, 시행규칙, 지침 등이 매우 복잡하게 얽혀 있다. 법 이론적 측면에서의 수준은 깊이가 있다고 할 수는 없으나 부동산과 법을 처음 접하는 학생들과 자격시험을 준비하는 응시생들의 입장에서는 막연히 암기식으로만 공부하기에는 한계가 있어 보인다. 이러한 점을 감안하여 저자는 법과 도시계획을 동시에 전공한 후 부동산 관련 기업에서 30년이상 근무하면서 수년간 대학에서 부동산공법을 강의한 경험을 바탕으로 다음과 같은 부분에 중점을 두어 이번에 〈알기쉽게 풀어 헤친 부동산공법강의〉를 펴냈다.

첫째, 부동산공법 관련 개별법의 본론에 들어가기에 앞서 입법 배경과 취지, 법의 목적, 주요 내용 등을 통해 워밍업이 가능하도록 하였다. 둘째, 단순히 법령조문의 순서대로 나열하는 것이 아니라 콘텐츠의 맥락과 체계 중심으로 서술하였다. 따라서 책의 목차를 잘 활용하면 내용을 체계적으로 이해하는데 도움이 될 것이다. 셋째, 해석 오류의 여지를 없애기 위해 가급적 각 조항의 원문을 그대로 살리되 이해를 돕기 위해 딱딱한 표현을 다소 부드럽게 다듬기도 하였다. 마지막으로는 풍부한 각주를 통해 다양한 판례와 설명을 부가함으로써 재미와 이해를 곁들일 수 있도록 하였다.

물리적인 한계로 법령의 모든 내용을 담지는 못했다. 특히 개별법의 벌칙이나 경과조치, 부칙 등은 제외하였다. 이러한 점을 감안, 실무 적용을 위해서는 개별법령의 전문을 철저히 검토분석하여 오류가 없기를 바란다. 끝으로 이 교재가 부동산학을 전공하는 학생이나 자격시험 응시생들에게 다소나마 도움이 되었으면 한다.

2024년 6월

저자 서남진

목 차

제1편 / 부동산공법의 개요

제2편 / 국토기본법

제2장 도시개발구역의 지정 등 _ 166

제3장 도시개발사업의 시행자 및 실시계획 _ 180

제5편 / 도시 및 주거환경정비법

제1장 서 설 _ 216

제2장 기본계획의 수립 및 정비구역의 지정 _ 221

제3장 정비사업의 시행 _ 238

제6편 / 건축법

제5장 건축물의 구조 및 재료, 건축설비 등 _ 370

제6장 건축특례제도 _ 375

제7편 / 주택법

제4장 주택의 리모델링 _ 440

제5장 기 타 _ 445

제8편 / 농지법

제1장 서 설 _ 450

제 1 편

부동산공법의 개요

제1절 부동산공법의 의의

부동산공법(不動産公法)은 부동산과 공법의 개념이 결합된 단어이다. 재산을 크게 분류한다면 유형재산(有形財産)과 무형재산(無形財産)으로 구분할 수 있다. 저작권, 특허권 등 일정한 형태가 없는 무형재산과 달리 유형재산은 일정한 형태를 갖추고 있는 것으로서 여기에는 동산(動産)과 부동산(不動産)이 있다. 부동산은 말그대로 쉽게 움직일 수 없는 재산이다. 우리민법은 제98조에서 물건을 '유체물 전기 기타 관리할 수 있는 자연력'이라 규정하고 제99조에서 부동산은 '토지 및 그 정착물로 규정하고 있다. 여기서 정착물은 토지에 고정되어 쉽게 이동할 수 없는 물건으로 대표적으로는 주택, 상가, 공장 등과 같은 건축물이다.

다음으로 공법(公法)을 살펴볼 필요가 있다. 일반적으로 법을 분류할 때 그 법이 보호하는 이익에 따라 또는 법률관계의 주체 또는 법률관계의 성격에 따라 공법과 사법으로 분류한다. 이에 근거하여 공법을 정의하면 공익을 목적으로 국가나 지방자치단체 등 공법인(흔히 행정주체라 함) 상호간 또는 그 공법인과 일반 사인(즉 국민)간의 관계에 적용되며, 지배와 복종의 불평등한 관계를 규율하는 법이다.

이를 종합하면 부동산 공법은 부동산에 대하여 공익을 목적으로 행정주체 상호간 또는 행정주체와 국민간의 불평등한 법률관계를 규율하는 법이라 할 수 있다.

부동산공법이라는 명칭을 가진 단일의 법이 존재하는 것은 아니다. 부동산과 관련된 법률관계와 절차를 규율하는 법으로서의 성격을 가진 여러 법령들을 총칭하는 개념이다. 1500여개의 현행 법률 가운데 부동산공법의 범주에 속하는 법령의 숫자는 100여개가 넘지만 강학상으로는 부동산공법의 특성을 가장 잘 반영하고 중요하다고 여겨지는 10개 내외의 법률을 다루게 된다. 개인마다 차이는 있으나 국토기본법, 국토의계획및이용에관한법률, 도시개발법, 도시및주거환경정비법, 건축법, 주택법, 산지관리법 등이 포함된다.

제2절 부동산공법의 필요성

부동산공법은 왜 필요한가의 문제는 부동산공법의 존재 이유이기도 하다. 부동산공법의 필요성을 보면 다음과 같다.

1. 공공복리의 증진

부동산공법은 토지와 건축물에 대한 공법적 규제와 관리를 통해 공공복리의 증진을 도모한다. 용도지역 · 지구제, 건축물의 용도, 건폐율, 용적율, 높이제한, 대지와 도로와의 관계, 대지와 조경, 주차장 설치의무, 공개공지, 주택공급의 규제, 농지 및 산지의 전용 제한 등 부동산공법 전반에 흩어져 있는 규제사항들은 국토의 건전한 발전, 쾌적한 주거환경 및 주거안정 확보, 환경 보호, 삶의질 향상 등을 통해 최종적으로 공공복리의 증진을 가져오게 된다. 부동산공법의 제1조 법의 목적에서 개별법령의 공공목적성을 명시하고 있다.

2. 국민의 재산권 등 보호

법은 공동체 속에서 질서 유지를 위하여 구성원이 반드시 지켜야 하는 사회규범이면서 지키지 않을 경우 벌(罰)을 가함으로써 준수를 강제하는 강제규범이다. 영국의 정치철학자 토마스 홉스(Thomas Hobbes, 1588년~1679년)는 인간은 원래 이기적인 동물이라 자연상태에서는 '만인에 의한 만인의 투쟁'으로 인해 극도의 혼란이 초래됨에 따라 인간 자신을 보호하기 위하여 자신들의 권리를 스스로 국가(레비아탄으로 묘사)라는 강력한 통치자에게 양보하고 그에 복종한다고 한다. 인간사회가 질서유지와 공동체의 이익을 위해서는 법이 필요함을 잘 설명하고 있다. 부동산공법은 부동산과 관련된 여러 법률관계에서 질서유지, 공익보호 등 공공복리를 추구함과 동시에 법의 부재에서 비롯된 혼돈의 상태로부터 국민의 재산권이나 거주이전의 자유 등 헌법상의 기본권을 보장하기 위해서 반드시 필요하다.

3. 국토자원의 효율적 이용

토지나 건축물은 공산품과 달리 생산과 공급이 자유롭지 못하고 극히 제한적이며 유한하다. 이러한 한정된 자원은 철저한 사전준비와 계획 수립을 통해 낭비없이 효율적으로 이용되고 관리되어야 한다. 그렇지 않을 경우 회복에 엄청난 비용이 소요되거나 아예 불가능할 수도 있다. 한정된 국토자원은 미래 세대를 위해서라도 엄격하게 관리되고 유지될 필요가 있다.

부동산공법은 부동산이 이용, 계획, 개발 등과 관련하여 법의 목적과 방향, 구체적이면서도 분명한 절차, 위반시의 벌칙 등을 제시함으로써 토지 등 국토 자원이 효율적으로 이용관리될 수 있도록 하고 있다.

4. 부동산정책의 근거

부동산은 경제전반에 큰 영향을 미치고 있으며, 정부에서 발표하는 경제정책의 상당한 부분을 부동산 관련 정책이다. 주택의 건설과 공급, 세제(稅制), 주택담보대출 등은 부동산정책의 대표적인 사례이다. 정부는 매년 일정한 물량의 주택을 공급하여 무주택 서민의 주거안정을 도모하고 양도소득세나 종합부동산세제, 담보대출금리 등을 통해 부동산 시장을 관리한다. 주택의 안정적인 공급을 위해 토지이용의 제한을 완화하고 도시개발과 도시정비를 활성화하면서도 농지나 산지는 최대한 보전하는 정책을 추진한다. 행정의 기본원리 중 하나인 법치행정은 정책의 수립과 집행이 법에 근거하여, 법의 테두리 안에서 이루어져야 함을 의미한다. 정책방향과 법이 괴리가 있을 경우 법의 개정을 통해 정합성(整合性)을 기해야 한다. 이와 같이 부동산공법은 정부가 부동산정책을 실현하는 법률적 기초를 제공한다.

제3절 부동산공법의 성격

1. 부동산공법은 행정법이다.

행정법은 행정조직과 행정작용 및 행정구제를 다루는 공법(公法)이다. 즉, 국가 · 공공 단체 등 행정주체의 기관 · 조직 · 권한 및 그 상호관계에 관한 법 및 행정주체와 사인과의 공법상 법률관계를 규율하는 법을 총칭해서 행정법이라고 한다. 행정법의 목적은 공익 즉 공공복리 증진에 있다. 부동산공법도 행정주체 상호간 또는 행정주체와 사인간의 부동산에 관한 법률관계를 다루며 공익보호를 주된 목적으로 한다.

부동산공법은 행정법으로서의 성격을 가지고 있음에 따라 행정법의 기본원리가 적용된다. 첫째, 부동산에 관한 행정주체의 각종 이용규제와 통제는 무엇보다 법률에 근거하여 이루어져야 하며[법치주의], 둘째, 부동산공법의 목적은 공공복리 즉 공익실현을 목적으로 해야 하며[공익성], 셋째, 부동산에 대한 규제는 공익 목적의 달성과 비교하여 필요한 범위내에서 최소한의 수단을 사용해야 하며[비례성], 넷째 합리적인 사유가 없는 한 모든 국민에게 평등하게 적용되어야 하며[평등성], 다섯째, 국가, 지방자치단체 등 공공기관이 부동산에 관하여 선행(先行)하는 행정행위를 하고 국민이 이 선행행위를 신뢰한 경우 그 신뢰가 정당하고 합리적이라면 당연히 보호되어야 한다[신뢰보호].

공공기관의 부동산공법의 구체적 집행과 관련된 행위는 행정행위에 속함에 따라 행정행위에 관한 개념, 행정행위의 유형과 특성 등 일반적인 이론이 적용될 수 있다. 또한 그러한 행정행위로 인하여 발생한 피해에 대한 구제는 각 개별 부동산공법에 특별히 정해진 절차가 있으면 우선 적용되고 일반적인 행정쟁송에 관한 절차가 적용된다.

2. 부동산공법은 절차법이다.

법을 실체법과 절차법으로 분류하기도 한다. 실체법은 법률관계 당사자의 권리와 의무에 대한 실질적인 사항을 규정한 법이다. 헌법, 형법, 민법, 상법 등은 실체법에 속한다. 반대로 절차법은 실체법에 규정된 권리의무의 내용을 실현하기 위한 절차를 규정한 법이다. 형사소송법과 민사소송법 등이 대표적인 절차법이다.

부동산공법은 부동산 관련 각종 계획의 입안 및 결정 절차, 도시군계획시설사업 절차, 건축허가 및 신고절차, 용도변경 및 건축공사 절차, 도시개발사업절차, 정비사업절차, 주택사업절차, 농지 및 산지의 전용 절차 등을 규정함으로써 구체적인 경우에 행정주체와 이해관계자들의 행동규범을 정하고 있는 법이다.

부동산공법은 절차법의 성격상 정책 변경이나 현장 여건에 따라 수시로 개정이 이루어진다. 개정이 이루어지면 개정일자, 시행 일자, 적용례, 경과조치 등이 부칙으로 추가된다. 따라서 법령이 개정되면 개정 내용 자체도 중요하지만 그 개정된 내용이 언제부터 적용되는지, 법 시행전 기존에 이미 발생한 사안에는 어떻게 적용되는지, 구체적인 개별조항의 적용대상은 무엇인지도 면밀히 살펴볼 필요가 있다.

3. 부동산공법은 규제법이다.

부동산공법은 부동산의 개발과 이용을 규제한다. 국토의계획및이용에관한법률에 의한 용도지역 · 지구 · 구역별 토지 및 건축물의 용도, 건폐율, 용적율 등의 규정, 건축법상의 대지의 건축선, 조경 의무, 이격거리, 공개공지, 분할 제한, 높이 제한, 건축물의 구조 · 재료 · 설비 관련 규정, 농지법상의 농지소유 상한, 농지전용, 산지관리법상의 산지보전 등은 부동산공법이 규제법임을 보여주는 대표적인 사례이다.

부동산공법은 행정기관과 국민이 준수해야 하는 일정한 절차를 규정하여 규제하기도 한다. 도시개발법, 도시및주거환경정비법, 주택법은 대부분의 조항이 사업구역 지정, 사업주체 확정, 사업시행계획 수립 및 인가, 공급 등 사업의 수행과정을 규정하고 있다. 국토의계획및이용에관한법률의 도시기본계획 및 도시군관리계획의 수립 및 결정절차, 개발행위 절차, 도시군시설사업의 절차, 건축법의 건축허가 · 신고, 용도변경, 건축공사, 농지법 및 산지관리법상의 전용허가 · 신고 등도 절차를 통한 규제에 해당한다.

무엇보다 가장 강력한 규제수단은 벌칙조항이다. 부동산공법에 속하는 모든 개별법령은 법령 말미에 벌금, 대집행, 과태료 등의 벌칙조항을 둠으로써 법령의 실효성(實效性)을 담보하게 된다.

제4절 부동산공법의 체계

헌법은 성문법 체계에서 가장 상위에 위치하는 규범으로서 모든 법률의 존재하는 근거가 된다. 특히 부동산공법은 그 특성상 개인의 재산권을 제한하는 내용이 많아 헌법에 기본권의 보장과 제한, 국토의 계획과 토지 이용 등에 관한 근거를 명시하고 있다. 따라서 헌법은 가장 상위에 있는 부동산공법이며 다른 부동산공법의 존재 근거라 할 수 있다. 적용범위와 관련하여 국토기본법은 국토전역을 대상으로한 법률이며, 국토계획및이용에관한법률은 특별시 · 광역시 · 특별자치시 · 특별자치도 · 시 · 군의 행정구역별로 도시의 계획 · 개발 · 관리 등을 위해 적용할 통일된 기준과 원칙을 제시한 것이라 할 수 있다. 국토기본법과 국토계획및이용에관한법률이 그 장소적 적용범위가 광역적이라 한다면 건축법과 주택법은 개별필지에 국한된다고 할 수 있다. 또한 주택법은 건축물 중 주택의 경우에 적용되는 법이라 건축법에 대한 특별법이라 할 수 있다. 도시개발법과 도시및주거환경정비법은 각각 도시개발사업과 정비사업에 적용되는 법으로서 일종의 프로젝트에 적용되는 법이다. 농지법과 산지관리법은 농지와 산지라는 특수한 용도의 토지에 대해 적용되는 특별법이다.

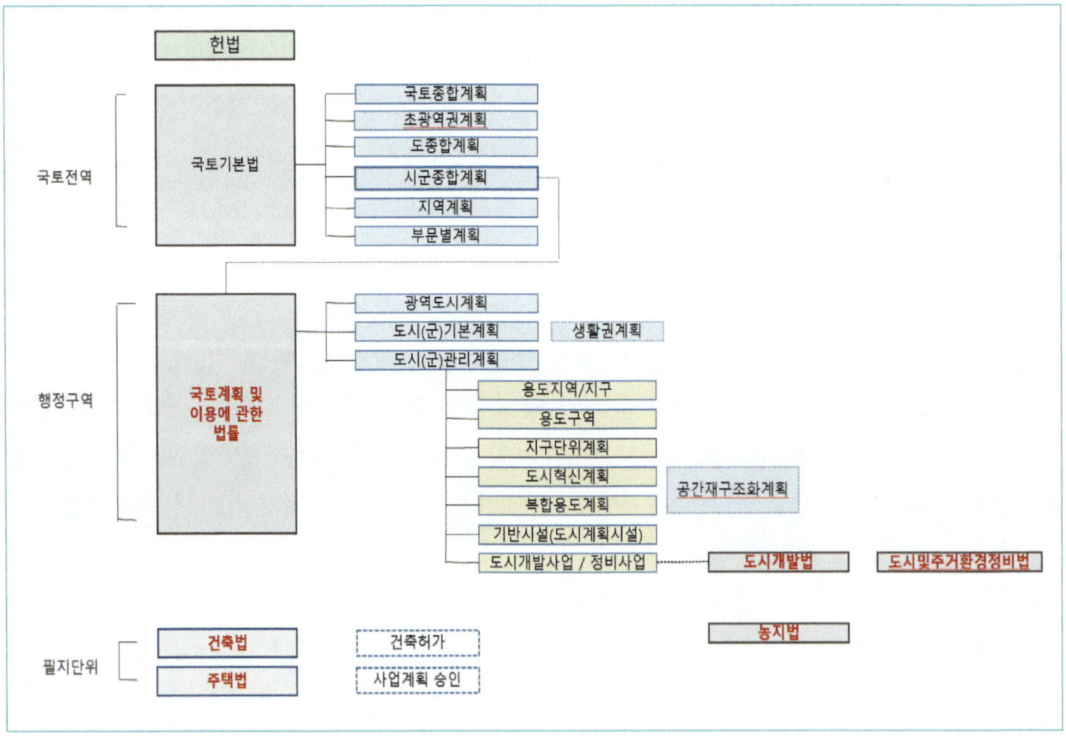

제 2 편

국토기본법

제 1 장

서 설

1. 입법 배경

국토기본법은 우리나라 국토계획에 대한 전반적 개요 즉 국토계획의 의의, 종류, 수립절차 등을 규정한 법으로서 상당히 오래된 역사적 배경을 가지고 있다. 과거 1차산업 위주에서 벗어나 60년대 공업화·산업화에 초점을 맞춘 경제정책을 뒷받침하기 위해 장기적이고 종합적인 국토계획이 필요함에 따라 1963년 10월 14일 「국토건설종합계획법」이 제정과 동시에 시행되었다. 하지만 국토계획수립을 위한 절차법에 그치고 있는 기존의 국토건설종합계획법으로는 새로운 21세기에 부응하는 국토 관리이념의 실현과 체계적인 정책추진에 한계가 있고, 국토종합계획의 성격과 기능이 불명확하고, 하위계획 또는 타분야계획과의 상호관계가 모호하거나 중복 또는 경합되며, 계획의 체계적 집행을 위한 법제·재정 등 제도적 장치 결여, 환경문제의 부각과 세계화·지방화 등 여건변화에 대한 고려가 미흡하며, 국토계획 추진성과에 대한 평가 및 환류체계가 미흡하다는 등의 문제가 제기되어[1] 기존의 국토건설종합계획법을 폐지하고 이를 보완·발전시킨 「국토기본법」을 제정하여 2003년 1월 1일부터 시행하게 되었다.

국토기본법에서는 국토에 관한 계획 및 정책을 수립·시행함에 있어서 지향하여야 할 이념과 기본방향을 분명히 하고, 국토계획의 수립과 이의 체계적인 실천을 위한 제도적 장치를 마련하여 국토의 지속가능한 발전을 도모하고자 하였다.

2. 법의 목적

이 법은 국토에 관한 계획 및 정책의 수립·시행에 관한 기본적인 사항을 정함으로써 국토의 건전한 발전과 국민의 복리향상에 이바지함을 목적으로 한다(법 1조).

3. 국토관리의 기본이념

국토기본법 제2조에서는 국토관리 전반에 대한 기본적인 이념을 다음과 같이 표방하고 있다.

1) 건설교통부(2001), 국토기본법제정을 위한 기초연구, pp. 3-4.

"국토는 모든 국민의 삶의 터전이며 후세에 물려줄 민족의 자산이므로, 국토에 관한 계획 및 정책은 개발과 환경의 조화를 바탕으로 국토를 균형 있게 발전시키고 국가의 경쟁력을 높이며 국민의 삶의 질을 개선함으로써 국토의 지속가능한 발전을 도모할 수 있도록 수립 · 집행하여야 한다".

다음으로 제3부터 제5조의2까지는 제2조의 기본이념을 보다 구체적으로 설명하고 있다.

(1) 국토의 균형 발전

국가와 지방자치단체는 각 지역이 특성에 따라 개성 있게 발전하고, 자립적인 경쟁력을 갖추도록 함으로써 국민 모두가 안정되고 편리한 삶을 누릴 수 있는 국토 여건을 조성하여야 한다(법 3조 1항).

국가와 지방자치단체는 수도권과 비수도권(非首都圈), 도시와 농촌 · 산촌 · 어촌, 대도시와 중소도시 간의 균형 있는 발전을 이룩하고, 생활 여건이 현저히 뒤떨어진 지역이 발전할 수 있는 기반을 구축하여야 한다(법 3조 2항). 뿐만 아니라 지역 간의 교류와 협력을 촉진하고 체계적으로 지원함으로써 지역 간의 화합과 공동 번영을 도모하여야 한다(법 3조 3항).

(2) 경쟁력있는 국토여건 조성

인프라 스트럭쳐(infra-structure)는 국가나 도시의 경쟁력을 평가하는 중요한 지표 중 하나이다. 국가와 지방자치단체는 도로, 철도, 항만, 공항, 용수(用水) 시설, 물류 시설, 정보통신 시설 등 국토의 기간시설(基幹施設)을 체계적으로 확충하여 국가경쟁력을 강화하고(법 4조 1항), 농지, 수자원, 산림자원, 식량자원, 광물자원, 생태자원, 해양수산자원 등 국토자원의 효율적인 이용과 체계적인 보전 · 관리를 위하여 노력하여야 한다(법 4조 2항). 또한 국제교류가 활발히 이루어질 수 있는 국토 여건을 조성하여 대륙과 해양을 잇는 국토의 지리적 특성을 최대한 살리도록 하여야 한다(법 4조 3항).

(3) 국민의 삶의 질 향상

삶의 질은 궁극적으로는 '만족(滿足)', '행복(幸福)'으로 표현될 수 있는 인간이 추구하는 최고의 가치라 할 수 있다. 국가와 지방자치단체는 국민의 삶의 질을 향상하기 위하여 국민 모두가 생활에 필요한 적정한 수준의 서비스를 제공받을 수 있는 국토 여건을 조성하여야 한다(법 4조의2).

(4) 환경친화적 국토관리

국가와 지방자치단체는 국토에 관한 계획 또는 사업을 수립 · 집행할 때에는 「환경정책기본법」에 따른 환경계획의 내용을 고려하여 자연환경과 생활환경에 미치는 영향을 사전에 검토함으로써 환경에 미치는 부정적인 영향을 최소화하고 환경정의가 실현될 수 있도록 하여야 한다

(법 5조 1항).

국토의 무질서한 개발을 방지하고 국민생활에 필요한 토지를 원활하게 공급하기 위하여 토지이용에 관한 종합적인 계획을 수립하고 이에 따라 국토 공간을 체계적으로 관리하여야 하며(법 5조 2항) 산, 하천, 호수, 늪, 연안, 해양으로 이어지는 자연생태계를 통합적으로 관리 · 보전하고 훼손된 자연생태계를 복원하기 위한 종합적인 시책을 추진함으로써 인간이 자연과 더불어 살 수 있는 쾌적한 국토 환경을 조성하여야 한다(법 5조 3항).

(5) 국토관리의 지속가능성 제고

지속가능성(sustainability)은 어떤 대상이 현세대의 관점이 아닌 미래세대의 관점에서 바라 보았을 때 그 가치를 지속적으로 유지할수 있는가의 문제이다. 자연생태계는 기본적으로 선순환(善循環) 체계로서 본질적으로 지속가능하지만 여기에 개발, 파괴, 착취 등 인간의 활동이 개입됨으로써 순환체계가 단절될 수 있다. 이러한 단절로 인해 미래세대에 부담이 되지 않도록 국토관리 또한 현재의 계획과 정책이 선순환과 더불어 미래에도 지속가능한지 끊임없이 평가하고 보완해 나갈 필요가 있다. 이를 위해 국토기본법에서는 국가, 지방자치단체 등 각 위계에서 평가지표와 기준을 설정하여 측정하도록 하고 있다.

국토교통부장관은 국토의 지속가능하고 균형 있는 발전을 위하여 국토관리의 현황 및 지속가능성을 측정 · 평가하기 위한 지표 및 기준을 설정하여 공고하여야 한다. 이 경우 미리 관계 중앙행정기관의 장과 협의하여야 한다(법 5조의2 1항).

지방자치단체의 장 역시 해당 지역의 지속가능성을 평가할 수 있다. 지역의 특수성을 고려하여 필요하다고 인정할 때에는 국토교통부장관이 설정한 지표 및 기준을 충분히 고려하여 별도의 지표 및 기준을 설정하여 공고할 수 있다. 이 경우 지방자치단체의 장은 미리 관계 행정기관의 장과 협의한 후 지방도시계획위원회의 심의를 거쳐야 한다(법 5조의2 2항).

관계 행정기관의 장이 국토에 관한 계획 및 정책을 수립할 때에는 국토교통부 장관과 지방자치단체의 장이 설정 · 공고한 지표 및 기준을 고려하여야 한다(법 5조의2 4항).

국토교통부장관과 지방자치단체의 장은 설정한 지표 및 기준을 활용하여 국토관리의 지속가능성을 측정 · 평가할 수 있다(법 5조의2 5항).

제 2 장

국토계획의 수립

제1절 국토계획

1. 국토계획의 정의

"국토계획"이란 국토를 이용 · 개발 및 보전할 때 미래의 경제적 · 사회적 변동에 대응하여 국토가 지향하여야 할 발전 방향을 설정하고 이를 달성하기 위한 계획을 말한다(법 6조 1항).

2. 국토계획의 구분

국토계획은 국토종합계획, 초광역권계획, 도종합계획, 시 · 군 종합계획, 지역계획 및 부문별계획으로 구분한다(법 6조 2항).

국토종합계획	국토 전역을 대상으로 하여 국토의 장기적인 발전 방향을 제시하는 종합계획
초광역권계획	지역의 경제 및 생활권역의 발전에 필요한 연계 · 협력사업 추진을 위하여 2개 이상의 지방자치단체가 상호 협의하여 설정하거나 「지방자치법」 제199조의 특별지방자치단체가 설정한 권역으로, 특별시 · 광역시 · 특별자치시 및 도 · 특별자치도의 행정구역을 넘어서는 권역(⇒ 초광역권)을 대상으로 하여 해당 지역의 장기적인 발전 방향을 제시하는 계획
도종합계획	도 또는 특별자치도의 관할구역을 대상으로 하여 해당 지역의 장기적인 발전 방향을 제시하는 종합계획
시 · 군종합계획	특별시 · 광역시 · 특별자치시 · 시 또는 군(광역시의 군은 제외)의 관할구역을 대상으로 하여 해당 지역의 기본적인 공간구조와 장기 발전 방향을 제시하고, 토지이용, 교통, 환경, 안전, 산업, 정보통신, 보건, 후생, 문화 등에 관하여 수립하는 계획으로서 「국토의 계획 및 이용에 관한 법률」에 따라 수립되는 도시 · 군계획
지역계획	특정 지역을 대상으로 특별한 정책목적을 달성하기 위하여 수립하는 계획
부문별계획	국토 전역을 대상으로 하여 특정 부문에 대한 장기적인 발전 방향을 제시하는 계획

3. 국토계획의 상호 관계

국토종합계획은 초광역권계획, 도종합계획 및 시 · 군종합계획의 기본이 되며, 부문별계획과 지역계획은 국토종합계획과 조화를 이루어야 한다(법 7조 1항). 도종합계획은 해당 도의 관할구역에서 수립되는 시 · 군종합계획의 기본이 된다(법 7조 2항).

국토종합계획은 20년을 단위로 하여 수립하며, 초광역권계획, 도종합계획, 시 · 군종합계획, 지역계획 및 부문별계획의 수립권자는 국토종합계획의 수립 주기를 고려하여 그 수립 주기를 정하여야 한다(법 7조 3항). 국토계획의 계획기간이 만료되었음에도 불구하고 차기 계획이 수립되지 아니한 경우에는 해당 계획의 기본이 되는 계획과 저촉되지 아니하는 범위에서 종전의 계획을 따를 수 있다(법 7조 4항).

이 법에 따른 국토종합계획은 다른 법령에 따라 수립되는 국토에 관한 계획에 우선하며 그 기본이 된다. 다만, 군사에 관한 계획에 대하여는 그러하지 아니하다(법 8조).

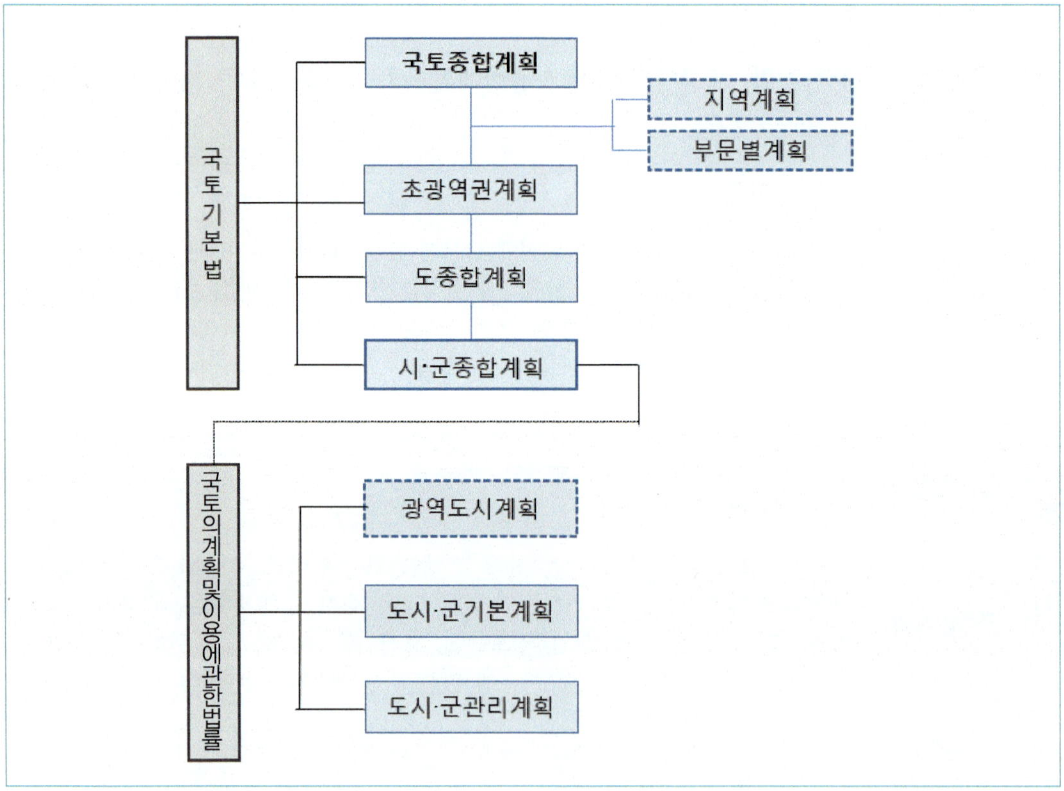

제2절 국토종합계획

1. 국토종합계획의 수립

국토종합계획은 국토 전역을 대상으로 장기적인 발전방향을 제시하는 종합계획으로서 국토교통부장관이 수립하며, 20년을 단위로 수립한다(법 9조 1항, 법7조 3항).

국토교통부장관은 국토종합계획을 수립하려는 경우에는 중앙행정기관의 장 및 특별시장 · 광역시장 · 특별자치시장 · 도지사 또는 특별자치도지사에게 국토종합계획에 반영되어야 할 정책 및 사업에 관한 소관별 계획안의 제출을 요청할 수 있다(법 9조 2항).

국토교통부장관은 소관별 계획안을 기초로 이를 조정 · 총괄하여 국토종합계획안을 작성하며, 제출된 소관별 계획안의 내용 외에 국토종합계획에 포함되는 것이 타당하다고 인정하는 사항은 관계 행정기관의 장과 협의하여 국토종합계획안에 반영할 수 있다(법 9조 3항).

2. 국토종합계획의 내용

국토종합계획에는 〈다음 각 호〉의 사항에 대한 기본적이고 장기적인 정책방향이 포함되어야 한다(법 10조).

1. 국토의 현황 및 여건 변화 전망에 관한 사항
2. 국토발전의 기본 이념 및 바람직한 국토 미래상의 정립에 관한 사항

2의2. 교통, 물류, 공간정보 등에 관한 신기술의 개발과 활용을 통한 국토의 효율적인 발전 방향과 혁신 기반 조성에 관한 사항

3. 국토의 공간구조의 정비 및 지역별 기능 분담 방향에 관한 사항
4. 국토의 균형발전을 위한 시책 및 지역산업 육성에 관한 사항
5. 국가경쟁력 향상 및 국민생활의 기반이 되는 국토 기간 시설의 확충에 관한 사항
6. 토지, 수자원, 산림자원, 해양수산자원 등 국토자원의 효율적 이용 및 관리에 관한 사항
7. 주택, 상하수도 등 생활 여건의 조성 및 삶의 질 개선에 관한 사항
8. 수해, 풍해(風害), 그 밖의 재해의 방제(防除)에 관한 사항
9. 지하 공간의 합리적 이용 및 관리에 관한 사항
10. 지속가능한 국토 발전을 위한 국토 환경의 보전 및 개선에 관한 사항
11. 그 밖에 제1호부터 제10호까지에 부수(附隨)되는 사항

3. 공청회 개최

국토교통부장관은 국토종합계획안을 작성하였을 때에는 공청회를 열어 일반 국민과 관계 전문가 등으로부터 의견을 들어야 하며, 공청회에서 제시된 의견이 타당하다고 인정하면 국토종합계획에 반영하여야 한다. 다만, 국방상 기밀을 유지하여야 하는 사항으로서 국방부장관이 요청한 사항은 그러하지 아니하다(법 11조).

4. 국토종합계획의 승인

국토교통부장관은 국토종합계획을 수립하거나 확정된 계획을 변경하려면 미리 국토정책위원회와 국무회의의 심의를 거친 후 대통령의 승인을 받아야 한다(법 12조 1항).

국토정책위원회의 심의를 받으려는 경우에 국토교통부장관은 미리 심의안에 대하여 관계 중앙행정기관의 장과 협의하여야 하며 시 · 도지사의 의견을 들어야 한다(법 12조 2항). 심의안을 받은 관계 중앙행정기관의 장 및 시 · 도지사는 특별한 사유가 없으면 심의안을 받은 날부터 30일 이내에 국토교통부장관에게 의견을 제시하여야 한다(법 12조 3항).

국토교통부장관은 국토종합계획을 승인받았을 때에는 지체 없이 그 주요 내용을 관보에 공고하고, 관계 중앙행정기관의 장, 시 · 도지사, 시장 및 군수(광역시의 군수는 제외)에게 국토종합계획을 송부하여야 한다(법 12조 4항).

제3절 초광역권계획

초광역권을 구성하고자 하는 시 · 도지사 또는 「지방자치법」 제199조의 특별지방자치단체의 장(⇒ 초광역권계획 수립주체)은 초광역권의 발전을 위하여 필요한 경우에는 구성 지방자치단체의 장과 협의하여 〈다음 각 호〉의 사항에 관한 초광역권계획을 수립할 수 있다(법 12조의2 1항).

> 1. 초광역권의 범위 및 발전목표
> 2. 초광역권의 현황 및 여건변화 전망
> 3. 초광역권 발전전략에 관한 사항
> 4. 초광역권의 공간구조 정비 및 기능분담에 관한 사항
> 5. 초광역권의 교통, 물류, 정보통신망 등 기반시설의 구축에 관한 사항
> 6. 초광역권의 산업 발전 및 육성에 관한 사항
> 7. 초광역권 문화 · 관광 기반의 조성에 관한 사항
> 8. 재원조달방안 등 계획의 집행 및 관리에 관한 사항
> 9. 그 밖에 초광역권의 상호 기능연계 및 발전을 위하여 필요한 사항으로서 대통령령으로 정하는 사항

초광역권계획 수립주체가 초광역권계획을 수립하려는 때에는 초광역권계획의 수립에 관한 협의 및 조정 등을 위하여 초광역권계획위원회를 구성·운영하여야 하며, 초광역권계획에 대한 공청회의 개최 및 국토교통부장관의 승인에 관하여는 제11조 및 제15조를 준용한다(법 12조의2 2항 및 3항).

제4절 도(道)종합계획

1. 도종합계획의 수립

도지사(특별자치도 포함)는 〈다음 각 호〉의 사항에 대한 도종합계획을 수립하여야 한다. 다만, 다른 법률에 따라 따로 계획이 수립된 도로서 대통령령으로 정하는 도[2)]는 도종합계획을 수립하지 아니할 수 있다(법 13조1항).

1. 지역 현황·특성의 분석 및 대내외적 여건 변화의 전망에 관한 사항
2. 지역발전의 목표와 전략에 관한 사항
3. 지역 공간구조의 정비 및 지역 내 기능 분담 방향에 관한 사항
4. 교통, 물류, 정보통신망 등 기반시설의 구축에 관한 사항
5. 지역의 자원 및 환경 개발과 보전·관리에 관한 사항
6. 토지의 용도별 이용 및 계획적 관리에 관한 사항
7. 그 밖에 도의 지속가능한 발전에 필요한 사항으로서 대통령령으로 정하는 사항

도지사는 도종합계획을 수립할 때에는 제11조(공청회 개최)를 준용하며,「국토의 계획 및 이용에 관한 법률」에 따라 도에 설치된 도시계획위원회의 심의를 거쳐야 한다(법 13조 2항 및 14조).

2. 도종합계획의 승인

도지사는 도종합계획을 수립하였을 때에는 국토교통부장관의 승인을 받아야 한다. 승인받은 도종합계획을 변경할 때에도 또한 같다(법 15조 1항).

2) 「수도권정비계획법」에 따른 수도권정비계획이 수립되는 경기도와 「제주특별자치도 설치 및 국제자유도시 조성을 위한 특별법」 에 따른 종합계획이 수립되는 제주특별자치도를 말함(영 5조 1항)

국토교통부장관은 도종합계획을 승인하려면 미리 관계 중앙행정기관의 장과 협의한 후 국토정책위원회의 심의를 거쳐야 하며, 협의 요청을 받은 관계 중앙행정기관의 장은 특별한 사유가 없으면 그 요청을 받은 날부터 30일 이내에 국토교통부장관에게 의견을 제시하여야 한다(법 15조 2항 및 3항).

도지사는 도종합계획에 대해 국토교통부장관의 승인을 받으면 지체 없이 그 주요 내용을 공보에 공고하고, 관할구역에 있는 시장 및 군수에게 도종합계획을 보내야 한다(법 15조 4항).

제5절 지역계획

중앙행정기관의 장 또는 지방자치단체의 장은 지역 특성에 맞는 정비나 개발을 위하여 필요한 경우 관계 중앙행정기관의 장과 협의하여 관계 법률에서 정하는 바에 따라 〈다음 각 호〉의 구분에 따른 지역계획을 수립할 수 있다(법 16조 1항).

1. 수도권 발전계획: 수도권에 과도하게 집중된 인구와 산업의 분산 및 적정배치를 유도하기 위하여 수립하는 계획
2. 지역개발계획: 성장 잠재력을 보유한 낙후지역 또는 거점지역 등과 그 인근지역을 종합적·체계적으로 발전시키기 위하여 수립하는 계획

중앙행정기관의 장 또는 지방자치단체의 장은 지역계획을 수립하거나 변경한 때에는 지체 없이 국토교통부장관에게 알려야 한다(법 16조 2항).

제6절 부문별계획

중앙행정기관의 장은 국토 전역을 대상으로 하여 소관 업무에 관한 부문별계획을 수립할 수 있다(법 17조 1항).

중앙행정기관의 장은 부문별계획을 수립할 때에는 국토종합계획의 내용을 반영하여야 하며, 이와 상충(相衝)되지 아니하도록 하여야 하며(법 17조 2항) 부문별계획을 수립하거나 변경한 때에는 지체 없이 국토교통부장관에게 알려야 한다(법 17조 3항).

제 3 장

국토계획의 효율적 추진

제1절 국토종합계획의 실행 및 정비

1. 실천계획의 수립 및 평가

중앙행정기관의 장 및 시 · 도지사는 국토종합계획의 내용을 소관 업무와 관련된 정책 및 계획에 반영하여야 하며, 국토종합계획을 실행하기 위한 소관별 실천계획을 수립하여 국토교통부장관에게 제출하고, 그 실천계획에 대한 추진 실적서를 국토교통부장관에게 제출하여야 한다(법 18조 1항 및 2항).

국토교통부장관은 추진 실적을 종합하여 국토종합계획의 성과를 정기적으로 평가하고 그 결과를 국토정책의 수립 · 집행에 반영하여야 한다(법 18조 3항).

2. 국토종합계획의 정비

국토교통부장관은 국토종합계획의 추진실적에 대한 평가 결과와 사회적 · 경제적 여건 변화를 고려하여 5년마다 국토종합계획을 전반적으로 재검토하고 필요하면 정비하여야 한다(법 19조).

제2절 국토계획의 평가 및 조정

1. 국토계획의 평가

(1) 국토계획 평가의 대상 및 기준

"국토계획평가"라 함은 중장기적 · 지침적 성격의 국토계획이 국토관리의 기본 이념에 따라 수립되었는지를 평가하는 것을 말한다. 국토교통부장관은 대통령령이 정하는 바에 따라 국토계획평가를 실시하여야 한다(법 19조의2 1항).

국토계획평가의 기준은 국토관리의 기본 이념을 고려하여 대통령령으로 정한다(법 19조의2 2항).

(2) 국토계획 평가의 절차

국토계획평가 대상이 되는 국토계획의 수립권자는 해당 국토계획을 수립하거나 변경하기 전에 국토계획평가 요청서를 작성하여 국토교통부장관에게 제출하여야 한다(법 19조의3 1항).

국토계획평가 요청서를 제출받은 국토교통부장관은 국토계획평가를 실시한 후 그 결과에 대하여 국토정책위원회의 심의를 거쳐야 한다(법 19조의3 2항).

국토교통부장관은 국토계획평가를 실시할 때 필요한 경우에는 정부출연연구기관이나 관계 전문가에게 현지조사를 의뢰하거나 의견을 들을 수 있으며, 환경친화적인 국토관리에 관한 사항은 환경부장관의 의견을 들어야 한다(법 19조의3 3항).

2. 계획 간의 조정

국토교통부장관은 초광역권계획, 도종합계획, 시 · 군종합계획, 지역계획 및 부문별계획이 〈다음 각 호〉의 어느 하나에 해당하는 경우에는 중앙행정기관의 장 또는 지방자치단체의 장에게 해당 계획을 조정할 것을 요청할 수 있다(법 20조 1항).

1. 서로 상충되거나 국토종합계획에 부합하지 아니한다고 판단되는 경우
2. 국토계획평가 실시 결과 해당 국토계획을 보완 · 조정할 필요가 있다고 인정되는 경우
3. 「환경정책기본법」에 따른 환경계획과의 연계성이 부족하여 상호 보완 · 조정할 필요가 있다고 인정되는 경우

계획 조정을 요청받은 중앙행정기관의 장 또는 지방자치단체의 장이 특별한 사유 없이 이를 반영하지 아니하는 경우에는 국토교통부장관이 국토정책위원회의 심의를 거쳐 이를 조정할 수 있다(법 20조 2항). 이 경우 미리 관계 중앙행정기관의 장 또는 해당 지방자치단체의 장의 의견을 들어야 한다(법 20조 3항).

3. 처분 등의 조정

국토교통부장관은 중앙행정기관의 장 또는 지방자치단체의 장이 국토계획의 시행을 위하여 하는 처분이나 사업이 상충되어 국토계획의 원활한 실시에 지장을 줄 우려가 있다고 인정하는 경우에는 국토정책위원회의 심의를 거쳐 그 처분이나 사업을 조정할 수 있다(법 21조 1항). 이 경우 미리 관계 중앙행정기관의 장 또는 해당 지방자치단체의 장의 의견을 들어야 한다(법 21조 3항).

제 4 장

기 타

제1절 국토의 계획 및 이용에 관한 연차보고 등

1. 연차보고

정부는 국토의 계획 및 이용의 주요 시책에 관한 보고서(이하 "연차보고서"라 한다)를 작성하여 매년 정기국회 개회 전까지 국회에 제출하여야 한다. 보고서에는 〈다음 각 호〉의 내용이 포함되어야 한다(법 24조 1항 및 2항).

1. 국토계획의 수립 및 관리
2. 국토의 계획 및 이용에 관하여 추진된 시책과 추진하려는 시책
3. 지역개발 현황 및 주요 시책
4. 사회간접자본의 현황
5. 국토자원의 이용 현황
6. 국토 환경 현황 및 주요 시책
7. 용도지역별 토지이용 현황 및 토지거래 동향
8. 그 밖에 국토계획 및 국토 이용에 관한 중요 사항

2. 국토조사

국토교통부장관은 국토에 관한 계획 또는 정책의 수립, 「국가공간정보 기본법」에 따른 공간정보의 제작, 연차보고서의 작성 등을 위하여 필요할 때에는 미리 인구, 경제, 사회, 문화, 교통, 환경, 토지이용, 그 밖에 대통령령으로 정하는 사항에 대하여 조사할 수 있다(법 25조 1항).

국토교통부장관은 중앙행정기관의 장 또는 지방자치단체의 장에게 국토 조사에 필요한 자료의 제출을 요청하거나 국토 조사 사항 중 일부를 직접 조사하도록 요청할 수 있으며, 요청을 받은 중앙행정기관의 장 또는 지방자치단체의 장은 특별한 사유가 없으면 요청에 따라야 한다(법 25조 2항).

3. 국토모니터링

국토교통부장관은 국토의 변화상과 국토계획 및 국토정책에 대한 추진상황을 주기적 또는 수시로 점검할 수 있다(법 25조의2 1항).

제2절 국토정책위원회

1. 심의사항

국토정책위원회는 국토계획 및 정책에 관한 중요 사항을 심의하며, 국무총리 소속으로 한다(법 26조 1항).

국토정책위원회는 〈다음 각 호〉의 사항을 심의한다. 다만, 제3호와 제4호의 경우 다른 법률에서 다른 위원회의 심의를 거치도록 한 경우에는 국토정책위원회의 심의를 거치지 아니한다(법 26조 2항).

1. 국토종합계획에 관한 사항
1의2. 초광역권계획에 관한 사항
2. 도종합계획에 관한 사항
3. 지역계획에 관한 사항
4. 부문별계획에 관한 사항
5. 국토계획평가에 관한 사항
6. 제20조제2항 및 제21조에 따른 국토계획 및 국토계획에 관한 처분 등의 조정에 관한 사항
7. 이 법 또는 다른 법률에서 국토정책위원회의 심의를 거치도록 한 사항
8. 그 밖에 국토정책위원회 위원장 또는 제28조에 따른 분과위원회 위원장이 회의에 부치는 사항

2. 구성

국토정책위원회는 위원장 1명, 부위원장 2명을 포함한 42명 이내의 위원으로 구성하고, 위원은 당연직위원과 위촉위원으로 구성한다. 다만, 지역계획에 관한 사항을 심의하는 경우에는 해당 시·도지사는 위원 정수에도 불구하고 해당 사항에 한정하여 위원이 된다(법 27조 1항). 위원장은 국무총리가 되고, 부위원장은 국토교통부장관과 위촉위원 중에서 호선으로 선정된 위원으로 한다(법 27조 2항).

위원은 당연직위원과 위촉위원으로 구성하며, 위촉위원의 임기는 2년으로 하되, 사임 등으로 인하여 새로 위촉된 위원의 임기는 전임위원 임기의 남은 기간으로 한다(법 27조 3항 및 4항).

제 3 편

국토의 계획 및 이용에 관한 법률

제 1 장

서 설

1. 입법 배경

현행 「국토의 계획 및 이용에 관한 법률(약칭:국토계획법)」은 종래의 「도시계획법」과 「국토이용관리법」이 각각 폐지되고 그 내용을 합하여 2002년 2월 4일 법률 제6655호로 제정되어 2003년 1월 1일부터 시행되고 있다.

1960년대에 들어오면서 우리나라는 경제개발정책의 본격적 추진과 함께 전통적인 농업사회에서 벗어나 산업화시대를 맞게 되었다. 도시로의 인구집중이 가속화되면서 생활환경이 악화되고 산업기반도 부족하게 됨에 따라 체계적인 도시개발과 개량이 필요하게 되었다. 이러한 사회적 배경을 바탕으로 '도시의 창설 또는 개량에 관한 사항을 규정함으로써 도시의 건전한 발전을 도모하고 공공복리의 증진에 기여'하기 위하여 1962년 1월 20일 법률 제983호로 「도시계획법」이 제정 · 공포되었다. 당시 도시계획법은 1934년 6월 20일 제령 제18호 「조선시가지계획령」에 포함되어 있던 내용중 건축 분야는 별도로 건축법으로 규정하고, 도시계획과 구획정리사업 분야는 도시계획법으로 규정하려는 것이었다. 이후 2002년 12월 31일 폐기될 때까지 도시의 개발 · 정비 뿐 아니라 관리 · 보전까지 등 좀 더 폭넓고 다양한 도시현안을 해결하기 위한 도시계획의 수립 및 집행에 기여하였다.

「국토이용관리법」은 1963년부터 시행되어 오던 국토건설종합계획(이후 국토종합계획으로 명칭변경)의 효율적인 추진과 국토이용 질서를 확립하기 위하여 토지이용계획의 입안 및 결정과 토지거래의 규제 및 토지이용의 조정 등에 필요한 사항을 정함을 목적으로 1973년 12월 30일 법률 제2408호로 제정되었으며, 1982년 12월 31일 법률 제3642호로 전면개정되었다.

하지만 국토를 도시지역과 비도시지역으로 구분하여 도시지역은 도시계획법으로, 비도시지역은 국토이용관리법으로 이원화하여 운용하는 것이 비효율적이라는 비판과 함께 도시지역 인근 준농림지역을 중심으로 난개발(亂開發) 문제가 대두됨에 따라 도시계획법과 국토이용관리법을 통합하여 2003년 1월 1일부터는 「국토의 계획 및 이용에 관한 법률」을 시행하게 되었고 이를 통해 비도시지역에도 도시계획기법을 적용함으로써 국토의 계획적 · 체계적인 이용을 통한 난개발의 방지와 환경친화적인 국토이용체계를 구축하는데 기여하게 되었다.

2. 법 체계상의 지위

(1) 헌법상의 근거

부동산에 대한 공법적 규제의 법적 정당성을 부여하는 헌법 제23조에서 재산권 보호 및 그 한계를 명시하고 있고, 구체적으로는 헌법 제120조 제2항에서 "국토와 자원은 국가의 보호를 받으며, 국가는 그 균형있는 개발과 이용을 위하여 필요한 계획을 수립한다"고 규정하고 있다. 또한 헌법 제122조에서 "국가는 국민 모두의 생산 및 생활의 기반이 되는 국토의 효율적이고 균형있는 이용 · 개발과 보전을 위하여 법률이 정하는 바에 의하여 그에 관한 필요한 제한과 의무를 과할 수 있다"고 규정하고 있다.

(2) 국토기본법과의 관계

국토기본법은 국토의 계획과 정책 수립에 대한 기본적인 사항을 정하고 있다. 동법 제6조에서는 국토계획을 국토종합계획, 초광역권계획, 도종합계획, 시 · 군종합계획, 지역계획, 부문별계획으로 분류하고, 이 중 시 · 군종합계획에 대해서는「국토의 계획 및 이용에 관한 법률」에 따라 수립된다고 하고, 제7조에서는 국토종합계획과 도종합계획이 시 · 군종합계획의 기본이 된다고 명시함으로써 국토의계획및이용에관한법률이 국토기본법의 하위법임을 분명히 하고 있다.

(3) 다른 법과의 관계

토지이용과 관련한 계획 수립에 있어 다른 법률과의 관계에서 국토의계획및이용에관한법률은 상위법이다. 특별시장 등 시장과 군수가 관할구역에 대하여 다른 법률에 따라 환경 · 교통 · 수도 · 하수도 · 주택 등에 관한 부문별 계획을 수립할 때에는 도시 · 군기본계획의 내용에 부합되게 하여야 한다(법 4조 4항). 또한 다른 법률에 따른 토지 이용에 관한 구역 등을 지정함에 있어 중앙행정기관의 장이나 지방자치단체의 장은 그 구역등의 지정목적이 이 법에 따른 용도지역 · 용도지구 및 용도구역의 지정목적에 부합되도록 하여야 한다(법 8조 1항).

다만 수도권정비계획법에 따른 수도권정비계획은 국토의계획및이용에관한법률에 의한 도시 · 군계획에 우선한다(수도권정비계획법 3조 1항).

3. 법의 목적과 적용대상

국토의 계획 및 이용에 관한 법률은 국토의 이용 · 개발과 보전을 위한 계획의 수립 및 집행 등에 필요한 사항을 정하여 공공복리를 증진시키고 국민의 삶의 질을 향상시키는 것을 목적으로 한다(법 1조).

법의 목적에서 명시된 것처럼 국토계획법은 특정 시 · 군 또는 지역만을 위한 법이 아니라

대한민국 국토 전체의 계획과 이용에 대하여 공통적으로, 그리고 최우선적으로 적용되는 법률이라 할 수 있다.

4. 주요용어 정의

이 법에서 사용하는 용어의 뜻은 다음과 같다(법 2조 1호~20호).

(1) 계획 관련 용어

광역도시계획	제10조에 따라 지정된 광역계획권의 장기발전방향을 제시하는 계획
도시 · 군계획	특별시 · 광역시 · 특별자치시 · 특별자치도 · 시 또는 군(광역시의 관할구역에 있는 군은 제외)의 관할구역에 대하여 수립하는 공간구조와 발전방향에 대한 계획으로서 도시 · 군기본계획과 도시 · 군관리계획으로 구분
도시 · 군기본계획	특별시 · 광역시 · 특별자치시 · 특별자치도 · 시 또는 군의 관할구역 및 생활권에 대하여 기본적인 공간구조와 장기발전방향을 제시하는 종합계획으로서 도시 · 군관리계획 수립의 지침이 되는 계획
도시 · 군관리계획	특별시 · 광역시 · 특별자치시 · 특별자치도 · 시 또는 군의 개발 · 정비 및 보전을 위하여 수립하는 토지이용, 교통, 환경, 경관, 안전, 산업, 정보통신, 보건, 복지, 안보, 문화 등에 관한 〈다음 각 목〉의 계획 가. 용도지역 · 용도지구의 지정 또는 변경에 관한 계획 나. 개발제한구역, 도시자연공원구역, 시가화조정구역(市街化調整區域), 수산자원보호구역의 지정 또는 변경에 관한 계획 다. 기반시설의 설치 · 정비 또는 개량에 관한 계획 라. 도시개발사업이나 정비사업에 관한 계획 마. 지구단위계획구역의 지정 또는 변경에 관한 계획과 지구단위계획 바. 삭제 〈2024. 2. 6.〉 사. 도시혁신구역의 지정 또는 변경에 관한 계획과 도시혁신계획 아. 복합용도구역의 지정 또는 변경에 관한 계획과 복합용도계획 자. 도시 · 군계획시설입체복합구역의 지정 또는 변경에 관한 계획
용도지역	토지의 이용 및 건축물의 용도 · 건폐율 · 용적률 · 높이 등을 제한함으로써 토지를 경제적 · 효율적으로 이용하고 공공복리의 증진을 도모하기 위하여 서로 중복되지 아니하게 도시 · 군관리계획으로 결정하는 지역
용도지구	토지의 이용 및 건축물의 용도 · 건폐율 · 용적률 · 높이 등에 대한 용도지역의 제한을 강화하거나 완화하여 적용함으로써 용도지역의 기능을 증진시키고 경관 · 안전 등을 도모하기 위하여 도시 · 군관리계획으로 결정하는 지역
용도구역	토지의 이용 및 건축물의 용도 · 건폐율 · 용적률 · 높이 등에 대한 용도지역 및 용도지구의 제한을 강화하거나 완화하여 따로 정함으로써 시가지의 무질서한 확산방지, 계획적이고 단계적인 토지이용의 도모, 혁신적 · 복합적 토지이용의 촉진, 토지이용의 종합적 조정 · 관리 등을 위하여 도시 · 군관리계획으로 결정하는 지역

지구단위계획	도시 · 군계획 수립 대상지역의 일부에 대하여 토지이용을 합리화하고 그 기능을 증진시키며 미관을 개선하고 양호한 환경을 확보하며, 그 지역을 체계적 · 계획적으로 관리하기 위하여 수립하는 도시 · 군관리계획
국가계획	중앙행정기관이 법률에 따라 수립하거나 국가의 정책적인 목적을 이루기 위하여 수립하는 계획 중 도시 · 군기본계획의 내용에 속하는 사항[제19조제1항제1호부터 제9호]이나 도시 · 군관리계획으로 결정하여야 할 사항이 포함된 계획
성장관리계획	성장관리계획구역에서의 난개발을 방지하고 계획적인 개발을 유도하기 위하여 수립하는 계획
공간재구조화계획	토지의 이용 및 건축물이나 그 밖의 시설의 용도 · 건폐율 · 용적률 · 높이 등을 완화하는 용도구역의 효율적이고 계획적인 관리를 위하여 수립하는 계획
도시혁신계획	창의적이고 혁신적인 도시공간의 개발을 목적으로 도시혁신구역에서의 토지의 이용 및 건축물의 용도 · 건폐율 · 용적률 · 높이 등의 제한에 관한 사항을 따로 정하기 위하여 공간재구조화계획으로 결정하는 도시 · 군관리계획
복합용도계획	주거 · 상업 · 산업 · 교육 · 문화 · 의료 등 다양한 도시기능이 융복합된 공간의 조성을 목적으로 복합용도구역에서의 건축물의 용도별 구성비율 및 건폐율 · 용적률 · 높이 등의 제한에 관한 사항을 따로 정하기 위하여 공간재구조화계획으로 결정하는 도시 · 군관리계획

(2) 기반시설 등

기반시설	법 제2조 6호와 시행령 제2조제1항에서 정하는 다음 각목의 시설을 말함	
	가. 교통시설	도로 · 철도 · 항만 · 공항 · 주차장 · 자동차정류장 · 궤도 · 차량 검사 및 면허시설
	나. 공간시설	광장 · 공원 · 녹지 · 유원지 · 공공공지
	다. 유통 · 공급시설	유통업무설비, 수도 · 전기 · 가스 · 열공급설비, 방송 · 통신시설, 공동구 · 시장, 유류저장 및 송유설비
	라. 공공 · 문화체육시설	학교 · 공공청사 · 문화시설 · 공공필요성이 인정되는 체육시설 · 연구시설 · 사회복지시설 · 공공직업훈련시설 · 청소년수련시설
	마. 방재시설	하천 · 유수지 · 저수지 · 방화설비 · 방풍설비 · 방수설비 · 사방설비 · 방조설비
	바. 보건위생시설	장사시설 · 도축장 · 종합의료시설
	사. 환경기초시설	하수도 · 폐기물처리 및 재활용시설 · 빗물저장 및 이용시설 · 수질오염방지시설 · 폐차장
도시 · 군계획시설	기반시설 중 도시 · 군관리계획으로 결정된 시설	

광역시설	기반시설 중 광역적인 정비체계가 필요한 〈다음 각 목〉의 시설로서 시행령 제3조에서 정하는 시설 가. 둘 이상의 특별시 · 광역시 · 특별자치시 · 특별자치도 · 시 또는 군의 관할구역에 걸쳐 있는 시설 : 도로 · 철도 · 광장 · 녹지, 수도 · 전기 · 가스 · 열공급설비, 방송 · 통신시설, 공동구, 유류저장 및 송유설비, 하천 · 하수도(하수종말처리시설은 제외) 나. 둘 이상의 특별시 · 광역시 · 특별자치시 · 특별자치도 · 시 또는 군이 공동으로 이용하는 시설 : 항만 · 공항 · 자동차정류장 · 공원 · 유원지 · 유통업무설비 · 문화시설 · 공공필요성이 인정되는 체육시설 · 사회복지시설 · 공공직업훈련시설 · 청소년수련시설 · 유수지 · 장사시설 · 도축장 · 하수도(하수종말처리시설에 한한다) · 폐기물처리 및 재활용시설 · 수질오염방지시설 · 폐차장
공동구	전기 · 가스 · 수도 등의 공급설비, 통신시설, 하수도시설 등 지하매설물을 공동수용함으로써 미관의 개선, 도로구조의 보전 및 교통의 원활한 소통을 위하여 지하에 설치하는 시설물
공공시설	가. 도로 · 공원 · 철도 · 수도 나. 그 밖에 대통령령으로 정하는 공공용 시설(영 4조) 1) 항만 · 공항 · 광장 · 녹지 · 공공공지 · 공동구 · 하천 · 유수지 · 방화설비 · 방풍설비 · 방수설비 · 사방설비 · 방조설비 · 하수도 · 구거(溝渠: 도랑) 2) 행정청이 설치하는 시설로서 주차장, 저수지, 공공필요성이 인정되는 체육시설 중 운동장, 장사시설 중 화장장 · 공동묘지 · 봉안시설(자연장지 또는 장례식장에 화장장 · 공동묘지 · 봉안시설 중 한 가지 이상의 시설을 같이 설치하는 경우를 포함한다) 3) 「스마트도시 조성 및 산업진흥 등에 관한 법률」 제2조제3호다목에 따른 시설(⇒ 스마트도시통합운영센타 등)

(3) 사업관련

도시 · 군계획사업	도시 · 군관리계획을 시행하기 위한 〈다음 각 목〉의 사업 가. 도시 · 군계획시설사업 나. 「도시개발법」에 따른 도시개발사업 다. 「도시 및 주거환경정비법」에 따른 정비사업
도시 · 군계획시설사업	도시 · 군계획시설을 설치 · 정비 또는 개량하는 사업

5. 국토의 이용 및 관리에 관한 원칙

(1) 기본원칙

국토는 자연환경의 보전과 자원의 효율적 활용을 통하여 환경적으로 건전하고 지속가능한 발전을 이루기 위하여 〈다음 각 호〉의 목적을 이룰 수 있도록 이용되고 관리되어야 한다(법 3조).

1) 국민생활과 경제활동에 필요한 토지 및 각종 시설물의 효율적 이용과 원활한 공급
2) 자연환경 및 경관의 보전과 훼손된 자연환경 및 경관의 개선 및 복원
3) 교통 · 수자원 · 에너지 등 국민생활에 필요한 각종 기초 서비스 제공
4) 주거 등 생활환경 개선을 통한 국민의 삶의 질 향상
5) 지역의 정체성과 문화유산의 보전
6) 지역 간 협력 및 균형발전을 통한 공동번영의 추구
7) 지역경제의 발전과 지역 및 지역 내 적절한 기능 배분을 통한 사회적 비용의 최소화
8) 기후변화에 대한 대응 및 풍수해 저감을 통한 국민의 생명과 재산의 보호
9) 저출산 · 고령화에 따른 대응과 새로운 기술변화를 적용한 최적의 생활환경 제공

(2) 도시의 지속가능성 및 생활인프라 수준 평가

국토교통부장관은 도시의 지속가능하고 균형 있는 발전과 주민의 편리하고 쾌적한 삶을 위하여 도시의 지속가능성 및 생활인프라(교육시설, 문화 · 체육시설, 교통시설 등의 시설로서 국토교통부장관이 정하는 것을 말한다) 수준을 평가할 수 있으며, 국가와 지방자치단체는 지속가능 수준 평가결과를 도시 · 군계획의 수립 및 집행에 반영하여야 한다(법 3조의2).

6. 국가계획, 광역도시계획 및 도시 · 군계획과의 관계

도시 · 군계획은 특별시 · 광역시 · 특별자치시 · 특별자치도 · 시 또는 군의 관할구역에서 수립되는 다른 법률에 따른 토지의 이용 · 개발 및 보전에 관한 계획의 기본이 된다(법 4조 1항). 즉 관할구역 안에서 다른 법률에 따라 토지의 이용 · 개발 · 보전에 관한 계획을 수립할 때는 반드시 도시 · 군계획에 부합하여야 한다.

국가계획과의 관계에 있어 광역도시계획 및 도시 · 군계획은 국가계획에 부합되어야 하며, 광역도시계획 또는 도시 · 군계획의 내용이 국가계획의 내용과 다를 때에는 국가계획의 내용이 우선한다. 이 경우 국가계획을 수립하려는 중앙행정기관의 장은 미리 지방자치단체의 장의 의견을 듣고 충분히 협의하여야 한다(법 4조 2항).

광역도시계획이 수립되어 있는 지역에 대하여 수립하는 도시 · 군기본계획은 그 광역도시계획에 부합되어야 하며, 도시 · 군기본계획의 내용이 광역도시계획의 내용과 다를 때에는 광역

도시계획의 내용이 우선한다(법 4조 3항).

특별시장 · 광역시장 · 특별자치시장 · 특별자치도지사 · 시장 또는 군수(광역시의 관할구역에 있는 군의 군수는 제외)가 관할구역에 대하여 다른 법률에 따른 환경 · 교통 · 수도 · 하수도 · 주택 등에 관한 부문별 계획을 수립할 때에는 도시 · 군기본계획의 내용에 부합되게 하여야 한다(법 4조 4항).

- 국가계획 〉 광역도시계획 〉 도시 · 군계획 〉 다른 법률에 의한 관할구역내 이용 · 개발 · 보전에 관한 계획
- 국가계획 〉 광역도시계획 〉 도시 · 군기본계획 〉 도시군관리계획
- 국가계획 〉 광역도시계획 〉 도시 · 군기본계획 〉 다른 법률에 의한 관할구역의 부문별 계획

7. 다른 법률과의 관계

(1) 다른 법률에 따른 구역등의 지정 제한 등

① 구역등의 지정목적 부합

중앙행정기관의 장이나 지방자치단체의 장은 다른 법률에 따라 토지 이용에 관한 지역 · 지구 · 구역 또는 구획 등을 지정하려면 그 구역등의 지정목적이 국토계획법에 따른 용도지역 · 용도지구 및 용도구역의 지정목적에 부합되도록 하여야 한다(법 8조 1항).

② 협의 · 승인

1제곱킬로미터(도시개발법에 의한 도시개발구역의 경우는 5제곱킬로미터) 이상의 구역등을 지정하거나 변경하려면 중앙행정기관의 장은 국토교통부장관과 협의하여야 하며 지방자치단체의 장은 국토교통부장관의 승인을 받아야 한다(법 8조 2항). 다만 지방자치단체의 장이 대통령령으로 정하는 면적[5제곱킬로미터] 미만의 구역등을 지정하거나 변경하려는 경우 특별시장 · 광역시장 · 특별자치시장 · 도지사 · 특별자치도지사(이하 "시 · 도지사")는 국토교통부장관의 승인을 받지 아니하되, 시장 · 군수 또는 구청장은 시 · 도지사의 승인을 받아야 한다(법 8조 3항).

다만, 〈다음 각 호〉의 어느 하나에 해당하는 경우에는 국토교통부장관과의 협의를 거치지 아니하거나 국토교통부장관 또는 시 · 도지사의 승인을 받지 아니한다(법 8조 4항).

1. 다른 법률에 따라 지정하거나 변경하려는 구역등이 도시 · 군기본계획에 반영된 경우
2. 보전관리지역 · 생산관리지역 · 농림지역 또는 자연환경보전지역에서 〈다음 각 목〉의 지역을 지정하려는 경우
   가. 「농지법」에 따른 농업진흥지역
   나. 「한강수계 상수원수질개선 및 주민지원 등에 관한 법률」 등에 따른 수변구역
   다. 「수도법」에 따른 상수원보호구역
   라. 「자연환경보전법」에 따른 생태 · 경관보전지역
   마. 「야생생물 보호 및 관리에 관한 법률」에 따른 야생생물 특별보호구역
   바. 「해양생태계의 보전 및 관리에 관한 법률」에 따른 해양보호구역
3. 군사상 기밀을 지켜야 할 필요가 있는 구역등을 지정하려는 경우
4. 협의 또는 승인을 받은 구역등을 면적의 10퍼센트의 범위안에서 면적을 증감시키는 경우 또는 면적산정의 착오를 정정하기 위한 경우

③ 사전심의

국토교통부장관 또는 시 · 도지사는 제2항 및 제3항에 따라 협의 또는 승인을 하려면 중앙도시계획위원회 또는 시 · 도도시계획위원회의 심의를 거쳐야 한다.

다만, 〈다음 각 호〉의 경우에는 심의를 요하지 아니한다(법 8조 5항).

1. 보전관리지역이나 생산관리지역에서 〈다음 각 목〉의 구역등을 지정하는 경우
   가. 「산지관리법」 에 따른 보전산지
   나. 「야생생물 보호 및 관리에 관한 법률」에 따른 야생생물 보호구역
   다. 「습지보전법」에 따른 습지보호지역
   라. 「토양환경보전법」에 따른 토양보전대책지역
2. 농림지역이나 자연환경보전지역에서 〈다음 각 목〉의 구역등을 지정하는 경우
   가. 제1호 각 목의 어느 하나에 해당하는 구역등
   나. 「자연공원법」에 따른 자연공원
   다. 「자연환경보전법」에 따른 생태 · 자연도 1등급 권역
   라. 「독도 등 도서지역의 생태계보전에 관한 특별법」에 따른 특정도서
   마. 「문화재보호법」에 따른 명승 및 천연기념물과 그 보호구역
   바. 「해양생태계의 보전 및 관리에 관한 법률」에 따른 해양생태도 1등급 권역

④ 구역등의 변경 · 해제

중앙행정기관의 장이나 지방자치단체의 장은 다른 법률에 따라 지정된 토지 이용에 관한 구역등을 변경하거나 해제하려면 도시 · 군관리계획의 입안권자의 의견을 들어야 한다. 이 경우 의견 요청을 받은 도시 · 군관리계획의 입안권자는 이 법에 따른 용도지역 · 용도지구 · 용도구역의 변경이 필요하면 도시 · 군관리계획에 반영하여야 한다(법 8조 6항).

(2) 다른 법률에 따른 도시 · 군관리계획의 변경 제한

중앙행정기관의 장이나 지방자치단체의 장은 다른 법률에서 이 법에 따른 도시 · 군관리계획의 결정을 의제(擬制)하는 내용이 포함되어 있는 계획을 허가 · 인가 · 승인 또는 결정하려면 원칙적으로 중앙도시계획위원회 또는 지방도시계획위원회의 심의를 받아야 한다(법 9조 본문).

다만, 〈다음 각 호〉의 어느 하나에 해당하는 경우에는 그러하지 아니하다(법 9조 단서).

1. 국토교통부장관과 협의하거나 국토교통부장관 또는 시 · 도지사의 승인을 받은 경우
2. 다른 법률에 따라 중앙도시계획위원회나 지방도시계획위원회의 심의를 받은 경우
3. 그 밖에 대통령령으로 정하는 경우

제 2 장

광역도시계획 및 도시·군계획

제1절 광역도시계획

1. 의의

"광역도시계획"은 광역계획권에 대한 장기발전방향을 제시하는 계획이다. 따라서 광역도시계획은 광역계획권의 지정을 전제로 한다. "광역계획권"이라 함은 '둘 이상의 특별시 · 광역시 · 특별자치시 · 특별자치도 · 시 또는 군의 공간구조 및 기능을 상호 연계시키고 환경을 보전하며 광역시설을 체계적으로 정비하기 위하여 특별히 지정하는 권역이다(법 10조 1항).

광역도시계획은 광역계획권의 장기발전방향을 제시하는 가이드라인적 성격을 지니고 있어 직접 국민에게 효력이 미치지 않는 비구속적 행정계획이다. 따라서 구체적인 처분성이 인정되지 않아 행정심판이나 행정소송 등의 행정쟁송의 대상이 되지 않는다. 광역도시계획은 20년 단위로 수립하며, 5년마다 재검토한다.

광역도시계획이 수립되어 있는 지역에서는 도시 · 군기본계획은 광역도시계획에 부합하여야 하며, 도시 · 군기본계획의 내용이 광역도시계획의 내용과 다를 때에는 상위계획인 광역도시계획이 우선한다(법 4조 3항).

2013년 3월 현재 전국에서 13개 광역계획권[수도권, 부산권, 대구권, 광주권, 대전권, 마창진권, 광양만권, 전주권, 청주권, 전남서남권, 제주권]이 수립되어 있으며, 이 중 11개 권역에 대하여 광역도시계획이 수립되어 있다.[1)]

2. 광역계획권의 지정

(1) 지정권자

광역계획권의 지정대상에 따른 지정권자는 다음과 같다(법 10조 1항). 광역계획권에 포함되는 구역은 행정구역을 기본단위로 하되 행정구역 일부를 포함하는 경우에는 구 · 군 또는 읍 · 면 단위로 한다(영 7조).

1) 국토교통부 홈페이지 정책정보자료 참조

지정대상	지정권자
둘 이상의 특별시 · 광역시 · 특별자치시 · 도 또는 특별자치도의 관할구역에 걸쳐 있는 경우	국토교통부장관
도의 관할구역에 속하여 있는 경우	도지사

중앙행정기관의 장, 시 · 도지사, 시장 또는 군수는 국토교통부장관이나 도지사에게 광역계획권의 지정 또는 변경을 요청할 수 있다(법 10조 2항).

(2) 지정절차

국토교통부장관이 광역계획권을 지정하거나 변경하려면 관계 시 · 도지사, 시장 또는 군수의 의견을 들은 후 중앙도시계획위원회의 심의를 거쳐야 한다(법 10조 3항).

도지사가 광역계획권을 지정하거나 변경하려면 관계 중앙행정기관의 장, 관계 시 · 도지사, 시장 또는 군수의 의견을 들은 후 지방도시계획위원회의 심의를 거쳐야 한다(법 10조 4항).

국토교통부장관 또는 도지사는 광역계획권을 지정하거나 변경하면 지체 없이 관계 시 · 도지사, 시장 또는 군수에게 그 사실을 통보하여야 한다(법 10조 5항).

3. 광역도시계획의 수립권자

(1) 원칙

국토교통부장관, 시 · 도지사, 시장 또는 군수는 〈다음 각 호〉의 구분에 따라 광역도시계획을 수립하여야 한다(법 11조 1항).

대상	수립권자
1) 광역계획권이 같은 도의 관할구역에 속하여 있는 경우	공동수립 (시장 또는 군수)
2) 광역계획권이 둘 이상의 시 · 도의 관할구역에 걸쳐 있는 경우	공동수립 (시 · 도지사)
3) 광역계획권을 지정한 날부터 3년이 지날 때까지 관할 시장 또는 군수로부터 광역도시계획의 승인 신청이 없는 경우	도지사
4) 국가계획과 관련된 광역도시계획의 수립이 필요한 경우 5) 광역계획권을 지정한 날부터 3년이 지날 때까지 관할 시 · 도지사로부터 따른 광역도시계획의 승인 신청이 없는 경우	국토교통부장관

(2) 예외

국토교통부장관은 시 · 도지사가 요청하는 경우와 그 밖에 필요하다고 인정되는 경우에는 제1항에도 불구하고 관할 시 · 도지사와 공동으로 광역도시계획을 수립할 수 있다(법 11조 2항).

도지사는 시장 또는 군수가 요청하는 경우와 그 밖에 필요하다고 인정하는 경우에는 제1항에도 불구하고 관할 시장 또는 군수와 공동으로 광역도시계획을 수립할 수 있으며, 시장 또는 군수가 협의를 거쳐 요청하는 경우에는 단독으로 광역도시계획을 수립할 수 있다(법 11조 3항).

4. 광역도시계획의 내용 및 수립기준

(1) 광역도시계획의 내용

광역도시계획에는 〈다음 각 호〉의 사항 중 그 광역계획권의 지정목적을 이루는 데 필요한 사항에 대한 정책 방향이 포함되어야 한다(법 12조 1항).

1. 광역계획권의 공간 구조와 기능 분담에 관한 사항
2. 광역계획권의 녹지관리체계와 환경 보전에 관한 사항
3. 광역시설의 배치 · 규모 · 설치에 관한 사항
4. 경관계획에 관한 사항
5. 그 밖에 광역계획권에 속하는 특별시 · 광역시 · 특별자치시 · 특별자치도 · 시 또는 군 상호 간의 기능 연계에 관한 사항으로서 대통령령으로 정하는 사항

(2) 광역도시계획의 수립기준

광역도시계획의 수립기준은 국토교통부장관이 정하며(12조 2항) 〈다음 각 호〉의 사항을 종합적으로 고려하여야 한다(영 10조).

1. 광역계획권의 미래상과 이를 실현할 수 있는 체계화된 전략을 제시하고 국토종합계획 등과 서로 연계되도록 할 것
2. 특별시 · 광역시 · 특별자치시 · 특별자치도 · 시 또는 군간의 기능분담, 도시의 무질서한 확산방지, 환경보전, 광역시설의 합리적 배치 그 밖에 광역계획권안에서 현안사항이 되고 있는 특정부문 위주로 수립할 수 있도록 할 것
3. 여건변화에 탄력적으로 대응할 수 있도록 포괄적이고 개략적으로 수립하도록 하되, 특정부문 위주로 수립하는 경우에는 도시 · 군기본계획이나 도시 · 군관리계획에 명확한 지침을 제시할 수 있도록 구체적으로 수립하도록 할 것
4. 녹지축 · 생태계 · 산림 · 경관 등 양호한 자연환경과 우량농지, 보전목적의 용도지역, 문화재 및 역사문화환경 등을 충분히 고려하여 수립하도록 할 것
5. 부문별 계획은 서로 연계되도록 할 것
6. 「재난 및 안전관리 기본법」에 따른 시 · 도안전관리계획 및 시 · 군 · 구안전관리계획과 「자연재해대책법」에 따른 시 · 군 자연재해저감 종합계획을 충분히 고려하여 수립하도록 할 것

5. 광역도시계획의 수립절차

(1) 기초조사

광역도시계획의 수립권자가 광역도시계획을 수립(변경 포함)하려면 미리 인구, 경제, 사회, 문화, 토지 이용, 환경, 교통, 주택, 기후 · 지형 · 자원 · 생태 등 자연적 여건, 기반시설 및 주거수준의 현황과 전망, 풍수해 · 지진 그 밖의 재해의 발생현황 및 추이, 광역도시계획과 관련된 다른 계획 및 사업의 내용, 그 밖에 광역도시계획의 수립에 필요한 사항 중 그 광역도시계획의 수립 또는 변경에 필요한 사항을 대통령령으로 정하는 바에 따라 조사하거나 측량하여야 한다(법 13조 1항).

♣ 기초조사 세부항목 (광역도시계획수립지침 별표1 참조)

대항목	세부항목
자연환경	지형 및 경사도, 수리/수문, 기후, 풍수해 기록 및 가능성, 지진 기록 및 가능성, 생태/식생, 동식물 서식지, 환경계획 및 정책
인문환경	시 · 군의 역사, 행정, 문화재, 전통건물 등, 기타 문화자원, 각종 관련계획
인구	인구총수의 변화, 인구밀도, 인구의 구성, 주야간 인구, 산업별 인구, 가구, 생활권별 인구, 인구이동현황
경제 · 산업	지역총생산, 산업, 특화산업, 경제활동인구, 기업체
토지이용	공간구조, 용도별 면적 · 분포, 토지의 소유, 지가, 지목별 면적 · 분포, 농업진흥지역, 산지, 시가화 동향, 주거환경조사, 상업환경조사, 공업환경조사, GIS 구축내용, 주요 개발사업, 재해위험요소
주거	주택수, 주택보급률, 임대주택, 주택공급
	교통시설, 공간시설, 유통 및 공급시설, 공공 · 문화 체육시설, 방재시설, 보건위생시설, 환경기초시설
재정	재정자립도, 지방세수입, 지방채발행, 재산세, 교부금

광역도시계획의 수립을 위하여 필요한 경우 관계 행정기관의 장에게 기초조사에 필요한 자료를 제출하도록 요청할 수 있으며, 요청을 받은 관계 행정기관의 장은 특별한 사유가 없으면 그 요청에 따라야 한다(법 13조 2항). 효율적인 기초조사를 위하여 필요하면 기초조사를 전문기관에 의뢰할 수 있으며, 기초조사를 실시한 경우에는 해당 정보를 체계적으로 관리하고 효율적으로 활용하기 위하여 기초조사정보체계를 구축 · 운영하여야 한다(법 13조 3항 및 4항). 기초조사정보체계를 구축한 경우에는 등록된 정보의 현황을 5년마다 확인하고 변동사항을 반영하여야 한다(법 13조 5항).

(2) 주민 등 의견청취 : 공청회 개최

광역도시계획을 수립하거나 변경하려면 미리 공청회를 열어 주민과 관계 전문가 등으로부터 의견을 들어야 하며, 공청회에서 제시된 의견이 타당하다고 인정하면 광역도시계획에 반영하여야 한다(법 14조). 공청회를 개최하려면 공청회 개최목적, 일시 및 장소, 광역도시계획 개요 등을 일간신문, 관보, 공보, 인터넷 홈페이지 또는 방송 등의 방법으로 공청회 개최예정일 14일 전까지 1회 이상 공고해야 한다(영 12조).

(3) 지방자치단체 의견청취

광역도시계획을 수립하거나 변경하려면 시 · 도지사, 시장 또는 군수는 미리 관계 시 · 도, 시 또는 군의 의회와 관계 시장 또는 군수의 의견을 들어야 하며(법 15조 1항) 국토교통부장관은 관계 시 · 도지사에게 광역도시계획안을 송부하여야 하며, 그 시 · 도의 의회와 관계 시장 또는 군수의 의견을 들은 후 그 결과를 국토교통부장관에게 제출하여야 한다(법 15조 2항).

이 경우 시 · 도, 시 또는 군의 의회와 관계 시장 또는 군수는 특별한 사유가 없으면 30일 이내에 시 · 도지사, 시장 또는 군수에게 의견을 제시하여야 한다(법 15조 3항).

6. 광역도시계획의 승인절차

(1) 국토교통부장관의 승인(시 · 도지사가 수립하는 경우)

시 · 도지사가 광역도시계획을 수립하거나 변경하려면 국토교통부장관의 승인을 받아야 한다. 다만, 시장 · 군수의 요청있거나 또는 필요하다고 인정하여 도지사가 수립하는 경우의 광역도시계획은 그러하지 아니하다(법 16조 1항).

국토교통부장관은 광역도시계획을 승인하거나 직접 광역도시계획을 수립 또는 변경(시 · 도지사와 공동으로 수립하거나 변경하는 경우를 포함)하려면 관계 중앙행정기관과 협의한 후 중앙도시계획위원회의 심의를 거쳐야 한다(법 16조 2항). 협의 요청을 받은 관계 중앙행정기관의 장은 특별한 사유가 없으면 그 요청을 받은 날부터 30일 이내에 국토교통부장관에게 의견을 제시하여야 한다(법 16조 3항).

국토교통부장관은 직접 광역도시계획을 수립 또는 변경하거나 승인하였을 때에는 관계 중앙행정기관의 장과 시 · 도지사에게 관계 서류를 송부하여야 하며, 관계 서류를 받은 시 · 도지사는 그 내용을 공고하고 일반이 열람할 수 있도록 하여야 한다(법 16조 4항).

(2) 도지사의 승인(시장 또는 군수가 수립하는 경우)

시장 또는 군수는 광역도시계획을 수립하거나 변경하려면 도지사의 승인을 받아야 한다(법 16조 5항).

도지사는 광역도시계획을 승인하거나 직접 광역도시계획을 수립 또는 변경(시장 또는 군수와 공동으로 수립하거나 변경하는 경우를 포함)하려면 관계 행정기관의 장(국토교통부장관 포함)과 협의한 후 지방도시계획위원회의 심의를 거쳐야 한다(법 16조 2항). 협의 요청을 받은 관계 행정기관의 장은 특별한 사유가 없으면 그 요청을 받은 날부터 30일 이내에 도지사에게 의견을 제시하여야 한다(법 16조 6항).

도지사가 광역도시계획을 승인하거나 직접 광역도시계획을 수립 또는 변경하였을때에는 관계 행정기관의 장과 시장 또는 군수에게 관계 서류를 송부하여야 하며, 관계 서류를 받은 시장 또는 군수는 그 내용을 공고하고 일반이 열람할 수 있도록 하여야 한다(법 16조 6항).

7. 광역도시계획의 조정

(1) 국토교통부장관의 조정

시 · 도지사가 광역도시계획을 공동으로 수립하는 경우 그 내용에 관하여 서로 협의가 되지 아니하면 공동이나 단독으로 국토교통부장관에게 조정(調停)을 신청할 수 있다(법 17조 1항). 국토교통부장관이 단독으로 조정신청을 받은 경우에는 기한을 정하여 당사자 간에 다시 협의를 하도록 권고할 수 있으며, 기한까지 협의가 이루어지지 아니하는 경우에는 직접 조정할 수 있다(법 17조 2항).

국토교통부장관이 조정하려는 경우에는 중앙도시계획위원회의 심의를 거쳐 광역도시계획의 내용을 조정하여야 한다. 이 경우 이해관계를 가진 지방자치단체의 장은 중앙도시계획위원회의 회의에 출석하여 의견을 진술할 수 있다(법 17조 3항).

광역도시계획을 수립하는 자는 국토교통부장관의 조정 결과를 광역도시계획에 반영하여야 한다(법17조 4항).

(2) 도지사의 조정

시장 또는 군수가 광역도시계획을 공동으로 수립하는 경우 그 내용에 관하여 서로 협의가 되지 아니하면 공동이나 단독으로 도지사에게 조정을 신청할 수 있으며, 도지사가 광역도시계획을 조정하는 경우에는 제2항부터 제4항까지의 규정을 준용한다(법 17조 5항 및 6항).

제2절 도시 · 군기본계획

1. 의의

"도시 · 군기본계획"이란 특별시 · 광역시 · 특별자치시 · 특별자치도 · 시 또는 군의 관할구역에 대하여 기본적인 공간구조와 장기발전방향을 제시하는 종합계획으로서 도시 · 군관리계획 수립의 지침이 되는 계획을 말한다(법 2조 3호).

광역도시계획과 마찬가지로 도시 · 군기본계획 또한 장기발전방향을 제시하는 계획으로서 행정기관 내부의 업무수행에 영향을 미칠 뿐 일반 국민에게 직접 효력을 미치지 않는다. 따라서 비구속적 행정계획이며, 행정쟁송의 대상이 되지 않는다. 따라서 도시 · 군기본계획의 취소나 무효확인을 구할 수 없다.[2)]

도시 · 군기본계획은 상위계획인 광역도시계획에 부합하여야 하며, 도시 · 군관리계획은 도시 · 군기본계획의 실천계획으로서 당연히 도시 · 군기본계획에 부합하여야 한다.

도시 · 군기본계획의 목표연도는 계획수립 시점으로부터 20년을 기준으로 하며, 연도의 끝자리는 '0' 또는 '5'년으로 한다(예; 2030년, 2035년) (도시 · 군기본계획수립지침).

특별시장 · 광역시장 · 특별자치시장 · 특별자치도지사 · 시장 또는 군수는 5년마다 관할구역의 도시 · 군기본계획에 대하여 타당성을 전반적으로 재검토하여 정비하여야 한다(법 23조 1항). 또한 도시 · 군기본계획의 내용에 우선하는 광역도시계획의 내용 및 도시 · 군기본계획에 우선하는 국가계획의 내용을 도시 · 군기본계획에 반영하여야 한다(법 23조 2항).

2. 수립권자와 대상지역

(1) 원칙

도시 · 군기본계획은 원칙적으로 특별시장 · 광역시장 · 특별자치시장 · 특별자치도지사 · 시장 또는 군수가 자신의 관할구역에 대하여 수립한다(법 18조 1항 본문).

지역여건상 필요하다고 인정되면 인접한 특별시 · 광역시 · 특별자치시 · 특별자치도 · 시 또는 군의 관할구역 전부 또는 일부를 포함하여 도시 · 군기본계획을 수립할 수 있다(법 18조 2항). 이 경우 미리 그 인접한 특별시장 · 광역시장 · 특별자치시장 · 특별자치도지사 · 시장 또는 군수와 협의하여야 한다(법 18조 3항).

(2) 예외

시 또는 군의 위치, 인구의 규모, 인구감소율 등을 고려하여 〈다음 각 호〉에 해당하는 시 또는 군은 도시 · 군기본계획을 수립하지 아니할 수 있다(법 18조 1항 단서, 영 14조).

---

2) 구 도시계획법 제19조 제1항 및 도시계획시설결정 당시의 지방자치단체의 도시계획조례에서는, 도시계획이 도시기본계획에 부합되어야 한다고 규정하고 있으나, 도시기본계획은 도시의 장기적 개발방향과 미래상을 제시하는 도시계획 입안의 지침이 되는 장기적 · 종합적인 개발계획으로서 행정청에 대한 직접적인 구속력은 없다고 판시 [대법원 2007. 4. 12. 선고 2005두1893 판결]

1. 「수도권정비계획법」 의한 수도권에 속하지 아니하고 광역시와 경계를 같이하지 아니한 시 또는 군으로서 인구 10만명 이하인 시 또는 군
2. 관할구역 전부에 대하여 광역도시계획이 수립되어 있는 시 또는 군으로서 당해 광역도시계획에 도시 · 군기본계획의 내용[제19조제1항 각호]이 모두 포함되어 있는 시 또는 군

3. 도시 · 군기본계획의 내용 및 수립기준

도시 · 군기본계획에는 〈다음 각 호〉의 사항에 대한 정책 방향이 포함되어야 한다(법 19조 1항).

1. 지역적 특성 및 계획의 방향 · 목표에 관한 사항
2. 공간구조, 생활권의 설정 및 인구의 배분에 관한 사항
3. 토지의 이용 및 개발에 관한 사항
4. 토지의 용도별 수요 및 공급에 관한 사항
5. 환경의 보전 및 관리에 관한 사항
6. 기반시설에 관한 사항
7. 공원 · 녹지에 관한 사항
8. 경관에 관한 사항

8의2. 기후변화 대응 및 에너지절약에 관한 사항

8의3. 방재 · 방범 등 안전에 관한 사항

9. 제2호부터 제8호까지, 제8호의2 및 제8호의3에 규정된 사항의 단계별 추진에 관한 사항
10. 그 밖에 대통령령으로 정하는 사항

도시 · 군기본계획의 수립기준은 국토교통부장관이 정하며(법 19조 3항) 〈다음 각 호〉의 사항을 종합적으로 고려하여야 한다(영 16조).

♣ 도시군기본계획의 수립기준 (영 16조)

1. 특별시 · 광역시 · 특별자치시 · 특별자치도 · 시 또는 군의 기본적인 공간구조와 장기발전방향을 제시하는 토지이용 · 교통 · 환경 등에 관한 종합계획이 되도록 할 것
2. 여건변화에 탄력적으로 대응할 수 있도록 포괄적이고 개략적으로 수립하도록 할 것
3. 도시 · 군기본계획을 정비할 때에는 종전의 도시 · 군기본계획의 내용중 수정이 필요한 부분만을 발췌하여 보완함으로써 계획의 연속성이 유지되도록 할 것
4. 도시와 농어촌 및 산촌지역의 인구밀도, 토지이용의 특성 및 주변환경 등을 종합적으로 고려하여 지역별로 계획의 상세정도를 다르게 하되, 기반시설의 배치계획, 토지용도 등은 도시와 농어촌 및 산촌지역이 서로 연계되도록 할 것
5. 부문별 계획은 도시 · 군기본계획의 방향에 부합하고 도시 · 군기본계획의 목표를 달성할 수 있는 방안을 제시함으로써 도시 · 군기본계획의 통일성과 일관성을 유지하도록 할 것

6. 도시지역 등에 위치한 개발가능토지는 단계별로 시차를 두어 개발되도록 할 것
7. 녹지축 · 생태계 · 산림 · 경관 등 양호한 자연환경과 우량농지, 보전목적의 용도지역, 문화재 및 역사문화환경 등을 충분히 고려하여 수립하도록 할 것
8. 경관에 관한 사항에 대하여는 필요한 경우에는 도시 · 군기본계획도서의 별책으로 작성할 수 있도록 할 것
9. 「재난 및 안전관리 기본법」에 따른 시 · 도안전관리계획 및 시 · 군 · 구안전관리계획과 「자연재해대책법」에 따른 시 · 군 자연재해저감 종합계획을 충분히 고려하여 수립하도록 할 것

4. 도시 · 군기본계획의 수립절차

(1) 기초조사

도시 · 군기본계획을 수립하거나 변경하는 경우의 기초조사는 광역도시계획의 기초조사[제13조]를 준용한다(법 20조 1항). 기초조사의 내용에는 법 제13조의 기초조사에 추가적으로 토지적성평가[3]와 재해취약성분석을 포함하여야 한다(법 20조 2항). 다만 도시 · 군기본계획 입안일부터 5년 이내에 토지적성평가를 실시한 경우 등 대통령령으로 정하는 경우에는 토지적성평가 또는 재해취약성분석을 하지 아니할 수 있다(법 20조 3항).

(2) 주민 등 의견청취 : 공청회 개최

도시 · 군기본계획을 수립하거나 변경하는 경우에는 광역도시계획의 공청회 개최절차[제14조]를 준용한다(법 20조 1항).

(3) 지방의회 의견청취

수립권자가 도시 · 군기본계획을 수립하거나 변경하려면 미리 그 특별시 · 광역시 · 특별자치시 · 특별자치도 · 시 또는 군 의회의 의견을 들어야 한다(법 21조 1항). 이 경우 각 지방의회는 특별한 사유가 없으면 30일 이내에 특별시장 · 광역시장 · 특별자치시장 · 특별자치도지사 · 시장 또는 군수에게 의견을 제시하여야 한다(법 21조 2항).

---

3) 토지의 환경생태적 · 물리적 · 공간적 특성을 종합적으로 고려하여 개별토지가 갖는 환경적 · 사회적 가치를 과학적으로 평가함으로써 도시 · 군기본계획을 수립 · 변경하거나 도시 · 군관리계획을 입안하는 경우에 정량적 · 체계적인 판단 근거를 제공하기 위하여 실시한다. 평가결과는 5개등급(가, 나, 다, 라, 마) 중 하나로 부여되며, 상위등급일수록 보전적성이 강하고 하위등급일수록 개발적성이 강하다고 판단한다[토지적성 평가에 관한 지침(국토교통부 훈령, 제1465호)]

5. 도시 · 군기본계획의 확정(승인) 절차

(1) 도시 · 군기본계획의 확정

특별시장 · 광역시장 · 특별자치시장 또는 특별자치도지사는 수립 또는 변경하려는 도시 · 군기본계획을 직접 확정한다.

특별시장 · 광역시장 · 특별자치시장 또는 특별자치도지사는 도시 · 군기본계획을 수립하거나 변경하려면 관계 행정기관의 장(국토교통부장관을 포함)과 협의한 후 지방도시계획위원회의 심의를 거쳐야 한다(법 22조 1항). 협의 요청을 받은 관계 행정기관의 장은 특별한 사유가 없으면 그 요청을 받은 날부터 30일 이내에 의견을 제시하여야 한다(법 22조 2항). 도시 · 군기본계획을 수립하거나 변경한 경우에는 관계 행정기관의 장에게 관계 서류를 송부하여야 하며, 그 계획을 공고하고 일반인이 열람할 수 있도록 하여야 한다(법 22조 3항).

(2) 도시 · 군기본계획의 승인

시장 또는 군수는 도시 · 군기본계획을 수립하거나 변경하려면 도지사의 승인을 받아야 한다(법 22조의2 1항).

도지사가 도시 · 군기본계획을 승인하려면 관계 행정기관의 장과 협의한 후 지방도시계획위원회의 심의를 거쳐야 한다(법 22조의2 2항).

도지사는 도시 · 군기본계획을 승인하면 관계 행정기관의 장과 시장 또는 군수에게 관계 서류를 송부하여야 하며, 관계 서류를 받은 시장 또는 군수는 그 계획을 공고하고 일반인이 열람할 수 있도록 하여야 한다(법 22조의2 4항).

제3절 생활권계획

1. 의의

"생활권"이란 통근 · 통학 · 쇼핑 · 여가 · 친교 · 업무 · 공공서비스 등 주민들의 일상적인 생활활동이 이루어지는 공간범위를 말하며, "생활권계획"은 생활권을 범위로 주민 요구와 지역특성에 맞는 생활개선과제를 발굴하고 해결하는 생활밀착형 도시계획으로서 생활권역을 대상으로 지역의 특성을 고려하고, 주민들의 다양한 의견을 파악하여 지역의 발전방향과 정책목표, 추진전략 등을 제시하는 계획을 말한다.

생활권계획은 도시 · 군기본계획에서 제시된 가치와 정책방향, 공간계획, 부문별 목표와 전략 등을 생활권 단위로 구체화하고 종합하여 제시함으로써 개별 도시 · 군관리계획, 자치구계획 등 하위계획의 수립방향을 제시하는 지침적 성격을 가진다.[4)]

2. 생활권계획 수립의 특례

특별시장 · 광역시장 · 특별자치시장 · 특별자치도지사 · 시장 또는 군수는 도시군기본계획에 따른 생활권역별 개발 · 정비 및 보전 등에 필요한 경우 생활권계획을 따로 수립할 수 있다(법 19조의2 1항).

생활권계획을 수립할 때에는 도시군기본계획의 수립 및 확정 · 승인에 관한 절차[제20조부터 제22조까지 및 제22조의2]를 준용하며, 생활권계획이 수립 또는 승인된 때에는 해당 계획이 수립된 생활권에 대해서는 도시 · 군기본계획이 수립 또는 변경된 것으로 본다(법 19조의2 2항 및 3항).

제4절 도시군 · 관리계획

1. 의의

"도시 · 군관리계획"이란 특별시 · 광역시 · 특별자치시 · 특별자치도 · 시 또는 군의 개발 · 정비 및 보전을 위하여 수립하는 토지 이용, 교통, 환경, 경관, 안전, 산업, 정보통신, 보건, 복지, 안보, 문화 등에 관한 〈다음 각 목〉의 계획을 말한다(법 2조 4호).

가. 용도지역 · 용도지구의 지정 또는 변경에 관한 계획
나. 개발제한구역, 도시자연공원구역, 시가화조정구역(市街化調整區域), 수산자원보호구역의 지정 또는 변경에 관한 계획
다. 기반시설의 설치 · 정비 또는 개량에 관한 계획
라. 도시개발사업이나 정비사업에 관한 계획
마. 지구단위계획구역의 지정 또는 변경에 관한 계획과 지구단위계획
바. 삭제 〈2024. 2. 6.〉
사. 도시혁신구역의 지정 또는 변경에 관한 계획과 도시혁신계획
아. 복합용도구역의 지정 또는 변경에 관한 계획과 복합용도계획
자. 도시 · 군계획시설입체복합구역의 지정 또는 변경에 관한 계획

4) 서울특별시, 2030 서울생활권 백서, 2019.

도시 · 군관리계획은 장기발전 방향을 제시하는 도시 · 군기본계획을 실천하기 위한 집행계획으로서 행정기관 내부는 물론 국민의 권리와 의무에 영향을 미치는 구속적 계획으로서 처분성이 인정된다. 따라서 행정심판 및 행정소송의 대상이 된다.[5)6)] 특별시장 · 광역시장 · 특별자치시장 · 특별자치도지사 · 시장 또는 군수는 5년마다 관할구역의 도시 · 군관리계획에 대하여 그 타당성을 전반적으로 재검토하여 정비하여야 한다(법 34조).

도시 · 군관리계획은 광역도시계획과 도시 · 군기본계획(생활권계획 포함)에 부합되어야 한다(법 25조 1항).

2. 도시 · 군관리계획의 입안권자

(1) 원칙 : 특별시장 · 광역시장 · 특별자치시장 · 특별자치도지사 · 시장 또는 군수

특별시장 · 광역시장 · 특별자치시장 · 특별자치도지사 · 시장 또는 군수는 관할구역에 대하여 도시 · 군관리계획을 입안하여야 한다(법 24조 1항).

〈다음 각 호〉의 어느 하나에 해당하면 인접한 특별시 · 광역시 · 특별자치시 · 특별자치도 · 시 또는 군의 관할구역 전부 또는 일부를 포함하여 도시 · 군관리계획을 입안할 수 있다(법 24조 2항).

1. 지역여건상 필요하다고 인정하여 미리 인접한 특별시장 · 광역시장 · 특별자치시장 · 특별자치도지사 · 시장 또는 군수와 협의한 경우
2. 도시 · 군기본계획을 인접한 특별시 · 광역시 · 특별자치시 · 특별자치도 · 시 또는 군의 관할구역을 포함하여 수립한 경우

인접한 관할구역에 대한 도시 · 군관리계획은 관계 특별시장 · 광역시장 · 특별자치시장 · 특별자치도지사 · 시장 또는 군수가 협의하여 공동으로 입안하거나 입안할 자를 정한다(법 24조 3항). 협의가 성립되지 아니하는 경우 도시 · 군관리계획을 입안하려는 구역이 같은 도의 관할구역에 속할 때에는 관할 도지사가, 둘 이상의 시 · 도의 관할구역에 걸쳐 있을 때에는 국토교통부장관(수산자원보호구역의 경우 해양수산부장관을 말함)이 입안할 자를 지정하고 그 사실을 고시하여야 한다(법 24조 4항).

---

5) 구 도시계획법 제30조 제2항은 도시계획사업 실시계획의 인가를 토지수용법 제14조의 규정에 의한 사업인정으로 보도록 규정하고 있는바, 이와 같은 사업인정은 그 후 일정한 절차를 거칠 것을 조건으로 하여 일정한 내용의 수용권을 설정하여 주는 행정처분의 성격을 띠는 것으로서 독립하여 행정소송의 대상이 됨을 인정[대법원 1994. 5. 24. 선고 93누24230 판결]

6) 도시계획 용도지역을 일반주거지역에서 전용주거지역으로 변경한 처분에 재량권 남용의 위법이 없다고 한 사례[대법원 1995. 12. 22. 선고 95누3831 판결]

(2) 국토교통부 장관

〈다음 각 호〉의 어느 하나에 해당하는 경우에는 국토교통부 장관이 직접 또는 관계 중앙행정기관의 장의 요청에 의하여 도시 · 군관리계획을 입안할 수 있으며, 이 경우 국토교통부 장관은 관할 시 · 도지사 및 시장 · 군수의 의견을 들어야 한다(법 24조 5항).

1. 국가계획과 관련된 경우
2. 둘 이상의 시 · 도에 걸쳐 지정되는 용도지역 · 용도지구 또는 용도구역과 둘 이상의 시 · 도에 걸쳐 이루어지는 사업의 계획 중 도시 · 군관리계획으로 결정하여야 할 사항이 있는 경우
3. 특별시장 · 광역시장 · 특별자치시장 · 특별자치도지사 · 시장 또는 군수가 제138조에 따른 기한까지 국토교통부장관의 도시 · 군관리계획 조정 요구에 따라 도시 · 군관리계획을 정비하지 아니하는 경우

(3) 도지사

〈다음 각 호〉의 어느 하나의 경우에는 도지사가 직접 또는 시장이나 군수의 요청에 의하여 도시 · 군관리계획을 입안할 수 있으며, 이 경우 도지사는 관계 시장 또는 군수의 의견을 들어야 한다(법 24조 6항).

1. 둘 이상의 시 · 군에 걸쳐 지정되는 용도지역 · 용도지구 또는 용도구역과 둘 이상의 시 · 군에 걸쳐 이루어지는 사업의 계획 중 도시 · 군관리계획으로 결정하여야 할 사항이 포함되어 있는 경우
2. 도지사가 직접 수립하는 사업의 계획으로서 도시 · 군관리계획으로 결정하여야 할 사항이 포함되어 있는 경우

3. 도시 · 군관리계획의 입안제안

(1) 입안제안 대상

주민(이해관계자를 포함)은 〈다음 각 호〉의 사항에 대하여 도시 · 군관리계획을 입안할 수 있는 자에게 입안을 제안할 수 있다. 이 경우 제안서에는 도시 · 군관리계획도서와 계획설명서를 첨부하여야 한다(법 26조 1항).

1. 기반시설의 설치 · 정비 또는 개량에 관한 사항
2. 지구단위계획구역의 지정 및 변경과 지구단위계획의 수립 및 변경에 관한 사항
3. 다음 각 목의 어느 하나에 해당하는 용도지구의 지정 및 변경에 관한 사항
   가. 개발진흥지구 중 공업기능 또는 유통물류기능 등을 집중적으로 개발 · 정비하기 위한 개발진흥지구로서 대통령령으로 정하는 개발진흥지구
   나. 제37조에 따라 지정된 용도지구 중 해당 용도지구에 따른 건축물이나 그 밖의 시설의 용도 · 종류 및 규모 등의 제한을 지구단위계획으로 대체하기 위한 용도지구
4. 삭제 〈2024. 2. 6.〉
5. 도시 · 군계획시설입체복합구역의 지정 및 변경과 도시 · 군계획시설입체복합구역의 건축제한 · 건폐율 · 용적률 · 높이 등에 관한 사항

다만, 입안제안 대상에 따라 추가적인 요건이 필요한 경우가 있다.

i) 제1항제3호에 따른 개발진흥지구[산업 · 유통개발진흥지구]의 지정을 제안할 수 있는 대상지역은 〈다음 각 호〉의 요건을 모두 갖춘 지역으로 한다(법 26조 4항, 영 19조의2 3항).

1. 지정 대상 지역의 면적은 1만제곱미터 이상 3만제곱미터 미만일 것
2. 지정 대상 지역이 자연녹지지역 · 계획관리지역 또는 생산관리지역일 것. 다만, 계획관리지역에 있는 기존 공장의 증축이 필요한 경우로서 해당 공장이 도로 · 철도 · 하천 · 건축물 · 바다 등으로 둘러싸여 있어 증축을 위해서는 불가피하게 보전관리지역 또는 농림지역을 포함해야 하는 경우에는 전체 면적의 20퍼센트 이하의 범위에서 보전관리지역 또는 농림지역을 포함하되, 〈다음 각 목〉의 어느 하나에 해당하는 경우에는 20퍼센트 이상으로 할 수 있다.
   가. 보전관리지역 또는 농림지역의 해당 토지가 개발행위허가를 받는 등 이미 개발된 토지인 경우
   나. 보전관리지역 또는 농림지역의 해당 토지를 개발하여도 주변지역의 환경오염 · 환경훼손 우려가 없는 경우로서 해당 도시계획위원회의 심의를 거친 경우
3. 지정 대상 지역의 전체 면적에서 계획관리지역의 면적이 차지하는 비율이 100분의 50 이상일 것. 이 경우 자연녹지지역 또는 생산관리지역 중 도시 · 군기본계획에 반영된 지역은 계획관리지역으로 보아 산정한다.
4. 지정 대상 지역의 토지특성이 과도한 개발행위의 방지를 위하여 국토교통부장관이 정하여 고시하는 기준에 적합할 것

ii) 제1항제3호나목에 따라 용도지구의 건축제한 등을 지구단위계획으로 대체하기 위한 도시 · 군관리계획의 입안을 제안하려는 경우에는 〈다음 각 호〉의 요건을 모두 갖추어야 한다(법 26조 4항, 영 19조의2 4항).

1. 둘 이상의 용도지구가 중첩하여 지정되어 해당 행위제한의 내용을 정비하거나 통합적으로 관리할 필요가 있는 지역을 대상지역으로 제안할 것
2. 해당 용도지구에 따른 건축물이나 그 밖의 시설의 용도 · 종류 및 규모 등의 제한을 대체하는 지구단위계획구역의 지정 및 변경과 지구단위계획의 수립 및 변경에 관한 사항을 동시에 제안할 것

(2) 토지소유자 동의

도시 · 군관리계획의 입안을 제안하려는 자는 〈다음 각 호〉의 구분에 따라 토지소유자의 동의를 받아야 한다(동의 대상 토지 면적에서 국 · 공유지는 제외)(영 19조의2 2항).

1. 기반시설 설치[법 26조 1항 1호]의 사항 : 대상 토지 면적의 5분의 4 이상
2. 기반시설 설치 이외[법 26조 1항 2호부터 4호까지]의 사항 : 대상 토지 면적의 3분의 2 이상

4. 도시 · 군관리계획의 입안절차

(1) 기초조사

도시 · 군관리계획을 입안하기 위한 기초조사는 원칙적으로 제13조[광역도시계획 수립을 위한 기초조사]를 준용한다(법 27조 1항). 다만 기초조사의 내용에 토지적성평가와 재해취약성분석 그리고 도시 · 군관리계획이 환경에 미치는 영향 등에 대한 환경성 검토를 포함하여야 한다(법 27조 2항 및 3항).

입안하려는 지역이 도심지에 위치하거나 개발이 끝나 나대지가 없는 등 대통령령으로 정하는 요건에 해당하면 기초조사, 환경성 검토, 토지적성평가 또는 재해취약성분석을 하지 아니할 수 있다(법 27조 4항).

(2) 주민 의견 청취 : 공고 및 열람

① 의견청취

국토교통부장관(수산자원보호구역의 경우 해양수산부장관을 말함), 시 · 도지사, 시장 또는 군수는 도시 · 군관리계획을 입안할 때에는 주민의 의견을 들어야 하며, 그 의견이 타당하다고 인정되면 도시 · 군관리계획안에 반영하여야 한다.[7] 다만, 국방상 또는 국가안전보장상 기밀을 지켜야 할 필요가 있는 사항(관계 중앙행정기관의 장이 요청하는 것만 해당)이거나 대통령

7) 공람 · 공고절차에 하자가 있는 경우 도시 · 군관리계획이 위법하다고 판시한 사례[대법원 1988.5. 24.선고 87누388판결, 대법원 2000.3.23.선고 98두2768판결, 대법원 2015.1. 29.선고 2013두9649판결]

령으로 정하는 경미한 사항인 경우에는 그러하지 아니하다(법 28조 1항).

국토교통부장관이나 도지사가 직접 입안하는 경우[제24조제5항 및 제6항] 주민의 의견 청취 기한을 밝혀 도시 · 군관리계획안을 관계 특별시장 · 광역시장 · 특별자치시장 · 특별자치도지사 · 시장 또는 군수에게 송부하여야 하고, 도시 · 군관리계획안을 받은 특별시장 · 광역시장 · 특별자치시장 · 특별자치도지사 · 시장 또는 군수는 명시된 기한까지 주민의 의견을 들어 그 결과를 국토교통부장관이나 도지사에게 제출하여야 한다(법 28조 2항 및 3항).

주민의 의견 청취에 필요한 공고 및 열람의 기준은 다음과 같다(법 28조 5항, 영 22조 2항).

> 1. 도시 · 군관리계획안의 주요 내용을 〈다음 각 목〉의 매체에 각각 공고할 것
>   가. 해당 지방자치단체의 공보나 둘 이상의 일반일간신문
>   나. 해당 지방자치단체의 인터넷 홈페이지 등의 매체
> 2. 도시 · 군관리계획안을 14일 이상의 기간 동안 일반인이 열람할 수 있도록 할 것

② 의견제출 및 결과통보

공고된 도시 · 군관리계획안의 내용에 대하여 의견이 있는 자는 열람기간내에 의견서를 제출할 수 있으며, 국토교통부장관, 시 · 도지사, 시장 또는 군수는 제출된 의견을 도시 · 군관리계획안에 반영할 것인지 여부를 검토하여 그 결과를 열람기간이 종료된 날부터 60일 이내에 해당 의견을 제출한 자에게 통보해야 한다(영 22조 4항 및 5항).

③ 재공고 및 열람

국토교통부장관, 시 · 도지사, 시장 또는 군수는 〈다음 각 호〉의 어느 하나에 해당하는 경우로서 그 내용이 해당 지방자치단체의 조례로 정하는 중요한 사항인 경우에는 그 내용을 다시 공고 · 열람하게 하여 주민의 의견을 들어야 한다(법 28조 4항).

> 1. 제1항에 따라 청취한 주민 의견을 도시 · 군관리계획안에 반영하고자 하는 경우
> 2. 도시군관리계획 결정을 위한 관계 행정기관의 장과의 협의 및 중앙도시계획위원회의 심의, 시 · 도도시계획위원회의 심의 또는 시 · 도에 두는 건축위원회와 도시계획위원회의 공동 심의에서 제시된 의견을 반영하여 도시 · 군관리계획을 결정하고자 하는 경우

(3) 지방의회 의견 청취

국토교통부장관, 시 · 도지사, 시장 또는 군수는 도시 · 군관리계획을 입안하려면 대통령령으로 정하는 사항[8]에 대하여 해당 지방의회의 의견을 들어야 한다(법 28조 6항). 국토교통부장관이나 도지사가 지방의회의 의견을 듣는 경우에는 제2항과 제3항을 준용한다(법 28조 7항). 특

8) 용도지역 · 용도지구 · 용도구역, 광역시설, 기반시설 등에 관한 사항을 말한다(영 22조 7항 참조).

별시장 · 광역시장 · 특별자치시장 · 특별자치도지사 · 시장 또는 군수가 지방의회의 의견을 들으려면 의견 제시 기한을 밝혀 도시 · 군관리계획안을 송부하여야 한다(법 28조 8항).

(4) 도시 · 군관리계획 입안특례

국토교통부장관, 시 · 도지사, 시장 또는 군수는 도시 · 군관리계획을 조속히 입안하여야 할 필요가 있다고 인정되면 광역도시계획이나 도시 · 군기본계획을 수립할 때에 도시 · 군관리계획을 함께 입안할 수 있다(법 35조 1항).

국토교통부장관(수산자원보호구역의 경우 해양수산부장관), 시 · 도지사, 시장 또는 군수는 필요하다고 인정되면 도시 · 군관리계획을 입안할 때에 제30조제1항에 따라 협의하여야 할 사항에 관하여 할 수 있다(법 35조 2항). 이에 따라 미리 협의한 사항에 대하여는 도시 · 군관리계획의 결정을 위한 협의[제30조 제1항]를 생략할 수 있다(법 35조 3항).

5. 도시 · 군관리계획의 결정권자

(1) 원칙 : 시 · 도지사

도시 · 군관리계획은 시 · 도지사[9]가 직접 또는 시장 · 군수의 신청에 따라 결정한다(법 29조 1항 본문).

(2) 대도시 시장, 시장 · 군수

인구 50만 이상의 대도시의 경우에는 해당 시장(대도시 시장)이 직접 결정한다(법 29조 1항 단서).

〈다음 각 호〉의 도시 · 군관리계획은 시장 또는 군수가 직접 결정한다(법 29조 1항 단서).

1. 시장 또는 군수가 입안한 지구단위계획구역의 지정 · 변경과 지구단위계획의 수립 · 변경에 관한 도시 · 군관리계획
2. 제52조제1항제1호의2에 따라 지구단위계획으로 대체하는 용도지구 폐지에 관한 도시 · 군관리계획[해당 시장 또는 군수가 도지사와 미리 협의한 경우에 한정한다]

(3) 국토교통부 장관

〈다음 각 호〉의 도시 · 군관리계획은 국토교통부장관이 결정한다. 다만, 제4호의 도시 · 군관리계획은 해양수산부장관이 결정한다(법 29조 2항).

9) 법 8조 3항 : 특별시장 · 광역시장 · 특별자치시장 · 도지사 · 특별자치도지사

1. 국토교통부장관이 입안한 도시 · 군관리계획
2. 개발제한구역의 지정 및 변경에 관한 도시 · 군관리계획
3. 시가화조정구역의 지정 및 변경에 관한 도시 · 군관리계획
4. 수산자원보호구역의 지정 및 변경에 관한 도시 · 군관리계획

6. 도시 · 군관리계획의 결정절차

(1) 관계기관 협의

시 · 도지사는 도시 · 군관리계획을 결정하려면 관계 행정기관의 장과 미리 협의하여야 하며, 국토교통부장관(수산자원보호구역의 경우 해양수산부장관을 말함)이 도시 · 군관리계획을 결정하려면 관계 중앙행정기관의 장과 미리 협의하여야 한다. 이 경우 협의 요청을 받은 기관의 장은 특별한 사유가 없으면 그 요청을 받은 날부터 30일 이내에 의견을 제시하여야 한다(법 30조 1항).

시 · 도지사가 국토교통부장관이 입안하여 결정한 도시 · 군관리계획을 변경하거나 그 밖에 대통령령으로 정하는 중요한 사항에 관한 도시 · 군관리계획을 결정하려면 미리 국토교통부장관과 협의하여야 한다(법 30조 2항).

(2) 도시계획위원회 심의

국토교통부장관은 도시 · 군관리계획을 결정하려면 중앙도시계획위원회의 심의를 거쳐야 하며, 시 · 도지사가 도시 · 군관리계획을 결정하려면 시 · 도도시계획위원회의 심의를 거쳐야 한다. 다만, 시 · 도지사가 지구단위계획(지구단위계획과 지구단위계획구역을 동시에 결정할 때에는 지구단위계획구역의 지정 또는 변경에 관한 사항을 포함할 수 있다)이나 제52조제1항제1호의2에 따라 지구단위계획으로 대체하는 용도지구 폐지에 관한 사항을 결정하려면 건축위원회와 도시계획위원회가 공동으로 하는 심의를 거쳐야 한다(법 30조 3항).

(3) 결정 고시 및 열람

국토교통부장관이나 시 · 도지사는 도시 · 군관리계획을 결정하면 대통령령으로 정하는 바에 따라 그 결정을 고시하고,[10] 국토교통부장관이나 도지사는 관계 서류를 관계 특별시장 · 광역시장 · 특별자치시장 · 특별자치도지사 · 시장 또는 군수에게 송부하여 일반이 열람할 수 있도

10) 장관 또는 그의 권한의 일부를 위임받은 지방장관이 기안, 결재등의 과정을 거쳐 정당하게 도시계획결정등의 처분을 하였다고 하더라도 이를 관보에 게재하여 고시하지 아니한 이상 대외적으로는 아무런 효력도 발생하지 아니함 [대법원 1985.12.10.선고 85누186 판결]

록 하여야 하며, 특별시장 · 광역시장 · 특별자치시장 · 특별자치도지사는 관계 서류를 일반이 열람할 수 있도록 하여야 한다(법 30조 6항).

시장 또는 군수가 도시 · 군관리계획을 결정하는 경우에는 제1항부터 제6항까지의 규정을 준용한다(법 30조 7항).

7. 도시 · 군관리계획 결정의 효력

(1) 효력발생의 시기

도시 · 군관리계획 결정의 효력은 지형도면을 고시한 날부터 발생한다(법 31조 1항).[11] 아울러 도시 · 군관리계획 결정의 효력 발생 및 실효 등에 관하여는 「토지이용규제기본법」 제8조제3항부터 제5항까지의 규정에 따른다(법 31조 3항). 따라서 지역 · 지구등을 지정할 때에 지형도면등의 고시가 곤란한 경우에는 그 지정일부터 2년이 되는 날까지 지형도면등을 고시하여야 하며, 지형도면등의 고시가 없는 경우에는 그 2년이 되는 날의 다음 날부터 그 지정의 효력을 잃는다(토지이용규제기본법 8조 3항 및 4항).

(2) 기득권 보호

도시 · 군관리계획 결정 당시 이미 사업이나 공사에 착수한 자(이 법 또는 다른 법률에 따라 허가 · 인가 · 승인 등을 받아야 하는 경우에는 그 허가 · 인가 · 승인 등을 받아 사업이나 공사에 착수한 자를 말함)는 그 도시 · 군관리계획 결정과 관계없이 그 사업이나 공사를 계속할 수 있다. 다만, 시가화조정구역이나 수산자원보호구역의 지정에 관한 도시 · 군관리계획 결정이 있는 경우에는 특별시장 · 광역시장 · 특별자치시장 · 특별자치도지사 · 시장 또는 군수에게 신고하고 그 사업이나 공사를 계속할 수 있다(법 31조 2항).

(3) 지형도면의 작성 · 승인 및 고시

특별시장 · 광역시장 · 특별자치시장 · 특별자치도지사 · 시장 또는 군수는 도시 · 군관리계획 결정이 고시되면 지적(地籍)이 표시된 지형도에 도시 · 군관리계획에 관한 사항을 자세히 밝힌 도면[⇒ 지형도면]을 작성하여야 한다(법 32조 1항). 국토교통부장관(수산자원보호구역의 경우 해양수산부장관을 말함)이나 도지사는 도시 · 군관리계획을 직접 입안한 경우에는 관계 특별시

---

11) 도시관리계획결정의 지형도면 고시를 할 때 지형도면 자체를 관보 · 공보에 수록하지 않은 것이 지형도면 고시방법의 하자에 해당하는지가 다투어진 사건과 관련하여 행정청이 도시관리계획결정에 따른 지형도면을 작성하여 일정한 장소에 비치한 사실을 관보 · 공보에 고시하고 그와 동시에 지형도면을 그 장소에 비치하여 일반인이 직접 열람할 수 있는 상태에 놓아두었다면 이로써 지형도면 고시가 적법하게 이루어진 것이라고 봄[대법원 2018.3.29. 선고 2017다218246 판결]

장 · 광역시장 · 특별자치시장 · 특별자치도지사 · 시장 또는 군수의 의견을 들어 직접 지형도면을 작성할 수 있다(법 32조 3항).

시장(대도시 시장은 제외)이나 군수는 지형도에 도시 · 군관리계획(지구단위계획구역의 지정 · 변경과 지구단위계획의 수립 · 변경에 관한 도시 · 군관리계획은 제외한다)에 관한 사항을 자세히 밝힌 도면[⇒ 지형도면]을 작성하면 도지사의 승인을 받아야 한다. 이 경우 지형도면의 승인 신청을 받은 도지사는 그 지형도면과 결정 · 고시된 도시 · 군관리계획을 대조하여 착오가 없다고 인정되면 대통령령으로 정하는 기간[30일]안에 그 지형도면을 승인하여야 한다(법 32조 2항).

국토교통부장관, 시 · 도지사, 시장 또는 군수는 직접 지형도면을 작성하거나 지형도면을 승인한 경우에는 이를 고시하여야 한다(법 32조 4항).

(4) 지역 · 지구등의 지정의 실효

지역 · 지구등의 지정의 효력은 원칙적으로 지형도면등의 고시를 함으로써 발생하나(토지이용규제기본법 8조 3항 본문) 지역 · 지구등을 지정할 때에 지형도면등의 고시가 곤란한 경우로서 대통령령으로 정하는 경우에는 지형도면등의 고시가 없더라도 효력이 발생한다(동법 8조 3항 단서). 다만 이에 해당되는 경우에는 지역 · 지구등의 지정일부터 2년이 되는 날까지 지형도면등을 고시하여야 하며, 지형도면등의 고시가 없는 경우에는 그 2년이 되는 날의 다음 날부터 그 지정의 효력을 잃는다(동법 8조 4항).

제5절 공간재구조화계획

1. 의의

"공간재구조화계획"이란 창의적 혁신적이며 다양한 도시기능이 융복합된 도시공간 조성을 위하여 토지의 이용 및 건축물 등의 용도 · 건폐율 · 용적률 · 높이 등의 제한을 완화함으로써 효율적이고 계획적인 관리를 위하여 수립하는 계획을 말한다.

2. 입안대상

공간재구조화계획을 수립하는 용도구역과 계획은 다음과 같다(법 35조의2 1항).

1. 제40조의3에 따른 도시혁신구역 및 도시혁신계획
2. 제40조의4에 따른 복합용도구역 및 복합용도계획
3. 제40조의5에 따른 도시 · 군계획시설입체복합구역(제1호 또는 제2호와 함께 구역을 지정하거나 계획을 입안하는 경우로 한정한다)

3. 공간재구조화계획의 입안

특별시장 · 광역시장 · 특별자치시장 · 특별자치도지사 · 시장 또는 군수는 공간재구조화계획을 입안하여야 한다(법 35조의2 1항). 국토교통부장관은 도시의 경쟁력 향상, 특화발전 및 지역 균형발전 등을 위하여 필요한 때에는 관할 특별시장 · 광역시장 · 특별자치시장 · 특별자치도지사 · 시장 또는 군수의 요청에 따라 공간재구조화계획을 입안할 수 있다(법 35조의2 3항).

공간재구조화계획의 입안과 관련된 입안권자, 입안제안, 기초조사, 의견청취 등에 대해서는 일반적으로 도시군관리계획의 규정이 준용된다(법 35조의2, 동조의5).

4. 공간재구조화계획의 결정

(1) 결정권자 및 절차

공간재구조화계획은 원칙적으로 시 · 도지사가 결정하며(직접 또는 시장 · 군수의 신청) 다만, 국토교통부장관이 입안한 공간재구조화계획은 국토교통부장관이 결정한다(법35조의6 1항).

국토교통부장관 또는 시 · 도지사가 공간재구조화계획을 결정하려면 미리 관계 행정기관의 장(국토교통부장관을 포함한다)과 협의하고 중앙도시계획위원회 또는 지방도시계획위원회의 심의를 거쳐야 한다. 이 경우 협의 요청을 받은 기관의 장은 특별한 사유가 없으면 그 요청을 받은 날부터 30일(도시혁신구역 지정을 위한 공간재구조화계획 결정의 경우에는 근무일 기준으로 10일) 이내에 의견을 제시하여야 한다(법35조의6 2항).

국토교통부장관 또는 시 · 도지사는 공간재구조화계획을 결정하면 그 결정을 고시하고, 국토교통부장관이나 도지사는 관계 서류를 관계 특별시장 · 광역시장 · 특별자치시장 · 특별자치도지사 · 시장 또는 군수에게 송부하여 일반이 열람할 수 있도록 하여야 하며, 특별시장 · 광역시장 · 특별자치시장 · 특별자치도지사는 관계 서류를 일반이 열람할 수 있도록 하여야 한다(법 35조의6 3항).

(2) 결정의 효력

공간재구조화계획 결정의 효력은 지형도면을 고시한 날부터 발생한다. 다만, 지형도면이 필요 없는 경우에는 공간재구조화계획 결정을 고시한 날부터 효력이 발생한다(법35조의7 1항).

제1항에 따라 고시를 한 경우에 해당 구역 지정 및 계획 수립에 필요한 내용에 대해서는 고시한 내용에 따라 도시 · 군기본계획의 수립 · 변경과 도시 · 군관리계획의 결정(변경결정 포함) 고시를 한 것으로 본다(법35조의7 2항).

고시된 공간재구조화계획의 내용은 도시 · 군계획으로 관리하여야 한다(법35조의7 5항).

제6절 지구단위계획

1. 의의

"지구단위계획"이란 도시 · 군계획 수립 대상지역의 일부에 대하여 토지 이용을 합리화하고 그 기능을 증진시키며 미관을 개선하고 양호한 환경을 확보하며, 그 지역을 체계적 · 계획적으로 관리하기 위하여 수립하는 도시 · 군관리계획을 말한다(법 2조 5호). 지구단위계획을 수립하기 위하여 지정한 구역이 "지구단위계획구역"이다.[12] 1980년 건축법에 도입된 "도시설계"와 1991년 도시계획법에 도입된 "상세계획"제도가 2000년에 도시계획법의 지구단위계획으로 통합되었으며, 2003년 도시계획법이 폐지되고 국토계획및이용에관한법률이 제정되면서 지구단위계획은 1종 지구단위계획(도시지역)과 2종 지구단위계획(비도시지역)으로 구분되게 되었다.

지구단위계획구역 및 지구단위계획은 도시 · 군관리계획으로 결정한다(법 50조). 따라서 지구단위계획구역의 지정과 지구단위계획구역에 대한 지구단위계획의 수립은 도시 · 군관리계획의 입안 및 결정 절차에 따른다.

2. 지구단위계획구역의 지정대상

(1) 지정 가능지역

국토교통부장관, 시 · 도지사, 시장 또는 군수는 〈다음 각 호〉의 어느 하나에 해당하는 지역의 전부 또는 일부에 대하여 지구단위계획구역을 지정할 수 있다(법 51조 1항).

---

12) 지구단위계획구역중에서는 현상설계 등에 의하여 창의적 개발안을 받아들일 필요가 있거나 계획의 수립 및 실현에 상당한 기간이 걸릴 것으로 예상되어 충분한 시간을 가질 필요가 있을 때에 별도의 개발안을 만들어 지구단위계획으로 수용 결정하는 구역, 즉 특별계획구역을 지정할 수 있다(지구단위계획수립지침 3-15-1).

1. 「국토계획법」에 따라 지정된 용도지구
2. 「도시개발법」에 따라 지정된 도시개발구역
3. 「도시 및 주거환경정비법」에 따라 지정된 정비구역
4. 「택지개발촉진법」에 따라 지정된 택지개발지구
5. 「주택법」에 따른 대지조성사업지구
6. 「산업입지 및 개발에 관한 법률」의 산업단지와 준산업단지
7. 「관광진흥법」에 따라 지정된 관광단지와 관광특구
8. 개발제한구역 · 도시자연공원구역 · 시가화조정구역 또는 공원에서 해제되는 구역, 녹지지역에서 주거 · 상업 · 공업지역으로 변경되는 구역과 새로 도시지역으로 편입되는 구역 중 계획적인 개발 또는 관리가 필요한 지역

8의2. 도시지역 내 주거 · 상업 · 업무 등의 기능을 결합하는 등 복합적인 토지 이용을 증진시킬 필요가 있는 지역으로서 대통령령으로 정하는 요건에 해당하는 지역

8의3. 도시지역 내 유휴토지를 효율적으로 개발하거나 교정시설, 군사시설, 그 밖에 대통령령으로 정하는 시설을 이전 또는 재배치하여 토지 이용을 합리화하고, 그 기능을 증진시키기 위하여 집중적으로 정비가 필요한 지역으로서 대통령령으로 정하는 요건에 해당하는 지역

9. 도시지역의 체계적 · 계획적인 관리 또는 개발이 필요한 지역
10. 그 밖에 양호한 환경의 확보나 기능 및 미관의 증진 등을 위하여 필요한 지역으로서 대통령령으로 정하는 지역

(2) 지정 필수지역

국토교통부장관, 시 · 도지사, 시장 또는 군수는 〈다음 각 호〉의 어느 하나에 해당하는 지역은 지구단위계획구역으로 지정하여야 한다. 다만, 관계 법률에 따라 그 지역에 토지 이용과 건축에 관한 계획이 수립되어 있는 경우에는 그러하지 아니하다(법 51조 2항).

1. 제1항제3호[정비구역] 및 제4호[택지개발지구]의 지역에서 시행되는 사업이 끝난 후 10년이 지난 지역
2. 제1항 각 호 중 체계적 · 계획적인 개발 또는 관리가 필요한 지역으로서

〈다음 각 호〉의 지역으로서 그 면적이 30만제곱미터 이상인 지역(영 53조 5항)

1. 시가화조정구역 또는 공원에서 해제되는 지역. 다만, 녹지지역으로 지정 또는 존치되거나 법 또는 다른 법령에 의하여 도시 · 군계획사업 등 개발계획이 수립되지 아니하는 경우를 제외한다.
2. 녹지지역에서 주거지역 · 상업지역 또는 공업지역으로 변경되는 지역
3. 그 밖에 특별시 · 광역시 · 특별자치시 · 특별자치도 · 시 또는 군의 도시 · 군계획조례로 정하는 지역

(3) 도시지역 외의 지역

도시지역 외의 지역을 지구단위계획구역으로 지정하려는 경우 〈다음 각 호〉의 어느 하나에 해당하여야 한다(법 51조 3항).

1. 지정하려는 구역 면적의 100분의 50 이상이 계획관리지역으로서 대통령령으로 정하는 요건에 해당하는 지역(영 44조 1항)
2. 개발진흥지구로서 대통령령으로 정하는 요건에 해당하는 지역
3. 지정된 용도지구를 폐지하고 그 용도지구에서의 행위 제한 등을 지구단위계획으로 대체하려는 지역

3. 지구단위계획의 수립

(1) 수립기준

지구단위계획은 〈다음 각 호〉의 사항을 고려하여 수립한다(법 49조 1항).

1. 도시의 정비 · 관리 · 보전 · 개발 등 지구단위계획구역의 지정 목적
2. 주거 · 산업 · 유통 · 관광휴양 · 복합 등 지구단위계획구역의 중심기능
3. 해당 용도지역의 특성
4. 그 밖에 대통령령으로 정하는 사항(영 42조의3 1항)
   1) 지역 공동체의 활성화
   2) 안전하고 지속가능한 생활권의 조성
   3) 해당 지역 및 인근 지역의 토지 이용을 고려한 토지이용계획과 건축계획의 조화

지구단위계획의 수립기준 등은 대통령령으로 정하는 바에 따라 국토교통부장관이 정한다(법 49조 2항).

(2) 지구단위계획의 내용

지구단위계획구역의 지정목적을 이루기 위하여 지구단위계획에는 〈다음 각 호〉의 사항 중 제2호와 제4호의 사항을 포함한 둘 이상의 사항이 포함되어야 한다. 다만, 제1호의2를 내용으로 하는 지구단위계획의 경우에는 그러하지 아니하다(법 52조 1항).

1. 용도지역이나 용도지구를 대통령령으로 정하는 범위에서 세분하거나 변경하는 사항

1의2. 기존의 용도지구를 폐지하고 그 용도지구에서의 건축물이나 그 밖의 시설의 용도 · 종류 및 규모 등의 제한을 대체하는 사항

2. 대통령령으로 정하는 기반시설의 배치와 규모
3. 도로로 둘러싸인 일단의 지역 또는 계획적인 개발 · 정비를 위하여 구획된 일단의 토지의 규모와 조성계획
4. 건축물의 용도제한, 건축물의 건폐율 또는 용적률, 건축물 높이의 최고한도 또는 최저한도
5. 건축물의 배치 · 형태 · 색채 또는 건축선에 관한 계획
6. 환경관리계획 또는 경관계획
7. 보행안전 등을 고려한 교통처리계획
8. 그 밖에 토지 이용의 합리화, 도시나 농 · 산 · 어촌의 기능 증진 등에 필요한 사항으로서 대통령령으로 정하는 사항

지구단위계획은 도로, 상하수도 등 대통령령으로 정하는 도시 · 군계획시설의 처리 · 공급 및 수용능력이 지구단위계획구역에 있는 건축물의 연면적, 수용인구 등 개발밀도와 적절한 조화를 이룰 수 있도록 하여야 한다(법 52조 2항).

(3) 건축제한 등 관련법률의 완화 적용

지구단위계획구역에서는 「국토의 계획 및 이용에 관한 법률」 제76조(용도지역 및 용도지구에서의 건축물의 건축 제한 등), 제77조(건폐율), 제78조(용적률)과 「건축법」 제42조(대지안의 조경) · 제43조(대지와 도로와의 관계) · 제44조(건축물의 높이제한) · 제60조(일조 등 확보를 위한 높이제한) 및 제61조(공개공지 등의 확보), 「주차장법」 제19조(건축물 부설주차장의 설치) 및 제19조의2(건축물 부설주차장이 설치계획서)를 대통령령으로 정하는 범위에서 지구단위계획으로 정하는 바에 따라 완화하여 적용할 수 있다(법 52조 3항).

① 도시지역 내 지구단위계획구역에서의 건폐율 등의 완화적용(영 46조)

공공시설등의 부지제공 또는 설치하는 경우 및 공공시설부지 보상금을 반환하는 경우 건폐율 · 용적률 및 높이제한을 완화할 수 있으며, 공개공지를 초과설치한 경우 용적율과 높이제한을 완화적용할 수 있다. 또한 지구단위계획구역에서는 도시 · 군계획조례의 규정에 불구하고 지구단위계획으로 영 제84조[용도지역안에서의 건폐율]에 규정된 범위안에서 건폐율을 완화하여 적용할 수 있다. 지구단위계획구역에서는 지구단위계획으로 법 제76조의 규정에 의하여 용도지역안에서 건축할 수 있는 건축물의 용도 · 종류 및 규모 등의 범위안에서 이를 완화하여 적용할 수 있으며, 일정한 경우 주차장 설치기준을 100퍼센트까지 완화할 수 있다. 도시지역에 개발진흥지구를 지정하고 당해 지구를 지구단위계획구역으로 지정한 경우에는 당해 용도지역에 적용되는 용적률과 높이제한을 120퍼센트 이내에서 완화하여 적용할 수 있다.

다만 규정을 완화하여 적용되는 건폐율 및 용적률은 당해 용도지역 또는 용도지구에 적용되는 건폐율의 150퍼센트 및 용적률의 200퍼센트를 각각 초과할 수 없다.

② 도시지역 외 지구단위계획구역에서의 건폐율 등의 완화적용(영 47조)

도시지역 외 지구단위계획구역에서는 지구단위계획으로 당해 용도지역 또는 개발진흥지구에 적용되는 건폐율의 150퍼센트 및 용적률의 200퍼센트 이내에서 건폐율 및 용적률을 완화하여 적용할 수 있다.

지구단위계획으로 법 제76조의 규정에 의한 건축물의 용도 · 종류 및 규모 등을 완화하여 적용할 수 있다. 다만, 개발진흥지구(계획관리지역에 지정된 개발진흥지구를 제외)에 지정된 지구단위계획구역에 대하여는 「건축법 시행령」 별표 1 제2호의 공동주택중 아파트 및 연립주택은 허용되지 아니한다.

(4) 공공시설 부지 등의 제공

① 공공시설 부지 또는 설치 제공

제51조제1항제8호의2[도시지역내 복합적 토지이용] 또는 제8호의3[도시지역내 유휴토지, 시설 이전 후적지 등의 효율적 개발 등]에 해당하는 지역의 전부 또는 일부를 지구단위계획구역으로 지정함에 따라 i) 지구단위계획으로 도시지역내 각 목 간의 용도지역이 변경되어 용적률이 높아지거나 건축제한이 완화되는 경우 또는 ii) 지구단위계획으로 도시·군계획시설 결정이 변경되어 행위제한이 완화되는 경우에는 해당 지구단위계획구역에서 건축물을 건축하려는 자(지구단위계획구역 지정 및 지구단위계획 수립을 위한 도시·군관리계획의 입안 제안자를 포함)가 용도지역의 변경 또는 도시·군계획시설 결정의 변경 등으로 인한 토지가치 상승분(용도지역의 변경 또는 도시·군계획시설 결정의 변경 전·후에 대하여 각각 감정평가한 토지가액의 차이)의 범위에서 지구단위계획으로 정하는 바에 따라 해당 지구단위계획구역 안에 공공시설, 기반시설, 공공임대주택 등의 부지를 제공하거나 공공시설등을 설치하여 제공하도록 하여야 한다(법 52조의2 1항).

② 구역 밖의 공공시설 설치 비용 납부 및 장기미집행시설 사업 우선 사용

제1항에도 불구하고 해당 지구단위계획구역 안의 공공시설등이 충분한 것으로 인정될 때에는 해당 지구단위계획구역 밖의 관할 특별시·광역시·특별자치시·특별자치도·시 또는 군의 장기미집행도시군계획시설, 공공시설, 기반시설 등의 사업에 필요한 비용을 납부하는 것으로 갈음할 수 있다(법 52조의2 2항).

다만 이 경우에도 제1항에 따른 지구단위계획구역이 특별시 또는 광역시 관할인 경우에는 공공시설등의 설치 비용 납부액 중 대통령령으로 정하는 비율[20%이상 30%범위내]에 해당하는 금액은 해당 지구단위계획구역의 관할 구(자치구) 또는 군(광역시에 소속된 군)에 귀속된다(법 52조의2 3항).

제2항에 따라 납부받은 공공시설등의 설치 비용의 100분의 10 이상을 장기미집행 도시계획시설 사업에 우선 사용하여야 하고, 해당 지구단위계획구역의 관할 구 또는 군은 제3항에 따라 귀속되는 공공시설등의 설치 비용의 전부를 장기미집행 도시계획시설사업에 우선 사용하여야 한다(법 52조의2 5항).

4. 지구단위계획구역에서의 건축 등

지구단위계획구역에서 건축물(일정 기간 내 철거가 예상되는 경우 등 대통령령으로 정하는 가설건축물은 제외)을 건축 또는 용도변경하거나 공작물을 설치하려면 그 지구단위계획에 맞

게 하여야 한다. 다만, 지구단위계획이 수립되어 있지 아니한 경우에는 그러하지 아니하다(법 54조).

5. 지구단위계획구역 지정 등의 실효

(1) 지구단위계획구역 지정의 실효

지구단위계획구역의 지정에 관한 도시 · 군관리계획결정의 고시일부터 3년 이내에 그 지구단위계획구역에 관한 지구단위계획이 결정 · 고시되지 아니하면 그 3년이 되는 날의 다음날에 그 지구단위계획구역의 지정에 관한 도시 · 군관리계획결정은 효력을 잃는다. 다만, 다른 법률에서 지구단위계획의 결정(결정된 것으로 보는 경우를 포함)에 관하여 따로 정한 경우에는 그 법률에 따라 지구단위계획을 결정할 때까지 지구단위계획구역의 지정은 그 효력을 유지한다(법 53조 1항).

(2) 지구단위계획 결정의 실효

지구단위계획(주민이 입안을 제안한 것에 한함)에 관한 도시 · 군관리계획결정의 고시일부터 5년 이내에 이 법 또는 다른 법률에 따라 허가 · 인가 · 승인 등을 받아 사업이나 공사에 착수하지 아니하면 그 5년이 된 날의 다음날에 그 지구단위계획에 관한 도시 · 군관리계획결정은 효력을 잃는다. 이 경우 지구단위계획과 관련한 도시 · 군관리계획결정에 관한 사항은 해당 지구단위계획구역 지정 당시의 도시 · 군관리계획으로 환원된 것으로 본다(법 53조 2항).

(3) 실효의 고시

국토교통부장관, 시 · 도지사, 시장 또는 군수는 지구단위계획구역 지정 및 지구단위계획 결정이 효력을 잃으면 대통령령으로 정하는 바에 따라 지체 없이 그 사실을 고시하여야 한다(법 53조 3항).

제 3 장

용도지역·용도지구·용도구역

제1절 용도지역제

용도지역제(Zoning)는 토지를 이용목적에 따라 일정한 지역으로 구분하여 그 토지의 이용과 건축물의 용도, 건폐율, 규모 등을 제한함으로써 토지를 경제적 · 효율적으로 이용하고 공공복리의 증진을 도모하기 위한 제도이다. 용도지역제는 1810년 독일에서 시작되어 미국으로 확산되었다.1922년 미국의 부동산회사(Ambler Realty Company)가 용도지역제 적용으로 자신이 소유하던 토지의 가치가 하락한 것에 반발해 유클리드 마을을 상대로 소송을 제기하였으며, 1926년 미국 대법원이 합헌판결을 내리면서 용도지역제는 정당성을 확보하게 된 계기가 되었다.[13]

용도지역제는 일제강점기인 1934년 '조선시가지계획령'이 제정되면서 우리나라에 도입된 후, 점점 세분화되고 정교해졌으며 국토계획법의 중요한 부분을 차지하고 있다. 하지만 용도지역제의 지나친 세분화와 규제는 오늘날 현실에 맞게 토지를 경제적 · 효율적으로 이용하는데 장애가 되고 있다.[14]

제2절 용도지역·용도지구·용도구역의 지정

1. 용도지역

(1) 용도지역의 의의

"용도지역"이란 토지의 이용 및 건축물의 용도, 건폐율, 용적률, 높이 등을 제한함으로써 토

13) Village of Euclid v. Ambler Realty Co., 272 U.S. 365 (1926)
14) 김상조외(2018), "용도지역제의 문제점과 향후과제", 국토정책브리프, 2018.2.5

지를 경제적 · 효율적으로 이용하고 공공복리의 증진을 도모하기 위하여 서로 중복되지 아니하게 도시 · 군관리계획으로 결정하는 지역을 말한다(법 2조 15호).

용도지역은 전국의 모든 토지를 대상으로 하며, 중복되지 않게 도시 · 군관리계획으로 결정한다.

(2) 용도지역의 종류

국토는 토지의 이용실태 및 특성, 장래의 토지 이용 방향, 지역 간 균형발전 등을 고려하여 크게 도시지역, 관리지역, 농림지역, 자연환경보전지역으로 용도를 구분하며(법 6조), 국토교통부장관, 시 · 도지사 또는 대도시 시장은 〈다음 각 호〉의 어느 하나에 해당하는 용도지역의 지정 또는 변경을 도시 · 군관리계획으로 결정한다(법 36조 1항).

① 도시지역

"도시지역"이란 인구와 산업이 밀집되어 있거나 밀집이 예상되어 그 지역에 대하여 체계적인 개발 · 정비 · 관리 · 보전 등이 필요한 지역(법 6조 1호)으로서 〈다음 각 목〉의 하나로 구분하여 지정한다(법 36조 1항 1호).

가. 주거지역: 거주의 안녕과 건전한 생활환경의 보호를 위하여 필요한 지역
나. 상업지역: 상업이나 그 밖의 업무의 편익을 증진하기 위하여 필요한 지역
다. 공업지역: 공업의 편익을 증진하기 위하여 필요한 지역
라. 녹지지역: 자연환경 · 농지 및 산림의 보호, 보건위생, 보안과 도시의 무질서한 확산을 방지하기 위하여 녹지의 보전이 필요한 지역

② 관리지역

"관리지역"이란 도시지역의 인구와 산업을 수용하기 위하여 도시지역에 준하여 체계적으로 관리하거나 농림업의 진흥, 자연환경 또는 산림의 보전을 위하여 농림지역 또는 자연환경보전지역에 준하여 관리할 필요가 있는 지역(법 6조 2호)을 말하며, 〈다음 각 목〉의 어느 하나로 구분하여 지정한다(법 36조 1항 2호).

가. 보전관리지역: 자연환경 보호, 산림 보호, 수질오염 방지, 녹지공간 확보 및 생태계 보전 등을 위하여 보전이 필요하나, 주변 용도지역과의 관계 등을 고려할 때 자연환경보전지역으로 지정하여 관리하기가 곤란한 지역
나. 생산관리지역: 농업 · 임업 · 어업 생산 등을 위하여 관리가 필요하나, 주변 용도지역과의 관계 등을 고려할 때 농림지역으로 지정하여 관리하기가 곤란한 지역
다. 계획관리지역: 도시지역으로의 편입이 예상되는 지역이나 자연환경을 고려하여 제한적인 이용 · 개발을 하려는 지역으로서 계획적 · 체계적인 관리가 필요한 지역

③ 농림지역

"농림지역"은 도시지역에 속하지 아니하는 「농지법」에 따른 농업진흥지역 또는 「산지관리법」에 따른 보전산지 등으로서 농림업을 진흥시키고 산림을 보전하기 위하여 필요한 지역이다(법 6조 3호).

④ 자연환경보전지역

"자연환경보전지역"은 자연환경 · 수자원 · 해안 · 생태계 · 상수원 및 문화재의 보전과 수산자원의 보호 · 육성 등을 위하여 필요한 지역이다(법 6조 4호).

(3) 용도지역의 세분

국토교통부장관, 시 · 도지사 또는 대도시 시장은 용도지역을 도시 · 군관리계획결정으로 다시 세분하여 지정하거나 변경할 수 있다(법 36조 2호). 이에 따라 국토계획및이용에관한법률 시행령(제30조)에서는 주거지역 · 상업지역 · 공업지역 및 녹지지역을 다음과 같이 세분하여 지정할 수 있도록 하고 있다.

용도지역	용도지역의 세분	지정목적
주거지역	전용주거지역	양호한 주거환경을 보호하기 위하여 필요한 지역
	제1종전용주거지역	단독주택 중심의 양호한 주거환경을 보호하기 위하여 필요한 지역
	제2종전용주거지역	공동주택 중심의 양호한 주거환경을 보호하기 위하여 필요한 지역
	일반주거지역	편리한 주거환경을 조성하기 위하여 필요한 지역
	제1종일반주거지역	저층주택을 중심으로 편리한 주거환경을 조성하기 위하여 필요한 지역
	제2종일반주거지역	중층주택을 중심으로 편리한 주거환경을 조성하기 위하여 필요한 지역
	제3종일반주거지역	중고층주택을 중심으로 편리한 주거환경을 조성하기 위하여 필요한 지역
	준주거지역	주거기능을 위주로 이를 지원하는 일부 상업기능 및 업무기능을 보완하기 위하여 필요한 지역
상업지역	중심상업지역	도심 · 부도심의 상업기능 및 업무기능의 확충을 위하여 필요한 지역
	일반상업지역	일반적인 상업기능 및 업무기능을 담당하게 하기 위하여 필요한 지역
	근린상업지역	근린지역에서의 일용품 및 서비스의 공급을 위하여 필요한 지역
	유통상업지역	도시내 및 지역간 유통기능의 증진을 위하여 필요한 지역

공업지역	전용공업지역	주로 중화학공업, 공해성 공업 등을 수용하기 위하여 필요한 지역
	일반공업지역	환경을 저해하지 아니하는 공업의 배치를 위하여 필요한 지역
	준공업지역	경공업 그 밖의 공업을 수용하되, 주거기능 · 상업기능 및 업무기능의 보완이 필요한 지역
녹지지역	보전녹지지역	도시의 자연환경 · 경관 · 산림 및 녹지공간을 보전할 필요가 있는 지역
	생산녹지지역	주로 농업적 생산을 위하여 개발을 유보할 필요가 있는 지역
	자연녹지지역	도시의 녹지공간의 확보, 도시확산의 방지, 장래 도시용지의 공급 등을 위하여 보전할 필요가 있는 지역으로서 불가피한 경우에 한하여 제한적인 개발이 허용되는 지역

(4) 용도지역의 지정 관련 특례

① 공유수면매립지에 관한 용도지역의 지정 의제

공유수면(바다만 해당한다)의 매립 목적이 그 매립구역과 이웃하고 있는 용도지역의 내용과 같으면 도시 · 군관리계획의 입안 및 결정 절차 없이 그 매립준공구역은 그 매립의 준공인가일부터 이와 이웃하고 있는 용도지역으로 지정된 것으로 본다. 이 경우 관계 특별시장 · 광역시장 · 특별자치시장 · 특별자치도지사 · 시장 또는 군수는 그 사실을 지체 없이 고시하여야 한다(법 41조 1항).

그러나 공유수면의 매립 목적이 그 매립구역과 이웃하고 있는 용도지역의 내용과 다른 경우 및 그 매립구역이 둘 이상의 용도지역에 걸쳐 있거나 이웃하고 있는 경우 그 매립구역이 속할 용도지역은 도시 · 군관리계획결정으로 지정하여야 한다(법 41조 2항).

② 다른 법률에 따라 지정된 지역의 용도지역 지정 의제

ⅰ) 도시지역 결정 · 고시 의제 : 〈다음 각 호〉의 어느 하나의 구역 등으로 지정 · 고시된 지역은 이 법에 따른 도시지역으로 결정 · 고시된 것으로 본다(법 42조 1항).

1. 「항만법」에 따른 항만구역으로서 도시지역에 연접한 공유수면
2. 「어촌 · 어항법」에 따른 어항구역으로서 도시지역에 연접한 공유수면
3. 「산업입지 및 개발에 관한 법률」에 따른 국가산업단지, 일반산업단지 및 도시첨단산업단지
4. 「택지개발촉진법」에 따른 택지개발지구
5. 「전원개발촉진법」에 따른 전원개발사업구역 및 예정구역(수력발전소 또는 송 · 변전설비만을 설치하기 위한 전원개발사업구역 및 예정구역은 제외)

제1항에 해당하는 구역 · 단지 · 지구 등이 해제되는 경우(개발사업의 완료로 해제되는 경우는 제외한다) 이 법 또는 다른 법률에서 그 구역등이 어떤 용도지역에 해당되는지를 따로 정하고 있지 아니한 경우에는 이를 지정하기 이전의 용도지역으로 환원된 것으로 본다(법 42조 4항). 용도지역이 환원되는 당시 이미 사업이나 공사에 착수한 자(이 법 또는 다른 법률에 따라 허가 · 인가 · 승인 등을 받아야 하는 경우에는 그 허가 · 인가 · 승인 등을 받아 사업이나 공사에 착수한 자)는 그 용도지역의 환원과 관계없이 그 사업이나 공사를 계속할 수 있다(법 42조 5항).

ii) 관리지역 안에서의 특례 : 관리지역에서 「농지법」에 따른 농업진흥지역으로 지정 · 고시된 지역은 이 법에 따른 농림지역으로, 관리지역의 산림 중 「산지관리법」에 따라 보전산지로 지정 · 고시된 지역은 그 고시에서 구분하는 바에 따라 이 법에 따른 농림지역 또는 자연환경보전지역으로 결정 · 고시된 것으로 본다(법 42조 2항).

2. 용도지구

(1) 의의

"용도지구"란 토지의 이용 및 건축물의 용도 · 건폐율 · 용적률 · 높이 등에 대한 용도지역의 제한을 강화하거나 완화하여 적용함으로써 용도지역의 기능을 증진시키고 경관 · 안전 등을 도모하기 위하여 도시 · 군관리계획으로 결정하는 지역을 말한다(법 2조 16호).

용도지구는 용도지역의 기능을 증진시키기 위하여 그 필요성 여부에 따라 지정한다. 따라서 용도지구 지정이 없는 경우도 있으며, 1개 이상의 용도지구 지정이 있을 수 있다.

(2) 용도지구의 종류

국토교통부장관, 시 · 도지사 또는 대도시 시장은 〈다음 각 호〉의 어느 하나에 해당하는 용도지구의 지정 또는 변경을 도시 · 군관리계획으로 결정한다(법 37조 1항).

용도지구	대상지역
경관지구*	경관의 보전 · 관리 및 형성을 위하여 필요한 지구
고도지구	쾌적한 환경 조성 및 토지의 효율적 이용을 위하여 건축물 높이의 최고한도를 규제할 필요가 있는 지구
방화지구	화재의 위험을 예방하기 위하여 필요한 지구
방재지구*	풍수해, 산사태, 지반의 붕괴, 그 밖의 재해를 예방하기 위하여 필요한 지구
보호지구*	문화재, 중요 시설물(항만, 공항 등 대통령령으로 정하는 시설물을 말한다) 및 문화적 · 생태적으로 보존가치가 큰 지역의 보호와 보존을 위하여 필요한 지구
취락지구*	녹지지역 · 관리지역 · 농림지역 · 자연환경보전지역 · 개발제한구역 또는 도시자연공원구역의 취락을 정비하기 위한 지구

개발진흥지구*	주거기능 · 상업기능 · 공업기능 · 유통물류기능 · 관광기능 · 휴양기능 등을 집중적으로 개발 · 정비할 필요가 있는 지구
특정용도제한지구	주거 및 교육 환경 보호나 청소년 보호 등의 목적으로 오염물질 배출시설, 청소년 유해시설 등 특정시설의 입지를 제한할 필요가 있는 지구
복합용도지구	지역의 토지이용 상황, 개발 수요 및 주변 여건 등을 고려하여 효율적이고 복합적인 토지이용을 도모하기 위하여 특정시설의 입지를 완화할 필요가 있는 지구
그밖의 대통령령으로 지정하는 지구	

* 표시 : 세분되는 용도지구

(3) 용도지구의 세분

국토교통부장관, 시 · 도지사 또는 대도시 시장은 필요하다고 인정되면 용도지구를 도시 · 군관리계획결정으로 다시 세분하여 지정하거나 변경할 수 있다(법 37조 2항). 국토계획및이용에 관한법률 시행령에 의하면 경관지구 · 방재지구 · 보호지구 · 취락지구 및 개발진흥지구를 〈다음 각 호〉와 같이 세분하여 지정할 수 있다(영 31조 2항).

용도지구	세분	지정목적
경관지구	자연경관지구	산지 · 구릉지 등 자연경관을 보호하거나 유지하기 위하여 필요한 지구
	시가지경관지구	지역 내 주거지, 중심지 등 시가지의 경관을 보호 또는 유지하거나 형성하기 위하여 필요한 지구
	특화경관지구	지역 내 주요 수계의 수변 또는 문화적 보존가치가 큰 건축물 주변의 경관 등 특별한 경관을 보호 또는 유지하거나 형성하기 위하여 필요한 지구
방재지구	시가지방재지구	건축물 · 인구가 밀집되어 있는 지역으로서 시설 개선 등을 통하여 재해 예방이 필요한 지구
	자연방재지구	토지의 이용도가 낮은 해안변, 하천변, 급경사지 주변 등의 지역으로서 건축 제한 등을 통하여 재해 예방이 필요한 지구
보호지구	역사문화환경보호지구	문화재 · 전통사찰 등 역사 · 문화적으로 보존가치가 큰 시설 및 지역의 보호와 보존을 위하여 필요한 지구
	중요시설물보호지구	중요시설물(제1항에 따른 시설물을 말한다. 이하 같다)의 보호와 기능의 유지 및 증진 등을 위하여 필요한 지구
	상태계보호지구	야생동식물서식처 등 생태적으로 보존가치가 큰 지역의 보호와 보존을 위하여 필요한 지구

취락지구	자연취락지구	녹지지역 · 관리지역 · 농림지역 또는 자연환경보전지역안의 취락을 정비하기 위하여 필요한 지구
	집단취락지구	개발제한구역안의 취락을 정비하기 위하여 필요한 지구
개발진흥지구	주거개발진흥지구	주거기능을 중심으로 개발 · 정비할 필요가 있는 지구
	산업 · 유통개발진흥지구	공업기능 및 유통 · 물류기능을 중심으로 개발 · 정비할 필요가 있는 지구
	관광 · 휴양개발진흥지구	관광 · 휴양기능을 중심으로 개발 · 정비할 필요가 있는 지구
	복합개발진흥지구	주거기능, 공업기능, 유통 · 물류기능 및 관광 · 휴양기능중 2 이상의 기능을 중심으로 개발 · 정비할 필요가 있는 지구
	특정개발진흥지구	주거기능, 공업기능, 유통 · 물류기능 및 관광 · 휴양기능 외의 기능을 중심으로 특정한 목적을 위하여 개발 · 정비할 필요가 있는 지구

(4) 용도지구 지정의 특례

① 용도지구 외 용도지구 지정

시 · 도지사 또는 대도시 시장은 지역여건상 필요하면 대통령령으로 정하는 기준에 따라 그 시 · 도 또는 대도시의 조례로 용도지구의 명칭 및 지정목적, 건축이나 그 밖의 행위의 금지 및 제한에 관한 사항 등을 정하여 제1항 각 호의 용도지구 외의 용도지구의 지정 또는 변경을 도시 · 군관리계획으로 결정할 수 있다(법 37조 3항).

② 방재지구 지정 의무

시 · 도지사 또는 대도시 시장은 연안침식이 진행 중이거나 우려되는 지역 등 대통령령으로 정하는 지역에 대해서는 방재지구의 지정 또는 변경을 도시 · 군관리계획으로 결정하여야 한다. 이 경우 도시 · 군관리계획의 내용에는 해당 방재지구의 재해저감대책을 포함하여야 한다(법 37조 4항).

③ 복합용도지구 지정

시 · 도지사 또는 대도시 시장은 대통령령으로 정하는 주거지역 · 공업지역 · 관리지역[영 31조 6항 : 일반주거지역 · 일반공업지역 · 계획관리지역]에 복합용도지구를 지정할 수 있다(법 37조 5항).

♣ 복합용도지구의 지정기준 (영 31조 7항)

1. 용도지역의 변경 시 기반시설이 부족해지는 등의 문제가 우려되어 해당 용도지역의 건축제한만을 완화하는 것이 적합한 경우에 지정할 것
2. 간선도로의 교차지(交叉地), 대중교통의 결절지(結節地) 등 토지이용 및 교통 여건의 변화가 큰 지역 또는 용도지역 간의 경계지역, 가로변 등 토지를 효율적으로 활용할 필요가 있는 지역에 지정할 것
3. 용도지역의 지정목적이 크게 저해되지 아니하도록 해당 용도지역 전체 면적의 3분의 1 이하의 범위에서 지정할 것
4. 그 밖에 해당 지역의 체계적 · 계획적인 개발 및 관리를 위하여 지정 대상지가 국토교통부장관이 정하여 고시하는 기준에 적합할 것

3. 용도구역

(1) 의의

"용도구역"이란 토지의 이용 및 건축물의 용도 · 건폐율 · 용적률 · 높이 등에 대한 용도지역 및 용도지구의 제한을 강화하거나 완화하여 따로 정함으로써 시가지의 무질서한 확산방지, 계획적이고 단계적인 토지이용의 도모, 토지이용의 종합적 조정 · 관리 등을 위하여 도시 · 군관리계획으로 결정하는 지역을 말한다(법 2조 17호).

현행 국토의 계획 및 이용에 관한 법률은 [제2절 용도지역 · 용도지구 · 용도구역]에서 용도지역과 용도지구의 유형을 각각 제36조와 제37조에서 명시하고 있으나 용도구역에 대해서는 별도의 유형을 제시하는 조항은 없이 개별 조항으로 제38조(개발제한구역의 지정), 제38조의2(도시자연공원구역의 지정), 제39조(시가화조정구역의 지정), 제40조(수산자원보호구역의 지정), 제40조의3(도시혁신구역의 지정), 제40조의4(복합용도구역의 지정), 제40조의5(입체복합구역의 지정)을 명시하고 있다.

(2) 개발제한구역

① 의의

개발제한구역제도는 도시의 무질서한 확산을 방지하고 자연환경을 보전하기 위하여 도시주변의 일정한 구역을 지정하여 개발행위를 제한하는 제도이다. 흔히 그린벨트(green belt)라고도 부른다. 영국 그린벨트의 역사는 1593년 엘리자베스 1세 당시 런던의 과도한 성장을 방지하고자 런던(London)과 웨스트민스터(Westminster) 시가지 인근의 각 성문으로부터 3마일(약 5km) 이내 구역에 건물의 신축 및 기존 주택의 다세대 공동거주를 금지한 데서 시작됐다고 볼 수 있다.[15] 한국의 경우 1971년 7월 20일 도시계획법 전면개정 시행과 함께 도시의 확산방지 · 도시주변의 자연환경보전등을 위하여 필요한 때에는 도시주변지역을 개발제한구역으로 지정하여, 당해 지정목적에 위배되는 도시계획사업을 할 수 없도록 하였다. 하지만 구역지정으로 인한 과도한 재산권 침해에 대한 보상규정의 미비로 1998년 개발제한구역제도가 헌법 불합치 결정[16]을 받으면서 「개발제한구역의 지정 및 관리에 관한 특별조치법」이 제정되어 2000년 7월 1일부터 시행되었다. 개발제한구역의 보전과 주민의 생활편익의 조화를 도모하며, 개발제한구역으로 지정된 토지에 대하여 정부에 매수를 청구할 수 있도록 함으로써 국민의 재산권을 보장하는 등 위헌의 소지를 없애려는 것임을 제정이유에서 밝히고 있다.

---

15) 영국의 그린벨트 운영과 시사점 : 박준 서울시립대학교 국제도시과학대학원 교수(joon.park@ uos. ac.kr)

16) 헌법재판소 1998. 12. 24. 선고 89헌마214,90헌바16,97헌바78(병합) 전원재판부 [도시계획법제21조에대한위헌소원]

② 지정권자 및 지정목적

개발제한구역의 지정권자는 국토교통부장관이며, ⅰ) 도시의 무질서한 확산을 방지하고 도시주변의 자연환경을 보전하여 도시민의 건전한 생활환경을 확보하기 위하여 도시의 개발을 제한할 필요가 있거나 ⅱ) 국방부장관의 요청이 있어 보안상 도시의 개발을 제한할 필요가 있다고 인정되면 개발제한구역의 지정 또는 변경을 도시·군관리계획으로 결정할 수 있다(법 38조 1항).

③ 개발제한구역의 지정 및 관리에 관한 특별조치법(약칭: 개발제한구역법)

개발제한구역의 지정 또는 변경에 필요한 사항은 따로 개발제한구역법으로 정한다(법 38조 2항). 개발제한구역법에서는 개발제한구역의 지정(조정 또는 해제 포함), 개발제한구역내에서의 행위제한, 취락지구 특례, 개발제한구역내 토지매수제도, 개발제한구역 보전부담금 등에 대해 규정하고 있다.

(3) 도시자연공원구역

① 의의

"도시자연공원구역"은 도시지역안에서 자연환경과 경관을 보호하고 도시민에게 건전한 여가·휴식공간을 제공하기 위하여 산지개발을 제한할 목적으로 지정하는 구역이다.

② 지정권자 및 지정목적

시·도지사 또는 대도시 시장은 ⅰ) 도시의 자연환경 및 경관을 보호하고 ⅱ) 도시민에게 건전한 여가·휴식공간을 제공하기 위하여 도시지역 안에서 식생(植生)이 양호한 산지(山地)의 개발을 제한할 필요가 있다고 인정하면 도시자연공원구역의 지정 또는 변경을 도시·군관리계획으로 결정할 수 있다(법 38조의2 1항).

③ 도시공원 및 녹지 등에 관한 법률(약칭: 공원녹지법)

도시자연공원구역의 지정 또는 변경에 필요한 사항은 따로 공원녹지법으로 정한다. 공원녹지법은 도시에서의 공원녹지의 확충·관리·이용 및 도시녹화 등에 필요한 사항을 규정함으로써 쾌적한 도시환경을 조성하여 건전하고 문화적인 도시생활을 확보하고 공공의 복리를 증진시키는 데에 이바지함을 목적으로 한다.

(4) 시가화조정구역

① 의의

"시가화조정구역"이란 도시지역과 그 주변지역의 무질서한 시가화를 방지하고 계획적·단계적인 개발을 목적으로 일정기간 시가화를 유보하기 위한 지정한 구역이다.

② 지정권자 및 지정목적

시 · 도지사는 직접 또는 관계 행정기관의 장의 요청을 받아 도시지역과 그 주변지역의 무질서한 시가화를 방지하고 계획적 · 단계적인 개발을 도모하기 위하여 대통령령으로 정하는 기간[영 32조 1항 : 5년이상 20년이내] 동안 시가화를 유보할 필요가 있다고 인정되면 시가화조정구역의 지정 또는 변경을 도시 · 군관리계획으로 결정할 수 있다(법 39조 1항).

국토교통부장관은 국가계획과 연계하여 시가화조정구역의 지정 또는 변경이 필요한 경우 직접 시가화조정구역의 지정 또는 변경을 도시 · 군관리계획으로 결정할 수 있다(법 39조 1항 단서).

③ 구역지정의 실효

시가화조정구역의 지정에 관한 도시 · 군관리계획의 결정은 시가화 유보기간이 끝난 날의 다음날부터 그 효력을 잃는다. 즉 시가화조정구역 해제를 위한 별도의 행정절차가 없더라도 효력을 잃는다. 이 경우 국토교통부장관 또는 시 · 도지사는 대통령령으로 정하는 바에 따라 그 사실을 고시하여야 한다(법 39조 2항).

(5) 수산자원보호구역

해양수산부장관은 직접 또는 관계 행정기관의 장의 요청을 받아 수산자원을 보호 · 육성하기 위하여 필요한 공유수면이나 그에 인접한 토지에 대한 수산자원보호구역의 지정 또는 변경을 도시 · 군관리계획으로 결정할 수 있다(법 40조).

(6) 도시혁신구역

① 의의

"도시혁신구역"이란 창의적이고 혁신적인 도시공간 개발을 위해 공간재구조화계획으로 결정하는 용도구역이며, "도시혁신계획"이란 도시혁신구역에서의 토지의 이용 및 건축물의 용도 · 건폐율 · 용적률 · 높이 등의 제한에 관한 사항을 따로 정하기 위하여 공간재구조화계획으로 결정하는 도시 · 군관리계획을 말한다(법 2조 5의5호).

② 지정권자

공간재구조화계획 결정권자, 즉 시 · 도지사 또는 국토교통부장관이 도시혁신구역을 지정한다(법 40조의3 1항).

③ 지정대상

〈다음 각 호〉의 어느 하나에 해당하는 지역을 도시혁신구역으로 지정할 수 있다(법 40조의3 1항).

1. 도시 · 군기본계획에 따른 도심 · 부도심 또는 생활권의 중심지역
2. 주요 기반시설과 연계하여 지역의 거점 역할을 수행할 수 있는 지역
3. 그 밖에 도시공간의 창의적이고 혁신적인 개발이 필요하다고 인정되는 경우로서 대통령령(영 32조의3)으로 정하는 지역
   - 유휴토지 또는 대규모 시설의 이전부지
   - 그 밖에 도시공간의 창의적이고 혁신적인 개발이 필요하다고 인정되는 지역으로서 해당 시 · 도의 도시 · 군계획조례로 정하는 지역

④ 도시혁신계획의 내용

도시혁신계획에는 도시혁신구역의 지정 목적을 이루기 위하여 〈다음 각 호〉에 관한 사항이 포함되어야 한다(법 40조의3 2항).

1. 용도지역 · 용도지구, 도시 · 군계획시설 및 지구단위계획의 결정에 관한 사항
2. 주요 기반시설의 확보에 관한 사항
3. 건축물의 건폐율 · 용적률 · 높이에 관한 사항
4. 건축물의 용도 · 종류 및 규모 등에 관한 사항
5. 제83조의3에 따른 다른 법률 규정 적용의 완화 또는 배제에 관한 사항
6. 도시혁신구역 내 개발사업 및 개발사업의 시행자 등에 관한 사항
7. 그 밖에 도시혁신구역의 체계적 개발과 관리에 필요한 사항

⑤ 도시혁신구역 지정(변경) 및 도시혁신계획 수립

도시혁신구역의 지정 및 변경과 도시혁신계획은 〈다음 각 호〉의 사항을 종합적으로 고려하여 공간재구조화계획으로 결정한다(법 40조의3 3항).

1. 도시혁신구역의 지정 목적
2. 해당 지역의 용도지역 · 기반시설 등 토지이용 현황
3. 도시 · 군기본계획 등 상위계획과의 부합성
4. 주변 지역의 기반시설, 경관, 환경 등에 미치는 영향 및 도시환경 개선 · 정비 효과
5. 도시의 개발 수요 및 지역에 미치는 사회적 · 경제적 파급효과

다른 법률에서 공간재구조화계획의 결정을 의제하고 있는 경우에도 도시혁신구역의 지정과 도시혁신계획의 결정은 반드시 국토의계획및이용에관한법률에 따라야 한다(법 40조의3 4항).

도시혁신구역 지정 및 도시혁신계획 수립을 위하여 공간재구조화계획 결정권자가 공간재구조화계획을 결정하기 위해 관계 행정기관의 장과 협의하는 경우 협의 요청을 받은 기관의 장은 그 요청을 받은 날부터 10일(근무일 기준) 이내에 의견을 회신하여야 한다(법 40조의3 5항).

도시혁신구역 및 도시혁신계획에 관한 도시 · 군관리계획 결정의 실효, 도시혁신구역에서의

건축 등에 관하여 다른 특별한 규정이 없으면 지구단위계획구역 및 지구단위계획의 경우를 준용한다(법 40조의3 6항).

도시혁신구역의 지정 및 변경과 도시혁신계획의 수립 및 변경에 관한 세부적인 사항은 국토교통부장관이 정하여 고시하는 [공간재구조화계획수립지침]에 의한다(법 40조의3 7항).

(7) 복합용도구역

① 의의

"복합용도구역"이란 주거 · 상업 · 산업 · 교육 · 문화 · 의료 등 다양한 도시기능이 융복합된 공간의 조성을 목적으로 공간재구조화계획으로 결정하는 용도구역을 말하며, "복합용도계획"이란 복합용도구역에서의 건축물의 용도별 구성비율 및 건폐율 · 용적률 · 높이 등의 제한에 관한 사항을 따로 정하기 위하여 공간재구조화계획으로 결정하는 도시 · 군관리계획을 말한다(법 2조 5의6호).

② 지정권자

공간재구조화계획 결정권자, 즉 시 · 도지사 또는 국토교통부장관이 복합용도구역을 지정한다(법 40조의4 1항).

③ 지정대상

〈다음 각 호〉의 어느 하나에 해당하는 지역을 복합용도구역으로 지정할 수 있다(법 40조의4 1항).

1. 산업구조 또는 경제활동의 변화로 복합적 토지이용이 필요한 지역
2. 노후 건축물 등이 밀집하여 단계적 정비가 필요한 지역
3. 그 밖에 복합된 공간이용을 촉진하고 다양한 도시공간을 조성하기 위하여 계획적 관리가 필요하다고 인정되는 경우로서 대통령령으로 정하는 지역

④ 복합용도계획의 내용

복합용도계획에는 복합용도구역의 지정 목적을 이루기 위하여 〈다음 각 호〉에 관한 사항이 포함되어야 한다(법 40조의4 2항).

1. 용도지역 · 용도지구, 도시 · 군계획시설 및 지구단위계획의 결정에 관한 사항
2. 주요 기반시설의 확보에 관한 사항
3. 건축물의 용도별 복합적인 배치비율 및 규모 등에 관한 사항
4. 건축물의 건폐율 · 용적률 · 높이에 관한 사항
5. 제83조의4에 따른 특별건축구역계획에 관한 사항
6. 그 밖에 복합용도구역의 체계적 개발과 관리에 필요한 사항

⑤ 복합용도구역 지정(변경) 및 복합용도계획 수립

복합용도구역의 지정 및 변경과 복합용도계획은 〈다음 각 호〉의 사항을 종합적으로 고려하여 공간재구조화계획으로 결정한다(법 40조의4 3항).

1. 복합용도구역의 지정 목적
2. 해당 지역의 용도지역 · 기반시설 등 토지이용 현황
3. 도시 · 군기본계획 등 상위계획과의 부합성
4. 주변 지역의 기반시설, 경관, 환경 등에 미치는 영향 및 도시환경 개선 · 정비 효과

복합용도구역 및 복합용도계획에 관한 도시 · 군관리계획 결정의 실효, 복합용도구역에서의 건축 등에 관하여 다른 특별한 규정이 없으면 지구단의계획구역 및 지구단위계획의 경우[제53조 및 제54조]를 준용한다(법 40조의4 4항).

복합용도구역의 지정 및 변경과 복합용도계획의 수립 및 변경에 관한 세부적인 사항은 국토교통부장관이 정하여 고시하는 [공간재구조화계획수립지침]을 준용한다(법 40조의4 5항).

(8) 도시 · 군계획시설 입체복합구역

① 의의

"도시 · 군계획시설입체복합구역"이란 도시군계획시설을 입체복합적으로 활용하기 위하여 도시 · 군계획시설이 결정된 토지의 전부 또는 일부에 지정하는 구역을 말한다(법 40조의5 1항).

② 지정권자

도시 · 군계획시설입체복합구역은 법 제29조에 따른 도시 · 군관리계획 결정권자가 지정한다(법 40조의5 1항). 즉 시장 · 군수등, 대도시시장, 국토교통부장관이 지정한다.

③ 지정대상

〈다음 각 호〉의 어느 하나에 해당하는 경우 입체복합구역으로 지정할 수 있다(법 40조의5 1항).

1. 도시 · 군계획시설 준공 후 10년이 경과한 경우로서 해당 시설의 개량 또는 정비가 필요한 경우
2. 주변지역 정비 또는 지역경제 활성화를 위하여 기반시설의 복합적 이용이 필요한 경우
3. 첨단기술을 적용한 새로운 형태의 기반시설 구축 등이 필요한 경우
4. 그 밖에 효율적이고 복합적인 도시 · 군계획시설의 조성을 위하여 필요한 경우로서 대통령령으로 정하는 경우

④ 건축제한

입체복합구역에서의 도시 · 군계획시설과 도시 · 군계획시설이 아닌 시설에 대한 건축물이나 그 밖의 시설의 용도 · 종류 및 규모 등의 제한(이하 이 조에서 "건축제한"이라 한다), 건폐율, 용적률, 높이 등은 이 법 또는 다른 법률의 규정에도 불구하고 대통령령으로 정하는 범위에서

따로 정할 수 있다. 다만, 다른 법률에 따라 정하여진 건축제한, 건폐율, 용적률, 높이 등을 완화하는 경우에는 미리 관계 기관의 장과 협의하여야 한다(법 40조의5 2항).

건폐율과 용적률은 제77조 및 제78조에 따라 대통령령으로 정하고 있는 해당 용도지역별 최대한도의 200퍼센트 이하로 한다(법 40조의5 3항).

(9) 도시혁신구역, 복합용도구역, 입체복합구역에 대한 공공시설등의 설치비용 등

도시혁신구역, 복합용도구역, 입체복합구역 안에서 개발사업이나 개발행위를 하려는 자는 건축물이나 그 밖의 시설의 용도, 건폐율, 용적률 등의 건축제한 완화 또는 행위제한 완화로 인한 토지가치 상승분(감정평가법인등이 해당 구역에 따른 계획 등의 변경 전 · 후에 대하여 각각 감정평가한 토지가액의 차이)의 범위에서 해당 구역 안에 공공시설등의 부지를 제공하거나 공공시설등을 설치하여 제공하도록 하여야 한다(법 40조의6 1항).

공공시설등의 부지제공과 설치, 비용납부 등에 관하여는 지구단위계획구역에서의 공공시설등의 설치비용[제52조의2제2항부터 제6항까지]를 준용한다(법 40조의6 2항).

제3절 용도지역·용도지구·용도구역 안에서의 행위제한

1. 서 설

(1) 행위제한의 기준

도시군계획이 정하는 목적과 방향으로 토지 이용을 유도하기 위하여 각각의 용도지역과 용도지구 및 용도구역 별로 건축물의 건축 등의 행위를 일정 범위에서 제한하고 있다. 이는 국토의 계획적이고 체계적인 개발과 효율적 이용을 위해서 불가피한 조치이다. 하지만 사유재산이 보호되는 국가체제에서 일반국민의 입장에서는 자신의 재산권 행사가 제한되는 매우 민감한 문제이다. 따라서 법령으로 일정한 행위를 제한할때는 필요한 최소한의 범위에서 이루어져야 하며, 해석에 다툼의 여지가 발생하지 않도록 최대한 명확하고 구체적으로 표시할 필요가 있다.

건축물이나 그 밖의 시설의 용도 · 종류 및 규모 등의 제한은 해당 용도지역과 용도지구의 지정목적에 적합하여야 하며, 변경하는 경우에도 변경 후의 건축물이나 그 밖의 시설의 용도 · 종류 및 규모 등은 용도지역과 용도지구에 맞아야 한다(법 76조 3항 및 4항).

(2) 행위제한의 특칙

i) 〈다음 각 호〉의 어느 하나에 해당하는 경우의 건축물이나 그 밖의 시설의 용도 · 종류

및 규모 등의 제한에 관하여는 제1항부터 제4항까지의 규정[용도지역 · 지구에서의 일반적 행위제한]에도 불구하고 각 호에서 정하는 바에 따른다(법 76조 5항).

> 1. 취락지구에서는 취락지구의 지정목적 범위에서 대통령령으로 따로 정한다.
> 1의2. 개발진흥지구에서는 개발진흥지구의 지정목적 범위에서 대통령령으로 따로 정한다.
> 1의3. 복합용도지구에서는 복합용도지구의 지정목적 범위에서 대통령령으로 따로 정한다.
> 2. 「산업입지 및 개발에 관한 법률」에 따른 농공단지에서는 같은 법에서 정하는 바에 따른다.
> 3. 농림지역 중 농업진흥지역, 보전산지 또는 초지인 경우에는 각각 「농지법」, 「산지관리법」 또는 「초지법」에서 정하는 바에 따른다.
> 4. 자연환경보전지역 중 「자연공원법」에 따른 공원구역, 「수도법」에 따른 상수원보호구역, 「문화재보호법」에 따라 지정된 지정문화재 또는 천연기념물과 그 보호구역, 「해양생태계의 보전 및 관리에 관한 법률」에 따른 해양보호구역인 경우에는 각각 「자연공원법」, 「수도법」 또는 「문화재보호법」 또는 「해양생태계의 보전 및 관리에 관한 법률」에서 정하는 바에 따른다.
> 5. 자연환경보전지역 중 수산자원보호구역인 경우에는 「수산자원관리법」에서 정하는 바에 따른다.

ii) 보전관리지역이나 생산관리지역에 대하여 농림축산식품부장관 · 해양수산부장관 · 환경부장관 또는 산림청장이 농지 보전, 자연환경 보전, 해양환경 보전 또는 산림 보전에 필요하다고 인정하는 경우에는 「농지법」, 「자연환경보전법」, 「야생생물 보호 및 관리에 관한 법률」, 「해양생태계의 보전 및 관리에 관한 법률」 또는 「산림자원의 조성 및 관리에 관한 법률」에 따라 건축물이나 그 밖의 시설의 용도 · 종류 및 규모 등을 제한할 수 있다. 이 경우 이 법에 따른 제한의 취지와 형평을 이루도록 하여야 한다(법 76조 6항).

2. 용도지역 안에서의 행위제한

(1) 건축제한

용도지역에서의 건축물이나 그 밖의 시설의 용도 · 종류 및 규모 등의 제한에 관한 사항은 대통령령으로 정한다(법 76조 1항). 이에 따라 시행령 제71조 제1항에서는 용도지역안에서의 건축물의 용도 · 종류 및 규모 등의 제한(이하 "건축제한")은 다음과 같이 정하고 있다.

1) 제1종전용주거지역안에서 건축할 수 있는 건축물: 별표 2에 규정된 건축물

> 1. 건축할 수 있는 건축물
> 가. 「건축법 시행령」 별표 1 제1호의 단독주택(다가구주택을 제외한다)
> 나. 「건축법 시행령」 별표 1 제3호가목부터 바목까지 및 사목(공중화장실 · 대피소, 그 밖에 이와 비슷한 것 및 지역아동센터는 제외한다)의 제1종 근린생활시설로서 해당 용도에 쓰이는 바닥면적의 합계가 1천제곱미터 미만인 것

2. 도시 · 군계획조례가 정하는 바에 의하여 건축할 수 있는 건축물

가. 「건축법 시행령」 별표 1 제1호의 단독주택 중 다가구주택

나. 「건축법 시행령」 별표 1 제2호의 공동주택 중 연립주택 및 다세대주택

다. 「건축법 시행령」 별표 1 제3호사목(공중화장실 · 대피소, 그 밖에 이와 비슷한 것 및 지역아동센터만 해당한다) 및 아목에 따른 제1종 근린생활시설로서 해당 용도에 쓰이는 바닥면적의 합계가 1천제곱미터 미만인 것

라. 「건축법 시행령」 별표 1 제4호의 제2종 근린생활시설 중 종교집회장

마. 「건축법 시행령」 별표 1 제5호의 문화 및 집회시설 중 같은 호 라목[박물관, 미술관, 체험관(「건축법 시행령」 제2조제16호에 따른 한옥으로 건축하는 것만 해당한다) 및 기념관에 한정한다]에 해당하는 것으로서 그 용도에 쓰이는 바닥면적의 합계가 1천제곱미터 미만인 것

바. 「건축법 시행령」 별표 1 제6호의 종교시설에 해당하는 것으로서 그 용도에 쓰이는 바닥면적의 합계가 1천제곱미터 미만인 것

사. 「건축법 시행령」 별표 1 제10호의 교육연구시설 중 유치원 · 초등학교 · 중학교 및 고등학교

아. 「건축법 시행령」 별표 1 제11호의 노유자시설

자. 「건축법 시행령」 별표 1 제20호의 자동차관련시설 중 주차장

2) 제2종전용주거지역안에서 건축할 수 있는 건축물 : 별표 3에 규정된 건축물

1. 건축할 수 있는 건축물

가. 「건축법 시행령」 별표 1 제1호의 단독주택

나. 「건축법 시행령」 별표 1 제2호의 공동주택

다. 「건축법 시행령」 별표 1 제3호의 제1종 근린생활시설로서 당해 용도에 쓰이는 바닥면적의 합계가 1천제곱미터 미만인 것

2. 도시 · 군계획조례가 정하는 바에 의하여 건축할 수 있는 건축물

가. 「건축법 시행령」 별표 1 제4호의 제2종 근린생활시설 중 종교집회장

나. 「건축법 시행령」 별표 1 제5호의 문화 및 집회시설 중 같은 호 라목[박물관, 미술관, 체험관(「건축법 시행령」 제2조제16호에 따른 한옥으로 건축하는 것만 해당한다) 및 기념관에 한정한다]에 해당하는 것으로서 그 용도에 쓰이는 바닥면적의 합계가 1천제곱미터 미만인 것

다. 「건축법 시행령」 별표 1 제6호의 종교시설에 해당하는 것으로서 그 용도에 쓰이는 바닥면적의 합계가 1천제곱미터 미만인 것

라. 「건축법 시행령」 별표 1 제10호의 교육연구시설 중 유치원 · 초등학교 · 중학교 및 고등학교

마. 「건축법 시행령」 별표 1 제11호의 노유자시설

바. 「건축법 시행령」 별표 1 제20호의 자동차관련시설 중 주차장

3) 제1종일반주거지역안에서 건축할 수 있는 건축물 : 별표 4에 규정된 건축물

1. 건축할 수 있는 건축물[4층 이하(「주택법 시행령」 제10조제1항제2호에 따른 단지형 연립주택 및 같은 항 제3호에 따른 단지형 다세대주택인 경우에는 5층 이하를 말하며, 단지형 연립주택의 1층 전부를 필로티 구조로 하여 주차장으로 사용하는 경우에는 필로티 부분을 층수에서 제외하고, 단지형 다세대주택의 1층 바닥면적의 2분의 1 이상을 필로티 구조로 하여 주차장으로 사용하고 나머지 부분을 주택 외의 용도로 쓰는 경우에는 해당 층을 층수에서 제외한다. 이하 이 호에서 같다)의 건축물만 해당한다. 다만, 4층 이하의 범위에서 도시·군계획조례로 따로 층수를 정하는 경우에는 그 층수 이하의 건축물만 해당한다]
   가. 「건축법 시행령」 별표 1 제1호의 단독주택
   나. 「건축법 시행령」 별표 1 제2호의 공동주택(아파트를 제외한다)
   다. 「건축법 시행령」 별표 1 제3호의 제1종 근린생활시설
   라. 「건축법 시행령」 별표 1 제10호의 교육연구시설 중 유치원·초등학교·중학교 및 고등학교
   마. 「건축법 시행령」 별표 1 제11호의 노유자시설
2. 도시·군계획조례가 정하는 바에 의하여 건축할 수 있는 건축물(4층 이하의 건축물에 한한다. 다만, 4층 이하의 범위안에서 도시·군계획조례로 따로 층수를 정하는 경우에는 그 층수 이하의 건축물에 한한다)
   가. 「건축법 시행령」 별표 1 제4호의 제2종 근린생활시설(단란주점 및 안마시술소를 제외한다)
   나. 「건축법 시행령」 별표 1 제5호의 문화 및 집회시설(공연장 및 관람장을 제외한다)
   다. 「건축법 시행령」 별표 1 제6호의 종교시설
   라. 「건축법 시행령」 별표 1 제7호의 판매시설 중 같은 호 나목 및 다목(일반게임제공업의 시설은 제외한다)에 해당하는 것으로서 해당용도에 쓰이는 바닥면적의 합계가 2천제곱미터 미만인 것(너비 15미터 이상의 도로로서 도시·군계획조례가 정하는 너비 이상의 도로에 접한 대지에 건축하는 것에 한한다)과 기존의 도매시장 또는 소매시장을 재건축하는 경우로서 인근의 주거환경에 미치는 영향, 시장의 기능회복 등을 고려하여 도시·군계획조례가 정하는 경우에는 해당용도에 쓰이는 바닥면적의 합계의 4배 이하 또는 대지면적의 2배 이하인 것
   마. 「건축법 시행령」 별표 1 제9호의 의료시설(격리병원을 제외한다)
   바. 「건축법 시행령」 별표 1 제10호의 교육연구시설 중 제1호 라목에 해당하지 아니하는 것
   사. 「건축법 시행령」 별표 1 제12호의 수련시설(유스호스텔의 경우 특별시 및 광역시 지역에서는 너비 15미터 이상의 도로에 20미터 이상 접한 대지에 건축하는 것에 한하며, 그 밖의 지역에서는 너비 12미터 이상의 도로에 접한 대지에 건축하는 것에 한한다)
   아. 「건축법 시행령」 별표 1 제13호의 운동시설(옥외 철탑이 설치된 골프연습장을 제외한다)
   자. 「건축법 시행령」 별표 1 제14호의 업무시설 중 오피스텔로서 그 용도에 쓰이는 바닥면적의 합계가 3천제곱미터 미만인 것
   차. 「건축법 시행령」 별표 1 제17호의 공장 중 인쇄업, 기록매체복제업, 봉제업(의류편조업을 포함한다), 컴퓨터 및 주변기기제조업, 컴퓨터 관련 전자제품조립업, 두부제조업, 세탁업의 공장 및 지식산업센터로서 다음의 어느 하나에 해당하지 아니하는 것

(1) 「대기환경보전법」 제2조제9호에 따른 특정대기유해물질이 같은 법 시행령 제11조제1항 제1호에 따른 기준 이상으로 배출되는 것

(2) 「대기환경보전법」 제2조제11호에 따른 대기오염물질배출시설에 해당하는 시설로서 같은 법 시행령 별표 1의3에 따른 1종사업장 내지 4종사업장에 해당하는 것

(3) 「물환경보전법」 제2조제8호에 따른 특정수질유해물질이 같은 법 시행령 제31조제1항제1호에 따른 기준 이상으로 배출되는 것. 다만, 동법 제34조에 따라 폐수무방류배출시설의 설치허가를 받아 운영하는 경우를 제외한다.

(4) 「물환경보전법」 제2조제10호에 따른 폐수배출시설에 해당하는 시설로서 같은 법 시행령 별표 13에 따른 제1종사업장부터 제4종사업장까지에 해당하는 것

(5) 「폐기물관리법」 제2조제4호에 따른 지정폐기물을 배출하는 것

(6) 「소음 · 진동관리법」 제7조에 따른 배출허용기준의 2배 이상인 것

카. 「건축법 시행령」 별표 1 제17호의 공장 중 떡 제조업 및 빵 제조업(이에 딸린 과자 제조업을 포함한다. 이하 같다)의 공장으로서 다음 요건을 모두 갖춘 것

(1) 해당 용도에 쓰이는 바닥면적의 합계가 1천제곱미터 미만일 것

(2) 「악취방지법」에 따른 악취배출시설인 경우에는 악취방지시설 등 악취방지에 필요한 조치를 하였을 것

(3) 차목(1)부터 (6)까지의 어느 하나에 해당하지 아니할 것. 다만, 도시 · 군계획조례로 「대기환경보전법」, 「물환경보전법」 및 「소음 · 진동관리법」에 따른 설치 허가 · 신고 대상 시설의 건축을 제한한 경우에는 그 건축제한시설에도 해당하지 아니하여야 한다.

(4) 해당 특별시장 · 광역시장 · 특별자치시장 · 특별자치도지사 · 시장 또는 군수가 해당 지방도시계획위원회의 심의를 거쳐 인근의 주거환경 등에 미치는 영향 등이 적다고 인정하였을 것

타. 「건축법 시행령」 별표 1 제18호의 창고시설

파. 「건축법 시행령」 별표 1 제19호의 위험물저장 및 처리시설 중 주유소, 석유판매소, 액화가스 취급소 · 판매소, 도료류 판매소, 「대기환경보전법」에 따른 저공해자동차의 연료공급시설, 시내버스차고지에 설치하는 액화석유가스충전소 및 고압가스충전 · 저장소

하. 「건축법 시행령」 별표 1 제20호의 자동차관련시설 중 주차장 및 세차장

거. 「건축법 시행령」 별표 1 제21호의 동물 및 식물관련시설 중 화초 및 분재 등의 온실

너. 「건축법 시행령」 별표 1 제23호의 교정시설

더. 「건축법 시행령」 별표 1 제23호의2의 국방 · 군사시설

러. 「건축법 시행령」 별표 1 제24호의 방송통신시설

머. 「건축법 시행령」 별표 1 제25호의 발전시설

버. 「건축법 시행령」 별표 1 제29호의 야영장 시설

4) 제2종일반주거지역안에서 건축할 수 있는 건축물 : 별표 5에 규정된 건축물

1. 건축할 수 있는 건축물(경관관리 등을 위하여 도시 · 군계획조례로 건축물의 층수를 제한하는 경우에는 그 층수 이하의 건축물로 한정한다)
   가. 「건축법 시행령」 별표 1 제1호의 단독주택
   나. 「건축법 시행령」 별표 1 제2호의 공동주택
   다. 「건축법 시행령」 별표 1 제3호의 제1종 근린생활시설
   라. 「건축법 시행령」 별표 1 제6호의 종교시설
   마. 「건축법 시행령」 별표 1 제10호의 교육연구시설 중 유치원 · 초등학교 · 중학교 및 고등학교
   바. 「건축법 시행령」 별표 1 제11호의 노유자시설
2. 도시 · 군계획조례가 정하는 바에 따라 건축할 수 있는 건축물(경관관리 등을 위하여 도시 · 군계획조례로 건축물의 층수를 제한하는 경우에는 그 층수 이하의 건축물로 한정한다)
   가. 「건축법 시행령」 별표 1 제4호의 제2종 근린생활시설(단란주점 및 안마시술소를 제외한다)
   나. 「건축법 시행령」 별표 1 제5호의 문화 및 집회시설(관람장을 제외한다)
   다. 「건축법 시행령」 별표 제7호의 판매시설 중 같은 호 나목 및 다목(일반게임제공업의 시설은 제외한다)에 해당하는 것으로서 당해 용도에 쓰이는 바닥면적의 합계가 2천제곱미터 미만인 것(너비 15미터 이상의 도로로서 도시 · 군계획조례가 정하는 너비 이상의 도로에 접한 대지에 건축하는 것에 한한다)과 기존의 도매시장 또는 소매시장을 재건축하는 경우로서 인근의 주거환경에 미치는 영향, 시장의 기능회복 등을 고려하여 도시 · 군계획조례가 정하는 경우에는 당해 용도에 쓰이는 바닥면적의 합계의 4배 이하 또는 대지면적의 2배 이하인 것
   라. 「건축법 시행령」 별표 1 제9호의 의료시설(격리병원을 제외한다)
   마. 「건축법 시행령」 별표 1 제10호의 교육연구시설 중 제1호 마목에 해당하지 아니하는 것
   바. 「건축법 시행령」 별표 1 제12호의 수련시설(유스호스텔의 경우 특별시 및 광역시 지역에서는 너비 15미터 이상의 도로에 20미터 이상 접한 대지에 건축하는 것에 한하며, 그 밖의 지역에서는 너비 12미터 이상의 도로에 접한 대지에 건축하는 것에 한한다)
   사. 「건축법 시행령」 별표 1 제13호의 운동시설
   아. 「건축법 시행령」 별표 1 제14호의 업무시설 중 오피스텔 · 금융업소 · 사무소 및 동호 가목에 해당하는 것으로서 해당용도에 쓰이는 바닥면적의 합계가 3천제곱미터 미만인 것
   자. 별표 4 제2호차목 및 카목의 공장
   차. 「건축법 시행령」 별표 1 제18호의 창고시설
   카. 「건축법 시행령」 별표 1 제19호의 위험물저장 및 처리시설 중 주유소, 석유판매소, 액화가스 취급소 · 판매소, 도료류 판매소, 「대기환경보전법」에 따른 저공해자동차의 연료공급시설, 시내버스차고지에 설치하는 액화석유가스충전소 및 고압가스충전 · 저장소
   타. 「건축법 시행령」 별표 1 제20호의 자동차관련시설 중 동호 아목에 해당하는 것과 주차장 및 세차장
   파. 「건축법 시행령」 별표 1 제21호마목부터 사목까지의 규정에 따른 시설 및 같은 호 아목에 따른 시설 중 식물과 관련된 마목부터 사목까지의 규정에 따른 시설과 비슷한 것

하. 「건축법 시행령」 별표 1 제23호의 교정시설
거. 「건축법 시행령」 별표 1 제23호의2의 국방 · 군사시설
너. 「건축법 시행령」 별표 1 제24호의 방송통신시설
더. 「건축법 시행령」 별표 1 제25호의 발전시설
러. 「건축법 시행령」 별표 1 제29호의 야영장 시설

5) 제3종일반주거지역안에서 건축할 수 있는 건축물 : 별표 6에 규정된 건축물

1. 건축할 수 있는 건축물
   가. 「건축법 시행령」 별표 1 제1호의 단독주택
   나. 「건축법 시행령」 별표 1 제2호의 공동주택
   다. 「건축법 시행령」 별표 1 제3호의 제1종 근린생활시설
   라. 「건축법 시행령」 별표 1 제6호의 종교시설
   마. 「건축법 시행령」 별표 1 제10호의 교육연구시설 중 유치원 · 초등학교 · 중학교 및 고등학교
   바. 「건축법 시행령」 별표 1 제11호의 노유자시설
2. 도시 · 군계획조례가 정하는 바에 의하여 건축할 수 있는 건축물
   가. 「건축법 시행령」 별표 1 제4호의 제2종 근린생활시설(단란주점 및 안마시술소를 제외한다)
   나. 「건축법 시행령」 별표 1 제5호의 문화 및 집회시설(관람장을 제외한다)
   다. 「건축법 시행령」 별표 1 제7호의 판매시설 중 같은 호 나목 및 다목(일반게임제공업의 시설은 제외한다)에 해당하는 것으로서 당해 용도에 쓰이는 바닥면적의 합계가 2천제곱미터 미만인 것(너비 15미터 이상의 도로로서 도시 · 군계획조례가 정하는 너비 이상의 도로에 접한 대지에 건축하는 것에 한한다)과 기존의 도매시장 또는 소매시장을 재건축하는 경우로서 인근의 주거환경에 미치는 영향, 시장의 기능회복 등을 고려하여 도시 · 군계획조례가 정하는 경우에는 당해 용도에 쓰이는 바닥면적의 합계의 4배 이하 또는 대지면적의 2배 이하인 것
   라. 「건축법 시행령」 별표 1 제9호의 의료시설(격리병원을 제외한다)
   마. 「건축법 시행령」 별표 1 제10호의 교육연구시설 중 제1호 마목에 해당하지 아니하는 것
   바. 「건축법 시행령」 별표 1 제12호의 수련시설(유스호스텔의 경우 특별시 및 광역시 지역에서는 너비 15미터 이상의 도로에 20미터 이상 접한 대지에 건축하는 것에 한하며, 그 밖의 지역에서는 너비 12미터 이상의 도로에 접한 대지에 건축 하는 것에 한한다)
   사. 「건축법 시행령」 별표 1 제13호의 운동시설
   아. 「건축법 시행령」 별표 1 제14호의 업무시설로서 그 용도에 쓰이는 바닥면적의 합계가 3천제곱미터 이하인 것
   자. 별표 4 제2호차목 및 카목의 공장
   차. 「건축법 시행령」 별표 1 제18호의 창고시설
   카. 「건축법 시행령」 별표 1 제19호의 위험물저장 및 처리시설 중 주유소, 석유판매소, 액화가스 취급소 · 판매소, 도료류 판매소, 「대기환경보전법」에 따른 저공해자동차의 연료공급시

설, 시내버스차고지에 설치하는 액화석유가스충전소 및 고압가스충전 · 저장소
타. 「건축법 시행령」 별표 1 제20호의 자동차관련시설 중 동호 아목에 해당하는 것과 주차장 및 세차장
파. 「건축법 시행령」 별표 1 제21호마목부터 사목까지의 규정에 따른 시설 및 같은 호 아목에 따른 시설 중 식물과 관련된 마목부터 사목까지의 규정에 따른 시설과 비슷한 것
하. 「건축법 시행령」 별표 1 제23호의 교정시설
거. 「건축법 시행령」 별표 1 제23호의2의 국방 · 군사시설
너. 「건축법 시행령」 별표 1 제24호의 방송통신시설
더. 「건축법 시행령」 별표 1 제25호의 발전시설
러. 「건축법 시행령」 별표 1 제29호의 야영장 시설

6) 준주거지역안에서 건축할 수 없는 건축물 : 별표 7에 규정된 건축물

1. 건축할 수 없는 건축물
가. 「건축법 시행령」 별표 1 제4호의 제2종 근린생활시설 중 단란주점
나. 「건축법 시행령」 별표 1 제7호의 판매시설 중 같은 호 다목의 일반게임제공업의 시설
다. 「건축법 시행령」 별표 1 제9호의 의료시설 중 격리병원
라. 「건축법 시행령」 별표 1 제15호의 숙박시설[생활숙박시설로서 공원 · 녹지 또는 지형지물에 따라 주택 밀집지역과 차단되거나 주택 밀집지역으로부터 도시 · 군계획조례로 정하는 거리(건축물의 각 부분을 기준으로 한다) 밖에 건축하는 것은 제외한다]
마. 「건축법 시행령」 별표 1 제16호의 위락시설
바. 「건축법 시행령」 별표 1 제17호의 공장으로서 별표 4 제2호차목(1)부터 (6)까지의 어느 하나에 해당하는 것
사. 「건축법 시행령」 별표 1 제19호의 위험물 저장 및 처리 시설 중 시내버스차고지 외의 지역에 설치하는 액화석유가스 충전소 및 고압가스 충전소 · 저장소(「환경친화적 자동차의 개발 및 보급 촉진에 관한 법률」 제2조제9호의 수소연료공급시설은 제외한다)
아. 「건축법 시행령」 별표 1 제20호의 자동차 관련 시설 중 폐차장
자. 「건축법 시행령」 별표 1 제21호의 가목 · 다목 및 라목에 따른 시설과 같은 호 아목에 따른 시설 중 같은 호 가목 · 다목 또는 라목에 따른 시설과 비슷한 것
차. 「건축법 시행령」 별표 1 제22호의 자원순환 관련 시설
카. 「건축법 시행령」 별표 1 제26호의 묘지 관련 시설
2. 지역 여건 등을 고려하여 도시 · 군계획조례로 정하는 바에 따라 건축할 수 없는 건축물
가. 「건축법 시행령」 별표 1 제4호의 제2종 근린생활시설 중 안마시술소
나. 「건축법 시행령」 별표 1 제5호의 문화 및 집회시설(공연장 및 전시장은 제외한다)
다. 「건축법 시행령」 별표 1 제7호의 판매시설
라. 「건축법 시행령」 별표 1 제8호의 운수시설
마. 「건축법 시행령」 별표 1 제15호의 숙박시설 중 생활숙박시설로서 공원 · 녹지 또는 지형지

물에 의하여 주택 밀집지역과 차단되거나 주택 밀집지역으로부터 도시 · 군계획조례로 정하는 거리(건축물의 각 부분을 기준으로 한다) 밖에 건축하는 것

바. 「건축법 시행령」 별표 1 제17호의 공장(제1호바목에 해당하는 것은 제외한다.)

사. 「건축법 시행령」 별표 1 제18호의 창고시설

아. 「건축법 시행령」 별표 1 제19호의 위험물 저장 및 처리 시설(제1호사목에 해당하는 것은 제외한다)

자. 「건축법 시행령」 별표 1 제20호의 자동차 관련 시설(제1호아목에 해당하는 것은 제외한다)

차. 「건축법 시행령」 별표 1 제21호의 동물 및 식물 관련 시설(제1호자목에 해당하는 것은 제외한다)

카. 「건축법 시행령」 별표 1 제23호의 교정시설

타. 「건축법 시행령」 별표 1 제23호의2의 국방 · 군사시설

파. 「건축법 시행령」 별표 1 제25호의 발전시설

하. 「건축법 시행령」 별표 1 제27호의 관광 휴게시설

거. 「건축법 시행령」 별표 1 제28호의 장례시설

7) 중심상업지역안에서 건축할 수 없는 건축물 : 별표 8에 규정된 건축물

1. 건축할 수 없는 건축물

가. 「건축법 시행령」 별표 1 제1호의 단독주택(다른 용도와 복합된 것은 제외한다)

나. 「건축법 시행령」 별표 1 제2호의 공동주택[공동주택과 주거용 외의 용도가 복합된 건축물(다수의 건축물이 일체적으로 연결된 하나의 건축물을 포함한다)로서 공동주택 부분의 면적이 연면적의 합계의 90퍼센트(도시 · 군계획조례로 90퍼센트 미만의 범위에서 별도로 비율을 정한 경우에는 그 비율) 미만인 것은 제외한다]

다. 「건축법 시행령」 별표 1 제15호의 숙박시설 중 일반숙박시설 및 생활숙박시설. 다만, 다음의 일반숙박시설 또는 생활숙박시설은 제외한다.

(1) 공원 · 녹지 또는 지형지물에 따라 주거지역과 차단되거나 주거지역으로부터 도시 · 군계획조례로 정하는 거리(건축물의 각 부분을 기준으로 한다) 밖에 건축하는 일반숙박시설

(2) 공원 · 녹지 또는 지형지물에 따라 준주거지역 내 주택 밀집지역, 전용주거지역 또는 일반주거지역과 차단되거나 준주거지역 내 주택 밀집지역, 전용주거지역 또는 일반주거지역으로부터 도시 · 군계획조례로 정하는 거리(건축물의 각 부분을 기준으로 한다) 밖에 건축하는 생활숙박시설

라. 「건축법 시행령」 별표 1 제16호의 위락시설[공원 · 녹지 또는 지형지물에 따라 주거지역과 차단되거나 주거지역으로부터 도시 · 군계획조례로 정하는 거리(건축물의 각 부분을 기준으로 한다) 밖에 건축하는 것은 제외한다]

마. 「건축법 시행령」 별표 1 제17호의 공장(제2호바목에 해당하는 것은 제외한다)

바. 「건축법 시행령」 별표 1 제19호의 위험물 저장 및 처리 시설 중 시내버스차고지 외의 지역

에 설치하는 액화석유가스 충전소 및 고압가스 충전소 · 저장소(「환경친화적 자동차의 개발 및 보급 촉진에 관한 법률」 제2조제9호의 수소연료공급시설은 제외한다)

사. 「건축법 시행령」 별표 1 제20호의 자동차 관련 시설 중 폐차장

아. 「건축법 시행령」 별표 1 제21호의 동물 및 식물 관련 시설

자. 「건축법 시행령」 별표 1 제22호의 자원순환 관련 시설

차. 「건축법 시행령」 별표 1 제26호의 묘지 관련 시설

2. 지역 여건 등을 고려하여 도시 · 군계획조례로 정하는 바에 따라 건축할 수 없는 건축물

가. 「건축법 시행령」 별표 1 제1호의 단독주택 중 다른 용도와 복합된 것

나. 「건축법 시행령」 별표 1 제2호의 공동주택(제1호나목에 해당하는 것은 제외한다)

다. 「건축법 시행령」 별표 1 제9호의 의료시설 중 격리병원

라. 「건축법 시행령」 별표 1 제10호의 교육연구시설 중 학교

마. 「건축법 시행령」 별표 1 제12호의 수련시설

바. 「건축법 시행령」 별표 1 제17호의 공장 중 출판업 · 인쇄업 · 금은세공업 및 기록매체복제업의 공장으로서 별표 4 제2호차목(1)부터 (6)까지의 어느 하나에 해당하지 않는 것

사. 「건축법 시행령」 별표 1 제18호의 창고시설

아. 「건축법 시행령」 별표 1 제19호의 위험물 저장 및 처리시설(제1호바목에 해당하는 것은 제외한다)

자. 「건축법 시행령」 별표 1 제20호의 자동차 관련 시설 중 같은 호 나목 및 라목부터 아목까지에 해당하는 것

차. 「건축법 시행령」 별표 1 제23호의 교정시설

카. 「건축법 시행령」 별표 1 제27호의 관광 휴게시설

타. 「건축법 시행령」 별표 1 제28호의 장례시설

파. 「건축법 시행령」 별표 1 제29호의 야영장 시설

8) 일반상업지역안에서 건축할 수 없는 건축물 : 별표 9에 규정된 건축물

1. 건축할 수 없는 건축물

가. 「건축법 시행령」 별표 1 제15호의 숙박시설 중 일반숙박시설 및 생활숙박시설. 다만, 다음의 일반숙박시설 또는 생활숙박시설은 제외한다.

(1) 공원 · 녹지 또는 지형지물에 따라 주거지역과 차단되거나 주거지역으로부터 도시 · 군계획조례로 정하는 거리(건축물의 각 부분을 기준으로 한다) 밖에 건축하는 일반숙박시설

(2) 공원 · 녹지 또는 지형지물에 따라 준주거지역 내 주택 밀집지역, 전용주거지역 또는 일반주거지역과 차단되거나 준주거지역 내 주택 밀집지역, 전용주거지역 또는 일반주거지역으로부터 도시 · 군계획조례로 정하는 거리(건축물의 각 부분을 기준으로 한다) 밖에 건축하는 생활숙박시설

나. 「건축법 시행령」 별표 1 제16호의 위락시설[공원 · 녹지 또는 지형지물에 따라 주거지역과

차단되거나 주거지역으로부터 도시 · 군계획조례로 정하는 거리(건축물의 각 부분을 기준으로 한다) 밖에 건축하는 것은 제외한다]

다. 「건축법 시행령」 별표 1 제17호의 공장으로서 별표 4 제2호차목(1)부터 (6)까지의 어느 하나에 해당하는 것

라. 「건축법 시행령」 별표 1 제19호의 위험물 저장 및 처리 시설 중 시내버스차고지 외의 지역에 설치하는 액화석유가스 충전소 및 고압가스 충전소 · 저장소(「환경친화적 자동차의 개발 및 보급 촉진에 관한 법률」 제2조제9호의 수소연료공급시설은 제외한다)

마. 「건축법 시행령」 별표 1 제20호의 자동차 관련 시설 중 폐차장

바. 「건축법 시행령」 별표 1 제21호가목부터 라목까지의 규정에 따른 시설 및 같은 호 아목에 따른 시설 중 동물과 관련된 가목부터 라목까지의 규정에 따른 시설과 비슷한 것

사. 「건축법 시행령」 별표 1 제22호의 자원순환 관련 시설

아. 「건축법 시행령」 별표 1 제26호의 묘지 관련 시설

2. 지역 여건 등을 고려하여 도시 · 군계획조례로 정하는 바에 따라 건축할 수 없는 건축물

가. 「건축법 시행령」 별표 1 제1호의 단독주택

나. 「건축법 시행령」 별표 1 제2호의 공동주택[공동주택과 주거용 외의 용도가 복합된 건축물(다수의 건축물이 일체적으로 연결된 하나의 건축물을 포함한다)로서 공동주택 부분의 면적이 연면적의 합계의 90퍼센트(도시 · 군계획조례로 90퍼센트 미만의 비율을 정한 경우에는 그 비율) 미만인 것은 제외한다]

다. 「건축법 시행령」 별표 1 제12호의 수련시설

라. 「건축법 시행령」 별표 1 제17호의 공장(제1호다목에 해당하는 것은 제외한다)

마. 「건축법 시행령」 별표 1 제19호의 위험물 저장 및 처리 시설(제1호라목에 해당하는 것은 제외한다)

바. 「건축법 시행령」 별표 1 제20호의 자동차 관련 시설 중 같은 호 라목부터 아목까지에 해당하는 것

사. 「건축법 시행령」 별표 1 제21호의 동물 및 식물 관련 시설(제1호바목에 해당하는 것은 제외한다)

아. 「건축법 시행령」 별표 1 제23호의 교정시설

자. 「건축법 시행령」 별표 1 제29호의 야영장 시설

9) 근린상업지역안에서 건축할 수 없는 건축물 : 별표 10에 규정된 건축물

1. 건축할 수 없는 건축물

가. 「건축법 시행령」 별표 1 제9호의 의료시설 중 격리병원

나. 「건축법 시행령」 별표 1 제15호의 숙박시설 중 일반숙박시설 및 생활숙박시설. 다만, 다음의 일반숙박시설 또는 생활숙박시설은 제외한다.

(1) 공원 · 녹지 또는 지형지물에 따라 주거지역과 차단되거나 주거지역으로부터 도시 · 군계획조례로 정하는 거리(건축물의 각 부분을 기준으로 한다) 밖에 건축하는 일반숙박

시설
(2) 공원 · 녹지 또는 지형지물에 따라 준주거지역 내 주택 밀집지역, 전용주거지역 또는 일반주거지역과 차단되거나 준주거지역 내 주택 밀집지역, 전용주거지역 또는 일반주거지역으로부터 도시 · 군계획조례로 정하는 거리(건축물의 각 부분을 기준으로 한다) 밖에 건축하는 생활숙박시설

다. 「건축법 시행령」 별표 1 제16호의 위락시설[공원 · 녹지 또는 지형지물에 따라 주거지역과 차단되거나 주거지역으로부터 도시 · 군계획조례로 정하는 거리(건축물의 각 부분을 기준으로 한다) 밖에 건축하는 것은 제외한다]

라. 「건축법 시행령」 별표 1 제17호의 공장으로서 별표 4 제2호차목(1)부터 (6)까지의 어느 하나에 해당하는 것

마. 「건축법 시행령」 별표 1 제19호의 위험물 저장 및 처리 시설 중 시내버스차고지 외의 지역에 설치하는 액화석유가스 충전소 및 고압가스 충전소 · 저장소(「환경친화적 자동차의 개발 및 보급 촉진에 관한 법률」 제2조제9호의 수소연료공급시설은 제외한다)

바. 「건축법 시행령」 별표 1 제20호의 자동차 관련 시설 중 같은 호 다목부터 사목까지에 해당하는 것

사. 「건축법 시행령」 별표 1 제21호가목부터 라목까지의 규정에 따른 시설 및 같은 호 아목에 따른 시설 중 동물과 관련된 가목부터 라목까지의 규정에 따른 시설과 비슷한 것

아. 「건축법 시행령」 별표 1 제22호의 자원순환 관련 시설

자. 「건축법 시행령」 별표 1 제26호의 묘지 관련 시설

2. 지역 여건 등을 고려하여 도시 · 군계획조례로 정하는 바에 따라 건축할 수 없는 건축물

가. 「건축법 시행령」 별표 1 제2호의 공동주택[공동주택과 주거용 외의 용도가 복합된 건축물(다수의 건축물이 일체적으로 연결된 하나의 건축물을 포함한다)로서 공동주택 부분의 면적이 연면적의 합계의 90퍼센트(도시 · 군계획조례로 90퍼센트 미만의 범위에서 별도로 비율을 정한 경우에는 그 비율) 미만인 것은 제외한다]

나. 「건축법 시행령」 별표 1 제5호의 문화 및 집회시설(공연장 및 전시장은 제외한다)

다. 「건축법 시행령」 별표 1 제7호의 판매시설로서 그 용도에 쓰이는 바닥면적의 합계가 3천제곱미터 이상인 것

라. 「건축법 시행령」 별표 1 제8호의 운수시설로서 그 용도에 쓰이는 바닥면적의 합계가 3천제곱미터 이상인 것

마. 「건축법 시행령」 별표 1 제16호의 위락시설(제1호다목에 해당하는 것은 제외한다)

바. 「건축법 시행령」 별표 1 제17호의 공장(제1호라목에 해당하는 것은 제외한다)

사. 「건축법 시행령」 별표 1 제18호의 창고시설

아. 「건축법 시행령」 별표 1 제19호의 위험물 저장 및 처리 시설(제1호마목에 해당하는 것은 제외한다)

자. 「건축법 시행령」 별표 1 제20호의 자동차 관련 시설 중 같은 호 아목에 해당하는 것

차. 「건축법 시행령」 별표 1 제21호의 동물 및 식물 관련 시설(제1호사목에 해당하는 것은 제외한다)

카. 「건축법 시행령」 별표 1 제23호의 교정시설
타. 「건축법 시행령」 별표 1 제23호의2의 국방 · 군사시설
파. 「건축법 시행령」 별표 1 제25호의 발전시설
하. 「건축법 시행령」 별표 1 제27호의 관광 휴게시설

10) 유통상업지역안에서 건축할 수 없는 건축물 : 별표 11에 규정된 건축물

1. 건축할 수 없는 건축물
   가. 「건축법 시행령」 별표 1 제1호의 단독주택
   나. 「건축법 시행령」 별표 1 제2호의 공동주택
   다. 「건축법 시행령」 별표 1 제9호의 의료시설
   라. 「건축법 시행령」 별표 1 제15호의 숙박시설 중 일반숙박시설 및 생활숙박시설. 다만, 다음의 일반숙박시설 또는 생활숙박시설은 제외한다.
      (1) 공원 · 녹지 또는 지형지물에 따라 주거지역과 차단되거나 주거지역으로부터 도시 · 군계획조례로 정하는 거리(건축물의 각 부분을 기준으로 한다) 밖에 건축하는 일반숙박시설
      (2) 공원 · 녹지 또는 지형지물에 따라 준주거지역 내 주택 밀집지역, 전용주거지역 또는 일반주거지역과 차단되거나 준주거지역 내 주택 밀집지역, 전용주거지역 또는 일반주거지역으로부터 도시 · 군계획조례로 정하는 거리(건축물의 각 부분을 기준으로 한다) 밖에 건축하는 생활숙박시설
   마. 「건축법 시행령」 별표 1 제16호의 위락시설[공원 · 녹지 또는 지형지물에 따라 주거지역과 차단되거나 주거지역으로부터 도시 · 군계획조례로 정하는 거리(건축물의 각 부분을 기준으로 한다) 밖에 건축하는 것은 제외한다]
   바. 「건축법 시행령」 별표 1 제17호의 공장
   사. 「건축법 시행령」 별표 1 제19호의 위험물 저장 및 처리 시설 중 시내버스차고지 외의 지역에 설치하는 액화석유가스 충전소 및 고압가스 충전소 · 저장소(「환경친화적 자동차의 개발 및 보급 촉진에 관한 법률」 제2조제9호의 수소연료공급시설은 제외한다)
   아. 「건축법 시행령」 별표 1 제21호의 동물 및 식물 관련 시설
   자. 「건축법 시행령」 별표 1 제22호의 자원순환 관련 시설
   차. 「건축법 시행령」 별표 1 제26호의 묘지 관련 시설
2. 지역 여건 등을 고려하여 도시 · 군계획조례로 정하는 바에 따라 건축할 수 없는 건축물
   가. 「건축법 시행령」 별표 1 제4호의 제2종 근린생활시설
   나. 「건축법 시행령」 별표 1 제5호의 문화 및 집회시설(공연장 및 전시장은 제외한다)
   다. 「건축법 시행령」 별표 1 제6호의 종교시설
   라. 「건축법 시행령」 별표 1 제10호의 교육연구시설
   마. 「건축법 시행령」 별표 1 제11호의 노유자시설
   바. 「건축법 시행령」 별표 1 제12호의 수련시설
   사. 「건축법 시행령」 별표 1 제13호의 운동시설

아. 「건축법 시행령」 별표 1 제15호의 숙박시설(제1호라목에 해당하는 것은 제외한다)
자. 「건축법 시행령」 별표 1 제16호의 위락시설(제1호마목에 해당하는 것은 제외한다)
차. 「건축법 시행령」 별표 1 제19호의 위험물 저장 및 처리시설(제1호사목에 해당하는 것은 제외한다)
카. 「건축법 시행령」 별표 1 제20호의 자동차 관련 시설(주차장 및 세차장은 제외한다)
타. 「건축법 시행령」 별표 1 제23호의 교정시설
파. 「건축법 시행령」 별표 1 제23호의2의 국방 · 군사시설
하. 「건축법 시행령」 별표 1 제24호의 방송통신시설
거. 「건축법 시행령」 별표 1 제25호의 발전시설
너. 「건축법 시행령」 별표 1 제27호의 관광 휴게시설
더. 「건축법 시행령」 별표 1 제28호의 장례시설
러. 「건축법 시행령」 별표 1 제29호의 야영장 시설

11) 전용공업지역안에서 건축할 수 있는 건축물 : 별표 12에 규정된 건축물

1. 건축할 수 있는 건축물
가. 「건축법 시행령」 별표 1 제3호의 제1종 근린생활시설
나. 「건축법 시행령」 별표 1 제4호의 제2종 근린생활시설[같은 호 아목 · 자목 · 타목(기원만 해당한다) · 더목 및 러목은 제외한다]
다. 「건축법 시행령」 별표 1 제17호의 공장
라. 「건축법 시행령」 별표 1 제18호의 창고시설
마. 「건축법 시행령」 별표 1 제19호의 위험물저장 및 처리시설
바. 「건축법 시행령」 별표 1 제20호의 자동차관련시설
사. 「건축법 시행령」 별표 1 제22호의 자원순환 관련 시설
아. 「건축법 시행령」 별표 1 제25호의 발전시설
2. 도시 · 군계획조례가 정하는 바에 의하여 건축할 수 있는 건축물
가. 「건축법 시행령」 별표 1 제2호의 공동주택 중 기숙사
나. 「건축법 시행령」 별표 1 제4호의 제2종 근린생활시설 중 같은 호 아목 · 자목 · 타목(기원만 해당한다) 및 러목에 해당하는 것
다. 「건축법 시행령」 별표 1 제5호의 문화 및 집회시설 중 산업전시장 및 박람회장
라. 「건축법 시행령」 별표 1 제7호의 판매시설(해당전용공업지역에 소재하는 공장에서 생산되는 제품을 판매하는 경우에 한한다)
마. 「건축법 시행령」 별표 1 제8호의 운수시설
바. 「건축법 시행령」 별표 1 제9호의 의료시설
사. 「건축법 시행령」 별표 1 제10호의 교육연구시설 중 직업훈련소(「국민 평생 직업능력 개발법」 제2조제3호에 따른 직업능력개발훈련시설과 그 밖에 동법 제32조에 따른 직업능력개발훈련법인이 직업능력개발훈련을 실시하기 위하여 설치한 시설에 한한다) · 학원(기술계

학원에 한한다) 및 연구소(공업에 관련된 연구소, 「고등교육법」에 따른 기술대학에 부설되는 것과 공장대지 안에 부설되는 것에 한한다)
아. 「건축법 시행령」 별표 1 제11호의 노유자시설
자. 「건축법 시행령」 별표 1 제23호의 교정시설
차.「건축법 시행령」 별표 1 제23호의2의 국방 · 군사시설
카. 「건축법 시행령」 별표 1 제24호의 방송통신시설

12) 일반공업지역안에서 건축할 수 있는 건축물 : 별표 13에 규정된 건축물

1. 건축할 수 있는 건축물
가. 「건축법 시행령」 별표 1 제3호의 제1종 근린생활시설
나. 「건축법 시행령」 별표 1 제4호의 제2종 근린생활시설(단란주점 및 안마시술소를 제외한다)
다. 「건축법 시행령」 별표 1 제7호의 판매시설(해당일반공업지역에 소재하는 공장에서 생산되는 제품을 판매하는 시설에 한한다)
라. 「건축법 시행령」 별표 1 제8호의 운수시설
마. 「건축법 시행령」 별표 1 제17호의 공장
바. 「건축법 시행령」 별표 1 제18호의 창고시설
사. 「건축법 시행령」 별표 1 제19호의 위험물저장 및 처리시설
아. 「건축법 시행령」 별표 1 제20호의 자동차관련시설
자. 「건축법 시행령」 별표 1 제22호의 자원순환 관련 시설
차. 「건축법 시행령」 별표 1 제25호의 발전시설
2. 도시 · 군계획조례가 정하는 바에 의하여 건축할 수 있는 건축물
가. 「건축법 시행령」 별표 1 제1호의 단독주택
나. 「건축법 시행령」 별표 1 제2호의 공동주택 중 기숙사
다. 「건축법 시행령」 별표 1 제4호의 제2종 근린생활시설 중 안마시술소
라. 「건축법 시행령」 별표 1 제5호의 문화 및 집회시설 중 동호 라목에 해당하는 것
마. 「건축법 시행령」 별표 1 제6호의 종교시설
바. 「건축법 시행령」 별표 1 제9호의 의료시설
사. 「건축법 시행령」 별표 1 제10호의 교육연구시설
아. 「건축법 시행령」 별표 1 제11호의 노유자시설
자. 「건축법 시행령」 별표 1 제12호의 수련시설
차. 「건축법 시행령」 별표 1 제14호의 업무시설(일반업무시설로서 「산업집적활성화 및 공장설립에 관한 법률」 제2조제13호에 따른 지식산업센터에 입주하는 지원시설에 한정한다)
카. 「건축법 시행령」 별표 1 제21호의 동물 및 식물관련시설
타. 「건축법 시행령」 별표 1 제23호의 교정시설
파. 「건축법 시행령」 별표 1 제23호의2의 국방 · 군사시설
하. 「건축법 시행령」 별표 1 제24호의 방송통신시설
거. 「건축법 시행령」 별표 1 제28호의 장례시설
너. 「건축법 시행령」 별표 1 제29호의 야영장 시설

13) 준공업지역안에서 건축할 수 없는 건축물 : 별표 14에 규정된 건축물

1. 건축할 수 없는 건축물
   가. 「건축법 시행령」 별표 1 제16호의 위락시설
   나. 「건축법 시행령」 별표 1 제26호의 묘지 관련 시설
2. 지역 여건 등을 고려하여 도시 · 군계획조례로 정하는 바에 따라 건축할 수 없는 건축물
   가. 「건축법 시행령」 별표 1 제1호의 단독주택
   나. 「건축법 시행령」 별표 1 제2호의 공동주택(기숙사는 제외한다)
   다. 「건축법 시행령」 별표 1 제4호의 제2종 근린생활시설 중 단란주점 및 안마시술소
   라. 「건축법 시행령」 별표 1 제5호의 문화 및 집회시설(공연장 및 전시장은 제외한다)
   마. 「건축법 시행령」 별표 1 제6호의 종교시설
   바. 「건축법 시행령」 별표 1 제7호의 판매시설(해당 준공업지역에 소재하는 공장에서 생산되는 제품을 판매하는 시설은 제외한다)
   사. 「건축법 시행령」 별표 1 제13호의 운동시설
   아. 「건축법 시행령」 별표 1 제15호의 숙박시설
   자. 「건축법 시행령」 별표 1 제17호의 공장으로서 해당 용도에 쓰이는 바닥면적의 합계가 5천 제곱미터 이상인 것
   차. 「건축법 시행령」 별표 1 제21호의 동물 및 식물 관련 시설
   카. 「건축법 시행령」 별표 1 제23호의 교정시설
   타. 「건축법 시행령」 별표 1 제23호의2의 국방 · 군사시설
   파. 「건축법 시행령」 별표 1 제27호의 관광 휴게시설

14) 보전녹지지역안에서 건축할 수 있는 건축물 : 별표 15에 규정된 건축물

1. 건축할 수 있는 건축물(4층 이하의 건축물에 한한다. 다만, 4층 이하의 범위안에서 도시 · 군계획조례로 따로 층수를 정하는 경우에는 그 층수 이하의 건축물에 한한다)
   가. 「건축법 시행령」 별표 1 제10호의 교육연구시설 중 초등학교
   나. 「건축법 시행령」 별표 1 제18호가목의 창고(농업 · 임업 · 축산업 · 수산업용만 해당한다)
   다. 「건축법 시행령」 별표 1 제23호의 교정시설
   라. 「건축법 시행령」 별표 1 제23호의2의 국방 · 군사시설
2. 도시 · 군계획조례가 정하는 바에 의하여 건축할 수 있는 건축물(4층 이하의 건축물에 한한다. 다만, 4층 이하의 범위안에서 도시 · 군계획조례로 따로 층수를 정하는 경우에는 그 층수 이하의 건축물에 한한다)
   가. 「건축법 시행령」 별표 1 제1호의 단독주택(다가구주택을 제외한다)
   나. 「건축법 시행령」 별표 1 제3호의 제1종 근린생활시설로서 해당용도에 쓰이는 바닥면적의 합계가 500제곱미터 미만인 것
   다. 「건축법 시행령」 별표 1 제4호의 제2종 근린생활시설 중 종교집회장
   라. 「건축법 시행령」 별표 1 제5호의 문화 및 집회시설 중 동호 라목에 해당하는 것

마. 「건축법 시행령」 별표 1 제6호의 종교시설
바. 「건축법 시행령」 별표 1 제9호의 의료시설
사. 「건축법 시행령」 별표 1 제10호의 교육연구시설 중 유치원 · 중학교 · 고등학교
아. 「건축법 시행령」 별표 1 제11호의 노유자시설
자. 「건축법 시행령」 별표 1 제19호의 위험물저장 및 처리시설 중 액화석유가스충전소 및 고압가스충전 · 저장소
차. 「건축법 시행령」 별표 1 제21호의 시설(같은 호 다목 및 라목에 따른 시설과 같은 호 아목에 따른 시설 중 동물과 관련된 다목 및 라목에 따른 시설과 비슷한 것은 제외한다)
카. 「건축법 시행령」 별표 1 제22호가목의 하수 등 처리시설(「하수도법」 제2조제9호에 따른 공공하수처리시설만 해당한다)
타. 「건축법 시행령」 별표 1 제26호의 묘지관련시설
파. 「건축법 시행령」 별표 1 제28호의 장례시설
하. 「건축법 시행령」 별표 1 제29호의 야영장 시설

15) 생산녹지지역안에서 건축할 수 있는 건축물 : 별표 16에 규정된 건축물

1. 건축할 수 있는 건축물(4층 이하의 건축물에 한한다. 다만, 4층 이하의 범위안에서 도시 · 군계획조례로 따로 층수를 정하는 경우에는 그 층수 이하의 건축물에 한한다)
   가. 「건축법 시행령」 별표 1 제1호의 단독주택
   나. 「건축법 시행령」 별표 1 제3호의 제1종 근린생활시설
   다. 「건축법 시행령」 별표 1 제10호의 교육연구시설 중 유치원 · 초등학교
   라. 「건축법 시행령」 별표 1 제11호의 노유자시설
   마. 「건축법 시행령」 별표 1 제12호의 수련시설
   바. 「건축법 시행령」 별표 1 제13호의 운동시설 중 운동장
   사. 「건축법 시행령」 별표 1 제18호가목의 창고(농업 · 임업 · 축산업 · 수산업용만 해당한다)
   아. 「건축법 시행령」 별표 1 제19호의 위험물저장 및 처리시설 중 액화석유가스충전소 및 고압가스충전 · 저장소
   자. 「건축법 시행령」 별표 1 제21호의 시설(같은 호 다목 및 라목에 따른 시설과 같은 호 아목에 따른 시설 중 동물과 관련된 다목 및 라목에 따른 시설과 비슷한 것은 제외한다)
   차. 「건축법 시행령」 별표 1 제23호의 교정시설
   카. 「건축법 시행령」 별표 1 제23호의2의 국방 · 군사시설
   타. 「건축법 시행령」 별표 1 제24호의 방송통신시설
   파. 「건축법 시행령」 별표 1 제25호의 발전시설
   하. 「건축법 시행령」 별표 1 제29호의 야영장 시설
2. 도시 · 군계획조례가 정하는 바에 의하여 건축할 수 있는 건축물(4층 이하의 건축물에 한한다. 다만, 4층 이하의 범위안에서 도시 · 군계획조례로 따로 층수를 정하는 경우에는 그 층수 이하의 건축물에 한한다)

가. 「건축법 시행령」 별표 1 제2호의 공동주택(아파트를 제외한다)
나. 「건축법 시행령」 별표 1 제4호의 제2종 근린생활시설로서 해당용도에 쓰이는 바닥면적의 합계가 1천제곱미터 미만인 것(단란주점을 제외한다)
다. 「건축법 시행령」 별표 1 제5호의 문화 및 집회시설 중 동호 나목 및 라목에 해당하는 것
라. 「건축법 시행령」 별표 1 제7호의 판매시설(농업 · 임업 · 축산업 · 수산업용에 한한다)
마. 「건축법 시행령」 별표 1 제9호의 의료시설
바. 「건축법 시행령」 별표 1 제10호의 교육연구시설 중 중학교 · 고등학교 · 교육원(농업 · 임업 · 축산업 · 수산업과 관련된 교육시설로 한정한다) · 직업훈련소 및 연구소(농업 · 임업 · 축산업 · 수산업과 관련된 연구소로 한정한다)
사. 「건축법 시행령」 별표 1 제13호의 운동시설(운동장을 제외한다)
아. 「건축법 시행령」 별표 1 제17호의 공장 중 도정공장 · 식품공장 · 제1차산업생산품 가공공장 및 「산업집적활성화 및 공장설립에 관한 법률 시행령」 별표 1의2 제2호마목의 첨단업종의 공장(이하 "첨단업종의 공장"이라 한다)으로서 다음의 어느 하나에 해당하지 아니하는 것
  (1) 「대기환경보전법」 제2조제9호에 따른 특정대기유해물질이 같은 법 시행령 제11조제1항 제1호에 따른 기준 이상으로 배출되는 것
  (2) 「대기환경보전법」 제2조제11호에 따른 대기오염물질배출시설에 해당하는 시설로서 같은 법 시행령 별표 1의3에 따른 1종사업장 내지 3종사업장에 해당하는 것
  (3) 「물환경보전법」 제2조제8호에 따른 특정수질유해물질이 같은 법 시행령 제31조제1항 제1호에 따른 기준 이상으로 배출되는 것. 다만, 동법 제34조에 따라 폐수무방류배출 시설의 설치허가를 받아 운영하는 경우를 제외한다.
  (4) 「물환경보전법」 제2조제10호에 따른 폐수배출시설에 해당하는 시설로서 같은 법 시행령 별표 13에 따른 제1종사업장부터 제4종사업장까지 해당하는 것
  (5) 「폐기물관리법」 제2조제4호에 따른 지정폐기물을 배출하는 것
자. 「건축법 시행령」 별표 1 제18호가목의 창고(농업 · 임업 · 축산업 · 수산업용으로 쓰는 것은 제외한다)
차. 「건축법 시행령」 별표 1 제19호의 위험물저장 및 처리시설(액화석유가스충전소 및 고압가스충전 · 저장소를 제외한다)
카. 「건축법 시행령」 별표 1 제20호의 자동차관련시설 중 동호 사목 및 아목에 해당하는 것
타. 「건축법 시행령」 별표 1 제21호 다목 및 라목에 따른 시설과 같은 호 아목에 따른 시설 중 동물과 관련된 다목 및 라목에 따른 시설과 비슷한 것
파. 「건축법 시행령」 별표 1 제22호의 자원순환 관련 시설
하. 「건축법 시행령」 별표 1 제26호의 묘지관련시설
거. 「건축법 시행령」 별표 1 제28호의 장례시설

16) 자연녹지지역안에서 건축할 수 있는 건축물 : 별표 17에 규정된 건축물

1. 건축할 수 있는 건축물(4층 이하의 건축물에 한한다. 다만, 4층 이하의 범위안에서 도시 · 군계획조례로 따로 층수를 정하는 경우에는 그 층수 이하의 건축물에 한한다)
   가. 「건축법 시행령」 별표 1 제1호의 단독주택
   나. 「건축법 시행령」 별표 1 제3호의 제1종 근린생활시설
   다. 「건축법 시행령」 별표 1 제4호의 제2종 근린생활시설[같은 호 아목, 자목, 더목 및 러목(안마시술소만 해당한다)은 제외한다]
   라. 「건축법 시행령」 별표 1 제9호의 의료시설(종합병원 · 병원 · 치과병원 및 한방병원을 제외한다)
   마. 「건축법 시행령」 별표 1 제10호의 교육연구시설(직업훈련소 및 학원을 제외한다)
   바. 「건축법 시행령」 별표 1 제11호의 노유자시설
   사. 「건축법 시행령」 별표 1 제12호의 수련시설
   아. 「건축법 시행령」 별표 1 제13호의 운동시설
   자. 「건축법 시행령」 별표 1 제18호가목의 창고(농업 · 임업 · 축산업 · 수산업용만 해당한다)
   차. 「건축법 시행령」 별표 1 제21호의 동물 및 식물관련시설
   카. 「건축법 시행령」 별표 1 제22호의 자원순환 관련 시설
   타. 「건축법 시행령」 별표 1 제23호의 교정시설
   파. 「건축법 시행령」 별표 1 제23호의2의 국방 · 군사시설
   하. 「건축법 시행령」 별표 1 제24호의 방송통신시설
   거. 「건축법 시행령」 별표 1 제25호의 발전시설
   너. 「건축법 시행령」 별표 1 제26호의 묘지관련시설
   더. 「건축법 시행령」 별표 1 제27호의 관광휴게시설
   러. 「건축법 시행령」 별표 1 제28호의 장례시설
   머. 「건축법 시행령」 별표 1 제29호의 야영장 시설
2. 도시 · 군계획조례가 정하는 바에 의하여 건축할 수 있는 건축물(4층 이하의 건축물에 한한다. 다만, 4층 이하의 범위안에서 도시 · 군계획조례로 따로 층수를 정하는 경우에는 그 층수 이하의 건축물에 한한다)
   가. 「건축법 시행령」 별표 1 제2호의 공동주택(아파트를 제외한다)
   나. 「건축법 시행령」 별표 1 제4호아목 · 자목 및 러목(안마시술소만 해당한다)에 따른 제2종 근린생활시설
   다. 「건축법 시행령」 별표 1 제5호의 문화 및 집회시설
   라. 「건축법 시행령」 별표 1 제6호의 종교시설
   마. 「건축법 시행령」 별표 1 제7호의 판매시설 중 다음의 어느 하나에 해당하는 것
      (1) 「농수산물유통 및 가격안정에 관한 법률」 제2조에 따른 농수산물공판장
      (2) 「농수산물유통 및 가격안정에 관한 법률」 제68조제2항에 따른 농수산물직판장으로서 해당용도에 쓰이는 바닥면적의 합계가 1만제곱미터 미만인 것(「농어업 · 농어촌 및 식품산업 기본법」 제3조제2호 및 제4호에 따른 농업인 · 어업인 및 생산자단체, 같은 법 제25조에 따른 후계농어업경영인, 같은 법 제26조에 따른 전업농어업인 또는 지방자

치단체가 설치 · 운영하는 것에 한한다)

(3) 산업통상자원부장관이 관계중앙행정기관의 장과 협의하여 고시하는 대형할인점 및 중소기업공동판매시설

바. 「건축법 시행령」 별표 1 제8호의 운수시설

사. 「건축법 시행령」 별표 1 제9호의 의료시설 중 종합병원 · 병원 · 치과병원 및 한방병원

아. 「건축법 시행령」 별표 1 제10호의 교육연구시설 중 직업훈련소 및 학원

자. 「건축법 시행령」 별표 1 제15호의 숙박시설로서 「관광진흥법」에 따라 지정된 관광지 및 관광단지에 건축하는 것

차. 「건축법 시행령」 별표 1 제17호의 공장 중 다음의 어느 하나에 해당하는 것

(1) 골재선별 · 파쇄 업종의 공장, 첨단업종의 공장, 지식산업센터, 도정공장 및 식품공장과 읍 · 면지역에 건축하는 제재업의 공장으로서 별표 16 제2호 아목(1) 내지 (5)의 어느 하나에 해당하지 아니하는 것

(2) 「공익사업을 위한 토지 등의 취득 및 보상에 관한 법률」에 따른 공익사업 및 「도시개발법」에 따른 도시개발사업으로 동일한 특별시 · 광역시 · 시 및 군 지역 내에서 이전하는 레미콘 또는 아스콘공장

카. 「건축법 시행령」 별표 1 제18호가목의 창고(농업 · 임업 · 축산업 · 수산업용으로 쓰는 것은 제외한다) 및 같은 호 라목의 집배송시설

타. 「건축법 시행령」 별표 1 제19호의 위험물저장 및 처리시설

파. 「건축법 시행령」 별표 1 제20호의 자동차관련시설

17) 보전관리지역안에서 건축할 수 있는 건축물 : 별표 18에 규정된 건축물

1. 건축할 수 있는 건축물(4층 이하의 건축물에 한한다. 다만, 4층 이하의 범위 안에서 도시 · 군계획조례로 따로 층수를 정하는 경우에는 그 층수 이하의 건축물에 한한다)

가. 「건축법 시행령」 별표 1 제1호의 단독주택

나. 「건축법 시행령」 별표 1 제10호의 교육연구시설 중 초등학교

다. 「건축법 시행령」 별표 1 제23호의 교정시설

라. 「건축법 시행령」 별표 1 제23호의2의 국방 · 군사시설

2. 도시 · 군계획조례가 정하는 바에 의하여 건축할 수 있는 건축물(4층 이하의 건축물에 한한다. 다만, 4층 이하의 범위 안에서 도시 · 군계획조례로 따로 층수를 정하는 경우에는 그 층수 이하의 건축물에 한한다)

가. 「건축법 시행령」 별표 1 제3호의 제1종 근린생활시설(휴게음식점 및 제과점을 제외한다)

나. 「건축법 시행령」 별표 1 제4호의 제2종 근린생활시설(같은 호 아목, 자목, 너목 및 더목은 제외한다)

다. 「건축법 시행령」 별표 1 제6호의 종교시설 중 종교집회장

라. 「건축법 시행령」 별표 1 제9호의 의료시설

마. 「건축법 시행령」 별표 1 제10호의 교육연구시설 중 유치원 · 중학교 · 고등학교

바. 「건축법 시행령」 별표 1 제11호의 노유자시설
사. 「건축법 시행령」 별표 1 제18호가목의 창고(농업 · 임업 · 축산업 · 수산업용만 해당한다)
아. 「건축법 시행령」 별표 1 제19호의 위험물저장 및 처리시설
자. 「건축법 시행령」 별표 1 제21호가목, 마목부터 사목까지의 규정에 따른 시설과 같은 호 아목에 따른 시설 중 동물 또는 식물과 관련된 가목 및 마목부터 사목까지의 규정에 따른 시설과 비슷한 것
차. 「건축법 시행령」 별표 1 제22호가목의 하수 등 처리시설(「하수도법」 제2조제9호에 따른 공공하수처리시설만 해당한다)
카. 「건축법 시행령」 별표 1 제24호의 방송통신시설
타. 「건축법 시행령」 별표 1 제25호의 발전시설
파. 「건축법 시행령」 별표 1 제26호의 묘지관련시설
하. 「건축법 시행령」 별표 1 제28호의 장례시설
거. 「건축법 시행령」 별표 1 제29호의 야영장 시설

18) 생산관리지역안에서 건축할 수 있는 건축물 : 별표 19에 규정된 건축물

1. 건축할 수 있는 건축물(4층 이하의 건축물에 한한다. 다만, 4층 이하의 범위안에서 도시 · 군계획조례로 따로 층수를 정하는 경우에는 그 층수 이하의 건축물에 한한다)
가. 「건축법 시행령」 별표 1 제1호의 단독주택
나. 「건축법 시행령」 별표 1 제3호가목, 사목(공중화장실, 대피소, 그 밖에 이와 비슷한 것만 해당한다) 및 아목에 따른 제1종 근린생활시설
다. 「건축법 시행령」 별표 1 제10호의 교육연구시설 중 초등학교
라. 「건축법 시행령」 별표 1 제13호의 운동시설 중 운동장
마. 「건축법 시행령」 별표 1 제18호가목의 창고(농업 · 임업 · 축산업 · 수산업용만 해당한다)
바. 「건축법 시행령」 별표 1 제21호마목부터 사목까지의 규정에 따른 시설 및 같은 호 아목에 따른 시설 중 식물과 관련된 마목부터 사목까지의 규정에 따른 시설과 비슷한 것
사. 「건축법 시행령」 별표 1 제23호의 교정시설
아. 「건축법 시행령」 별표 1 제23호의2의 국방 · 군사시설
자. 「건축법 시행령」 별표 1 제25호의 발전시설
2. 도시 · 군계획조례가 정하는 바에 의하여 건축할 수 있는 건축물(4층 이하의 건축물에 한한다. 다만, 4층 이하의 범위안에서 도시 · 군계획조례로 따로 층수를 정하는 경우에는 그 층수 이하의 건축물에 한한다)
가. 「건축법 시행령」 별표 1 제2호의 공동주택(아파트를 제외한다)
나. 「건축법 시행령」 별표 1 제3호의 제1종 근린생활시설[같은 호 가목, 나목, 사목(공중화장실, 대피소, 그 밖에 이와 비슷한 것만 해당한다) 및 아목은 제외한다]
다. 「건축법 시행령」 별표 1 제4호의 제2종 근린생활시설[같은 호 아목, 자목, 너목(농기계수리시설은 제외한다) 및 더목은 제외한다]
라. 「건축법 시행령」 별표 1 제7호의 판매시설(농업 · 임업 · 축산업 · 수산업용에 한한다)

마. 「건축법 시행령」 별표 1 제9호의 의료시설
바. 「건축법 시행령」 별표 1 제10호의 교육연구시설 중 유치원 · 중학교 · 고등학교 및 교육원 [농업 · 임업 · 축산업 · 수산업과 관련된 교육시설(나목 및 다목에도 불구하고 「농촌융복합산업 육성 및 지원에 관한 법률」 제2조제2호에 따른 농업인등이 같은 법 제2조제5호에 따른 농촌융복합산업지구 내에서 교육시설과 일반음식점, 휴게음식점 또는 제과점을 함께 설치하는 경우를 포함한다)에 한정한다]
사. 「건축법 시행령」 별표 1 제11호의 노유자시설
아. 「건축법 시행령」 별표 1 제12호의 수련시설
자. 「건축법 시행령」 별표 1 제17호의 공장(같은 표 제4호의 제2종 근린생활시설 중 제조업소를 포함한다) 중 다음의 어느 하나에 해당하는 것으로서 별표 16 제2호아목(1)부터 (4)까지의 어느 하나에 해당하지 않는 것
  1) 도정공장
  2) 식품공장
  3) 읍 · 면지역에 건축하는 제재업의 공장
  4) 천연식물보호제 제조시설(폐수를 전량 재이용 또는 전량 위탁처리하는 경우로 한정한다)
  5) 유기농어업자재 제조시설(폐수를 전량 재이용 또는 전량 위탁처리하는 경우로 한정한다)
차. 「건축법 시행령」 별표 1 제19호의 위험물저장 및 처리시설
카. 「건축법 시행령」 별표 1 제20호의 자동차관련시설 중 동호 사목 및 아목에 해당하는 것
타. 「건축법 시행령」 별표 1 제21호가목부터 라목까지의 규정에 따른 시설 및 같은 호 아목에 따른 시설 중 동물과 관련된 가목부터 라목까지의 규정에 따른 시설과 비슷한 것
파. 「건축법 시행령」 별표 1 제22호의 자원순환 관련 시설
하. 「건축법 시행령」 별표 1 제24호의 방송통신시설
거. 「건축법 시행령」 별표 1 제26호의 묘지관련시설
너. 「건축법 시행령」 별표 1 제28호의 장례시설
더. 「건축법 시행령」 별표 1 제29호의 야영장 시설

19) 계획관리지역안에서 건축할 수 없는 건축물 : 별표 20에 규정된 건축물

1. 건축할 수 없는 건축물
  가. 4층을 초과하는 모든 건축물
  나. 「건축법 시행령」 별표 1 제2호의 공동주택 중 아파트
  다. 「건축법 시행령」 별표 1 제3호의 제1종 근린생활시설 중 휴게음식점 및 제과점으로서 국토교통부령으로 정하는 기준에 해당하는 지역에 설치하는 것
  라. 「건축법 시행령」 별표 1 제4호의 제2종 근린생활시설 중 다음의 어느 하나에 해당하는 것
    (1) 「건축법 시행령」 별표 1 제4호아목의 시설 및 같은 호 자목의 일반음식점으로서 국토교통부령으로 정하는 기준에 해당하는 지역에 설치하는 것
    (2) 「건축법 시행령」 별표 1 제4호너목의 시설로서 성장관리계획 및 지구단위계획이 수립되지 않은 지역에 설치하는 것
    (3) 「건축법 시행령」 별표 1 제4호더목의 단란주점

마. 「건축법 시행령」 별표 1 제7호의 판매시설(성장관리계획 또는 지구단위계획이 수립된 지역에 설치하는 판매시설로서 그 용도에 쓰이는 바닥면적의 합계가 3천제곱미터 미만인 경우는 제외한다)

바. 「건축법 시행령」 별표 1 제14호의 업무시설

사. 「건축법 시행령」 별표 1 제15호의 숙박시설로서 국토교통부령으로 정하는 기준에 해당하는 지역에 설치하는 것

아. 「건축법 시행령」 별표 1 제16호의 위락시설

자. 「건축법 시행령」 별표 1 제17호의 공장으로서 성장관리계획 및 지구단위계획이 수립되지 않은 지역에 설치하는 것

차. 「건축법 시행령」 별표 1 제17호의 공장 중 성장관리계획이 수립된 지역에 설치하는 것으로서 다음의 어느 하나에 해당하는 것. 다만, 「공익사업을 위한 토지 등의 취득 및 보상에 관한 법률」에 따른 공익사업 및 「도시개발법」에 따른 도시개발사업으로 해당 특별시·광역시·특별자치시·특별자치도·시 또는 군의 관할구역으로 이전하는 레미콘 또는 아스콘 공장과 「대기환경보전법」, 「물환경보전법」, 「소음·진동관리법」 또는 「악취방지법」에 따른 배출시설의 설치 허가 또는 신고 대상이 아닌 공장은 제외한다.

(1) 별표 16 제2호아목(1)부터 (4)까지에 해당하는 것. 다만, 인쇄·출판시설이나 사진처리시설로서 「물환경보전법」 제2조제8호에 따라 배출되는 특정수질유해물질을 전량 위탁처리하는 경우는 제외한다.

(2) 화학제품시설(석유정제시설을 포함한다). 다만, 다음의 어느 하나에 해당하는 시설로서 폐수를 「하수도법」 제2조제9호에 따른 공공하수처리시설 또는 「물환경보전법」 제2조제17호에 따른 공공폐수처리시설로 전량 유입하여 처리하거나 전량 재이용 또는 전량 위탁처리하는 경우는 제외한다.

(가) 물, 용제류 등 액체성 물질을 사용하지 않고 제품의 성분이 용해·용출되는 공정이 없는 고체성 화학제품 제조시설

(나) 「화장품법」 제2조제3호에 따른 유기농화장품 제조시설

(다) 「농약관리법」 제30조제2항에 따른 천연식물보호제 제조시설

(라) 「친환경농어업 육성 및 유기식품 등의 관리·지원에 관한 법률」 제2조제6호에 따른 유기농어업자재 제조시설

(마) 동·식물 등 생물을 기원(起源)으로 하는 산물(이하 "천연물"이라 한다)에서 추출된 재료를 사용하는 다음의 시설[「대기환경보전법」 제2조제11호에 따른 대기오염물질배출시설 중 반응시설, 정제시설(분리·증류·추출·여과 시설을 포함한다), 용융·용해시설 및 농축시설을 설치하지 않는 경우로서 「물환경보전법」 제2조제4호에 따른 폐수의 1일 최대 배출량이 20세제곱미터 이하인 제조시설로 한정한다]

1) 비누 및 세제 제조시설

2) 공중위생용 해충 구제제 제조시설(밀폐된 단순 혼합공정만 있는 제조시설로서 특별시장·광역시장·특별자치시장·특별자치도지사·시장 또는 군수가 해당 지방도시계획위원회의 심의를 거쳐 인근의 주거환경 등에 미치는 영향이 적다고 인정하는 시설로 한정한다)

(3) 제1차금속, 가공금속제품 및 기계장비 제조시설 중 「폐기물관리법 시행령」 별표 1 제4

호에 따른 폐유기용제류를 발생시키는 것

(4) 가죽 및 모피를 물 또는 화학약품을 사용하여 저장하거나 가공하는 것

(5) 섬유제조시설 중 감량 · 정련 · 표백 및 염색 시설. 다만, 다음의 기준을 모두 충족하는 염색시설은 제외한다.

(가) 천연물에서 추출되는 염료만을 사용할 것

(나) 「대기환경보전법」 제2조제11호에 따른 대기오염물질 배출시설 중 표백시설, 정련시설이 없는 경우로서 금속성 매염제를 사용하지 않을 것

(다) 「물환경보전법」 제2조제4호에 따른 폐수의 1일 최대 배출량이 20세제곱미터 이하일 것

(라) 폐수를 「하수도법」 제2조제9호에 따른 공공하수처리시설 또는 「물환경보전법」 제2조제17호에 따른 공공폐수처리시설로 전량 유입하여 처리하거나 전량 재이용 또는 전량 위탁처리할 것

(6) 「수도권정비계획법」 제6조제1항제3호에 따른 자연보전권역 외의 지역 및 「환경정책기본법」 제38조에 따른 특별대책지역 외의 지역의 사업장 중「폐기물관리법」 제25조에 따른 폐기물처리업 허가를 받은 사업장. 다만, 「폐기물관리법」 제25조제5항제5호부터 제7호까지의 규정에 따른 폐기물 중간 · 최종 · 종합재활용업으로서 특정수질유해물질이 「물환경보전법 시행령」 제31조제1항제1호에 따른 기준 미만으로 배출되는 경우는 제외한다.

(7) 「수도권정비계획법」 제6조제1항제3호에 따른 자연보전권역 및 「환경정책기본법」 제38조에 따른 특별대책지역에 설치되는 부지면적(둘 이상의 공장을 함께 건축하거나 기존 공장부지에 접하여 건축하는 경우와 둘 이상의 부지가 너비 8미터 미만의 도로에 서로 접하는 경우에는 그 면적의 합계를 말한다) 1만제곱미터 미만의 것. 다만, 특별시장 · 광역시장 · 특별자치시장 · 특별자치도지사 · 시장 또는 군수가 1만5천제곱미터 이상의 면적을 정하여 공장의 건축이 가능한 지역으로 고시한 지역 안에 입지하는 경우나 자연보전권역 또는 특별대책지역에 준공되어 운영 중인 공장 또는 제조업소는 제외한다.

2. 지역 여건 등을 고려하여 도시 · 군계획조례로 정하는 바에 따라 건축할 수 없는 건축물

가. 4층 이하의 범위에서 도시 · 군계획조례로 따로 정한 층수를 초과하는 모든 건축물

나. 「건축법 시행령」 별표 1 제2호의 공동주택(제1호나목에 해당하는 것은 제외한다)

다. 「건축법 시행령」 별표 1 제3호의 제1종 근린생활시설 중 휴게음식점 및 제과점으로서 도시 · 군계획조례로 정하는 지역에 설치하는 것

라. 「건축법 시행령」 별표 1 제4호의 제2종 근린생활시설 중 일반음식점 · 휴게음식점 · 제과점으로서 도시 · 군계획조례로 정하는 지역에 설치하는 것과 안마시술소 및 같은 호 너목에 해당하는 것

마. 「건축법 시행령」 별표 1 제5호의 문화 및 집회시설

바. 「건축법 시행령」 별표 1 제6호의 종교시설

사. 「건축법 시행령」 별표 1 제8호의 운수시설

아. 「건축법 시행령」 별표 1 제9호의 의료시설 중 종합병원 · 병원 · 치과병원 및 한방병원

자. 「건축법 시행령」 별표 1 제10호의 교육연구시설 중 같은 호 다목부터 마목까지에 해당하는 것
차. 「건축법 시행령」 별표 1 제13호의 운동시설(운동장은 제외한다)
카. 「건축법 시행령」 별표 1 제15호의 숙박시설로서 도시 · 군계획조례로 정하는 지역에 설치하는 것
타. 「건축법 시행령」 별표 1 제17호의 공장 중 다음의 어느 하나에 해당하는 것
(1) 「수도권정비계획법」 제6조제1항제3호에 따른 자연보전권역 외의 지역 및 「환경정책기본법」 제38조에 따른 특별대책지역 외의 지역에 설치되는 경우(제1호자목 및 차목에 해당하는 것은 제외한다)
(2) 「수도권정비계획법」 제6조제1항제3호에 따른 자연보전권역 및 「환경정책기본법」 제38조에 따른 특별대책지역에 설치되는 것으로서 제1호자목 및 차목(7)에 해당하지 아니하는 경우
(3) 「공익사업을 위한 토지 등의 취득 및 보상에 관한 법률」에 따른 공익사업 및 「도시개발법」에 따른 도시개발사업으로 해당 특별시 · 광역시 · 특별자치시 · 특별자치도 · 시 또는 군의 관할구역으로 이전하는 레미콘 또는 아스콘 공장
파. 「건축법 시행령」 별표 1 제18호의 창고시설(창고 중 농업 · 임업 · 축산업 · 수산업용으로 쓰는 것은 제외한다)
하. 「건축법 시행령」 별표 1 제19호의 위험물 저장 및 처리 시설
거. 「건축법 시행령」 별표 1 제20호의 자동차 관련 시설
너. 「건축법 시행령」 별표 1 제27호의 관광 휴게시설

20) 농림지역안에서 건축할 수 있는 건축물 : 별표 21에 규정된 건축물

1. 건축할 수 있는 건축물
가. 「건축법 시행령」 별표 1 제1호의 단독주택으로서 현저한 자연훼손을 가져오지 아니하는 범위 안에서 건축하는 농어가주택(「농지법」 제32조제1항제3호에 따른 농업인 주택 및 어업인 주택을 말한다. 이하 같다)
나. 「건축법 시행령」 별표 1 제3호사목(공중화장실, 대피소, 그 밖에 이와 비슷한 것만 해당한다) 및 아목에 따른 제1종 근린생활시설
다. 「건축법 시행령」 별표 1 제10호의 교육연구시설 중 초등학교
라. 「건축법 시행령」 별표 1 제18호가목의 창고(농업 · 임업 · 축산업 · 수산업용만 해당한다)
마. 「건축법 시행령」 별표 1 제21호마목부터 사목까지의 규정에 따른 시설 및 같은 호 아목에 따른 시설 중 식물과 관련된 마목부터 사목까지의 규정에 따른 시설과 비슷한 것
바. 「건축법 시행령」 별표 1 제25호의 발전시설
2. 도시 · 군계획조례가 정하는 바에 의하여 건축할 수 있는 건축물
가. 「건축법 시행령」 별표 1 제3호의 제1종 근린생활시설[같은 호 나목, 사목(공중화장실, 대피소, 그 밖에 이와 비슷한 것만 해당한다) 및 아목은 제외한다]
나. 「건축법 시행령」 별표 1 제4호의 제2종 근린생활시설[같은 호 아목, 자목, 너목(농기계수리

시설은 제외한다), 더목 및 러목(안마시술소만 해당한다)은 제외한다]
다. 「건축법 시행령」 별표 1 제5호의 문화 및 집회시설 중 동호 마목에 해당하는 것
라. 「건축법 시행령」 별표 1 제6호의 종교시설
마. 「건축법 시행령」 별표 1 제9호의 의료시설
바. 「건축법 시행령」 별표 1 제12호의 수련시설
사. 「건축법 시행령」 별표 1 제19호의 위험물저장 및 처리시설 중 액화석유가스충전소 및 고압가스충전 · 저장소
아. 「건축법 시행령」 별표 1 제21호가목부터 라목까지의 규정에 따른 시설 및 같은 호 아목에 따른 시설 중 동물과 관련된 가목부터 라목까지의 규정에 따른 시설과 비슷한 것
자. 「건축법 시행령」 별표 1 제22호의 자원순환 관련 시설
차. 「건축법 시행령」 별표 1 제23호의 교정시설
카. 「건축법 시행령」 별표 1 제23호의2의 국방 · 군사시설
타. 「건축법 시행령」 별표 1 제24호의 방송통신시설
파. 「건축법 시행령」 별표 1 제26호의 묘지관련시설
하. 「건축법 시행령」 별표 1 제28호의 장례시설
거. 「건축법 시행령」 별표 1 제29호의 야영장 시설

※ 비고
「국토의 계획 및 이용에 관한 법률」 제76조제5항제3호에 따라 농림지역 중 농업진흥지역, 보전산지 또는 초지인 경우에 건축물이나 그 밖의 시설의 용도 · 종류 및 규모 등의 제한에 관하여는 각각 「농지법」, 「산지관리법」 또는 「초지법」에서 정하는 바에 따른다.

21) 자연환경보전지역안에서 건축할 수 있는 건축물 : 별표 22에 규정된 건축물

1. 건축할 수 있는 건축물
가. 「건축법 시행령」 별표 1 제1호의 단독주택으로서 현저한 자연훼손을 가져오지 아니하는 범위 안에서 건축하는 농어가주택
나. 「건축법 시행령」 별표 1 제10호의 교육연구시설 중 초등학교
2. 도시 · 군계획조례가 정하는 바에 의하여 건축할 수 있는 건축물(수질오염 및 경관 훼손의 우려가 없다고 인정하여 도시 · 군계획조례가 정하는 지역내에서 건축하는 것에 한한다)
가. 「건축법 시행령」 별표 1 제3호의 제1종 근린생활시설 중 같은 호 가목, 바목, 사목(지역아동센터는 제외한다) 및 아목에 해당하는 것
나. 「건축법 시행령」 별표 1 제4호의 제2종 근린생활시설 중 종교집회장으로서 지목이 종교용지인 토지에 건축하는 것
다. 「건축법 시행령」 별표 1 제6호의 종교시설로서 지목이 종교용지인 토지에 건축하는 것
라. 「건축법 시행령」 별표 1 제19호바목의 고압가스 충전소 · 판매소 · 저장소 중 「환경친화적 자동차의 개발 및 보급 촉진에 관한 법률」 제2조제9호의 수소연료공급시설

마. 「건축법 시행령」 별표 1 제21호가목에 따른 시설 중 양어시설(양식장을 포함한다. 이하 이 목에서 같다), 같은 호 마목부터 사목까지의 규정에 따른 시설, 같은 호 아목에 따른 시설 중 양어시설과 비슷한 것 및 같은 목 중 식물과 관련된 마목부터 사목까지의 규정에 따른 시설과 비슷한 것
바. 「건축법 시행령」 별표 1 제22호가목의 하수 등 처리시설(「하수도법」 제2조제9호에 따른 공공하수처리시설만 해당한다)
사. 「건축법 시행령」 별표 1 제23호의2의 국방 · 군사시설 중 관할 시장 · 군수 또는 구청장이 입지의 불가피성을 인정한 범위에서 건축하는 시설
아. 「건축법 시행령」 별표 1 제25호의 발전시설
자. 「건축법 시행령」 별표 1 제26호의 묘지관련시설

(2) 건폐율 및 용적율 제한

① 건폐율과 용적율

"건폐율"은 대지면적에 대한 건축면적(대지에 건축물이 둘 이상 있는 경우에는 이들 건축면적의 합계로 한다)의 비율이다(건축법 55조). 건폐율의 상한을 두는 목적은 대지안의 최소한의 공지를 확보함으로써 통풍, 일조, 피난이 용이하도록 하는데 있다.

"용적율"은 대지면적에 대한 건축물 연면적(대지에 건축물이 둘 이상 있는 경우에는 이들 연면적의 합계로 한다)의 비율이다(건축법 56조). 연면적은 건축물 바닥면적의 합계를 의미하나, 다만 용적율 계산시 연면적에는 지하층, 지상층 주차장, 주민공동시설면적, 초고층 건축물의 피난안전구역 등의 면적을 제외한다(건축법 시행령 119조 1항 4호). 용적율을 제한하는 목적은 건축규모가 커짐으로 인한 도시 과밀화, 기반시설 부족, 쾌적성 저하 등을 막기 위함이다.

② 건폐율과 용적율의 기준

각 용도지역에서 건폐율과 용적율의 최대한도는 관할구역의 면적과 인구 규모, 용도지역의 특성 등을 고려하여 법률과 대통령령이 정한 범위에서 특별시 · 광역시 · 특별자치시 · 특별자치도 · 시 또는 군의 조례로 정한다. 결국 실제 건축은 조례가 정한 건폐율과 용적율의 상한선 범위내에서 이루어져야 한다.

국토의계획및이용에관한법률 및 동법 시행령에서 정한 건폐율과 용적률의 최대한도는 다음과 같다(법 77조 1항 및 2항, 법 78조 1항 및 2항, 영 84조 1항, 영 85조 1항).

용도지역		용도지역의 세분	건폐율	용적율
도시지역	주거지역	전용주거지역		
		제1종전용주거지역	50% 이하	50% 이상 100% 이하
		제2종전용주거지역	50% 이하	50% 이상 150% 이하
		일반주거지역		
		제1종일반주거지역	60% 이하	100% 이상 200% 이하
		제2종일반주거지역	60% 이하	100% 이상 250% 이하
		제3종일반주거지역	50% 이하	100% 이상 300% 이하
		준주거지역	70% 이하	200% 이상 500% 이하
	상업지역	중심상업지역	90% 이하	200% 이상 1500% 이하
		일반상업지역	80% 이하	200% 이상 1300% 이하
		유통상업지역	80% 이하	200% 이상 1100% 이하
		근린상업지역	70% 이하	200% 이상 900% 이하
	공업지역	전용공업지역	70% 이하	150% 이상 300% 이하
		일반공업지역		150% 이상 350% 이하
		준공업지역		150% 이상 400% 이하
	녹지지역	보전녹지지역	20% 이하	50% 이상 80% 이하
		생산녹지지역		50% 이상 100% 이하
		자연녹지지역		50% 이상 100% 이하
관리지역	보전관리지역		20% 이하	50% 이상 80% 이하
	생산관리지역		20% 이하	50% 이상 80% 이하
	계획관리지역		40% 이하	50% 이상 100% 이하
농림지역			20% 이하	50% 이상 80% 이하
자연환경보전지역			20% 이하	50% 이상 80% 이하

③ 건폐율 및 용적율 적용의 특례

i) [취락지구 등에의 적용특례] 〈다음 각 호〉의 어느 하나에 해당하는 지역에서의 건폐율과 용적율에 관한 기준은 위 일반기준에도 불구하고 대통령령으로 정하는 기준에 따라 특별시 · 광역시 · 특별자치시 · 특별자치도 · 시 또는 군의 조례로 따로 정한다(법 77조 3항, 78조 3항). 국토의계획및이용에관한법률 시행령 제84조 제4항 및 제85조 제6항에서 정한 기준은 다음과 같다.

<table>
<tr><th colspan="2">대상지역</th><th>건폐율</th><th>용적율</th></tr>
<tr><td colspan="2">1. 취락지구 (집단취락지구에 대하여는 개발제한구역의지정및관리에 관한특별조치법령이 정하는 바에 의한다)</td><td>60% 이하</td><td>–</td></tr>
<tr><td rowspan="2">2. 개발진흥지구</td><td>가. 도시지역 외의 지역에 지정된 경우</td><td>40% 이하</td><td>100% 이하</td></tr>
<tr><td>나. 자연녹지지역에 지정된 경우</td><td>30% 이하</td><td>–</td></tr>
<tr><td colspan="2">3. 수산자원보호구역</td><td>40% 이하</td><td>80% 이하</td></tr>
<tr><td colspan="2">4. 「자연공원법」에 따른 자연공원</td><td>60% 이하</td><td>100% 이하</td></tr>
<tr><td colspan="2">5. 「산업입지 및 개발에 관한 법률」 제2조제8호라목에 따른 농공단지</td><td>70% 이하</td><td>150% 이하
(도시지역외
농공단지)</td></tr>
<tr><td colspan="2">6. 공업지역에 있는 「산업입지 및 개발에 관한 법률」 제2조제8호가목부터 다목까지의 규정에 따른 국가산업단지 · 일반산업단지 · 도시첨단산업단지 및 같은 조 제12호에 따른 준산업단지</td><td>80% 이하</td><td>–</td></tr>
</table>

ii) [특별한 목적이 있는 경우 건폐율 특례] 〈다음 각 호〉의 어느 하나에 해당하는 경우로서 대통령령으로 정하는 경우에는 제1항에도 불구하고 대통령령으로 정하는 기준에 따라 특별시 · 광역시 · 특별자치시 · 특별자치도 · 시 또는 군의 조례로 건폐율을 따로 정할 수 있다(법 77조 4항).

1. 토지이용의 과밀화를 방지하기 위하여 건폐율을 강화할 필요가 있는 경우
2. 주변 여건을 고려하여 토지의 이용도를 높이기 위하여 건폐율을 완화할 필요가 있는 경우
3. 녹지지역, 보전관리지역, 생산관리지역, 농림지역 또는 자연환경보전지역에서 농업용 · 임업용 · 어업용 건축물을 건축하려는 경우
4. 보전관리지역, 생산관리지역, 농림지역 또는 자연환경보전지역에서 주민생활의 편익을 증진시키기 위한 건축물을 건축하려는 경우

iii) [공지, 창고, 사회복지시설 등의 경우 용적율 특례] 건축물의 주위에 공원 · 광장 · 도로 · 하천등의 공지가 있거나 이를 설치하는 경우 용적율을 조례로 따로 정할 수 있으며(법 78조 4항), 도시지역(녹지지역만 해당한다), 관리지역에서는 창고 등 대통령령으로 정하는 용도의 건축물 또는 시설물에 대해서는 높이를 조례로 따로 정할수 있다(법 78조 5항). 또한 사회복지시설을 설치하여 기부채납하는 경우 조례로 용적율을 완화할 수 있다(법 78조 6항).

iv) [중첩적용시 용적율 상한범위] 이 법 및 「건축법」 등 다른 법률에 따른 용적률의 완화에 관한 규정은 이 법 및 다른 법률에도 불구하고 〈다음 각 호〉의 구분에 따른 범위에서 중첩하여 적용할 수 있다(법 78조 7항 본문). 다만, 중첩 적용하여 완화되는 용적률이 법정 용적률 최

대한도 기준을 초과하는 경우에는 건축위원회와 도시계획위원회의 공동 심의를 거쳐 기반시설의 설치 및 그에 필요한 용지의 확보가 충분하다고 인정하는 경우에 한정한다(법 78조 7항 단서).

1. 지구단위계획구역: 제52조제3항에 따라 지구단위계획으로 정하는 범위
2. 지구단위계획구역 외의 지역: 제1항 및 제2항에 따라 대통령령으로 정하고 있는 해당 용도지역별 용적률 최대한도의 120퍼센트 이하

(3) 용도지역 미지정 또는 미세분 지역에서의 행위제한

ⅰ) 도시지역, 관리지역, 농림지역 또는 자연환경보전지역으로 용도가 지정되지 아니한 지역에 대하여는 제76조부터 제78조까지의 규정[건축제한, 건폐율, 용적율]을 적용할 때에 자연환경보전지역에 관한 규정을 적용한다(법 79조 1항).

ⅱ) 도시지역 또는 관리지역이 세부 용도지역으로 지정되지 아니한 경우에는 제76조부터 제78조까지의 규정을 적용할 때에 해당 용도지역이 도시지역인 경우에는 녹지지역 중 대통령령으로 정하는 지역에 관한 규정[영 86조 : 보전녹지지역]을 적용하고, 관리지역인 경우에는 보전관리지역에 관한 규정을 적용한다(법 79조 2항).

3. 용도지구 안에서의 행위제한

(1) 용도지구 건축제한의 일반원칙

용도지구에서의 건축물이나 그 밖의 시설의 용도 · 종류 및 규모 등의 제한에 관한 사항은 원칙적으로 이 법 또는 다른 법률에 특별한 규정이 있는 경우 외에는 대통령령으로 정하는 기준에 따라 특별시 · 광역시 · 특별자치시 · 특별자치도 · 시 또는 군의 조례로 정할 수 있다(법 76조 2항).

① 경관지구안에서의 건축제한(영 72조)

경관지구안에서는 그 지구의 경관의 보전 · 관리 · 형성에 장애가 된다고 인정하여 도시 · 군계획조례가 정하는 건축물을 건축할 수 없다(다만, 도시계획위원회의 심의를 거친 경우 가능). 건축물의 건폐율 · 용적률 · 높이 · 최대너비 · 색채 및 대지안의 조경 등에 관하여는 그 지구의 경관의 보전 · 관리 · 형성에 필요한 범위안에서 도시 · 군계획조례로 정한다. 제1항 및 제2항에도 불구하고 〈다음 각 호〉의 어느 하나에 해당하는 경우에는 해당 경관지구의 지정에 관한 도시 · 군관리계획으로 건축제한의 내용을 따로 정할 수 있다.

② 고도지구안에서의 건축제한(영 74조)

고도지구안에서는 도시 · 군관리계획으로 정하는 높이를 초과하는 건축물을 건축할 수 없다.

③ 방재지구안에서의 건축제한(영 75조)

방재지구안에서는 풍수해 · 산사태 · 지반붕괴 · 지진 그 밖에 재해예방에 장애가 된다고 인정하여 도시 · 군계획조례가 정하는 건축물을 건축할 수 없다(다만, 도시계획위원회의 심의를 거친 경우 가능)

④ 보호지구 안에서의 건축제한(영 76조)

보호지구 안에서는 〈다음 각 호〉의 구분에 따른 건축물에 한하여 건축할 수 있다(다만, 도시계획위원회의 심의를 거친 경우 가능)

1. 역사문화환경보호지구 : 「문화재보호법」의 적용을 받는 문화재를 직접 관리 · 보호하기 위한 건축물과 문화적으로 보존가치가 큰 지역의 보호 및 보존을 저해하지 아니하는 건축물로서 도시 · 군계획조례가 정하는 것
2. 중요시설물보호지구 : 중요시설물의 보호와 기능 수행에 장애가 되지 아니하는 건축물로서 도시 · 군계획조례가 정하는 것. 이 경우 제31조제3항에 따라 공항시설에 관한 보호지구를 세분하여 지정하려는 경우에는 공항시설을 보호하고 항공기의 이 · 착륙에 장애가 되지 아니하는 범위에서 건축물의 용도 및 형태 등에 관한 건축제한을 포함하여 정할 수 있다.
3. 생태계보호지구 : 생태적으로 보존가치가 큰 지역의 보호 및 보존을 저해하지 아니하는 건축물로서 도시 · 군계획조례가 정하는 것

⑤ 특정용도제한지구 안에서의 건축제한(영 80조)

특정용도제한지구안에서는 주거기능 및 교육환경을 훼손하거나 청소년 정서에 유해하다고 인정하여 도시 · 군계획조례가 정하는 건축물을 건축할 수 없다.

⑥ 그밖의 용도지구에서의 건축제한(영 82조)

제72조부터 제80조까지에 규정된 용도지구외의 용도지구안에서의 건축제한에 관하여는 그 용도지구지정의 목적달성에 필요한 범위안에서 특별시 · 광역시 · 특별자치시 · 특별자치도 · 시 또는 군의 도시 · 군계획조례로 정한다.

(2) 특정 용도지구의 건축제한 특례

취락지구, 개발진흥지구, 복합용도지구는 건축물이나 그 밖의 시설의 용도 · 종류 및 규모 등의 제한에 관하여는 제1항부터 제4항까지의 규정에도 불구하고 각 호에서 정하는 바에 따라 대통령령으로 따로 정한다(법 76조 5항).

① 취락지구 안에서의 건축제한(영 78조)

자연취락지구안에서 건축할 수 있는 건축물은 〈별표 23〉으로 정하고 있고, 집단취락지구안에서의 건축제한에 관하여는 "개발제한구역의지정및관리에관한특별조치법령"이 정하는 바에 의한다.

② 개발진흥지구에서의 건축제한(영 79조)

지구단위계획 또는 관계 법률에 따른 개발계획을 수립하는 경우	지구단위계획 또는 관계 법률에 따른 개발계획에 위반하여 건축물을 건축할 수 없으며, 지구단위계획 또는 개발계획이 수립되기 전에는 개발진흥지구의 계획적 개발에 위배되지 아니하는 범위에서 도시 · 군계획조례로 정하는 건축물을 건축 가능
지구단위계획 또는 관계 법률에 따른 개발계획을 수립하지 아니하는 경우	해당 용도지역에서 허용되는 건축물을 건축 가능
산업 · 유통개발진흥지구의 경우	해당 용도지역에서 허용되는 건축물 외에 해당 지구계획(해당 지구의 토지이용, 기반시설 설치 및 환경오염 방지 등에 관한 계획을 말한다)에 따라 일정한 요건을 갖춘 건축물 중 도시 · 군계획조례로 정하는 건축물을 건축 가능

③ 복합용도지구에서의 건축제한(영 81조)

복합용도지구에서는 해당 용도지역에서 허용되는 건축물 뿐만 아니라 〈다음 각 호〉에 따른 건축물 중 도시 · 군계획조례가 정하는 건축물을 건축할 수 있다.

일반주거지역	준주거지역에서 허용되는 건축물. 다만, 「건축법 시행령」 별표 1 안마시술소, 관람장, 공장, 위험물 저장 및 처리 시설, 동물 및 식물 관련 시설, 장례시설은 제외한다.
일반공업지역	준공업지역에서 허용되는 건축물. 다만 「건축법 시행령」 별표 1의 아파트, 단란주점 및 안마시술소, 노유자시설은 제외한다.
계획관리지역	「건축법 시행령」 별표 1의 일반음식점 · 휴게음식점 · 제과점(별표 20 제1호라목에 따라 건축할 수 없는 일반음식점 · 휴게음식점 · 제과점은 제외한다), 판매시설, 숙박시설(별표 20 제1호사목에 따라 건축할 수 없는 숙박시설은 제외한다), 유원시설업의 시설, 그 밖에 이와 비슷한 시설

4. 용도구역 안에서의 행위제한

(1) 개발제한구역에서의 행위제한

개발제한구역에서의 행위 제한이나 그 밖에 개발제한구역의 관리에 필요한 사항은 따로 법률[개발제한구역지정및관리에관한특별조치법(약칭:개발제한구역법)] 으로 정한다(법 80조).

개발제한구역에서는 건축물의 건축 및 용도변경, 공작물의 설치, 토지의 형질변경, 죽목(竹木)의 벌채, 토지의 분할, 물건을 쌓아놓는 행위 또는 국토의계획및이용에관한법률상의 도시 · 군계획사업의 시행을 할 수 없다. 다만, 〈다음 각 호〉의 어느 하나에 해당하는 행위를 하려는 자는 특별자치시장 · 특별자치도지사 · 시장 · 군수 또는 구청장의 허가를 받아 그 행위를 할 수 있다(개발제한구역법 12조).

♣ 개발제한구역에서 허가를 받아 할 수 있는 행위

1. 〈다음 각 목〉의 어느 하나에 해당하는 건축물이나 공작물로서 대통령령으로 정하는 건축물의 건축 또는 공작물의 설치와 이에 따르는 토지의 형질변경
   가. 공원, 녹지, 실외체육시설, 시장 · 군수 · 구청장이 설치하는 노인의 여가활용을 위한 소규모 실내 생활체육시설 등 개발제한구역의 존치 및 보전관리에 도움이 될 수 있는 시설
   나. 도로, 철도 등 개발제한구역을 통과하는 선형(線形)시설과 이에 필수적으로 수반되는 시설
   다. 개발제한구역이 아닌 지역에 입지가 곤란하여 개발제한구역 내에 입지하여야만 그 기능과 목적이 달성되는 시설
   라. 국방 · 군사에 관한 시설 및 교정시설
   마. 개발제한구역 주민과 「공익사업을 위한 토지 등의 취득 및 보상에 관한 법률」 제4조에 따른 공익사업의 추진으로 인하여 개발제한구역이 해제된 지역 주민의 주거 · 생활편익 · 생업을 위한 시설

1의2. 도시공원, 물류창고 등 정비사업을 위하여 필요한 시설로서 대통령령으로 정하는 시설을 정비사업 구역에 설치하는 행위와 이에 따르는 토지의 형질변경

2. 개발제한구역의 건축물로서 제15조에 따라 지정된 취락지구로의 이축(移築)
3. 「공익사업을 위한 토지 등의 취득 및 보상에 관한 법률」 제4조에 따른 공익사업(개발제한구역에서 시행하는 공익사업만 해당한다. 이하 이 항에서 같다)의 시행에 따라 철거된 건축물을 이축하기 위한 이주단지의 조성

3의2. 「공익사업을 위한 토지 등의 취득 및 보상에 관한 법률」 제4조에 따른 공익사업의 시행에 따라 철거되는 건축물 중 취락지구로 이축이 곤란한 건축물로서 개발제한구역 지정 당시부터 있던 주택, 공장 또는 종교시설을 취락지구가 아닌 지역으로 이축하는 행위

4. 건축물의 건축을 수반하지 아니하는 토지의 형질변경으로서 영농을 위한 경우 등 대통령령으로 정하는 토지의 형질변경
5. 벌채 면적 및 수량(樹量), 그 밖에 대통령령으로 정하는 규모 이상의 죽목(竹木) 벌채
6. 대통령령으로 정하는 범위의 토지 분할

7. 모래 · 자갈 · 토석 등 대통령령으로 정하는 물건을 대통령령으로 정하는 기간까지 쌓아 놓는 행위
8. 제1호 또는 제13조에 따른 건축물 중 대통령령으로 정하는 건축물을 근린생활시설 등 대통령령으로 정하는 용도로 용도변경하는 행위
9. 개발제한구역 지정 당시 지목(地目)이 대(垈)인 토지가 개발제한구역 지정 이후 지목이 변경된 경우로서 제1호마목의 시설 중 대통령령으로 정하는 건축물의 건축과 이에 따르는 토지의 형질변경

(2) 도시자연공원구역에서의 행위제한

도시자연공원구역에서의 행위 제한 등 도시자연공원구역의 관리에 필요한 사항은 따로 법률[도시공원및녹지등에관한법률(약칭:공원녹지법)]로 정한다(법 80조의 2).

도시자연공원구역에서는 건축물의 건축 및 용도변경, 공작물의 설치, 토지의 형질변경, 흙과 돌의 채취, 토지의 분할, 죽목의 벌채, 물건의 적치 또는 국토계획법상의 도시 · 군계획사업의 시행을 할 수 없다. 다만, 다음 각 호의 어느 하나에 해당하는 행위는 특별시장 · 광역시장 · 특별자치시장 · 특별자치도지사 · 시장 또는 군수의 허가를 받아 할 수 있다(공원녹지법 27조).

특별시장 · 광역시장 · 특별자치시장 · 특별자치도지사 · 시장 또는 군수는 도시자연공원구역의 보호, 훼손된 도시자연의 회복, 도시자연공원구역을 이용하는 사람의 안전과 그 밖에 공익을 위하여 필요하다고 인정하는 경우에는 도시자연공원구역 중 일정한 지역을 지정하여 일정한 기간 그 지역에 사람의 출입 또는 차량의 통행을 제한하거나 금지할 수 있다으며, 특별시장 · 광역시장 · 특별자치시장 · 특별자치도지사 · 시장 또는 군수는 제한 또는 금지를 하려는 경우에는 안내표지 설치 등의 방법으로 이를 공고하여야 한다(동법 33조).

입지규제최소구역에서의 행위 제한은 용도지역 및 용도지구에서의 토지의 이용 및 건축물의 용도 · 건폐율 · 용적률 · 높이 등에 대한 제한을 강화하거나 완화하여 따로 입지규제최소구역계획으로 정한다.

(3) 시가화조정구역에서의 행위제한

시가화조정구역에서의 도시 · 군계획사업은 대통령령으로 정하는 사업만 시행할 수 있다(법 81조 1항).

시가화조정구역에서는 제56조[개발행위 허가]와 제76조[용도지역 · 용도지구에서의 건축물의 건축제한 등]에도 불구하고 제1항에 따른 도시 · 군계획사업의 경우 외에는 〈다음 각 호〉의 어느 하나에 해당하는 행위에 한정하여 허가를 받아 그 행위를 할 수 있으며, 이때 허가를 하려면 미리 법에서 정한 자와 협의하여야 한다(법 81조 2항 및 3항).

♣ 시가화조정구역에서 허가를 받아 할 수 있는 행위

1. 농업 · 임업 또는 어업용의 건축물 중 대통령령으로 정하는 종류와 규모의 건축물이나 그 밖의 시설을 건축하는 행위
2. 마을공동시설, 공익시설 · 공공시설, 광공업 등 주민의 생활을 영위하는 데에 필요한 행위로서 대통령령으로 정하는 행위
3. 입목의 벌채, 조림, 육림, 토석의 채취, 그 밖에 대통령령으로 정하는 경미한 행위

(4) 도시혁신구역에서의 행위제한

용도지역 및 용도지구에 따른 제한에도 불구하고 도시혁신구역에서의 토지의 이용, 건축물이나 그 밖의 시설의 용도 · 건폐율 · 용적률 · 높이 등에 관한 제한 및 그 밖에 대통령령으로 정하는 사항에 관하여는 도시혁신계획으로 따로 정한다(법 80조의4).

(5) 복합용도구역에서의 행위제한

용도지역 및 용도지구에 따른 제한에도 불구하고 복합용도구역에서의 건축물이나 그 밖의 시설의 용도 · 종류 및 규모 등의 제한에 관한 사항은 대통령령으로 정하는 범위에서 복합용도계획으로 따로 정한다(법 80조의5 1항). 복합용도구역에서의 건폐율과 용적률은 제77조제1항 각 호 및 제78조제1항 각 호에 따른 용도지역별 건폐율과 용적률의 최대한도의 범위에서 복합용도계획으로 정한다(법 80조의5 2항).

5. 행위제한의 특례

(1) 기존건축물에 대한 특례

법령의 제정 · 개정이나 그 밖에 대통령령으로 정하는 사유로 기존 건축물이 이 법에 맞지 아니하게 된 경우에는 대통령령으로 정하는 범위에서 증축, 개축, 재축 또는 용도변경을 할 수 있다(법 82조).

(2) 도시지역에서의 다른 법률 적용 배제

도시지역에 대하여는 〈다음 각 호〉의 법률 규정을 적용하지 아니한다(법 83조).

1) 「도로법」에 따른 접도구역
2) 「농지법」에 따른 농지취득자격증명. 다만, 녹지지역의 농지로서 도시 · 군계획시설사업에 필요하지 아니한 농지에 대하여는 그러하지 아니하다.

(3) 도시혁신구역에서의 다른 법률 적용 배제

도시혁신구역에 대하여는 다음 각 호의 법률 규정에도 불구하고 도시혁신계획으로 따로 정할 수 있다(법 83조의3 1항).

> 1. 「주택법」 제35조에 따른 주택의 배치, 부대시설 · 복리시설의 설치기준 및 대지조성기준
> 2. 「주차장법」 제19조에 따른 부설주차장의 설치
> 3. 「문화예술진흥법」 제9조에 따른 건축물에 대한 미술작품의 설치
> 4. 「건축법」 제43조에 따른 공개 공지 등의 확보
> 5. 「도시공원 및 녹지 등에 관한 법률」 제14조에 따른 도시공원 또는 녹지 확보기준
> 6. 「학교용지 확보 등에 관한 특례법」 제3조에 따른 학교용지의 조성 · 개발 기준

도시혁신구역으로 지정된 지역은 「건축법」에 따른 특별건축구역으로 지정된 것으로 보며(법 83조의3 2항), 시 · 도지사 또는 시장 · 군수 · 구청장은 「건축법」 제70조에도 불구하고 도시혁신구역에서 건축하는 건축물을 같은 법 제73조에 따라 건축기준 등의 특례사항을 적용하여 건축할 수 있는 건축물에 포함시킬 수 있다(법 83조의3 3항).

도시혁신구역의 지정 · 변경 및 도시혁신계획 결정의 고시는 「도시개발법」 에 따른 개발계획의 내용에 부합하는 경우 도시개발구역의 지정 및 개발계획 수립의 고시로 본다. 이 경우 도시혁신계획에서 정한 시행자는 도시개발법상의 요건을 갖춘 경우에 한정하여 도시개발사업의 시행자로 지정된 것으로 본다.(법 83조의3 4항).

도시혁신계획에 대한 도시계획위원회 심의 시 관련법에 따른 지역교육환경보호위원회, 문화유산위원회, 자연유산위원회와 공동으로 심의를 개최하고, 그 결과에 따라 다음 각 호의 법률 규정을 완화하여 적용할 수 있다(법 83조의3 5항).

> 1. 「교육환경 보호에 관한 법률」에 따른 교육환경보호구역에서의 행위제한
> 2. 「문화유산의 보존 및 활용에 관한 법률」에 따른 역사문화환경 보존지역에서의 행위제한
> 3. 「자연유산의 보존 및 활용에 관한 법률」에 따른 역사문화환경 보존지역에서의 행위제한

(4) 복합용도구역에서의 건축법 적용 특례

도시혁신구역에서의 건축법 적용특례[제83조의3제2항 및 제3항]은 복합용도구역에도 적용한다. 이 경우 "도시혁신구역"은 "복합용도구역"으로 본다(법 83조의4).

(5) 둘 이상의 용도지역 · 용도지구 · 용도구역에 걸치는 대지에 대한 적용기준

① 하나의 대지가 둘 이상의 용도지역 · 용도지구 또는 용도구역(이하 "용도지역등")에 걸치는 경우

a) 원칙적으로 각각의 용도지역등을 적용

b) 가장 작은 부분의 규모가 대통령령으로 정하는 규모[17] 이하인 경우

i) 전체 대지의 건폐율 및 용적률 : 각 부분이 차지하는 비율을 고려하여 각 용도지역등별 건폐율 및 용적률을 가중평균한 값을 적용하고,

ii) 그 밖의 건축 제한 등에 관한 사항 : 그 대지 중 가장 넓은 면적이 속하는 용도지역등에 관한 규정을 적용(법 84조 1항 본문).

② 건축물이 고도지구에 걸쳐 있는 경우

건축물 및 대지의 전부에 대하여 고도지구의 건축물 및 대지에 관한 규정을 적용(법 84조 1항 단서).

③ 하나의 건축물이 방화지구와 그 밖의 용도지역등에 걸쳐 있는 경우

그 전부에 대하여 방화지구의 건축물에 관한 규정을 적용한다. 다만, 「건축법」에 따른 방화벽으로 구획되는 경우 그 밖의 용도지역 · 용도지구 또는 용도구역에 있는 부분에 대하여는 그러하지 아니하다(법 84조 2항).

④ 하나의 대지가 녹지지역과 그 밖의 용도지역등에 걸쳐 있는 경우(규모가 가장 작은 부분이 녹지지역으로서 330제곱미터 이하인 경우는 제외)

각각의 용도지역등의 건축물 및 토지에 관한 규정을 적용한다. 다만, 녹지지역의 건축물이 고도지구 또는 방화지구에 걸쳐 있는 경우에는 제1항 단서나 제2항에 따른다(법 84조 3항).

---

17) [시행령 제94조] 각 호 외의 부분 본문 및 같은 조 제3항 본문에서 "대통령령으로 정하는 규모"라 함은 330제곱미터를 말한다. 다만, 도로변에 띠 모양으로 지정된 상업지역에 걸쳐 있는 토지의 경우에는 660제곱미터를 말한다.

제 4 장

개발행위의 허가 등

제1절 개발행위의 허가

1. 의의

국토의 계획 및 이용에 관한 법률에서는 건축물 건축, 공작물 설치, 토지형질변경, 토석채취, 토지분할, 물건적치 등 일정한 행위를 "개발행위"라 하고, 그러한 개발행위를 하려는 자는 특별시장 · 광역시장 · 특별자치시장 · 특별자치도지사 · 시장 또는 군수의 허가를 받도록 하고 있다. 이를 "개발행위 허가"라 한다. 개발행위 허가는 도시계획과의 적합성 및 기타 공익성에 대한 판단이 필요한 점에서 재량행위로 보는 것이 일반적이다.[18]

2. 개발행위 허가대상

(1) 원칙

<다음 각 호>의 어느 하나에 해당하는 행위로서 대통령령으로 정하는 행위를 하려는 자는 허가권자[특별시장 · 광역시장 · 특별자치시장 · 특별자치도지사 · 시장 또는 군수]의 허가를 받아야 한다(법 56조 1항, 영 51조 1항).

1. 건축물의 건축	「건축법」 제2조제1항제2호에 따른 건축물의 건축
2. 공작물의 설치	인공을 가하여 제작한 시설물(「건축법」 제2조제1항제2호에 따른 건축물을 제외한다)의 설치
3. 토지의 형질변경	절토(땅깎기) · 성토(흙쌓기) · 정지(땅고르기) · 포장 등의 방법으로 토지의 형상을 변경하는 행위와 공유수면의 매립(경작을 위한 토지의 형질변경을 제외한다)

18) 정태용, 「도시계획법」, 한국법제연구원, 2001, p273 / 대법원 2019.7.4.선고 2018두49709 판결 / 대법원 2023.2.2.선고 2020두4722 판결

4. 토석채취	흙 · 모래 · 자갈 · 바위 등의 토석을 채취하는 행위. 다만, 토지의 형질변경을 목적으로 하는 것을 제외한다.
5. 토지분할	〈다음 각 목〉의 어느 하나에 해당하는 토지의 분할(「건축법」 제57조에 따른 건축물이 있는 대지는 제외한다) 가. 녹지지역 · 관리지역 · 농림지역 및 자연환경보전지역 안에서 관계법령에 따른 허가 · 인가 등을 받지 아니하고 행하는 토지의 분할 나. 「건축법」 제57조제1항에 따른 분할제한면적 미만으로의 토지의 분할 다. 관계 법령에 의한 허가 · 인가 등을 받지 아니하고 행하는 너비 5미터 이하로의 토지의 분할
6. 물건을 쌓아놓는 행위	녹지지역 · 관리지역 또는 자연환경보전지역안에서 「건축법」 제22조에 따라 사용승인을 받은 건축물의 울타리안(적법한 절차에 의하여 조성된 대지에 한한다)에 위치하지 아니한 토지에 물건을 1개월 이상 쌓아놓는 행위

개발행위 허가를 받은 사항을 변경하는 경우에도 별도의 허가를 받아야 한다. 다만 경미한 사항[영 제52조 1항]은 그러하지 아니하다(법 56조 2항).

제1항에도 불구하고 제1항제2호[토지의 형질변경] 및 제3호[토석채취]의 개발행위 중 도시지역과 계획관리지역의 산림에서의 임도(林道) 설치와 사방사업에 관하여는 「산림자원의 조성 및 관리에 관한 법률」과 「사방사업법」에 따르고, 보전관리지역 · 생산관리지역 · 농림지역 및 자연환경보전지역의 산림에서의 제1항제2호(농업 · 임업 · 어업을 목적으로 하는 토지의 형질변경만 해당한다) 및 제3호의 개발행위에 관하여는 「산지관리법」에 따른다(법 56조 3항).

(2) 허가대상 예외

ⅰ) 도시 · 군계획사업(다른 법률에 따라 도시 · 군계획사업을 의제한 사업을 포함)에 의한 행위는 개발행위 허가없이 가능하다(법 56조 1항 단서).

ⅱ) 〈다음 각 호〉의 어느 하나에 해당하는 행위는 개발행위허가를 받지 아니하고 할 수 있다. 다만, 제1호의 응급조치를 한 경우에는 1개월 이내에 특별시장 · 광역시장 · 특별자치시장 · 특별자치도지사 · 시장 또는 군수에게 신고하여야 한다(법 56조 4항).

1. 재해복구나 재난수습을 위한 응급조치
2. 「건축법」에 따라 신고하고 설치할 수 있는 건축물의 개축 · 증축 또는 재축과 이에 필요한 범위에서의 토지의 형질 변경(도시 · 군계획시설사업이 시행되지 아니하고 있는 도시 · 군계획시설의 부지인 경우만 가능하다)
3. 그 밖에 대통령령으로 정하는 경미한 행위

♣ 개발행위 허가 없이 할 수 있는 "대통령령으로 정하는 경미한 행위" (영 53조)

1. 건축물의 건축 : 「건축법」에 따른 건축허가, 건축신고, 가설건축물 건축허가, 가설건축물의 축조신고 대상에 해당하지 아니하는 건축물의 건축
2. 공작물의 설치
   가. 도시지역 또는 지구단위계획구역에서 무게가 50톤 이하, 부피가 50세제곱미터 이하, 수평투영면적이 50제곱미터 이하인 공작물의 설치. 다만, 「건축법 시행령」 제118조제1항 각 호의 어느 하나에 해당하는 공작물의 설치는 제외한다.
   나. 도시지역 · 자연환경보전지역 및 지구단위계획구역외의 지역에서 무게가 150톤 이하, 부피가 150세제곱미터 이하, 수평투영면적이 150제곱미터 이하인 공작물의 설치. 다만, 「건축법 시행령」 제118조제1항 각 호의 어느 하나에 해당하는 공작물의 설치는 제외한다.
   다. 녹지지역 · 관리지역 또는 농림지역안에서의 농림어업용 비닐하우스(「양식산업발전법」 제43조제1항 각 호에 따른 양식업을 하기 위하여 비닐하우스 안에 설치하는 양식장은 제외한다)의 설치
3. 토지의 형질변경
   가. 높이 50센티미터 이내 또는 깊이 50센티미터 이내의 절토 · 성토 · 정지 등(포장을 제외하며, 주거지역 · 상업지역 및 공업지역외의 지역에서는 지목변경을 수반하지 아니하는 경우에 한한다)
   나. 도시지역 · 자연환경보전지역 및 지구단위계획구역 외의 지역에서 면적이 660제곱미터 이하인 토지에 대한 지목변경을 수반하지 아니하는 절토 · 성토 · 정지 · 포장 등(토지의 형질변경 면적은 형질변경이 이루어지는 당해 필지의 총면적을 말한다. 이하 같다)
   다. 조성이 완료된 기존 대지에 건축물이나 그 밖의 공작물을 설치하기 위한 토지의 형질변경(절토 및 성토는 제외한다)
   라. 국가 또는 지방자치단체가 공익상의 필요에 의하여 직접 시행하는 사업을 위한 토지의 형질변경
4. 토석채취
   가. 도시지역 또는 지구단위계획구역에서 채취면적이 25제곱미터 이하인 토지에서의 부피 50세제곱미터 이하의 토석채취
   나. 도시지역 · 자연환경보전지역 및 지구단위계획구역외의 지역에서 채취면적이 250제곱미터 이하인 토지에서의 부피 500세제곱미터 이하의 토석채취
5. 토지분할
   가. 「사도법」에 의한 사도개설허가를 받은 토지의 분할
   나. 토지의 일부를 국유지 또는 공유지로 하거나 공공시설로 사용하기 위한 토지의 분할
   다. 행정재산중 용도폐지되는 부분의 분할 또는 일반재산을 매각 · 교환 또는 양여하기 위한 분할
   라. 토지의 일부가 도시 · 군계획시설로 지형도면고시가 된 당해 토지의 분할
   마. 너비 5미터 이하로 이미 분할된 토지의 「건축법」 제57조제1항에 따른 분할제한면적 이상으로의 분할
6. 물건을 쌓아놓는 행위
   가. 녹지지역 또는 지구단위계획구역에서 물건을 쌓아놓는 면적이 25제곱미터 이하인 토지에 전체무게 50톤 이하, 전체부피 50세제곱미터 이하로 물건을 쌓아놓는 행위

나. 관리지역(지구단위계획구역으로 지정된 지역을 제외한다)에서 물건을 쌓아놓는 면적이 250제곱미터 이하인 토지에 전체무게 500톤 이하, 전체부피 500세제곱미터 이하로 물건을 쌓아놓는 행위

3. 개발행위 허가의 기준과 절차 등

(1) 허가 기준

허가권자는 개발행위 허가 신청내용이 〈다음 각호〉의 허가 기준에 맞는 경우에만 개발행위 허가 또는 변경허가를 하여야 한다(법 58조 1항).

1. 용도지역별 특성을 고려하여 대통령령[시행령 제55조]으로 정하는 개발행위의 규모에 적합할 것. 다만, 개발행위가 「농어촌정비법」 제2조제4호에 따른 농어촌정비사업으로 이루어지는 경우 등 대통령령으로 정하는 경우에는 개발행위 규모의 제한을 받지 아니한다.
2. 도시 · 군관리계획 및 성장관리계획의 내용에 어긋나지 아니할 것
3. 도시 · 군계획사업의 시행에 지장이 없을 것
4. 주변지역의 토지이용실태 또는 토지이용계획, 건축물의 높이, 토지의 경사도, 수목의 상태, 물의 배수, 하천 · 호소 · 습지의 배수 등 주변환경이나 경관과 조화를 이룰 것
5. 해당 개발행위에 따른 기반시설의 설치나 그에 필요한 용지의 확보계획이 적절할 것

개발행위 허가의 세부적인 기준은 시행령 제56조 제1항 별표1의2[개발행위 허가기준]에 의한다.

(2) 허가 절차

개발행위를 하려는 자는 기반시설 설치 등에 대한 계획서를 첨부한 개발행위허가신청서를 허가권자에게 제출하여야 하며(법 57조 1항), 허가권자는 특별한 사유가 없으면 15일(관계기관 협의 및 도시계획위원회 심의 기간 제외)이내에 허가 또는 불허가 처분을 하여야 한다(법 57조 2항).

허가권자는 그 개발행위가 도시 · 군계획사업의 시행에 지장을 주는지에 관하여 해당 지역에서 시행되는 도시 · 군계획사업의 시행자의 의견을 들어야 한다(법 58조 2항).

관계 행정기관의 장은 일정한 개발행위에 대하여 허가 또는 변경허가를 하거나 다른 법률에 따라 인가 · 허가 · 승인 또는 협의를 하려면 중앙도시계획위원회나 지방도시계획위원회의 심의를 거쳐야 한다(법 59조).

특별시장 · 광역시장 · 특별자치시장 · 특별자치도지사 · 시장 또는 군수는 기반시설의 설치나 그에 필요한 용지의 확보, 위해 방지, 환경오염 방지, 경관, 조경 등을 위하여 필요하다고

인정되는 경우로서 대통령령으로 정하는 경우에는 이의 이행을 보증하기 위하여 개발행위허가를 받는 자로 하여금 이행보증금을 예치하게 할 수 있다(법 60조).

(3) 개발행위 허가의 효과 : 관련 인·허가 등의 의제

개발행위허가 또는 변경허가를 할 때에 특별시장·광역시장·특별자치시장·특별자치도지사·시장 또는 군수가 그 개발행위에 대한 〈다음 각 호〉의 인가·허가·승인·면허·협의·해제·신고 또는 심사 등에 관하여 미리 관계 행정기관의 장과 협의한 사항에 대하여는 그 인·허가등을 받은 것으로 본다(법 61조).

1. 「공유수면 관리 및 매립에 관한 법률」에 따른 공유수면의 점용·사용허가, 점용·사용 실시계획의 승인 또는 신고, 공유수면의 매립면허 및 공유수면매립실시계획의 승인
2. 삭제 〈2010. 4. 15.〉
3. 「광업법」에 따른 채굴계획의 인가
4. 「농어촌정비법」에 따른 농업생산기반시설의 사용허가
5. 「농지법」에 따른 농지전용의 허가 또는 협의, 농지전용의 신고 및 농지의 타용도 일시사용의 허가 또는 협의
6. 「도로법」에 따른 도로관리청이 아닌 자에 대한 도로공사 시행의 허가, 도로와 다른 시설의 연결 허가 및 도로의 점용 허가
7. 「장사 등에 관한 법률」에 따른 무연분묘(無緣墳墓)의 개장(改葬) 허가
8. 「사도법」에 따른 사도(私道) 개설(開設)의 허가
9. 「사방사업법」에 따른 토지의 형질 변경 등의 허가 및 사방지 지정의 해제

9의2. 「산업집적활성화 및 공장설립에 관한 법률」에 따른 공장설립등의 승인

10. 「산지관리법」에 따른 산지전용허가, 산지전용신고, 산지일시사용허가·신고, 토석채취허가, 토사채취신고 및 「산림자원의 조성 및 관리에 관한 법률」에 따른 입목벌채(立木伐採) 등의 허가·신고
11. 「소하천정비법」에 따른 소하천공사 시행의 허가 및 소하천의 점용 허가
12. 「수도법」에 따른 전용상수도 설치 및 전용공업용수도설치의 인가
13. 「연안관리법」에 따른 연안정비사업실시계획의 승인
14. 「체육시설의 설치·이용에 관한 법률」에 따른 사업계획의 승인
15. 「초지법」에 따른 초지전용의 허가, 신고 또는 협의
16. 「공간정보의 구축 및 관리 등에 관한 법률」에 따른 지도등의 간행 심사
17. 「하수도법」에 따른 공공하수도에 관한 공사시행의 허가 및 공공하수도의 점용허가
18. 「하천법」에 따른 하천공사 시행의 허가 및 하천 점용의 허가
19. 「도시공원 및 녹지 등에 관한 법률」에 따른 도시공원의 점용허가 및 녹지의 점용허가

4. 준공검사

준공검사 대상 개발행위[제56조제1항제1호부터 제3호]에 대해 허가를 받은 자는 그 개발행위를 마치면 특별시장 · 광역시장 · 특별자치시장 · 특별자치도지사 · 시장 또는 군수의 준공검사를 받아야 한다. 다만, 건축물의 건축에 대하여 「건축법」 에 따른 건축물의 사용승인을 받은 경우에는 그러하지 아니하다(법 62조 1항).

준공검사를 받은 경우에는 제61조에 따라 의제되는 인 · 허가등에 따른 준공검사 · 준공인가 등에 관하여 관계 행정기관의 장과 협의한 사항에 대하여는 그 준공검사 · 준공인가 등을 받은 것으로 본다(법 62조 2항). 준공검사 · 준공인가 등의 의제를 받으려는 자는 준공검사를 신청할 때에 해당 법률에서 정하는 관련 서류를 함께 제출하여야 한다(법 62조 3항).

5. 개발행위에 따른 공공시설의 귀속

개발행위를 허가를 받은 자가 행정청인 경우와 비(非)행정청인 경우에 따라 기존 공공시설의 무상귀속 여부는 달라진다. 또한 개발행위 허가를 받은 경우 공공시설의 귀속에 대해서는 「국유재산법」과 「공유재산 및 물품 관리법」이 적용되지 않는다. 허가권자가 공공시설의 귀속이 포함된 개발행위 허가를 하려면 미리 해당 공공시설이 속한 관리청의 의견을 들어야 한다(법 65조 3항).

(1) 공공시설의 무상귀속 여부

개발행위허가(다른 법률에 따라 개발행위허가가 의제되는 협의를 거친 인가 · 허가 · 승인 등을 포함)를 받은 자가 행정청인 경우 새로 공공시설을 설치하거나 대체되는 공공시설을 설치한 경우에는 「국유재산법」과 「공유재산 및 물품 관리법」에도 불구하고 새로 설치된 공공시설은 그 시설을 관리할 관리청에 무상으로 귀속되고, 종래의 공공시설은 개발행위허가를 받은 자에게 무상으로 귀속된다(법 65조 1항).

개발행위허가를 받은 자가 행정청이 아닌 경우 새로 설치한 공공시설은 그 시설을 관리할 관리청에 무상으로 귀속되고, 개발행위로 용도가 폐지되는 공공시설은 「국유재산법」과 「공유재산 및 물품 관리법」에도 불구하고 새로 설치한 공공시설의 설치비용에 상당하는 범위에서 개발행위허가를 받은 자에게 무상으로 양도할 수 있다(법 65조 2항).

(2) 공공시설의 귀속시기

개발행위허가를 받은 자가 행정청인 경우 개발행위허가를 받은 자는 개발행위가 끝나 준공검사를 마친 때에는 해당 시설의 관리청에 공공시설의 종류와 토지의 세목(細目)을 통지하여야 한다. 이 경우 공공시설은 그 통지한 날에 해당 시설을 관리할 관리청과 개발행위허가를 받은 자에게 각각 귀속된 것으로 본다(법 65조 5항).

개발행위허가를 받은 자가 행정청이 아닌 경우 개발행위허가를 받은 자는 관리청에 귀속되거나 그에게 양도될 공공시설에 관하여 개발행위가 끝나기 전에 그 시설의 관리청에 그 종류와 토지의 세목을 통지하여야 하고, 준공검사를 한 특별시장 · 광역시장 · 특별자치시장 · 특별자치도지사 · 시장 또는 군수는 그 내용을 해당 시설의 관리청에 통보하여야 한다. 이 경우 공공시설은 준공검사를 받음으로써 그 시설을 관리할 관리청과 개발행위허가를 받은 자에게 각각 귀속되거나 양도된 것으로 본다(법 65조 6항).

6. 개발행위 허가의 제한

(1) 특정지역에서의 허가 제한

〈다음 각 호〉의 어느 하나에 해당되는 지역으로 도시 · 군관리계획상 특히 필요하다고 인정되는 지역은 개발행위 허가를 제한 할 수 있다(법 63조 1항).

1. 녹지지역이나 계획관리지역으로서 수목이 집단적으로 자라고 있거나 조수류 등이 집단적으로 서식하고 있는 지역 또는 우량 농지 등으로 보전할 필요가 있는 지역
2. 개발행위로 인하여 주변의 환경 · 경관 · 미관 · 문화재 등이 크게 오염되거나 손상될 우려가 있는 지역
3. 도시 · 군기본계획이나 도시 · 군관리계획을 수립하고 있는 지역으로서 그 도시 · 군기본계획이나 도시 · 군관리계획이 결정될 경우 용도지역 · 용도지구 또는 용도구역의 변경이 예상되고 그에 따라 개발행위허가의 기준이 크게 달라질 것으로 예상되는 지역
4. 지구단위계획구역으로 지정된 지역
5. 기반시설부담구역으로 지정된 지역

허가 제한 대상지역에 대해 중앙도시계획위원회나 지방도시계획위원회의 심의를 거쳐 한 차례만 3년 이내의 기간 동안 개발행위허가를 제한할 수 있다[다만, 제3호부터 제5호까지에 해당하는 지역에 대해서는 중앙도시계획위원회나 지방도시계획위원회의 심의를 거치지 아니하고 한 차례만 2년 이내의 기간 동안 개발행위허가의 제한을 연장가능](법 63조 1항 본문 및 단서).

국토교통부장관, 시 · 도지사, 시장 또는 군수는 개발행위허가를 제한하려면 제한지역 · 제한사유 · 제한대상행위 및 제한기간을 미리 고시하여야 한다(법 63조 2항).

(2) 도시 · 군계획시설 부지에서의 허가 제한

① 원칙 : 개발행위 허가 금지

특별시장 · 광역시장 · 특별자치시장 · 특별자치도지사 · 시장 또는 군수는 도시 · 군계획시설의 설치 장소로 결정된 지상 · 수상 · 공중 · 수중 또는 지하는 그 도시 · 군계획시설이 아닌 건축물의 건축이나 공작물의 설치를 허가하여서는 아니 된다(법 64조 1항 본문).

② 예외 : 개발행위 허가 가능

i) 대통령령으로 정하는 경우(법 64조 1항 단서, 영 61조 각호)

> 1. 지상 · 수상 · 공중 · 수중 또는 지하에 일정한 공간적 범위를 정하여 도시 · 군계획시설이 결정되어 있고, 그 도시 · 군계획시설의 설치 · 이용 및 장래의 확장 가능성에 지장이 없는 범위에서 도시 · 군계획시설이 아닌 건축물 또는 공작물을 그 도시 · 군계획시설인 건축물 또는 공작물의 부지에 설치하는 경우
> 2. 도시 · 군계획시설과 도시 · 군계획시설이 아닌 시설을 같은 건축물안에 설치한 경우(법률 제6243호 도시계획법개정법률에 의하여 개정되기 전에 설치한 경우를 말한다)로서 법 제88조의 규정에 의한 실시계획인가를 받아 다음 각목의 어느 하나에 해당하는 경우
>   가. 건폐율이 증가하지 아니하는 범위 안에서 당해 건축물을 증축 또는 대수선하여 도시 · 군계획시설이 아닌 시설을 설치하는 경우
>   나. 도시 · 군계획시설의 설치 · 이용 및 장래의 확장 가능성에 지장이 없는 범위 안에서 도시 · 군계획시설을 도시 · 군계획시설이 아닌 시설로 변경하는 경우
> 3. 「도로법」등 도시 · 군계획시설의 설치 및 관리에 관하여 규정하고 있는 다른 법률에 의하여 점용허가를 받아 건축물 또는 공작물을 설치하는 경우
> 4. 도시 · 군계획시설의 설치 · 이용 및 장래의 확장 가능성에 지장이 없는 범위에서 「신에너지 및 재생에너지 개발 · 이용 · 보급 촉진법」 제2조제3호에 따른 신 · 재생에너지 설비 중 태양에너지 설비 또는 연료전지 설비를 설치하는 경우
> 5. 도시 · 군계획시설의 설치 · 이용이나 장래의 확장 가능성에 지장이 없는 범위에서 재해복구 또는 재난수습을 위한 응급조치로서 가설건축물 또는 공작물을 설치하는 경우

ii) 도시 · 군계획시설결정의 고시일부터 2년이 지날 때까지 그 시설의 설치에 관한 사업이 시행되지 아니한 도시 · 군계획시설 중 단계별 집행계획이 수립되지 아니하거나 단계별 집행계획에서 제1단계 집행계획(단계별 집행계획을 변경한 경우에는 최초의 단계별 집행계획을 말함)에 포함되지 아니한 도시 · 군계획시설의 부지에서의 〈다음 각 호〉의 행위(법 64조 2항).

> 1. 가설건축물의 건축과 이에 필요한 범위에서의 토지의 형질 변경
> 2. 도시 · 군계획시설의 설치에 지장이 없는 공작물의 설치와 이에 필요한 범위에서의 토지의 형질 변경
> 3. 건축물의 개축 또는 재축과 이에 필요한 범위에서의 토지의 형질 변경(제56조제4항제2호에 해당하는 경우는 제외한다)

제2절 개발행위에 따른 기반시설 설치

1. 개요

개발행위는 인구와 산업의 집중과 도시 밀도(密度)의 증가를 가져오며 이는 필연적으로 도로, 상하수도, 전기, 가스, 공원, 녹지 등 기반시설의 부족을 야기한다. 국토의 계획 및 이용에 관한 법률은 개발행위에 따른 기반시설을 보충하기 위하여 개발을 억제하거나 비용을 부담하게 하는 방법을 담고 있다. 전자는 개발밀도관리구역이고 후자는 기반시설부담구역이다.

2. 개발밀도관리구역

(1) 의의

"개발밀도관리구역"이란 개발로 인하여 기반시설이 부족할 것으로 예상되나 기반시설을 설치하기 곤란한 지역을 대상으로 건폐율이나 용적률을 강화하여 적용하기 위하여 지정하는 구역을 말한다(법 2조 18호). 기반시설 부족이 예상되나 주변여건상 기반시설 설치가 곤란한 지역으로서 더 이상의 개발을 제한할 필요가 있을 때 건폐율과 용적율을 강화함으로써 개발을 직접 억제하는 효과를 가져오게 된다.

(2) 지정 대상

특별시장·광역시장·특별자치시장·특별자치도지사·시장 또는 군수는 주거·상업 또는 공업지역에서의 개발행위로 기반시설(도시·군계획시설을 포함한다)의 처리·공급 또는 수용능력이 부족할 것으로 예상되는 지역 중 기반시설의 설치가 곤란한 지역을 개발밀도관리구역으로 지정할 수 있다(법 66조 1항).

(3) 심의 및 고시

특별시장·광역시장·특별자치시장·특별자치도지사·시장 또는 군수는 개발밀도관리구역을 지정하거나 변경하려면 개발밀도관리구역의 명칭, 구역 범위, 건폐율 또는 용적율의 강화범위를 포함하여 해당 지방자치단체에 설치된 지방도시계획위원회의 심의를 거쳐야 하며(법 66조 3항), 개발밀도관리구역을 지정하거나 변경한 경우에는 그 사실을 대통령령으로 정하는 바에 따라 고시하여야 한다(법 66조 4항).

(4) 지정기준, 구역 관리 등

개발밀도관리구역의 지정기준, 개발밀도관리구역의 관리 등에 관하여 필요한 사항은 대통령령[영 제63조]으로 정하는 바에 따라 국토교통부장관이 정한다(법 66조 5항).

(5) 지정 효과 : 건폐율 · 용적율 강화

개발밀도관리구역에서는 대통령령으로 정하는 범위에서 제77조나 제78조에 따른 건폐율 또는 용적률을 강화하여 적용한다(법 66조 2항). 시행령 제62조 제1항에 따르면 용적율의 경우 해당 용도지역에 적용되는 용적률 최대한도의 50퍼센트까지 강화할 수 있다.

3. 기반시설부담구역

(1) 의의

"기반시설부담구역"은 개발밀도관리구역 외의 지역으로서 개발로 인하여 도로, 공원, 녹지 등 기반시설의 설치가 필요한 지역을 대상으로 기반시설을 설치하거나 그에 필요한 용지를 확보하게 하기 위하여 지정 · 고시하는 구역이다.

(2) 지정 대상

특별시장 · 광역시장 · 특별자치시장 · 특별자치도지사 · 시장 또는 군수는 〈다음 각 호〉의 어느 하나에 해당하는 지역에 대하여는 기반시설부담구역으로 지정하여야 한다(법 67조 1항 본문).

1. 법령의 제정 · 개정으로 인하여 행위 제한이 완화되거나 해제되는 지역
2. 법령에 따라 지정된 용도지역 등이 변경되거나 해제되어 행위 제한이 완화되는 지역
3. 개발행위허가 현황 및 인구증가율 등을 고려하여 대통령령으로 정하는 지역

다만, 개발행위가 집중되어 해당 지역의 계획적 관리를 위하여 필요하다고 인정하면 위 각 호에 해당하지 아니하는 경우라도 기반시설부담구역으로 지정할 수 있다(법 67조 1항 단서).

(3) 의견청취 · 심의 및 고시

기반시설부담구역을 지정 또는 변경하려면 주민의 의견을 들어야 하며, 해당 지방자치단체에 설치된 지방도시계획위원회의 심의를 거쳐 대통령령으로 정하는 바에 따라 이를 고시하여야 한다(법 67조 2항).

(4) 기반설치계획 수립 및 도시 · 군관리계획 반영

특별시장 · 광역시장 · 특별자치시장 · 특별자치도지사 · 시장 또는 군수는 기반시설부담구역이 지정되면 대통령령으로 정하는 바에 따라 기반시설설치계획을 수립하여야 하며, 이를 도시 · 군관리계획에 반영하여야 한다(법 67조 4항).

(5) 지정 효과 : 기반시설설치비용 부과

① 부과대상 건축행위

기반시설부담구역에서 기반시설설치비용의 부과대상인 건축행위는 단독주택 및 숙박시설 등 대통령령으로 정하는 시설[=「건축법 시행령」 별표 1에 따른 용도별 건축물]로서[19] 200제곱미터(기존 건축물의 연면적 포함)를 초과하는 건축물의 신축 · 증축 행위로 한다(법 68조 1항 본문, 영 4조의3). 다만, 기존 건축물을 철거하고 신축하는 경우에는 기존 건축물의 건축연면적을 초과하는 건축행위만 부과대상으로 한다(법 68조 1항 단서).

② 기반시설설치비용의 산정기준 및 감면

기반시설설치비용은 산정기준은 아래와 같다. 다만, 특별시장 · 광역시장 · 특별자치시장 · 특별자치도지사 · 시장 또는 군수가 기반시설부담계획을 수립한 경우에는 그 부담계획에 따른다(법 68조 2항).

기반시설설치비용 = [기반시설표준시설비용[i)]+용지비용[ii)]] × 부과대상 건축연면적 × 민간개발사업자 부담률[iii)]
i) 기반시설 표준시설비용 : 기반시설 조성을 위하여 사용되는 단위당 시설비로서 해당 연도의 생산자물가상승률 등을 고려하여 대통령령으로 정하는 바에 따라 국토교통부장관이 고시함(법 68조 3항). ii) 용지비용 : 부과대상이 되는 건축행위가 이루어지는 토지를 대상으로 〈다음 각 호〉의 기준을 곱하여 산정한 가액(價額)임(법 68조 4항). 1. 지역별 기반시설의 설치 정도를 고려하여 0.4 범위에서 지방자치단체의 조례로 정하는 용지환산계수 2. 기반시설부담구역의 개별공시지가 평균 및 대통령령으로 정하는 건축물별 기반시설유발계수 iii) 민간 개발사업자가 부담하는 부담률 : 100분의 20으로 하며, 특별시장 · 광역시장 · 특별자치시장 · 특별자치도지사 · 시장 또는 군수가 건물의 규모, 지역 특성 등을 고려하여 100분의 25의 범위에서 부담률을 가감할 수 있음(법 68조 2항).

기반시설설치비용 납부의무자[제68조제1항의 부과대상 건축행위를 하는 자]가 〈다음 각 호〉의 어느 하나에 해당하는 경우에는 이 법에 따른 기반시설설치비용에서 감면한다(법 68조 6항 및 7항).

---

19) 다만 국가 · 지자체가 건축하는 건축물, 국가 · 지자체에 기부채납하는 건축물, 공장, 각종 특별법에 의하여 설치하는 건축물 등은 기반시설설치비용 부과 대상에서 제외된다[시행령 제4조의3 관련 별표1 "기반시설을 유발하는 시설에서 제외되는 건축물" 참조]

1. 제2조제19호에 따른 기반시설을 설치하거나 그에 필요한 용지를 확보한 경우
2. 「도로법」 제91조에 따른 원인자 부담금 등 대통령령으로 정하는 비용을 납부한 경우

③ 기반시설설치비용의 납부

기반시설설치비용 납부의무자는 제68조제1항에 따른 건축행위를 하는 자이다(건축행위의 위탁자 또는 지위의 승계자 등 대통령령으로 정하는 자를 포함한다)(법 69조 1항).

특별시장 · 광역시장 · 특별자치시장 · 특별자치도지사 · 시장 또는 군수는 납부의무자가 국가 또는 지방자치단체로부터 건축허가(다른 법률에 따른 사업승인 등 건축허가가 의제되는 경우에는 그 사업승인)를 받은 날부터 2개월 이내에 기반시설설치비용을 부과하여야 하고, 사용승인(다른 법률에 따라 준공검사 등 사용승인이 의제되는 경우에는 그 준공검사) 신청 시까지 납부하여야 한다(법 69조 2항).

④ 기반시설설치비용의 관리 및 사용 등

기반시설설치비용의 관리 및 운용을 위하여 기반시설부담구역별로 특별회계를 설치하여야 하여 관리하여야 한다(법 70조 1항).

수납한 기반시설설치비용은 원칙적으로 해당 기반시설부담구역에서 기반시설의 설치 또는 그에 필요한 용지의 확보 등을 위하여 사용하여야 하나, 해당 기반시설부담구역에 필요한 기반시설을 모두 설치하거나 그에 필요한 용지를 모두 확보한 후에도 잔액이 생기는 경우 해당 기반시설부담구역의 기반시설과 연계된 기반시설의 설치 또는 그에 필요한 용지의 확보 등에 사용할 수 있다(법 70조 2항).

제3절 성장관리계획구역에서의 개발행위

1. 성장관리계획구역의 지정

(1) 지정 대상

특별시장 · 광역시장 · 특별자치시장 · 특별자치도지사 · 시장 또는 군수는 녹지지역, 관리지역, 농림지역 및 자연환경보전지역 중 〈다음 각 호〉의 어느 하나에 해당하는 지역의 전부 또는 일부에 대하여 성장관리계획구역을 지정할 수 있다(법 75조의2 1항).

1. 개발수요가 많아 무질서한 개발이 진행되고 있거나 진행될 것으로 예상되는 지역
2. 주변의 토지이용이나 교통여건 변화 등으로 향후 시가화가 예상되는 지역
3. 주변지역과 연계하여 체계적인 관리가 필요한 지역
4. 「토지이용규제 기본법」 제2조제1호에 따른 지역 · 지구등의 변경으로 토지이용에 대한 행위제한이 완화되는 지역
5. 그 밖에 난개발의 방지와 체계적인 관리가 필요한 지역으로서 대통령령으로 정하는 지역

(2) 지정 절차

성장관리계획구역을 지정하거나 이를 변경하려면 미리 주민과 해당 지방의회의 의견을 들어야 하며, 관계 행정기관과의 협의 및 지방도시계획위원회의 심의를 거쳐야 한다. 다만, 대통령령으로 정하는 경미한 사항을 변경하는 경우에는 그러하지 아니하다(법 75조의2 2항).

지방의회는 특별한 사유가 없으면 60일 이내에 의견을 제시하여야 하며, 그 기한까지 의견을 제시하지 아니하면 의견이 없는 것으로 본다(법 75조의2 3항).

협의 요청을 받은 관계 행정기관의 장은 특별한 사유가 없으면 요청을 받은 날부터 30일 이내에 의견을 제시하여야 한다(법 75조의2 3항).

특별시장 · 광역시장 · 특별자치시장 · 특별자치도지사 · 시장 또는 군수가 성장관리계획구역을 지정하거나 이를 변경한 경우에는 관계 행정기관의 장에게 관계 서류를 송부하여야 하며, 대통령령으로 정하는 바에 따라 이를 고시하고 일반인이 열람할 수 있도록 하여야 한다. 이 경우 지형도면의 고시 등에 관하여는 「토지이용규제 기본법」 제8조에 따른다(법 75조의2 4항).

2. 성장관리계획의 수립

(1) 성장관리계획의 내용

특별시장 · 광역시장 · 특별자치시장 · 특별자치도지사 · 시장 또는 군수는 성장관리계획구역을 지정할 때에는 〈다음 각 호〉의 사항 중 그 성장관리계획구역의 지정목적을 이루는 데 필요한 사항을 포함하여 성장관리계획을 수립하여야 한다(법 75조의3 1항).

1. 도로, 공원 등 기반시설의 배치와 규모에 관한 사항
2. 건축물의 용도제한, 건축물의 건폐율 또는 용적률
3. 건축물의 배치, 형태, 색채 및 높이
4. 환경관리 및 경관계획
5. 그 밖에 난개발의 방지와 체계적인 관리에 필요한 사항으로서 대통령령으로 정하는 사항

(2) 건폐율 · 용적율의 완화

성장관리계획구역에서는 제77조제1항에도 불구하고 〈다음 각 호〉의 구분에 따른 범위에서 성장관리계획으로 정하는 바에 따라 조례로 정하는 비율까지 건폐율을 완화하여 적용할 수 있다(법 75조의3 2항).

> 1. 계획관리지역: 50퍼센트 이하
> 2. 생산관리지역 · 농림지역 및 대통령령으로 정하는 녹지지역: 30퍼센트 이하

성장관리계획구역 내 계획관리지역에서는 제78조제1항에도 불구하고 125퍼센트 이하의 범위에서 성장관리계획으로 정하는 바에 따라 특별시 · 광역시 · 특별자치시 · 특별자치도 · 시 또는 군의 조례로 정하는 비율까지 용적률을 완화하여 적용할 수 있다(법 75조의3 3항).

(3) 성장관리계획의 수립 절차 및 재검토 등

성장관리계획의 수립 및 변경에 관한 절차는 제75조의2제2항부터 제5항까지의 규정[성장관리계획구역 지정 절차]을 준용한다(법 75조의3 4항).

특별시장 · 광역시장 · 특별자치시장 · 특별자치도지사 · 시장 또는 군수는 5년마다 관할구역 내 수립된 성장관리계획에 대하여 그 타당성 여부를 전반적으로 재검토하여 정비하여야 하며(법 75조의3 5항), 그 밖에 성장관리계획의 수립기준 및 절차 등에 관하여 필요한 사항은 대통령령으로 정한다(법 75조의3 6항).

3. 성장관리계획구역에서의 개발행위 등

성장관리계획구역에서 개발행위 또는 건축물의 용도변경을 하려면 그 성장관리계획에 맞게 하여야 한다(법 75조의4).

도시·군계획시설 사업

제1절 도시 · 군계획시설

1. 의의

기반시설은 도시민의 정상적인 생활과 도시기능을 유지하기 위해서는 도로, 철도, 공원, 시장 등과 같이 반드시 필요한 물리적인 요소이다. 국토의계획및이용에관한법률 제2조 6호 및 동법 시행령 제2조 제1항에서는 "기반시설"을 다음과 같이 분류하고 있다.

교통시설	도로* · 철도 · 항만 · 공항 · 주차장 · 자동차정류장* · 궤도 · 차량검사 및 면허시설
공간시설	광장* · 공원 · 녹지 · 유원지 · 공공공지
유통 · 공급시설	유통업무설비, 수도 · 전기 · 가스 · 열공급설비, 방송 · 통신시설, 공동구 · 시장, 유류저장 및 송유설비
공공 · 문화체육시설	학교 · 공공청사 · 문화시설 · 공공필요성이 인정되는 체육시설[20] · 연구시설 · 사회복지시설 · 공공직업훈련시설 · 청소년수련시설
방재시설	하천 · 유수지 · 저수지 · 방화설비 · 방풍설비 · 방수설비 · 사방설비 · 방조설비
보건위생시설	장사시설 · 도축장 · 종합의료시설
환경기초시설	하수도 · 폐기물처리 및 재활용시설 · 빗물저장 및 이용시설 · 수질오염방지시설 · 폐차장

* 도로, 자동차정류장, 광장은 세분됨(영 2조 2항)

20) 도시계획시설 설치를 위해서 토지등에 대한 수용이 인정되는 것은 공공성이 인정되고 과잉금지원칙을 위반한 것은 아니라고 하면서도 민간기업의 체육시설(골프장) 설치와 관련하여 개별 체육시설의 성격과 공익성을 고려하지 않은 채 구체적으로 범위를 한정하지 않고 포괄적으로 대통령령에 입법을 위임하고 있으므로 헌법상 위임입법의 한계를 일탈하여 포괄위임금지원칙에 위배된다고 하여 헌법불합치 결정[전원재판부 2008헌바166, 2011. 6. 30.]이 나면서 '공공필요성이 인정되는 체육시설'로 2012.12.18.개정(2013.1.1.부터 시행)

이러한 기반시설을 현실적으로 설치하기 위해서는 원칙적으로 도시 · 군관리계획에 따라야 한다.[21] 이와 같이 "도시 · 군계획시설"이란 기반시설 중 도시 · 군관리계획으로 결정된 시설을 말한다(법 2조 7호).

2. 도시 · 군계획시설의 설치 및 관리 등

(1) 도시 · 군관리계획의 결정 등

지상 · 수상 · 공중 · 수중 또는 지하에 기반시설을 도시 · 군계획시설로 설치하려면 원칙적으로 그 시설의 종류 · 명칭 · 위치 · 규모 등을 미리 도시 · 군관리계획으로 결정하여야 한다(법 43조 1항). 효율적인 토지이용을 위하여 둘 이상의 도시 · 군계획시설을 같은 토지에 함께 결정하거나 도시 · 군계획시설이 위치하는 공간의 일부를 구획하여 도시 · 군계획시설을 결정할 수 있다(법 43조 2항).

(2) 도시 · 군계획시설의 설치 기준 등

도시 · 군계획시설의 결정 · 구조 및 설치의 기준 등에 필요한 사항은 국토교통부령으로 정하고, 그 세부사항은 국토교통부령으로 정하는 범위에서 시 · 도의 조례로 정할 수 있다. 다만, 이 법 또는 다른 법률에 특별한 규정이 있는 경우에는 그에 따른다(법 43조 3항).

도시 · 군관리계획을 결정 · 고시한 경우에는 도시 · 군계획시설 사업부지내의 국공유지는 도시 · 군관리계획으로 정하여진 목적외의 목적으로 매각하거나 양도할 수 없으며 위반한 행위는 무효로 한다(법 97조).

---

21) 다만, 용도지역과 기반시설의 특성을 고려하여 〈다음 각 호〉의 경우에는 도시 · 군관리계획에 의하지 아니하고 기반시설을 설치할 수 있다(법 43조 1항 단서, 영 35조 1항).
  1. 도시지역 또는 지구단위계획구역에서 〈다음 각 목〉의 기반시설을 설치하고자 하는 경우
    가. 주차장, 차량 검사 및 면허시설, 공공공지, 열공급설비, 방송 · 통신시설, 시장 · 공공청사 · 문화시설 · 공공필요성이 인정되는 체육시설 · 연구시설 · 사회복지시설 · 공공직업 훈련시설 · 청소년수련시설 · 저수지 · 방화설비 · 방풍설비 · 방수설비 · 사방설비 · 방조설비 · 장사시설 · 종합의료시설 · 빗물저장 및 이용시설 · 폐차장
    나. 「도시공원 및 녹지 등에 관한 법률」의 규정에 의하여 점용허가대상이 되는 공원안의 기반시설
    다. 그 밖에 국토교통부령으로 정하는 시설
  2. 도시지역 및 지구단위계획구역외의 지역에서 〈다음 각 목〉의 기반시설을 설치하고자 하는 경우
    가. 제1호 가목 및 나목의 기반시설
    나. 궤도 및 전기공급설비
    다. 그 밖에 국토교통부령이 정하는 시설

(3) 도시 · 군계획시설의 공중 및 지하 설치 기준 및 보상 등

도시 · 군계획시설을 공중 · 수중 · 수상 또는 지하에 설치하는 경우 그 높이나 깊이의 기준과 그 설치로 인하여 토지나 건물의 소유권 행사에 제한을 받는 자에 대한 보상 등에 관하여는 따로 법률[22]로 정한다(법 46조).

3. 장기미집행 도시 · 군계획시설에 대한 조치

(1) 서설

흔히 "장기미집행시설"이란 장기간 미집행되고 있는 도시 · 군계획시설을 의미한다. 도시 · 군계획시설이란 「국토의 계획 및 이용에 관한 법률」 제2조제7호에서 기반시설 중 도시 · 군관리계획으로 결정된 시설로 정의하고 있으며, 같은법 시행령 제42조에서는 "장기미집행 도시 · 군계획시설"을 '도시 · 군계획시설 결정 · 고시일부터 10년이 지날 때까지 해당 시설의 설치에 관한 도시 · 군계획시설 사업이 시행되지 아니한 도시 · 군계획시설'로 정의하고 있다.

도시 · 군계획시설로 결정된 부지는 효율적인 도시군계획시설의 설치를 위하여 원칙적으로 토지소유자의 개발행위가 제한된다. 국토의계획및이용에관한법률 제64조 제1항에서 '특별시장 · 광역시장 · 특별자치시장 · 특별자치도지사 · 시장 또는 군수는 도시 · 군계획시설의 설치장소로 결정된 지상 · 수상 · 공중 · 수중 또는 지하는 그 도시 · 군계획시설이 아닌 건축물의 건축이나 공작물의 설치를 허가하여서는 아니 된다'고 규정하고 있다.

개인 사유재산인 토지에 대하여 사적 이용권한이 배제된 상태에서 10년이상 아무 보상을 하지 않는 것은 과도한 제한이라고 본 헌법재판소의 헌법불합치 판결(1997헌바26,'99.10.21.)에 따라 장기미집행 도시계획시설 개념이 처음 도입되었다. 이에 대한 후속조치로 2000년 1월 구(舊)도시계획법 전부개정으로 장기미집행시설에 대한 보상, 매수청구, 시설결정 실효규정 등이 도입되었다.

(2) 토지 소유자의 매수청구 등

① 매수청구

도시 · 군계획시설에 대한 도시 · 군관리계획의 결정(이하 "도시 · 군계획시설결정")의 고시일부터 10년 이내에 도시 · 군계획시설사업이 시행되지 아니하는 경우(실시계획의 인가나 그에 상당하는 절차가 진행된 경우는 제외한다) 그 도시 · 군계획시설의 부지로 되어 있는 토지

---

22) 「철도의 건설 및 철도시설 유지관리에 관한 법률」, 「도시철도법」 등 개별법에서 지하부분 보상, 구분지상권 설정 등에 대해 규정하고 있다.

중 지목(地目)이 대(垈)인 토지(건축물 및 정착물 포함)의 소유자는 대통령령으로 정하는 바에 따라 특별시장 · 광역시장 · 특별자치시장 · 특별자치도지사 · 시장 또는 군수, 사업시행자, 설치 · 관리의무자[이하 "매수의무자"]에게 그 토지의 매수를 청구할 수 있다(법 47조 1항).

매수의무자는 매수 청구를 받은 날부터 6개월 이내에 매수 여부를 결정하여 토지 소유자와 특별시장 · 광역시장 · 특별자치시장 · 특별자치도지사 · 시장 또는 군수(매수의무자가 특별시장 · 광역시장 · 특별자치시장 · 특별자치도지사 · 시장 또는 군수인 경우는 제외)에게 알려야 하며, 매수하기로 결정한 토지는 매수 결정을 알린 날부터 2년 이내에 매수하여야 한다(법 47조 6항).

② 매수대금

매수의무자가 매수 청구를 받은 토지를 매수할 때에는 현금으로 그 대금을 지급한다. 다만, 토지소유자가 원하는 경우 및 부재부동산 소유자 토지 또는 비업무용 토지로서 매수대금 중 3천만원을 초과하는 금액의 경우 매수의무자가 지방자치단체인 경우에는 도시 · 군계획시설채권을 발행하여 지급할 수 있다(법 47조 2항, 영 41조 4항). 채권의 상환기간은 10년 이내로 하며, 그 이율은 채권 발행 당시 전국을 영업으로 하는 은행이 적용하는 1년 만기 정기예금금리의 평균 이상이어야 하며, 구체적인 상환기간과 이율은 특별시 · 광역시 · 특별자치시 · 특별자치도 · 시 또는 군의 조례로 정한다(법 47조 3항).

매수 청구된 토지의 매수가격 · 매수절차 등에 관하여 이 법에 특별한 규정이 있는 경우 외에는 「공익사업을 위한 토지 등의 취득 및 보상에 관한 법률」을 준용한다(법 47조 4항).

③ 건축물 등 설치 가능

토지 소유자가 매수 청구를 하였으나 i) 매수의무자가 매수하지 않기로 결정한 경우 또는 ii) 매수결정을 알린 날로부터 2년이 지날때까지 해당토지를 매수하지 않은 경우에 토지의 소유자는 개발행위 허가[제56조]를 받아 대통령령[23]으로 정하는 건축물 또는 공작물을 설치할 수 있다. 이 경우 제54조, 제58조와 제64조는 적용하지 아니한다(법 47조 7항, 영 41조 5항).

---

23) 시행령 41조 5항 : "대통령령으로 정하는 건축물 또는 공작물"이란 〈다음 각 호〉의 것을 말한다. 다만, 〈다음 각 호〉에 규정된 범위에서 도시 · 군계획조례로 따로 허용범위를 정하는 경우에는 그에 따름.

1. 「건축법 시행령」 별표 1 제1호 가목의 단독주택으로서 3층 이하인 것
2. 「건축법 시행령」 별표 1 제3호의 제1종근린생활시설로서 3층 이하인 것

2의2. 「건축법 시행령」 별표 1 제4호의 제2종 근린생활시설(같은 호 거목, 더목 및 러목은 제외한다)로서 3층 이하인 것

3. 공작물

(3) 토지 소유자의 해제신청 등

① 시설결정 해제 입안 신청

도시 · 군계획시설결정의 고시일부터 10년 이내에 그 도시 · 군계획시설의 설치에 관한 도시 · 군계획시설사업이 시행되지 아니한 경우로서 단계별 집행계획상 해당 도시 · 군계획시설의 실효시까지 집행계획이 없는 경우에는 그 도시 · 군계획시설 부지로 되어 있는 토지의 소유자는 해당 도시 · 군계획시설에 대한 도시 · 군관리계획 입안권자에게 그 토지의 도시 · 군계획시설결정 해제를 위한 도시 · 군관리계획 입안을 신청할 수 있다(법 48조의2 1항).

도시 · 군관리계획 입안권자는 해제입안 신청을 받은 날부터 3개월 이내에 입안 여부를 결정하여 토지 소유자에게 알려야 하며, 해당 도시 · 군계획시설결정의 실효 시까지 설치하기로 집행계획을 수립하는 등 대통령령으로 정하는 특별한 사유[24]가 없으면 그 도시 · 군계획시설결정의 해제를 위한 도시 · 군관리계획을 입안하여야 한다(법 48조의2 2항).

② 시설결정 해제 신청

도시 · 군관리계획 해제 입안 신청을 한 토지 소유자는 해당 도시 · 군계획시설결정의 해제를 위한 도시 · 군관리계획이 입안되지 아니하는 등 대통령령으로 정하는 사항에 해당하는 경우에는 도시 · 군관리계획 결정권자에게 그 도시 · 군계획시설결정의 해제를 신청할 수 있다(법 48조의2 3항). 도시 · 군관리계획 결정권자는 해제 신청을 받은 날부터 2개월 이내에 결정 여부를 정하여 토지 소유자에게 알려야 하며, 특별한 사유가 없으면 그 도시 · 군계획시설결정을 해제하여야 한다(법 48조의2 4항).

③ 시설결정 해제 심사 신청

해제 신청에도 불구하고 해당 도시 · 군계획시설결정이 해제되지 아니하는 등 대통령령으로 정하는 사항에 해당하는 경우에는 토지소유자는 국토교통부장관에게 그 도시 · 군계획시설결정의 해제 심사를 신청할 수 있다(법 48조의2 5항).

신청을 받은 국토교통부장관은 대통령령으로 정하는 바에 따라 해당 도시 · 군계획시설에 대한 도시 · 군관리계획 결정권자에게 도시 · 군계획시설결정의 해제를 권고할 수 있다(법 48조의2 6항). 해제를 권고받은 도시 · 군관리계획 결정권자는 특별한 사유가 없으면 그 도시 · 군계획시설결정을 해제하여야 한다(법 48조의2 7항).

---

24) 단계별 집행계획 수립, 실시계획 인가, 보상계획 공고, 지구지정 또는 사업계획 승인, 시설결정 해제를 위한 도시 · 군관리계획 변경 절차 등을 말함(시행령 42조의 2 2항)

(4) 지방의회의 해제권고

특별시장 · 광역시장 · 특별자치시장 · 특별자치도지사 · 시장 또는 군수는 도시 · 군계획시설 결정이 고시된 도시 · 군계획시설(국토교통부장관이 결정 · 고시한 도시 · 군계획시설 중 관계 중앙행정기관의 장이 직접 설치하기로 한 시설은 제외)을 설치할 필요성이 없어진 경우 또는 그 고시일부터 10년이 지날 때까지 해당 시설의 설치에 관한 도시 · 군계획시설사업이 시행되지 아니하는 경우에는 그 현황과 단계별 집행계획을 해당 지방의회에 보고하여야 한다(법 48조 3항). 보고를 받은 지방의회는 해당 특별시장 · 광역시장 · 특별자치시장 · 특별자치도지사 · 시장 또는 군수에게 도시 · 군계획시설결정의 해제를 권고할 수 있다(법 48조 4항).

도시 · 군계획시설결정의 해제를 권고받은 특별시장 · 광역시장 · 특별자치시장 · 특별자치도지사 · 시장 또는 군수는 특별한 사유가 없으면 그 결정의 해제를 위한 도시 · 군관리계획을 결정하거나 도지사에게 그 결정을 신청하여야 한다. 이 경우 신청을 받은 도지사는 특별한 사유가 없으면 그 도시 · 군계획시설결정의 해제를 위한 도시 · 군관리계획을 결정하여야 한다(법 48조 5항).

(5) 시설결정의 자동실효

도시 · 군계획시설결정이 고시된 도시 · 군계획시설에 대하여 그 고시일부터 20년이 지날 때까지 그 시설의 설치에 관한 도시 · 군계획시설사업이 시행되지 아니하는 경우 그 도시 · 군계획시설결정은 그 고시일부터 20년이 되는 날의 다음날에 그 효력을 잃는다(법 48조 1항). 도시 · 군계획시설결정이 효력을 잃으면 시 · 도지사 또는 대도시 시장은 지체 없이 그 사실을 고시하여야 한다(법 48조 2항).

[참고] 광역시설과 공동구

1. 광역시설 (법 45조)

"광역시설"이란 기반시설 중 광역적인 정비체계가 필요한 〈다음 각 목〉의 시설을 말한다(법 2조 8호, 영 3조).

> 1. 2 이상의 특별시 · 광역시 · 특별자치시 · 특별자치도 · 시 또는 군(광역시의 관할구역 안에 있는 군을 제외한다. 이하 같다. 다만, 제110조 · 제112조 및 제128조에서는 광역시의 관할구역 안에 있는 군을 포함한다)의 관할구역에 걸치는 시설 : 도로 · 철도 · 광장 · 녹지, 수도 · 전기 · 가스 · 열공급설비, 방송 · 통신시설, 공동구, 유류저장 및 송유설비, 하천 · 하수도(하수종말처리시설을 제외한다)
> 2. 2 이상의 특별시 · 광역시 · 특별자치시 · 특별자치도 · 시 또는 군이 공동으로 이용하는 시설 : 항만 · 공항 · 자동차정류장 · 공원 · 유원지 · 유통업무설비 · 문화시설 · 공공필요성이 인정되는 체육시설 · 사회복지시설 · 공공직업훈련시설 · 청소년수련시설 · 유수지 · 장사시설 · 도축장 · 하수도(하수종말처리시설에 한한다) · 폐기물처리 및 재활용시설 · 수질오염방지시설 · 폐차장

광역시설의 설치 및 관리는 〈도시 · 군계획시설의 설치 · 관리에 관한 규정(제43조)〉에 따른다. 해당 광역시설과 관계된 특별시장 · 광역시장 · 특별자치시장 · 특별자치도지사 · 시장 또는 군수는 협약을 체결하거나 협의회 등을 구성하여 광역시설을 설치 · 관리할 수 있다. 다만, 협약의 체결이나 협의회 등의 구성이 이루어지지 아니하는 경우 같은 도에 속할 때에는 관할 도지사가 광역시설을 설치 · 관리할 수 있다.

국가계획으로 설치하는 광역시설은 그 광역시설의 설치 · 관리를 사업목적 또는 사업종목으로 하여 다른 법률에 따라 설립된 법인이 설치 · 관리할 수 있다.

2. **공동구** (법 44조, 44조의2, 44조의3)

"공동구"란 전기 · 가스 · 수도 등의 공급설비, 통신시설, 하수도시설 등 지하매설물을 공동 수용함으로써 미관의 개선, 도로구조의 보전 및 교통의 원활한 소통을 위하여 지하에 설치하는 시설물을 말한다(법 2조 9호). 공동구는 도 · 시군관리계획과는 달리 지역등의 개발사업 시행자가 개발계획에 포함하여 설치한다.

① **공동구의 설치** : 다음의 지역 · 지구 · 구역이 200만제곱미터를 초과하는 경우 개발사업을 시행하는 자(사업시행자)는 공동구를 설치하여야 한다.

1. 「도시개발법」 제2조제1항에 따른 도시개발구역
2. 「택지개발촉진법」 제2조제3호에 따른 택지개발지구
3. 「경제자유구역의 지정 및 운영에 관한 특별법」 제2조제1호에 따른 경제자유구역
4. 「도시 및 주거환경정비법」 제2조제1호에 따른 정비구역
5. 「공공주택 특별법」 제2조제2호에 따른 공공주택지구
6. 「도청이전을 위한 도시건설 및 지원에 관한 특별법」 제2조제3호에 따른 도청이전신도시

위 지역등에서 개발사업의 계획을 수립하는 경우 공동구 설치에 관한 계획을 포함하여야 하며, 이 경우 공동구 점용예정자와 설치 노선 및 규모 등에 관하여 미리 협의한 후 공동구협의회의 심의를 거쳐야 한다.

공동구가 설치된 경우에는 전선로 · 통신선로 · 수도관 · 열수송관 · 중수도관 · 쓰레기수송관 · 가스관 · 하수도관 등의 시설을 공동구에 수용하여야 하며, 이중 가스관 · 하수도관 등의 시설은 공동구협의회의 심의를 거쳐 수용할 수 있다.

공동구의 설치 및 개량에 필요한 비용은 특별한 규정이 있는 경우를 제외하고는 공동구 점용예정자와 사업시행자가 부담한다. 이 경우 공동구 점용예정자는 해당 시설을 개별적으로 매설할 때 필요한 비용의 범위에서 부담한다.

② **공동구의 관리 · 운영 등** : 공동구의 관리주체는 특별시장 · 광역시장 · 특별자치시장 · 특별자치도지사 · 시장 또는 군수이다. 다만, 필요하다고 인정하는 경우에는 대통령령으로 정하는 기관에 그 관리 · 운영을 위탁할 수 있다(법 44조의2 1항). 공동구관리자는 5년마다 해당 공동구의 안전 및 유지관리계획을 수립 · 시행하여야 하며, 1년에 1회 이상 공동구의 안전점검을 실시하여야 하며, 안전점검결과 이상이 있다고 인정되는 때에는 지체 없이 정밀안전진단 · 보수 · 보강 등 필요한 조치를 하여야 한다.

③ **공동구의 관리비용** : 공동구의 관리에 소요되는 비용은 그 공동구를 점용하는 자가 함께 부담하되, 부담비율은 점용면적을 고려하여 공동구관리자가 정한다.

제2절 도시·군계획시설 사업

1. 단계별 집행계획

(1) 의의 및 내용

단계별 집행계획은 도시·군계획시설로 결정·고시된 후 아직 사업이 시행되지 않은 미집행 도시·군계획시설을 대상으로 이들을 합리적·효율적 관리하기 위해 사업비, 예산, 단계별 투입계획, 실효시기 등에 대하여 수립하는 계획이다.

(2) 단계별 집행계획의 수립

① 수립권자 및 수립시기

특별시장·광역시장·특별자치시장·특별자치도지사·시장 또는 군수는 도시·군계획시설 결정의 고시일부터 3개월 이내[25]에 수립하여야 한다.

다만, 대통령령으로 정하는 법률[26]에 따라 도시·군관리계획의 결정이 의제되는 경우에는 해당 도시·군계획시설결정의 고시일부터 2년 이내에 단계별 집행계획을 수립할 수 있다(법 85조 1항).

국토교통부장관이나 도지사가 직접 입안한 도시·군관리계획인 경우 국토교통부장관이나 도지사는 단계별 집행계획을 수립하여 해당 특별시장·광역시장·특별자치시장·특별자치도지사·시장 또는 군수에게 송부할 수 있다(법 85조 2항).

② 단계별 구분 수립

단계별 집행계획은 제1단계 집행계획과 제2단계 집행계획으로 구분하여 수립하되, 3년 이내에 시행하는 도시·군계획시설사업은 제1단계 집행계획에, 3년 후에 시행하는 도시·군계획시설사업은 제2단계 집행계획에 포함되도록 하여야 한다(법 85조 3항).

③ 공고

단계별 집행계획을 수립하거나 받은 때에는 해당 지방자치단체의 공보와 인터넷 홈페이지에 게재하는 방법으로 지체 없이 그 사실을 공고하여야 한다(법 85조 4항).

---

25) 종전 "2년 이내"였으나 2017.12.26. 개정으로 "3개월 이내"로 변경함(법 시행〈2018.12.17.〉 이후 도시·군계획시설 결정·고시된 경우부터 적용)

26) 시행령 95조 2 항 : 1.「도시 및 주거환경정비법」, 2. 「도시재정비 촉진을 위한 특별법」, 3. 「도시재생 활성화 및 지원에 관한 특별법」

2. 사업 시행자

(1) 행정청

특별시장 · 광역시장 · 특별자치시장 · 특별자치도지사 · 시장 또는 군수는 이 법 또는 다른 법률에 특별한 규정이 있는 경우 외에는 관할구역의 도시 · 군계획시설사업을 시행한다(법 86조 1항).

도시 · 군계획시설사업이 둘 이상의 관할구역에 걸쳐 시행되게 되는 경우에는 관계 특별시장 · 광역시장 · 특별자치시장 · 특별자치도지사 · 시장 또는 군수가 서로 협의하여 시행자를 정한다(법 86조 2항). 협의가 성립되지 아니하는 경우 도시 · 군계획시설사업을 시행하려는 구역이 같은 도의 관할구역에 속하는 경우에는 관할 도지사가 시행자를 지정하고, 둘 이상의 시 · 도의 관할구역에 걸치는 경우에는 국토교통부장관이 시행자를 지정한다(법 86조 3항).

국토교통부장관은 국가계획과 관련되거나 그 밖에 특히 필요하다고 인정되는 경우에는 관계 특별시장 · 광역시장 · 특별자치시장 · 특별자치도지사 · 시장 또는 군수의 의견을 들어 직접 도시 · 군계획시설사업을 시행할 수 있으며, 도지사는 광역도시계획과 관련되거나 특히 필요하다고 인정되는 경우에는 관계 시장 또는 군수의 의견을 들어 직접 도시 · 군계획시설사업을 시행할 수 있다(법 86조 4항).

(2) 비행정청

제1항부터 제4항까지의 규정에 따라 시행자가 될 수 있는 자 외의 자는 국토교통부장관, 시 · 도지사, 시장 또는 군수로부터 시행자로 지정을 받아 도시 · 군계획시설사업을 시행할 수 있다(법 86조 5항).

국가 또는 지방자치단체, 공공기관, 그밖에 대통령령으로 정하는 자가 아닌 경우 즉 민간시행자가 도시 · 군계획시설사업의 시행자로 지정을 받으려면 도시 · 군계획시설사업의 대상인 토지(국공유지는 제외한다)의 면적의 3분의 2 이상에 해당하는 토지를 소유하고, 토지소유자 총수의 2분의 1 이상에 해당하는 자의 동의를 얻어야 한다(법 86조 5항, 영 96조 2항).

3. 실시계획의 작성 및 인가 · 고시 등

(1) 실시계획의 작성

여기서 "실시계획"이란 국토의계획및이용에관한법률에서 정한 도시계획시설 결정절차에 의해 결정된 도시계획시설을 설치하기 위한 구체적인 사업시행 계획서를 의미한다. 도시 · 군계획시설사업의 시행자는 대통령령으로 정하는 바에 따라 그 도시 · 군계획시설사업에 관한 실시계획을 작성하여야 한다(법 88조 1항).

실시계획에는 사업의 종류 및 명칭, 사업면적 또는 규모, 사업시행자의 성명 및 주소, 사업 착수예정일 및 준공예정일이 포함되어야 하며(영 97조 1항), 사업시행에 필요한 설계도서, 자금 계획, 시행기간, 수용 또는 사용할 토지건물 및 그 소유권 등 권리 명세, 공공시설 설치계획 등을 자세히 밝히거나 첨부하여야 한다(법 88조 5항).

(2) 실시계획의 인가 및 고시

① 실시계획의 인가

도시 · 군계획시설사업의 시행자(국토교통부장관, 시 · 도지사와 대도시 시장은 제외)는 실시계획을 작성하면 대통령령으로 정하는 바에 따라 인가권자[국토교통부장관, 시 · 도지사 또는 대도시 시장]의 인가를 받아야 한다(다만, 준공검사를 받은 후에 경미한 사항을 변경하기 위하여 실시계획을 작성하는 경우는 예외)(법 88조 2항).

실시계획이 도시 · 군계획시설의 결정 · 구조 및 설치의 기준 등에 맞다고 인정하는 경우에는 인가권자는 실시계획을 인가하여야 하며, 필요한 경우 조건부로 실시계획을 인가할 수 있다(법 88조 3항).

인가권자가 실시계획을 인가하려면 미리 그 사실을 공고[27]하고, 관계 서류의 사본을 14일 이상 일반이 열람할 수 있도록 하여야 한다(법 90조 1항). 도시 · 군계획시설사업의 시행지구의 토지 · 건축물 등의 소유자 및 이해관계인은 열람기간 이내에 인가권자 또는 사업 시행자에게 의견서를 제출할 수 있으며, 인가권자 또는 시행자는 제출된 의견이 타당하다고 인정되면 그 의견을 실시계획에 반영하여야 한다(법 90조 2항).

국토교통부장관, 시 · 도지사 또는 대도시 시장이 실시계획을 작성하는 경우에는 별도의 인가 행위는 필요치 않으나 제1항[공고 및 열람]과 제2항[의견제출]을 준용한다(법 90조 3항).

실시계획이 작성 또는 인가된 때에는 그 실시계획에 반영된 경미한 사항에 대해서는 도시 · 군관리계획이 변경된 것으로 보며(의제) 이 경우 도시 · 군관리계획의 변경사항 및 이를 반영한 지형도면을 고시하여야 한다(법 88조 6항).

② 실시계획의 고시

국토교통부장관, 시 · 도지사 또는 대도시 시장은 실시계획을 작성(변경작성을 포함), 인가(변경인가를 포함), 폐지하거나 실시계획이 효력을 잃은 경우에는 대통령령으로 정하는 바에 따라 그 내용을 고시하여야 한다(법 91조).

---

27) 국토교통부 장관이 인가하는 경우 관보, 전국단위 일간신문, 인터넷 홈페이지에 게재하고 시도지사, 대도시시장이 인가하는 경우 공보, 지역단위 일간신문, 인터넷 홈페이지에 게재한다(영 99조 1항).

(3) 실시계획 및 도시 · 군계획시설 결정의 효력 상실 등

도시 · 군계획시설결정의 고시일부터 10년 이후에 실시계획을 작성하거나 인가(다른 법률에 따라 의제된 경우는 제외) 받은 도시 · 군계획시설사업의 시행자[장기미집행 도시 · 군계획시설사업의 시행자]가 실시계획 고시일부터 5년[28] 이내에 「공익사업을 위한 토지 등의 취득 및 보상에 관한 법률」에 따른 재결신청을 하지 아니한 경우에는 실시계획 고시일부터 5년[29]이 지난 다음 날에 그 실시계획은 효력을 잃는다(법 88조 7항 본문). 다만 장기미집행 도시 · 군계획시설사업의 시행자가 재결신청 없이 도시 · 군계획시설사업에 필요한 모든 토지 · 건축물 또는 그 토지에 정착된 물건을 소유하거나 사용할 수 있는 권원을 확보한 경우 그 실시계획은 효력을 유지한다(법 88조 8항).

실시계획이 폐지되거나 효력을 잃은 경우 해당 도시 · 군계획시설결정은 제48조제1항[시설결정 고시 후 20년 경과 및 익일 자동 실효]에도 불구하고 〈다음 각 호〉에서 정한 날 효력을 잃는다. 이 경우 시 · 도지사 또는 대도시 시장은 지체 없이 그 사실을 고시하여야 한다(법 88조 9항).

> 1. 도시 · 군계획시설결정의 고시일부터 20년이 되기 전에 실시계획이 폐지되거나 효력을 잃고 다른 도시 · 군계획시설사업이 시행되지 아니하는 경우: 도시 · 군계획시설결정의 고시일부터 20년이 되는 날의 다음 날
> 2. 도시 · 군계획시설결정의 고시일부터 20년이 되는 날의 다음 날 이후 실시계획이 폐지되거나 효력을 잃은 경우: 실시계획이 폐지되거나 효력을 잃은 날

(4) 관련 인 · 허가 등의 의제

국토교통부장관, 시 · 도지사 또는 대도시 시장이 실시계획을 작성(또는 그 변경)하거나 인가(또는 그 변경)를 할 때에 그 실시계획에 대한 〈다음 각 호〉의 인 · 허가등에 관하여 관계 행정기관의 장과 미리 협의한 사항에 대하여는 해당 인 · 허가등을 받은 것으로 보며, 실시계획을 고시한 경우에는 관계 법률에 따른 인 · 허가등의 고시 · 공고 등이 있은 것으로 본다(법 92조 1항).

---

28) 실시계획 고시일부터 5년이 지나기 전에 해당 도시 · 군계획시설사업에 필요한 토지 면적의 3분의 2 이상을 소유하거나 사용할 수 있는 권원을 확보한 경우에는 7년으로 함(법 88조 7항 단서)

29) 각주 28)과 같음.

1. 「건축법」에 따른 건축허가, 건축신고 및 가설건축물 건축의 허가 또는 신고
2. 「산업집적활성화 및 공장설립에 관한 법률」에 따른 공장설립등의 승인
3. 「공유수면 관리 및 매립에 관한 법률」에 따른 공유수면의 점용 · 사용허가, 점용 · 사용 실시계획의 승인 또는 신고, 공유수면의 매립면허, 국가 등이 시행하는 매립의 협의 또는 승인 및 공유수면매립실시계획의 승인
4. 삭제 〈2010. 4. 15.〉
5. 「광업법」에 따른 채굴계획의 인가
6. 「국유재산법」에 따른 사용 · 수익의 허가
7. 「농어촌정비법」에 따른 농업생산기반시설의 사용허가
8. 「농지법」에 따른 농지전용의 허가 또는 협의, 농지전용의 신고 및 농지의 타용도 일시사용의 허가 또는 협의
9. 「도로법」에 따른 도로관리청이 아닌 자에 대한 도로공사 시행의 허가 및 도로의 점용 허가
10. 「장사 등에 관한 법률」에 따른 무연분묘의 개장허가
11. 「사도법」에 따른 사도 개설의 허가
12. 「사방사업법」에 따른 토지의 형질 변경 등의 허가 및 사방지 지정의 해제
13. 「산지관리법」에 따른 산지전용허가 및 산지전용신고, 산지일시사용허가 · 신고, 토석채취허가, 토사채취신고 및 「산림자원의 조성 및 관리에 관한 법률」에 따른 입목벌채 등의 허가 · 신고
14. 「소하천정비법」에 따른 소하천공사 시행의 허가 및 소하천의 점용허가
15. 「수도법」에 따른 일반수도사업 및 공업용수도사업의 인가, 전용상수도 설치 및 전용공업용수도 설치의 인가
16. 「연안관리법」에 따른 연안정비사업실시계획의 승인
17. 「에너지이용 합리화법」에 따른 에너지사용계획의 협의
18. 「유통산업발전법」에 따른 대규모점포의 개설등록
19. 「공유재산 및 물품 관리법」에 따른 사용 · 수익의 허가
20. 「공간정보의 구축 및 관리 등에 관한 법률」에 따른 사업의 착수 · 변경 또는 완료의 신고
21. 「집단에너지사업법」에 따른 집단에너지의 공급 타당성에 관한 협의
22. 「체육시설의 설치 · 이용에 관한 법률」에 따른 사업계획의 승인
23. 「초지법」에 따른 초지전용의 허가, 신고 또는 협의
24. 「공간정보의 구축 및 관리 등에 관한 법률」에 따른 지도등의 간행 심사
25. 「하수도법」에 따른 공공하수도에 관한 공사시행의 허가 및 공공하수도의 점용허가
26. 「하천법」에 따른 하천공사 시행의 허가 및 하천 점용의 허가
27. 「항만법」에 따른 항만개발사업 시행의 허가 및 항만개발사업실시계획의 승인

4. 사업의 시행

(1) 서류의 송달

도시 · 군계획시설사업의 시행자는 관계행정기관의 장에게 필요한 서류의 열람 또는 복사, 그 등본 또는 초본의 발급을 무료로 청구할 수 있으며(법 93조), 이해관계인에게 서류를 송달할 필요가 있으나 주소 또는 거소(居所)가 불분명하거나 그 밖의 사유로 서류를 송달할 수 없는 경우에는 공시송달의 절차로 갈음하여 그 내용을 공시할 수 있다(법 94조).

(2) 토지 등의 수용 및 사용

도시 · 군계획시설사업의 시행자는 도시 · 군계획시설사업에 필요한 토지 및 그 지상의 물건, 소유권 외의 권리 등을 수용하거나 사용할 수 있으며, 인접한 경우에는 일시 사용할 수 있다(법 95조). 수용 및 사용에 관하여는 특별한 규정이 있는 경우 외에는 「공익사업을 위한 토지 등의 취득 및 보상에 관한 법률(이하 토지보상법)」을 준용하며, 실시계획을 고시한 경우에는 토지보상법에 따른 사업인정 및 그 고시가 있었던 것으로 본다. 다만 재결 신청은 토지보상법의 규정에도 불구하고 실시계획에서 정한 도시군계획시설사업의 시행기간에 하여야 한다(법 96조).

5. 공사 완료

(1) 준공검사

도시 · 군계획시설사업의 시행자(국토교통부장관, 시 · 도지사와 대도시 시장은 제외한다)는 도시 · 군계획시설사업의 공사를 마친 때에는 공사완료보고서를 작성하여 시 · 도지사나 대도시 시장의 준공검사를 받아야 한다(법 98조 1항). 시 · 도지사나 대도시 시장은 공사완료보고서를 받으면 지체 없이 준공검사를 하여야 한다(법 98조 2항).

(2) 공사완료 공고

시 · 도지사나 대도시 시장은 준공검사를 한 결과 실시계획대로 완료되었다고 인정되는 경우에는 도시 · 군계획시설사업의 시행자에게 준공검사증명서를 발급하고 공사완료 공고를 하여야 한다(법 98조 3항).

국토교통부장관, 시 · 도지사 또는 대도시 시장이 도시 · 군계획시설사업의 시행자인 경우 도시 · 군계획시설사업의 공사를 마친 때에는 공사완료 공고를 하여야 한다(법 98조 4항).

(3) 관련 준공검사 등의 의제

준공검사를 하거나 공사완료 공고를 할 때에 국토교통부장관, 시 · 도지사 또는 대도시 시장이

제92조에 따라 의제되는 인 · 허가등에 따른 준공검사 · 준공인가 등에 관하여 미리 관계 행정기관의 장과 협의한 사항에 대하여는 그 준공검사 · 준공인가 등을 받은 것으로 본다(법 98조 5항).

6. 공공시설 등의 귀속

도시 · 군계획시설사업에 의하여 새로 공공시설을 설치하거나 기존의 공공시설에 대체되는 공공시설을 설치한 경우에는 제65조[개발행위에 따른 공공시설 등의 귀속]를 준용한다(법 99조).

제 6 장

비용·보칙 등

제1절 비용

1. 비용부담의 주체

(1) 시행자 부담 원칙

광역도시계획 및 도시 · 군계획의 수립과 도시 · 군계획시설사업에 관한 비용은 이 법 또는 다른 법률에 특별한 규정이 있는 경우 외에는 국가가 하는 경우에는 국가예산에서, 지방자치단체가 하는 경우에는 해당 지방자치단체가, 행정청이 아닌 자가 하는 경우에는 그 자가 부담함을 원칙으로 한다(법 101조).

(2) 예외 : 수익자 부담

국토교통부장관이나 시 · 도지사는 그가 시행한 도시 · 군계획시설사업으로 현저히 이익을 받는 시 · 도, 시 또는 군이 있으면 대통령령으로 정하는 바에 따라 그 도시 · 군계획시설사업에 든 비용의 일부를 그 이익을 받는 시 · 도, 시 또는 군에 부담시킬 수 있다(법 102조 1항).

국토교통부장관은 시 · 도, 시 또는 군에 비용을 부담시키기 전에 행정안전부장관과 협의하여야 하고(법 102조 1항) 시 · 도지사는 그 시 · 도에 속하지 아니하는 특별시 · 광역시 · 특별자치시 · 특별자치도 · 시 또는 군에 비용을 부담시키려면 해당 지방자치단체의 장과 협의하되, 협의가 성립되지 아니하는 경우에는 행정안전부장관이 결정하는 바에 따른다(법 102조 1항 후단 및 동조 2항).

시장이나 군수는 그가 시행한 도시 · 군계획시설사업으로 현저히 이익을 받는 다른 지방자치단체가 있으면 대통령령으로 정하는 바에 따라 그 도시 · 군계획시설사업에 든 비용의 일부를 그 이익을 받는 다른 지방자치단체와 협의하여 그 지방자치단체에 부담시킬 수 있으며, 협의가 성립되지 아니하는 경우 다른 지방자치단체가 같은 도에 속할 때에는 관할 도지사가 결정하는 바에 따르며, 다른 시 · 도에 속할 때에는 행정안전부장관이 결정하는 바에 따른다(법 102조 3항 및 동조 4항).

2. 보조 또는 융자

시 · 도지사, 시장 또는 군수가 수립하는 광역도시 · 군계획 또는 도시 · 군계획에 관한 기초 조사나 지형도면의 작성에 드는 비용은 대통령령으로 정하는 바에 따라 그 비용의 전부 또는 일부를 국가예산에서 보조할 수 있다(법 104조 1항).

행정청이 시행하는 도시 · 군계획시설사업에 드는 비용은 그 비용의 전부 또는 일부를 국가예산에서 보조하거나 융자할 수 있으며, 행정청이 아닌 자가 시행하는 도시 · 군계획시설사업에 드는 비용의 일부는 국가 또는 지방자치단체가 보조하거나 융자할 수 있다(법 104조 2항).

3. 취락지구 · 방재지구에 대한 지원

국가나 지방자치단체는 대통령령으로 정하는 바에 따라 취락지구 주민의 생활 편익과 복지 증진 등을 위한 사업을 시행하거나 그 사업을 지원할 수 있으며(법 105조), 이 법률 또는 다른 법률에 따라 방재사업을 시행하거나 그 사업을 지원하는 경우 방재지구에 우선적으로 지원할 수 있다(법 105조의2).

제2절 도시계획위원회

1. 중앙도시계획위원회

(1) 설치장소 및 업무

중앙도시계획위원회는 국토교통부에 두며, 〈다음 각 호〉의 업무를 수행한다(법 106조).

1. 광역도시계획 · 도시 · 군계획 · 토지거래계약허가구역 등 국토교통부장관의 권한에 속하는 사항의 심의
2. 이 법 또는 다른 법률에서 중앙도시계획위원회의 심의를 거치도록 한 사항의 심의
3. 도시 · 군계획에 관한 조사 · 연구

(2) 조직

중앙도시계획위원회는 위원장 · 부위원장 각 1명을 포함한 25명 이상 30명 이하의 위원으로 구성한다(법 107조 1항).

중앙도시계획위원회의 위원장과 부위원장은 위원 중에서 국토교통부장관이 임명하거나 위촉하며, 위원은 관계 중앙행정기관의 공무원과 토지 이용, 건축, 주택, 교통, 공간정보, 환경,

법률, 복지, 방재, 문화, 농림 등 도시 · 군계획과 관련된 분야에 관한 학식과 경험이 풍부한 자 중에서 국토교통부장관이 임명하거나 위촉한다(법 107조 2항 및 3항).

2. 지방도시계획위원회

(1) 시 · 도도시계획위원회

시 · 도도시계획위원회는 시 · 도에 두며, 〈다음 각 호〉의 심의를 하거나 자문에 응한다(법 113조 1항).

> 1. 시 · 도지사가 결정하는 도시 · 군관리계획의 심의 등 시 · 도지사의 권한에 속하는 사항과 다른 법률에서 시 · 도도시계획위원회의 심의를 거치도록 한 사항의 심의
> 2. 국토교통부장관의 권한에 속하는 사항 중 중앙도시계획위원회의 심의 대상에 해당하는 사항이 시 · 도지사에게 위임된 경우 그 위임된 사항의 심의
> 3. 도시 · 군관리계획과 관련하여 시 · 도지사가 자문하는 사항에 대한 조언
> 4. 그 밖에 대통령령으로 정하는 사항에 관한 심의 또는 조언

(2) 시 · 군 · 구도시계획위원회

시 · 군 · 구도시계획위원회는 시 · 군(광역시의 관할구역에 있는 군을 포함) 또는 구에 두며, 도시 · 군관리계획과 관련된 〈다음 각 호〉의 심의를 하거나 자문에 응한다(법 113조 2항).

> 1. 시장 또는 군수가 결정하는 도시 · 군관리계획의 심의와 국토교통부장관이나 시 · 도지사의 권한에 속하는 사항 중 시 · 도도시계획위원회의 심의대상에 해당하는 사항이 시장 · 군수 또는 구청장에게 위임되거나 재위임된 경우 그 위임되거나 재위임된 사항의 심의
> 2. 도시 · 군관리계획과 관련하여 시장 · 군수 또는 구청장이 자문하는 사항에 대한 조언
> 3. 제59조에 따른 개발행위의 허가 등에 관한 심의
> 4. 그 밖에 대통령령으로 정하는 사항에 관한 심의 또는 조언

제3절 보칙 등

1. 시범도시의 지정 · 지원

국토교통부장관은 도시의 경제 · 사회 · 문화적인 특성을 살려 개성 있고 지속가능한 발전을 촉진하기 위하여 필요하면 직접 또는 관계 중앙행정기관의 장이나 시 · 도지사의 요청에 의하

여 경관, 생태, 정보통신, 과학, 문화, 관광, 그 밖에 대통령령으로 정하는 분야별로 시범도시(시범지구나 시범단지를 포함한다)를 지정할 수 있다(법 127조 1항).

시범도시의 지정 및 지원의 기준 · 절차 등에 관하여 필요한 사항은 대통령령으로 정한다(법 127조 4항).

2. 토지에의 출입 등과 손실보상

(1) 토지에의 출입 등

국토교통부장관, 시 · 도지사, 시장 또는 군수나 도시 · 군계획시설사업의 시행자는 〈다음 각 호〉의 행위를 하기 위하여 필요하면 타인의 토지에 출입하거나 타인의 토지를 재료 적치장 또는 임시통로로 일시 사용할 수 있으며, 특히 필요한 경우에는 나무, 흙, 돌, 그 밖의 장애물을 변경하거나 제거할 수 있다(법 130조 1항).

1. 도시 · 군계획 · 광역도시 · 군계획에 관한 기초조사
2. 개발밀도관리구역, 기반시설부담구역 및 제67조제4항에 따른 기반시설설치계획에 관한 기초조사
3. 지가의 동향 및 토지거래의 상황에 관한 조사
4. 도시 · 군계획시설사업에 관한 조사 · 측량 또는 시행

타인의 토지에 출입하려는 자는 특별시장 · 광역시장 · 특별자치시장 · 특별자치도지사 · 시장 또는 군수의 허가를 받아야 하며, 출입하려는 날의 7일 전까지 그 토지의 소유자 · 점유자 또는 관리인에게 그 일시와 장소를 알려야 한다. 다만, 행정청인 도시 · 군계획시설사업의 시행자는 허가를 받지 아니하고 타인의 토지에 출입할 수 있다(법 130조 2항).

타인의 토지를 재료 적치장 또는 임시통로로 일시사용하거나 나무, 흙, 돌, 그 밖의 장애물을 변경 또는 제거하려는 자는 토지의 소유자 · 점유자 또는 관리인의 동의를 받아야 하며(법 130조 3항), 토지를 사용하려는 날이나 장애물을 변경 또는 제거하려는 날의 3일 전까지 그 토지나 장애물의 소유자 · 점유자 또는 관리인에게 알려야 한다(법 130조 5항).

일출 전이나 일몰 후에는 그 토지 점유자의 승낙 없이 택지나 담장 또는 울타리로 둘러싸인 타인의 토지에 출입할 수 없다(법 130조 6항).

토지의 점유자는 정당한 사유 없이 제1항에 따른 행위[토지에의 출입 · 일시사용, 장애물 변경 · 제거]를 방해하거나 거부하지 못하며(법 130조 7항), 제1항에 따른 행위를 하려는 자는 그 권한을 표시하는 증표와 허가증을 지니고 이를 관계인에게 내보여야 한다(법 130조 8항).

(2) 토지에의 출입 등에 따른 손실 보상

제130조제1항에 따른 행위로 인하여 손실을 입은 자가 있으면 그 행위자가 속한 행정청이나 도시 · 군계획시설사업의 시행자가 그 손실을 보상하여야 한다(법 131조 1항).

손실 보상에 관하여는 그 손실을 보상할 자와 손실을 입은 자가 협의하여야 한다(법 131조 2항), 협의가 성립되지 아니하거나 협의를 할 수 없는 경우에는 관할 토지수용위원회에 재결을 신청할 수 있다(법 131조 3항). 관할 토지수용위원회의 재결에 관하여는 「공익사업을 위한 토지 등의 취득 및 보상에 관한 법률」 제83조부터 제87조까지의 규정을 준용한다(법 131조 4항).

3. 처분, 구제, 행정벌 등

국토교통부장관, 시 · 도지사, 시장 · 군수 또는 구청장은 법률 등을 위반한 자에 대하여 이 법에 따른 허가 · 인가 등의 취소, 공사의 중지, 공작물 등의 개축 또는 이전, 그 밖에 필요한 처분을 하거나 조치를 명할 수 있다(법 133조).

도시 · 군계획시설사업 시행자의 처분에 대하여는 「행정심판법」에 따라 행정심판을 제기할 수 있으며, 이 경우 행정청이 아닌 시행자의 처분에 대하여는 제86조제5항에 따라 그 시행자를 지정한 자에게 행정심판을 제기하여야 한다(법 134조).

이 법이 정하는 의무사항을 위반한 자에 대해서는 행정벌을 부과하고 있다. 법 제140조, 제140조의2, 제141조, 제142조에서는 징역과 벌금형의 부과대상과 형벌에 대하여, 그리고 제144조에서는 과태료 부과대상과 부과금액에 대하여 규정하고 있다.

제 4 편

도시개발법

제 1 장

서 설

1. 입법 배경

토지라는 한정된 자원을 활용하여 시민들의 삶에 필요한 기능을 제공하기 위해서는 계획적이고 체계적인 도시개발이 필요하다. 과거 우리나라의 도시개발은 주택단지개발, 산업단지개발등과 같은 단일목적의 개발방식으로 추진되어 왔으며 주로 공적 주체가 주도적 역할을 담당하였다. 이러한 도시개발 방식은 신도시의 개발등 복합적 기능을 갖는 도시를 종합적 · 체계적으로 개발하는 데는 한계가 있어 2008년 1월 28일 법률 제6242호로 「도시개발법」을 제정하여 시행하게 되었다.

종전의 「도시계획법」의 도시계획사업에 관한 부분과 「토지구획정리사업법」을 통합 · 보완하여 도시개발에 관한 기본법으로서의 도시개발법을 제정함으로써 종합적 · 체계적인 도시개발을 위한 법적 기반을 마련하는 한편, 도시개발에 대한 민간부문의 참여를 활성화함으로써 다양한 형태의 도시개발이 가능하도록 하였다.

우리나라 도시개발사업 과정을 보면 1980년대 초까지만 하더라도 주로 토지소유자가 주체가 되어 구획정리사업방식으로 추진되어 오다 1980년대 중반부터 수도권 인구집중과 이에 따른 대규모 주택수요에 대응하기 위해 공공부문에 의한 대규모 택지개발방식으로 시행되어 왔다. 하지만 이와 같은 도시개발 방식은 민간참여가 제한되고, 지역주민과 지방자치단체의 의사가 제대로 반영되지 못해 저항과 갈등을 유발하는 등 문제점을 드러냈다.

도시개발법은 이러한 문제점을 해결하기 위해 주거, 산업, 상업, 교육, 문화 등 다양한 편익이 도시공간 안에서 체계적으로 제공될 수 있도록 하였고, 그동안 공공부문이 독점해오던 도시개발분야에 경쟁요소를 도입하여 건설업자, 주택사업자, 부동산신탁회사, 민관공동투자법인 등이 사업에 참여할 수 있도록 하였다.

2. 법의 목적

이 법은 도시개발에 필요한 사항을 규정하여 계획적이고 체계적인 도시개발을 도모하고 쾌적한 도시환경의 조성과 공공복리의 증진에 이바지함을 목적으로 한다(법 1조).

3. 용어 정의 (법 2조)

도시개발구역	도시개발사업을 시행하기 위하여 지정 · 고시된 구역
도시개발사업	도시개발구역에서 주거, 상업, 산업, 유통, 정보통신, 생태, 문화, 보건 및 복지 등의 기능이 있는 단지 또는 시가지를 조성하기 위하여 시행하는 사업

이 법에서 특별히 정하는 경우 외에는 「국토의 계획 및 이용에 관한 법률」에서 사용하는 용어를 적용한다.

제 2 장

도시개발구역의 지정 등

제1절 도시개발구역의 지정 등

1. 지정권자

(1) 원칙 : 시 · 도지사, 대도시시장

〈다음 각 호〉의 어느 하나에 해당하는 자는 계획적인 도시개발이 필요하다고 인정되는 때에는 도시개발구역을 지정할 수 있다(법 3조 1항).[1)]

> 1. 특별시장 · 광역시장 · 도지사 · 특별자치도지사(이하 "시 · 도지사")
> 2. 「지방자치법」에 따른 서울특별시와 광역시를 제외한 인구 50만 이상의 대도시의 시장(이하 "대도시 시장")

도시개발사업이 필요하다고 인정되는 지역이 둘 이상의 특별시 · 광역시 · 도 · 특별자치도(이하 "시 · 도") 또는 서울특별시와 광역시를 제외한 인구 50만 이상의 대도시의 행정구역에 걸치는 경우에는 관계 시 · 도지사 또는 대도시 시장이 협의하여 도시개발구역을 지정할 자를 정한다(법 3조2항).

(2) 예외 : 국토교통부 장관

국토교통부장관은 〈다음 각 호〉의 어느 하나에 해당하면 도시개발구역을 지정할 수 있다(법 3조 3항).

1) 시장(대도시 시장 제외) · 군수 또는 구청장(자치구의 구청장)은 대통령령으로 정하는 바에 따라 시 · 도지사에게 도시개발구역의 지정을 요청할 수 있다(법 3조 4항).

1. 국가가 도시개발사업을 실시할 필요가 있는 경우
2. 관계 중앙행정기관의 장이 요청하는 경우
3. 공공기관[제11조제1항제2호] 또는 정부출연기관[제11조제1항제3호]의 장이 대통령령으로 정하는 규모[30만 제곱미터] 이상으로서 국가계획과 밀접한 관련이 있는 도시개발구역의 지정을 제안하는 경우
4. 제2항에 따른 협의가 성립되지 아니하는 경우
5. 그 밖에 대통령령으로 정하는 경우[천재지변 등 긴급한 사유]

2. 지정대상지역 및 규모

(1) 원칙

도시개발구역으로 지정할 수 있는 대상 지역 및 규모는 다음과 같다(영 2조 1항).

① 도시지역

가. 주거지역 및 상업지역: 1만 제곱미터 이상
나. 공업지역: 3만 제곱미터 이상
다. 자연녹지지역: 1만 제곱미터 이상
라. 생산녹지지역(생산녹지지역이 도시개발구역 지정면적의 30/100 이하인 경우만 해당)
 : 1만 제곱미터 이상

② 비도시지역

30만 제곱미터 이상.
다만 건축법 시행령」 별표 1 제2호의 공동주택 중 아파트 또는 연립주택의 건설계획이 포함되는 경우로서 다음 요건을 모두 갖춘 경우에는 10만제곱미터 이상으로 한다.
가. 도시개발구역에 초등학교용지를 확보(도시개발구역 내 또는 도시개발구역으로부터 통학이 가능한 거리에 학생을 수용할 수 있는 초등학교가 있는 경우를 포함한다)하여 관할 교육청과 협의한 경우
나. 도시개발구역에서 「도로법」 제12조부터 제15조까지의 규정에 해당하는 도로 또는 국토교통부령으로 정하는 도로와 연결되거나 4차로 이상의 도로를 설치하는 경우

☞ 자연녹지지역, 생산녹지지역 및 도시지역 외의 지역의 경우에는 광역도시계획 또는 도시·군기본계획에 의하여 개발이 가능한 지역에서만 국토교통부장관이 정하는 기준에 따라 지정하여야 한다. 다만, 광역도시계획 및 도시·군기본계획이 수립되지 아니한 지역인 경우에는 자연녹지지역 및 계획관리지역에서만 도시개발구역을 지정할 수 있다(영 2조 2항).

(2) 예외

〈다음 각 호〉의 어느 하나에 해당하는 지역으로서 도시개발구역 지정권자가 계획적인 도시개발이 필요하다고 인정하는 지역에 대하여는 제1항 및 제2항에 따른 제한을 적용하지 아니한다(영 2조 3항).

> 1. 「국토의 계획 및 이용에 관한 법률」에 따른 취락지구 또는 개발진흥지구로 지정된 지역
> 2. 「국토의 계획 및 이용에 관한 법률」에 따른 지구단위계획구역으로 지정된 지역
> 3. 국토교통부장관이 지역균형발전을 위하여 관계 중앙행정기관의 장과 협의하여 도시개발구역으로 지정하려는 지역(자연환경보전지역은 제외)

3. 도시개발구역의 분할 및 결합

도시개발구역을 지정하는 자는 도시개발사업의 효율적인 추진과 도시의 경관 보호 등을 위하여 필요하다고 인정하는 경우에는 도시개발구역을 둘 이상의 사업시행지구로 분할하거나 서로 떨어진 둘 이상의 지역을 결합하여 하나의 도시개발구역으로 지정할 수 있다(법 3조의2 1항).

(1) 도시개발구역의 분할

도시개발구역을 둘 이상의 사업시행지구로 분할할 수 있는 경우는 분할 후 각 사업시행지구의 면적이 각각 1만제곱미터 이상인 경우로 한다(영 5조의2 1항).

(2) 도시개발구역의 결합

서로 떨어진(동일 또는 연접한 특별시 · 광역시 · 도 · 특별자치도로 한정한다) 둘 이상의 지역을 결합하여 하나의 도시개발구역으로 지정할 수 있는 경우는 면적이 1만제곱미터 이상인 지역[2]이 도시개발구역에 하나 이상 포함된 경우로 한다(영 5조의2 2항).

법 제11조제5항에 따라 도시개발구역지정을 제안하는 자가 결합개발 방식을 적용하려는 경우에는 도시개발구역에 포함될 서로 떨어진 지역별로 법 제11조제6항에 따른 토지 소유자(지상권자를 포함)의 동의를 받아야 하며(영 5조의2 3항) 토지를 수용하거나 사용하여 서로 떨어진 지역에 대하여 결합개발 방식으로 도시개발사업을 시행하려는 경우에는 수용 또는 사용 대상인 지역 각각에 대하여 법 제22조제1항 단서에 따른 토지 소유자의 동의를 받아야 한다(영 5조의2 4항).

2) 시행령에서는 결합개발이 가능한 대상지 중 하나를 관계법령에 의하여 토지이용이 제한되거나 순환개발방식의 도시개발사업 등 일정한 경우로 제한하고 있다.

4. 개발계획의 수립 및 변경

(1) 개발계획의 수립

① 원칙

지정권자는 도시개발구역을 지정하려면 해당 도시개발구역에 대한 도시개발사업의 계획(이하 "개발계획")을 수립하여야 한다(법 4조 1항 본문).

② 예외

다음의 경우에는 도시개발구역을 지정한 후에 개발계획을 수립할 수 있다(법 4조 1항 단서).

ⅰ) 개발계획을 공모하는 경우 : 지정권자는 창의적이고 효율적인 도시개발사업을 추진하기 위하여 필요한 경우에는 대통령령으로 정하는 바에 따라 개발계획안을 공모하여 선정된 안을 개발계획에 반영할 수 있다. 이 경우 선정된 개발계획안의 응모자가 제11조제1항[사업시행자]에 따른 자격 요건을 갖춘 경우에는 해당 응모자를 우선하여 시행자로 지정할 수 있다(법 4조 2항).

개발계획안을 공모하는 경우에는 전국 또는 해당 지역을 주된 보급지역으로 하는 일간신문과 관보 또는 공보에 각각 공고해야 하고, 그 밖에 인터넷 홈페이지에 게재하는 방법 등으로 공고해야 한다. 이 경우 응모기간은 90일 이상으로 해야 한다(영 6조 2항).

♣ 개발계획안 공모시 공고사항 (영 6조2항)

1. 도시개발사업의 개요
2. 공모참가자격 및 일정
3. 개발계획안의 평가 · 심사 계획
4. 도시개발사업 시행자 지정 절차
5. 개발계획안 작성지침
6. 그 밖에 개발계획안의 공모에 필요한 사항

지정권자는 응모자가 둘 이상인 경우에는 공모심의위원회를 구성하여 제안된 개발계획안을 심사할 수 있다. 이 경우 공모심사위원회의 구성 및 운영 등에 필요한 사항은 지정권자가 정한다(영 6조 3항).

ⅱ) 다음 지역에 도시개발구역을 지정하는 경우(영 6조 1항)

1. 자연녹지지역
2. 제2조제1항제1호라목에 해당하는 생산녹지지역
3. 도시지역 외의 지역
4. 제2조제3항제3호에 해당하는 지역[국토교통부장관이 지역균형발전을 위하여 지정]
5. 해당 도시개발구역에 포함되는 주거지역 · 상업지역 · 공업지역의 면적의 합계가 전체 도시개발구역 지정 면적의 100분의 30 이하인 지역

(2) 개발계획의 변경

지정권자는 직접 또는 관계 중앙행정기관의 장 또는 시장(대도시 시장은 제외한다) · 군수 · 구청장 또는 도시개발사업의 시행자의 요청을 받아 개발계획을 변경할 수 있다(법 4조 3항).[3]

(3) 환지방식의 경우

지정권자는 환지(換地) 방식의 도시개발사업에 대한 개발계획을 수립하려면 환지 방식이 적용되는 지역의 토지면적의 3분의 2 이상에 해당하는 토지 소유자와 그 지역의 토지 소유자 총수의 2분의 1 이상의 동의를 받아야 한다. 환지 방식으로 시행하기 위하여 개발계획을 변경(경미한 사항의 변경은 제외)하려는 경우에도 또한 같다(법 4조 4항).

> ☞ 지정권자가 도시개발사업의 전부를 환지 방식으로 시행하려고 개발계획을 수립하거나 변경할 때에 도시개발사업의 시행자가 제11조제1항제6호의 조합에 해당하는 경우로서 조합이 성립된 후 총회에서 도시개발구역의 토지면적의 3분의 2 이상에 해당하는 조합원과 그 지역의 조합원 총수의 2분의 1 이상의 찬성으로 수립 또는 변경을 의결한 개발계획을 지정권자에게 제출한 경우에는 제4항에도 불구하고 토지 소유자의 동의를 받은 것으로 본다(법 4조 6항).

시행자가 국가나 지방자치단체인 경우 도시개발사업을 환지 방식으로 시행하려고 개발계획을 수립하거나 변경할 때에 토지 소유자의 동의를 받을 필요가 없다(법 4조 5항).

환지방식으로의 개발계획 수립 또는 변경을 위한 구체적인 동의자 수의 산정방법, 동의절차, 그 밖에 필요한 사항은 대통령령으로 정한다(법 4조 7항).

♣ 환지방식으로의 개발계획 수립(변경)을 위한 동의자 수 산정밥법 (영 6조 4항)

1. 도시개발구역의 토지면적을 산정하는 경우: 국공유지를 포함하여 산정할 것
   * 국공유지를 제외한 전체 사유 토지면적 및 토지 소유자에 대하여 법 제4조제4항에 따른 동의요건 이상으로 동의를 받은 후에 그 토지면적 및 토지 소유자의 수가 법적 동의 요건에 미달하게 된 경우에는 국공유지 관리청의 동의를 받아야 한다(영 6조 5항)
2. 1필지의 토지 소유권을 여럿이 공유하는 경우: 다른 공유자의 동의를 받은 대표 공유자 1인을 해당 토지 소유자로 볼 것. 다만, 「집합건물의 소유 및 관리에 관한 법률」에 따른 구분소유자는 각각을 토지 소유자 1인으로 본다.

3) 당초 개발계획의 경미한 사항을 변경하는 경우와는 달리 지정권자가 개발계획의 주요 부분을 실질적으로 변경하는 내용으로 새로운 개발계획을 수립하여 고시한 경우에는 당초 개발계획은 달리 특별한 사정이 없는 한 그 효력을 상실한다고 할 것이다[대법원 2012. 9. 27. 선고 2010두16219 판결, 대법원 2012. 3. 22. 선고 2011두6400 전원합의체 판결]

2의2. 1인이 둘 이상 필지의 토지를 단독으로 소유한 경우: 필지의 수에 관계없이 토지 소유자를 1인으로 볼 것
2의3. 둘 이상 필지의 토지를 소유한 공유자가 동일한 경우: 공유자 여럿을 대표하는 1인을 토지 소유자로 볼 것
3. 제11조제2항에 따른 공람 · 공고일 후에 「집합건물의 소유 및 관리에 관한 법률」 제2조제1호에 따른 구분소유권을 분할하게 되어 토지 소유자의 수가 증가하게 된 경우: 공람 · 공고일 전의 토지 소유자의 수를 기준으로 산정하고, 증가된 토지 소유자의 수는 토지 소유자 총수에 추가 산입하지 말 것
4. 도시개발구역의 지정이 제안되기 전에 또는 도시개발구역에 대한 도시개발사업의 계획[개발계획]의 변경을 요청받기 전에 동의를 철회하는 사람이 있는 경우: 그 사람은 동의자 수에서 제외할 것
5. 도시개발구역의 지정이 제안된 후부터 법 개발계획이 수립되기 전까지의 사이에 토지 소유자가 변경된 경우 또는 법 개발계획의 변경을 요청받은 후부터 개발계획이 변경되기 전까지의 사이에 토지 소유자가 변경된 경우: 기존 토지 소유자의 동의서를 기준으로 할 것

5. 개발계획의 내용

개발계획에는 〈다음 각 호〉의 사항이 포함되어야 한다. 다만, 제13호부터 제16호까지의 규정에 해당하는 사항은 도시개발구역을 지정한 후에 개발계획에 포함시킬 수 있다(법 5조 1항).

1. 도시개발구역의 명칭 · 위치 및 면적
2. 도시개발구역의 지정 목적과 도시개발사업의 시행기간
3. 제3조의2에 따라 도시개발구역을 둘 이상의 사업시행지구로 분할하거나 서로 떨어진 둘 이상의 지역을 하나의 구역으로 결합하여 도시개발사업을 시행하는 경우에는 그 분할이나 결합에 관한 사항
4. 도시개발사업의 시행자에 관한 사항
5. 도시개발사업의 시행방식
6. 인구수용계획[분양주택(분양을 목적으로 공급하는 주택을 말한다) 및 임대주택(「민간임대주택에 관한 특별법」에 따른 민간임대주택 및 「공공주택 특별법」에 따른 공공임대주택을 말한다. 이하 같다)으로 구분한 주택별 수용계획을 포함한다]
7. 토지이용계획
7의2. 제25조의2에 따라 원형지로 공급될 대상 토지 및 개발 방향
8. 교통처리계획
9. 환경보전계획
10. 보건의료시설 및 복지시설의 설치계획
11. 도로, 상하수도 등 주요 기반시설의 설치계획
12. 재원조달계획

13. 도시개발구역 밖의 지역에 기반시설을 설치하여야 하는 경우에는 그 시설의 설치에 필요한 비용의 부담 계획[4]
14. 수용(收用) 또는 사용의 대상이 되는 토지 · 건축물 또는 토지에 정착한 물건과 이에 관한 소유권 외의 권리, 광업권, 어업권, 양식업권, 물의 사용에 관한 권리(이하 "토지등"이라 한다)가 있는 경우에는 그 세부목록
15. 임대주택건설계획 등 세입자 등의 주거 및 생활 안정 대책
16. 제21조의2에 따른 순환개발 등 단계적 사업추진이 필요한 경우 사업추진 계획 등에 관한 사항 (⇒ 영 8조 1항)
17. 그 밖에 대통령령으로 정하는 사항
    - 학교시설계획, 문화재 보호계획, 초고속 정보통신망계획
    - 공동구 등 지하매설물계획
    - 존치하는 기존 건축물 및 공작물 등에 관한 계획
    - 산업의 유치업종 및 배치계획
    - 도시개발구역 밖의 지역에서 도시개발구역의 이용에 제공되는 기반시설의 설치가 필요한 경우 도시개발구역 밖의 기반시설계획에 관한 사항
    - 집단에너지 공급계획, 전시장 · 공연장 등의 문화시설계획,
    - 어린이집계획, 저탄소 녹색도시 조성을 위한 계획
    - 용적률 및 수용인구 등에 관한 개발밀도계획
    - 「국토의 계획 및 이용에 관한 법률」에 따른 도시 · 군관리계획의 수립 또는 변경에 관한 사항
    - 그 밖에 국토교통부령으로 정하는 사항

「국토의 계획 및 이용에 관한 법률」에 따른 광역도시계획이나 도시 · 군기본계획이 수립되어 있는 지역에 대하여 개발계획을 수립하려면 개발계획의 내용이 해당 광역도시계획이나 도시 · 군기본계획에 들어맞도록 하여야 한다(법 5조 2항).

도시개발구역을 먼저 지정하고 추후에 개발계획을 수립하려는 경우 도시개발구역 지정을 할 때에는 다음 사항에 관한 계획을 수립하여야 한다(법 5조 3항, 영 9조 1항).

---

4) 도시개발사업 및 도시개발구역의 정의(2조), 도시개발구역 밖의 시설에 대한 도시개발사업 절차 준용(78조) 등을 감안할 때 도시개발구역밖의 시설설치를 위해서는 해당 도시개발사업과 별개로 별도의 사업시행 절차를 거쳐야 하며, 개발계획(5조 1항)에 도시개발구역 밖의 기반시설계획에 관한 사항을 포함하도록 한 취지는 도시개발사업에 직접 관련되는 사업의 비용부담이나 설치에 관한 사항을 개발계획에 반영하여 종합적으로 검토하려는 것이며, 해당 규정이 도시개발구역 밖의 기반시설 설치 사업 절차에 관한 내용까지 포함하여 규정하고 있지는 않음[법제처 유권해석 : 안건번호19-0521 회신일자2020-02-20]

1. 도시개발구역의 명칭 · 위치 및 면적
2. 도시개발구역의 지정 목적
3. 도시개발사업의 시행 방식
4. 시행자에 관한 사항
5. 개략적인 인구수용계획
6. 개략적인 토지이용계획

대통령령으로 정하는 규모[330만 제곱미터] 이상인 도시개발구역에 관한 개발계획을 수립할 때에는 해당 구역에서 주거, 생산, 교육, 유통, 위락 등의 기능이 서로 조화를 이루도록 노력하여야 한다(법 5조 4항).

개발계획의 작성 기준 및 방법은 국토교통부장관이 정한다(법 5조 5항).

제2절 도시개발구역의 지정 절차

1. 도시개발구역의 지정 요청 및 제안

(1) 구역지정 요청

관계중앙행정기관의 장은 국토교통부장관에 도시개발구역 지정을 요청할 수 있으며(법 3조 3항), 시장(대도시 시장 제외) · 군수 또는 구청장은 시 · 도지사에게 구역지정을 요청할 수 있다(법 7조 1항 중),

(2) 구역지정 제안

① 제안자

제1항제2호부터 제4호까지의 규정에 해당하는 자[공공시행자], 도시개발구역의 토지 소유자(수용 또는 사용의 방식으로 제안하는 경우에는 도시개발구역의 국공유지를 제외한 토지면적의 3분의 2 이상을 사용할 수 있는 대통령령으로 정하는 권원[5]을 가지고 2분의 1 이상을 소유한 자를 말한다) 또는 제1항제7호부터 제11호까지의 규정에 해당하는 자[민간시행자]는 특별자치도지사 · 시장 · 군수 또는 구청장에게 도시개발구역의 지정을 제안할 수 있다. 다만, 제3조제3항에 해당하는 자[6]는 국토교통부장관에게 직접 제안할 수 있다(법 11조 5항).

---

5) 영 23조 4항 : 토지사용승락서 및 토지매매계약서
6) 관계 중앙행정기관의 장, 법 제11조제1항제2호에 따른 공공기관의 장 또는 같은 항 제3호에 따른 정부출연기관의 장을 말한다.

② 토지소유자 동의

토지 소유자 또는 제1항제7호부터 제11호까지(제1항제1호부터 제4호까지의 규정에 해당하는 자가 대통령령으로 정하는 비율을 초과하여 출자한 경우는 제외)의 규정에 해당하는 자가 도시개발구역의 지정을 제안하려는 경우에는 대상 구역 토지면적의 3분의 2 이상에 해당하는 토지 소유자(지상권자 포함)의 동의를 받아야 한다(법 11조 6항).

2. 기초조사

도시개발사업의 시행자나 시행자가 되려는 자는 도시개발구역을 지정하거나 도시개발구역의 지정을 요청 또는 제안하려고 할 때에는 도시개발구역으로 지정될 구역의 토지, 건축물, 공작물, 주거 및 생활실태, 주택수요, 그 밖에 필요한 사항에 관하여 대통령령으로 정하는 바에 따라 조사하거나 측량할 수 있다(법 6조 1항).

조사나 측량을 하려는 자는 관계 행정기관, 지방자치단체, 「공공기관의 운영에 관한 법률」에 따른 공공기관, 정부출연기관, 그 밖의 관계 기관의 장에게 필요한 자료의 제출을 요청할 수 있다. 이 경우 자료 제출을 요청받은 기관의 장은 특별한 사유가 없으면 요청에 따라야 한다(법 6조 2항).

3. 의견청취

국토교통부장관, 시 · 도지사 또는 대도시 시장이 도시개발구역을 지정하고자 하거나 대도시 시장이 아닌 시장 · 군수 또는 구청장이 도시개발구역의 지정을 요청하려고 하는 경우에는 공람이나 공청회를 통하여 주민이나 관계 전문가 등으로부터 의견을 들어야 하며, 공람이나 공청회에서 제시된 의견이 타당하다고 인정되면 이를 반영하여야 한다. 도시개발구역을 변경(경미한 사항은 제외)하려는 경우에도 또한 같다(법 7조 1항).

공람의 대상 또는 공청회의 개최 대상 및 주민의 의견청취 방법 등에 필요한 사항은 대통령령으로 정한다(법 7조 2항).

♣ 주민의견 청취 공고 (영 11조)

〈다음 각 호〉의 사항을 전국 또는 해당 지방을 주된 보급지역으로 하는 둘 이상의 일간신문과 해당 시 · 군 또는 구의 인터넷 홈페이지에 공고하고 14일 이상 공람. 다만, 도시개발구역의 면적이 10만 제곱미터 미만인 경우에는 일간신문에 공고하지 아니하고 공보와 해당 시 · 군 또는 구의 인터넷 홈페이지에 공고할 수 있다.

1. 입안할 도시개발구역의 지정 및 개발계획의 개요
2. 시행자 및 도시개발사업의 시행방식에 관한 사항
3. 공람기간
4. 그 밖에 국토교통부령으로 정하는 사항

♣ 공청회 (영 13조)

① **공청회 대상** : 도시개발사업을 시행하려는 구역의 면적이 100만 제곱미터 이상인 경우(도시개발계획의 변경 후의 면적이 100만 제곱미터 이상인 경우를 포함)에는 공람기간이 끝난 후에 공청회를 개최하여야 함.

② **공고** : 국토교통부장관, 시 · 도지사, 시장 · 군수 또는 구청장은 공청회를 개최하려면 〈다음 각 호〉의 사항을 전국 또는 해당 지방을 주된 보급지역으로 하는 일간신문과 인터넷 홈페이지에 공청회 개최 예정일 14일 전까지 1회 이상 공고하여야 함.

1. 공청회의 개최목적
2. 공청회의 개최예정일시 및 장소
3. 입안하고자 하는 도시개발구역지정 및 개발계획의 개요
4. 의견발표의 신청에 관한 사항
5. 그 밖에 국토교통부령으로 정하는 사항

③ **공청회 생략** : 공청회가 국토교통부장관, 시 · 도지사, 시장 · 군수 또는 구청장이 책임질 수 없는 사유로 2회에 걸쳐 개최되지 못하거나 개최는 되었으나 정상적으로 진행되지 못한 경우에는 공청회를 생략할 수 있다. 이 경우 공청회를 생략하게 된 사유와 달리 의견을 제출할 수 있는 의견 제출의 시기 및 방법 등에 관한 사항을 제2항에 따른 방법으로 공고함으로써 주민의 의견을 듣도록 하여야 한다.

4. 협의 및 심의

지정권자는 도시개발구역을 지정하거나 도시개발구역 선 지정 후 개발계획을 수립하려면 관계 행정기관의 장과 협의한 후 도시계획위원회[중앙도시계획위원회 또는 시 · 도도시계획위원회나 대도시도시계획위원회]의 심의를 거쳐야 한다. 다만, 대통령령으로 정하는 경미한 사항을 변경하는 경우에는 그러하지 아니하다(법 8조 1항).

지정권자가 관계 행정기관의 장과 협의하는 경우 지정하려는 도시개발구역이 일정 규모 이상 또는 국가계획과 관련되는 등 대통령령[7]으로 정하는 경우에 해당하면 국토교통부장관과 협의하여야 한다(법 8조 3항).

「국토의 계획 및 이용에 관한 법률」에 따른 지구단위계획에 따라 도시개발사업을 시행하기 위하여 도시개발구역을 지정하는 경우에는 도시계획위원회의 심의를 거치지 아니한다(법 8조 2항).

7) 시행령 14조의2 1항 : 1. 지정하려는 도시개발구역 면적이 50만제곱미터 이상인 경우. 2. 개발계획이 「국토의 계획 및 이용에 관한 법률」 제2조제14호에 따른 국가계획을 포함하고 있거나 그 국가계획과 관련되는 경우

5. 도시개발구역 지정 고시 등

지정권자는 도시개발구역을 지정하거나 도시개발구역 선 지정 후 개발계획을 수립한 경우에는 대통령령으로 정하는 바에 따라 이를 관보나 공보에 고시하고, 대도시 시장인 지정권자는 관계 서류를 일반에게 공람시켜야 하며, 대도시 시장이 아닌 지정권자는 해당 도시개발구역을 관할하는 시장(대도시 시장은 제외한다) · 군수 또는 구청장에게 관계 서류의 사본을 보내야 하며, 지정권자인 특별자치도지사와 관계 서류를 송부받은 시장(대도시 시장은 제외) · 군수 또는 구청장은 해당 관계 서류를 일반인에게 공람시켜야 한다(법 9조 1항).

시 · 도지사 또는 대도시 시장이 도시개발구역을 지정 · 고시한 경우에는 국토교통부장관에게 그 내용을 통보하여야 한다(법 9조 3항).[8)]

제3절 도시개발구역 지정의 효과

1. 도시지역 등 결정 · 고시 의제

도시개발구역이 지정 · 고시된 경우 해당 도시개발구역은 「국토의 계획 및 이용에 관한 법률」에 따른 도시지역과 지구단위계획구역으로 결정되어 고시된 것으로 본다. 다만, 「국토의 계획 및 이용에 관한 법률」 제51조제3항에 따른 비도시지역의 지구단위계획구역 및 같은 법 제37조제1항에 따른 용도지구로 취락지구로 지정된 지역인 경우에는 그러하지 아니하다(법 9조 2항).

제2항에 따라 결정 · 고시된 것으로 보는 사항에 대하여 「국토의 계획 및 이용에 관한 법률」에 따른 도시 · 군관리계획에 관한 지형도면의 고시는 같은 법 제33조에도 불구하고 도시개발사업의 시행 기간에 할 수 있다(법 9조 4항).

---

8) 도시개발사업의 시행에 따른 도시계획변경결정처분과 도시개발구역지정처분 및 도시개발사업실시계획인가처분은 도시개발사업의 시행자에게 단순히 도시개발에 관련된 공사의 시공권한을 부여하는 데 그치지 않고 당해 도시개발사업을 시행할 수 있는 권한을 설정하여 주는 처분으로서 위 각 처분 자체로 그 처분의 목적이 종료되는 것이 아니고 위 각 처분이 유효하게 존재하는 것을 전제로 하여 당해 도시개발사업에 따른 일련의 절차 및 처분이 행해지기 때문에 위 각 처분이 취소된다면 그것이 유효하게 존재하는 것을 전제로 하여 이루어진 토지수용이나 환지 등에 따른 각종의 처분이나 공공시설의 귀속 등에 관한 법적 효력은 영향을 받게 되므로, 도시개발사업의 공사 등이 완료되고 원상회복이 사회통념상 불가능하게 되었더라도 위 각 처분의 취소를 구할 법률상 이익은 소멸한다고 할 수 없다.[대법원 2005. 9. 9. 선고 2003두5402 판결]

2. 행위제한

도시개발구역지정에 관한 주민 등의 의견청취를 위한 공고가 있는 지역 및 도시개발구역에서 〈다음 각 호〉 행위를 하려는 자는 특별시장 · 광역시장 · 특별자치도지사 · 시장 또는 군수의 허가를 받아야 한다(법 9조 5항, 영 16조 1항).

1. 건축물의 건축 등: 「건축법」에 따른 건축물(가설건축물을 포함한다)의 건축, 대수선(大修繕) 또는 용도 변경
2. 공작물의 설치: 인공을 가하여 제작한 시설물(「건축법」 제2조제1항제2호에 따른 건축물은 제외)의 설치
3. 토지의 형질변경: 절토(땅깎기) · 성토(흙쌓기) · 정지 · 포장 등의 방법으로 토지의 형상을 변경하는 행위, 토지의 굴착 또는 공유수면의 매립
4. 토석의 채취: 흙 · 모래 · 자갈 · 바위 등의 토석을 채취하는 행위. 다만, 토지의 형질 변경을 목적으로 하는 것은 제3호에 따른다.
5. 토지분할
6. 물건을 쌓아놓는 행위: 옮기기 쉽지 아니한 물건을 1개월 이상 쌓아놓는 행위
7. 죽목(竹木)의 벌채 및 식재(植栽)

다만 재해 복구 또는 재난 수습에 필요한 응급조치를 위하여 하는 행위, 그 밖에 대통령령으로 정하는 행위에 해당하는 행위는 허가를 받지 아니하고 할 수 있다(법 9조 6항).

도시개발구역의 지정 및 고시 당시 이미 관계 법령에 따라 행위 허가를 받았거나 허가를 받을 필요가 없는 행위에 관하여 그 공사나 사업에 착수한 자는 특별시장 · 광역시장 · 특별자치도지사 · 시장 또는 군수에게 신고한 후 이를 계속 시행할 수 있다(법 9조 7항).

행위제한을 위반한 자에게 원상회복을 명할 수 있으며, 명령을 받은 자가 그 의무를 이행하지 아니하는 경우에는 특별시장 · 광역시장 · 특별자치도지사 · 시장 또는 군수는 「행정대집행법」에 따라 이를 대집행할 수 있다(법 9조 8항).

행위 허가에 관하여 이 법으로 규정한 것 외에는 「국토의 계획 및 이용에 관한 법률」 제57조부터 제60조까지 및 제62조를 준용하며(법 9조 9항) 제5항에 따라 허가를 받으면 「국토의 계획 및 이용에 관한 법률」상의 개발행위 허가를 받은 것으로 본다(법 9조 6항).

3. 보안관리 및 부동산투기 방지 대책 수립

지정권자, 구역지정 제안자, 시행자, 협의심의기관의 장 등은 주민 등의 의견청취를 위한 공람 전까지는 도시개발구역의 지정을 위한 조사, 관계 서류 작성, 관계기관 협의, 중앙도시계획위원회 또는 시 · 도도시계획위원회나 대도시도시계획위원회의 심의 등의 과정에서 관련 정보가 누설되지 아니하도록 필요한 조치를 하여야 하며, 공개되기전 정보를 목적외로 사용하거

나 누설해서는 안된다(법 10조의2 1~2항).

지정권자는 도시개발구역으로 지정하려는 지역 및 주변지역이 부동산투기가 성행하거나 성행할 우려가 있다고 판단되는 경우에는 대통령령으로 정하는 바에 따라 투기방지대책을 수립하여야 한다(법 10조의2 4항).

4. 국공유지의 처분 제한 등

도시개발구역에 있는 국가나 지방자치단체 소유의 토지로서 도시개발사업에 필요한 토지는 해당 개발계획으로 정하여진 목적 외의 목적으로 처분할 수 없다(법 68조).

도시개발구역에 있는 국가나 지방자치단체 소유의 재산으로서 도시개발사업에 필요한 재산은 「국유재산법」과 「공유재산 및 물품 관리법」에도 불구하고 시행자에게 수의계약의 방법으로 처분할 수 있다. 이 경우 그 재산의 용도폐지(행정재산인 경우만 해당한다)나 처분에 관하여는 지정권자가 미리 관계 행정기관의 장과 협의하여야 하며(법 68조 2항), 관계 행정기관의 장은 협의요청을 받은 날부터 30일 이내에 협의에 필요한 조치를 하여야 한다(법 68조 3항).

제4절 도시개발구역 지정의 해제 의제

1. 해제의제 사유 및 해제일

도시개발구역의 지정은 〈다음 각 호〉의 어느 하나에 규정된 날의 다음 날에 해제된 것으로 본다(법 10조 1항). 따라서 해제의 효과 발생을 위한 특별한 절차를 필요로 하지 아니한다.[9)]

1. 도시개발구역이 지정 · 고시된 날부터 3년이 되는 날까지 제17조에 따른 실시계획의 인가를 신청하지 아니하는 경우에는 그 3년이 되는 날
2. 도시개발사업의 공사 완료(환지 방식에 따른 사업인 경우에는 그 환지처분)의 공고일

9) 도시개발법 제10조 제1항 제1호의 입법 취지 및 도시개발구역이 지정 · 고시된 날부터 3년이 되는 날까지 실시계획의 인가 신청이 없는 경우, 그 사이에 도시개발사업 시행자가 지정되지 아니하였더라도 위 조항에 따라 도시개발구역 지정이 해제된 것으로 간주됨[대법원 2016. 2. 18. 선고 2015두3362 판결]

도시개발구역을 지정한 후 개발계획을 수립하는 경우에는 〈다음 각 호〉의 어느 하나에 규정된 날의 다음 날에 도시개발구역의 지정이 해제된 것으로 본다(법 10조 2항, 영 17조 4항).

1. 도시개발구역이 지정 · 고시된 날부터 2년이 되는 날까지 개발계획을 수립 · 고시하지 아니하는 경우에는 그 2년이 되는 날. 다만, 도시개발구역의 면적이 대통령령으로 정하는 규모[330만 제곱미터] 이상인 경우에는 5년으로 한다.
2. 개발계획을 수립 · 고시한 날부터 3년이 되는 날까지 제17조에 따른 실시계획 인가를 신청하지 아니하는 경우에는 그 3년이 되는 날. 다만, 도시개발구역의 면적이 대통령령으로 정하는 규모[330만 제곱미터] 이상인 경우에는 5년으로 한다.

2. 해제의제의 효과

(1) 효과

도시개발구역의 지정이 해제의제(解除擬制)된 경우에는 그 도시개발구역에 대한 「국토의 계획 및 이용에 관한 법률」에 따른 용도지역 및 지구단위계획구역은 해당 도시개발구역 지정 전의 용도지역 및 지구단위계획구역으로 각각 환원되거나 폐지된 것으로 본다. 다만, 도시개발사업의 공사완료 또는 환지처분으로 도시개발구역의 지정이 해제의제된 경우에는 환원되거나 폐지된 것으로 보지 아니한다(법 10조 3항).

(2) 고시 및 공람

도시개발구역의 지정이 해제의제되는 경우 지정권자는 이를 관보나 공보에 고시하고, 대도시 시장인 지정권자는 관계 행정기관의 장에게 통보하여야 하며 관계 서류를 일반에게 공람시켜야 하고, 대도시 시장이 아닌 지정권자는 관계 행정기관의 장과 도시개발구역을 관할하는 시장(대도시 시장은 제외) · 군수 또는 구청장에게 통보하여야 한다. 이 경우 지정권자인 특별자치도지사와 본문에 따라 통보를 받은 시장(대도시 시장은 제외) · 군수 또는 구청장은 관계 서류를 일반인에게 공람시켜야 한다(법 10조 4항).

제 3 장

도시개발사업의 시행자 및 실시계획

제1절 사업시행자

1. 시행자 지정

(1) 지정 대상 및 시행자 변경

도시개발구역 지정권자는 〈다음 각 호〉의 자 중에서 도시개발사업의 시행자를 지정한다(법 11조 1항 본문).

[공공시행자]
1. 국가나 지방자치단체
2. 대통령령으로 정하는 공공기관
3. 대통령령으로 정하는 정부출연기관
4. 「지방공기업법」에 따라 설립된 지방공사

[민간시행자]
5. 도시개발구역의 토지 소유자(「공유수면 관리 및 매립에 관한 법률」 제28조에 따라 면허를 받은 자를 해당 공유수면을 소유한 자로 보고 그 공유수면을 토지로 보며, 제21조에 따른 수용 또는 사용 방식의 경우에는 도시개발구역의 국공유지를 제외한 토지면적의 3분의 2 이상을 소유한 자를 말한다)
6. 도시개발구역의 토지 소유자(「공유수면 관리 및 매립에 관한 법률」 제28조에 따라 면허를 받은 자를 해당 공유수면을 소유한 자로 보고 그 공유수면을 토지로 본다)가 도시개발을 위하여 설립한 조합(도시개발사업의 전부를 환지 방식으로 시행하는 경우에만 해당하며, 이하 "조합"이라 한다)
7. 「수도권정비계획법」에 따른 과밀억제권역에서 수도권 외의 지역으로 이전하는 법인 중 과밀억제권역의 사업 기간 등 대통령령으로 정하는 요건에 해당하는 법인
8. 「주택법」 제4조에 따라 등록한 자 중 도시개발사업을 시행할 능력이 있다고 인정되는 자로서 대통령령으로 정하는 요건에 해당하는 자(「주택법」 제2조제12호에 따른 주택단지와 그에 수반되는 기반시설을 조성하는 경우에만 해당한다)
9. 「건설산업기본법」에 따른 토목공사업 또는 토목건축공사업의 면허를 받는 등 개발계획에 맞게 도시개발사업을 시행할 능력이 있다고 인정되는 자로서 대통령령으로 정하는 요건에 해당하는 자

9의2. 「부동산개발업의 관리 및 육성에 관한 법률」 제4조제1항에 따라 등록한 부동산개발업자로서 대통령령으로 정하는 요건에 해당하는 자
10. 「부동산투자회사법」에 따라 설립된 자기관리부동산투자회사 또는 위탁관리부동산투자회사로서 대통령령으로 정하는 요건에 해당하는 자
11. 제1호부터 제9호까지, 제9호의2 및 제10호에 해당하는 자(제6호에 따른 조합은 제외한다)가 도시개발사업을 시행할 목적으로 출자에 참여하여 설립한 법인으로서 대통령령으로 정하는 요건에 해당하는 법인

〈다음 각 호〉의 어느 하나에 해당하는 경우에는 지정권자는 시행자를 변경할 수 있다(법 11조 8항).

1. 도시개발사업에 관한 실시계획의 인가를 받은 후 2년 이내에 사업을 착수하지 아니하는 경우
2. 행정처분으로 시행자의 지정이나 실시계획의 인가가 취소된 경우
3. 시행자의 부도 · 파산, 그 밖에 이와 유사한 사유로 도시개발사업의 목적을 달성하기 어렵다고 인정되는 경우
4. 제1항 단서에 따라 시행자로 지정된 자가 대통령령으로 정하는 기간에 도시개발사업에 관한 실시계획의 인가를 신청하지 아니하는 경우

(2) 환지방식의 경우 시행자 지정

도시개발구역의 전부를 환지 방식으로 시행하는 경우에는 토지 소유자나 조합을 시행자로 지정한다(법 11조 1항 단서).

다만 〈다음 각 호〉의 어느 하나에 해당하는 사유가 있으면 지방자치단체나 대통령령으로 정하는 자[10)]를 시행자로 지정할 수 있다. 이 경우 도시개발사업을 시행하는 자가 시 · 도지사 또는 대도시 시장인 경우 국토교통부장관이 지정한다(법 11조 2항).

1. 토지 소유자나 조합이 대통령령으로 정하는 기간[11)]에 시행자 지정을 신청하지 아니한 경우 또는 지정권자가 신청된 내용이 위법하거나 부당하다고 인정한 경우
2. 지방자치단체의 장이 집행하는 공공시설에 관한 사업과 병행하여 시행할 필요가 있다고 인정한 경우
3. 도시개발구역의 국공유지를 제외한 토지면적의 2분의 1 이상에 해당하는 토지 소유자 및 토지 소유자 총수의 2분의 1 이상이 지방자치단체등의 시행에 동의한 경우

10) 영 20조 1항 : 한국토지주택공사, 지방공사, 신탁업자
11) 영 20조 2항 : 개발계획 수립 · 고시일로부터 1년이내(원칙)

(3) 규약 및 시행규정

지정권자는 토지 소유자 2인 이상이 단독으로 또는 민간시행자와 공동으로 도시개발사업을 시행하려고 할 때에는 도시개발사업에 관한 규약을 정하게 할 수 있다(법 11조 3항).

지방자치단체등이 도시개발사업의 전부를 환지 방식으로 시행하려고 할 때와 제1항제1호부터 제4호까지 또는 제11호(제1항제1호부터 제4호까지의 규정에 해당하는 자가 대통령령으로 정하는 비율을 초과하여 출자한 경우로 한정한다)에 해당하는 자가 도시개발사업의 일부를 환지 방식으로 시행하려고 할 때에는 대통령령으로 정하는 바에 따라 시행규정을 작성하여야 한다(법 11조 4항).

2. 법인 설립과 사업시행

(1) 참여주체 및 사업계획

제11조제1항제1호부터 제4호까지의 규정에 해당하는 자[공공시행자]가 공공시행자 외의 출자자[민간참여자]와 같은 항 제11호에 따른 법인[=민관공동투자법인]을 설립하여 도시개발사업을 시행하고자 하는 경우에는 총사업비, 예상 수익률, 민간참여자와의 역할 분담 등이 포함된 사업계획을 마련하여야 한다. 이 경우 민간참여자의 이윤율을 적정 수준으로 제한하기 위하여 그 상한은 사업의 특성, 민간참여자의 기여 정도 등을 고려하여 대통령령으로 정한다(법 11조의2 1항).

♣ 민관공동투자법인의 설립과 사업시행 등 (영 25조의3)

① 민간참여자의 이윤율 : 총사업비 중 공공시행자의 부담분을 제외한 비용의 100분의 10 이내로 한다.

② 총사업비는 용지비, 용지부담금, 이주대책비, 조성비, 기반시설 설치비 · 부담금, 직접인건비, 일반관리비, 자본비용과 그 밖에 국토교통부장관이 정하여 고시하는 비용을 합산한 금액으로 한다.

③ 사업계획에는 〈다음 각 호〉의 사항이 포함되어야 한다.

1. 총사업비 및 예상 수익률에 관한 사항
2. 공공시행자와 민간참여자 간 출자 및 역할 분담에 관한 사항
3. 민간참여자의 이윤율 상한에 관한 사항
4. 민간참여자 선정을 위한 평가 항목 및 기준
5. 그 밖에 사업의 원활한 시행을 위하여 필요한 사항으로서 국토교통부장관이 정하여 고시하는 사항

(2) 민간참여자 선정

① 공모 방식

공공시행자는 민관공동투자법인을 설립하려는 경우 공모의 방식으로 민간참여자를 선정하여야 한다(법 11조의2 2항 본문). 공모의 방식으로 민간참여자를 선정하려는 경우에는 같은 조 제1항에 따른 사업계획을 전국에 보급되는 일간신문과 공공시행자의 인터넷 홈페이지에 공고해야 한다(영 25조의3 4항). 공공시행자가 민간참여자를 공모의 방식으로 선정할 때에는 민간참여자 구성의 적정성, 총사업비 · 사업기간 · 사업내용 등의 타당성, 자금조달계획의 현실성, 민간참여자 이윤율 및 수익배분의 적정성, 그 밖에 도시개발사업 수행능력의 평가를 위하여 필요한 사항으로서 국토교통부장관이 정하여 고시하는 사항 등을 종합적으로 고려해야 한다(영 25조의3 5항).

② 비공모 방식

민간참여자로 선정되려는 자가 공공시행자에게 사업을 제안하는 경우로서 〈다음 각호〉의 모든 요건을 갖춘 경우 공모가 아닌 다른 방식으로 민간참여자를 선정할 수 있다(법 11조의2 2항, 영 25조의3 6항).

1. 제안자(2인 이상이 공동으로 제안하는 경우에는 그중 1인)가 대상 지역 토지면적의 3분의 2 이상을 소유할 것
2. 대상 지역이 「국토의 계획 및 이용에 관한 법률」에 따른 도시지역(개발제한구역은 제외)에 해당할 것
3. 대상 지역의 면적이 10만제곱미터 미만일 것
4. 대상 지역이 제2조에 따른 도시개발구역의 지정 기준을 충족할 것
5. 대상 지역이 「군사기지 및 군사시설 보호법」 등 관계 법률에 따라 개발이 제한되는 지역이 아닐 것

(3) 사전 협약 체결

공공시행자는 민간참여자와 법인을 설립하기 전에 민간참여자와 사업시행을 위한 협약을 체결하여야 하며, 그 협약의 내용에는 〈다음 각 호〉의 사항이 모두 포함되어야 한다(법 11조의2 3항).

1. 출자자 간 역할 분담 및 책임과 의무에 관한 사항
2. 총사업비 및 자금조달계획에 관한 사항
3. 출자자 간 비용 분담 및 수익 배분에 관한 사항
4. 민간참여자의 이윤율에 관한 사항
5. 그 밖에 대통령령으로 정하는 사항

공공시행자가 협약을 체결하려는 경우에는 그 협약의 내용에 대하여 지정권자의 승인을 받아야 하며, 협약 체결을 승인한 지정권자는 국토교통부장관에게 그 내용을 보고하여야 한다. 다만, 지정권자가 제1항에 따른 법인의 출자자인 경우에는 국토교통부장관의 승인을 받아야 한다(법 11조의2 4항).

국토교통부장관은 보고 내용이 위법하거나 보완이 필요하다고 인정하는 경우에는 전문기관의 적정성 검토를 거쳐 지정권자에게 협약 내용의 시정을 명할 수 있다(법 11조의2 5항). 시정명령을 받은 지정권자는 지체 없이 협약 체결의 승인을 취소하거나 협약 내용의 시정에 필요한 조치를 하여야 한다(법 11조의2 6항).

♣ 민간참여자 초과개발이익의 재투자 (법 제53조의2)

① 민관공동출자법인이 도시개발사업의 시행자인 경우 시행자는 도시개발사업으로 인하여 발생하는 개발이익 중 민간참여자에게 배분하여야 하는 개발이익이 협약에서 정한 이윤율을 초과할 경우 그 초과분을 〈다음 각 호〉의 어느 하나에 해당하는 용도로 사용하여야 한다.
1. 해당 지방자치단체가 제60조에 따라 설치한 도시개발특별회계에의 납입
2. 해당 시 · 군 · 구 주민의 생활 편의 증진을 위한 주차장 및 공공 · 문화체육시설 등 대통령령으로 정하는 시설의 설치 또는 그 비용의 부담
3. 해당 도시개발구역 내의 「국토의 계획 및 이용에 관한 법률」 제2조제6호에 따른 기반시설의 설치를 위한 토지 및 임대주택 건설용지의 공급가격 인하
4. 해당 시 · 군 · 구 내에서 임대주택을 건설 · 공급하는 사업에 드는 비용의 부담

② 시행자는 개발이익의 재투자를 위하여 도시개발사업으로 인하여 발생한 개발이익을 구분하여 회계처리하는 등 필요한 조치를 하고, 매년 또는 지정권자가 요청하는 경우 지정권자에게 해당 도시개발사업의 회계에 관한 사항을 보고하여야 한다.

3. 조합설립

(1) 조합설립의 인가

조합을 설립하려면 도시개발구역의 토지 소유자 7명 이상이 정관을 작성하여 지정권자에게 조합 설립의 인가를 받아야 한다(법 13조 1항). 조합이 인가 받은 사항을 변경하려는 경우 지정권자로부터 변경 인가[경미한 사항은 신고]를 받아야 한다(법 13조 2항).

조합 설립의 인가를 신청하려면 해당 도시개발구역의 토지면적의 3분의 2 이상에 해당하는 토지 소유자와 그 구역의 토지 소유자 총수의 2분의 1 이상의 동의를 받아야 한다(법 13조 3항). 동의자 수의 산정방법 및 동의절차, 그 밖에 필요한 사항은 대통령령[제31조]으로 정한다(법 13조 4항).

(2) 조합원 및 임원

조합원은 도시개발구역의 토지 소유자로 하며(법 14조 1항) 조합의 임원은 그 조합의 다른 임원이나 직원을 겸할 수 없다(법 14조 2항).

〈다음 각 호〉의 어느 하나에 해당하는 자는 조합의 임원이 될 수 없다(법 14조 3항). 조합의 임원으로 선임된 자가 〈다음 각 호〉의 어느 하나에 해당하게 된 경우에는 그 다음 날부터 임원의 자격을 상실한다(법 14조 4항).

1. 피성년후견인, 피한정후견인 또는 미성년자
2. 파산선고를 받은 자로서 복권되지 아니한 자
3. 금고 이상의 형을 선고받고 그 집행이 끝나거나 집행을 받지 아니하기로 확정된 후 2년이 지나지 아니한 자 또는 그 형의 집행유예 기간 중에 있는 자

(3) 조합의 법인격

조합은 법인으로 하며, 그 주된 사무소의 소재지에서 등기를 하면 성립한다(법 15조 1~2항). 조합의 설립, 조합원의 권리 · 의무, 조합의 임원의 직무, 총회의 의결 사항, 대의원회의 구성, 조합의 해산 또는 합병 등에 필요한 사항은 대통령령으로 정한다(법 15조 3항). 조합에 관하여 이 법으로 규정한 것 외에는 「민법」 중 사단법인에 관한 규정을 준용한다(법 15조 4항).

(4) 조합원의 경비부담

조합은 그 사업에 필요한 비용을 조성하기 위하여 정관으로 정하는 바에 따라 조합원에게 경비를 부과 · 징수할 수 있다(법 16조 1항). 이 경우 부과금의 금액은 도시개발구역의 토지의 위치, 지목(地目), 면적, 이용 상황, 환경, 그 밖의 사항을 종합적으로 고려하여 정하여야 한다(법 16조 2항). 조합은 그 조합원이 부과금의 납부를 게을리한 경우에는 정관으로 정하는 바에 따라 연체료를 부담시킬 수 있다(법 16조 3항).

조합은 부과금이나 연체료를 체납하는 자가 있으면 특별자치도지사 · 시장 · 군수 또는 구청장에게 그 징수를 위탁할 수 있다(법 16조 4항). 특별자치도지사 · 시장 · 군수 또는 구청장이 부과금이나 연체료의 징수를 위탁받으면 지방세 체납처분의 예에 따라 징수할 수 있다. 이 경우 조합은 특별자치도지사 · 시장 · 군수 또는 구청장이 징수한 금액의 100분의 4에 해당하는 금액을 해당 특별자치도 · 시 · 군 또는 구(자치구의 구를 말한다. 이하 같다)에 지급하여야 한다(법 16조 5항).

4. 시행자의 업무 위탁

시행자는 항만 · 철도, 그 밖에 대통령령으로 정하는 공공시설의 건설과 공유수면의 매립에 관한 업무를 국가, 지방자치단체, 공공기관 · 정부출연기관 또는 지방공사에 위탁하여 시행할 수 있으며, 도시개발사업을 위한 기초조사, 토지 매수 업무, 손실보상 업무, 주민 이주대책 사업 등을 관할 지방자치단체, 대통령령으로 정하는 공공기관 · 정부출연기관 · 정부출자기관 또는 지방공사에 위탁할 수 있다(법 12조 1~2항).

민간시행자는 지정권자의 승인을 받아 「자본시장과 금융투자업에 관한 법률」에 따른 신탁업자와 신탁계약을 체결하여 도시개발사업을 시행할 수 있다(법 12조 4항).

제2절 실시계획 작성·인가 및 고시

1. 개요

도시개발사업에서 실시계획은 개발계획에서 정해진 내용을 구체적으로 실행하기 위한 계획으로서 개발계획에 맞게 작성되어야 하며, 지구단위계획을 포함하여 자금계획, 설계, 공사, 토지 등의 처분 등을 내용으로 작성된다.

2. 실시계획의 작성 · 인가

시행자는 도시개발사업에 관한 실시계획[지구단위계획 포함]을 작성하여 지정권자의 인가를 받아야 한다. 다만 지정권자가 시행자인 경우 인가는 필요하지 않다(법 17조 1항 및 2항). 실시계획은 개발계획에 맞게 작성되어야 하며, 지구단위계획은 국토계획법[제42조 제2항]의 수립기준에 맞게 작성되어야 한다(영 38조 1항 및 2항).

지정권자가 실시계획을 작성하거나 인가하는 경우 국토교통부장관이 지정권자이면 시 · 도지사 또는 대도시 시장의 의견을, 시 · 도지사가 지정권자이면 시장(대도시 시장은 제외한다) · 군수 또는 구청장의 의견을 미리 들어야 한다(법 17조 3항). 다만, 국토교통부령으로 정하는 경미한 사항을 변경하는 경우에는 그러하지 아니하다(법 17조 4항).

실시계획에는 사업 시행에 필요한 설계 도서, 자금 계획, 시행 기간, 그 밖에 대통령령으로 정하는 사항과 서류를 명시하거나 첨부하여야 한다(법 17조 5항).

3. 실시계획의 고시

(1) 고시 절차

지정권자가 실시계획을 작성하거나 인가한 경우에는 이를 관보나 공보에 고시하고 시행자에게 관계 서류의 사본을 송부하며, 대도시 시장인 지정권자는 일반에게 관계 서류를 공람시켜야 하고, 대도시 시장이 아닌 지정권자는 해당 도시개발구역을 관할하는 시장(대도시 시장은 제외) · 군수 또는 구청장에게 관계 서류의 사본을 보내야 한다. 이 경우 지정권자인 특별자치도지사와 본문에 따라 관계 서류를 받은 시장(대도시 시장은 제외한다) · 군수 또는 구청장은 이를 일반인에게 공람시켜야 한다(법 18조 1항).

(2) 실시계획 고시의 효과

① 도시 · 군관리계획 결정 · 고시의 의제

실시계획을 고시한 경우 그 고시된 내용 중 「국토의 계획 및 이용에 관한 법률」에 따라 도시 · 군관리계획(지구단위계획을 포함)으로 결정하여야 하는 사항은 같은 법에 따른 도시 · 군관리계획이 결정되어 고시된 것으로 본다. 이 경우 종전에 도시 · 군관리계획으로 결정된 사항 중 고시 내용에 저촉되는 사항은 고시된 내용으로 변경된 것으로 본다(법 18조 2항). 제2항에 따라 도시 · 군관리계획으로 결정 · 고시된 사항에 대한 지형도면의 고시에 관하여는 도시개발사업 시행기간에 할 수 있다(법 18조 3항 및 9조 4항).

② 관련 인 · 허가등의 의제

i) 실시계획을 작성하거나 인가할 때 지정권자가 해당 실시계획에 대한 〈다음 각 호〉의 허가 · 승인 · 심사 · 인가 · 신고 · 면허 · 등록 · 협의 · 지정 · 해제 또는 처분 등(이하 "인 · 허가등"이라 한다)에 관하여 미리 관계 행정기관의 장과 협의한 사항에 대하여는 해당 인 · 허가등을 받은 것으로 보며, 실시계획을 고시한 경우에는 관계 법률에 따른 인 · 허가등의 고시나 공고를 한 것으로 본다(법 19조 1항). 인 · 허가등의 의제를 받으려는 자는 실시계획의 인가를 신청하는 때에 해당 법률로 정하는 관계 서류를 함께 제출하여야 한다(법 19조 2항).

1. 「수도법」에 따른 수도사업의 인가 및 전용상수도설치의 인가
2. 「하수도법」에 따른 공공하수도 공사시행의 허가
3. 「공유수면 관리 및 매립에 관한 법률」에 따른 공유수면의 점용 · 사용허가, 공유수면의 매립면허, 국가 등이 시행하는 매립의 협의 또는 승인 및 공유수면매립실시계획의 승인
4. 삭제 〈2010. 4. 15.〉
5. 「하천법」에 따른 하천공사 시행의 허가, 하천의 점용허가 및 하천수의 사용허가
6. 「도로법」에 따른 도로공사 시행의 허가, 도로점용의 허가

7. 「농어촌정비법」에 따른 농업생산기반시설의 사용허가
8. 「농지법」에 따른 농지전용의 허가 또는 협의, 농지의 전용신고, 농지의 타용도 일시사용허가 · 협의 및 용도변경의 승인
9. 「산지관리법」에 따른 산지전용허가 및 산지전용신고, 산지일시사용허가 · 신고, 토석채취허가 및 「산림자원의 조성 및 관리에 관한 법률」에 따른 입목벌채 등의 허가 · 신고
10. 「초지법」에 따른 초지(草地) 전용의 허가
11. 「사방사업법」에 따른 벌채 등의 허가, 사방지(砂防地) 지정의 해제
12. 「공간정보의 구축 및 관리 등에 관한 법률」에 따른 지도등의 간행 심사
13. 「광업법」에 따른 불허가처분, 광구감소처분 또는 광업권취소처분
14. 「장사 등에 관한 법률」에 따른 연고자가 없는 분묘의 개장(改葬)허가
15. 「건축법」에 따른 허가, 신고, 허가 · 신고 사항의 변경, 가설건축물의 허가 또는 신고
16. 「주택법」에 따른 사업계획의 승인
17. 「항만법」항만개발사업 시행의 허가 및 항만개발사업실시계획의 승인
18. 「사도법」에 따른 사도(私道)개설의 허가
19. 「국유재산법」에 따른 사용허가
20. 「공유재산 및 물품 관리법」에 따른 사용 · 수익의 허가
21. 「관광진흥법」에 따른 관광지의 지정(도시개발사업의 일부로 관광지를 개발하는 경우만 해당한다), 조성계획의 승인, 조성사업시행의 허가
22. 「체육시설의 설치 · 이용에 관한 법률」에 따른 사업계획의 승인
23. 「유통산업발전법」에 따른 대규모 점포의 개설등록
24. 「산업집적활성화 및 공장설립에 관한 법률」에 따른 공장설립 등의 승인
25. 「물류시설의 개발 및 운영에 관한 법률」에 따른 물류단지의 지정(도시개발사업의 일부로 물류단지를 개발하는 경우만 해당한다) 및 물류단지개발실시계획의 승인
26. 「산업입지 및 개발에 관한 법률」에 따른 산업단지의 지정(도시개발사업의 일부로 산업단지를 개발하는 경우만 해당한다), 실시계획의 승인
27. 「공간정보의 구축 및 관리 등에 관한 법률」에 따른 사업의 착수 · 변경 또는 완료의 신고
28. 「에너지이용 합리화법」에 따른 에너지사용계획의 협의
29. 「집단에너지사업법」에 따른 집단에너지의 공급 타당성에 관한 협의
30. 「소하천정비법」에 따른 소하천(小河川)공사시행의 허가, 소하천 점용의 허가
31. 「하수도법」에 따른 개인하수처리시설의 설치신고

지정권자는 실시계획을 작성하거나 인가할 때 그 내용에 제1항 각 호의 어느 하나에 해당하는 사항이 있으면 미리 관계 행정기관의 장과 협의하여야 한다. 이 관계 행정기관의 장은 협의요청을 받은 날부터 대통령령으로 정하는 기간(영 41조 ; 20일)에 의견을 제출하여야 하며, 그 기간 내에 의견을 제출하지 아니하면 협의한 것으로 본다(법 19조 3항).

ii) 농지전용 허가 특례 : 도시개발구역의 지정을 제안하는 자가 제1항에도 불구하고 도시개발구역의 지정과 동시에 농지전용 허가의 의제를 받고자 하는 경우에는 시장 · 군수 · 구청장

또는 국토교통부장관에게 도시개발구역의 지정을 제안할 때에 「농지법」으로 정하는 관계 서류를 함께 제출하여야 한다(법 19조 5항). 지정권자가 도시개발구역을 지정할 때 농지전용 허가에 관하여 관계 행정기관의 장과 협의한 경우에는 제안자가 도시개발사업 시행자로 지정된 때에 해당 허가를 받은 것으로 본다(법 19조 6항).

iii) 주택건설사업 등록 의제 : 제21조의2에 따른 순환용주택, 제21조의3에 따른 임대주택의 건설 · 공급 및 제32조에 따른 입체 환지를 시행하는 경우로서 시행자가 실시계획의 인가를 받은 경우에는 「주택법」 제4조에 따라 주택건설사업 등의 등록을 한 것으로 본다(법 19조 7항).

③ 공사 감리 지정 및 지도 감독 등

지정권자는 실시계획을 인가하였을 때에는 「건설기술 진흥법」에 따른 건설엔지니어링사업자를 도시개발사업의 공사에 대한 감리를 할 자로 지정하고 지도 · 감독하여야 한다. 다만, 시행자가 「건설기술 진흥법」 제2조제6호[12]에 해당하는 자인 경우에는 그러하지 아니하다(법 20조 1~10항 참조).

12) 국가, 지방자치단체, 「공공기관의 운영에 관한 법률」 제5조에 따른 공기업 · 준정부기관, 「지방공기업법」에 따른 지방공사 · 지방공단, 그 밖에 대통령령령으로 정하는 기관의 장

제 4 장

도시개발사업의 시행

제1절 사업시행

1. 서설

(1) 개요

도시개발사업의 실시계획이 인가 · 고시되면 시행자는 인가된 실시계획에 따라 본격적으로 사업을 진행하여야 한다. 수용방식의 경우 도시개발구역 내 토지, 건축물 등을 본격적으로 조사하여 그 손실을 보상하고, 환지방식의 경우 환지계획을 작성하여 특별자치도지사 · 시장 · 군수 또는 구청장의 인가를 받아야 한다. 실시계획에 첨부된 설계도서에 따라 조성 공사 후 분양하거나 환지처분을 실시하여야 한다.

(2) 타인 토지의 출입

시행자는 도시개발구역의 지정, 도시개발사업에 관한 조사 · 측량 또는 사업의 시행을 위하여 필요하면 타인이 점유하는 토지에 출입하거나 타인의 토지를 재료를 쌓아두는 장소 또는 임시도로로 일시 사용할 수 있으며, 특히 필요하면 장애물등을 변경하거나 제거할 수 있다(법 64조 1항). 타인의 토지에 출입을 위해서는 미리 특별자치도지사 · 시장 · 군수 또는 구청장의 허가를 받아야 하며(행정청이 아닌 시행자만 해당), 출입하려는 날의 3일 전에 그 토지의 소유자 · 점유자 또는 관리인에게 그 일시와 장소를 알려야 하며(법 64조 2항), 타인의 토지를 재료를 쌓아두는 장소 또는 임시도로로 일시 사용하거나 장애물등을 변경하거나 제거하려는 자는 미리 그 토지의 소유자 · 점유자 또는 관리인의 동의를 받아야 한다(법 64조 3항).

타인 토지에의 출입, 일시사용, 장애물 변경 등의 행위를 하려는 자는 그 권한을 표시하는 증표와 허가증을 지니고 이를 관계인에게 내보여야 하며(법 64조 8항) 일출 전이나 일몰 후에는 해당 토지의 점유자의 승낙 없이 택지 또는 담장과 울타리로 둘러싸인 타인의 토지에 출입할 수 없다(법 64조 6항).

(3) 손실보상

도시개발사업의 시행자가 타인의 토지 출입, 일시사용, 장애물 변경 등을 하는 경우 그리고 환지사업에서 환지예정지 지정, 종전토지 사용수익 정지, 기타 필요에 의하여 건축물 및 장애물 등을 이전 제거하는 경우 손실을 입은 자가 있으면 시행자가 그 손실을 보상하여야 한다(법 65조 1항). 손실보상은 협의를 원칙으로 하며 협의가 성립되지 아니하거나 협의를 할 수 없으면 관할 토지수용위원회에 재결을 신청할 수 있다(법 65조 2항 및 3항).

보상의 기준과 토지수용위원회의 재결에 관하여는 「공익사업을 위한 토지 등의 취득 및 보상에 관한 법률」의 규정을 준용한다(법 65조 4항 및 5항).

(4) 건축물의 존치 등

시행자는 도시개발구역에 있는 기존 건축물이나 그 밖의 시설을 이전하거나 철거하지 아니하여도 도시개발사업에 지장이 없다고 인정하여 대통령령으로 정하는 요건을 충족하는 경우에는 이를 존치하게 할 수 있다(법 65조의2 1항).

♣ 건축물의 존치를 위한 요건 (영 84조의2 제1항)

> 법 제65조의2제1항에서 "대통령령으로 정하는 요건을 충족하는 경우"란 〈다음 각 호〉의 어느 하나에 해당하는 경우를 말한다.
> 1. 〈다음 각 목〉의 요건을 모두 충족하는 경우
>   가. 건축물 및 영업장 등이 관계 법령에 따라 인·허가 등을 받았을 것
>   나. 해당 도시개발구역의 토지이용계획상 받아들일 수 있을 것
>   다. 해당 건축물 등을 존치하는 것이 공익상 또는 경제적으로 현저히 유익할 것
>   라. 해당 건축물 등이 해당 도시개발사업 준공 이후까지 장기간 활용될 것으로 예상될 것
> 2. 지방자치단체 등 관계 행정기관의 장이 문화적·예술적 가치가 있다고 인정하여 존치를 요청하는 경우로서 「국토의 계획 및 이용에 관한 법률」에 따른 중앙도시계획위원회 또는 지방도시계획위원회의 심의를 거친 경우

수용 또는 사용의 방식으로 시행하는 도시개발사업(혼용방식 중 수용 또는 사용의 방식이 적용되는 구역을 포함한다)의 시행자는 제55조 및 제57조에도 불구하고 존치하게 된 시설물의 소유자에게 도로, 공원, 상하수도, 그 밖에 대통령령으로 정하는 공공시설의 설치 등에 필요한 비용의 일부를 부담하게 할 수 있다. 비용 부담의 기준·방법 등에 관하여 필요한 사항은 대통령령으로 정한다(법 65조의2 2항 및 3항).

(5) 임대주택 건설용지 등의 공급 의무

시행자는 도시개발사업에 따른 세입자등의 주거안정 등을 위하여 주거 및 생활실태 조사와 주택수요 조사 결과를 고려하여 대통령령으로 정하는 바에 따라 임대주택 건설용지를 조성·

공급하거나 임대주택을 건설 · 공급하여야 한다(법 21의3 1항).

다만 다음 어느 하나 경우에는 그러하지 아니하다(영 43조의3 2항).

1. 도시개발구역 면적이 10만제곱미터 미만이거나 수용예정인구가 3천명 이하(도시개발구역 전부를 환지 방식으로 시행하는 경우에는 도시개발구역 면적이 30만제곱미터 미만이거나 수용예정인구가 5천명 이하)인 경우
2. 도시개발사업으로 건설 · 공급되는 주거전용면적 60제곱미터 이하 공동주택의 수용예정인구가 도시개발구역 전체 수용예정인구의 100분의 40(수도권과 광역시 지역은 100분의 50) 이상인 경우
3. 제1항에 따라 계획된 임대주택이 50세대 미만인 경우

이에 따라 조성된 임대주택건설용지나 건설된 임대주택은 시행자가 요청하는 경우 제11조제1항제1호부터 제4호까지의 규정에 해당하는 자[도시개발사업 공공시행자] 중 주택의 건설, 공급, 임대를 할 수 있는 자가 인수하여야 한다(법 21의3 2항).

시행자(임대주택 건설용지를 공급받은 자, 임대주택 인수자 포함)가 도시개발구역에서 임대주택을 건설 · 공급하는 경우에 임차인의 자격, 선정방법, 임대보증금, 임대료 등에 관하여는 「민간임대주택에 관한 특별법」, 「공공주택 특별법」에도 불구하고 대통령령으로 정하는 범위에서 그 기준을 따로 정할 수 있다. 이 경우 행정청이 아닌 시행자는 미리 시장 · 군수 · 구청장의 승인을 받아야 한다(법 21의3 4항).

2. 사업시행의 방식

(1) 수용 · 환지 · 혼용 방식

도시개발사업은 시행자가 도시개발구역의 토지등을 수용(또는 사용)[13)]하는 방식이나 환지 방식 또는 이를 혼용하는 방식으로 시행할 수 있다(법 21조 1항).

13) 도시개발사업 시행을 위하여 일정기간 임시로 사용할 필요가 있는 경우 또는 그 외 굳이 수용할 필요없이 '사용'만으로 충분한 경우가 있다. 이 경우에도 협의해서 사용료를 정하거나 협의가 되지 않으면 수용과 마찬가지로 강제 사용절차를 밟아야 한다. 일반적으로 '수용'에는 편의상 '사용'까지 포함하는 의미이며, 실무상으로는 수용대상 물건인지 사용대상 물건인지 명확히 구분할 필요가 있다.

사업방식	내용	동의요건
수용방식	구역내 토지, 지장물 등을 협의 매수하거나 「공익사업을위한토지등의취득및보상에관한법률」에 따라 수용하여 시행하는 방식	• 공공시행자: 동의요건 없음. • 민간사업자: 토지면적의 2/3이상 소유 및 토지소유자 총수의 1/2이상 동의 확보
환지방식	구역내 토지의 소유권과 소유권 이외의 권리를 유지한 채 사업시행 후 같은 위치 또는 다른 위치에 토지의 권리면적(사업수익 반영)을 이전하는 방식	• 개발계획수립, 조합인가시: 토지면적 2/3이상 소유자와 토지소유자 총수의 1/2이상 동의 확보
혼용방식	수용방식과 환지방식을 혼용하여 사용하며, 사업방식별로 구역을 분할하는 경우와 구역을 분할하지 않은 경우로 구분할 수 있다.	• 구역분할: 각각의 동의요건충족 • 구역미분할: 수용방식 준용

지정권자는 도시개발구역지정 이후 〈다음 각 호〉의 어느 하나에 해당하는 경우에는 도시개발사업의 시행방식을 변경할 수 있다(법 21조 2항).

1. 공공시행자가 도시개발사업의 시행방식을 수용 또는 사용방식에서 전부 환지 방식으로 변경하는 경우
2. 공공시행자가 도시개발사업의 시행방식을 혼용방식에서 전부 환지 방식으로 변경하는 경우
3. 제11조제1항제1호부터 제5호까지 및 제7호부터 제11호까지의 시행자[조합을 제외한 모든 시행자]가 도시개발사업의 시행방식을 수용 또는 사용 방식에서 혼용방식으로 변경하는 경우

수용 또는 사용의 방식이나 환지 방식 또는 이를 혼용할 수 있는 도시개발구역의 요건, 그 밖에 필요한 사항은 대통령령으로 정한다(법 21조 3항).

(2) 순환개발방식

시행자는 도시개발사업을 원활하게 시행하기 위하여 도시개발구역의 내외에 새로 건설하는 주택 또는 이미 건설되어 있는 주택에 그 도시개발사업의 시행으로 철거되는 주택의 세입자 등[14]을 임시로 거주하게 하는 등의 방식으로 그 도시개발구역을 순차적으로 개발할 수 있다(법 21조의2 1항). 이 경우 임시로 거주하는 주택[순환용주택]에 대해서는 주택법 제54조[주택공급기준]과 관계없이 임시거주시설로 사용하거나 임대할 수 있다(법 21조의2 2항).

순환용주택에 거주하는 자가 도시개발사업이 완료된 후에도 순환용주택에 계속 거주하기를

14) 세입자 또는 소유자로서 도시개발구역 지정을 위한 주민 등의 의견을 듣기 위하여 공람한 날 또는 공청회의 개최에 관한 사항을 공고한 날 이전부터 도시개발구역의 주택에 실제로 거주하는 자에 한정한다(법 21조의2 1항 중)

희망하는 때에는 대통령령으로 정하는 바에 따라 이를 분양하거나 계속 임대할 수 있다. 이 경우 계속 거주하는 자가 환지 대상자이거나 이주대책 대상자인 경우에는 대통령령으로 정하는 바에 따라 환지 대상에서 제외하거나 이주대책을 수립한 것으로 본다(법 21조의2 3항).

제2절 수용(또는 사용) 방식에 의한 사업 시행

1. 토지등의 수용(또는 사용)

(1) 서설

"수용(收用)"이라 함은 공익사업을 위해 법률에 근거하여 타인의 재산권을 강제적으로 취득하는 것을 말한다. 흔히 공용수용 또는 공용징수라고도 한다. 수용을 위해서는 반드시 법률이 정한 절차에 따라야 하며, 사전에 협의에 의한 보상과정을 거쳐야 한다. 사업시행자는 수용의 개시일에 토지나 물건의 소유권을 취득하며, 그 토지나 물건에 관한 다른 권리는 이와 동시에 소멸한다. 수용에 의한 소유권 취득은 원시취득으로서 법률의 규정에 의한 물권변동으로 보아 등기를 요하지 아니한다.[15] 수용은 필연적으로 헌법이 보장하는 사유 재산권 보호제도와 충돌하기 때문에 수용을 위해서는 ⅰ) 재산권 침해와 공공의 이익을 비교 · 형량하여 결정하여야 하고, ⅱ) 수용의 목적물은 공익사업에 필요한 최소한의 범위 안에서 이루어져야 하며, ⅲ) 재산권 손실에 대해서는 완전한 보상이 이루어져야 한다.

(2) 토지 소유자의 동의 여부

공공시행자[제11조제1항제1호내지제4호] 및 공공시행자가 100분의 50 비율을 초과하여 출자한 법인은 토지 소유자의 동의없이 도시개발사업에 필요한 토지등을 수용하거나 사용할 수 있다(법 22조 1항).

민간시행자[제11조제1항제5호 및 제7호부터 제11호]는 사업대상 토지면적의 3분의 2 이상에 해당하는 토지를 소유하고 토지 소유자 총수의 2분의 1 이상에 해당하는 자의 동의를 받아야 한다. 이 경우 토지 소유자의 동의요건 산정기준일은 도시개발구역지정 고시일을 기준으로 하며, 그 기준일 이후 시행자가 취득한 토지에 대하여는 동의 요건에 필요한 토지 소유자의 총수에 포함하고 이를 동의한 자의 수로 산정한다(법 22조 1항). 동의자 수의 산정방법 및 동의절차, 그 밖에 필요한 사항은 대통령령으로 정한다(법 22조 4항).

15) 민법 제187조 및 공익사업을 위한 토지등의 취득 및 보상에 관한 법률 제45조 참조

(3) 적용 법률 및 사업인정 고시

토지등의 수용 또는 사용에 관하여 이 법에 특별한 규정이 있는 경우 외에는 「공익사업을 위한 토지 등의 취득 및 보상에 관한 법률(이하 "토지보상법")」을 준용한다(법 22조 2항).

토지보상법을 준용할 때 개발계획[제5조]으로 수용 또는 사용의 대상이 되는 토지의 세부목록을 고시한 경우에는 토지보상법에 따른 사업인정 및 그 고시가 있었던 것으로 본다. 다만, 재결신청은 토지보상법 규정에도 불구하고 개발계획에서 정한 도시개발사업의 시행 기간 종료일까지 하여야 한다(법 22조 3항).

(4) 토지상환채권의 발행

시행자는 토지 소유자가 원하는 경우에 토지등의 매수(보상) 대금의 일부를 지급하기 위하여 사업 시행으로 조성된 토지 · 건축물로 상환하는 채권을 발행할 수 있다. 다만, 민간시행자의 경우는 대통령령으로 정하는 금융기관 등으로부터 지급보증을 받은 경우에만 이를 발행할 수 있다(법 23조 1항).

지정권자가 아닌 시행자가 토지상환채권을 발행하기 위해서는 토지상환채권의 발행계획을 작성하여 미리 지정권자의 승인을 받아야 한다(법 23조 2항).

토지상환채권 발행의 방법 · 절차 · 조건, 그 밖에 필요한 사항은 대통령령으로 정한다(법 23조 3항).

(5) 이주대책 등 수립

시행자는 토지보상법이 정하는 바에 따라 도시개발사업의 시행에 필요한 토지등의 제공으로 생활의 근거를 상실하게 되는 자에 관한 이주대책 등을 수립 · 시행하여야 한다(법 24조).

2. 토지등의 공급

(1) 선수금 수납

시행자는 조성토지등(원형지 포함)을 공급받거나 이용하려는 자로부터 대통령령으로 정하는 바에 따라 해당 대금의 전부 또는 일부를 미리 받을 수 있다. 이 경우 지정권자가 아닌 시행자가 선수금을 받기위해서는 지정권자의 승인을 받아야 한다(법 25조 1항 및 2항).

(2) 원형지 공급과 개발

시행자는 도시를 자연친화적으로 개발하거나 복합적 · 입체적으로 개발하기 위하여 필요한 경우에는 대통령령으로 정하는 절차에 따라 미리 지정권자의 승인[16]을 받아 〈다음 각 호〉의 어느

16) 승인신청서를 제출받은 지정권자는 개발계획을 수립한 후 원형지 공급을 승인할 수 있다(영 55조의2 2항).

하나에 해당하는 자에게 원형지를 공급하여 개발하게 할 수 있다. 이 경우 공급될 수 있는 원형지의 면적은 도시개발구역 전체 토지 면적의 3분의 1 이내로 한정한다(법 25조의2 1항).

1. 국가 또는 지방자치단체
2. 「공공기관의 운영에 관한 법률」 제4조에 따른 공공기관
3. 「지방공기업법」에 따라 설립된 지방공사
4. 국가 · 지방자치단체, 공공기관 시행자가 복합개발 등을 위하여 실시한 공모에서 선정된 자
5. 원형지를 학교나 공장 등의 부지로 직접 사용하는 자

시행자는 개발계획상의 원형지 개발 방향, 원형지 공급승인의 내용 및 공급 계획에 따라 원형지개발자와 공급계약을 체결한 후 원형지개발자로부터 세부계획을 제출받아 도시개발사업의 실시계획의 내용에 반영하여야 한다(법 25조의2 4항).

원형지개발자(국가 및 지방자치단체는 제외)는 10년의 범위에서 대통령령으로 정하는 기간[17] 안에는 원형지를 매각할 수 없다. 다만, 이주용 주택이나 공공 · 문화 시설 등 대통령령으로 정하는 경우로서 미리 지정권자의 승인을 받은 경우에는 예외로 한다(법 25조의2 6항).

지정권자는 일정한 경우에는 원형지 공급 승인을 취소하거나 시행자로 하여금 그 이행의 촉구, 원상회복 또는 손해배상의 청구, 원형지 공급계약의 해제 등 필요한 조치를 취할 것을 요구할 수 있으며, 또한 시행자는 일정한 경우 대통령령으로 정하는 바에 따라 원형지 공급계약을 해제할 수 있다(법 25조의2 7항 및 8항).

원형지개발자의 선정기준, 원형지 공급의 절차와 기준 및 공급가격, 시행자와 원형지개발자의 업무범위 및 계약방법 등에 필요한 사항은 대통령령으로 정한다(법 25조의2 9항).

(3) 조성토지등의 공급계획 작성 및 승인

시행자는 조성토지등을 공급하려고 할 때에는 조성토지등의 공급 계획을 작성하여야 하며, 지정권자가 아닌 시행자는 작성한 조성토지등의 공급 계획에 대하여 지정권자의 승인을 받아야 한다. 조성토지등의 공급 계획을 변경하려는 경우에도 또한 같다(법 26조 1항).

지정권자가 조성토지등의 공급 계획을 작성하거나 승인하는 경우 국토교통부장관이 지정권자이면 시 · 도지사 또는 대도시 시장의 의견을, 시 · 도지사가 지정권자이면 시장(대도시 시장은 제외) · 군수 또는 구청장의 의견을 미리 들어야 한다(법 26조 2항).

시행자가 직접 건축물을 건축하여 사용하거나 공급하려고 계획한 토지가 있는 경우에는 그 현황을 공급 계획의 내용에 포함하여야 한다. 다만, 민간참여자가 직접 건축물을 건축하여 사용하거나 공급하려고 계획한 토지는 전체 조성토지 중 해당 민간참여자의 출자 지분 범위 내

---

17) 원형지 공급계약일로부터 10년, 원형지 공사완료 공고일로부터 5년 중 먼저 끝나는 기간(영 55조의2 3항)

에서만 조성토지등의 공급 계획에 포함할 수 있다(법 26조 3항).

(4) 학교용지 등의 공급가격

시행자는 학교, 폐기물처리시설, 임대주택, 그 밖에 대통령령으로 정하는 시설을 설치하기 위한 조성토지등과 이주단지의 조성을 위한 토지를 공급하는 경우에는 해당 토지의 가격을 「감정평가 및 감정평가사에 관한 법률」에 따른 감정평가법인등이 감정평가한 가격 이하로 정할 수 있다.

다만, 국가 · 지자체, 공공기관, 정부출연기관, 지방공사에게 임대주택 건설용지를 공급하는 경우에는 해당 토지의 가격을 감정평가한 가격 이하로 정하여야 한다(법 27조 1항).

공공시행자는 제1항에서 정한 토지 외에 지역특성화 사업 유치 등 도시개발사업의 활성화를 위하여 필요한 경우에는 대통령령으로 정하는 바에 따라 감정평가한 가격 이하로 공급할 수 있다(법 27조 2항).

제3절 환지방식에 의한 사업시행

1. 서설

시행자는 도시개발사업의 전부 또는 일부를 환지 방식으로 시행하려면 환지계획(換地計劃)을 작성하여야 한다. "환지계획"은 환지사업이 종료된 후 새로운 토지나 권리를 누구에게 어떻게 배분할 것인지, 즉 환지처분에 대한 계획이다. 따라서 환지계획의 내용에 의하지 아니하거나 환지계획에 없는 사항을 그 내용으로 하는 환지처분(換地處分)은 무효가 된다.[18]

그럼에도 불구하고 환지계획은 환지예정지 지정이나 환지처분의 근거가 될 뿐 그 자체가 직접 토지소유자 등의 법률상의 지위를 변동시키거나 또는 고유한 법률효과를 수반하는 것이 아니어서 그 처분성(處分性)이 인정되지 않는다.[19]

---

18) 구 토지구획정리사업법(1980. 1. 4. 법률 제3255호로 개정되기 전의 것)에 있어서 환지계획의 내용에 의하지 아니하거나 환지계획에 없는 사항을 그 내용으로 하는 환지처분은 무효이다(대법원 2000. 2. 25.선고 97누5534판결).

19) 토지구획정리사업법 제57조, 제62조 등의 규정상 환지예정지 지정이나 환지처분은 그에 의하여 직접 토지소유자 등의 권리의무가 변동되므로 이를 항고소송의 대상이 되는 처분이라고 볼 수 있으나, 환지계획은 위와 같은 환지예정지 지정이나 환지처분의 근거가 될 뿐 그 자체가 직접 토지소유자 등의 법률상의 지위를 변동시키거나 또는 환지예정지 지정이나 환지처분과는 다른 고유한 법률효과를 수반하는 것이 아니어서 이를 항고소송의 대상이 되는 처분에 해당한다고 할 수가 없다(대법원 1999. 8. 20. 선고 97누6889 판결).

2. 환지계획의 작성

(1) 환지계획의 내용

시행자는 도시개발사업의 전부 또는 일부를 환지 방식으로 시행하려면 〈다음 각 호〉의 사항이 포함된 환지 계획을 작성하여야 한다(법 28조 1항).

> 1. 환지 설계
> 2. 필지별로 된 환지 명세
> 3. 필지별과 권리별로 된 청산 대상 토지 명세
> 4. 제34조에 따른 체비지(替費地) 또는 보류지(保留地)의 명세
> 5. 제32조에 따른 입체 환지를 계획하는 경우에는 입체 환지용 건축물의 명세와 제32조의3에 따른 공급 방법 · 규모에 관한 사항
> 6. 그 밖에 국토교통부령으로 정하는 사항

(2) 환지계획의 기준 : 적응환지 등

환지 계획은 종전의 토지와 환지의 위치 · 지목 · 면적 · 토질 · 수리(水利) · 이용 상황 · 환경, 그 밖의 사항을 종합적으로 고려하여 합리적으로 정하여야 한다(법 28조 2항). 시행자는 환지 방식이 적용되는 도시개발구역에 있는 조성토지등의 가격은 공인평가기관의 평가 및 토지평가협의회의 심의를 거쳐 결정한다(법 28조 3항).

♣ 환지계획의 기준 (규칙 27조)

① 환지계획을 작성할 때에는 환지계획구역(도시개발구역을 의미하며, 구역이 분할되는 경우 분할되는 각각의 구역)별로 작성하여야 하며, 실시계획 인가 사항, 환지계획구역의 시가화 정도, 토지의 실제 이용 현황과 경제적 가치 등을 종합적으로 고려하여야 한다.

② 환지의 방식 : 다음과 같이 구분한다.

구분	내용
평면환지	환지 전 토지에 대한 권리를 도시개발사업으로 조성되는 토지에 이전하는 방식
입체환지	환지 전 토지나 건축물(무허가 건축물은 제외한다)에 대한 권리를 도시개발사업으로 건설되는 구분건축물에 이전하는 방식

③ 환지 설계 : 평가식을 원칙으로 하되, 환지지정으로 인하여 토지의 이동이 경미하거나 기반시설의 단순한 정비 등의 경우에는 면적식 적용 가능. 단 하나의 환지계획구역에는 같은 방식을 적용하며, 입체환지는 반드시 평가식을 적용하여야 함.

구분	내용
평가식	도시개발사업 시행 전후의 토지의 평가가액에 비례하여 환지를 결정하는 방식
면적식	도시개발사업 시행 전의 토지 및 위치를 기준으로 환지를 결정하는 방식

④ 환지의 위치는 〈다음 각 호〉의 사항을 고려하여 시행자가 정한다. 이 경우 토지나 건축물의 환지는 같은 환지계획구역에서 이루어져야 한다.

1. 평면 환지: 환지 전 토지의 용도, 보유 기간, 위치, 권리가액, 청산금 규모 등을 고려하여 정한다.
2. 입체 환지: 토지 소유자 등의 신청에 따라 정하되, 같은 내용의 신청이 2 이상인 경우에는 환지 전 토지 또는 건축물의 보유 기간, 거주 기간(주택을 공급하는 경우에 한정한다), 권리가액 등을 고려하여 정한다.

⑤ 환지계획구역의 모든 토지는 환지를 지정하거나 환지 대상에서 제외되면 금전으로 청산한다. 다만 〈다음 각 호〉의 어느 하나에 해당하는 토지는 다른 토지의 환지로 정하여야 한다(즉, 환지를 받거나 금전청산을 받지 못함)

1. 공공시설 설치로 시행자에게 무상귀속되는 토지
2. 시행자가 소유하는 토지(조합이 아닌 시행자가 환지를 지정받을 목적으로 소유한 토지는 제외한다)

⑥ 토지(집합건물의 토지지분 포함) 또는 건축물(집합건물 구분소유권 포함)은 필지별, 건축물 별로 환지한다. 이 경우 하나의 대지에 속하는 동일인 소유의 토지와 건축물은 분리하여 입체 환지를 지정할 수 없다.

⑦ 평면 환지 방식을 적용하는 경우 환지 전 토지 위의 건축물로서 환지처분 당시 이전(移轉) 또는 제거된 건축물이나 입체 환지의 대상이 되지 아니하는 환지 전 토지의 건축물은 법 제38조에 따른 장애물 등으로 보아 손실보상한다.

⑧ 시행자는 영 제62조에 따른 과소 토지 등에 대하여 2 이상의 토지 또는 건축물 소유자의 신청을 받아 환지 후 하나의 토지나 구분건축물에 공유로 환지를 지정할 수 있다. 이 경우 환지를 지정받은 자는 다른 환지를 지정받을 수 없다.

⑨ 시행자는 집합건물을 건축할 용도로 계획된 토지에 대하여 2 이상의 토지 소유자의 신청을 받아 공유로 환지를 지정할 수 있다.

⑩ 시행자는 동일인이 소유한 2 이상의 환지 전 토지 또는 건축물에 대하여 환지 후 하나의 토지 또는 구분건축물에 환지를 지정할 수 있다[합병환지].

⑪ 시행자는 하나의 환지 전 토지에 대하여 2 이상의 환지 후 토지 또는 구분건축물에 환지를 지정(이하 “분할환지”) 가능. 이 경우 분할환지로 지정되는 각각의 권리면적은 영 제62조에 따른 과소 토지 규모 이상이어야 한다.
다만 집합건물의 대지사용권에 해당하는 토지지분은 분할환지할 수 없다.

(3) 토지면적을 고려한 환지 : 증환지/환지제외/감환지

시행자는 토지 면적의 규모를 조정할 특별한 필요가 있으면 면적이 작은 토지는 과소(過小) 토지가 되지 아니하도록 면적을 늘려 환지를 정하거나 환지 대상에서 제외할 수 있고, 면적이 넓은 토지는 그 면적을 줄여서 환지를 정할 수 있다(법 31조 1항). 과소 토지의 기준이 되는 면적은 대통령령[건축법시행령 제80조(건축물이 있는 대지의 분할제한)으로 정하는 범위에서 시행자가 규약 · 정관 또는 시행규정으로 정한다(법 31조 2항).

(4) 입체환지

① 개요

시행자는 도시개발사업을 원활히 시행하기 위하여 특히 필요한 경우에는 토지 또는 건축물 소유자의 신청을 받아 건축물의 일부와 그 건축물이 있는 토지의 공유지분을 부여할 수 있다. 다만, 토지 또는 건축물이 대통령령으로 정하는 기준 이하인 경우에는 시행자가 규약 · 정관 또는 시행규정으로 신청대상에서 제외할 수 있다(법 32조 1항).

② 사전통지 및 공고

입체 환지의 경우 시행자는 환지 계획 작성 전에 실시계획의 내용, 환지 계획 기준, 환지 대상 필지 및 건축물의 명세, 환지신청 기간 등 대통령령으로 정하는 사항을 토지 소유자(건축물 소유자 포함 : 입체 환지 방식으로 사업을 시행하는 경우에서 같다)에게 통지하고 해당 지역에서 발행되는 일간신문에 공고하여야 한다(법 32조 3항). 입체 환지의 신청 기간은 그 통지한 날부터 30일 이상 60일 이하로 하여야 한다. 다만, 시행자는 환지 계획의 작성에 지장이 없다고 판단하는 경우에는 20일의 범위에서 그 신청기간을 연장할 수 있다(법 32조 4항). 입체 환지를 받으려는 토지 소유자는 환지신청 기간 이내에 대통령령으로 정하는 방법 및 절차에 따라 시행자에게 환지신청을 하여야 한다(법 32조 5항).

③ 입체환지로 주택을 공급하는 경우의 특칙

「주택법」 제54조에 따른 주택의 공급에 관한 기준을 적용하지 아니하고 〈다음 각 호〉의 기준에 따른다[1주택공급 원칙](법 32조의3 2항).

1. 1세대 또는 1명이 하나 이상의 주택 또는 토지를 소유한 경우 1주택을 공급할 것
2. 같은 세대에 속하지 아니하는 2명 이상이 1주택 또는 1토지를 공유한 경우에는 1주택만 공급할 것

1주택 공급원칙에도 불구하고 〈다음 각 호〉의 어느 하나에 해당하는 토지 소유자에 대하여는 소유한 주택의 수만큼 공급할 수 있다(법 32조의3 3항).

1. 도시개발구역이 과밀억제권역이 아닌 경우
2. 근로자(공무원 포함) 숙소나 기숙사의 용도로 주택을 소유하는 경우
3. 공공시행자인 경우

입체 환지로 주택을 공급하는 경우 주택을 소유하지 아니한 토지 소유자에 대하여는 제32조의2에 따른 기준일 현재 〈다음 각 호〉의 어느 하나에 해당하는 경우에만 주택을 공급할 수 있다(법 32조의3 4항).

1. 토지 면적이 국토교통부장관이 정하는 규모 이상인 경우
2. 종전 토지의 총 권리가액(주택 외의 건축물이 있는 경우 그 건축물의 총 권리가액을 포함한다) 이 입체 환지로 공급하는 공동주택 중 가장 작은 규모의 공동주택 공급예정가격 이상인 경우

시행자는 입체 환지의 대상이 되는 용지에 건설된 건축물 중 제1항 및 제2항에 따라 공급대상자에게 공급하고 남은 건축물의 공급에 대하여는 규약 · 정관 또는 시행규정으로 정하는 목적을 위하여 체비지(건축물을 포함한다)로 정하거나 토지 소유자 외의 자에게 분양할 수 있다(법 32조의3 5항).

(5) 환지제외

토지 소유자가 신청하거나 동의하면 해당 토지의 전부 또는 일부에 대하여 환지를 정하지 아니할 수 있다[해당토지에 관하여 임차권자등이 있는 경우에는 그 동의를 받아야 함](법 30조 1항).

제1항에도 불구하고 시행자는 〈다음 각 호〉의 어느 하나에 해당하는 토지는 규약 · 정관 또는 시행규정으로 정하는 방법과 절차에 따라 환지를 정하지 아니할 토지에서 제외할 수 있다[⇒ 환지대상 가능](법 30조 2항).

1. 환지 예정지를 지정하기 전에 사용하는 토지
2. 환지 계획 인가에 따라 환지를 지정받기로 결정된 토지
3. 종전과 같은 위치에 종전과 같은 용도로 환지를 계획하는 토지
4. 토지 소유자가 환지 제외를 신청한 토지의 면적 또는 평가액(토지평가협의회에서 정한 종전 토지의 평가액을 말함)이 모두 합하여 구역 전체의 토지(국유지 · 공유지는 제외) 면적 또는 평가액의 100분의 15 이상이 되는 경우로서 환지를 정하지 아니할 경우 사업시행이 곤란하다고 판단되는 토지
5. 도시개발구역 지정 관련 의견청취를 위하여 공람한 날 또는 공고한 날 이후에 토지의 양수계약을 체결한 토지. 다만, 양수일부터 3년이 지난 경우는 제외한다.

(6) 금전 청산 또는 환지지정 제한

시행자는 구역지정을 위한 주민 등의 의견청취를 위하여 공람 또는 공청회의 개최에 관한 사항을 공고한 날 또는 투기억제를 위하여 시행예정자(제3조제3항제2호 및 제4항에 따른 요청자 또는 제11조제5항에 따른 제안자를 말한다)의 요청에 따라 지정권자가 따로 정하는 날(이하 "기준일")의 다음 날부터 〈다음 각 호〉의 어느 하나에 해당하는 경우에는 해당 토지 또는 건축물에 대하여 금전으로 청산하거나 환지 지정을 제한하는 것이 가능하다(법 32조의2).

1. 1필지의 토지가 여러 개의 필지로 분할되는 경우
2. 단독주택 또는 다가구주택이 다세대주택으로 전환되는 경우
3. 하나의 대지범위 안에 속하는 동일인 소유의 토지와 주택 등 건축물을 토지와 주택 등 건축물로 각각 분리하여 소유하는 경우
4. 나대지에 건축물을 새로 건축하거나 기존 건축물을 철거하고 다세대주택이나 그 밖의 「집합건물의 소유 및 관리에 관한 법률」에 따른 구분소유권의 대상이 되는 건물을 건축하여 토지 또는 건축물의 소유자가 증가되는 경우

(7) 공공시설의 용지 등에 관한 조치

토지보상법 제4조 각 호[공익사업]의 공공시설의 용지에 대하여는 환지 계획을 정할 때 그 위치 · 면적 등에 관하여 제28조제2항에 따른 기준[적응환지]을 적용하지 아니할 수 있다(법 33조 1항).

시행자가 도시개발사업의 시행으로 국가 또는 지방자치단체가 소유한 공공시설과 대체되는 새로운 공공시설을 설치하는 경우 종전의 공공시설의 전부 또는 일부의 용도가 폐지되거나 변경되어 사용하지 못하게 될 토지는 제66조제1항 및 제2항[시행자에 무상귀속 또는 무상양여]에도 불구하고 환지를 정하지 아니하며, 이를 다른 토지에 대한 환지의 대상으로 하여야 한다(법 33조 2항).

(8) 보류지 및 체비지

시행자는 도시개발사업에 필요한 경비에 충당하거나 규약 · 정관 · 시행규정 또는 실시계획으로 정하는 목적을 위하여 일정한 토지를 환지로 정하지 아니하고 보류지로 정할 수 있으며, 그 중 일부를 체비지로 정하여 도시개발사업에 필요한 경비에 충당할 수 있다(법 34조).

3. 환지계획 인가 등

(1) 환지계획 인가

행정청이 아닌 시행자는 환지 계획을 작성한 경우 특별자치도지사 · 시장 · 군수 또는 구청장의 인가를 받아야 한다(법 29조 1항). 인가받은 내용을 변경하려는 경우에 준용한다[경미한 사항 변경은 제외](법 29조 1항 및 2항).

(2) 환지계획의 통지 및 공람

행정청이 아닌 시행자가 환지 계획의 인가를 신청하려고 하거나 행정청인 시행자가 환지 계획을 정하려고 하는 경우에는 토지 소유자와 해당 토지에 대하여 임차권, 지상권, 그 밖에 사용하거나 수익할 권리(이하 "임차권등")를 가진 자(이하 "임차권자등")에게 환지 계획의 기준

및 내용 등을 알리고 대통령령으로 정하는 바에 따라 관계 서류의 사본을 일반인에게 공람시켜야 한다[경미한 사항 변경은 예외](법 29조 3항). 공람 기간에 시행자에게 의견서를 제출할 수 있으며, 시행자는 그 의견이 타당하다고 인정하면 환지 계획에 이를 반영하여야 한다(법 29조 4항).

시행자는 제출된 의견에 대하여 공람 기일이 종료된 날부터 60일 이내에 그 의견을 제출한 자에게 환지 계획에의 반영여부에 관한 검토 결과를 통보하여야 한다(법 29조 6항).

4. 환지예정지 지정

(1) 의의

"환지예정지"란 환지로서 미리 예정되는 토지를 말하며, "환지예정지 지정"은 환지처분이 이루어지기 전에 환지계획에 따라 종전토지의 사용수익권을 새로운 토지의 사용수익권으로 이전시키는 것을 말한다. 시행자는 도시개발사업의 시행을 위하여 필요하면 도시개발구역의 토지에 대하여 환지 예정지를 지정할 수 있다. 이 경우 종전의 토지에 대한 임차권자등이 있으면 해당 환지 예정지에 대하여 해당 권리의 목적인 토지 또는 그 부분을 아울러 지정하여야 한다(법 35조 1항).

시행자가 환지예정지를 지정하려면 관계 토지 소유자와 임차권자등에게 환지 예정지의 위치 · 면적과 환지 예정지 지정의 효력발생 시기를 알려야 한다(법 35조 3항). 일반적으로 환지예정지 지정은 환지계획 인가와 동시에 이루어지며, 인가 고시문에 환지예정지 지정의 효력발생일을 명기하게 된다.

(2) 사전 통지 등

민간시행자[제11조제1항제5호부터 제11호]가 환지예정지를 지정하려고 할때에는 임차권자 등에 통지 및 관계서류 공람, 의견제출 및 반영 등의 규정[제29조제3항 및 제4항]을 준용한다.

(3) 환지예정지 지정의 효과

① 환지예정지에 대한 권리행사 및 종전 토지 사용수익 중단

환지 예정지가 지정되면 종전의 토지의 소유자와 임차권자등은 환지 예정지 지정의 효력발생일부터 환지처분이 공고되는 날까지 환지 예정지나 해당 부분에 대하여 종전과 같은 내용의 권리를 행사할 수 있으며, 종전의 토지는 더 이상 사용하거나 수익할 수 없다(법 36조 1항). 환지예정지 해당 토지를 사용하거나 수익하는 데에 장애가 될 물건이 그 토지에 있거나 그 밖에 특별한 사유가 있으면 그 토지의 사용 또는 수익을 시작할 날을 따로 정할 수 있다(법 36조 2항).

② 종전소유자 등의 권리행사 방해 금지

환지 예정지 지정의 효력이 발생하거나 제2항에 따라 그 토지의 사용 또는 수익을 시작하는 경우에 해당 환지 예정지의 종전의 소유자 또는 임차권자등은 제1항 또는 제2항에서 규정하는 기간에 이를 사용하거나 수익할 수 없으며 환지예정지를 받은 자의 권리 행사를 방해할 수 없다(법 36조 3항).

③ 체비지 처분 가능

체비지의 용도로 환지 예정지가 지정된 경우에 시행자는 도시개발사업에 드는 비용을 충당하기 위하여 이를 사용 또는 수익하게 하거나 처분할 수 있다(법 36조 4항).

④ 임대료 증감 청구 등

임차권등의 목적인 토지에 관하여 환지 예정지가 지정된 경우 임대료 · 지료(地料), 그 밖의 사용료 등의 증감(增減)이나 권리의 포기 등에 관하여는 제48조[임대료 등 증감청구]와 제49조[권리의 포기 등]를 준용한다(법 36조 5항).

♣ 환지 예정지 지정 전 토지 사용 (법 제36조의2)

① 공공시행자는 〈다음 각 호〉의 어느 하나에 해당하는 경우에는 환지 예정지를 지정하기 전이라도 실시계획 인가 사항의 범위에서 토지 사용을 하게 할 수 있다.
* 제1항제3호 또는 제4호의 경우에는 특별한 제한 있음(36조의2 2항 1~4호)
1. 순환개발을 위한 순환용주택을 건설하려는 경우
2. 「국방 · 군사시설 사업에 관한 법률」에 따른 국방 · 군사시설을 설치하려는 경우
3. 제7조제1항에 따른 주민 등의 의견청취를 위한 공고일 이전부터 「주택법」 제4조에 따라 등록한 주택건설사업자가 주택건설을 목적으로 토지를 소유하고 있는 경우
4. 그 밖에 기반시설의 설치나 개발사업의 촉진에 필요한 경우 등 대통령령으로 정하는 경우

② 환지예정지 지정 전에 토지를 사용하는 자는 환지 예정지를 지정하기 전까지 새로 조성되는 토지 또는 그 위에 건축되는 건축물을 공급 또는 분양하여서는 아니된다.

5. 환지처분

(1) 의의

"환지처분"은 환지사업에서 공사가 종료된 후 종전토지에 갈음하여 새로운 토지(권리)를 부여하고 그 과부족분에 대하여는 금전으로 청산하는 행정처분이다.[20] 전술(前述)하였다시피 환지처분은 반드시 환지계획에 따라 실시되어야 하며, 다르게 하는 경우 미리 환지계획 변경 인

20) 각주 19) 참조

가 절차를 거쳐야 한다.

(2) 환지처분 절차

① 공사완료 공고 및 공람

시행자는 환지 방식으로 도시개발사업에 관한 공사를 끝낸 경우에는 지체 없이 대통령령으로 정하는 바에 따라 이를 공고하고 공사 관계 서류를 일반인에게 공람[14일 이상]시켜야 한다(법 40조1항, 영64조).

토지 소유자나 이해관계인은 공람 기간에 시행자에게 의견서를 제출할 수 있으며, 의견서를 받은 시행자는 공사 결과와 실시계획 내용에 맞는지를 확인하여 필요한 조치를 하여야 한다(법 40조 2항).

② 준공검사

시행자는 의견서의 제출이 없거나 제출된 의견서에 따라 필요한 조치를 한 경우에는 지정권자에 의한 준공검사를 신청하거나 도시개발사업의 공사를 끝내야 한다(법 40조 3항).

③ 환지처분

시행자는 지정권자에 의한 준공검사를 받은 경우(지정권자가 시행자인 경우에는 제51조에 따른 공사 완료 공고가 있는 때)에는 대통령령으로 정하는 기간[60일 : 영65조]에 환지처분을 하여야 한다(40조 4항). 환지처분을 하려는 경우에는 환지 계획에서 정한 사항을 토지 소유자에게 알리고 이를 공고하여야 한다(법 40조 5항). 환지처분의 공고는 관보 또는 공보에 하여야 하며, 공고 사항에는 사업의 명칭, 시행자, 시행기간, 환지처분일, 사업비 정산내역, 체비지 매각대금과 보조금, 그밖의 사업비의 재원별 내역이 포함되어야 한다(영 66조 1항 및 2항).

환지처분을 하는 때에 청산금을 결정하여야 한다. 즉 환지를 정하거나 그 대상에서 제외한 경우 종전의 토지(입체환지의 경우 건축물 포함)와 환지를 비교하여 그 과부족분을 금전으로 청산하여야 한다. 다만, 환지 대상에서 제외한 토지등에 대하여는 청산금을 교부하는 때에 청산금을 결정할 수 있다(법 41조).

(3) 환지처분의 효과

① 권리 변동

환지 계획에서 정하여진 환지는 그 환지처분이 공고된 날의 다음 날부터 종전의 토지로 보며, 환지 계획에서 환지를 정하지 아니한 종전의 토지에 있던 권리는 그 환지처분이 공고된 날이 끝나는 때에 소멸한다(법 42조 1항). 즉 환지처분이 공고된 날의 다음날부터 종전토지에 대한 소유권을 상실하고 환지에 대한 소유권을 취득한다. 이는 민법 제187조의 '기타 법률의 규정'에 의한 물권변동으로서 등기를 요하지 아니한다. 다만 처분을 위해서는 등기하여야 한다.

입체환지의 경우 환지처분을 받은 자는 환지처분이 공고된 날의 다음 날에 환지 계획으로 정하는 바에 따라 건축물의 일부와 해당 건축물이 있는 토지의 공유지분을 취득한다. 이 경우 종전의 토지에 대한 저당권은 환지처분이 공고된 날의 다음 날부터 해당 건축물의 일부와 해당 건축물이 있는 토지의 공유지분에 존재하는 것으로 본다(법 42조 4항).

체비지는 시행자가, 보류지는 환지 계획에서 정한 자가 각각 환지처분이 공고된 날의 다음 날에 해당 소유권을 취득한다. 다만, 제36조[환지예정지 지정] 제4항에 따라 이미 처분된 체비지는 그 체비지를 매입한 자가 소유권 이전 등기를 마친 때에 소유권을 취득한다(법 42조 5항).

② 권리 변동 예외

행정상 처분이나 재판상의 처분으로서 종전의 토지에 전속(專屬)하는 것에 관하여는 영향을 미치지 아니한다(법 42조 2항). 여기서 "종전의 토지에 전속하는 처분"이라 함은 특정토지의 사실관계에 착안하여 행하여진 처분으로서 그 처분의 성질상 다른 토지로 바꿀수 없는 것을 말한다. 토지보상법에 의한 수용처분, 재산상 검증, 출입금지 가처분, 증거보전처분 등을 말하며, 단순한 가압류나 가처분 등은 해당이 없다.

또한 도시개발구역의 토지에 대한 지역권(地役權)은 제1항에도 불구하고 종전의 토지에 존속한다. 다만, 도시개발사업의 시행으로 행사할 이익이 없어진 지역권은 환지처분이 공고된 날이 끝나는 때에 소멸한다(법 42조 3항).

③ 환지등기

시행자는 환지처분이 공고되면 공고 후 14일 이내에 관할 등기소에 이를 알리고 토지와 건축물에 관한 등기를 촉탁하거나 신청하여야 한다(법 43조 1항). 환지처분이 공고된 날부터 제1항에 따른 등기가 있는 때까지는 다른 등기를 할 수 없다. 다만, 등기신청인이 확정일자가 있는 서류로 환지처분의 공고일 전에 등기원인(登記原因)이 생긴 것임을 증명하면 다른 등기를 할 수 있다(법 43조 3항). 환지등기와 관련한 구체적인 기준은 대법원규칙에서 정한다.

④ 청산금의 확정 및 징수 · 교부

청산금은 환지처분이 공고된 날의 다음 날에 확정된다(법 42조 6항).

시행자는 환지처분이 공고된 후에 확정된 청산금을 징수하거나 교부하여야 한다. 다만, 소유자 동의나 과소면적으로 환지에서 제외된 토지에 대하여는 환지처분 전이라도 청산금을 교부할 수 있다(법 46조 1항). 청산금은 대통령령으로 정하는 바에 따라 이자를 붙여 분할징수하거나 분할교부할 수 있다(법 46조 2항).

행정청인 시행자는 청산금을 내야 할 자가 이를 내지 아니하면 국세 또는 지방세 체납처분의 예에 따라 징수할 수 있으며, 행정청이 아닌 시행자는 특별자치도지사 · 시장 · 군수 또는 구청장에게 청산금의 징수를 위탁할 수 있다(법 46조 3항).

청산금을 받을 자가 주소 불분명 등의 이유로 청산금을 받을 수 없거나 받기를 거부하면 그 청산금을 공탁할 수 있다(법 46조 3항).

청산금의 소멸시효와 관련하여 청산금을 받을 권리나 징수할 권리를 5년간 행사하지 아니하면 시효로 소멸한다(법 47조).

6. 기타

(1) 감가보상금 지급

행정청인 시행자는 도시개발사업의 시행으로 사업 시행 후의 토지 가액(價額)의 총액이 사업 시행 전의 토지 가액의 총액보다 줄어든 경우에는 그 차액에 해당하는 감가보상금을 대통령령으로 정하는 기준에 따라 종전의 토지 소유자나 임차권자등에게 지급하여야 한다(법 45조).

(2) 임대료 등의 증감청구

도시개발사업으로 임차권등의 목적인 토지 또는 지역권에 관한 승역지(承役地)의 이용이 증진되거나 방해를 받아 종전의 임대료 · 지료, 그 밖의 사용료 등이 불합리하게 되면 당사자는 계약 조건에도 불구하고 장래에 관하여 그 증감을 청구할 수 있다. 도시개발사업으로 건축물이 이전된 경우 그 임대료에 관하여도 또한 같다(법 48조). 제1항의 경우 당사자는 해당 권리를 포기하거나 계약을 해지하여 그 의무를 지지 아니할 수 있다(법 48조 2항).

다만 환지처분이 공고된 날부터 60일이 지나면 임대료 · 지료, 그 밖의 사용료 등의 증감을 청구할 수 없다(법 48조 3항).

(3) 권리의 포기 등

도시개발사업의 시행으로 지역권 또는 임차권등을 설정한 목적을 달성할 수 없게 되면 당사자는 해당 권리를 포기하거나 계약을 해지할 수 있다. 도시개발사업으로 건축물이 이전되어 그 임대의 목적을 달성할 수 없게 된 경우에도 또한 같다(법 49조 1항). 이에 따라 권리를 포기하거나 계약을 해지한 자는 그로 인한 손실을 보상하여 줄 것을 시행자에게 청구할 수 있으며(법 49조 2항) 시행자가 손실보상을 한때에는 해당 토지 또는 건축물의 소유자 또는 그로 인하여 이익을 얻는 자에게 이를 구상(求償)할 수 있다(법 49조 3항). 이 경우 권리의 포기나 계약의 해지는 환지처분이 공고된 날부터 60일이 지나면 행사할 수 없다(법 49조 4항).

제4절 준공검사 등

1. 서설

시행자가 도시개발사업의 공사를 완료한 경우 지정권자로부터 준공검사를 받아야 하며, 준공검사 증명서를 받은 후 공사완료의 공고를 한다. 다만 시행자가 지정권자인 경우는 준공검사 없이 바로 공사완료 공고를 한다. 준공검사를 하거나 공사완료 공고를 할 때 지정권자가 협의한 사항에 대해서는 관련법에 따른 인·허가등을 받은 것으로 본다.

2. 준공검사

시행자(지정권자가 시행자인 경우는 제외)가 도시개발사업의 공사를 끝낸 때에는 공사완료 보고서를 작성하여 지정권자의 준공검사를 받아야 한다(법 50조 1항).

지정권자는 공사완료 보고서를 받으면 지체 없이 준공검사를 하여야 한다. 이 경우 지정권자는 효율적인 준공검사를 위하여 필요하면 관계 행정기관·공공기관·연구기관, 그 밖의 전문기관 등에 의뢰하여 준공검사를 할 수 있다(법 50조 2항). 지정권자는 공사완료 보고서의 내용에 포함된 공공시설을 인수하거나 관리하게 될 국가기관·지방자치단체 또는 공공기관의 장 등에게 준공검사에 참여할 것을 요청할 수 있으며, 이를 요청받은 자는 특별한 사유가 없으면 요청에 따라야 한다(법 50조 3항).

시행자는 도시개발사업을 효율적으로 시행하기 위하여 필요하면 해당 도시개발사업에 관한 공사가 전부 끝나기 전이라도 공사가 끝난 부분에 관하여 준공검사(지정권자가 시행자인 경우에는 시행자에 의한 공사 완료 공고를 말한다)를 받을 수 있다(법 50조 4항).

3. 공사완료의 공고

지정권자는 준공검사를 한 결과 도시개발사업이 실시계획대로 끝났다고 인정되면 시행자에게 준공검사 증명서를 내어주고 공사 완료 공고를 하여야 하며, 실시계획대로 끝나지 아니하였으면 지체 없이 보완 시공 등 필요한 조치를 하도록 명하여야 한다(법 51조 1항).

지정권자가 시행자인 경우 그 시행자는 도시개발사업의 공사를 완료한 때에는 공사 완료 공고를 하여야 한다[준공검사는 필요치 않음](법 51조 2항).

4. 공사완료에 따른 인 · 허가등의 의제

준공검사를 하거나 공사 완료 공고를 할 때 지정권자가 제19조에 따라 의제되는 인 · 허가등(제19조제1항제4호에 따른 면허 · 협의 또는 승인은 제외)에 따른 준공검사 · 준공인가 등에 대하여 관계 행정기관의 장과 협의한 사항에 대하여는 그 준공검사 · 준공인가 등을 받은 것으로 본다(법 52조 1항). 시행자(지정권자인 시행자는 제외한다)가 준공검사 · 준공인가 등의 의제를 받으려면 준공검사를 신청할 때 해당 법률로 정하는 관계 서류를 함께 제출하여야 한다(법 52조 2항).

지정권자는 준공검사를 하거나 공사 완료 공고를 할 때 그 내용에 제19조에 따라 의제되는 인 · 허가등에 따른 준공검사 · 준공인가 등에 해당하는 사항이 있으면 미리 관계 행정기관의 장과 협의하여야 한다(법 52조 3항).

5. 조성토지등의 준공 전 사용

준공검사 전 또는 공사 완료 공고 전에는 조성토지등(체비지는 제외한다)을 사용할 수 없다. 다만, 사업 시행의 지장 여부를 확인받는 등 대통령령으로 정하는 바에 따라 지정권자로부터 사용허가를 받은 경우에는 그러하지 아니하다(법 53조).

6. 공공시설의 귀속

(1) 의의

공공시행자[제11조제1항제1호부터 제4호]가 새로 공공시설을 설치하거나 기존의 공공시설에 대체되는 공공시설을 설치한 경우에는 「국유재산법」과 「공유재산 및 물품 관리법」 등에도 불구하고 종전의 공공시설은 시행자에게 무상으로 귀속되고, 새로 설치된 공공시설은 관리청에 무상으로 귀속된다(법 66조 1항).

민간시행자[제11조제1항제5호부터 제11호]가 새로 설치한 공공시설은 그 관리청에 무상으로 귀속되며, 도시개발사업의 시행으로 용도가 폐지되는 행정청의 공공시설은 「국유재산법」과 「공유재산 및 물품 관리법」 등에도 불구하고 새로 설치한 공공시설의 설치비용에 상당하는 범위에서 시행자에게 무상으로 귀속시킬 수 있다(법 66조 2항).

(2) 관리청의 의견

지정권자는 공공시설의 귀속에 관한 사항이 포함된 실시계획을 작성하거나 인가하려면 미리 그 공공시설의 관리청의 의견을 들어야 한다. 다만, 관리청이 지정되지 아니한 경우에는 관리청이 지정된 후 준공검사(지정권자가 시행자인 경우에는 공사 완료 공고)를 마치기 전에 관리청의 의견을 들어야 한다(법 66조 3항). 지정권자가 관리청의 의견을 들어 실시계획을 작성하거나 인가한 경우 시행자는 실시계획에 포함된 공공시설의 점용 및 사용에 관하여 관계 법률에 따른 승인 · 허가 등을 받은 것으로 보아 도시개발사업을 할 수 있다. 이 경우 해당 공공시설의 점용 또는 사용에 따른 점용료 및 사용료는 면제된 것으로 본다(법 66조 4항).

(3) 공공시설의 귀속시기

공공시행자[제11조제1항제1호부터 제4호]는 도시개발사업이 끝나 준공검사(지정권자가 시행자인 경우에는 공사 완료 공고)를 마친 경우에는 해당 공공시설의 관리청에 공공시설의 종류와 토지의 세부목록을 알려야 한다. 이 경우 공공시설은 그 통지한 날에 해당 공공시설을 관리할 관리청과 시행자에 각각 귀속된 것으로 본다(법 66조 5항).

민간시행자[제11조제1항제5호부터 제11호]는 그에게 양도되거나 관리청에 귀속될 공공시설에 대하여 도시개발사업의 준공검사를 마치기 전에 해당 공공시설의 관리청에 그 종류와 토지의 세부목록을 알려야 하고, 준공검사를 한 지정권자는 그 내용을 해당 공공시설의 관리청에 통보하여야 한다. 이 경우 공공시설은 지정권자가 준공검사증명서를 내어준 때에 해당 공공시설을 관리할 관리청과 시행자에게 각각 귀속되거나 양도된 것으로 본다(법 66조 6항).

공공시설이 관리청에 귀속되어 등기할 때 「부동산등기법」에 따른 등기원인을 증명하는 서면은 준공검사 증명서(시행자가 지정권자인 경우 공사 완료 공고문)로 갈음한다(법 66조 7항).

(4) 공공시설의 관리

도시개발사업으로 도시개발구역에 설치된 공공시설은 준공 후 해당 공공시설의 관리청에 귀속될 때까지 이 법이나 다른 법률에 특별한 규정이 있는 경우 외에는 특별자치도지사 · 시장 · 군수 또는 구청장이 관리한다(법 67조).

제 5 장

비용부담 등

제1절 일반 조항

1. 사업시행자 비용 부담 원칙

도시개발사업에 필요한 비용은 이 법이나 다른 법률에 특별한 규정이 있는 경우 외에는 시행자가 부담한다(법 54조). 하지만 각 사안별로 도시개발사업에 필요한 비용인가 아닌가에 대해서는 법령 및 조례에 따라 결정되나 구체적인 경우 다툼의 여지가 있다. 특히 기반시설을 사업구역 밖에 위치한 도로, 상하수도시설, 전기시설, 가스시설, 통신시설, 지역난방시설 등과 연결하여야 하는데, 이때 '사업구역 밖'에 설치되어야 하는 기반시설을 누가 어떠한 법률에 근거하여 설치할 것인지, 그 비용을 누가 부담할 것인지의 문제가 발생하게 된다. 이를 위해 개별 개발사업법에서 비용부담에 관한 특별규정을 두기도 하고, 기반시설의 설치 및 관리에 관한 일반법에 해당하는 도로법, 수도법 등에서 해당 시설의 설치 원인을 제공한 자에게 부담금을 부과할 수 있는 근거규정을 마련해 두는 경우도 있다. 또한 행정청이 개발사업과 관련된 행정처분을 하면서 부관을 부가하거나 협약을 체결하는 방식으로 사업시행자 또는 제3자에게 기반시설의 설치 및 비용부담 의무를 부과하기도 하므로, 개발사업의 시행자가 부담하는 최종적인 사업비용은 개발사업의 유형, 개발사업의 근거가 되는 법률의 규정, 행정처분이나 개발사업과 관련하여 체결된 각종 협약의 구체적 내용 등에 따라 달라지게 된다.[21)]

2. 수익자(지방자치단체)의 비용 부담

지정권자가 시행자인 경우 그 시행자는 그가 시행한 도시개발사업으로 이익을 얻는 시 · 도 또는 시 · 군 · 구가 있으면 대통령령으로 정하는 바에 따라 그 도시개발사업에 든 비용의 일부를 그 이익을 얻는 시 · 도 또는 시 · 군 · 구에 부담시킬 수 있다. 이 경우 국토교통부장관은

21) 윤지은, "사업시행자의 비용부담과 원인자부담금 - 수도법상 상수도원인자부담금을 중심으로 - ", 법조협회(법조 학술저널), 제69권 제5호, 2020.1 . p.248-282

행정안전부장관과 협의하여야 하고, 시 · 도지사 또는 대도시 시장은 관할 외의 시 · 군 · 구에 비용을 부담시키려면 그 시 · 군 · 구를 관할하는 시 · 도지사와 협의하여야 하며, 시 · 도지사 간 또는 대도시 시장과 시도지사 간의 협의가 성립되지 아니하는 경우에는 행정안전부장관의 결정에 따른다(법 56조 1항).

시장(대도시 시장은 제외한다) · 군수 또는 구청장은 그가 시행한 도시개발사업으로 이익을 얻는 다른 지방자치단체가 있으면 대통령령으로 정하는 바에 따라 그 도시개발사업에 든 비용의 일부를 그 이익을 얻는 다른 지방자치단체와 협의하여 그 지방자치단체에 부담시킬 수 있다. 이 경우 협의가 성립되지 아니하면 관할 시 · 도지사의 결정에 따르며, 그 시 · 군 · 구를 관할하는 시 · 도지사가 서로 다른 경우에는 제1항 후단을 준용한다(법 56조 2항).

3. 비용의 국고 보조 또는 융자

도시개발사업의 시행에 드는 비용은 대통령령으로 정하는 바에 따라 그 비용의 전부 또는 일부를 국고에서 보조하거나 융자할 수 있다. 다만, 시행자가 행정청이면 전부를 보조하거나 융자할 수 있다(법 59조).

제2절 시설설치 관련 비용부담

1. 도시개발구역의 시설설치 및 비용부담

(1) 설치의무자 및 설치범위 (법 55조 1항 및 4항, 영 71조)

시설	설치의무자	설치범위
도로	지방자치단체	〈다음 각 목〉의 요건에 모두 해당하는 도로 가. 도시개발구역지정 이전부터 「국토의 계획 및 이용에 관한 법률」에 따른 도시 · 군계획도로 또는 「도로법」에 따른 도로구역으로 결정된 도로일 것 나. 지방자치단체가 설치하여야 하는 「도로법」상의 국도 · 지방도 및 국가지원 지방도일 것
상하수도시설	지방자치단체	도시개발구역의 상하수도관로와 연결되지 아니하고 통과하는 상하수도관로

전기 시설	공급자	도시개발구역 밖의 기간이 되는 시설로부터 도시개발구역의 토지이용계획 또는 환지계획상의 6미터 이상인 도시 · 군계획도로에 접하는 개별필지(이하 "개별필지"라 한다)의 경계선까지의 전기시설
가스 공급 시설	공급자	도시개발구역 밖의 기간이 되는 가스공급시설로부터 개별필지의 경계선까지의 가스공급시설. 다만, 취사 또는 개별난방용(중앙집중식난방용은 제외한다)으로 가스를 공급하기 위하여 도시개발구역의 개별필지에 정압조정실(일정 압력 유지 · 조정실)을 설치하는 경우에는 그 정압조정실까지의 가스공급시설
통신 시설	공급자	관로시설은 도시개발구역 밖의 기간이 되는 시설로부터 도시개발구역의 개별필지의 경계선까지의 관로시설 및 도시개발구역 밖의 기간이 되는 시설로부터 도시개발구역의 개별필지의 최초 단자까지의 케이블시설
지역 난방 시설	공급자	도시개발구역 밖의 기간이 되는 열수송관의 분기점으로부터 도시개발구역의 개별필지의 각 기계실입구 차단밸브까지의 열수송관

(2) 비용부담

원칙적으로 제1항의 시설의 설치 비용은 설치의무자가 부담한다.

다만, 도시개발구역 안의 전기시설을 사업시행자가 지중선로로 설치할 것을 요청하는 경우에는 전기를 공급하는 자와 지중에 설치할 것을 요청하는 자가 각각 2분의 1의 비율로 그 설치비용을 부담(전부 환지 방식으로 도시개발사업을 시행하는 경우에는 전기시설을 공급하는 자가 3분의 2, 지중에 설치할 것을 요청하는 자가 3분의 1의 비율로 부담한다)한다(법 55조 2항).

도시개발구역 시설의 설치는 특별한 사유가 없으면 도시개발사업의 준공검사 신청일(지정권자가 시행자인 경우 도시개발사업의 공사를 끝내는 날)까지 끝내야 한다(법 55조 3항).

2. 공동구 설치 비용 부담

시행자는 공동구(共同溝)를 설치하는 경우에는 다른 법률에 따라 그 공동구에 수용될 시설을 설치할 의무가 있는 자에게 공동구의 설치에 드는 비용을 부담시킬 수 있다.

3. 도시개발구역밖의 기반시설 설치 및 비용 부담

도시개발구역 밖의 지역에서 도시개발구역을 이용하는 데에 제공되는 기반시설을 설치하는 등 도시개발사업에 직접 관련되는 사업의 시행에 필요한 경우에는 제3조부터 제53조까지 및 제64조부터 제77조까지의 규정을 준용함에 따라(법 제78조) 해당 도시개발사업과 별개로 도시

개발구역 밖의 기반시설 설치 사업 절차를 진행하여야 한다(법제처 유권해석 : 2020. 2.20).[22]

도시개발구역의 이용에 제공하기 위하여 국토계획법상의 기반시설을 도시개발구역 밖의 지역에 설치하는 경우 지정권자는 비용 부담 계획이 포함된 개발계획[법 5조 1항]에 따라 시행자에게 이를 설치하게 하거나 그 설치 비용을 부담하게 할 수 있다(법 58조 1항). 국가나 지방자치단체는 시행자가 부담하는 비용을 제외한 나머지 설치 비용을 지원할 수 있다. 이 경우 지원 규모나 지원 방법 등은 국토교통부장관이 관계 중앙행정기관의 장과 협의하여 정한다(법 58조 2항).

지정권자는 비용 부담 계획에 포함되지 아니하는 기반시설을 실시계획의 변경 등으로 인하여 도시개발구역 밖에 추가로 설치하여야 하는 경우에는 그 비용을 실시계획의 변경 등 기반시설의 추가 설치를 필요하게 한 자에게 부담시킬 수 있다(법 58조 3항).

지정권자는 시행자의 부담으로 도시개발구역 밖의 지역에 설치하는 기반시설로 이익을 얻는 지방자치단체 또는 공공시설의 관리자가 있으면 그 기반시설의 설치에 드는 비용의 일부를 이익을 얻는 지방자치단체 또는 공공시설의 관리자에게 부담시킬 수 있다. 이 경우 지정권자는 해당 지방자치단체나 공공시설의 관리자 및 시행자와 협의하여야 한다(법 58조 4항).

22) 각주 4) 참조

제 5 편

도시 및 주거환경정비법

제 1 장

서 설

1. 입법 배경

1970년대 이후 산업화 · 도시화 과정에서 대량 공급된 주택들이 노후화됨에 따라 이들을 체계적이고 효율적으로 정비할 필요성이 커지고 있었으나, 재개발사업 · 재건축사업 및 주거환경개선사업이 각각 도시재개발법, 주택건설촉진법[일부조항], 도시저소득주민의주거환경개선을위한임시조치법으로 분산 · 규정되고 있어 정비사업의 체계적 효율적 추진을 위한 제도적 뒷받침이 미흡함에 따라 이를 보완하여 일관성있고 체계적인 단일 · 통합법인 「도시및주거환경정비법」을 2002년 12월 30일 제정하고 2003년 7월 1일부터 시행하게 되었다. 이 후 일정규모 이상의 기존 구시가지를 좀더 광역적으로 계획하여 효율적으로 개발할 수 있도록 특별법으로서 「도시재정비 촉진을 위한 특별법」이 2005년 12월 30일 제정되었다. 당시 참여정부하에서 야당의 반대를 뚫고 통과되었다. 흔히 서울 강북지역의 '뉴타운'이라 불리는 다수의 재정비촉진지구가 이 특별법에 근거하여 지정되었다. 하지만 서울시장 교체 및 외형적 도시개발에 대한 급격한 기류변화로 뉴타운 개발은 수년간 지지부진하게 되었다.

한편 2010년대 들어오면서부터는 정비사업을 바라보는 관점이 변하기 시작하였다. 기존의 물리적 재정비에서 비롯된 세입자 · 저소득층의 주거 불안, 젠트리피케이션 등 사회적 부작용을 극복하고 지속가능성 관점에서 물리적 · 환경적 개선 뿐만 아니라 지역의 경제 · 사회 · 문화의 회복을 추구하는 "도시재생(Urban Regeneration)"이 새로운 트렌드로 자리잡으면서 정부에서는 2013년 6월 4일에 「도시재생 활성화 및 지원에 관한 특별법」을 제정하게 되었다.

하지만 저출산 · 고령화 · 저성장 기조가 지속되고 전국 주택보급률이 100%를 초과함에 따라 다수의 정비사업이 지연 · 중단되었으며, 구도심을 중심으로 노후주택과 빈집은 지속적으로 증가하면서 물리적인 정비사업의 필요성이 제기되었다. 이에 빈집과 소규모 단위의 주택정비를 활성화하기 위하여 2017년 2월 8일 「빈집 및 소규모주택 정비에 관한 특례법」을 새로이 제정하게 되었다. 그럼에도 불구하고 구도심 전체적으로 기존주택의 노후화는 심화되고 주민불편이 가속화되면서 점단위 정비사업으로는 해결할 수 없고 대규모 재건축 · 재개발에 대한 수요가 증가하고 있었지만 정부에서는 안전진단, 사업시행 인가 등의 규제를 강화하고 대신 리모델링을 장려하였다.

2022년 3월 대통령 선거와 6월 지방선거를 거치면서 재건축 · 재개발 활성화를 적극적으로 공약하면서 도시 및 주거환경정비법은 새롭게 조명을 받기 시작하였다. 지금까지 원활한 사업 추진을 어렵게 했던 안전진단, 인허가 심의, 소유자 동의 요건 등의 규제를 대폭 완하하였으며, 특별히 분당, 일산 등 1기 신도시 재건축을 활성화하기 위해 2023년 12월 26일「노후계획도시 정비 및 지원에 관한 특별법」을 제정(2024년 4월 27일 시행)하기에 이르렀다.

정비사업과 관련하여 시대적인 상황과 여건에 따라 여러 특별법이 제정되었지만「도시및주거환경정비법 」의 틀을 크게 벗어 나지 않고 있다. 정비기본계획, 정비계획 수립 및 정비구역 지정, 시행자 지정, 사업시행계획 인가, 관리처분 계획 인가, 공사 시행, 관리처분 등의 일련의 절차 가운데 요건, 세부절차 등을 좀 더 다르게 규정할 뿐이다. 따라서 정비사업의 기본법이자 일반법인 도시및주거환경정비법을 잘 이해하는 것은 다른 특별법을 이해하는데에도 보탬이 될 수 있다.

2. 법의 목적

이 법은 도시기능의 회복이 필요하거나 주거환경이 불량한 지역을 계획적으로 정비하고 노후 · 불량건축물을 효율적으로 개량하기 위하여 필요한 사항을 규정함으로써 도시환경을 개선하고 주거생활의 질을 높이는 데 이바지함을 목적으로 한다(법 1조).

3. 주요용어 정의

(1) 정비구역

"정비구역"이란 정비사업을 계획적으로 시행하기 위하여 제16조에 따라 지정 · 고시된 구역을 말한다(법 제2조 1호).

(2) 정비사업

"정비사업"이란 이 법에서 정한 절차에 따라 도시기능을 회복하기 위하여 정비구역에서 정비기반시설을 정비하거나 주택 등 건축물을 개량 또는 건설하는 〈다음 각 목〉의 사업을 말한다(법 2조 2호).

구분	내용
가. 주거환경 개선사업	① 도시저소득 주민이 집단거주하는 지역으로서 정비기반시설이 극히 열악하고 노후·불량건축물이 과도하게 밀집한 지역의 주거환경을 개선하기 위한 사업 ② 단독주택 및 다세대주택이 밀집한 지역에서 정비기반시설과 공동이용시설 확충을 통하여 주거환경을 보전·정비·개량하기 위한 사업
나. 재개발사업	① 정비기반시설이 열악하고 노후·불량건축물이 밀집한 지역에서 주거환경을 개선하기 위한 사업 ② 상업지역·공업지역 등에서 도시기능의 회복 및 상권활성화 등을 위하여 도시환경을 개선하기 위한 사업.
	[공공재개발사업] 〈다음 요건〉을 모두 갖추어 시행하는 재개발사업을 "공공재개발사업"이라 한다. 1) 특별자치시장, 특별자치도지사, 시장, 군수, 자치구의 구청장(이하 "시장·군수등") 또는 제10호에 따른 토지주택공사등(조합과 공동으로 시행하는 경우를 포함한다)이 제24조에 따른 주거환경개선사업의 시행자, 제25조제1항 또는 제26조제1항에 따른 재개발사업의 시행자나 제28조에 따른 재개발사업의 대행자(이하 "공공재개발사업 시행자"라 한다)일 것 2) 건설·공급되는 주택의 전체 세대수 또는 전체 연면적 중 토지등소유자 대상 분양분(지분형주택은 제외)을 제외한 나머지 주택의 세대수 또는 연면적의 100분의 20 이상 100분의 50 이하의 범위에서 대통령령으로 정하는 기준에 따라 특별시·광역시·특별자치시·도·특별자치도 또는 「지방자치법」 제198조에 따른 서울특별시·광역시 및 특별자치시를 제외한 인구 50만 이상 대도시(이하 "대도시"라 한다)의 조례(이하 "시·도조례"라 한다)로 정하는 비율 이상을 제80조에 따른 지분형주택, 「공공주택 특별법」에 따른 공공임대주택 또는 「민간임대주택에 관한 특별법」에 따른 공공지원민간임대주택으로 건설·공급할 것. 이 경우 주택 수 산정방법 및 주택 유형별 건설비율은 대통령령으로 정한다.
다. 재건축사업	정비기반시설은 양호하나 노후·불량건축물에 해당하는 공동주택이 밀집한 지역에서 주거환경을 개선하기 위한 사업.
	[공공재건축사업] 〈다음 요건〉을 모두 갖추어 시행하는 재건축사업을 "공공재건축사업"이라 한다. 1) 시장·군수등 또는 토지주택공사등(조합과 공동으로 시행하는 경우를 포함한다)이 제25조제2항 또는 제26조제1항에 따른 재건축사업의 시행자나 제28조제1항에 따른 재건축사업의 대행자(이하 "공공재건축사업 시행자"라 한다)일 것 2) 종전의 용적률, 토지면적, 기반시설 현황 등을 고려하여 대통령령으로 정하는 세대수[영 제1조의3 : 종전 세대수의 160%] 이상을 건설·공급할 것. 다만, 제8조제1항에 따른 정비구역의 지정권자가 「국토의 계획 및 이용에 관한 법률」 제18조에 따른 도시·군기본계획, 토지이용 현황 등 대통령령으로 정하는 불가피한 사유로 해당하는 세대수를 충족할 수 없다고 인정하는 경우에는 그러하지 아니하다.

(3) 노후불량건축물

"노후 · 불량건축물"이란 〈다음 각 목〉의 어느 하나에 해당하는 건축물을 말한다(법 2조 3호).

가. 건축물이 훼손되거나 일부가 멸실되어 붕괴, 그 밖의 안전사고의 우려가 있는 건축물

나. 내진성능이 확보되지 아니한 건축물 중 중대한 기능적 결함 또는 부실 설계 · 시공으로 구조적 결함 등이 있는 건축물로서 대통령령(영 2조 1항)으로 정하는 건축물

> ♣ 시행령 제2조[노후불량건축물의 범위] 제1항
>
> 1. 급수 · 배수 · 오수 설비 등의 설비 또는 지붕 · 외벽 등 마감의 노후화나 손상으로 그 기능을 유지하기 곤란할 것으로 우려되는 건축물
> 2. 법 제12조제4항에 따른 안전진단기관이 실시한 안전진단 결과 건축물의 내구성 · 내하력(耐荷力) 등이 같은 조 제5항에 따라 국토교통부장관이 정하여 고시하는 기준에 미치지 못할 것으로 예상되어 구조 안전의 확보가 곤란할 것으로 우려되는 건축물

다. 〈다음의 요건〉을 모두 충족하는 건축물로서 대통령령(영 2조 2항)으로 정하는 바에 따라 특별시 · 광역시 · 특별자치시 · 도 · 특별자치도 또는 「지방자치법」 제198조에 따른 서울특별시 · 광역시 및 특별자치시를 제외한 인구 50만 이상 대도시(이하 "대도시"라 한다)의 조례(이하 "시 · 도조례"라 한다)로 정하는 건축물

1) 주변 토지의 이용 상황 등에 비추어 주거환경이 불량한 곳에 위치할 것
2) 건축물을 철거하고 새로운 건축물을 건설하는 경우 건설에 드는 비용과 비교하여 효용의 현저한 증가가 예상될 것

> ♣ 시행령 제2조[노후불량건축물의 범위] 제2항
>
> 1. 「건축법」 제57조제1항에 따라 해당 지방자치단체의 조례로 정하는 면적에 미치지 못하거나 「국토의 계획 및 이용에 관한 법률」 제2조제7호에 따른 도시 · 군계획시설(이하 "도시 · 군계획시설"이라 한다) 등의 설치로 인하여 효용을 다할 수 없게 된 대지에 있는 건축물
> 2. 공장의 매연 · 소음 등으로 인하여 위해를 초래할 우려가 있는 지역에 있는 건축물
> 3. 해당 건축물을 준공일 기준으로 40년까지 사용하기 위하여 보수 · 보강하는 데 드는 비용이 철거 후 새로운 건축물을 건설하는 데 드는 비용보다 클 것으로 예상되는 건축물

라. 도시미관을 저해하거나 노후화된 건축물로서 대통령령(영 2조 3항)으로 정하는 바에 따라 시 · 도조례로 정하는 건축물

> ♣ 시행령 제2조[노후불량건축물의 범위] 제3항
>
> 1. 준공된 후 20년 이상 30년 이하의 범위에서 시 · 도조례로 정하는 기간이 지난 건축물
> 2. 「국토의 계획 및 이용에 관한 법률」 제19조제1항제8호에 따른 도시 · 군기본계획의 경관에 관한 사항에 어긋나는 건축물

(4) 정비기반시설

"정비기반시설"이란 도로 · 상하수도 · 구거(溝渠: 도랑) · 공원 · 공용주차장 · 공동구(「국토의 계획 및 이용에 관한 법률」 제2조제9호에 따른 공동구를 말한다. 이하 같다), 그 밖에 주민의 생활에 필요한 열 · 가스 등의 공급시설로서 대통령령으로 정하는 시설을 말한다(법 2조 4호).

(5) 공동이용시설

"공동이용시설"이란 주민이 공동으로 사용하는 놀이터 · 마을회관 · 공동작업장, 그 밖에 대통령령으로 정하는 시설을 말한다(법 2조 5호).

(6) 토지등소유자

"토지등소유자"란 〈다음 각 목〉의 어느 하나에 해당하는 자를 말한다. 다만, 「자본시장과 금융투자업에 관한 법률」 에 따른 신탁업자(이하 "신탁업자")가 사업시행자로 지정된 경우 토지등소유자가 정비사업을 목적으로 신탁업자에게 신탁한 토지 또는 건축물에 대하여는 위탁자를 토지등소유자로 본다.

가. 주거환경개선사업 및 재개발사업 : 정비구역에 위치한 토지 또는 건축물의 소유자 또는 그 지상권자

나. 재건축사업 : 정비구역에 위치한 건축물 및 그 부속토지의 소유자

제 2 장

기본계획의 수립 및 정비구역의 지정

제1절 도시 · 주거환경정비 기본방침의 수립

도시주거환경정비 기본방침은 정비사업에 대한 국가차원의 정책방향을 제시하고 개별 도시의 정비기본계획 수립에 대한 지침적 성격을 지닌다. 도시및주거환경정비법 제3조에서 국토교통부장관은 도시 및 주거환경을 개선하기 위하여 10년마다 〈다음 각 호〉의 사항을 포함한 기본방침을 정하도록 하고, 5년마다 타당성을 검토하여 그 결과를 기본방침에 반영하도록 하고 있다.

1. 도시 및 주거환경 정비를 위한 국가 정책 방향
2. 도시 · 주거환경정비 기본계획의 수립 방향
3. 노후 · 불량 주거지 조사 및 개선계획의 수립
4. 도시 및 주거환경 개선에 필요한 재정지원계획
5. 그 밖에 도시 및 주거환경 개선을 위하여 필요한 사항으로서 대통령령으로 정하는 사항

제2절 도시 · 주거환경정비 기본계획의 수립

1. 기본계획 수립권자

특별시장 · 광역시장 · 특별자치시장 · 특별자치도지사 또는 시장[1]은 '관할 구역'에 대하여 도시 · 주거환경정비기본계획을 10년 단위로 수립하여야 한다. 다만, 도지사가 대도시가 아닌 시로서 기본계획을 수립할 필요가 없다고 인정하는 시에 대하여는 기본계획을 수립하지 아니할 수 있다(법 4조 1항). 특별시장 · 광역시장 · 특별자치시장 · 특별자치도지사 또는 시장(이하

1) 현행법상 도(道) 산하의 군(郡)단위는 정비기본계획의 수립대상이 아니다.

"기본계획의 수립권자"라 한다)은 기본계획에 대하여 5년마다 타당성을 검토하여 그 결과를 기본계획에 반영하여야 한다(법 4조 2항).

2. 기본계획의 내용

기본계획에는 〈다음 각 호〉의 사항이 포함되어야 한다(법 5조 1항). 다만 기본계획에 'i) 생활권의 설정, 생활권별 기반시설 설치계획 및 주택수급계획, ii) 생활권별 주거지의 정비 · 보전 · 관리의 방향'을 포함하는 경우에는 제9호 및 제10호의 사항을 생략할 수 있다(법 5조 2항).

1. 정비사업의 기본방향
2. 정비사업의 계획기간
3. 인구 · 건축물 · 토지이용 · 정비기반시설 · 지형 및 환경 등의 현황
4. 주거지 관리계획
5. 토지이용계획 · 정비기반시설계획 · 공동이용시설설치계획 및 교통계획
6. 녹지 · 조경 · 에너지공급 · 폐기물처리 등에 관한 환경계획
7. 사회복지시설 및 주민문화시설 등의 설치계획
8. 도시의 광역적 재정비를 위한 기본방향
9. 정비구역으로 지정할 예정인 구역[정비예정구역]의 개략적 범위
10. 단계별 정비사업 추진계획(정비예정구역별 정비계획의 수립시기가 포함되어야 한다)
11. 건폐율 · 용적률 등에 관한 건축물의 밀도계획
12. 세입자에 대한 주거안정대책
13. 그 밖에 주거환경 등을 개선하기 위하여 필요한 사항으로서 대통령령으로 정하는 사항

3. 기본계획의 수립절차

(1) 의견청취

기본계획의 수립권자는 기본계획을 수립하거나 변경하려는 경우에는 14일 이상 주민에게 공람하여 의견을 들어야 하며, 제시된 의견이 타당하다고 인정되면 이를 기본계획에 반영하여야 한다(법 6조 1항).

주민공람과 함께 지방의회의 의견을 들어야 한다. 이 경우 지방의회는 기본계획의 수립권자가 기본계획을 통지한 날부터 60일 이내에 의견을 제시하여야 하며, 의견제시 없이 60일이 지난 경우 이의가 없는 것으로 본다(법 6조 2항).

다만 대통령령으로 정하는 경미한 사항을 변경하는 경우에는 주민공람과 지방의회의 의견청취 절차를 거치지 아니할 수 있다(법 6조 3항).

♣ 경미한 사항을 변경하는 경우 (영 6조 4항)

1. 정비기반시설(제3조제9호에 해당하는 시설은 제외한다. 이하 제8조제3항 · 제13조제4항 · 제38조 및 제76조제3항에서 같다)의 규모를 확대하거나 그 면적을 10퍼센트 미만의 범위에서 축소하는 경우
2. 정비사업의 계획기간을 단축하는 경우
3. 공동이용시설에 대한 설치계획을 변경하는 경우
4. 사회복지시설 및 주민문화시설 등에 대한 설치계획을 변경하는 경우
5. 구체적으로 면적이 명시된 정비예정구역의 면적을 20퍼센트 미만의 범위에서 변경하는 경우
6. 단계별 정비사업 추진계획을 변경하는 경우
7. 건폐율 및 용적률을 각 20퍼센트 미만의 범위에서 변경하는 경우
8. 정비사업의 시행을 위하여 필요한 재원조달에 관한 사항을 변경하는 경우
9. 「국토의 계획 및 이용에 관한 법률」 제2조제3호에 따른 도시 · 군기본계획의 변경에 따라 기본계획을 변경하는 경우

(2) 협의 · 심의 및 승인

기본계획의 수립권자(대도시의 시장이 아닌 시장은 제외)는 기본계획을 수립하거나 변경하려면 관계 행정기관의 장과 협의한 후 지방도시계획위원회[국토계획법 제113조제1항 및 제2항]의 심의를 거쳐야 한다. 다만, 대통령령(영 제6조 제4항)으로 정하는 경미한 사항을 변경하는 경우에는 관계 행정기관의 장과의 협의 및 지방도시계획위원회의 심의를 거치지 아니한다(법 7조 1항).

대도시의 시장이 아닌 시장은 기본계획을 수립하거나 변경하려면 도지사의 승인을 받아야 하며, 도지사가 이를 승인하려면 관계 행정기관의 장과 협의한 후 지방도시계획위원회의 심의를 거쳐야 한다. 다만, 제1항 단서에 해당하는 변경의 경우에는 도지사의 승인을 받지 아니할 수 있다(법 7조 2항).

(3) 확정 · 고시 및 열람 등

기본계획의 수립권자는 기본계획을 수립하거나 변경한 때에는 지체 없이 이를 해당 지방자치단체의 공보에 고시하고 일반인이 열람할 수 있도록 하여야 한다(법 7조 3항). 기본계획의 수립권자는 기본계획을 고시한 때에는 국토교통부령으로 정하는 방법 및 절차에 따라 국토교통부장관에게 보고하여야 한다(법 7조 4항).

제3절 정비계획의 결정 및 정비구역의 지정

1. 정비구역 지정권자

정비구역의 지정권자는 특별시장 · 광역시장 · 특별자치시장 · 특별자치도지사 · 시장 또는 군수(광역시의 군수는 제외)이다(법 8조 1항).

2. 정비구역 지정대상

정비구역 지정권자는 기본계획에 적합한 범위에서 노후 · 불량건축물이 밀집하는 등 대통령령으로 정하는 요건[시행령 별표1]에 해당하는 구역에 대하여 정비계획을 결정하여 정비구역을 지정(변경지정을 포함한다)할 수 있다(법 8조 1항).

기본계획과 관계없이 정비구역을 지정하는 경우도 있다. 천재지변 등 긴급한 사유로 인한 공공재개발 · 공공재건축의 경우에는 기본계획을 수립하거나 변경하지 아니하고 정비구역을 지정할 수 있다(법 8조 2항).

♣ 정비계획의 입안대상 지역 (시행령 별표1)

1. 주거환경개선사업을 위한 정비계획은 〈다음 각 목〉의 어느 하나에 해당하는 지역에 대하여 입안한다.
   가. 1985년 6월 30일 이전에 건축된 건축물로서 법률 제3533호 특정건축물정리에관한특별조치법 제2조에 따른 무허가건축물 또는 위법시공건축물과 노후 · 불량건축물이 밀집되어 있어 주거지로서의 기능을 다하지 못하거나 도시미관을 현저히 훼손하고 있는 지역
   나. 「개발제한구역의 지정 및 관리에 관한 특별조치법」에 따른 개발제한구역으로서 그 구역지정 이전에 건축된 노후 · 불량건축물의 수가 해당 정비구역의 건축물 수의 50퍼센트 이상인 지역
   다. 재개발사업을 위한 정비구역의 토지면적의 50퍼센트 이상의 소유자와 토지 또는 건축물을 소유하고 있는 자의 50퍼센트 이상이 각각 재개발사업의 시행을 원하지 않는 지역
   라. 철거민이 50세대 이상 규모로 정착한 지역이거나 인구가 과도하게 밀집되어 있고 기반시설의 정비가 불량하여 주거환경이 열악하고 그 개선이 시급한 지역
   마. 정비기반시설이 현저히 부족하여 재해발생 시 피난 및 구조 활동이 곤란한 지역
   바. 건축대지로서 효용을 다할 수 없는 과소필지 등이 과다하게 분포된 지역으로서 건축행위 제한 등으로 주거환경이 열악하여 그 개선이 시급한 지역
   사. 「국토의 계획 및 이용에 관한 법률」 제37조제1항제4호에 따른 방재지구로서 주거환경개선사업이 필요한 지역
   아. 단독주택 및 다세대주택 등이 밀집한 지역으로서 주거환경의 보전 · 정비 · 개량이 필요한 지역

자. 법 제20조 및 제21조에 따라 해제된 정비구역 및 정비예정구역

차. 기존 단독주택 재건축사업 또는 재개발사업을 위한 정비구역 및 정비예정구역의 토지등소유자의 50퍼센트 이상이 주거환경개선사업으로의 전환에 동의하는 지역

카. 「도시재정비 촉진을 위한 특별법」 제2조제6호에 따른 존치지역 및 같은 법 제7조제2항에 따라 재정비촉진지구가 해제된 지역

2. 재개발사업을 위한 정비계획은 노후 · 불량건축물의 수가 전체 건축물의 수의 60퍼센트(「도시재정비 촉진을 위한 특별법」 제5조에 따른 재정비촉진지구에서 재개발사업을 위한 정비계획을 입안하는 경우에는 50퍼센트로 하며, 재정비촉진지구 외의 지역의 경우에는 50퍼센트 이상 70퍼센트 이하의 범위에서 시 · 도조례로 증감할 수 있다) 이상인 지역으로서 〈다음 각 목〉의 어느 하나에 해당하는 지역에 대하여 입안한다. 이 경우 순환용주택을 건설하기 위하여 필요한 지역을 포함할 수 있다.

가. 정비기반시설의 정비에 따라 토지가 대지로서의 효용을 다할 수 없게 되거나 과소토지로 되어 도시의 환경이 현저히 불량하게 될 우려가 있는 지역

나. 노후 · 불량건축물의 연면적의 합계가 전체 건축물의 연면적의 합계의 60퍼센트(「도시재정비 촉진을 위한 특별법」 제5조에 따른 재정비촉진지구에서 재개발사업을 위한 정비계획을 입안하는 경우에는 50퍼센트로 하며, 재정비촉진지구 외의 지역의 경우에는 50퍼센트 이상 70퍼센트 이하의 범위에서 시 · 도조례로 증감할 수 있다) 이상이거나 건축물이 과도하게 밀집되어 있어 그 구역 안의 토지의 합리적인 이용과 가치의 증진을 도모하기 곤란한 지역

다. 인구 · 산업 등이 과도하게 집중되어 있어 도시기능의 회복을 위하여 토지의 합리적인 이용이 요청되는 지역

라. 해당 지역의 최저고도지구의 토지(정비기반시설용지를 제외한다)면적이 전체 토지면적의 50퍼센트를 초과하고, 그 최저고도에 미달하는 건축물이 해당 지역 건축물의 바닥면적합계의 3분의 2 이상인 지역

마. 공장의 매연 · 소음 등으로 인접지역에 보건위생상 위해를 초래할 우려가 있는 공업지역 또는 「산업집적활성화 및 공장설립에 관한 법률」에 따른 도시형공장이나 공해발생정도가 낮은 업종으로 전환하려는 공업지역

바. 역세권 등 양호한 기반시설을 갖추고 있어 대중교통 이용이 용이한 지역으로서 「주택법」 제20조에 따라 토지의 고도이용과 건축물의 복합개발을 통한 주택 건설 · 공급이 필요한 지역

사. 「국토의 계획 및 이용에 관한 법률」 제37조제1항제4호에 따른 방재지구가 해당 지역 전체 토지면적의 2분의 1 이상인 지역

아. 「건축법」 제2조제1항제5호에 따른 지하층의 전부 또는 일부를 주거용도로 사용하는 건축물의 수가 해당 지역 전체 건축물의 수의 2분의 1 이상인 지역

자. 제1호라목 또는 마목에 해당하는 지역

3. 재건축사업을 위한 정비계획은 제1호 및 제2호에 해당하지 않는 지역으로서 〈다음 각 목〉의 어느 하나에 해당하는 지역에 대하여 입안한다.

가. 건축물의 일부가 멸실되어 붕괴나 그 밖의 안전사고의 우려가 있는 지역
나. 재해 등이 발생할 경우 위해의 우려가 있어 신속히 정비사업을 추진할 필요가 있는 지역
다. 노후 · 불량건축물로서 기존 세대수가 200세대 이상이거나 그 부지면적이 1만 제곱미터 이상인 지역
라. 셋 이상의 「건축법 시행령」 별표 1 제2호가목에 따른 아파트 또는 같은 호 나목에 따른 연립주택이 밀집되어 있는 지역으로서 법 제12조에 따른 안전진단 실시 결과 전체 주택의 3분의 2 이상이 재건축이 필요하다는 판정을 받은 지역으로서 시 · 도조례로 정하는 면적 이상인 지역

4. 무허가건축물의 수, 노후 · 불량건축물의 수, 호수밀도, 토지의 형상 또는 주민의 소득 수준 등 정비계획의 입안대상지역 요건은 필요한 경우 제1호부터 제3호까지에서 규정한 범위에서 시 · 도조례로 이를 따로 정할 수 있다. 이 경우 제2호에 따른 재개발사업을 위한 정비계획의 입안대상지역 요건을 갖춘 지역에 위치한 노후 · 불량건축물의 수가 전체 건축물 수의 4분의 3 이상인 경우에는 전단에 따라 시 · 도조례로 따로 정한 요건을 갖춘 것으로 본다.
5. 부지의 정형화, 효율적인 기반시설의 확보 등을 위하여 필요하다고 인정되는 경우에는 지방도시계획위원회의 심의를 거쳐 제1호부터 제3호까지의 규정에 해당하는 정비구역의 입안대상지역 면적의 100분의 120 이하의 범위에서 시 · 도조례로 정하는 바에 따라 제1호부터 제3호까지의 규정에 해당하지 않는 지역을 포함하여 정비계획을 입안할 수 있다.
6. 건축물의 상당수가 붕괴나 그 밖의 안전사고의 우려가 있거나 상습 침수, 홍수, 산사태, 해일, 토사 또는 제방 붕괴 등으로 재해가 생길 우려가 있는 지역에 대해서는 정비계획을 입안할 수 있다.

3. 정비계획

(1) 정비계획의 내용

정비계획에는 〈다음 각 호〉의 사항이 포함되어야 한다(법 9조 1항).

1. 정비사업의 명칭
2. 정비구역 및 그 면적

2의2. 토지등소유자별 분담금 추산액 및 산출근거

3. 도시 · 군계획시설의 설치에 관한 계획
4. 공동이용시설 설치계획
5. 건축물의 주용도 · 건폐율 · 용적률 · 높이에 관한 계획
6. 환경보전 및 재난방지에 관한 계획
7. 정비구역 주변의 교육환경 보호에 관한 계획
8. 세입자 주거대책
9. 정비사업시행 예정시기

10. 정비사업을 통하여 공공지원민간임대주택을 공급하거나 주택임대관리업자에게 임대할 목적으로 주택을 위탁하려는 경우에는 〈다음 각 목〉의 사항. 다만, 나목과 다목의 사항은 건설하는 주택 전체 세대수에서 공공지원민간임대주택 또는 임대할 목적으로 주택임대관리업자에게 위탁하려는 주택(이하 "임대관리 위탁주택"이라 한다)이 차지하는 비율이 100분의 20 이상, 임대기간이 8년 이상의 범위 등에서 대통령령으로 정하는 요건에 해당하는 경우로 한정한다.
   가. 공공지원민간임대주택 또는 임대관리 위탁주택에 관한 획지별 토지이용 계획
   나. 주거 · 상업 · 업무 등의 기능을 결합하는 등 복합적인 토지이용을 증진시키기 위하여 필요한 건축물의 용도에 관한 계획
   다. 「국토의 계획 및 이용에 관한 법률」 제36조제1항제1호가목에 따른 주거지역을 세분 또는 변경하는 계획과 용적률에 관한 사항
   라. 그 밖에 공공지원민간임대주택 또는 임대관리 위탁주택의 원활한 공급 등을 위하여 대통령령으로 정하는 사항
11. 「국토의 계획 및 이용에 관한 법률」 제52조제1항 각 호의 사항에 관한 계획(필요한 경우로 한정한다)
12. 그 밖에 정비사업의 시행을 위하여 필요한 사항으로서 대통령령으로 정하는 사항(⇒ 영 8조 3항)

- 법 제17조제4항에 따른 현금납부에 관한 사항
- 법 제18조에 따라 정비구역을 분할, 통합 또는 결합하여 지정하려는 경우 그 계획
- 법 제23조제1항제2호에 따른 방법으로 시행하는 주거환경개선사업의 경우 법 제24조에 따른 사업시행자로 예정된 자
- 정비사업의 시행방법
- 기존 건축물의 정비 · 개량에 관한 계획
- 정비기반시설의 설치계획
- 건축물의 건축선에 관한 계획
- 홍수 등 재해에 대한 취약요인에 관한 검토 결과
- 정비구역 및 주변지역의 주택수급에 관한 사항
- 안전 및 범죄예방에 관한 사항
- 그 밖에 정비사업의 원활한 추진을 위하여 시 · 도조례로 정하는 사항

기본계획에서 정하는 건폐율 · 용적률 등에 관한 건축물의 밀도계획[제5조제1항제11호]에도 불구하고 정비계획에서 주거지역의 세분(변경) 계획과 용적율에 관한 내용[제1항제10호다목]을 포함하는 경우 기본계획과 달리 입안할 수 있다(법 제9조 제2항).

제8조제4항[지정권자가 직접 정비계획 입안] 및 제5항[자치구 구청장 또는 광역시 군수가 정비계획 입안하여 특별시장, 광역시장에 정비구역 지정 신청]에 따라 정비계획을 입안하는 특별자치시장, 특별자치도지사, 시장, 군수 또는 구청장등(이하 "정비계획의 입안권자"라 함)이 제5조제2항 각 호의 사항[생활권 계획 등]을 포함하여 기본계획을 수립한 지역에서 정비계

획을 입안하는 경우에는 그 정비구역을 포함한 해당 생활권에 대하여 같은 항 각 호의 사항에 대한 세부 계획을 입안할 수 있다(법 9조 3항).

(2) 임대주택 및 주택규모별 건설비율

정비계획의 입안권자는 주택수급의 안정과 저소득 주민의 입주기회 확대를 위하여 정비사업으로 건설하는 주택에 대하여 〈다음 각 호〉의 구분에 따른 범위에서 국토교통부장관이 정하여 고시하는「정비사업의 임대주택 및 주택규모별 건설비율」[2] 등을 정비계획에 반영하여야 한다(법 10조 1항).

1. 국민주택규모의 주택이 전체 세대수의 100분의 90 이하에서 대통령령으로 정하는 범위
2. 임대주택(공공임대주택 및 민간임대주택)이 전체 세대수 또는 전체 연면적의 100분의 30 이하에서 대통령령으로 정하는 범위

(3) 주거지역 용적률 완화

기본계획의 수립권자 또는 정비계획의 입안권자는 기본계획을 수립하거나 정비계획을 입안하려는 경우(변경 포함)에는 국토계획법의 주거지역에 대하여는 조례로 정한 용적률에도 불구하고 관계 법률에 따른 용적률의 상한까지 용적률을 정할 수 있다(법 11조 1항). 이와 관련하여 구청장등 또는 대도시의 시장이 아닌 시장은 기본계획의 변경 또는 변경승인을 특별시장 · 광역시장 · 도지사에게 요청할 수 있다(법 제11조 제3항).

기본계획의 수립권자 또는 정비계획의 입안권자는 천재지변, 그 밖의 불가피한 사유로 건축물이 붕괴할 우려가 있어 긴급히 정비사업을 시행할 필요가 있다고 인정하는 경우에는 용도지역의 변경을 통해 용적률을 완화하여 기본계획을 수립하거나 정비계획을 입안할 수 있다. 이 경우 기본계획의 수립권자, 정비계획의 입안권자 및 정비구역의 지정권자는 용도지역의 변경을 이유로 기부채납을 요구하여서는 아니 된다(법 11조 2항).

---

2) 국토교통부고시 제2024-26호(2024.1.19. 일부개정) 제5조에서는 재건축사업의 경우 정비계획 수립시 주거환경개선사업 및 재개발사업과 달리 주택규모별(85제곱미터) 건설비율을 정할 뿐 임대주택 의무건설 비율을 정하고 있지 않다.

4. 재건축사업 정비계획 입안을 위한 안전진단

(1) 안전진단 실시

① 안전진단 시기

정비계획의 입안권자는 재건축사업 정비계획의 입안을 위하여 정비기본계획에 따른 정비예정구역별 정비계획의 수립시기가 도래한 때에 안전진단을 실시하여야 한다(법 12조 1항).

다만 건축물 및 부속토지의 소유자가 〈다음 각 호〉의 어느 하나의 요건을 갖추어 안전진단의 실시를 요청하는 경우 정비계획의 입안권자는 정비계획의 수립시기가 도래하기 전이라도 안전진단을 실시하여야 한다. 이 경우 정비계획의 입안권자는 안전진단에 드는 비용을 해당 안전진단의 실시를 요청하는 자에게 부담하게 할 수 있다(법 12조 2항).

1. 정비계획의 입안을 제안하려는 자가 입안을 제안하기 전에 해당 정비예정구역에 위치한 건축물 및 그 부속토지의 소유자 10분의 1 이상의 동의를 받아 안전진단의 실시를 요청하는 경우
2. 정비예정구역을 지정하지 아니한 지역에서 재건축사업을 하려는 자가 사업예정구역에 있는 건축물 및 그 부속토지의 소유자 10분의 1 이상의 동의를 받아 안전진단의 실시를 요청하는 경우
3. 제2조제3호나목에 해당하는 건축물의 소유자로서 재건축사업을 시행하려는 자가 해당 사업예정구역에 위치한 건축물 및 그 부속토지의 소유자 10분의 1 이상의 동의를 받아 안전진단의 실시를 요청하는 경우

② 안전진단 절차

i) 정비계획의 입안권자는 현지조사 등을 통하여 해당 건축물의 "구조안전성, 건축마감, 설비노후도 및 주거환경 적합성 등"을 심사하여 안전진단의 실시 여부를 결정하여야 하며, 안전진단의 실시가 필요하다고 결정한 경우에는 안전진단기관에 안전진단을 의뢰하여야 한다(법 12조 4항).

ii) 안전진단을 의뢰받은 안전진단기관은 국토교통부장관이 정하여 고시하는 기준(건축물의 내진성능 확보를 위한 비용을 포함한다)에 따라 안전진단을 실시하여야 하며, 안전진단 결과보고서를 작성하여 정비계획의 입안권자 및 안전진단의 실시를 요청한 자에게 제출하여야 한다(법 12조 5항).

iii) 정비계획의 입안권자는 안전진단의 결과와 도시계획 및 지역여건 등을 종합적으로 검토하여 정비계획의 입안 여부를 결정하여야 한다(법 제12조 제6항). 안전진단의 대상 · 기준 · 실시기관 · 지정절차 및 수수료 등에 필요한 사항은 대통령령으로 정한다(법 12조 7항).

(2) 안전진단 결과의 적정성 검토

정비계획의 입안권자(특별자치시장 및 특별자치도지사는 제외)는 제12조제6항에 따라 정비계획의 입안 여부를 결정한 경우에는 지체 없이 특별시장 · 광역시장 · 도지사에게 결정내용과 해당 안전진단 결과보고서를 제출하여야 한다(법 13조 1항).

특별시장 · 광역시장 · 특별자치시장 · 도지사 · 특별자치도지사(이하 "시 · 도지사")는 필요한 경우 국토안전관리원 또는 한국건설기술연구원에 안전진단 결과의 적정성에 대한 검토를 의뢰할 수 있다(법 제13조 제2항). 국토교통부장관은 시 · 도지사에게 안전진단 결과보고서의 제출을 요청할 수 있으며, 필요한 경우 시 · 도지사에게 안전진단 결과의 적정성에 대한 검토를 요청할 수 있다(법 13조 3항).

시 · 도지사는 검토결과에 따라 정비계획의 입안권자에게 정비계획 입안결정의 취소 등 필요한 조치를 요청할 수 있으며, 정비계획의 입안권자는 특별한 사유가 없으면 그 요청에 따라야 한다. 다만, 특별자치시장 및 특별자치도지사는 직접 정비계획의 입안결정의 취소 등 필요한 조치를 할 수 있다(법 13조 4항).

5. 정비구역 지정절차

(1) 정비계획의 입안 요청

토지등소유자는 〈다음 각 호〉의 어느 하나에 해당하는 경우에는 정비계획의 입안권자에게 정비구역의 지정을 위한 정비계획의 입안을 요청할 수 있다(법 13조의2 1항).[3] 후술하는 정비계획 입안 제안보다 요건이 완화된 것으로 2023.7.18. 신설되었다.

1. 정비기본계획에 따른 단계별 정비사업 추진계획상 정비예정구역별 정비계획의 입안시기가 지났음에도 불구하고 정비계획이 입안되지 아니한 경우
2. 제5조제2항에 따라 기본계획에 정비예정구역의 개략적 범위 및 단계별 추진계획을 생략한 경우
3. 천재지변 등 대통령령으로 정하는 불가피한 사유로 긴급하게 정비사업을 시행할 필요가 있다고 판단되는 경우

정비계획의 입안권자는 입안 요청일부터 4개월 이내에 정비계획의 입안 여부를 결정하여 토지등소유자 및 정비구역의 지정권자에게 알려야 한다. 다만, 정비계획의 입안권자는 정비계획의 입안 여부의 결정 기한을 2개월의 범위에서 한 차례만 연장할 수 있다(법 13조의2 2항).

(2) 정비계획의 입안 제안

토지등소유자(제5호의 경우에는 제26조제1항제1호 및 제27조제1항제1호에 따라 사업시행자가 되려는 자를 말함)는 〈다음 각 호〉의 어느 하나에 해당하는 경우에는 정비계획의 입안권자에게 정비계획의 입안을 제안할 수 있다(법 14조 1항).[4]

3) 토지등소유자의 2분의 1 이하의 범위에서 시 · 도조례로 정하는 비율 이상의 동의 필요(영 11조의2 1항)
4) 토지등소유자의 3분의 2 이하 및 토지면적 3분의 2 이하의 범위에서 시 · 도조례로 정하는 비율 이상의 동의 필요(영 12조 1항)

1. 기본계획에 따른 단계별 정비사업 추진계획상 정비예정구역별 정비계획의 입안시기가 지났음에도 불구하고 정비계획이 입안되지 아니하거나 같은 호에 따른 정비예정구역별 정비계획의 수립시기를 정하고 있지 아니한 경우
2. 토지등소유자가 제26조제1항제7호 및 제8호에 따라 토지주택공사등을 사업시행자로 지정 요청하려는 경우
3. 대도시가 아닌 시 또는 군으로서 시 · 도조례로 정하는 경우
4. 정비사업을 통하여 공공지원민간임대주택을 공급하거나 임대할 목적으로 주택을 주택임대관리업자에게 위탁하려는 경우로서 제9조제1항제10호 각 목을 포함하는 정비계획의 입안을 요청하려는 경우
5. 제26조제1항제1호 및 제27조제1항제1호에 따라 정비사업을 시행하려는 경우
6. 토지등소유자(조합이 설립된 경우에는 조합원을 말함)가 3분의 2 이상의 동의로 정비계획의 변경을 요청하는 경우. 다만, 제15조제3항에 따른 경미한 사항을 변경하는 경우에는 토지등소유자의 동의절차를 거치지 아니한다.
7. 토지등소유자가 공공재개발사업 또는 공공재건축사업을 추진하려는 경우

정비계획 입안의 제안을 위한 토지등소유자의 동의, 제안서의 처리 등에 필요한 사항은 대통령령으로 정한다(법 14조 2항).

(3) 정비계획 기본방향 제시

정비구역의 지정권자는 〈다음 각 호〉의 어느 하나에 해당하는 경우에는 토지이용, 주택건설 및 기반시설의 설치 등에 관한 기본방향[정비계획의 기본방향]을 작성하여 정비계획의 입안권자에게 제시하여야 한다(법 13조의2 3항).

1. 제13조의2 제2항에 따라 정비계획의 입안권자가 토지등소유자에게 정비계획을 입안하기로 통지한 경우
2. 제5조제1항제10호에 따른 단계별 정비사업 추진계획에 따라 정비계획의 입안권자가 요청하는 경우
3. 제12조제6항에 따라 정비계획의 입안권자가 정비계획을 입안하기로 결정한 경우로서 정비계획의 입안권자가 토지등소유자의 2분의 1 이하의 범위에서 시 · 도조례로 정하는 비율 이상의 동의를 받아 정비구역지정권자에게 요청하는 경우(영 11조의2 3항)
4. 정비계획을 변경하는 경우로서 법 제54조, 법 제66조제2항부터 제5항까지, 법 제101조의5 또는 법 제101조의6에 따른 용적률 완화를 위하여 정비계획을 변경하는 경우로서 정비계획의 입안권자가 토지등소유자의 2분의 1 이하의 범위에서 시 · 도조례로 정하는 비율 이상의 동의를 받아 정비구역지정권자에게 요청하는 경우(영 11조의2 4항).

(4) 정비계획의 입안권자

정비계획의 입안권자는 특별자치시장, 특별자치도지사, 시장, 군수 또는 구청장등이다(법 9조 3항). 여기서 구청장등은 자치구의 구청장 또는 광역시의 군수를 의미하며, 이들은 정비계획을 입안하여 특별시장 · 광역시장에게 정비구역 지정을 신청하여야 한다. 이 경우 지방의회의 의견을 첨부하여야 한다(법 제8조 제5항).

정비구역의 지정권자[특별시장 · 광역시장 · 특별자치시장 · 특별자치도지사 · 시장 또는 군수(광역시의 군수는 제외)]는 정비구역 지정을 위하여 직접 정비계획을 입안할 수 있다(법 8조 4항).

(5) 의견 청취

정비계획의 입안권자는 정비계획을 입안하거나 변경하려면 주민에게 서면으로 통보한 후 주민설명회 및 30일 이상 주민에게 공람하여 의견을 들어야 하며, 제시된 의견이 타당하다고 인정되면 이를 정비계획에 반영하여야 한다(법 15조 1항). 또한 주민공람과 함께 지방의회의 의견을 들어야 하며, 이 경우 지방의회는 정비계획의 입안권자가 정비계획을 통지한 날부터 60일 이내에 의견을 제시하여야 하고 의견제시 없이 60일이 지난 경우 이의가 없는 것으로 본다(법 14조 2항). 다만 대통령령으로 정하는 경미한 사항을 변경하는 경우에는 주민에 대한 서면통보, 주민설명회, 주민공람 및 지방의회의 의견청취 절차를 거치지 아니할 수 있다(법 14조 3항).

정비계획의 입안권자는 정비기반시설 및 국유 · 공유재산의 귀속 및 처분에 관한 사항이 포함된 정비계획을 입안하려면 미리 해당 정비기반시설 및 국유 · 공유재산의 관리청의 의견을 들어야 한다(법 14조 4항).

(6) 도시계획위원회 심의

정비구역의 지정권자는 정비구역을 지정하거나 변경지정하려면 지방도시계획위원회의 심의를 거쳐야 한다. 다만, 경미한 사항을 변경하는 경우에는 지방도시계획위원회의 심의를 거치지 아니할 수 있다(법 16조 1항).

(7) 정비계획의 결정 및 정비구역의 지정 · 고시 등

정비구역의 지정권자는 정비구역을 지정(변경지정을 포함)하거나 정비계획을 결정(변경결정을 포함)한 때에는 정비계획을 포함한 정비구역 지정의 내용을 해당 지방자치단체의 공보에 고시하여야 하며, 이 경우 지형도면 고시 등에 대하여는 「토지이용규제 기본법」 제8조에 따른다(법 16조 2항).

정비계획을 포함한 정비구역을 지정 · 고시한 때에는 국토교통부령으로 정하는 방법 및 절차에 따라 국토교통부장관에게 그 지정의 내용을 보고하여야 하며, 관계 서류를 일반인이 열람할 수 있도록 하여야 한다(법 16조 2항).

(8) 정비구역의 분할 · 통합 및 결합

정비구역의 지정권자는 정비사업의 효율적인 추진 또는 도시의 경관보호를 위하여 필요하다고 인정하는 경우에는 〈다음 각 호〉의 방법에 따라 정비구역을 지정할 수 있다(법 18조 1항).

1. 하나의 정비구역을 둘 이상의 정비구역으로 분할
2. 서로 연접한 정비구역을 하나의 정비구역으로 통합
3. 서로 연접하지 아니한 둘 이상의 구역(제8조제1항에 따라 대통령령으로 정하는 요건에 해당하는 구역으로 한정한다) 또는 정비구역을 하나의 정비구역으로 결합

6. 정비구역 지정 · 고시의 효력 등

(1) 지구단위계획구역 및 지구단위계획 결정 · 고시와의 상호 의제

정비구역의 지정 · 고시가 있는 경우 해당 정비구역 및 정비계획 중 「국토의 계획 및 이용에 관한 법률」 제52조(지구단위계획의 내용) 제1항 각 호의 어느 하나에 해당하는 사항은 같은 법 제50조에 따라 지구단위계획구역 및 지구단위계획으로 결정 · 고시된 것으로 본다(법 제17조 제1항).

또한 「국토의 계획 및 이용에 관한 법률」에 따른 지구단위계획구역에 대하여 제9조(정비계획의 내용) 제1항 각 호의 사항을 모두 포함한 지구단위계획을 결정 · 고시(변경 결정 · 고시하는 경우를 포함한다)하는 경우 해당 지구단위계획구역은 정비구역으로 지정 · 고시된 것으로 본다(법 17조 2항).

(2) 정비구역에서 건폐율 · 용적율 등의 완화

정비계획을 통한 토지의 효율적 활용을 위하여 「국토의 계획 및 이용에 관한 법률」 제52조 제3항에 따른 건폐율 · 용적률 등 완화규정은 정비계획에 준용한다. 이 경우 "지구단위계획구역"은 "정비구역"으로, "지구단위계획"은 "정비계획"으로 본다(법 17조 3항).

따라서 정비구역에서는 정비계획에 의해 「국토의 계획 및 이용에 관한 법률」제76조(용도지역 및 용도지구에서의 건축물의 건축제한 등) · 제77조(용도지역의 건폐율) · 제78조(용도지역에서의 용적율)의 규정과 「건축법」 제42조(대지의 조경) · 제43조(공개공지 등의 확보) · 제44조(대지와 도로와의 관계) · 제60조(건축물 높이 제한) 및 제61조(일조 등의 확보를 위한 건축물 높이 제한), 「주차장법」 제19조(부설주차장 설치) 및 제19조의2(부설주차장 설치계획서)를 대통령령[국토의계획및이용에관한법률 시행령 제46조 및 제47조]으로 정하는 범위에서 완화하여 적용할 수 있다.

뿐만 아니라 정비사업에서는 사업시행자가 정비구역에 있는 대지의 가액 일부에 해당하는 금액을 현금으로 납부한 경우에는 대통령령으로 정하는 공공시설 또는 기반시설(이하 이 항에

서 "공공시설등"이라 한다)의 부지를 제공하거나 공공시설등을 설치하여 제공한 것으로 본다(법 17조 4항). 이 경우[이른바 '현금 기부채납'을 말함] 현금납부 및 부과 방법 등에 필요한 사항은 대통령령(영 제14조)으로 정한다(법 17조 5항).

(3) 행위제한 등

① 행위 허가 대상

정비구역에서 〈다음 각 호〉의 어느 하나에 해당하는 행위를 하려는 자는 시장 · 군수등의 허가를 받아야 한다. 허가받은 사항을 변경하려는 때에도 또한 같다(법 19조 1항, 영 15조 1항).

1. 건축물의 건축 등: 「건축법」 제2조제1항제2호에 따른 건축물(가설건축물 포함)의 건축, 용도변경
2. 공작물의 설치: 인공을 가하여 제작한 시설물(「건축법」 제2조제1항제2호에 따른 건축물을 제외한다)의 설치
3. 토지의 형질변경: 절토(땅깎기) · 성토(흙쌓기) · 정지(땅고르기) · 포장 등의 방법으로 토지의 형상을 변경하는 행위, 토지의 굴착 또는 공유수면의 매립
4. 토석의 채취: 흙 · 모래 · 자갈 · 바위 등의 토석을 채취하는 행위. 다만, 토지의 형질변경을 목적으로 하는 것은 제3호에 따른다.
5. 토지분할
6. 물건을 쌓아놓는 행위 : 이동이 쉽지 아니한 물건을 1개월 이상 쌓아놓는 행위
7. 죽목의 벌채 및 식재

시장 · 군수등은 제1항을 위반한 자에게 원상회복을 명할 수 있으며, 그 의무를 이행하지 아니하는 때에는 「행정대집행법」에 따라 대집행할 수 있다(법 19조 4항).

허가를 받아야 하는 행위로서 정비구역의 지정 및 고시 당시 이미 관계 법령에 따라 행위허가를 받았거나 허가를 받을 필요가 없는 행위에 관하여 그 공사 또는 사업에 착수한 자는 대통령령으로 정하는 바에 따라 시장 · 군수등에게 신고한 후 이를 계속 시행할 수 있다(법 19조 3항).

허가에 관하여 이 법에 규정된 사항을 제외하고는 「국토의 계획 및 이용에 관한 법률」 제57조부터 제60조까지 및 제62조를 준용하며, 제1항에 따라 허가를 받은 경우에는 「국토의 계획 및 이용에 관한 법률」 제56조에 따라 허가를 받은 것으로 본다(법 19조 5항 및 6항).

② 허가 없이 할 수 있는 행위

〈다음 각 호〉의 어느 하나에 해당하는 행위는 제1항에도 불구하고 허가를 받지 아니하고 할 수 있다(법 19조 2항).

1. 재해복구 또는 재난수습에 필요한 응급조치를 위한 행위
2. 기존 건축물의 붕괴 등 안전사고의 우려가 있는 경우 해당 건축물에 대한 안전조치를 위한 행위
3. 그 밖에 대통령령으로 정하는 행위

③ 투기억제 등을 위한 특별한 행위 제한

국토교통부장관, 시 · 도지사, 시장, 군수 또는 구청장(자치구의 구청장을 말한다. 이하 같다)은 비경제적인 건축행위 및 투기 수요의 유입을 막기 위하여 기본계획을 공람 중인 정비예정구역 또는 정비계획을 수립 중인 지역에 대하여 3년 이내의 기간(1년의 범위에서 한 차례만 연장할 수 있다)을 정하여 대통령령으로 정하는 방법과 절차에 따라 〈다음 각 호〉의 행위를 제한할 수 있다(법 19조 7항).

1. 건축물의 건축
2. 토지의 분할
3. 「건축법」 제38조에 따른 건축물대장 중 일반건축물대장을 집합건축물대장으로 전환
4. 「건축법」 제38조에 따른 건축물대장 중 집합건축물대장의 전유부분 분할

④ 지역주택 조합원 모집 금지

정비예정구역 또는 정비구역(이하 "정비구역등"이라 한다)에서는 「주택법」 제2조제11호가목에 따른 지역주택조합의 조합원을 모집해서는 아니 된다(법 19조 8항).

7. 정비구역 등의 해제

(1) 해제 사유

정비구역의 지정권자는 〈다음 각 호〉의 어느 하나에 해당하는 경우에는 정비구역 등을 해제하여야 한다. 구청장등은 〈다음 각 호〉 해제사유에 해당하는 경우에는 특별시장 · 광역시장에게 정비구역등의 해제를 요청하여야 한다(법 제20조 1항 및 2항).

1. 정비예정구역에 대하여 기본계획에서 정한 정비구역 지정 예정일부터 3년이 되는 날까지 특별자치시장, 특별자치도지사, 시장 또는 군수가 정비구역을 지정하지 아니하거나 구청장등이 정비구역의 지정을 신청하지 아니하는 경우
2. 재개발사업 · 재건축사업[제35조에 따른 조합이 시행하는 경우로 한정한다]이 〈다음 각 목〉의 어느 하나에 해당하는 경우
   가. 토지등소유자가 정비구역으로 지정 · 고시된 날부터 2년이 되는 날까지 조합설립추진위원회의 승인을 신청하지 아니하는 경우

나. 토지등소유자가 정비구역으로 지정 · 고시된 날부터 3년이 되는 날까지 조합설립인가를 신청하지 아니하는 경우(제31조제4항에 따라 추진위원회를 구성하지 아니하는 경우로 한정한다)
다. 추진위원회가 추진위원회 승인일부터 2년이 되는 날까지 조합설립인가를 신청하지 아니하는 경우
라. 조합이 조합설립인가를 받은 날부터 3년이 되는 날까지 사업시행계획인가를 신청하지 아니하는 경우

3. 토지등소유자가 시행하는 재개발사업으로서 토지등소유자가 정비구역으로 지정 · 고시된 날부터 5년이 되는 날까지 사업시행계획인가를 신청하지 아니하는 경우

다음의 경우에는 정비구역등의 해제를 유예할 수 있다. 즉 정비구역의 지정권자는 〈다음 각 호〉의 어느 하나에 해당하는 경우에는 위 제1항 제1호부터 제3호까지의 규정에 따른 해당 기간을 2년의 범위에서 연장하여 정비구역등을 해제하지 아니할 수 있다(법 20조 6항).

1. 정비구역등의 토지등소유자(조합을 설립한 경우에는 조합원을 말한다)가 100분의 30 이상의 동의로 제1항제1호부터 제3호까지의 규정에 따른 해당 기간이 도래하기 전까지 연장을 요청하는 경우
2. 정비사업의 추진 상황으로 보아 주거환경의 계획적 정비 등을 위하여 정비구역등의 존치가 필요하다고 인정하는 경우

(2) 해제 절차

특별자치시장, 특별자치도지사, 시장, 군수 또는 구청장등이 정비구역 등을 해제하거나 해제를 요청하는 경우에는 30일 이상 주민에게 공람하여 의견을 들어야 한다(법 20조 3항). 이에 따라 주민공람을 하는 경우에는 지방의회의 의견을 들어야 하며, 지방의회는 특별자치시장, 특별자치도지사, 시장, 군수 또는 구청장등이 정비구역등의 해제에 관한 계획을 통지한 날부터 60일 이내에 의견을 제시하여야 하며, 의견제시 없이 60일이 지난 경우 이의가 없는 것으로 본다(법 20조 4항).

정비구역의 지정권자는 정비구역등의 해제를 요청받거나 정비구역등을 해제하려면 지방도시계획위원회[5]의 심의를 거쳐야 한다(법 20조 5항).

정비구역의 지정권자는 정비구역등을 해제하는 경우(제6항에 따른 해제 유예를 포함)에는 그 사실을 해당 지방자치단체의 공보에 고시하고 국토교통부장관에게 통보하여야 하며, 관계

5) 「도시재정비 촉진을 위한 특별법」 제5조에 따른 재정비촉진지구에서는 같은 법 제34조에 따른 도시재정비위원회의 심의를 거쳐 정비구역등을 해제하여야 한다(법 20조 5항 단서).

서류를 일반인이 열람할 수 있도록 하여야 한다(법 20조 7항).

(3) 정비구역 등의 직권해제

정비구역의 지정권자는 〈다음 각 호〉의 어느 하나에 해당하는 경우 지방도시계획위원회의 심의를 거쳐 정비구역 등을 해제할 수 있다(법 21조 1항).

1. 정비사업의 시행으로 토지등소유자에게 과도한 부담이 발생할 것으로 예상되는 경우
2. 정비구역등의 추진 상황으로 보아 지정 목적을 달성할 수 없다고 인정되는 경우
3. 토지등소유자의 100분의 30 이상이 정비구역등(추진위원회가 구성되지 아니한 구역으로 한정한다)의 해제를 요청하는 경우
4. 제23조제1항제1호에 따른 방법으로 시행 중인 주거환경개선사업의 정비구역이 지정 · 고시된 날부터 10년 이상 지나고, 추진 상황으로 보아 지정 목적을 달성할 수 없다고 인정되는 경우로서 토지등소유자의 과반수가 정비구역의 해제에 동의하는 경우
5. 추진위원회 구성 또는 조합 설립에 동의한 토지등소유자의 2분의 1 이상 3분의 2 이하의 범위에서 시 · 도조례로 정하는 비율 이상의 동의로 정비구역의 해제를 요청하는 경우(사업시행계획인가를 신청하지 아니한 경우로 한정)
6. 추진위원회가 구성되거나 조합이 설립된 정비구역에서 토지등소유자 과반수의 동의로 정비구역의 해제를 요청하는 경우(사업시행계획인가를 신청하지 아니한 경우로 한정)

(4) 정비구역 등 해제의 효력

정비구역 등이 해제(또는 직권해제)된 경우에는 정비계획으로 변경된 용도지역, 정비기반시설 등은 정비구역 지정 이전의 상태로 환원된 것으로 본다. 다만, 제21조제1항제4호의 경우 정비구역의 지정권자는 정비기반시설의 설치 등 해당 정비사업의 추진 상황에 따라 환원되는 범위를 제한할 수 있다(법 22조 1항).

재개발사업 및 재건축사업을 시행하기 위한 정비구역 등이 해제된 경우 정비구역의 지정권자는 해제된 정비구역 등을 현지개량방식으로 시행하는 주거환경개선사업을 위한 정비구역으로 지정할 수 있다. 이 경우 주거환경개선구역으로 지정된 구역은 기본계획에 반영된 것으로 본다(법 22조 2항).

정비구역 등이 해제 · 고시된 경우 추진위원회 구성승인 또는 조합설립인가는 취소된 것으로 보고, 시장 · 군수등은 해당 지방자치단체의 공보에 그 내용을 고시하여야 한다(법 22조 3항).

정비구역등이 해제 또는 직권해제된 경우 정비구역의 지정권자는 해제된 정비구역등을 「도시재생 활성화 및 지원에 관한 특별법」에 따른 도시재생선도지역으로 지정하도록 국토교통부장관에게 요청할 수 있다(법 21조의2).

제 3 장

정비사업의 시행

제1절 정비사업의 시행방법 등

1. 정비사업의 시행방법

정비사업의 시행방법은 흔히 현지개량방식, 수용방식, 환지방식, 관리처분방식, 혼용방식으로 분류하며, 도시및주거환경정비법에서는 정비사업 유형별로 각각 시행방법(시행방식)을 달리 정하고 있다.

(1) 주거환경개선사업

주거환경개선사업은 다음 중 어느 하나에 해당하는 방법 또는 이를 혼용하는 방법으로 한다(법 23조 1항).

현지개량방식	사업시행자가 정비구역에서 정비기반시설 및 공동이용시설을 새로 설치하거나 확대하고, 토지등소유자가 스스로 주택을 보전·정비하거나 개량하는 방법
수용방식	사업시행자가 정비구역의 전부 또는 일부를 수용하여 주택을 건설한 후 토지등소유자에게 우선 공급하거나 대지를 토지등소유자 또는 토지등소유자 외의 자에게 공급하는 방법
환지방식	사업시행자가 인가받은 환지계획에 따라 환지로 공급하는 방법
관리처분방식	사업시행자가 정비구역에서 인가받은 관리처분계획에 따라 주택 및 부대시설·복리시설을 건설하여 공급하는 방법

(2) 재개발사업

재개발사업은 다음 중 하나의 방법으로 한다(법 23조 2항).

관리처분방식	정비구역에서 인가받은 관리처분계획에 따라 건축물을 건설하여 공급
환지방식	환지계획에 따라 환지로 공급하는 방법

(3) 재건축사업

재건축사업은 관리처분방식으로 한다. 다만, 주택단지에 있지 아니하는 건축물의 경우에는 사업 시행상 불가피한 경우로서 정비구역으로 보는 사업에 한정한다(법 23조 3항).

관리처분방식	정비구역에서 인가받은 관리처분계획에 따라 주택, 부대시설 · 복리시설 및 오피스텔(「건축법」에 따른 오피스텔)을 건설하여 공급하는 방법정비구역에서 인가받은 관리처분계획에 따라 건축물을 건설하여 공급

오피스텔을 건설하여 공급하는 경우에는 「국토의 계획 및 이용에 관한 법률」에 따른 준주거지역 및 상업지역에서만 건설할 수 있으며, 이 경우 오피스텔의 연면적은 전체 건축물 연면적의 100분의 30 이하이어야 한다(법 23조 4항).

2. 정비사업의 시행자

(1) 주거환경개선사업의 시행자

주거환경개선사업의 경우 사회 저소득층 보호와 정부의 인프라 제공 의무 등 공공성을 감안하여 시장 · 군수, 토지주택공사등, 공공법인이 단독으로 시행하거나 공공과 민간업자의 공동사업 형태로 시행하게 된다. 주거환경개선사업의 사업방식별 시행자는 다음과 같다.

① 현지개량방식의 경우 (법 24조 1항)

1. 시장 · 군수등이 직접 시행
2. 시장 · 군수등이 토지주택공사등을 사업시행자로 지정하여 시행
   (정비계획 입안을 위한 주민 공람공고일 현재 토지등소유자의 과반수의 동의 필요)

② 수용방식 · 환지방식 · 관리처분방식의 경우 (법 24조 2항)

1. 시장 · 군수등이 직접 시행
2. 시장 · 군수등이 〈다음 각 목〉의 어느 하나에 해당하는 자를 사업시행자로 지정 시행
   가. 토지주택공사등
   나. 주거환경개선사업을 시행하기 위하여 국가, 지방자치단체, 토지주택공사등 또는 「공공기관의 운영에 관한 법률」 제4조에 따른 공공기관이 총지분의 100분의 50을 초과하는 출자로 설립한 법인
3. 시장 · 군수등이 위 2호에 해당하는 자와 〈다음 각 목〉의 어느 하나에 해당하는 자를 공동시행자로 지정 시행
   가. 「건설산업기본법」 제9조에 따른 건설업자
   나. 「주택법」 제7조제1항에 따라 건설업자로 보는 등록사업자

☞ 제2항 제2호 및 제3호에 따라 시행하려는 경우에는 정비계획 입안을 위한 주민 공람공고일 현재 해당 정비예정구역의 토지 또는 건축물의 소유자 또는 지상권자의 3분의 2 이상의 동의와 세입자[6] 세대수의 과반수의 동의를 각각 받아야 한다. 다만, 세입자의 세대수가 토지등소유자의 2분의 1 이하인 경우 등 대통령령으로 정하는 사유가 있는 경우에는 세입자의 동의절차를 거치지 아니할 수 있다(법 24조 3항).

③ 천재지변 등 긴급한 경우

시장 · 군수등은 천재지변, 그 밖의 불가피한 사유로 건축물이 붕괴할 우려가 있어 긴급히 정비사업을 시행할 필요가 있다고 인정하는 경우에는 제1항 및 제3항에도 불구하고 토지등소유자 및 세입자의 동의 없이 자신이 직접 시행하거나 토지주택공사등을 사업시행자로 지정하여 시행하게 할 수 있다(법 24조 4항).

(2) 재개발사업의 시행자

재개발사업은 〈다음 각 호〉의 어느 하나에 해당하는 방법으로 시행할 수 있다(법 25조 1항).

1. 조합이 단독으로 시행
2. 조합이 시장 · 군수등, 토지주택공사등, 건설업자, 등록사업자 또는 대통령령으로 정하는 요건을 갖춘 자[7]와 공동으로 시행하는 방법(조합원의 과반수의 동의 필요)
3. 토지등소유자가 20인 미만인 경우에는
   - 토지등소유자가 직접 시행
   - 토지등소유자가 시장 · 군수등, 토지주택공사등, 건설업자, 등록사업자 또는 대통령령으로 정하는 요건을 갖춘 자[8]와 공동으로 시행하는 방법(토지등소유자의 과반수의 동의 필요)

(3) 재건축사업의 시행자

재건축사업의 시행자는 다음과 같다(법 25조 2항).

1. 조합이 단독으로 시행
2. 조합이 시장 · 군수등, 토지주택공사등, 건설업자 또는 등록사업자와 공동으로 시행(조합원의 과반수의 동의 필요)

6) 법 제15조제1항에 따른 공람공고일 3개월 전부터 해당 정비예정구역에 3개월 이상 거주하고 있는 자를 말한다.
7) "대통령령으로 정하는 요건을 갖춘 자"란 각각 「자본시장과 금융투자업에 관한 법률」에 따른 신탁업자와 「한국부동산원법」에 따른 한국부동산원을 말한다(영 19조 1항).
8) 각주 7)과 같음.

(4) 재개발사업 · 재건축사업의 공공시행자

① 공공시행자 지정

시장 · 군수등은 재개발사업 및 재건축사업이 〈다음 각 호〉의 어느 하나에 해당하는 때에는 제25조에도 불구하고 직접 정비사업을 시행하거나 토지주택공사등(토지주택공사등이 건설업자 또는 등록사업자와 공동으로 시행하는 경우를 포함한다)을 사업시행자로 지정하여 정비사업을 시행하게 할 수 있다(법 26조 1항).

1. 천재지변, 「재난 및 안전관리 기본법」 제27조 또는 「시설물의 안전 및 유지관리에 관한 특별법」 제23조에 따른 사용제한 · 사용금지, 그 밖의 불가피한 사유로 긴급하게 정비사업을 시행할 필요가 있다고 인정하는 때
2. 정비계획에서 정한 정비사업시행 예정일부터 2년 이내에 사업시행계획인가를 신청하지 아니하거나 사업시행계획인가를 신청한 내용이 위법 또는 부당하다고 인정하는 때(재건축사업의 경우는 제외)
3. 추진위원회가 시장 · 군수등의 구성승인을 받은 날부터 3년 이내에 조합설립인가를 신청하지 아니하거나 조합이 조합설립인가를 받은 날부터 3년 이내에 사업시행계획인가를 신청하지 아니한 때
4. 지방자치단체의 장이 시행하는 「국토의 계획 및 이용에 관한 법률」 제2조제11호에 따른 도시 · 군계획사업과 병행하여 정비사업을 시행할 필요가 있다고 인정하는 때
5. 제59조제1항에 따른 순환정비방식으로 정비사업을 시행할 필요가 있다고 인정하는 때
6. 제113조에 따라 사업시행계획인가가 취소된 때
7. 해당 정비구역의 국 · 공유지 면적 또는 국 · 공유지와 토지주택공사등이 소유한 토지를 합한 면적이 전체 토지면적의 2분의 1 이상으로서 토지등소유자의 과반수가 시장 · 군수등 또는 토지주택공사등을 사업시행자로 지정하는 것에 동의하는 때
8. 해당 정비구역의 토지면적 2분의 1 이상의 토지소유자와 토지등소유자의 3분의 2 이상에 해당하는 자가 시장 · 군수등 또는 토지주택공사등을 사업시행자로 지정할 것을 요청하는 때(이 경우 제14조제1항제2호에 따라 토지등소유자가 정비계획의 입안을 제안한 경우 입안제안에 동의한 토지등소유자는 토지주택공사등의 사업시행자 지정에 동의한 것으로 본다. 다만, 사업시행자의 지정 요청 전에 시장 · 군수등 및 제47조에 따른 주민대표회의에 사업시행자의 지정에 대한 반대의 의사표시를 한 토지등소유자의 경우에는 그러하지 아니하다)

② 공공시행자 지정 고시 및 효과

시장 · 군수등은 직접 정비사업을 시행하거나 토지주택공사등을 사업시행자로 지정하는 때에는 정비사업 시행구역 등 토지등소유자에게 알릴 필요가 있는 사항으로서 대통령령으로 정하는 사항을 해당 지방자치단체의 공보에 고시하여야 한다. 다만, 제1항제1호의 경우에는 토지등소유자에게 지체 없이 정비사업의 시행 사유 · 시기 및 방법 등을 통보하여야 한다(법 26조 2항).

시장 · 군수등이 직접 정비사업을 시행하거나 토지주택공사등을 사업시행자로 지정 · 고시한 때에는 그 고시일 다음 날에 추진위원회의 구성승인 또는 조합설립인가가 취소된 것으로 본다. 이 경우 시장 · 군수등은 해당 지방자치단체의 공보에 해당 내용을 고시하여야 한다(법 26조 3항).

(5) 재개발사업 · 재건축사업의 지정개발자

① 지정개발자 지정

시장 · 군수등은 재개발사업 및 재건축사업이 〈다음 각 호〉의 어느 하나에 해당하는 때에는 토지등소유자, 「사회기반시설에 대한 민간투자법」 제2조제12호에 따른 민관합동법인 또는 신탁업자로서 대통령령으로 정하는 요건[9]을 갖춘 자[⇒ 지정개발자]를 사업시행자로 지정하여 정비사업을 시행하게 할 수 있다(법 27조 1항).

1. 천재지변, 「재난 및 안전관리 기본법」 제27조 또는 「시설물의 안전 및 유지관리에 관한 특별법」 제23조에 따른 사용제한 · 사용금지, 그 밖의 불가피한 사유로 긴급하게 정비사업을 시행할 필요가 있다고 인정하는 때
2. 정비계획에서 정한 정비사업시행 예정일부터 2년 이내에 사업시행계획인가를 신청하지 아니하거나 사업시행계획인가를 신청한 내용이 위법 또는 부당하다고 인정하는 때(재건축사업의 경우는 제외한다)
3. 재개발사업 및 재건축사업의 조합설립을 위한 동의요건[법 35조] 이상에 해당하는 자가 신탁업자를 사업시행자로 지정하는 것에 동의하는 때

② 신탁업자 선정시 특례: 사전 정보제공 및 동의서 징구

신탁업자는 제1항제3호에 따른 사업시행자 지정에 필요한 동의를 받기 전에 〈다음 각 호〉에 관한 사항을 토지등소유자에게 제공하여야 한다(법 27조 3항).

1. 토지등소유자별 분담금 추산액 및 산출근거
2. 그 밖에 추정분담금의 산출 등과 관련하여 시 · 도조례로 정하는 사항

신탁업자를 사업시행자로 지정하는 경우 토지등소유자의 동의는 국토교통부령으로 정하는

9) 〈다음 각호〉의 어느 하나에 해당하는 자를 말한다(영 21조 1항)
1. 정비구역의 토지 중 정비구역 전체 면적 대비 50퍼센트 이상의 토지를 소유한 자로서 토지등소유자의 2분의 1 이상의 추천을 받은 자
2. 「사회기반시설에 대한 민간투자법」 제2조제12호에 따른 민관합동법인(민간투자사업의 부대사업으로 시행하는 경우에만 해당한다)으로서 토지등소유자의 2분의 1 이상의 추천을 받은 자
3. 신탁업자로서 토지등소유자의 2분의 1 이상의 추천을 받거나 법 제27조제1항제3호 또는 법 제28조제1항제2호에 따른 동의를 받은 자

동의서에 동의를 받는 방법으로 하며, 이 경우 동의서에는 〈다음 각 호〉의 사항이 모두 포함되어야 한다(법 27조 4항).

1. 건설되는 건축물의 설계의 개요
2. 건축물의 철거 및 새 건축물의 건설에 드는 공사비 등 정비사업에 드는 비용(이하 "정비사업비"라 한다)
3. 정비사업비의 분담기준(신탁업자에게 지급하는 신탁보수 등의 부담에 관한 사항을 포함한다)
4. 사업 완료 후 소유권의 귀속
5. 정비사업의 시행방법 등에 필요한 시행규정
6. 신탁계약의 내용

국토교통부장관은 신탁업자와 토지등소유자 상호 간의 공정한 계약의 체결을 위하여 대통령령으로 정하는 바에 따라 표준 계약서 및 표준 시행규정을 마련하여 그 사용을 권장할 수 있다(법 27조 6항).

③ 지정개발자 지정 고시 및 효과

시장 · 군수등은 지정개발자를 사업시행자로 지정하는 때에는 정비사업 시행구역 등 토지등소유자에게 알릴 필요가 있는 사항으로서 대통령령으로 정하는 사항을 해당 지방자치단체의 공보에 고시하여야 한다(법 27조 2항).

시장 · 군수등이 지정개발자를 사업시행자로 지정 · 고시한 때에는 그 고시일 다음 날에 추진위원회 구성 승인 또는 조합설립 인가가 취소된 것으로 본다. 이 경우 시장 · 군수등은 해당 지방자치단체의 공보에 해당 내용을 고시하여야 한다(법 27조 5항).

(6) 재개발사업 · 재건축사업의 사업대행자

① 사업대행자 지정

시장 · 군수등은 〈다음 각 호〉의 어느 하나에 해당하는 경우에는 해당 조합 또는 토지등소유자를 대신하여 i)직접 정비사업을 시행하거나 ii)토지주택공사등 또는 지정개발자에게 해당 조합 또는 토지등소유자를 대신하여 정비사업을 시행하게 할 수 있다(법 28조 1항). 사업대행자가 지정되었다고 해서 사업시행자가 바뀌는 것은 아니며, 조합 또는 토지등소유자는 여전히 사업시행자의 지위를 유지하게 된다.[10)]

10) 사업대행자와 유사한 제도로서 정비사업의 공공지원제도(법 제118조) 중 "공공지원의 위탁"이 있다. 시장 · 군수등은 정비사업의 투명성 강화 및 효율성 제고를 위하여 사업시행 과정을 '지원'[공공지원]하거나 토지주택공사등, 신탁업자, 주택도시보증공사 또는 대통령령으로 정하는 기관에 공공지원을 '위탁'[공공지원 위탁]할 수 있다. 토지등소유자 또는 조합이 여전히 사업시행자의 지위를 유지하는 점, 외형적으로 협약 체결 및 수수료 지급이 이루어지는 점 등이 유사하나, 사업대행자는 사업대행개시 결정 · 고시라는 행정적, 공식적 절차가 필수적이며, 업무대행에

1. 장기간 정비사업이 지연되거나 권리관계에 관한 분쟁 등으로 해당 조합 또는 토지등소유자가 시행하는 정비사업을 계속 추진하기 어렵다고 인정하는 경우
2. 토지등소유자(조합을 설립한 경우에는 조합원을 말한다)의 과반수 동의로 요청하는 경우

② 사업대행자의 보수 청구 및 압류

정비사업을 대행하는 사업대행자[시장 · 군수등, 토지주택공사등 또는 지정개발자]는 사업시행자에게 청구할 수 있는 보수 또는 비용의 상환에 대한 권리로써 사업시행자에게 귀속될 대지 또는 건축물을 압류할 수 있다(법 28조 2항).

③ 사업대행개시 결정 및 고시 등

정비사업을 대행하는 경우 사업대행의 개시결정, 그 결정의 고시 및 효과, 사업대행자의 업무집행, 사업대행의 완료와 그 고시 등에 필요한 사항은 대통령령으로 정한다(법 28조 3항).

♣ 사업대행개시 결정 및 효과 (영 22조)

① 사업대행개시결정 고시 : 시장 · 군수등은 법 제28조제1항에 따라 정비사업을 직접 시행하거나 법 제27조에 따른 지정개발자(이하 "지정개발자"라 한다) 또는 토지주택공사등에게 정비사업을 대행하도록 결정(이하 "사업대행개시결정"이라 한다)한 경우에는 〈다음 각 호〉의 사항을 해당 지방자치단체의 공보등에 고시하여야 한다.
  1. 제20조제1항 각 호의 사항
  2. 사업대행개시결정을 한 날
  3. 사업대행자(법 제28조제1항에 따라 정비사업을 대행하는 시장 · 군수등, 토지주택공사등 또는 지정개발자를 말한다. 이하 같다)
  4. 대행사항

② 고시내용 통지 : 시장 · 군수등은 토지등소유자 및 사업시행자에게 제1항에 따라 고시한 내용을 통지하여야 한다.

③ 업무집행 : 사업대행자는 정비사업을 대행하는 경우 사업대행개시결정 고시를 한 날의 다음 날부터 사업대행완료를 고시하는 날까지 자기의 이름 및 사업시행자의 계산으로 사업시행자의 업무를 집행하고 재산을 관리한다. 이 경우 법 또는 법에 따른 명령이나 정관등으로 정하는 바에 따라 사업시행자가 행하거나 사업시행자에 대하여 행하여진 처분 · 절차 그 밖의 행위는 사업대행자가 행하거나 사업대행자에 대하여 행하여진 것으로 본다.

④ 시장 · 군수의 승인 : 시장 · 군수등이 아닌 사업대행자는 재산의 처분, 자금의 차입 그 밖에 사업시행자에게 재산상 부담을 주는 행위를 하려는 때에는 미리 시장 · 군수등의 승인을 받아야 한다.

⑤ 선량한 관리자의 주의의무 : 사업대행자는 제3항 및 제4항에 따른 업무를 하는 경우 선량한

대한 보수(수수료)를 사업시행자에 청구 및 압류할 수 있으나, 위탁지원자는 그 수수료를 공공이 부담하게 된다.

관리자로서의 주의의무를 다하여야 하며, 필요한 때에는 사업시행자에게 협조를 요청할 수 있고, 사업시행자는 특별한 사유가 없는 한 이에 응하여야 한다.

3. 정비사업 시행자 관련 기타사항

(1) 계약의 방법

추진위원장 또는 사업시행자(청산인을 포함한다)는 이 법 또는 다른 법령에 특별한 규정이 있는 경우를 제외하고는 계약(공사, 용역, 물품구매 및 제조 등을 포함한다. 이하 같다)을 체결하려면 일반경쟁에 부쳐야 한다. 다만, 〈계약규모, 재난의 발생 등 대통령령으로 정하는 경우〉에는 입찰 참가자를 지명(指名)하여 경쟁에 부치거나 수의계약(隨意契約)으로 할 수 있다 (법 29조 1항).

♣ 지명경쟁 또는 수의계약이 가능한 경우 (영 24조 1항)

1. 입찰 참가자를 지명(指名)하여 경쟁에 부치려는 경우: 〈다음 각 목〉의 어느 하나에 해당하여야 한다.
   가. 계약의 성질 또는 목적에 비추어 특수한 설비 · 기술 · 자재 · 물품 또는 실적이 있는 자가 아니면 계약의 목적을 달성하기 곤란한 경우로서 입찰대상자가 10인 이내인 경우
   나. 「건설산업기본법」에 따른 건설공사(전문공사를 제외. 이하 이 조에서 같다)로서 추정가격이 3억원 이하인 공사인 경우
   다. 「건설산업기본법」에 따른 전문공사로서 추정가격이 1억원 이하인 공사인 경우
   라. 공사관련 법령(「건설산업기본법」은 제외)에 따른 공사로서 추정가격이 1억원 이하인 공사인 경우
   마. 추정가격 1억원 이하의 물품 제조 · 구매, 용역, 그 밖의 계약인 경우
2. 수의계약을 하려는 경우: 〈다음 각 목〉의 어느 하나에 해당하여야 한다.
   가. 「건설산업기본법」에 따른 건설공사로서 추정가격이 2억원 이하인 공사인 경우
   나. 「건설산업기본법」에 따른 전문공사로서 추정가격이 1억원 이하인 공사인 경우
   다. 공사관련 법령(「건설산업기본법」은 제외)에 따른 공사로서 추정가격이 8천만원 이하인 공사인 경우
   라. 추정가격 5천만원 이하인 물품의 제조 · 구매, 용역, 그 밖의 계약인 경우
   마. 소송, 재난복구 등 예측하지 못한 긴급한 상황에 대응하기 위하여 경쟁에 부칠 여유가 없는 경우
   바. 일반경쟁입찰이 입찰자가 없거나 단독 응찰의 사유로 2회 이상 유찰된 경우

(2) 시공자 선정

① 시공자 선정시기 및 방법

조합은 조합설립인가를 받은 후 조합총회에서 경쟁입찰 또는 수의계약(2회 이상 경쟁입찰이 유찰된 경우)의 방법으로 건설업자 또는 등록사업자를 시공자로 선정하여야 한다. 다만, 대통령령으로 정하는 규모 이하의 정비사업은 조합총회에서 정관으로 정하는 바에 따라 선정할 수 있다(법 29조 4항). 조합은 시공자 선정을 위한 입찰에 참가하는 건설업자 또는 등록사업자가 토지등소유자에게 시공에 관한 정보를 제공할 수 있도록 합동설명회를 2회 이상 개최하여야 한다(법 29조 8항). 합동설명회의 개최 방법이나 시기 등은 국토교통부령으로 정한다(법 29조 9항).

토지등소유자가 재개발사업을 시행하는 경우[토지등소유자가 20인미만인 경우]에는 제29조 제1항에도 불구하고 사업시행계획인가를 받은 후 제2조제11호나목에 따른 규약에 따라 건설업자 또는 등록사업자를 시공자로 선정하여야 한다(법 29조 5항).

시장 · 군수등이 직접 정비사업을 시행하거나 토지주택공사등 또는 지정개발자를 사업시행자로 지정한 경우 사업시행자는 사업시행자 지정 · 고시 후 경쟁입찰 또는 수의계약의 방법으로 건설업자 또는 등록사업자를 시공자로 선정하여야 한다(법 29조 6항).

제6항에 따라 시공자를 선정하거나 제23조제1항제4호의 방법[관리처분 방식]으로 시행하는 주거환경개선사업의 사업시행자가 시공자를 선정하는 경우 주민대표회의 또는 토지등소유자 전체회의는 경쟁입찰 또는 수의계약(2회 이상 경쟁입찰이 유찰된 경우로 한정한다)의 방법으로 시공자를 추천할 수 있다(법 29조 7항). 이에 따라 주민대표회의 또는 토지등소유자 전체회의가 시공자를 추천한 경우 사업시행자는 추천받은 자를 시공자로 선정하여야 한다. 이 경우 시공자와의 계약에 관해서는 「지방자치단체를 당사자로 하는 계약에 관한 법률」 제9조 또는 「공공기관의 운영에 관한 법률」 제39조를 적용하지 아니한다(법 29조 10항).

② 기존건축물 철거공사(석면 제거 등 포함) 포함

사업시행자(사업대행자를 포함한다)는 시공자와 공사에 관한 계약을 체결할 때에는 기존 건축물의 철거공사(「석면안전관리법」에 따른 석면 조사 · 해체 · 제거를 포함)에 관한 사항을 포함시켜야 한다(법 29조 11항).

(3) 공사비 검증요청

재개발사업 · 재건축사업의 사업시행자(시장 · 군수등 또는 토지주택공사등이 단독 또는 공동으로 정비사업을 시행하는 경우는 제외한다)는 시공자와 계약 체결 후 〈다음 각 호〉의 어느 하나에 해당하는 때에는 정비사업 지원기구[11]에 공사비 검증을 요청하여야 한다(법 29조의2 1항).

1. 토지등소유자 또는 조합원 5분의 1 이상이 사업시행자에게 검증 의뢰를 요청하는 경우
2. 공사비의 증액 비율(당초 계약금액 대비 누적 증액 규모의 비율로서 생산자물가상승률은 제외한다)이 〈다음 각 목〉의 어느 하나에 해당하는 경우
   가. 사업시행계획인가 이전에 시공자를 선정한 경우: 100분의 10 이상
   나. 사업시행계획인가 이후에 시공자를 선정한 경우: 100분의 5 이상
3. 제1호 또는 제2호에 따른 공사비 검증이 완료된 이후 공사비의 증액 비율(검증 당시 계약금액 대비 누적 증액 규모의 비율로서 생산자물가상승률은 제외)이 100분의 3 이상인 경우

(4) 임대사업자의 선정

사업시행자는 공공지원민간임대주택을 원활히 공급하기 위하여 국토교통부장관이 정하는 경쟁입찰의 방법 또는 수의계약(2회 이상 경쟁입찰이 유찰된 경우와 공공재개발사업을 통해 건설 · 공급되는 공공지원민간임대주택을 국가가 출자 · 설립한 법인 등 대통령령으로 정한 자에게 매각하는 경우로 한정한다)의 방법으로 「민간임대주택에 관한 특별법」 제2조제7호에 따른 임대사업자를 선정할 수 있다(법 제30조 제1항).

제2절 조합설립추진위원회 및 조합의 설립 등

1. 조합설립추진위원회 구성

(1) 추진위원회 구성 요건

조합을 설립하려는 경우에는 정비구역 지정 · 고시 후 〈다음 각 호〉의 사항에 대하여 토지등소유자 과반수의 동의를 받아 조합설립을 위한 추진위원회를 구성하여 국토교통부령으로 정하는 방법과 절차에 따라 시장 · 군수등의 승인을 받아야 한다(법 31조 1항).

1. 추진위원장을 포함한 5명 이상의 추진위원
2. 제34조제1항에 따른 운영규정[12)]

---

11) 한국부동산원, 한국토지주택공사, 지방공사를 말함(법 114조)
12) "정비사업 조합설립추진위원회 운영규정(국토교통부고시 제2018-102호) 〈별표〉"를 기초로 해당 정비사업 조합설립추진위원회 운영규정(안)을 작성

♣ 추진위원회 운영규정의 내용 (법 34조 1항)

1. 추진위원의 선임방법 및 변경
2. 추진위원의 권리 · 의무
3. 추진위원회의 업무범위
4. 추진위원회의 운영방법
5. 토지등소유자의 운영경비 납부
6. 추진위원회 운영자금의 차입
7. 그 밖에 추진위원회의 운영에 필요한 사항으로서 대통령령으로 정하는 사항(영 28조)
   - 추진위원회 운영경비의 회계에 관한 사항
   - 정비사업전문관리업자의 선정에 관한 사항
   - 그 밖에 국토교통부장관이 정비사업의 원활한 추진을 위하여 필요하다고 인정하는 사항

추진위원회의 구성에 동의한 토지등소유자는 조합의 설립에 동의한 것으로 본다. 다만, 조합설립인가를 신청하기 전에 시장 · 군수등 및 추진위원회에 조합설립에 대한 반대의 의사표시를 한 추진위원회 동의자의 경우에는 그러하지 아니하다(법 31조 2항). 다만 정비사업에 대하여 '공공지원'을 하려는 경우(제118조)에는 추진위원회를 구성하지 아니할 수 있다(법 31조 4항).

(2) 추진위원회의 업무

추진위원회는 〈다음 각 호〉의 업무를 수행할 수 있다(법 32조 1항, 영 26조 1항).

1. 정비사업전문관리업자의 선정 및 변경
2. 설계자의 선정 및 변경
3. 개략적인 정비사업 시행계획서의 작성
4. 조합설립인가를 받기 위한 준비업무
5. 그 밖에 조합설립을 추진하기 위하여 대통령령으로 정하는 업무
   - 법 제31조제1항제2호에 따른 추진위원회 운영규정의 작성
   - 토지등소유자의 동의서의 접수
   - 조합의 설립을 위한 창립총회의 개최
   - 조합 정관의 초안 작성
   - 그 밖에 추진위원회 운영규정으로 정하는 업무

추진위원회가 정비사업전문관리업자를 선정하려는 경우에는 추진위원회 구성에 대한 시장 · 군수등의 승인을 받은 후 경쟁입찰 또는 수의계약(2회 이상 경쟁입찰이 유찰된 경우로 한정한다)의 방법으로 선정하여야 한다(법 32조 2항).

추진위원회가 제1항에 따라 수행하는 업무의 내용이 토지등소유자의 비용부담을 수반하거나 권리 · 의무에 변동을 발생시키는 경우로서 대통령령[13]으로 정하는 사항에 대하여는 그 업

무를 수행하기 전에 대통령령[14]으로 정하는 비율 이상의 토지등소유자의 동의를 받아야 한다(법 32조 4항).

(3) 창립총회 개최

추진위원회는 조합설립인가를 신청하기 전에 대통령령으로 정하는 방법 및 절차에 따라 조합설립을 위한 창립총회를 개최하여야 한다(법 32조 3항).

♣ 창립총회 방법 및 절차 등 (영 27조)

1. 공개 및 통지 : 추진위원회(추진위원회를 구성하지 아니하는 경우에는 조합설립을 추진하는 토지등소유자의 대표자를 말함)는 창립총회 14일 전까지 회의목적 · 안건 · 일시 · 장소 · 참석자격 및 구비사항 등을 인터넷 홈페이지를 통하여 공개하고, 토지등소유자에게 등기우편으로 발송 · 통지하여야 한다.
2. 소집 : 창립총회는 추진위원장의 직권 또는 토지등소유자 5분의 1 이상의 요구로 추진위원장이 소집한다. 다만, 토지등소유자 5분의 1 이상의 소집요구에도 불구하고 추진위원장이 2주 이상 소집요구에 응하지 아니하는 경우 소집요구한 자의 대표가 소집할 수 있다.
3. 업무 : 창립총회에서는 〈다음 각 호〉의 업무를 처리한다.
   1) 조합 정관의 확정
   2) 조합임원의 선임
   3) 대의원의 선임
   4) 그 밖에 필요한 사항으로서 제2항에 따라 사전에 통지한 사항
4. 의사결정 : 창립총회의 의사결정은 토지등소유자(재건축사업의 경우 조합설립에 동의한 토지등소유자로 한정한다)의 과반수 출석과 출석한 토지등소유자 과반수 찬성으로 결의한다. 다만, 조합임원 및 대의원의 선임은 제4항제1호에 따라 확정된 정관에서 정하는 바에 따라 선출한다.

(4) 추진위원회의 조직

추진위원회에는 추진위원장 1명과 감사를 두어야 한다(법 33조 1항). 토지등소유자는 추진위원회의 운영규정에 따라 추진위원회에 추진위원의 교체 및 해임을 요구할 수 있으며, 추진위원장이 사임, 해임, 임기만료, 그 밖에 불가피한 사유 등으로 직무를 수행할 수 없는 때부터 6개월 이상 선임되지 아니한 경우 그 업무의 대행에 관하여는 제41조제5항 단서를 준용한다(이 경우 "조합임원"은 "추진위원장"으로 본다)(법 33조 3항). 추진위원의 교체 · 해임 절차 등에 필요한 사항은 제34조제1항에 따른 운영규정에 따른다(법 33조 4항).

---

13) 하위 법령 없음
14) 하위 법령 없음

(5) 추진위원회의 운영

국토교통부장관은 추진위원회의 공정한 운영을 위하여 추진위원의 선임방법 및 변경, 권리와 의무, 추진위원회 업무범위 및 운영방법, 운영경비, 운영자금 등의 사항을 포함한 추진위원회의 운영규정을 고시[15)]하여야 한다(법 34조 1항).

추진위원회는 이 운영규정에 따라 운영하여야 하며, 토지등소유자는 운영에 필요한 경비를 운영규정에 따라 납부하여야 한다(법 34조 2항). 추진위원회는 수행한 업무를 조합원 총회에 보고하여야 하며, 그 업무와 관련된 권리 · 의무는 조합이 포괄승계한다(법 34조 3항). 따라서 추진위원회의 업무 범위를 벗어난 내용은 조합으로 당연 승계되지는 않으며, 조합에서 별도의 의결절차가 있어야 한다.

추진위원회는 사용경비를 기재한 회계장부 및 관계 서류를 조합설립인가일부터 30일 이내에 조합에 인계하여야 한다(법 34조 4항).

2. 조합의 설립

(1) 개요

정비사업을 시행하려는 자가 시장 · 군수등, 토지주택공사등 또는 지정개발자가 아닌 경우에는 토지등소유자로 구성된 조합을 설립하여야 한다. 다만, 토지등소유자가 20인 미만이 재개발사업을 시행하려는 경우에는 그러하지 아니하다(법 35조 1항). 조합을 설립하기 위해서는 법에서 정한 토지소유자등의 동의 요건과 조합 정관 등의 서류를 첨부하여 시장 · 군수등의 인가를 받아야 한다.[16)]

조합에 대한 행정청의 설립인가 처분은 단순히 사인(私人)의 조합설립행위에 대한 보충행위로서의 성질을 가지는 것이 아니라 법령상 일정한 요건을 갖추는 경우 행정주체로서 공법인의 지위를 부여하는 일종의 설권적 처분의 성질을 가진다.[17)]

조합은 법인으로 하며, 조합설립인가를 받은 날부터 30일 이내에 주된 사무소의 소재지에서 대통령령으로 정하는 사항을 등기하는 때에 성립한다. 또한 명칭에 "정비사업조합"이라는 문자를 사용하여야 한다(법 38조). 조합에 관하여는 이 법에 규정된 사항을 제외하고는 「민법」

---

15) 정비사업 조합설립추진위원회 운영규정 [국토교통부고시 제2018-102호]

16) 조합설립인가 신청행위는 법령이 정한 동의요건을 갖추고 창립총회를 거쳐 조합의 실체가 형성된 이후에 이를 바탕으로 이루어지는 것이므로, 추진위원회 구성이나 그 승인처분의 위법사유를 이유로 그 추진위원회가 하는 조합설립인가 신청행위가 무효로 된다고 볼 것은 아니다[대법원 2014. 4. 24. 선고 2012두29004 판결, 유사판결 대법원 2013. 12. 26. 선고 2011두8291 판결]

17) 대법원 2023. 8. 18. 선고 2022두51901 판결

중 사단법인에 관한 규정을 준용한다(법 49조).

(2) 조합의 설립인가

① 소유자 동의

재개발사업의 추진위원회[18]가 조합을 설립하려면 토지등소유자의 4분의 3 이상 및 토지면적의 2분의 1 이상의 토지소유자의 동의를 받아 〈다음 각호〉의 사항을 첨부하여 시장 · 군수등의 인가[19]를 받아야 한다(법 35조 2항).

1. 정관
2. 정비사업비와 관련된 자료 등 국토교통부령으로 정하는 서류(⇒ 규칙 8조 2항)
   1) 설립인가의 경우 : 〈다음 각 목〉의 서류
      가. 조합원 명부 및 해당 조합원의 자격을 증명하는 서류
      나. 공사비 등 정비사업에 드는 비용을 기재한 토지등소유자의 조합설립동의서 및 동의사항을 증명하는 서류
      다. 창립총회 회의록 및 창립총회참석자 연명부
      라. 토지 · 건축물 또는 지상권을 여럿이서 공유하는 경우에는 그 대표자의 선임 동의서
      마. 창립총회에서 임원 · 대의원을 선임한 때에는 선임된 자의 자격을 증명하는 서류
      바. 건축계획(주택을 건축하는 경우에는 주택건설예정세대수를 포함한다), 건축예정지의 지번 · 지목 및 등기명의자, 도시 · 군관리계획상의 용도지역, 대지 및 주변현황을 기재한 사업계획서
   2) 변경인가의 경우 : 변경내용을 증명하는 서류
3. 그 밖에 시 · 도조례로 정하는 서류

재건축사업의 추진위원회[20]가 조합을 설립하려는 때에는 주택단지의 공동주택의 각 동(棟)(복리시설의 경우에는 주택단지의 복리시설 전체를 하나의 동으로 본다)별 구분소유자의 과반수 동의(공동주택의 각 동별 구분소유자가 5 이하인 경우는 제외)와 주택단지의 전체 구분소유자의 4분의 3 이상 및 토지면적의 4분의 3 이상의 토지소유자의 동의를 받아 제2항 각 호의 사항을 첨부하여 시장 · 군수등의 인가를 받아야 한다(법 35조 3항). 재건축사업에서 주택단지가 아닌 지역이 정비구역에 포함된 때에는 주택단지가 아닌 지역의 토지 또는 건축물 소유자의 4분의 3 이상 및 토지면적의 3분의 2 이상의 토지소유자의 동의를 받아야 한다(법 35조 4항).

---

18) 법 제31조제4항에 따라 추진위원회를 구성하지 아니하는 경우에는 토지등소유자를 말한다.

19) 재개발조합설립인가신청에 대한 행정청의 조합설립인가처분은 단순히 사인의 조합설립행위에 대한 보충행위로서의 성질을 가지는 것이 아니라 법령상 일정한 요건을 갖추는 경우 행정주체로서 공법인의 지위를 부여하는 일종의 설권적 처분의 성질을 가짐[대법원 2023. 8. 18. 선고 2022두51901 판결]

20) 위 19)와 같음

② 동의 전 추정분담금 정보 제공

추진위원회는 조합설립에 필요한 동의를 받기 전에 추정분담금 등 대통령령으로 정하는 정보를 토지등소유자에게 제공하여야 한다(법 35조 10항).

♣ 추정분담금 등 정보의 제공 (영 32조)

1. 토지등소유자별 분담금 추산액 및 산출근거
2. 그 밖에 추정 분담금의 산출 등과 관련하여 시 · 도조례로 정하는 정보
   〈예시〉 경기도 도시 및 주거환경정비 조례의 경우
   - 토지등소유자별 종전자산 추정가액
   - 정비계획에서 정한 사업개요
   - 건축물 분양수입 추정가액
   - 정비사업에 필요한 비용의 추정가액

② 설립 인가받은 사항의 변경

설립된 조합이 인가받은 사항을 변경하고자 하는 때에는 총회에서 조합원의 3분의 2 이상의 찬성으로 의결하고, 〈제2항 각 호〉의 사항을 첨부하여 시장 · 군수등의 인가를 받아야 한다(법 35조 5항 본문).

다만, 경미한 사항을 변경하려는 때에는 총회의 의결 없이 시장 · 군수등에게 신고하고 변경할 수 있다(법 35조 5항 단서). 이때 시장 · 군수등은 신고를 받은 날부터 20일 이내에 신고수리 여부를 신고인에게 통지하여야 하고 이 기간 내에 신고수리 여부 또는 민원 처리 관련 법령에 따른 처리기간의 연장을 신고인에게 통지하지 아니하면 그 기간(민원 처리 관련 법령에 따라 처리기간이 연장 또는 재연장된 경우에는 해당 처리기간을 말한다)이 끝난 날의 다음 날에 신고를 수리한 것으로 본다(법 35조 6항 및 7항).

(3) 동의방법 및 동의자수 산정 등

① 서면동의서 등

〈다음 각 호〉에 대한 동의, 동의한 사항의 철회, 또는 반대의 의사표시는 서면동의서에 토지등소유자가 성명을 적고 지장(指章)을 날인하는 방법으로 하며, 주민등록증, 여권 등 신원을 확인할 수 있는 신분증명서의 사본을 첨부하여야 한다(법 36조 1항). 다만 토지등소유자가 해외에 장기체류하거나 법인인 경우 등 불가피한 사유가 있다고 시장 · 군수등이 인정하는 경우에는 토지등소유자의 인감도장을 찍은 서면동의서에 해당 인감증명서를 첨부하는 방법으로 할 수 있다(법 36조 2항).

1. 정비구역등 해제의 연장을 요청하는 경우
2. 정비구역의 해제에 동의하는 경우
3. 주거환경개선사업의 시행자를 토지주택공사등으로 지정하는 경우
4. 토지등소유자가 재개발사업을 시행하려는 경우
5. 재개발사업 · 재건축사업의 공공시행자 또는 지정개발자를 지정하는 경우
6. 조합설립을 위한 추진위원회를 구성하는 경우
7. 추진위원회의 업무가 토지등소유자의 비용부담을 수반하거나 권리 · 의무에 변동을 가져오는 경우
8. 조합을 설립하는 경우
9. 주민대표회의를 구성하는 경우
10. 사업시행계획인가를 신청하는 경우
11. 사업시행자가 사업시행계획서를 작성하려는 경우

서면동의서를 작성함에 있어 제31조제1항[조합설립 추진위원회 구성] 및 제35조제2항부터 제4항까지의 규정[재개발 · 재건축사업을 위한 조합설립 인가]에 해당하는 때에는 시장 · 군수등이 검인(檢印)한 서면동의서를 사용하여야 하며, 검인을 받지 아니한 서면동의서는 그 효력이 발생하지 아니한다(법 36조 3항).

제1항, 제2항 및 제12조에 따른 토지등소유자의 동의자 수 산정 방법 및 절차 등에 필요한 사항은 대통령령[시행령 제33조]으로 정한다(법 36조 4항).

♣ 토지등소유자의 동의자 수 산정방법 (영 33조 1항)

법 제12조제2항[재건축안전진단 요청], 제28조제1항[사업대행자 지정 요청], 제36조제1항[토지등소유자 동의 항목], 이 영 제12조[정비계획 입안제안], 제14조제2항[현금기부채납 동의]및 제27조[창립총회]에 따른 토지등소유자(토지면적에 관한 동의자 수를 산정하는 경우에는 토지소유자를 말한다. 이하 이 조에서 같다)의 동의는 〈다음 각 호〉의 기준에 따라 산정한다.

1. 주거환경개선사업, 재개발사업의 경우에는 〈다음 각 목〉의 기준에 의할 것
   가. 1필지의 토지 또는 하나의 건축물을 여럿이서 공유하는 경우에는 해당 토지 또는 건축물의 토지등소유자의 4분의 3 이상의 동의를 받아 이를 대표하는 1인을 토지등소유자로 산정할 것
   나. 토지에 지상권이 설정되어 있는 경우 토지의 소유자와 해당 토지의 지상권자를 대표하는 1인을 토지등소유자로 산정할 것
   다. 1인이 다수 필지의 토지 또는 다수의 건축물을 소유하고 있는 경우에는 필지나 건축물의 수에 관계없이 토지등소유자를 1인으로 산정할 것. 다만, 재개발사업으로서 법 제25조제1항제2호에 따라 토지등소유자가 재개발사업을 시행하는 경우 토지등소유자가 정비구역 지정 후에 정비사업을 목적으로 취득한 토지 또는 건축물에 대해서는 정비구역 지정 당시의 토지 또는 건축물의 소유자를 토지등소유자의 수에 포함하여 산정하되, 이 경우 동의 여부는 이를 취득한 토지등소유자에 따른다.

라. 둘 이상의 토지 또는 건축물을 소유한 공유자가 동일한 경우에는 그 공유자 여럿을 대표하는 1인을 토지등소유자로 산정할 것

2. 재건축사업의 경우에는 〈다음 각 목〉의 기준에 따를 것
   가. 소유권 또는 구분소유권을 여럿이서 공유하는 경우에는 그 여럿을 대표하는 1인을 토지등소유자로 산정할 것
   나. 1인이 둘 이상의 소유권 또는 구분소유권을 소유하고 있는 경우에는 소유권 또는 구분소유권의 수에 관계없이 토지등소유자를 1인으로 산정할 것
   다. 둘 이상의 소유권 또는 구분소유권을 소유한 공유자가 동일한 경우에는 그 공유자 여럿을 대표하는 1인을 토지등소유자로 할 것
3. 추진위원회의 구성 또는 조합의 설립에 동의한 자로부터 토지 또는 건축물을 취득한 자는 추진위원회의 구성 또는 조합의 설립에 동의한 것으로 볼 것
4. 토지건물등기사항증명서, 건물등기사항증명서, 토지대장 또는 건축물관리대장에 소유자로 등재될 당시 주민등록번호의 기록이 없고 기록된 주소가 현재 주소와 다른 경우로서 소재가 확인되지 아니한 자는 토지등소유자의 수 또는 공유자 수에서 제외할 것
5. 국·공유지에 대해서는 그 재산관리청 각각을 토지등소유자로 산정할 것

② 토지등소유자가 시행하는 재개발사업에서의 동의자 수 산정의 특례

정비구역 지정·고시(변경지정·고시는 제외) 이후 제25조제1항제2호[20인 미만인 경우]에 따라 토지등소유자가 재개발사업을 시행하는 경우 토지등소유자의 동의자 수를 산정하는 기준일은 〈다음 각 호〉의 구분에 따른다(법 36조의2 1항).

1. 정비계획의 변경을 제안하는 경우: 정비구역 지정·고시가 있는 날
2. 사업시행계획인가를 신청하는 경우: 사업시행계획인가를 신청하기 직전의 정비구역 변경지정·고시가 있는 날(정비구역 변경지정이 없거나 정비구역 지정·고시 후에 정비사업을 목적으로 취득한 토지 또는 건축물에 대해서는 정비구역 지정·고시가 있는 날을 말한다)

제1항에 따른 토지등소유자의 동의자 수를 산정함에 있어 같은 항 각 호의 구분에 따른 산정기준일 이후 1명의 토지등소유자로부터 토지 또는 건축물의 소유권이나 지상권을 양수하여 여러 명이 소유하게 된 때에는 그 여러 명을 대표하는 1명을 토지등소유자로 본다(법 36조의2 2항).

③ 동의서 재사용 및 요건

조합설립인가(변경인가를 포함)를 받은 후에 동의서 위조, 동의 철회, 동의율 미달 또는 동의자 수 산정방법에 관한 하자 등으로 다툼이 있는 경우로서 〈다음 각 호〉의 어느 하나에 해당하는 때에는 동의서의 유효성에 다툼이 없는 토지등소유자의 동의서를 다시 사용할 수 있다(법 37조 1항).

1. 조합설립인가의 무효 또는 취소소송 중에 일부 동의서를 추가 또는 보완하여 조합설립변경인가를 신청하는 때
2. 법원의 판결로 조합설립인가의 무효 또는 취소가 확정되어 조합설립인가를 다시 신청하는 때

조합(제1항제2호의 경우에는 추진위원회를 말한다)이 토지등소유자의 동의서를 다시 사용하려면 〈다음 각 호〉의 요건을 충족하여야 한다(법 37조 2항).

1. 토지등소유자에게 기존 동의서를 다시 사용할 수 있다는 취지와 반대 의사표시의 절차 및 방법을 설명·고지할 것
2. 제1항제2호의 경우에는 〈다음 각 목〉의 요건
   가. 조합설립인가의 무효 또는 취소가 확정된 조합과 새롭게 설립하려는 조합이 추진하려는 정비사업의 목적과 방식이 동일할 것
   나. 조합설립인가의 무효 또는 취소가 확정된 날부터 3년의 범위에서 대통령령으로 정하는 기간 내에 새로운 조합을 설립하기 위한 창립총회를 개최할 것

토지등소유자의 동의서 재사용의 요건(정비사업의 내용 및 정비계획의 변경범위 등을 포함한다), 방법 및 절차 등에 필요한 사항은 대통령령으로 정한다(법 37조 3항).

(4) 조합원의 자격 및 수 등

① 원칙

정비사업의 조합원(사업시행자가 신탁업자인 경우에는 위탁자를 말함)은 토지등소유자(재건축사업의 경우에는 재건축사업에 동의한 자만 해당)로 하되, 〈다음 각 호〉의 어느 하나에 해당하는 때에는 그 여러 명을 대표하는 1명을 조합원으로 본다(법 39조 1항).[21]

1. 토지 또는 건축물의 소유권과 지상권이 여러 명의 공유에 속하는 때
2. 여러 명의 토지등소유자가 1세대에 속하는 때. 이 경우 동일한 세대별 주민등록표 상에 등재되어 있지 아니한 배우자 및 미혼인 19세 미만의 직계비속은 1세대로 보며, 1세대로 구성된 여러 명의 토지등소유자가 조합설립인가 후 세대를 분리하여 동일한 세대에 속하지 아니하는 때에도 이혼 및 19세 이상 자녀의 분가(세대별 주민등록을 달리하고, 실거주지를 분가한 경우로 한정한다)를 제외하고는 1세대로 본다.
3. 조합설립인가(조합설립인가 전에 제27조제1항제3호에 따라 신탁업자를 사업시행자로 지정한 경우에는 사업시행자의 지정을 말한다. 이하 이 조에서 같다) 후 1명의 토지등소유자로부터 토지 또는 건축물의 소유권이나 지상권을 양수하여 여러 명이 소유하게 된 때

21) 다만, 「국가균형발전 특별법」 제18조에 따른 공공기관지방이전 및 혁신도시 활성화를 위한 시책 등에 따라 이전하는 공공기관이 소유한 토지 또는 건축물을 양수한 경우 양수한 자(공유의 경우 대표자 1명을 말한다)를 조합원으로 본다(법 39조 1항 단서)

② 투기과열지구에서의 조합원 자격 특례

「주택법」에 따른 투기과열지구로 지정된 지역에서 ⅰ) 재건축사업을 시행하는 경우에는 조합설립인가 후, ⅱ) 재개발사업을 시행하는 경우에는 관리처분계획의 인가 후, 해당 정비사업의 건축물 또는 토지를 양수(매매 · 증여, 그 밖의 권리의 변동을 수반하는 모든 행위를 포함하되, 상속 · 이혼으로 인한 양도 · 양수의 경우는 제외한다. 이하 이 조에서 같다)한 자는 제1항에도 불구하고 조합원이 될 수 없다.

다만, 양도인이 〈다음 각 호〉의 어느 하나에 해당하는 경우 그 양도인으로부터 그 건축물 또는 토지를 양수한 자는 조합원이 될 수 있다(법 39조 2항).

1. 세대원(세대주가 포함된 세대의 구성원을 말한다. 이하 이 조에서 같다)의 근무상 또는 생업상의 사정이나 질병치료(「의료법」 제3조에 따른 의료기관의 장이 1년 이상의 치료나 요양이 필요하다고 인정하는 경우로 한정한다) · 취학 · 결혼으로 세대원이 모두 해당 사업구역에 위치하지 아니한 특별시 · 광역시 · 특별자치시 · 특별자치도 · 시 또는 군으로 이전하는 경우
2. 상속으로 취득한 주택으로 세대원 모두 이전하는 경우
3. 세대원 모두 해외로 이주하거나 세대원 모두 2년 이상 해외에 체류하려는 경우
4. 1세대(제1항제2호에 따라 1세대에 속하는 때를 말한다) 1주택자로서 양도하는 주택에 대한 소유기간 10년 및 거주기간 5년 이상인 경우[영 제37조]
5. 제80조에 따른 지분형주택을 공급받기 위하여 건축물 또는 토지를 토지주택공사등과 공유하려는 경우
6. 공공임대주택, 「공공주택 특별법」에 따른 공공분양주택의 공급 및 대통령령으로 정하는 사업을 목적으로 건축물 또는 토지를 양수하려는 공공재개발사업 시행자에게 양도하려는 경우
7. 그 밖에 불가피한 사정으로 양도하는 경우로서 대통령령으로 정하는 경우

(5) 조합의 정관

① 정관의 내용

조합의 정관에는 〈다음 각 호〉의 사항이 포함되어야 한다(법 40조 1항).

1. 조합의 명칭 및 사무소의 소재지
2. 조합원의 자격
3. 조합원의 제명 · 탈퇴 및 교체
4. 정비구역의 위치 및 면적
5. 제41조에 따른 조합의 임원(이하 "조합임원"이라 한다)의 수 및 업무의 범위
6. 조합임원의 권리 · 의무 · 보수 · 선임방법 · 변경 및 해임
7. 대의원의 수, 선임방법, 선임절차 및 대의원회의 의결방법
8. 조합의 비용부담 및 조합의 회계
9. 정비사업의 시행연도 및 시행방법

10. 총회의 소집 절차 · 시기 및 의결방법
11. 총회의 개최 및 조합원의 총회소집 요구
12. 제73조제3항에 따른 이자 지급
13. 정비사업비의 부담 시기 및 절차
14. 정비사업이 종결된 때의 청산절차(조합 해산 이후 청산인의 보수 등 청산 업무에 필요한 사항을 포함한다)
15. 청산금의 징수 · 지급의 방법 및 절차
16. 시공자 · 설계자의 선정 및 계약서에 포함될 내용
17. 정관의 변경절차
18. 그 밖에 정비사업의 추진 및 조합의 운영을 위하여 필요한 사항으로서 대통령령으로 정하는 사항(⇒ 영 제38조)
    - 정비사업의 종류 및 명칭
    - 임원의 임기, 업무의 분담 및 대행 등에 관한 사항
    - 대의원회의 구성, 개회와 기능, 의결권의 행사방법 및 그 밖에 회의의 운영에 관한 사항
    - 법 제24조 및 제25조에 따른 정비사업의 공동시행에 관한 사항
    - 정비사업전문관리업자에 관한 사항
    - 정비사업의 시행에 따른 회계 및 계약에 관한 사항
    - 정비기반시설 및 공동이용시설의 부담에 관한 개략적인 사항
    - 공고 · 공람 및 통지의 방법
    - 토지 및 건축물 등에 관한 권리의 평가방법에 관한 사항
    - 관리처분계획 및 청산(분할징수 또는 납입에 관한 사항을 포함한다)에 관한 사항
    - 사업시행계획서의 변경에 관한 사항
    - 조합의 합병 또는 해산에 관한 사항
    - 임대주택의 건설 및 처분에 관한 사항
    - 총회의 의결을 거쳐야 할 사항의 범위
    - 조합원의 권리 · 의무에 관한 사항
    - 조합직원의 채용 및 임원 중 상근(常勤)임원의 지정에 관한 사항과 직원 및 상근임원의 보수에 관한 사항
    - 그 밖에 시 · 도조례로 정하는 사항

② 정관의 변경

조합이 정관을 변경하려는 경우에는 제35조제2항부터 제5항까지의 규정에도 불구하고 총회를 개최하여 조합원 과반수의 찬성으로 시장 · 군수등의 인가를 받아야 한다. 다만, 제1항 제2호 · 제3호 · 제4호 · 제8호 · 제13호 또는 제16호의 경우에는 조합원 3분의 2 이상의 찬성으로 한다(법 40조 3항).

제3항에도 불구하고 대통령령으로 정하는 경미한 사항을 변경하려는 때에는 이 법 또는 정관으로 정하는 방법에 따라 변경하고 시장 · 군수등에게 신고하여야 하며(법 40조 4항) 시장 ·

군수등은 신고를 받은 날부터 20일 이내에 신고수리 여부를 신고인에게 통지하여야 한다(법 제40조 제5항).

(6) 조합의 임원

① 임원 구성 및 자격 (법 41조 1항)

i) 임원 구성 : 조합장 1명과 이사 및 감사로 구성하며, 이사는 3명이상(소유자수 100명 초과의 경우 5명이상), 감사는 1명이상 3명이하의 범위에서 정관으로 정한다(법 41조 2항, 영 40조).

ii) 임원 자격 : 조합원으로서 정비구역에 위치한 건축물 또는 토지(재건축사업의 경우에는 건축물과 그 부속토지를 말함)를 소유한 자[하나의 건축물 또는 토지의 소유권을 다른 사람과 공유한 경우에는 가장 많은 지분을 소유(2인 이상의 공유자가 가장 많은 지분을 소유한 경우를 포함한다)한 경우로 한정한다] 중 〈다음 각 호〉의 어느 하나의 요건을 갖추어야 한다. 특히 조합장은 선임일부터 관리처분계획인가를 받을 때까지는 해당 정비구역에서 거주(영업을 하는 자의 경우 영업을 말함)하여야 한다(법 41조 1항).

1. 정비구역에 위치한 건축물 또는 토지를 5년 이상 소유할 것
2. 정비구역에서 거주하고 있는 자로서 선임일 직전 3년 동안 정비구역에서 1년 이상 거주할 것

iii) 임원 임기 : 3년 이하의 범위에서 정관으로 정하되, 연임할 수 있으며(법 41조 4항), 조합임원의 선출방법 등은 정관으로 정한다. 다만, 시장 · 군수등은 〈다음 각 호〉의 어느 하나에 해당하는 경우 시 · 도조례로 정하는 바에 따라 변호사 · 회계사 · 기술사 등으로서 대통령령으로 정하는 요건을 갖춘 자를 전문조합관리인으로 선정하여 조합임원의 업무를 대행하게 할 수 있다(법 41조 5항).

1. 조합임원이 사임, 해임, 임기만료, 그 밖에 불가피한 사유 등으로 직무를 수행할 수 없는 때부터 6개월 이상 선임되지 아니한 경우
2. 총회에서 조합원 과반수의 출석과 출석 조합원 과반수의 동의로 전문조합관리인의 선정을 요청하는 경우

② 조합임원의 직무 등

조합장은 조합을 대표하고, 그 사무를 총괄하며, 총회 또는 대의원회의 의장이 된다. 또한 조합장 또는 이사가 자기를 위하여 조합과 계약이나 소송을 할 때에는 감사가 조합을 대표한다(법 42조 1항 및 2항). 조합임원은 같은 목적의 정비사업을 하는 다른 조합의 임원 또는 직원을 겸할 수 없다(법 42조 3항).

③ 조합임원 등의 결격사유 및 해임 등

〈다음 각 호〉의 어느 하나에 해당하는 자는 조합임원 또는 전문조합관리인이 될 수 없다(법 43조 1항).

1. 미성년자 · 피성년후견인 또는 피한정후견인
2. 파산선고를 받고 복권되지 아니한 자
3. 금고 이상의 실형을 선고받고 그 집행이 종료(종료된 것으로 보는 경우를 포함한다)되거나 집행이 면제된 날부터 2년이 지나지 아니한 자
4. 금고 이상의 형의 집행유예를 받고 그 유예기간 중에 있는 자
5. 이 법을 위반하여 벌금 100만원 이상의 형을 선고받고 10년이 지나지 아니한 자
6. 제35조에 따른 조합설립 인가권자에 해당하는 지방자치단체의 장, 지방의회의원 또는 그 배우자 · 직계존속 · 직계비속

조합임원이 〈다음 각 호〉의 어느 하나에 해당하는 경우에는 당연 퇴임한다(법 43조 2항). 이 경우 퇴임된 임원이 퇴임 전에 관여한 행위는 그 효력을 잃지 아니한다(법 43조 3항).

1. 제1항 각 호의 어느 하나에 해당하게 되거나 선임 당시 그에 해당하는 자이었음이 밝혀진 경우
2. 조합임원이 제41조제1항에 따른 자격요건을 갖추지 못한 경우

시장 · 군수등이 전문조합관리인을 선정한 경우 전문조합관리인이 업무를 대행할 임원은 당연 퇴임한다(법 43조 5항).

조합임원은 제44조제2항에도 불구하고 조합원 10분의 1 이상의 요구로 소집된 총회에서 조합원 과반수의 출석과 출석 조합원 과반수의 동의를 받아 해임할 수 있다. 이 경우 요구자 대표로 선출된 자가 해임 총회의 소집 및 진행을 할 때에는 조합장의 권한을 대행한다(법 43조 4항).

(7) 조합원 총회 등

① 총회의 소집

조합에는 조합원으로 구성되는 총회를 둔다(법 44조 1항).

총회는 조합장이 직권으로 소집하거나 조합원 5분의 1 이상(정관의 기재사항 중 제40조제1항제6호에 따른 조합임원의 권리 · 의무 · 보수 · 선임방법 · 변경 및 해임에 관한 사항을 변경하기 위한 총회의 경우는 10분의 1 이상으로 한다) 또는 대의원 3분의 2 이상의 요구로 조합장이 소집하며, 조합원 또는 대의원의 요구로 총회를 소집하는 경우 조합은 소집을 요구하는 자가 본인인지 여부를 대통령령으로 정하는 기준에 따라 정관으로 정하는 방법으로 확인하여야 한다(법 44조 2항).

제2항에도 불구하고 '조합임원의 사임, 해임 또는 임기만료 후 6개월 이상 조합임원이 선임되지 아니한 경우'에는 시장 · 군수등이 조합임원 선출을 위한 총회를 소집할 수 있다(법 44조 3항).

총회를 소집하려는 자는 총회가 개최되기 7일 전까지 회의 목적 · 안건 · 일시 및 장소와 서면의결권의 행사기간 및 장소 등 서면의결권 행사에 필요한 사항을 정하여 조합원에게 통지하여야 한다(법 44조 4항). 총회의 소집 절차 · 시기 등에 필요한 사항은 정관으로 정한다(법 44조 5항).

② 총회의 의결

i) 의결 대상 : 〈다음 각 호〉의 사항은 총회의 의결을 거쳐야 한다(법 45조 1항).

1. 정관의 변경(제40조제4항에 따른 경미한 사항의 변경은 이 법 또는 정관에서 총회의결사항으로 정한 경우로 한정한다)
2. 자금의 차입과 그 방법 · 이자율 및 상환방법
3. 정비사업비의 세부 항목별 사용계획이 포함된 예산안 및 예산의 사용내역
4. 예산으로 정한 사항 외에 조합원에게 부담이 되는 계약
5. 시공자 · 설계자 및 감정평가법인등(제74조제4항에 따라 시장 · 군수등이 선정 · 계약하는 감정평가법인등은 제외한다)의 선정 및 변경. 다만, 감정평가법인등 선정 및 변경은 총회의 의결을 거쳐 시장 · 군수등에게 위탁할 수 있다.
6. 정비사업전문관리업자의 선정 및 변경
7. 조합임원의 선임 및 해임
8. 정비사업비의 조합원별 분담내역
9. 사업시행계획서의 작성 및 변경(제50조제1항 본문에 따른 정비사업의 중지 또는 폐지에 관한 사항을 포함하며, 같은 항 단서에 따른 경미한 변경은 제외한다)
10. 관리처분계획의 수립 및 변경(제74조제1항 각 호 외의 부분 단서에 따른 경미한 변경은 제외한다)

10의2. 조합의 해산과 조합 해산 시의 회계보고

11. 청산금의 징수 · 지급(분할징수 · 분할지급을 포함한다)
12. 제93조에 따른 비용의 금액 및 징수방법
13. 그 밖에 조합원에게 경제적 부담을 주는 사항 등 주요한 사항을 결정하기 위하여 대통령령 또는 정관으로 정하는 사항(⇒ 영 42조 1항)
    - 조합의 합병 또는 해산에 관한 사항
    - 대의원의 선임 및 해임에 관한 사항
    - 건설되는 건축물의 설계 개요의 변경
    - 정비사업비의 변경

ii) 의결 방법 : 총회의 의결은 이 법 또는 정관에 다른 규정이 없으면 조합원 과반수의 출석과 출석 조합원의 과반수 찬성으로 한다(법 45조 3항).

예외적으로 제1항제9호[사업시행계획서] 및 제10호[관리처분계획]의 경우에는 조합원 과반수의 찬성으로 의결하며, 정비사업비가 100분의 10(생산자물가상승률분, 제73조에 따른 손실보상 금액은 제외한다) 이상 늘어나는 경우에는 조합원 3분의 2 이상의 찬성으로 의결하여야 한다(법 45조 4항).

iii) 의결권 행사 : 조합원은 서면으로 의결권을 행사하거나 〈다음 각 호〉의 어느 하나에 해당하는 경우에는 대리인을 통하여 의결권을 행사할 수 있다. 서면으로 의결권을 행사하는 경우에는 정족수를 산정할 때에 출석한 것으로 본다(법 45조 5항).

1. 조합원이 권한을 행사할 수 없어 배우자, 직계존비속 또는 형제자매 중에서 성년자를 대리인으로 정하여 위임장을 제출하는 경우
2. 해외에 거주하는 조합원이 대리인을 지정하는 경우
3. 법인인 토지등소유자가 대리인을 지정하는 경우. 이 경우 법인의 대리인은 조합임원 또는 대의원으로 선임될 수 있다.

재난의 발생 등 대통령령으로 정하는 사유가 발생하여 시장 · 군수등이 조합원의 직접 출석이 어렵다고 인정하는 경우에는 전자적 방법(「전자문서 및 전자거래 기본법」 에 따른 정보처리시스템을 사용하거나 그 밖의 정보통신기술을 이용하는 방법을 말함)으로 의결권을 행사할 수 있다. 이 경우 정족수를 산정할 때에는 직접 출석한 것으로 본다(법 45조 8항).

iv) 의결 출석요건 : 총회의 의결은 조합원의 100분의 10 이상이 직접 출석(제5항 각 호의 어느 하나에 해당하여 대리인을 통하여 의결권을 행사하는 경우 직접 출석한 것으로 본다. 이하 이 조에서 같다)하여야 한다. 다만, 창립총회, 사업시행계획서의 작성 및 변경, 관리처분계획의 수립 및 변경을 의결하는 총회 등 대통령령으로 정하는 총회의 경우에는 조합원의 100분의 20 이상이 직접 출석하여야 한다(법 45조 7항).

v) 기타 : 총회의 의결방법, 서면의결권 행사 및 본인확인방법 등에 필요한 사항은 정관으로 정한다(법 45조 9항).

③ 대의원회

조합원의 수가 100명 이상인 조합은 대의원회를 두어야 한다(법 46조 1항). 대의원회는 조합원의 10분의 1 이상으로 구성하며 다만, 조합원의 10분의 1이 100명을 넘는 경우에는 조합원의 10분의 1의 범위에서 100명 이상으로 구성할 수 있다(법 46조 2항). 조합장이 아닌 조합임원은 대의원이 될 수 없다(법 46조 3항).

대의원회는 총회의 의결사항 중 대통령령으로 정하는 사항 외에는 총회의 권한을 대행할 수 있다. 대의원의 수, 선임방법, 선임절차 및 대의원회의 의결방법 등은 대통령령으로 정하는 범위에서 정관으로 정한다(법 46조 4항 및 5항).

♣ 대의원회가 총회의 권한을 대행할 수 없는 사항 (영 43조) ⇒ 반드시 총회에서 결정

1. 법 제45조제1항제1호에 따른 정관의 변경에 관한 사항(법 제40조제4항에 따른 경미한 사항의 변경은 법 또는 정관에서 총회의결사항으로 정한 경우로 한정한다)
2. 법 제45조제1항제2호에 따른 자금의 차입과 그 방법 · 이자율 및 상환방법에 관한 사항
3. 법 제45조제1항제4호에 따른 예산으로 정한 사항 외에 조합원에게 부담이 되는 계약에 관한 사항
4. 법 제45조제1항제5호에 따른 시공자 · 설계자 또는 감정평가법인등(법 제74조제4항에 따라 시장 · 군수등이 선정 · 계약하는 감정평가법인등은 제외한다)의 선정 및 변경에 관한 사항
5. 법 제45조제1항제6호에 따른 정비사업전문관리업자의 선정 및 변경에 관한 사항
6. 법 제45조제1항제7호에 따른 조합임원의 선임 및 해임과 제42조제1항제2호에 따른 대의원의 선임 및 해임에 관한 사항. 다만, 정관으로 정하는 바에 따라 임기중 궐위된 자(조합장은 제외한다)를 보궐선임하는 경우를 제외한다.
7. 법 제45조제1항제9호에 따른 사업시행계획서의 작성 및 변경에 관한 사항(법 제50조제1항 본문에 따른 정비사업의 중지 또는 폐지에 관한 사항을 포함하며, 같은 항 단서에 따른 경미한 변경은 제외한다)
8. 법 제45조제1항제10호에 따른 관리처분계획의 수립 및 변경에 관한 사항(법 제74조제1항 각 호 외의 부분 단서에 따른 경미한 변경은 제외한다)
9. 법 제45조제2항에 따라 총회에 상정하여야 하는 사항
10. 제42조제1항제1호에 따른 조합의 합병 또는 해산에 관한 사항. 다만, 사업완료로 인한 해산의 경우는 제외한다.
11. 제42조제1항제3호에 따른 건설되는 건축물의 설계 개요의 변경에 관한 사항
12. 제42조제1항제4호에 따른 정비사업비의 변경에 관한 사항

(8) 주민대표회의

토지등소유자의 원에 의하여 시장 · 군수등 또는 토지주택공사등이 사업을 시행하는 경우에는 정비구역 지정 · 고시 후 주민대표기구(이하 "주민대표회의")를 구성한다(법 47조 1조).

주민대표회의는 위원장을 포함하여 5명 이상 25명 이하로 구성하며(법 47조 2조) 토지등소유자의 과반수의 동의를 받아 구성하며, 국토교통부령으로 정하는 방법 및 절차에 따라 시장 · 군수등의 승인을 받아야 한다(법 47조 3조). 주민대표회의의 구성에 동의한 자는 제26조제1항제8호 후단에 따른 사업시행자의 지정에 동의한 것으로 본다. 다만, 사업시행자의 지정 요청 전에 시장 · 군수등 및 주민대표회의에 사업시행자의 지정에 대한 반대의 의사표시를 한 토지등소유자의 경우에는 그러하지 아니하다(법 47조 4조).

주민대표회의 또는 세입자(상가세입자 포함)는 사업시행자가 〈다음 각 호〉의 사항[시행자 추천, 철거, 이주, 보상, 사업비 부담, 세입자 임대주택 공급 등]에 관하여 시행규정을 정하는 때에 의견을 제시할 수 있으며, 사업시행자는 이 의견을 반영하기 위하여 노력하여야 한다(법 47조 5조).

(9) 토지등소유자 전체회의

제27조[지정개발자] 제1항제3호에 따라 사업시행자로 지정된 신탁업자는 〈다음 각 호〉의 사항에 관하여 해당 정비사업의 토지등소유자(재건축사업의 경우에는 신탁업자를 사업시행자로 지정하는 것에 동의한 토지등소유자를 말한다. 이하 이 조에서 같다) 전원으로 구성되는 회의(이하 "토지등소유자 전체회의"라 한다)의 의결을 거쳐야 한다(법 48조 1항).

1. 시행규정의 확정 및 변경
2. 정비사업비의 사용 및 변경
3. 정비사업전문관리업자와의 계약 등 토지등소유자의 부담이 될 계약
4. 시공자의 선정 및 변경
5. 정비사업비의 토지등소유자별 분담내역
6. 자금의 차입과 그 방법 · 이자율 및 상환방법
7. 사업시행계획서의 작성 및 변경(제50조제1항 본문에 따른 정비사업의 중지 또는 폐지에 관한 사항을 포함하며, 같은 항 단서에 따른 경미한 변경은 제외한다)
8. 관리처분계획의 수립 및 변경(제74조제1항 각 호 외의 부분 단서에 따른 경미한 변경은 제외한다)
9. 청산금의 징수 · 지급(분할징수 · 분할지급을 포함한다)과 조합 해산 시의 회계보고
10. 제93조에 따른 비용의 금액 및 징수방법
11. 그 밖에 토지등소유자에게 부담이 되는 것으로 시행규정으로 정하는 사항

토지등소유자 전체회의는 사업시행자가 직권으로 소집하거나 토지등소유자 5분의 1 이상의 요구로 사업시행자가 소집한다(법 48조 2항).

제3절 사업시행계획 인가

1. 개요

사업시행계획은 정비구역에서 사업시행자가 보상 및 이주, 대지 조성, 기반시설 설치, 건축물 건축 등을 통해 정비계획을 구체적으로 실현하기 위한 계획이며, 행정청의 인가로 효력이 발생한다.

2. 사업시행계획서의 작성

(1) 사업시행계획서 내용

사업시행자는 정비계획에 따라 〈다음 각 호〉의 사항을 포함하는 사업시행계획서를 작성하여야 한다(법 52조 1항).

1. 토지이용계획(건축물배치계획을 포함한다)
2. 정비기반시설 및 공동이용시설의 설치계획
3. 임시거주시설을 포함한 주민이주대책
4. 세입자의 주거 및 이주 대책
5. 사업시행기간 동안 정비구역 내 가로등 설치, 폐쇄회로 텔레비전 설치 등 범죄예방대책
6. 제10조에 따른 임대주택의 건설계획(재건축사업의 경우는 제외)
7. 제54조제4항, 제101조의5 및 제101조의6에 따른 국민주택규모 주택의 건설계획(주거환경개선사업의 경우는 제외)
8. 공공지원민간임대주택 또는 임대관리 위탁주택의 건설계획(필요한 경우로 한정)
9. 건축물의 높이 및 용적률 등에 관한 건축계획
10. 정비사업의 시행과정에서 발생하는 폐기물의 처리계획
11. 교육시설의 교육환경 보호에 관한 계획(정비구역부터 200미터 이내에 교육시설이 설치되어 있는 경우로 한정한다)
12. 정비사업비
13. 그 밖에 사업시행을 위한 사항으로서 대통령령으로 정하는 바에 따라 시·도조례로 정하는 사항

사업시행자가 사업시행계획서에 「공공주택 특별법」 제2조제1호에 따른 공공주택건설계획을 포함하는 경우에는 공공주택의 구조·기능 및 설비에 관한 기준과 부대시설·복리시설의 범위, 설치기준 등에 필요한 사항은 같은 법 제37조에 따른다(법 52조 2항).

(2) 재개발 · 재건축사업의 용적율 완화 및 국민주택규모 주택 건설

① 정비계획 대비 용적율 완화

사업시행자는 〈다음 각 호〉의 어느 하나에 해당하는 정비사업(「도시재정비 촉진을 위한 특별법」에 따른 재정비촉진지구에서 시행되는 재개발사업 및 재건축사업은 제외)을 시행하는 경우 정비계획(이 법에 따라 정비계획으로 의제되는 계획을 포함)으로 정하여진 용적률에도 불구하고 지방도시계획위원회의 심의를 거쳐 「국토의 계획 및 이용에 관한 법률」 제78조 및 관계 법률에 따른 용적률의 상한[법적상한용적률]까지 건축할 수 있다(법 54조 1항).

1. 「수도권정비계획법」에 따른 과밀억제권역에서 시행하는 재개발사업 및 재건축사업(「국토의 계획 및 이용에 관한 법률」에 따른 주거지역으로 한정)
2. 제1호 외의 경우 시 · 도조례로 정하는 지역에서 시행하는 재개발사업 및 재건축사업

이에 따라 사업시행자가 정비계획으로 정하여진 용적률을 초과하여 건축하려는 경우에는 특별시 · 광역시 · 특별자치시 · 특별자치도 · 시 또는 군의 조례로 정한 용적률 제한 및 정비계획으로 정한 허용세대수의 제한을 받지 아니한다(법 54조 2항).

제1항의 관계 법률에 따른 용적률의 상한은 〈다음 각 호〉의 어느 하나에 해당하여 건축행위가 제한되는 경우 건축이 가능한 용적률을 말한다(법 54조 3항).

1. 「국토의 계획 및 이용에 관한 법률」 제76조에 따른 건축물의 층수제한
2. 「건축법」 제60조에 따른 높이제한
3. 「건축법」 제61조에 따른 일조 등의 확보를 위한 건축물의 높이제한
4. 「공항시설법」 제34조에 따른 장애물 제한표면구역 내 건축물의 높이제한
5. 「군사기지 및 군사시설 보호법」 제10조에 따른 비행안전구역 내 건축물의 높이제한
6. 「문화재보호법」 제12조에 따른 건설공사 시 문화재 보호를 위한 건축제한
7. 그 밖에 시장 · 군수등이 건축 관계 법률의 건축제한으로 용적률의 완화가 불가능하다고 근거를 제시하고, 지방도시계획위원회 또는 「건축법」 제4조에 따라 시 · 도에 두는 건축위원회가 심의를 거쳐 용적률 완화가 불가능하다고 인정한 경우

② 초과용적율에 대한 국민주택규모 주택 건설

사업시행자는 법적상한용적률에서 정비계획으로 정하여진 용적률을 뺀 용적률(이하 "초과용적률"이라 함)의 〈다음 각 호〉에 따른 비율에 해당하는 면적에 국민주택규모 주택을 건설하여야 한다. 다만, 제24조제4항, 제26조제1항제1호 및 제27조제1항제1호, 즉 천재지변 등 불가피한 사유로 긴급하게 정비사업을 시행하는 경우에는 그러하지 아니하다(법 54조 4항).

1. 과밀억제권역에서 시행하는 재건축사업은 초과용적률의 100분의 30 이상 100분의 50 이하로서 시 · 도조례로 정하는 비율
2. 과밀억제권역에서 시행하는 재개발사업은 초과용적률의 100분의 50 이상 100분의 75 이하로서 시 · 도조례로 정하는 비율
3. 과밀억제권역 외의 지역에서 시행하는 재건축사업은 초과용적률의 100분의 50 이하로서 시 · 도조례로 정하는 비율
4. 과밀억제권역 외의 지역에서 시행하는 재개발사업은 초과용적률의 100분의 75 이하로서 시 · 도조례로 정하는 비율

③ 국민주택규모 주택의 공급·인수 및 장기공공임대주택 등 활용

i) 사업시행자는 제54조제4항에 따라 건설한 국민주택규모 주택을 국토교통부장관, 시 · 도지사, 시장, 군수, 구청장 또는 토지주택공사등(이하 "인수자")에 공급하여야 한다(법 55조 1항). 국민주택규모 주택의 공급가격은 「공공주택 특별법」에 따라 국토교통부장관이 고시하는 공공건설임대주택의 표준건축비로 하며, 부속 토지는 인수자에게 기부채납한 것으로 본다(법 55조 2항).

사업시행자는 정비계획상 용적률을 초과하여 건축하려는 경우에는 사업시행계획인가를 신청하기 전에 미리 국민주택규모 주택에 관한 사항을 인수자와 협의하여 사업시행계획서에 반영하여야 한다(법 55조 3항).

국민주택규모 주택의 인수를 위한 절차와 방법 등에 필요한 사항은 대통령령으로 정할 수 있다(법 55조 4항 전단).

ii) 인수된 국민주택규모 주택은 장기공공임대주택으로 활용하여야 한다(법 55조 4항 후단). 다만 토지등소유자의 부담 완화 등 대통령령으로 정하는 요건[22]에 해당하는 경우에는 인수된 국민주택규모 주택을 장기공공임대주택이 아닌 임대주택으로 활용할 수 있으며(법 55조 4항), 이 경우 임대주택의 인수자는 임대의무기간에 따라 감정평가액의 100분의 50 이하의 범위에서 대통령령으로 정하는 가격으로 부속 토지를 인수하여야 한다(법 55조 5항).

22) "토지등소유자의 부담 완화 등 대통령령으로 정하는 요건에 해당하는 경우"란 〈다음 각 호〉의 어느 하나에 해당하는 경우를 말한다(법 48조 5항).
1. 가목의 가액을 나목의 가액으로 나눈 값이 100분의 80 미만인 경우. 이 경우 가목 및 나목의 가액은 사업시행계획인가 고시일을 기준으로 하여 산정하되 구체적인 산정방법은 국토교통부장관이 정하여 고시한다.
   가. 정비사업 후 대지 및 건축물의 총 가액에서 총사업비를 제외한 가액
   나. 정비사업 전 토지 및 건축물의 총 가액
2. 시 · 도지사가 정비구역의 입지, 토지등소유자의 조합설립 동의율, 정비사업비의 증가규모, 사업기간 등을 고려하여 토지등소유자의 부담이 지나치게 높다고 인정하는 경우

(3) 이주대책 : 순환정비방식의 정비사업 등

사업시행자는 정비구역의 안과 밖에 새로 건설한 주택 또는 이미 건설되어 있는 주택의 경우 그 정비사업의 시행으로 철거되는 주택의 소유자 또는 세입자(정비구역에서 실제 거주하는 자로 한정한다. 이하 이 항 및 제61조제1항에서 같다)를 임시로 거주하게 하는 등 그 정비구역을 순차적으로 정비하여 주택의 소유자 또는 세입자의 이주대책을 수립하여야 한다(법 59조 1항).

순환정비방식으로 정비사업을 시행하는 경우 사업시행자는 임시로 거주하는 주택(이하 "순환용주택"이라 한다)을 「주택법」 제54조에도 불구하고 제61조에 따른 임시거주시설로 사용하거나 임대할 수 있으며, 대통령령으로 정하는 방법과 절차에 따라 토지주택공사등이 보유한 공공임대주택을 순환용주택으로 우선 공급할 것을 요청할 수 있다(법 59조 2항).

사업시행자는 순환용주택에 거주하는 자가 정비사업이 완료된 후에도 순환용주택에 계속 거주하기를 희망하는 때에는 분양하거나 계속 임대할 수 있다. 이 경우 사업시행자가 소유하는 순환용주택은 제74조에 따라 인가받은 관리처분계획에 따라 토지등소유자에게 처분된 것으로 본다(법 59조 3항).

3. 시행규정의 작성

조합이 단독 또는 공동시행자인 경우 조합원의 권리의무, 정비사업 추진과정 및 의사결정에 대하여 조합의 정관으로 정한다. 이와 달리 시장 · 군수등, 토지주택공사등 또는 신탁업자가 단독으로 정비사업을 시행하는 경우 〈다음 각 호〉의 사항을 포함하는 시행규정을 작성하여야 한다(법 53조).

1. 정비사업의 종류 및 명칭
2. 정비사업의 시행연도 및 시행방법
3. 비용부담 및 회계
4. 토지등소유자의 권리 · 의무
5. 정비기반시설 및 공동이용시설의 부담
6. 공고 · 공람 및 통지의 방법
7. 토지 및 건축물에 관한 권리의 평가방법
8. 관리처분계획 및 청산(분할징수 또는 납입에 관한 사항을 포함한다). 다만, 수용의 방법으로 시행하는 경우는 제외한다.
9. 시행규정의 변경
10. 사업시행계획서의 변경
11. 토지등소유자 전체회의(신탁업자가 사업시행자인 경우로 한정한다)
12. 그 밖에 시 · 도조례로 정하는 사항

4. 사업시행계획 인가

(1) 개요

사업시행자(제25조제1항 및 제2항에 따른 공동시행의 경우를 포함하되, 사업시행자가 시장 · 군수등인 경우는 제외한다)는 정비사업을 시행하려는 경우에는 사업시행계획서, 정관등, 그 밖에 국토교통부령으로 정하는 서류를 첨부하여 시장 · 군수등에게 제출하고 사업시행계획인가를 받아야 하고, 인가받은 사항을 변경하거나 정비사업을 중지 또는 폐지하려는 경우에도 또한 같다(법 50조 1항).

다만 경미한 사항을 변경하려는 때에는 시장 · 군수등에게 신고하여야 한다(법 50조 1항). 시장 · 군수등은 신고를 받은 날부터 20일 이내에 신고수리 여부를 신고인에게 통지하여야 한다(법 50조 2항). 시장 · 군수등이 기간 내에 신고수리 여부 또는 민원 처리 관련 법령에 따른 처리기간의 연장을 신고인에게 통지하지 아니하면 그 기간(민원 처리 관련 법령에 따라 처리기간이 연장 또는 재연장된 경우에는 해당 처리기간을 말한다)이 끝난 날의 다음 날에 신고를 수리한 것으로 본다(법 50조 3항).

시장 · 군수등은 특별한 사유가 없으면 사업시행계획서의 제출이 있은 날부터 60일 이내에 인가 여부를 결정하여 사업시행자에게 통보하여야 한다(법 50조 4항).

(2) 인가신청 전 총회 의결

사업시행자(시장 · 군수등 또는 토지주택공사등은 제외한다)는 사업시행계획인가를 신청하기 전에 미리 총회의 의결을 거쳐야 하며, 인가받은 사항을 변경하거나 정비사업을 중지 또는 폐지하려는 경우에도 또한 같다. 다만, 제1항 단서에 따른 경미한 사항의 변경은 총회의 의결을 필요로 하지 아니한다(법 50조 5항).

(3) 인가신청 전 토지소유자 동의

20인 미만인 토지등소유자가 재개발사업을 시행하려는 경우에는 사업시행계획인가를 신청하기 전에 사업시행계획서에 대하여 토지등소유자의 4분의 3 이상 및 토지면적의 2분의 1 이상의 토지소유자의 동의를 받아야 한다. 다만, 인가받은 사항을 변경하려는 경우에는 규약으로 정하는 바에 따라 토지등소유자의 과반수의 동의를 받아야 하며, 제1항 단서에 따른 경미한 사항의 변경인 경우에는 토지등소유자의 동의를 필요로 하지 아니한다(법 50조 6항).

지정개발자가 정비사업을 시행하려는 경우에는 사업시행계획인가를 신청하기 전에 토지등소유자의 과반수의 동의 및 토지면적의 2분의 1 이상의 토지소유자의 동의를 받아야 한다.[23]

---

23) 도시환경정비사업 시행을 위하여 또는 사업 시행과 관련하여 부동산에 관하여 담보신탁 또는 처분신탁 등이 이루어진 경우에, 사업시행자로서 사업시행인가를 신청하는 토지 등 소유자 및 신청에 필요한 동의를 얻어야 하는 토

다만, 제1항 단서에 따른 경미한 사항의 변경인 경우에는 토지등소유자의 동의를 필요로 하지 아니한다(법 50조 7항).

천재지변 등의 사유로 긴급하게 정비사업을 할 필요가 있는 경우의 공공시행자 및 지정개발자는 제7항에도 불구하고 토지등소유자의 동의를 필요로 하지 아니한다(법 50조 8항).

(4) 관계 서류의 공람과 의견청취

시장 · 군수등은 사업시행계획인가를 하거나 사업시행계획서를 작성하려는 경우에는 대통령령으로 정하는 방법 및 절차에 따라 관계 서류의 사본을 14일 이상 일반인이 공람할 수 있게 하여야 한다. 다만, 제50조제1항 단서에 따른 경미한 사항을 변경하려는 경우에는 그러하지 아니하다(법 56조 1항).

토지등소유자 또는 조합원, 그 밖에 정비사업과 관련하여 이해관계를 가지는 자는 공람기간 이내에 시장 · 군수등에게 서면으로 의견을 제출할 수 있다(법 56조 2항).

(5) 사업시행계획의 통합심의 등

① 사업시행계획 통합심의

정비구역의 지정권자는 사업시행계획인가와 관련된 〈다음 각 호〉 중 둘 이상의 심의가 필요한 경우에는 이를 통합하여 검토 및 심의하여야 한다(법 50조의2 1항).

1. 「건축법」에 따른 건축물의 건축 및 특별건축구역의 지정 등에 관한 사항
2. 「경관법」에 따른 경관 심의에 관한 사항
3. 「교육환경 보호에 관한 법률」에 따른 교육환경평가에 관한 사항
4. 「국토의 계획 및 이용에 관한 법률」에 따른 도시 · 군관리계획에 관한 사항
5. 「도시교통정비 촉진법」에 따른 교통영향평가에 관한 사항
6. 「환경영향평가법」에 따른 환경영향평가 등에 관한 사항
7. 그 밖에 국토교통부장관, 시 · 도지사 또는 시장 · 군수등이 필요하다고 인정하여 통합심의에 부치는 사항

② 정비계획 변경 및 사업시행인가의 심의 특례

정비구역의 지정권자는 사업시행계획인가(인가받은 사항의 변경 포함)에 앞서 결정 · 고시된 정비계획의 변경(정비구역 변경 포함, 경미한 변경은 제외)이 필요한 경우 제16조에도 불구하고 정비계획의 변경을 위한 지방도시계획위원회 심의를 사업시행계획인가와 관련된 심의와 함께 통합하여 검토 및 심의할 수 있다(법 50조의3 1항).

지 등 소유자는 모두 수탁자가 아니라 도시환경정비사업에 따른 이익과 비용이 최종적으로 귀속되는 위탁자로 해석하는 것이 타당하며, 토지 등 소유자의 자격 및 동의자 수를 산정할 때에는 위탁자를 기준으로 하여야 한다[[대법원 2015. 6. 11. 선고 2013두15262 판결], [법 제2조 9호단서]

정비구역의 지정권자가 심의를 통합하여 실시하는 경우 사업시행자는 하나의 총회(신탁업자가 사업시행자로 지정된 경우에는 토지등소유자 전체회의를 말함)에서 제45조제1항제8호[정비사업비 조합원 분담내역] 및 제9호[사업시행계획서 작성]에 관한 사항을 의결하여야 한다(법 50조의3 2항).

(6) 인가 등의 고시

시장 · 군수등은 사업시행계획인가(시장 · 군수등이 사업시행계획서를 작성한 경우를 포함한다)를 하거나 정비사업을 변경 · 중지 또는 폐지하는 경우에는 국토교통부령으로 정하는 방법 및 절차에 따라 그 내용을 해당 지방자치단체의 공보에 고시하여야 한다. 다만, 경미한 사항을 변경하려는 경우에는 그러하지 아니하다(법 50조 9항).

(7) 기반시설의 기부채납 기준

시장 · 군수등은 사업시행계획을 인가하는 경우 사업시행자가 제출하는 사업시행계획에 해당 정비사업과 직접적으로 관련이 없거나 과도한 정비기반시설의 기부채납을 요구하여서는 아니 된다(법 51조 1항). 이는 행정의 일반원칙 중 하나인 부당결부 금지의 원칙을 명시한 규정이다.

국토교통부장관은 정비기반시설의 기부채납과 관련하여 i) 정비기반시설의 기부채납 부담의 원칙 및 수준, ii) 정비기반시설의 설치기준 등이 포함된 운영기준을 작성하여 고시할 수 있다(법 51조 2항). 시장 · 군수등은 운영기준의 범위에서 지역여건 또는 사업의 특성 등을 고려하여 따로 기준을 정할 수 있으며, 이 경우 사전에 국토교통부장관에게 보고하여야 한다(법 51조 3항).

(8) 지정개발자의 정비사업비 예치 등

시장 · 군수등은 재개발사업의 사업시행계획인가를 하는 경우 해당 정비사업의 사업시행자가 지정개발자(지정개발자가 토지등소유자인 경우로 한정한다)인 때에는 정비사업비의 100분의 20의 범위에서 시 · 도조례로 정하는 금액을 예치하게 할 수 있다(법 60조 1항). 이 예치금은 제89조제1항 및 제2항에 따른 청산금의 지급이 완료된 때에 반환한다(법 60조 2항).

(9) 사업시행계획 인가의 특례

사업시행자는 일부 건축물의 존치 또는 리모델링(「주택법」 제2조제25호 또는 「건축법」 제2조제1항제10호에 따른 리모델링을 말한다. 이하 같다)에 관한 내용이 포함된 사업시행계획서를 작성하여 사업시행계획인가를 신청할 수 있으며(법 58조 1항), 시장 · 군수등은 존치 또는 리모델링하는 건축물 및 건축물이 있는 토지가 「주택법」 및 「건축법」에 따른 〈다음 각 호〉의 건축 관련 기준에 적합하지 아니하더라도 대통령령으로 정하는 기준에 따라 사업시행계획인가를 할 수 있다(법 58조 2항).

1. 「주택법」에 따른 주택단지의 범위
2. 「주택법」에 따른 부대시설 및 복리시설의 설치기준
3. 「건축법」에 따른 대지와 도로의 관계
4. 「건축법」에 따른 건축선의 지정
5. 「건축법」에 따른 일조 등의 확보를 위한 건축물의 높이 제한

사업시행자가 사업시행계획서를 작성하려는 경우에는 존치 또는 리모델링하는 건축물 소유자의 동의(「집합건물의 소유 및 관리에 관한 법률」 에 따른 구분소유자가 있는 경우에는 구분소유자의 3분의 2 이상의 동의와 해당 건축물 연면적의 3분의 2 이상의 구분소유자의 동의로 한다)를 받아야 한다. 다만, 정비계획에서 존치 또는 리모델링하는 것으로 계획된 경우에는 그러하지 아니한다(법 58조 3항).

5. 인 · 허가등의 의제

(1) 다른 법률에 의한 인 · 허가등의 의제

사업시행자가 사업시행계획인가를 받은 때(시장 · 군수등이 직접 정비사업을 시행하는 경우에는 사업시행계획서를 작성한 때를 말한다. 이하 이 조에서 같다)에는 〈다음 각 호〉의 인가 · 허가 · 결정 · 승인 · 신고 · 등록 · 협의 · 동의 · 심사 · 지정 또는 해제(이하 "인 · 허가등"이라 한다)가 있은 것으로 보며, 사업시행계획인가의 고시가 있은 때에는 〈다음 각 호〉의 관계 법률에 따른 인 · 허가등의 고시 · 공고 등이 있은 것으로 본다(법 57조 1항).

1. 「주택법」에 따른 사업계획의 승인
2. 「공공주택 특별법」에 따른 주택건설사업계획의 승인
3. 「건축법」에 따른 건축허가, 가설건축물의 건축허가 또는 축조신고, 건축협의
4. 「도로법」에 따른 도로관리청이 아닌 자에 대한 도로공사 시행의 허가 및 도로의 점용 허가
5. 「사방사업법」에 따른 사방지의 지정해제
6. 「농지법」에 따른 농지전용의 허가 · 협의 및 농지전용신고
7. 「산지관리법」에 따른 산지전용허가 및 산지전용신고, 산지일시사용허가 · 신고와 「산림자원의 조성 및 관리에 관한 법률」에 따른 입목벌채등의 허가 · 신고 및 「산림보호법」에 따른 산림보호구역에서의 행위의 허가. 다만, 「산림자원의 조성 및 관리에 관한 법률」에 따른 채종림 · 시험림과 「산림보호법」에 따른 산림유전자원보호구역의 경우는 제외한다.
8. 「하천법」에 따른 하천공사 시행의 허가 및 하천공사실시계획의 인가, 하천의 점용허가, 하천수의 사용허가
9. 「수도법」에 따른 일반수도사업의 인가 및 전용상수도 또는 전용공업용수도 설치의 인가
10. 「하수도법」에 따른 공공하수도 사업의 허가 및 개인하수처리시설의 설치신고
11. 「공간정보의 구축 및 관리 등에 관한 법률」 에 따른 지도등의 간행 심사

12. 「유통산업발전법」에 따른 대규모점포등의 등록
13. 「국유재산법」에 따른 사용허가(재개발사업으로 한정한다)
14. 「공유재산 및 물품 관리법」에 따른 사용 · 수익허가(재개발사업으로 한정한다)
15. 「공간정보의 구축 및 관리 등에 관한 법률」에 따른 사업의 착수 · 변경의 신고
16. 「국토의 계획 및 이용에 관한 법률」에 따른 도시 · 군계획시설 사업시행자의 지정 및 실시계획의 인가
17. 「전기안전관리법」에 따른 자가용전기설비의 공사계획의 인가 및 신고
18. 「소방시설 설치 및 관리에 관한 법률」에 따른 건축허가등의 동의, 「위험물안전관리법」에 따른 제조소등의 설치의 허가(제조소등은 공장건축물 또는 그 부속시설과 관계있는 것으로 한정한다)
19. 「도시공원 및 녹지 등에 관한 법률」에 따른 공원조성계획의 결정

사업시행자가 공장이 포함된 구역에 대하여 재개발사업의 사업시행계획 인가 및 이를 고시한 경우 제1항에 따른 인 · 허가등 외에 산업집적활성화 및 공장설립에 관한 법률, 폐기물관리법 등 관계 법률에 따른 인 · 허가 등 및 그의 고시 · 공고 등이 있은 것으로 본다(법 57조 2항).

사업시행자는 정비사업에 대하여 제1항 및 제2항에 따른 인 · 허가등의 의제를 받으려는 경우에는 사업시행계획인가를 신청하는 때에 해당 법률에서 정하는 관계 서류를 함께 제출하여야 한다. 다만, 사업시행계획인가를 신청한 때에 시공자가 선정되어 있지 아니하여 관계 서류를 제출할 수 없거나 제6항에 따라 사업시행계획인가를 하는 경우에는 시장 · 군수등이 정하는 기한까지 제출할 수 있다(법 57조 3항).

(2) 관계행정기관과의 협의

시장 · 군수등은 사업시행계획인가를 하거나 사업시행계획서를 작성하려는 경우 의제되는 인 · 허가등에 해당하는 사항이 있는 때에는 미리 관계 행정기관의 장과 협의하여야 하고, 협의를 요청받은 관계 행정기관의 장은 요청받은 날(제3항 단서의 경우에는 서류가 관계 행정기관의 장에게 도달된 날을 말한다)부터 30일 이내에 의견을 제출하여야 한다. 이 경우 관계 행정기관의 장이 30일 이내에 의견을 제출하지 아니하면 협의된 것으로 본다(법 57조 4항).

시장 · 군수등은 사업시행계획인가(시장 · 군수등이 사업시행계획서를 작성한 경우를 포함한다)를 하려는 경우 정비구역부터 200미터 이내에 교육시설이 설치되어 있는 때에는 해당 지방자치단체의 교육감 또는 교육장과 협의하여야 하며, 인가받은 사항을 변경하는 경우에도 또한 같다(법 57조 5항).

시장 · 군수등은 제4항 및 제5항에도 불구하고 천재지변이나 그 밖의 불가피한 사유로 긴급히 정비사업을 시행할 필요가 있다고 인정하는 때에는 관계 행정기관의 장 및 교육감 또는 교육장과 협의를 마치기 전에 사업시행계획인가를 할 수 있다. 이 경우 협의를 마칠 때까지는 제1항 및 제2항에 따른 인 · 허가등을 받은 것으로 보지 아니한다(법 57조 6항).

제4절 정비사업 시행을 위한 조치 등

1. 임시거주시설 · 임시상가의 설치 등

(1) 임시거주조치 의무

사업시행자는 주거환경개선사업 및 재개발사업의 시행으로 철거되는 주택의 소유자 또는 세입자에게 해당 정비구역 안과 밖에 위치한 임대주택 등의 시설에 임시로 거주하게 하거나 주택자금의 융자를 알선하는 등 임시거주에 상응하는 조치를 하여야 한다(법 61조 1항). 사업시행자는 임시거주시설의 설치 등을 위하여 필요한 때에는 국가 · 지방자치단체, 그 밖의 공공단체 또는 개인의 시설이나 토지를 일시 사용할 수 있다(법 61조 2항). 또한 지방자치단체는 사업시행자로부터 임시거주시설에 필요한 건축물이나 토지의 사용신청을 받은 때에는 대통령령으로 정하는 사유가 없으면 이를 거절하지 못한다. 이 경우 사용료 또는 대부료는 면제한다(법 61조 3항). 사업시행자는 정비사업의 공사를 완료한 때에는 완료한 날부터 30일 이내에 임시거주시설을 철거하고, 사용한 건축물이나 토지를 원상회복하여야 한다(법 61조 4항).

(2) 임시상가의 설치

재개발사업의 사업시행자는 사업시행으로 이주하는 상가세입자가 사용할 수 있도록 정비구역 또는 정비구역 인근에 임시상가를 설치할 수 있다(법 61조 5항).

(3) 임시거주시설 · 임시상가의 설치 등에 따른 손실보상

사업시행자는 제61조에 따라 공공단체(지방자치단체는 제외한다) 또는 개인의 시설이나 토지를 일시 사용함으로써 손실을 입은 자가 있는 경우에는 손실을 보상하여야 하며, 손실을 보상하는 경우에는 손실을 입은 자와 협의하여야 한다(법 62조 1항). 사업시행자 또는 손실을 입은 자는 손실보상에 관한 협의가 성립되지 아니하거나 협의할 수 없는 경우에는 「공익사업을 위한 토지 등의 취득 및 보상에 관한 법률」에 따라 설치되는 관할 토지수용위원회에 재결을 신청할 수 있다(법 62조 2항). 손실보상은 이 법에 규정된 사항을 제외하고는 「공익사업을 위한 토지 등의 취득 및 보상에 관한 법률」을 준용한다(법 62조 3항).

2. 토지 등의 수용 또는 사용

(1) 수용 또는 사용

사업시행자는 정비구역에서 정비사업(재건축사업의 경우에는 제26조제1항제1호 및 제27조제1항제1호에 해당하는 사업으로 한정한다)을 시행하기 위하여 「공익사업을 위한 토지 등의 취득 및 보상에 관한 법률」 제3조에 따른 토지 · 물건 또는 그 밖의 권리를 취득하거나 사용할 수 있다(법 63조).

(2) 「공익사업을 위한 토지 등의 취득 및 보상에 관한 법률」의 준용 및 특례

정비구역에서 정비사업의 시행을 위한 토지 또는 건축물의 소유권과 그 밖의 권리에 대한 수용 또는 사용은 이 법에 규정된 사항을 제외하고는 「공익사업을 위한 토지 등의 취득 및 보상에 관한 법률(약칭:토지보상법)」을 준용한다(법 65조 1항). 토지보상법을 준용하는 경우 사업시행계획인가 고시(시장 · 군수등이 직접 정비사업을 시행하는 경우에는 제50조제9항에 따른 사업시행계획서의 고시를 말한다. 이하 이 조에서 같다)가 있은 때에는 토지보상법에 따른 사업인정 및 그 고시가 있은 것으로 본다(법 65조 2항).

다만, 정비사업의 시행에 따른 손실보상의 기준 및 절차는 대통령령[시행령 제54조]으로 따로 정할 수 있다(법 65조 1항 단서). 또한 수용 또는 사용에 대한 재결의 신청은 토지보상법에도 불구하고 사업시행계획인가(사업시행계획변경인가를 포함한다)를 할 때 정한 사업시행기간 이내에 하여야 한다(법 65조 3항). 대지 또는 건축물을 현물보상하는 경우에는 토지보상법 제42조[수용 또는 사용개시일까지 보상금 지급 또는 공탁]에도 불구하고 제83조에 따른 준공인가 이후에도 할 수 있다(법 65조 4항).

(3) 용적율에 관한 특례

① 손실보상 기준 이상 보상하는 경우

사업시행자가 〈다음 각 호〉의 어느 하나에 해당하는 경우에는 「국토의 계획 및 이용에 관한 법률」 제78조제1항에도 불구하고 해당 정비구역에 적용되는 용적률의 100분의 125 이하의 범위에서 대통령령으로 정하는 바에 따라 특별시 · 광역시 · 특별자치시 · 특별자치도 · 시 또는 군의 조례로 용적률을 완화하여 정할 수 있다(법 66조 1항).

1. 제65조제1항 단서에 따라 대통령령으로 정하는 손실보상의 기준 이상으로 세입자에게 주거이전비를 지급하거나 영업의 폐지 또는 휴업에 따른 손실을 보상하는 경우
2. 제65조제1항 단서에 따른 손실보상에 더하여 임대주택을 추가로 건설하거나 임대상가를 건설하는 등 추가적인 세입자 손실보상 대책을 수립하여 시행하는 경우

♣ 손실보상 기준 (법 65조 1항 단서, 영 54조)

① 이주대책대상자 : 정비구역 지정을 위한 공람공고일부터 계약체결일 또는 수용재결일까지 계속하여 거주하고 있지 아니한 건축물의 소유자는 토지보상법 제40조제5항제2호에 따라 이주대책대상자에서 제외한다. 다만, 같은 호 단서(같은 호 마목은 제외한다)에 해당하는 경우에는 그러하지 아니하다.

② 영업보상 휴업기간 : 정비사업으로 인한 영업의 폐지 또는 휴업에 대하여 손실을 평가하는 경우 영업의 휴업기간은 4개월 이내로 한다. 다만, 〈다음 각 호〉의 어느 하나에 해당하는 경우에는 실제 휴업기간으로 하되, 그 휴업기간은 2년을 초과할 수 없다.

1. 해당 정비사업을 위한 영업의 금지 또는 제한으로 인하여 4개월 이상의 기간동안 영업을 할 수 없는 경우
2. 영업시설의 규모가 크거나 이전에 고도의 정밀성을 요구하는 등 해당 영업의 고유한 특수성으로 인하여 4개월 이내에 다른 장소로 이전하는 것이 어렵다고 객관적으로 인정되는 경우

③ 영업손실 보상과 주거이전비 보상 대상자의 인정 기준시점 : 정비구역지정을 위한 주민공람 공고일로 본다.[24)]

② 역세권 등의 경우

정비구역이 역세권 등 대통령령으로 정하는 요건[25)]에 해당하는 경우(제24조제4항, 제26조제1항제1호 및 제27조제1항제1호에 따른 정비사업을 시행하는 경우는 제외한다)에는 제11조, 제54조 및 「국토의 계획 및 이용에 관한 법률」 제78조에도 불구하고 〈다음 각 호〉의 어느 하나에 따라 용적률을 완화하여 적용할 수 있다(법 66조 2항).

1. 지방도시계획위원회의 심의를 거쳐 법적상한용적률의 100분의 120까지 완화
2. 용도지역의 변경을 통하여 용적률을 완화하여 정비계획을 수립(변경수립을 포함)한 후 변경된 용도지역의 법적상한용적률까지 완화

---

24) [대법원 2020. 1. 30. 선고 2018두66067 판결] 가. 구 「도시 및 주거환경정비법」 제40조 제1항에 의하여 준용되는 구 「공익사업을 위한 토지 등의 취득 및 보상에 관한 법률」 제78조 제5항, 제9항, 구 「공익사업을 위한 토지 등의 취득 및 보상에 관한 법률 시행규칙」 제54조 제2항, 제55조 제2항 등 관련 법령의 문언·내용·취지에 비추어 보면, 도시정비법상 주거용 건축물의 세입자에 대한 주거이전비의 보상은 정비계획에 관한 공람공고일 당시 해당 정비구역 안에서 3월 이상 거주한 자(무허가건축물 등에 입주한 세입자의 경우 1년 이상 거주한 자)를 대상으로 하되, 그 보상 방법 및 금액 등의 보상내용은 원칙적으로 사업시행계획 인가고시일에 확정되는 것으로 봄이 타당하고, 이에 따라 그 보상내용이 확정된 세입자는 그 확정된 주거이전비를 청구할 수 있다(대법원 2017. 10. 26. 선고 2015두46673 판결 참조). 또한 이사비의 보상대상자는 공익사업시행지구에 편입되는 주거용 건축물의 거주자로서 공익사업의 시행으로 인하여 이주하게 되는 사람으로 보아야 하는바(대법원 2010. 11. 11. 선고 2010두5332 판결 참조), 이와 같이 공익사업의 시행에 따라 이주하는 주거용 건축물의 세입자에게 지급해야 하는 주거이전비 및 이사비의 지급의무는 사업인정고시일 등 당시 또는 공익사업을 위한 관계 법령에 의한 고시 등이 있은 당시에 바로 발생한다(대법원 2012. 4. 26. 선고 2010두7475 판결 참조). 한편 도시정비법에 따라 설립된 정비사업조합에 의하여 수립된 사업시행계획에서 정한 사업시행기간이 도과하였더라도, 유효하게 수립된 사업시행계획 및 그에 기초하여 사업시행기간 내에 이루어진 토지의 매수·수용을 비롯한 사업시행의 법적 효과가 소급하여 효력을 상실하여 무효로 된다고 할 수 없다(대법원 2016. 12. 1. 선고 2016두34905 판결 참조).

25) 〈다음 각 호〉의 요건을 모두 갖춘 경우를 말한다(영 55조 3항)
1. 해당 정비구역 총 면적의 2분의 1 이상이 〈다음 각 목〉의 어느 하나에 해당하는 지역에 위치할 것
   가. 철도 또는 도시철도의 승강장 경계로부터 시·도조례로 정하는 거리 이내에 위치한 지역
   나. 세 개 이상의 대중교통 정류장이 인접해 있거나 고속버스·시외버스 터미널, 간선도로의 교차지 등 양호한 기반시설을 갖추고 있어 대중교통 이용이 용이한 지역으로서 시·도조례로 정하는 요건을 모두 갖춘 지역
2. 해당 정비구역에서 시행하는 정비사업이 법 제54조제1항 각 호의 어느 하나에 해당할 것

사업시행자는 제2항에 따라 완화된 용적률에서 정비계획으로 정하여진 용적률을 뺀 용적률의 100분의 75 이하로서 대통령령으로 정하는 바에 따라 시 · 도조례로 정하는 비율에 해당하는 면적에 국민주택규모 주택을 건설하여 인수자에게 공급하여야 한다. 이 경우 국민주택규모 주택의 공급 및 인수방법에 관하여는 제55조를 준용한다(법 66조 3항). 제3항에도 불구하고 인수자는 사업시행자로부터 공급받은 주택 중 대통령령으로 정하는 비율에 해당하는 주택에 대해서는 「공공주택 특별법」 에 따라 분양할 수 있다. 이 경우 해당 주택의 공급가격은 「주택법」 제57조제4항에 따라 국토교통부장관이 고시하는 건축비로 하며, 부속 토지의 가격은 감정평가액의 100분의 50 이상의 범위에서 대통령령으로 정한다(법 66조 4항).

3. 재건축사업에서의 매도청구

재건축사업의 사업시행자는 사업시행계획인가의 고시가 있은 날부터 30일 이내에 〈다음 각 호〉의 자에게 조합설립 또는 사업시행자의 지정에 관한 동의 여부를 회답할 것을 서면으로 촉구하여야 한다(법 64조 1항).

1. 제35조제3항부터 제5항까지에 따른 조합설립에 동의하지 아니한 자
2. 제26조제1항 및 제27조제1항에 따라 시장 · 군수등, 토지주택공사등 또는 신탁업자의 사업시행자 지정에 동의하지 아니한 자

토지등소유자는 촉구를 받은 날부터 2개월 이내에 회답하여야 하며, 기간 내에 회답하지 아니한 경우 그 토지등소유자는 조합설립 또는 사업시행자의 지정에 동의하지 아니하겠다는 뜻을 회답한 것으로 본다(법 64조 2항 및 3항). 사업시행자는 그 기간이 만료된 때부터 2개월 이내에 조합설립 또는 사업시행자 지정에 동의하지 아니하겠다는 뜻을 회답한 토지등소유자와 건축물 또는 토지만 소유한 자에게 건축물 또는 토지의 소유권과 그 밖의 권리를 매도할 것을 청구할 수 있다(법 64조 4항).

재건축사업의 경우 천재지변 등 긴급한 사유로 인한 사업시행[제26조제1항제1호 및 제27조제1항제1호]을 제외하고는 토지등을 수용 · 사용 할수 없기 때문에 조합설립이나 사업시행에 동의하지 않는 경우 결국 민사사송으로 해결 할 수 밖에 없다. 법 제64조에서는 매도청구를 위한 사전절차를 엄격히 규정하고 있으며, 매도청구의 방식은 법원에 매도청구대상자 소유의 부동산에 대한 소유권이전등기절차 이행및 인도(가집행 포함)청구의 소를 제기하는 방법으로 하게 된다.

매도청구권의 법적 성질은 형성권이며, 따라서 매도청구 의사표시(재판상 또는 재판외)가 상대방에 도달한 때 매도청구 상대방의 토지 및 건물에 대하여 시가[26]를 매매대금으로 한 매

매계약이 성립한 것으로 의제된다. 매도청구권 행사로 매매계약 성립 및 목적물 인도를 받았다 하더라고 아직 소유권을 취득한 것이 아니므로 목적물을 철거할 수 있는냐는 별개의 문제이다.[27]

4. 재건축사업의 범위에 관한 토지분할 특례[28]

사업시행자 또는 추진위원회는 〈다음 각 호〉의 어느 하나에 해당하는 경우에는 그 주택단지 안의 일부 토지에 대하여 「건축법」 제57조에도 불구하고 분할하려는 토지면적이 같은 조에서 정하고 있는 면적에 미달되더라도 토지분할을 청구할 수 있다(법 67조 1항).

1. 「주택법」 제15조제1항에 따라 사업계획승인을 받아 건설한 둘 이상의 건축물이 있는 주택단지에 재건축사업을 하는 경우
2. 제35조제3항에 따른 조합설립의 동의요건을 충족시키기 위하여 필요한 경우

토지분할 청구를 하는 때에는 토지분할의 대상이 되는 토지 및 그 위의 건축물과 관련된 토지등소유자와 협의하여야 하며, 토지분할의 협의가 성립되지 아니한 경우에는 법원에 토지분할을 청구할 수 있다(법 67조 2항 및 3항).

이에 따라 법원에 토지분할이 청구된 경우 분할되어 나가는 토지 및 그 위의 건축물이 〈다음 각 호〉의 요건을 충족하는 때에는 토지분할이 완료되지 아니하여 제1항에 따른 동의요건에 미달되더라도 시장 · 군수등은 건축위원회의 심의를 거쳐 조합설립인가와 사업시행계획인가를 할 수 있다(법 67조 4항).

---

26) '시가'란 매도청구권이 행사된 당시의 토지 또는 건축물의 객관적 거래가격으로서 노후하여 철거될 상태를 전제로 한 거래가격이 아니라 그 건축물에 관하여 조합설립이 있었다는 것을 전제로 하여 소유권 등을 일체로 평가한 가격, 즉 재건축으로 인하여 발생할 것으로 예상되는 개발이익이 포함된 가격을 의미한다[대법원 1996.1.23.선고 95다 38172판결]

27) 도시정비법의 적용을 받는 재건축사업에서 가집행 선고부 판결을 받아 인도집행을 완료한 후 철거한 것에 대해 재물손괴죄 등으로 고소한 사건에서 대법원이 정당행위에 해당한다고 판단[대법원 2015.2.25.선고 2009도8473판결]한 이후 적어도 형사사건에 대해서는 하급심에서도 정당행위로 인정하는 경향이 나타나고 있다.

28) 재건축 단지내의 상가동 소유자들의 조직적 반대로 사업 추진에 어려움이 있을 경우 해당 부분의 토지를 분할함으로써 동의요건 충족 및 사업추진을 원활하게 하려는 배경이 있다.

1. 해당 토지 및 건축물과 관련된 토지등소유자(제77조에 따른 기준일의 다음 날 이후에 정비구역에 위치한 건축물 및 그 부속토지의 소유권을 취득한 자는 제외한다)의 수가 전체의 10분의 1 이하일 것
2. 분할되어 나가는 토지 위의 건축물이 분할선 상에 위치하지 아니할 것
3. 그 밖에 사업시행계획인가를 위하여 대통령령으로 정하는 요건에 해당할 것

5. 건축규제의 완화 등에 관한 특례

(1) 주거환경개선사업에서의 기준완화

주거환경개선사업에 따른 건축허가를 받은 때와 부동산등기(소유권 보존등기 또는 이전등기로 한정)를 하는 때에는 「주택도시기금법」 제8조의 국민주택채권의 매입에 관한 규정을 적용하지 아니한다(법 68조 1항), 「국토의 계획 및 이용에 관한 법률」 제43조제2항에 따른 도시·군계획시설의 결정·구조 및 설치의 기준 등에 필요한 사항은 국토교통부령으로 정하는 바에 따른다(법 68조 2항).

사업시행자는 주거환경개선구역에서 1. 「건축법」 제44조에 따른 대지와 도로의 관계(소방활동에 지장이 없는 경우로 한정한다), 2. 「건축법」 제60조 및 제61조에 따른 건축물의 높이 제한(사업시행자가 공동주택을 건설·공급하는 경우로 한정한다)에 해당하는 사항은 시·도조례로 정하는 바에 따라 기준을 따로 정할 수 있다(법 68조 3항).

(2) 공공재건축, 긴급 재건축, 용도지역 변경 정비구역에서의 기준완화

사업시행자는 공공재건축사업, 천재지변 등 긴급한 사유에 의한 공공시행자 및 지정개발자에 의한 재건축사업을 위한 정비구역, 또는 제66조제2항에 따라 용적률을 완화하여 적용하는 정비구역에서 〈다음 각 호〉의 어느 하나에 해당하는 사항에 대하여 대통령령으로 정하는 범위에서 「건축법」 제72조제2항에 따른 지방건축위원회 또는 지방도시계획위원회의 심의를 거쳐 그 기준을 완화받을 수 있다(법 68조 4항).

1. 「건축법」 제42조에 따른 대지의 조경기준
2. 「건축법」 제55조에 따른 건폐율의 산정기준
3. 「건축법」 제58조에 따른 대지 안의 공지 기준
4. 「건축법」 제60조 및 제61조에 따른 건축물의 높이 제한
5. 「주택법」 제35조제1항제3호 및 제4호에 따른 부대시설 및 복리시설의 설치기준
5의2. 「도시공원 및 녹지 등에 관한 법률」 제14조에 따른 도시공원 또는 녹지 확보기준
6. 제1호부터 제5호까지 및 제5호의2에서 규정한 사항 외에 공공재건축사업 또는 제26조제1항제1호 및 제27조제1항제1호에 따른 재건축사업의 원활한 시행을 위하여 대통령령으로 정하는 사항

6. 다른 법령의 적용 및 배제

주거환경개선구역은 해당 정비구역의 지정 · 고시가 있은 날부터 「국토의 계획 및 이용에 관한 법률」 제36조제1항제1호가목 및 같은 조 제2항에 따라 주거지역을 세분하여 정하는 지역 중 대통령령으로 정하는 지역으로 결정 · 고시된 것으로 본다. 다만, 〈다음 각 호〉의 어느 하나에 해당하는 경우에는 그러하지 아니하다(법 제69조 제1항).

1. 해당 정비구역이 「개발제한구역의 지정 및 관리에 관한 특별조치법」 제3조제1항에 따라 결정된 개발제한구역인 경우
2. 시장 · 군수등이 주거환경개선사업을 위하여 필요하다고 인정하여 해당 정비구역의 일부분을 종전 용도지역으로 그대로 유지하거나 동일면적의 범위에서 위치를 변경하는 내용으로 정비계획을 수립한 경우
3. 시장 · 군수등이 제9조제1항제10호다목[주거지역의 세분]의 사항을 포함하는 정비계획을 수립한 경우

주거환경개선사업의 경우에는 「공익사업을 위한 토지 등의 취득 및 보상에 관한 법률」 제78조제4항[이주정착지에 대한 생활기본시설 설치]을 적용하지 아니하며, 「주택법」을 적용할 때에는 이 법에 따른 사업시행자(토지주택공사등이 공동사업시행자인 경우에는 토지주택공사등을 말한다)는 「주택법」에 따른 사업주체로 본다(법 69조 3항).

공공재개발사업 시행자 또는 공공재건축사업 시행자는 공공재개발사업 또는 공공재건축사업을 시행하는 경우 「건설기술 진흥법」 등 관계 법령에도 불구하고 대통령령으로 정하는 바에 따라 건설사업관리기술인의 배치기준을 별도로 정할 수 있다(법 69조 4항).

정비사업과 관련된 환지에 관하여는 「도시개발법」 제28조부터 제49조까지의 규정을 준용한다. 이 경우 같은 법 제41조제2항 본문에 따른 "환지처분을 하는 때"는 "사업시행계획인가를 하는 때"로 본다(법 제69조 제2항).

7. 지상권 · 전세권 등 계약의 해지

정비사업의 시행으로 지상권 · 전세권 또는 임차권의 설정 목적을 달성할 수 없는 때에는 그 권리자는 계약을 해지할 수 있으며, 계약을 해지할 수 있는 자가 가지는 전세금 · 보증금, 그 밖의 계약상의 금전의 반환청구권은 사업시행자에게 행사할 수 있다(법 70조 1항 및 2항).

금전의 반환청구권의 행사로 해당 금전을 지급한 사업시행자는 해당 토지등소유자에게 구상할 수 있으며, 구상이 되지 아니하는 때에는 사업시행자는 해당 토지등소유자에게 귀속될 대지 또는 건축물을 압류할 수 있고, 이 경우 압류한 권리는 저당권과 동일한 효력을 가진다(법 70조 3항 및 4항).

관리처분계획의 인가를 받은 경우 지상권 · 전세권설정계약 또는 임대차계약의 계약기간은 「민법」 제280조 · 제281조 및 제312조제2항, 「주택임대차보호법」 제4조제1항, 「상가건물 임대차보호법」 제9조제1항을 적용하지 아니한다(법 70조 제항).

8. 소유자의 확인이 곤란한 건축물 등에 대한 처분

사업시행자는 〈다음 각 호〉에서 정하는 날 현재 건축물 또는 토지의 소유자의 소재 확인이 현저히 곤란한 때에는 전국적으로 배포되는 둘 이상의 일간신문에 2회 이상 공고하고, 공고한 날부터 30일 이상이 지난 때에는 그 소유자의 해당 건축물 또는 토지의 감정평가액[29]에 해당하는 금액을 법원에 공탁하고 정비사업을 시행할 수 있다(법 71조 1항).

1. 재개발 · 재건축에서 조합이 사업시행자가 되는 경우에는 조합설립인가일
2. 제25조제1항제2호에 따라 토지등소유자가 시행하는 재개발사업의 경우에는 사업시행계획인가일
3. 제26조제1항에 따라 시장 · 군수등, 토지주택공사등이 정비사업을 시행하는 경우에는 같은 조 제2항에 따른 고시일
4. 제27조제1항에 따라 지정개발자를 사업시행자로 지정하는 경우에는 같은 조 제2항에 따른 고시일

재건축사업을 시행하는 경우 조합설립인가일 현재 조합원 전체의 공동소유인 토지 또는 건축물은 조합 소유의 토지 또는 건축물로 보며, 조합 소유로 보는 토지 또는 건축물의 처분에 관한 사항은 관리처분계획에 명시하여야 한다(법 71조 2항 및 3항).

제5절 관리처분계획의 수립 및 인가 등

1. 개요

"관리처분계획"은 정비구역에 있는 종전 토지 또는 건축물의 소유권과 지상권 · 전세권 · 임차권 · 저당권 등 소유권 이외의 권리를 새로 조성 · 건축한 토지와 건축물에 관한 권리로 변환하여 배분하는 일련의 계획이다.

사업시행자는 토지등소유자들을 대상으로 한 분양신청 기간이 종료된 때에는 그 분양신청 결과를 기초로 관리처분계획을 수립하여 시장 · 군수등의 인가를 받아야 한다. 관리처분계획

29) 토지 또는 건축물의 감정평가는 제74조제4항제1호를 준용한다(법 71조 4항).

은 분양신청 현황을 기초로 관리처분계획안을 마련하여 조합 총회결의와 토지 등 소유자의 공람절차를 거친 후 관할 행정청의 인가 · 고시를 통해 비로소 그 효력이 발생하게 되며, 인가 · 고시된 관리처분계획은 대지 또는 건축물의 귀속과 비용분담 등을 통하여 개인의 재산상의 권리 · 의무에 구체적이고 직접적인 영향을 미치게 되므로 이는 구속적 행정계획이며 독립된 행정처분이라 할 수 있다.[30)]

2. 분양공고 및 분양신청

(1) 분양 통지 · 공고

사업시행자는 사업시행계획인가의 고시가 있은 날(사업시행계획인가 이후 시공자를 선정한 경우에는 시공자와 계약을 체결한 날)부터 120일 이내에 〈다음 각 호〉의 사항을 토지등소유자에게 통지하고, 분양의 대상이 되는 대지 또는 건축물의 내역 등 대통령령으로 정하는 사항을 해당 지역에서 발간되는 일간신문에 공고하여야 한다(법 72조 1항).

1. 분양대상자별 종전의 토지 또는 건축물의 명세 및 사업시행계획인가의 고시가 있은 날을 기준으로 한 가격(사업시행계획인가 전에 제81조제3항에 따라 철거된 건축물은 시장 · 군수등에게 허가를 받은 날을 기준으로 한 가격)
2. 분양대상자별 분담금[31)]의 추산액
3. 분양신청기간
4. 그 밖에 대통령령으로 정하는 사항(영 제59조 제2항)
   - 사업시행인가의 내용 / 정비사업의 종류 · 명칭 및 정비구역의 위치 · 면적
   - 분양신청기간 및 장소 / 분양대상 대지 또는 건축물의 내역
   - 분양신청자격 / 분양신청방법 / 분양을 신청하지 아니한 자에 대한 조치
   - 분양신청서
   - 그 밖에 시 · 도조례로 정하는 사항

30) 대법원 2009.9.17.선고 2007다2428 전원합의체 판결, 대법원 1996.2.15.선고 94다31235 전원합의체 판결, 대법원 2007.9.6.선고 2005두11951 판결 등 참조.

31) 조합원 분담금 = 조합원 분양가 - 권리가액
- 권리가액 = 종전자산평가액 × 비례율
- 비례율 = (전체 종후자산평가액 - 총사업비) / 전체 종전자산평가액

♣ 지역에서 발간되는 일간신문에 공고할 사항 (법 72조 1항, 영 59조 1항)

- 사업시행인가의 내용 / 정비사업의 종류 · 명칭 및 정비구역의 위치 · 면적
- 분양신청기간 및 장소 / 분양대상 대지 또는 건축물의 내역
- 분양신청자격 / 분양신청방법 / 토지등소유자외의 권리자의 권리신고방법
- 분양을 신청하지 아니한 자에 대한 조치 / 그 밖에 시 · 도조례로 정하는 사항

분양신청기간은 통지한 날부터 30일 이상 60일 이내로 하여야 한다. 다만, 사업시행자는 관리처분계획의 수립에 지장이 없다고 판단하는 경우에는 분양신청기간을 20일의 범위에서 한 차례만 연장할 수 있다(법 72조 2항).

(2) 분양신청

대지 또는 건축물에 대한 분양을 받으려는 토지등소유자는 분양신청기간에 대통령령으로 정하는 방법 및 절차에 따라 사업시행자에게 대지 또는 건축물에 대한 분양신청을 하여야 한다(법 72조 3항). 분양신청을 하려는 자는 정해진(첨부) 서식의 분양신청서에 소유권의 내역을 분명하게 적고, 그 소유의 토지 및 건축물에 관한 등기부등본 또는 환지예정지증명원을 첨부하여 사업시행자에게 제출하여야 한다. 이 경우 우편의 방법으로 분양신청을 하는 때에는 분양신청기간 내에 발송된 것임을 증명할 수 있는 우편으로 하여야 한다(영 59조 3항).

사업시행자는 분양신청기간 종료 후 사업시행계획인가의 변경(경미한 사항의 변경은 제외한다)으로 세대수 또는 주택규모가 달라지는 경우 제1항부터 제3항까지의 규정에 따라 분양공고 등의 절차를 다시 거칠 수 있다(법 72조 4항).

사업시행자는 정관등으로 정하고 있거나 총회의 의결을 거친 경우에는 '분양신청을 하지 않았거나 분양신청 후 기간내에 철회한 토지등소유자'에게 분양신청을 다시 하게 할 수 있다(법 72조 5항).

(3) 투기과열지구 정비사업에서의 분양신청 특례

① 5년이내 재분양신청 제한

투기과열지구의 정비사업에서 관리처분계획에 따라 '토지등소유자 분양' 또는 '일반 분양'의 분양대상자 및 그 세대에 속한 자는 분양대상자 선정일(조합원 분양분의 분양대상자는 최초 관리처분계획 인가일을 말한다)부터 5년 이내에는 투기과열지구에서 '토지등소유자(또는 조합원)'로서의 자격으로는 분양신청을 할 수 없다. 다만, 상속, 결혼, 이혼으로 조합원 자격을 취득한 경우에는 분양신청을 할 수 있다(법 72조 6항).

② 공공재개발사업에서 조합원 자격특례 인정에 따른 무분별한 분양신청 방지

투기과열지구에서의 정비사업의 경우 조합설립인가 후(재건축사업의 경우) 또는 관리처분

계획인가 후(재개발사업의 경우) 해당 정비사업의 건축물 또는 토지를 양수(상속 · 이혼으로 인한 경우는 제외)한 자는 원칙적으로 조합원이 될 수 없다[예외 있음](법 39조 2항).

그럼에도 불구하고 건축물 또는 토지를 공공임대주택 공공분양주택 등 공급을 목적으로 하는 공공재개발사업 시행자에게 양도하는 경우에는 조합원이 될 수 있다(법 39조 2항 6호). 이 경우 공공재개발사업 시행자는 건축물 또는 토지를 양수하려는 경우 무분별한 분양신청을 방지하기 위하여 분양공고 시 양수대상이 되는 건축물 또는 토지의 조건을 함께 공고하여야 한다(법 72조 7항).

(4) 분양신청을 하지 아니한 자 등에 대한 조치

사업시행자는 관리처분계획이 인가 · 고시된 다음 날부터 90일 이내에 〈다음 각 호〉에서 정하는 자와 토지, 건축물 또는 그 밖의 권리의 손실보상에 관한 협의를 하여야 한다. 다만, 사업시행자는 분양신청기간 종료일의 다음 날부터 협의를 시작할 수 있다(법 73조 1항).

1. 분양신청을 하지 아니한 자
2. 분양신청기간 종료 이전에 분양신청을 철회한 자
3. 제72조제6항 본문에 따라 분양신청을 할 수 없는 자
4. 제74조에 따라 인가된 관리처분계획에 따라 분양대상에서 제외된 자

사업시행자는 손실보상 협의가 성립되지 아니하면 협의보상기간의 만료일 다음 날부터 60일 이내에 수용재결을 신청하거나 매도청구소송을 제기하여야 한다(법 73조 2항). 사업시행자는 제2항에 따른 기간을 넘겨서 수용재결을 신청하거나 매도청구소송을 제기한 경우에는 해당 토지등소유자에게 지연일수(遲延日數)에 따른 이자를 지급하여야 하며, 이 경우 이자는 100분의 15 이하의 범위에서 대통령령으로 정하는 이율을 적용하여 산정한다(법 73조 3항).

3. 관리처분계획의 수립 및 인가

(1) 관리처분계획의 내용

관리처분계획에는 〈다음 각 호〉의 사항이 포함되어야 한다(법 74조 1항).

1. 분양설계
2. 분양대상자의 주소 및 성명
3. 분양대상자별 분양예정인 대지 또는 건축물의 추산액(임대관리 위탁주택에 관한 내용을 포함한다)
4. 〈다음 각 목〉에 해당하는 보류지 등의 명세와 추산액 및 처분방법. 다만, 나목의 경우에는 제30조제1항에 따라 선정된 임대사업자의 성명 및 주소(법인인 경우에는 법인의 명칭 및 소재지와 대표자의 성명 및 주소)를 포함한다.

가. 일반 분양분
나. 공공지원민간임대주택
다. 임대주택
라. 그 밖에 부대시설 · 복리시설 등
5. 분양대상자별 종전의 토지 또는 건축물 명세 및 사업시행계획인가 고시가 있은 날을 기준으로 한 가격(사업시행계획인가 전에 제81조제3항에 따라 철거된 건축물은 시장 · 군수등에게 허가를 받은 날을 기준으로 한 가격)
6. 정비사업비의 추산액(재건축사업의 경우에는 「재건축초과이익 환수에 관한 법률」에 따른 재건축부담금에 관한 사항을 포함한다) 및 그에 따른 조합원 분담규모 및 분담시기
7. 분양대상자의 종전 토지 또는 건축물에 관한 소유권 외의 권리명세
8. 세입자별 손실보상을 위한 권리명세 및 그 평가액
9. 그 밖에 정비사업과 관련한 권리 등에 관하여 대통령령으로 정하는 사항(⇒ 영 제62조)
 - 법 제73조에 따라 현금으로 청산하여야 하는 토지등소유자별 기존의 토지 · 건축물 또는 그 밖의 권리의 명세와 이에 대한 청산방법
 - 법 제79조제4항 전단에 따른 보류지 등의 명세와 추산가액 및 처분방법
 - 영 제3조제1항제4호에 따른 비용의 부담비율에 따른 대지 및 건축물의 분양계획과 그 비용부담의 한도 · 방법 및 시기. 이 경우 비용부담으로 분양받을 수 있는 한도는 정관등에서 따로 정하는 경우를 제외하고는 기존의 토지 또는 건축물의 가격의 비율에 따라 부담할 수 있는 비용의 50퍼센트를 기준으로 정한다.
 - 정비사업의 시행으로 인하여 새롭게 설치되는 정비기반시설의 명세와 용도가 폐지되는 정비기반시설의 명세
 - 기존 건축물의 철거 예정시기
 - 그 밖에 시 · 도조례로 정하는 사항

정비사업에서 제1항 제3호 · 제5호 및 제8호에 따라 재산 또는 권리를 평가할 때에는 〈다음 각 호〉의 방법에 따른다(법 74조 4항).

1. 「감정평가 및 감정평가사에 관한 법률」에 따른 감정평가법인등 중 〈다음 각 목〉의 구분에 따른 감정평가법인등이 평가한 금액을 산술평균하여 산정한다. 다만, 관리처분계획을 변경 · 중지 또는 폐지하려는 경우 분양예정 대상인 대지 또는 건축물의 추산액과 종전의 토지 또는 건축물의 가격은 사업시행자 및 토지등소유자 전원이 합의하여 산정할 수 있다.
   가. 주거환경개선사업 또는 재개발사업: 시장 · 군수등이 선정 · 계약한 2인 이상의 감정평가법인등
   나. 재건축사업: 시장 · 군수등이 선정 · 계약한 1인 이상의 감정평가법인등과 조합총회의 의결로 선정 · 계약한 1인 이상의 감정평가법인등
2. 시장 · 군수등은 제1호에 따라 감정평가법인등을 선정 · 계약하는 경우 감정평가법인등의 업무수행능력, 소속 감정평가사의 수, 감정평가 실적, 법규 준수 여부, 평가계획의 적정성 등을 고려하여 객관적이고 투명한 절차에 따라 선정하여야 한다. 이 경우 감정평가법인등의 선정 · 절차 및 방법 등에 필요한 사항은 시 · 도조례로 정한다.

3. 사업시행자는 제1호에 따라 감정평가를 하려는 경우 시장 · 군수등에게 감정평가법인등의 선정 · 계약을 요청하고 감정평가에 필요한 비용을 미리 예치하여야 한다. 시장 · 군수등은 감정평가가 끝난 경우 예치된 금액에서 감정평가 비용을 직접 지급한 후 나머지 비용을 사업시행자와 정산하여야 한다.

(2) 관리처분의 방법

관리처분의 방법은 다음과 같다(영 63조).

① 관리처분방식으로 시행하는 주거환경개선사업과 재개발사업의 경우

1. 시 · 도조례로 분양주택의 규모를 제한하는 경우에는 그 규모 이하로 주택을 공급할 것
2. 1개의 건축물의 대지는 1필지의 토지가 되도록 정할 것. 다만, 주택단지의 경우에는 그러하지 아니하다.
3. 정비구역의 토지등소유자(지상권자는 제외)에게 분양할 것. 다만, 공동주택을 분양하는 경우 시 · 도조례로 정하는 금액 · 규모 · 취득 시기 또는 유형에 대한 기준에 부합하지 아니하는 토지등소유자는 시 · 도조례로 정하는 바에 따라 분양대상에서 제외할 수 있다.
4. 1필지의 대지 및 그 대지에 건축된 건축물(법 제79조제4항 전단에 따라 보류지로 정하거나 조합원 외의 자에게 분양하는 부분은 제외한다)을 2인 이상에게 분양하는 때에는 기존의 토지 및 건축물의 가격(제93조에 따라 사업시행방식이 전환된 경우에는 환지예정지의 권리가액을 말한다. 이하 제7호에서 같다)과 제59조제4항 및 제62조제3호에 따라 토지등소유자가 부담하는 비용(재개발사업의 경우에만 해당한다)의 비율에 따라 분양할 것
5. 분양대상자가 공동으로 취득하게 되는 건축물의 공용부분은 각 권리자의 공유로 하되, 해당 공용부분에 대한 각 권리자의 지분비율은 그가 취득하게 되는 부분의 위치 및 바닥면적 등의 사항을 고려하여 정할 것
6. 1필지의 대지 위에 2인 이상에게 분양될 건축물이 설치된 경우에는 건축물의 분양면적의 비율에 따라 그 대지소유권이 주어지도록 할 것(주택과 그 밖의 용도의 건축물이 함께 설치된 경우에는 건축물의 용도 및 규모 등을 고려하여 대지지분이 합리적으로 배분될 수 있도록 한다). 이 경우 토지의 소유관계는 공유로 한다.
7. 주택 및 부대시설 · 복리시설의 공급순위는 기존의 토지 또는 건축물의 가격을 고려하여 정할 것. 이 경우 그 구체적인 기준은 시 · 도조례로 정할 수 있다.

② 재건축사업의 경우(다만, 조합이 조합원 전원의 동의를 받아 그 기준을 따로 정하는 경우에는 그에 따름)

1. 제1항제5호 및 제6호를 적용할 것
2. 부대시설 · 복리시설(부속토지를 포함한다. 이하 이 호에서 같다)의 소유자에게는 부대시설 · 복리시설을 공급할 것. 다만, 〈다음 각 목〉의 어느 하나에 해당하는 경우에는 1주택을 공급할 수 있다.

가. 새로운 부대시설 · 복리시설을 건설하지 아니하는 경우로서 기존 부대시설 · 복리시설의 가액이 분양주택 중 최소분양단위규모의 추산액에 〈정관등으로 정하는 비율(정관등으로 정하지 아니하는 경우에는 1로 한다. 이하 나목에서 같다)〉을 곱한 가액보다 클 것
나. 기존 부대시설 · 복리시설의 가액에서 새로 공급받는 부대시설 · 복리시설의 추산액을 뺀 금액이 분양주택 중 최소분양단위규모의 추산액에 〈정관등으로 정하는 비율〉을 곱한 가액보다 클 것
다. 새로 건설한 부대시설 · 복리시설 중 최소분양단위규모의 추산액이 분양주택 중 최소분양단위규모의 추산액보다 클 것

(3) 관리처분계획의 수립기준

관리처분계획의 내용은 〈다음 각 호〉의 기준에 따른다(법 76조 1항).

1. 종전의 토지 또는 건축물의 면적 · 이용 상황 · 환경, 그 밖의 사항을 종합적으로 고려하여 대지 또는 건축물이 균형 있게 분양신청자에게 배분되고 합리적으로 이용되도록 한다.
2. 지나치게 좁거나 넓은 토지 또는 건축물은 넓히거나 좁혀 대지 또는 건축물이 적정 규모가 되도록 한다.
3. 너무 좁은 토지 또는 건축물을 취득한 자나 정비구역 지정 후 분할된 토지 또는 집합건물의 구분소유권을 취득한 자에게는 현금으로 청산할 수 있다.
4. 재해 또는 위생상의 위해를 방지하기 위하여 토지의 규모를 조정할 특별한 필요가 있는 때에는 너무 좁은 토지를 넓혀 토지를 갈음하여 보상을 하거나 건축물의 일부와 그 건축물이 있는 대지의 공유지분을 교부할 수 있다.
5. 분양설계에 관한 계획은 제72조에 따른 분양신청기간이 만료하는 날을 기준으로 하여 수립한다.
6. 1세대 또는 1명이 하나 이상의 주택 또는 토지를 소유한 경우 1주택을 공급하고, 같은 세대에 속하지 아니하는 2명 이상이 1주택 또는 1토지를 공유한 경우에는 1주택만 공급한다.
7. 제6호에도 불구하고 〈다음 각 목〉의 경우에는 각 목의 방법에 따라 주택을 공급할 수 있다.
   가. 2명 이상이 1토지를 공유한 경우로서 시 · 도조례로 주택공급을 따로 정하고 있는 경우에는 시 · 도조례로 정하는 바에 따라 주택을 공급할 수 있다.
   나. 다음 어느 하나에 해당하는 토지등소유자에게는 소유한 주택 수만큼 공급할 수 있다.
      1) 과밀억제권역에 위치하지 아니한 재건축사업의 토지등소유자. 다만, 투기과열지구 또는 조정대상지역에서 사업시행계획인가(최초 사업시행계획인가를 말한다)를 신청하는 재건축사업의 토지등소유자는 제외한다.
      2) 근로자(공무원인 근로자를 포함한다) 숙소, 기숙사 용도로 주택을 소유하고 있는 토지등소유자
      3) 국가, 지방자치단체 및 토지주택공사등
      4) 「국가균형발전 특별법」 제18조에 따른 공공기관지방이전 및 혁신도시 활성화를 위한 시책 등에 따라 이전하는 공공기관이 소유한 주택을 양수한 자

다. 나목1) 단서에도 불구하고 과밀억제권역 외의 조정대상지역 또는 투기과열지구에서 조정대상지역 또는 투기과열지구로 지정되기 전에 1명의 토지등소유자로부터 토지 또는 건축물의 소유권을 양수하여 여러 명이 소유하게 된 경우에는 양도인과 양수인에게 각각 1주택을 공급할 수 있다.
라. 제74조제1항제5호에 따른 가격의 범위 또는 종전 주택의 주거전용면적의 범위에서 2주택을 공급할 수 있고, 이 중 1주택은 주거전용면적을 60제곱미터 이하로 한다. 다만, 60제곱미터 이하로 공급받은 1주택은 제86조제2항에 따른 이전고시일 다음 날부터 3년이 지나기 전에는 주택을 전매(매매 · 증여나 그 밖에 권리의 변동을 수반하는 모든 행위를 포함하되 상속의 경우는 제외한다)하거나 전매를 알선할 수 없다.
마. 과밀억제권역에 위치한 재건축사업의 경우에는 토지등소유자가 소유한 주택수의 범위에서 3주택까지 공급할 수 있다. 다만, 투기과열지구 또는 조정대상지역에서 사업시행계획인가(최초 사업시행계획인가를 말한다)를 신청하는 재건축사업의 경우에는 그러하지 아니하다.

(4) 주택 등 건축물을 분양받을 권리의 산정 기준일

정비사업을 통하여 분양받을 건축물[32]이 〈다음 각 호〉의 어느 하나에 해당하는 경우에는 정비구역 지정 · 고시가 있은 날 또는 시 · 도지사가 투기를 억제하기 위하여 기본계획 수립을 위한 주민공람 공고일 후 정비구역 지정 · 고시 전에 따로 정하는 날(이하 "기준일"이라 한다)의 다음 날을 기준으로 건축물을 분양받을 권리를 산정한다(법 77조 1항).

1. 1필지의 토지가 여러 개의 필지로 분할되는 경우
2. 「집합건물의 소유 및 관리에 관한 법률」에 따른 집합건물이 아닌 건축물이 같은 법에 따른 집합건물로 전환되는 경우
3. 하나의 대지 범위에 속하는 동일인 소유의 토지와 주택 등 건축물을 토지와 주택 등 건축물로 각각 분리하여 소유하는 경우
4. 나대지에 건축물을 새로 건축하거나 기존 건축물을 철거하고 다세대주택, 그 밖의 공동주택을 건축하여 토지등소유자의 수가 증가하는 경우
5. 「집합건물의 소유 및 관리에 관한 법률」 제2조제3호에 따른 전유부분의 분할로 토지등소유자의 수가 증가하는 경우

시 · 도지사가 기준일을 따로 정하는 경우에는 기준일 · 지정사유 · 건축물을 분양받을 권리의 산정 기준 등을 해당 지방자치단체의 공보에 고시하여야 한다(법 77조 2항).

32) 정비사업을 통하여 분양받을 건축물이라 함은 '정비사업 시행 대상인 종전건축물'을 의미함[유권해석, 법제처 21-0671, 2021. 11. 18.]

(5) 관리처분계획의 수립 및 의결

사업시행자는 분양신청기간이 종료된 때에는 분양신청의 현황을 기초로 관리처분계획을 수립하여 시장 · 군수등의 인가를 받아야 하며, 관리처분계획을 변경 · 중지 또는 폐지하려는 경우에도 또한 같다(법 74조 1항 본문).

다만, 대통령령으로 정하는 경미한 사항을 변경하려는 경우에는 시장 · 군수등에게 신고하여야 하며, 이 경우 시장 · 군수등은 신고를 받은 날부터 20일 이내에 신고수리 여부를 신고인에게 통지하여야 한다(법 74조 1항 및 2항). 시장 · 군수등이 기간 내에 신고수리 여부 또는 민원처리 관련 법령에 따른 처리기간의 연장을 신고인에게 통지하지 아니하면 그 기간이 끝난 날의 다음 날에 신고를 수리한 것으로 본다(법 74조 3항).

조합은 제45조제1항제10호의 사항[관리처분계획 수립]을 의결하기 위한 총회의 개최일부터 1개월 전에 제1항[관리처분계획의 내용] 제3호부터 제6호까지의 규정에 해당하는 사항을 각 조합원에게 문서로 통지하여야 한다(법 74조 5항).

(6) 관리처분계획의 공람 및 인가절차 등

① 공람 및 의견청취

사업시행자는 관리처분계획 인가를 신청하기 전에 관계 서류의 사본을 30일 이상 토지등소유자에게 공람하게 하고 의견을 들어야 한다. 다만, 제74조제1항 각 호 외의 부분 단서에 따라 대통령령으로 정하는 경미한 사항을 변경하려는 경우에는 토지등소유자의 공람 및 의견청취 절차를 거치지 아니할 수 있다(법 78조 1항).

② 인가 여부 결정 및 통보

시장 · 군수등은 사업시행자의 관리처분계획인가의 신청이 있은 날부터 30일 이내에 인가 여부를 결정하여 사업시행자에게 통보하여야 한다. 다만, 시장 · 군수등은 관리처분계획의 타당성 검증을 요청하는 경우에는 관리처분계획인가의 신청을 받은 날부터 60일 이내에 인가 여부를 결정하여 사업시행자에게 통지하여야 한다(법 78조 2항).

③ 관리처분계획의 타당성 검증

시장 · 군수등은 〈다음 각 호〉의 어느 하나에 해당하는 경우에는 대통령령으로 정하는 공공기관, 즉 토지주택공사등, 한국부동산원에 관리처분계획의 타당성 검증을 요청하여야 한다. 이 경우 시장 · 군수등은 타당성 검증 비용을 사업시행자에게 부담하게 할 수 있다(법 78조 3항, 영 64조 1항).

1. 관리처분계획서상의 정비사업비가 사업시행계획서상의 정비사업비 기준으로 그 비율이 100분의 10 이상이상 늘어나는 경우(영 64조 2항)
2. 관리처분계획서에 따른 조합원 분담규모가 관리처분계획 수립 전 분양신청 통지시 분양대상자별 분담금의 추산액 총액 기준으로 100분의 20 이상으로서 대통령령으로 정하는 비율 이상 늘어나는 경우(영 64조 3항)
3. 조합원 5분의 1 이상이 관리처분계획인가 신청이 있은 날부터 15일 이내에 시장 · 군수등에게 타당성 검증을 요청한 경우
4. 그 밖에 시장 · 군수등이 필요하다고 인정하는 경우

④ 고시

시장 · 군수등이 관리처분계획을 인가하는 때에는 그 내용을 해당 지방자치단체의 공보에 고시하여야 한다(법 78조 4항).

사업시행자는 공람을 실시하려거나 시장 · 군수등의 고시가 있은 때에는 대통령령으로 정하는 방법과 절차에 따라 토지등소유자에게는 공람계획을 통지하고, 분양신청을 한 자에게는 관리처분계획인가의 내용 등을 통지하여야 한다(법 78조 5항).

(7) 사업시행계획 인가 및 관리처분계획 인가의 시기 조정

특별시장 · 광역시장 또는 도지사는 정비사업의 시행으로 정비구역 주변 지역에 주택이 현저하게 부족하거나 주택시장이 불안정하게 되는 등 특별시 · 광역시 또는 도의 조례로 정하는 사유가 발생하는 경우에는 「주거기본법」에 따른 시 · 도 주거정책심의위원회의 심의를 거쳐 사업시행계획인가 또는 관리처분계획인가의 시기를 조정하도록 해당 시장, 군수 또는 구청장에게 요청할 수 있다. 이 경우 요청을 받은 시장, 군수 또는 구청장은 특별한 사유가 없으면 그 요청에 따라야 하며, 사업시행계획인가 또는 관리처분계획인가의 조정 시기는 인가를 신청한 날부터 1년을 넘을 수 없다(법 75조 1항).

특별자치시장 및 특별자치도지사는 같은 사유가 발생하는 경우 「주거기본법」에 따른 시 · 도 주거정책심의위원회의 심의를 거쳐 사업시행계획인가 또는 관리처분계획인가의 시기를 조정할 수 있다. 이 경우에도 인가의 조정 시기는 인가를 신청한 날부터 1년을 넘을 수 없다(법 75조 2항).

4. 관리처분계획에 따른 처분 등

(1) 공급 원칙

정비사업의 시행으로 조성된 대지 및 건축물은 관리처분계획에 따라 처분 또는 관리하여야 한다. 또한 사업시행자는 정비사업의 시행으로 건설된 건축물을 인가받은 관리처분계획에 따라 토지등소유자에게 공급하여야 한다(법 79조 1항 및 2항).

(2) 주택의 건설 및 공급

사업시행자(제23조제1항제2호에 따라 대지를 공급받아 주택을 건설하는 자를 포함한다. 이하 이 항, 제6항 및 제7항에서 같다)는 정비구역에 주택을 건설하는 경우에는 입주자 모집 조건 · 방법 · 절차, 입주금(계약금 · 중도금 및 잔금을 말한다)의 납부 방법 · 시기 · 절차, 주택공급 방법 · 절차 등에 관하여「주택법」제54조에도 불구하고 대통령령으로 정하는 범위[33]에서 시장 · 군수등의 승인을 받아 따로 정할 수 있다(법 79조 3항).

사업시행자는 제72조에 따른 분양신청을 받은 후 잔여분이 있는 경우에는 정관등 또는 사업시행계획으로 정하는 목적을 위하여 그 잔여분을 보류지(건축물을 포함)로 정하거나 조합원 또는 토지등소유자 이외의 자에게 분양할 수 있으며, 이 경우 분양공고와 분양신청절차 등에 필요한 사항은 대통령령[제67조 : 주택법 제54조에 의한 일반분양절차]으로 정한다(법 79조 4항).

(3) 임대주택의 인수 및 건설 · 공급

국토교통부장관, 시 · 도지사, 시장, 군수, 구청장 또는 토지주택공사등은 조합이 요청하는 경우 재개발사업의 시행으로 건설된 임대주택을 인수하여야 한다. 이 경우 재개발임대주택의 인수절차 및 방법, 인수 가격 등에 필요한 사항은 대통령령[영 68조]으로 정한다(법 79조 5항).

사업시행자는 정비사업의 시행으로 임대주택을 건설하는 경우에는 임차인의 자격 · 선정방법 · 임대보증금 · 임대료 등 임대조건에 관한 기준 및 무주택 세대주에게 우선 매각하도록 하는 기준 등에 관하여「민간임대주택에 관한 특별법」제42조 및 제44조,「공공주택 특별법」제48조, 제49조 및 제50조의3에도 불구하고 대통령령으로 정하는 범위에서 시장 · 군수등의 승인을 받아 따로 정할 수 있다. 다만, 재개발임대주택으로서 최초의 임차인 선정이 아닌 경우에는 대통령령으로 정하는 범위에서 인수자가 따로 정한다(법 79조 6항).

(4) 마지막 남은 주택의 공급

사업시행자는 제2항부터 제6항까지의 규정에 따른 공급대상자에게 주택을 공급하고 남은 주택을 제2항부터 제6항까지의 규정에 따른 공급대상자 외의 자에게 공급할 수 있다(법 79조 7항).

제7항에 따른 주택의 공급 방법 · 절차 등은「주택법」제54조를 준용한다. 다만, 사업시행자가 제64조에 따른 매도청구소송을 통하여 법원의 승소판결을 받은 후 입주예정자에게 피해가 없도록 손실보상금을 공탁하고 분양예정인 건축물을 담보한 경우에는 법원의 승소판결이 확정되기 전이라도「주택법」제54조에도 불구하고 입주자를 모집할 수 있으나, 정비사업의 준공인가 신청 전까지 해당 주택건설 대지의 소유권을 확보하여야 한다(법 79조 8항).

---

33) 주거환경개선사업을 현지개량방식, 수용방식, 환지방식으로 시행하는 경우를 말한다(영 66조)

5. 지분형주택 등의 공급

사업시행자가 토지주택공사등인 경우에는 분양대상자와 사업시행자가 공동 소유하는 방식의 주택[지분형주택]을 공급할 수 있다. 이 경우 공급되는 지분형주택의 규모, 공동 소유기간 및 분양대상자 등 필요한 사항은 대통령령으로 정한다(법 80조 1항).

국토교통부장관, 시 · 도지사, 시장, 군수, 구청장 또는 토지주택공사등은 정비구역에 세입자와 대통령령으로 정하는 면적 이하의 토지 또는 주택을 소유한 자의 요청이 있는 경우에는 제79조제5항에 따라 인수한 임대주택의 일부를 「주택법」에 따른 토지임대부 분양주택으로 전환하여 공급하여야 한다(법 80조 2항).

6. 건축물 등의 사용 · 수익의 중지 및 철거

(1) 사용 · 수익 중지

종전의 토지 또는 건축물의 소유자 · 지상권자 · 전세권자 · 임차권자 등 권리자는 관리처분계획인가의 고시가 있은 때에는 제86조에 따른 이전고시가 있는 날까지 종전의 토지 또는 건축물을 사용하거나 수익할 수 없다(법 81조 1항 본문).

다만, 사업시행자의 동의를 받거나 토지보상법에 따른 손실보상이 완료되지 않는 경우에는 그러하지 아니하다(법 81조 1항 단서).

(2) 철거

사업시행자는 관리처분계획인가를 받은 후 기존의 건축물을 철거하여야 한다(법 제81조 제2항).

다만 건축물 붕괴등 안전사고 우려가 있거나 폐공가 밀집으로 인한 범죄발생 우려가 있는 경우 관리처분계획 인가 전이라도 기존 건축물 소유자의 동의 및 시장 · 군수등의 허가를 받아 해당 건축물을 철거할 수 있다. 이 경우 건축물의 철거는 토지등소유자로서의 권리 · 의무에 영향을 주지 아니한다(법 81조 3항).

시장 · 군수등은 사업시행자가 기존의 건축물을 철거하거나 철거를 위하여 점유자를 퇴거시키려는 경우 〈다음 각 호〉의 어느 하나에 해당하는 시기에는 건축물을 철거하거나 점유자를 퇴거시키는 것을 제한할 수 있다(법 81조 4항).

1. 일출 전과 일몰 후
2. 호우, 대설, 폭풍해일, 지진해일, 태풍, 강풍, 풍랑, 한파 등으로 해당 지역에 중대한 재해발생이 예상되어 기상청장이 「기상법」 제13조에 따라 특보를 발표한 때
3. 「재난 및 안전관리 기본법」 제3조에 따른 재난이 발생한 때
4. 제1호부터 제3호까지의 규정에 준하는 시기로 시장 · 군수등이 인정하는 시기

7. 시공보증

조합이 정비사업의 시행을 위하여 시장 · 군수등 또는 토지주택공사등이 아닌 자를 시공자로 선정(제25조에 따른 공동사업시행자가 시공하는 경우를 포함한다)한 경우 그 시공자는 공사의 시공보증[34)]을 위하여 국토교통부령으로 정하는 기관의 시공보증서를 조합에 제출하여야 한다(법 82조 1항).

시장 · 군수등은「건축법」에 따른 착공신고를 받는 경우에는 시공보증서의 제출 여부를 확인하여야 한다(법 82조 2항).

제6절 공사완료에 따른 조치 등

1. 정비사업의 준공인가

(1) 공사완료 및 준공인가 신청

시장 · 군수등이 아닌 사업시행자가 정비사업 공사를 완료한 때에는 대통령령으로 정하는 방법 및 절차에 따라 시장 · 군수등의 준공인가를 받아야 한다(법 83조 1항).

(2) 준공검사

준공인가신청을 받은 시장 · 군수등은 지체 없이 준공검사를 실시하여야 한다. 이 경우 시장 · 군수등은 효율적인 준공검사를 위하여 필요한 때에는 관계 행정기관 · 공공기관 · 연구기관, 그 밖의 전문기관 또는 단체에게 준공검사의 실시를 의뢰할 수 있다(법 83조 2항).

(3) 준공인가 및 공사완료의 고시

시장 · 군수등은 준공검사를 실시한 결과 정비사업이 인가받은 사업시행계획대로 완료되었다고 인정되는 때에는 준공인가[35)]를 하고 공사의 완료를 해당 지방자치단체의 공보에 고시하여야 한다(법 83조 3항).

---

34) 시공자가 공사의 계약상 의무를 이행하지 못하거나 의무이행을 하지 아니할 경우 보증기관에서 시공자를 대신하여 계약이행의무를 부담하거나 총 공사금액의 100분의 50 이하 100분의 30 이상의 범위에서 사업시행자가 정하는 금액을 납부할 것을 보증하는 것을 말한다(법 82조 1항, 영 73조).

35) 준공인가(도시정비법 제83조), 사용검사(주택법 제49조), 사용승인(건축법 제22조)는 사실상 같은 개념이다.

시장 · 군수등은 직접 시행하는 정비사업에 관한 공사가 완료된 때에는 그 완료를 해당 지방자치단체의 공보에 고시하여야 한다(법 83조 4항).

(4) 준공인가전 사용 허가

건축물은 원칙적으로 준공인가 후에 사용가능하나 시장 · 군수등은 준공인가를 하기 전이라도 완공된 건축물이 사용에 지장이 없는 등 대통령령으로 정하는 기준[영 제75조]에 적합한 경우에는 입주예정자가 완공된 건축물을 사용할 수 있도록 사업시행자에게 허가할 수 있다. 다만, 시장 · 군수등이 사업시행자인 경우에는 허가를 받지 아니하고 입주예정자가 완공된 건축물을 사용하게 할 수 있다(법 83조 5항).

(5) 준공인가의 효과

① 정비구역의 해제

정비구역의 지정은 준공인가의 고시가 있은 날(관리처분계획을 수립하는 경우에는 이전고시가 있은 때를 말한다)의 다음 날에 해제된 것으로 본다. 이 경우 지방자치단체는 해당 지역을 「국토의 계획 및 이용에 관한 법률」에 따른 지구단위계획으로 관리하여야 한다(법 84조 1항). 제1항에 따른 정비구역의 해제는 조합의 존속에 영향을 주지 아니한다(법 84조 2항).

② 인 · 허가등의 의제

준공인가를 하거나 공사완료를 고시하는 경우 시장 · 군수등이 제57조에 따라 의제되는 인 · 허가등에 따른 준공검사 · 준공인가 · 사용검사 · 사용승인 등(이하 "준공검사 · 인가등"이라 한다)에 관하여 관계 행정기관의 장과 협의한 사항은 해당 준공검사 · 인가등을 받은 것으로 본다(법 85조 1항).

시장 · 군수등이 아닌 사업시행자는 준공검사 · 인가등의 의제를 받으려는 경우에는 준공인가를 신청하는 때에 해당 법률에서 정하는 관계 서류를 함께 제출하여야 한다(법 85조 2항).

시장 · 군수등은 준공인가를 하거나 공사완료를 고시하는 경우 그 내용에 의제되는 인 · 허가등에 따른 준공검사 · 인가등에 해당하는 사항이 있은 때에는 미리 관계 행정기관의 장과 협의하여야 하며(법 85조 3항), 관계 행정기관의 장은 협의를 요청받은 날부터 10일 이내에 의견을 제출하여야 한다(법 85조 4항). 관계 행정기관의 장이 제4항에서 정한 기간(「민원 처리에 관한 법률」 제20조제2항에 따라 회신기간을 연장한 경우에는 그 연장된 기간을 말한다) 내에 의견을 제출하지 아니하면 협의가 이루어진 것으로 본다(법 85조 5항).

제57조제6항[관계기관 협의종료 전 사업시행계획 인가]은 제1항에 따른 준공검사 · 인가등의 의제에 준용한다(법 85조 6항).

2. 이전고시

(1) 이전고시의 의의

"이전고시"라 함은 정비사업 시행자가 새로 조성한 대지 및 건축물의 소유권을 관리처분계획에 따라 분양받을 자에게 이전하기 위하여 그 내용을 지방자치단체 공보에 고시하는 것을 말한다. 폐지(2003. 7. 1)된 구(舊)도시재개발법에서는 분양처분이라고 하였다. 이전고시는 유효한 관리처분계획을 전제로 하며, 그 법률적 성격은 행정처분으로서 도시개발법의 환지처분, 구 도시재개발법의 분양처분과 동일하다.[36)]

사업시행자는 준공인가 고시 또는 공사완료 고시가 있은 때에는 지체 없이 대지확정측량을 하고 토지의 분할절차를 거쳐 관리처분계획에서 정한 사항을 분양받을 자에게 통지하고 대지 또는 건축물의 소유권을 이전하여야 한다. 다만, 효율적인 추진을 위하여 필요한 경우에는 공사가 전부 완료되기 전이라도 완공된 부분만 준공인가를 받아 소유권을 이전할 수도 있다(법 86조 1항).

일반적으로 준공인가 후 공사내용 결과가 당초 인가된 관리처분계획과 일치하지 않는 경우가 많으며, 이 경우에는 관리처분계획의 변경 및 인가를 거친 후 그 변경 · 인가된 관리처분계획을 기초로 이전고시가 이루어져야 한다.

(2) 이전고시의 효과

① 소유권 취득

사업시행자가 대지 및 건축물의 소유권을 이전하려는 때에는 그 내용을 해당 지방자치단체의 공보에 고시하여야 하며, 대지 또는 건축물을 분양받을 자는 고시가 있은 날의 다음 날에 소유권을 취득한다(법 86조 2항).[37)][38)]

② 대지 및 건축물에 대한 권리의 확정

---

36) 대법원 2012. 3. 22. 선고 2011두6400 전원합의체 판결

37) 대지 또는 건축물의 소유권 이전에 관한 고시의 효력이 발생하면 조합원 등이 관리처분계획에 따라 분양받을 대지 또는 건축물에 관한 권리의 귀속이 확정되고 조합원 등은 이를 토대로 다시 새로운 법률관계를 형성하게 되는데, 이전고시의 효력 발생으로 대다수 조합원 등에 대하여 권리귀속 관계가 획일적 · 일률적으로 처리되는 이상 그 후 일부 내용만을 분리하여 변경할 수 없고, 그렇다고 하여 전체 이전고시를 모두 무효화시켜 처음부터 다시 관리처분계획을 수립하여 이전고시 절차를 거치도록 하는 것도 정비사업의 공익적 · 단체법적 성격에 배치되어 허용될 수 없다(대법원 2012. 3. 22. 선고 2011두6400 전원합의체 판결, 대법원 2014. 9. 25. 선고 2011두20680 판결 등 참조)[대법원 2019. 4. 23. 선고 2018두55326 판결] .[대법원 2022. 1. 13. 선고 2021두50772 판결]

38) 도시 및 주거환경정비법 제86조에 따른 이전고시가 효력을 발생한 이후에는 주택재건축정비사업조합의 조합원 등이 사업시행계획과 사업시행인가, 관리처분계획과 관리처분계획인가의 취소 또는 무효확인을 구할 법률상 이익이 인정되지 않음[대법원 2022. 1. 13. 선고 2021두50772 판결]

종전의 토지 또는 건축물에 설정된 지상권 · 전세권 · 저당권 · 임차권 · 가등기담보권 · 가압류 등 등기된 권리 및 「주택임대차보호법」의 요건을 갖춘 임차권은 이전고시로 소유권을 이전받은 대지 또는 건축물에 설정된 것으로 본다(법 87조 1항).

이전고시로 취득하는 대지 또는 건축물 중 토지등소유자에게 분양하는 대지 또는 건축물은 「도시개발법」에 따라 행하여진 환지로 보며, 보류지와 일반에게 분양하는 대지 또는 건축물은 「도시개발법」에 따른 보류지 또는 체비지로 본다(법 87조 2항 및 3항).

③ 등기촉탁 및 다른 권리 변동의 제한

사업시행자는 이전고시가 있은 때에는 지체 없이 대지 및 건축물에 관한 등기를 지방법원지원 또는 등기소에 촉탁 또는 신청하여야 한다(법 88조 1항). 등기에 필요한 사항은 대법원규칙으로 정한다(법 88조 2항).

정비사업에 관하여 소유권의 이전고시가 있은 날부터 제1항에 따른 이전등기가 있을 때까지는 저당권 등의 다른 등기를 하지 못한다(법 88조 3항).

④ 청산금 징수 등

ⅰ) 청산금의 징수 · 지급 : 대지 또는 건축물을 분양받은 자가 종전에 소유하고 있던 토지 또는 건축물의 가격과 분양받은 대지 또는 건축물의 가격 사이에 차이가 있는 경우 사업시행자는 이전고시가 있은 후에 그 차액에 상당하는 금액[=청산금]을 분양받은 자로부터 징수하거나 분양받은 자에게 지급하여야 한다(법 89조 1항).[39]

정관등에서 분할징수 및 분할지급을 정하고 있거나 총회의 의결을 거쳐 따로 정한 경우에는 관리처분계획인가 후부터 이전고시가 있은 날까지 일정 기간별로 분할징수하거나 분할지급할 수 있다(법 89조 2항).

사업시행자는 청산금의 징수 또는 지급을 위하여 종전에 소유하고 있던 토지 또는 건축물의 가격과 분양받은 대지 또는 건축물의 가격을 평가하는 경우 그 토지 또는 건축물의 규모 · 위치 · 용도 · 이용 상황 · 정비사업비 등을 참작하여 평가하여야 한다. 가격평가의 방법 및 절차 등에 필요한 사항은 대통령령으로 정한다(법 89조 3항 및 4항).

ⅱ) 청산금의 징수방법 : 시장 · 군수등인 사업시행자는 청산금을 납부할 자가 이를 납부하지 아니하는 경우 지방세 체납처분의 예에 따라 징수할 수 있으며, 시장 · 군수등이 아닌 사업

39) 재건축조합이 조합원 지위를 잃고 현금청산 대상자가 된 사람에게 그때까지 발생한 정비사업비를 나누어 부담시킨다는 정관 규정이나 총회 결의에는, 부담시킬 비용의 발생 근거, 분담 기준과 내역, 범위 등이 구체적으로 정해져 있어야 한다. 분담액을 미리 가늠하기 어려운 추상적인 정관 규정이나 총회 결의만으로 현금청산금에서 사업비용을 공제하여 지급할 수는 없다(대법원 2021. 8. 19. 선고 2020다243532 판결, 대법원 2021. 6. 30. 선고 2020다291340 판결, 대법원 2021. 4. 29. 선고 2017두48437 판결 참조).

시행자는 시장 · 군수등에게 청산금의 징수를 위탁할 수 있다. 이 경우 제93조제5항을 준용한다(법 90조 1항). 청산금을 지급받을 자가 받을 수 없거나 받기를 거부한 때에는 사업시행자는 그 청산금을 공탁할 수 있다(법 90조 2항).

청산금을 지급(분할지급 포함)받을 권리 또는 이를 징수할 권리는 이전고시일의 다음 날부터 5년간 행사하지 아니하면 소멸한다(법 90조 3항).

iii) 저당권의 물상대위 : 정비구역에 있는 토지 또는 건축물에 저당권을 설정한 권리자는 사업시행자가 저당권이 설정된 토지 또는 건축물의 소유자에게 청산금을 지급하기 전에 압류절차를 거쳐 저당권을 행사할 수 있다(법 91조).

3. 조합의 해산

조합장은 이전고시가 있은 날부터 1년 이내에 조합 해산을 위한 총회를 소집하여야 한다(법 86조의2 1항).

조합장이 제1항에 따른 기간 내에 총회를 소집하지 아니한 경우 제44조제2항에도 불구하고 조합원 5분의 1 이상의 요구로 소집된 총회에서 조합원 과반수의 출석과 출석 조합원 과반수의 동의를 받아 해산을 의결할 수 있다. 이 경우 요구자 대표로 선출된 자가 조합 해산을 위한 총회의 소집 및 진행을 할 때에는 조합장의 권한을 대행한다(법 86조의2 2항).

시장 · 군수등은 조합이 정당한 사유 없이 제1항 또는 제2항에 따라 해산을 의결하지 아니하는 경우에는 조합설립인가를 취소할 수 있다(법 86조의2 3항).

해산하는 조합에 청산인이 될 자가 없는 경우에는 「민법」 제83조에도 불구하고 시장 · 군수등은 법원에 청산인의 선임을 청구할 수 있다(법 86조의2 4항).

조합이 해산을 의결하거나 조합설립인가가 취소된 경우 청산인은 지체 없이 청산의 목적범위에서 성실하게 청산인의 직무를 수행하여야 한다(법 86조의2 5항).

제 4 장

비용의 부담 등

제1절 비용의 부담 및 보조·융자 등

1. 비용의 부담

(1) 원칙

정비사업비는 이 법 또는 다른 법령에 특별한 규정이 있는 경우를 제외하고는 사업시행자가 부담한다(법 92조 1항).

다만 시장·군수등은 시장·군수등이 아닌 사업시행자가 시행하는 정비사업의 정비계획에 따라 설치되는 〈다음 각 호〉의 시설에 대하여는 그 건설에 드는 비용의 전부 또는 일부를 부담할 수 있다(법 92조 2항).

> 1. 도시·군계획시설 중 대통령령으로 정하는 주요 정비기반시설 및 공동이용시설
> 2. 임시거주시설

(2) 토지등소유자로부터 비용의 조달

사업시행자는 토지등소유자로부터 정비사업에 따른 비용과 정비사업의 시행과정에서 발생한 수입의 차액을 부과금으로 부과·징수할 수 있으며, 사업시행자는 토지등소유자가 부과금의 납부를 게을리한 때에는 연체료를 부과·징수할 수 있다(법 93조 1항 및 2항). 부과금 및 연체료의 부과·징수에 필요한 사항은 정관등으로 정한다(법 93조 3항).

시장·군수등이 아닌 사업시행자는 부과금 또는 연체료를 체납하는 자가 있는 때에는 시장·군수등에게 그 부과·징수를 위탁할 수 있으며, 시장·군수등이 부과·징수를 위탁받은 경우에는 지방세 체납처분의 예에 따라 부과·징수할 수 있다. 이 경우 사업시행자는 징수한 금액의 100분의 4에 해당하는 금액을 해당 시장·군수등에게 교부하여야 한다(법 93조 4항 및 5항).

(3) 정비기반시설 관리자의 비용부담

시장 · 군수등은 자신이 시행하는 정비사업으로 현저한 이익을 받는 정비기반시설의 관리자가 있는 경우에는 해당 정비사업비의 일부를 그 정비기반시설의 관리자와 협의하여 그 관리자에게 부담시킬 수 있다(법 94조 1항).

사업시행자는 정비사업을 시행하는 지역에 전기 · 가스 등의 공급시설을 설치하기 위하여 공동구를 설치하는 경우에는 다른 법령에 따라 그 공동구에 수용될 시설을 설치할 의무가 있는 자에게 공동구의 설치에 드는 비용을 부담시킬 수 있으며, 이경우 비용부담의 비율 및 부담방법과 공동구의 관리에 필요한 사항은 국토교통부령으로 정한다(법 94조 2항 및 3항).

2. 비용의 보조 및 융자 등

(1) 시장 · 군수등, 토지주택공사등에 대한 보조 및 융자

국가 또는 시 · 도는 시장, 군수, 구청장 또는 토지주택공사등이 시행하는 정비사업에 관한 기초조사 및 정비사업의 시행에 필요한 시설로서 대통령령으로 정하는 정비기반시설, 임시거주시설 및 주거환경개선사업에 따른 공동이용시설의 건설에 드는 비용의 일부를 보조하거나 융자할 수 있다. 이 경우 국가 또는 시 · 도는 〈다음 각 호〉의 어느 하나에 해당하는 사업에 우선적으로 보조하거나 융자할 수 있다(법 95조 1항).

> 1. 시장 · 군수등 또는 토지주택공사등이 〈다음 각 목〉의 어느 하나에 해당하는 지역에서 시행하는 주거환경개선사업
>   가. 제20조 및 제21조에 따라 해제된 정비구역등
>   나. 「도시재정비 촉진을 위한 특별법」 제7조제2항에 따라 재정비촉진지구가 해제된 지역
> 2. 국가 또는 지방자치단체가 도시영세민을 이주시켜 형성된 낙후지역으로서 대통령령으로 정하는 지역에서 시장 · 군수등 또는 토지주택공사등이 단독으로 시행하는 재개발사업

시장 · 군수등은 사업시행자가 토지주택공사등인 주거환경개선사업과 관련하여 정비기반시설 및 공동이용시설, 임시거주시설을 건설하는 경우 건설에 드는 비용의 전부 또는 일부를 토지주택공사등에게 보조하여야 한다(법 95조 2항).

(2) 시장 · 군수등이 아닌 시행자에 대한 보조 및 융자

국가 또는 지방자치단체는 시장 · 군수등이 아닌 사업시행자가 시행하는 정비사업에 드는 비용의 일부를 보조 또는 융자하거나 융자를 알선할 수 있다(법 95조 3항).

(3) 순환정비방식에 대한 우선 지원

국가 또는 지방자치단체는 제1항 및 제2항에 따라 정비사업에 필요한 비용을 보조 또는 융

자하는 경우 순환정비방식의 정비사업에 우선적으로 지원할 수 있다. 이 경우 순환정비방식의 정비사업의 원활한 시행을 위하여 국가 또는 지방자치단체는 〈다음 각 호〉의 비용 일부를 보조 또는 융자할 수 있다(법 95조 4항).

1. 순환용주택의 건설비
2. 순환용주택의 단열보완 및 창호교체 등 에너지 성능 향상과 효율개선 위한 리모델링 비용
3. 공가(空家)관리비

(4) 임대주택에 대한 지원

국가는 〈다음 각 호〉의 어느 하나에 해당하는 비용의 전부 또는 일부를 지방자치단체 또는 토지주택공사등에 보조 또는 융자할 수 있다(법 95조 5항).

1. 토지주택공사등이 보유한 공공임대주택을 순환용주택으로 조합에게 제공하는 경우 그 건설비 및 공가관리비 등의 비용
2. 시 · 도지사, 시장, 군수, 구청장 또는 토지주택공사등이 재개발임대주택을 인수하는 경우 그 인수 비용

(5) 토지임대부 분양주택에 대한 지원

국가 또는 지방자치단체는 토지임대부 분양주택을 공급받는 자에게 해당 공급비용의 전부 또는 일부를 보조 또는 융자할 수 있다(법 95조 6항).

제2절 정비기반시설의 설치 등

1. 정비기반시설의 설치의무

사업시행자는 관할 지방자치단체의 장과의 협의를 거쳐 정비구역에 정비기반시설(주거환경개선사업의 경우에는 공동이용시설을 포함한다)을 설치하여야 한다(법 96조).

2. 정비기반시설 및 토지 등의 귀속

시장 · 군수등 또는 토지주택공사등이 정비사업의 시행으로 새로 정비기반시설을 설치하거나 기존의 정비기반시설을 대체하는 정비기반시설을 설치한 경우에는 「국유재산법」 및 「공유재산 및 물품 관리법」에도 불구하고 종래의 정비기반시설은 사업시행자에게 무상으로 귀속되고, 새로 설치된 정비기반시설은 그 시설을 관리할 국가 또는 지방자치단체에 무상으로 귀속

된다(법 97조 1항).

시장 · 군수등 또는 토지주택공사등이 아닌 사업시행자가 정비사업의 시행으로 새로 설치한 정비기반시설은 그 시설을 관리할 국가 또는 지방자치단체에 무상으로 귀속되고, 정비사업의 시행으로 용도가 폐지되는 국가 또는 지방자치단체 소유의 정비기반시설은 사업시행자가 새로 설치한 정비기반시설의 설치비용에 상당하는 범위에서 그에게 무상으로 양도된다(법 97조 2항).

제1항 및 제2항의 정비기반시설에 해당하는 도로는 1) 「국토의 계획 및 이용에 관한 법률」 제30조에 따라 도시 · 군관리계획으로 결정되어 설치된 도로, 2) 「도로법」 제23조에 따라 도로관리청이 관리하는 도로, 3) 「도시개발법」 등 다른 법률에 따라 설치된 국가 또는 지방자치단체 소유의 도로, 4) 그 밖에 「공유재산 및 물품 관리법」에 따른 공유재산 중 일반인의 교통을 위하여 제공되고 있는 부지(이 경우 부지의 사용 형태, 규모, 기능 등 구체적인 기준은 시 · 도조례로 정할 수 있다)를 말한다(법 97조 3항).

시장 · 군수등은 정비기반시설의 귀속 및 양도에 관한 사항이 포함된 정비사업을 시행하거나 그 시행을 인가하려는 경우에는 미리 그 관리청의 의견을 들어야 한다. 인가받은 사항을 변경하려는 경우에도 또한 같다(법 97조 4항). 사업시행자는 관리청에 귀속될 정비기반시설과 사업시행자에게 귀속 또는 양도될 재산의 종류와 세목을 정비사업의 준공 전에 관리청에 통지하여야 하며, 해당 정비기반시설은 그 정비사업이 준공인가되어 관리청에 준공인가통지를 한 때에 국가 또는 지방자치단체에 귀속되거나 사업시행자에게 귀속 또는 양도된 것으로 본다(법 97조 5항).

제3절 국유 · 공유재산의 처분 등

1. 국유 · 공유재산의 처분

시장 · 군수등은 인가하려는 사업시행계획 또는 직접 작성하는 사업시행계획서에 국유 · 공유재산의 처분에 관한 내용이 포함되어 있는 때에는 미리 관리청과 협의하여야 한다. 이 경우 관리청이 불분명한 재산 중 도로 · 구거(도랑) 등은 국토교통부장관을, 하천은 환경부장관을, 그 외의 재산은 기획재정부장관을 관리청으로 본다(법 98조 1항). 제1항에 따라 협의를 받은 관리청은 20일 이내에 의견을 제시하여야 한다(법 98조 2항).

정비구역의 국유 · 공유재산은 정비사업 외의 목적으로 매각되거나 양도될 수 없다(법 98조 3항).

정비구역의 국유 · 공유재산은 「국유재산법」 또는 「공유재산 및 물품 관리법」에 따른 국유재산종합계획 또는 공유재산관리계획과 계약의 방법에도 불구하고 사업시행자 또는 점유자 및 사용자에게 다른 사람에 우선하여 수의계약으로 매각 또는 임대될 수 있다(법 98조 4항). 다른 사람에 우선하여 매각 또는 임대될 수 있는 국유 · 공유재산은 「국유재산법」, 「공유재산 및 물품 관리법」 및 그 밖에 국 · 공유지의 관리와 처분에 관한 관계 법령에도 불구하고 사업시행계획인가의 고시가 있은 날부터 종전의 용도가 폐지된 것으로 본다(법 98조 5항). 정비사업을 목적으로 우선하여 매각하는 국 · 공유지는 사업시행계획인가의 고시가 있은 날을 기준으로 평가하며, 주거환경개선사업의 경우 매각가격은 평가금액의 100분의 80으로 한다. 다만, 사업시행계획인가의 고시가 있은 날부터 3년 이내에 매매계약을 체결하지 아니한 국 · 공유지는 「국유재산법」 또는 「공유재산 및 물품 관리법」에서 정한다(법 98조 6항).

2. 국유 · 공유재산의 임대

지방자치단체 또는 토지주택공사등은 주거환경개선구역 및 재개발구역에서 임대주택을 건설하는 경우에는 「국유재산법」 또는 「공유재산 및 물품 관리법」에도 불구하고 국 · 공유지 관리청과 협의하여 정한 기간 동안 국 · 공유지를 임대할 수 있다(법 99조 1항). 시장 · 군수등은 「국유재산법」 또는 「공유재산 및 물품 관리법」에도 불구하고 제1항에 따라 임대하는 국 · 공유지 위에 공동주택, 그 밖의 영구시설물을 축조하게 할 수 있다. 이 경우 해당 시설물의 임대기간이 종료되는 때에는 임대한 국 · 공유지 관리청에 기부 또는 원상으로 회복하여 반환하거나 국 · 공유지 관리청으로부터 매입하여야 한다(법 99조 2항).

3. 공동이용시설 사용료의 면제

지방자치단체의 장은 마을공동체 활성화 등 공익 목적을 위하여 「공유재산 및 물품 관리법」에 따라 주거환경개선구역 내 공동이용시설에 대한 사용 허가를 하는 경우 같은 법 제22조에도 불구하고 사용료를 면제할 수 있다(법 100조 1항). 제1항에 따른 공익 목적의 기준, 사용료 면제 대상 및 그 밖에 필요한 사항은 시 · 도조례로 정한다(법 100조 2항).

4. 국 · 공유지의 무상양여 등

〈다음 각 호〉의 어느 하나에 해당하는 구역에서 국가 또는 지방자치단체가 소유하는 토지는 사업시행계획인가의 고시가 있은 날부터 종전의 용도가 폐지된 것으로 보며, 「국유재산법」, 「공유재산 및 물품 관리법」 및 그 밖에 국 · 공유지의 관리 및 처분에 관하여 규정한 관계 법령에도 불구하고 해당 사업시행자에게 무상으로 양여된다. 다만, 「국유재산법」에 따른 행정재산 또는 「공유재산 및 물품 관리법」에 따른 행정재산과 국가 또는 지방자치단체가 양도계약을 체결하여 정비구역지정 고시일 현재 대금의 일부를 수령한 토지에 대하여는 그러하지 아니하다 (법 101조 1항).

1. 주거환경개선구역
2. 국가 또는 지방자치단체가 도시영세민을 이주시켜 형성된 낙후지역으로서 대통령령으로 정하는 재개발구역(이 항 각 호 외의 부분 본문에도 불구하고 무상양여 대상에서 국유지는 제외하고, 공유지는 시장 · 군수등 또는 토지주택공사등이 단독으로 사업시행자가 되는 경우로 한정한다)

제 5 장

공공재개발사업 및 공공재건축사업

제1절 의의

1. 공공재개발사업

재개발사업 중 〈다음 요건〉을 모두 갖추어 시행하는 재개발사업을 "공공재개발사업"이라 한다(법 2조 2호 나목).

1) 특별자치시장, 특별자치도지사, 시장, 군수, 자치구의 구청장(이하 "시장 · 군수등") 또는 토지주택공사등(조합과 공동으로 시행하는 경우를 포함)이 제24조에 따른 주거환경개선사업의 시행자, 제25조제1항 또는 제26조제1항에 따른 재개발사업의 시행자나 제28조에 따른 재개발사업의 대행자일 것
2) 건설 · 공급되는 주택의 전체 세대수 또는 전체 연면적 중 토지등소유자 대상 분양분(지분형주택은 제외)을 제외한 나머지 주택의 세대수 또는 연면적의 100분의 20 이상 100분의 50 이하의 범위에서 대통령령으로 정하는 기준에 따라 특별시 · 광역시 · 특별자치시 · 도 · 특별자치도 또는 「지방자치법」 제198조에 따른 서울특별시 · 광역시 및 특별자치시를 제외한 인구 50만 이상 대도시의 조례로 정하는 비율 이상을 지분형주택[제80조], 공공임대주택[공공주택 특별법] 또는 공공지원민간임대주택[민간임대주택에 관한 특별법]으로 건설 · 공급할 것. 이 경우 주택 수 산정방법 및 주택 유형별 건설비율은 대통령령으로 정한다.

2. 공공재건축사업

재건축사업 중 〈다음 요건〉을 모두 갖추어 시행하는 재건축사업을 "공공재건축사업"이라 한다(법 2조 2호 다목).

1) 시장 · 군수등 또는 토지주택공사등(조합과 공동으로 시행하는 경우를 포함)이 제25조제2항 또는 제26조제1항에 따른 재건축사업의 시행자나 제28조제1항에 따른 재건축사업의 대행자일 것
2) 종전의 용적률, 토지면적, 기반시설 현황 등을 고려하여 대통령령으로 정하는 세대수[종전 세대수의 160%] 이상을 건설 · 공급할 것. 다만, 제8조제1항에 따른 정비구역의 지정권자가 「국토의 계획 및 이용에 관한 법률」 제18조에 따른 도시 · 군기본계획, 토지이용 현황 등 대통령령으로 정하는 불가피한 사유로 해당하는 세대수를 충족할 수 없다고 인정하는 경우에는 그러하지 아니하다.

제2절 예정구역 및 정비구역의 지정 · 고시

1. 공공재개발사업 예정구역의 지정 · 고시 등

(1) 예정구역의 지정 · 고시

정비구역의 지정권자는 비경제적인 건축행위 및 투기 수요의 유입을 방지하고, 합리적인 사업계획을 수립하기 위하여 공공재개발사업을 추진하려는 구역을 공공재개발사업 예정구역으로 지정할 수 있다. 이 경우 공공재개발사업 예정구역의 지정 · 고시에 관한 절차는 제16조[정비구역 지정고시]를 준용한다(법 101조의2 1항).

(2) 권리산정 기준일

공공재개발사업 예정구역 내에 분양받을 건축물이 제77조제1항 각 호의 어느 하나에 해당하는 경우에는 제77조에도 불구하고 공공재개발사업 예정구역 지정 · 고시가 있은 날 또는 시 · 도지사가 투기를 억제하기 위하여 공공재개발사업 예정구역 지정 · 고시 전에 따로 정하는 날의 다음 날을 기준으로 건축물을 분양받을 권리를 산정한다. 이 경우 시 · 도지사가 건축물을 분양받을 권리일을 따로 정하는 경우에는 제77조제2항을 준용한다(법 101조의2 4항).

(3) 예정구역 지정 해제

정비구역의 지정권자는 공공재개발사업 예정구역이 지정 · 고시된 날부터 2년이 되는 날까지 공공재개발사업 예정구역이 공공재개발사업을 위한 정비구역으로 지정되지 아니하거나, 공공재개발사업 시행자가 지정되지 아니하면 그 2년이 되는 날의 다음 날에 공공재개발사업 예정구역 지정을 해제하여야 한다. 다만, 정비구역의 지정권자는 1회에 한하여 1년의 범위에서 공공재개발사업 예정구역의 지정을 연장할 수 있다(법 101조의2 5항).

2. 공공재개발사업의 정비구역 지정 등

(1) 정비구역 지정

정비구역의 지정권자는 제8조제1항에도 불구하고 기본계획을 수립하거나 변경하지 아니하고 공공재개발사업을 위한 정비계획을 결정하여 정비구역을 지정할 수 있다(법 101조의3 1항).

정비계획의 입안권자는 공공재개발사업의 추진을 전제로 정비계획을 작성하여 정비구역의 지정권자에게 공공재개발사업을 위한 정비구역의 지정을 신청할 수 있다. 이 경우 공공재개발사업을 시행하려는 공공재개발사업 시행자는 정비계획의 입안권자에게 공공재개발사업을 위한 정비계획의 수립을 제안할 수 있다(법 101조의3 2항).

(2) 정비구역 지정 해제

정비계획의 지정권자는 공공재개발사업을 위한 정비구역을 지정 · 고시한 날부터 1년이 되는 날까지 공공재개발사업 시행자가 지정되지 아니하면 그 1년이 되는 날의 다음 날에 공공재개발사업을 위한 정비구역의 지정을 해제하여야 한다. 다만, 정비구역의 지정권자는 1회에 한하여 1년의 범위에서 공공재개발사업을 위한 정비구역의 지정을 연장할 수 있다(법 101조의3 3항).

3. 공공재개발사업 예정구역 및 공공재개발사업 · 공공재건축사업을 위한 정비구역 지정을 위한 특례

지방도시계획위원회 또는 도시재정비위원회는 공공재개발사업 예정구역 또는 공공재개발사업 · 공공재건축사업을 위한 정비구역의 지정에 필요한 사항을 심의하기 위하여 분과위원회를 둘 수 있다. 이 경우 분과위원회의 심의는 지방도시계획위원회 또는 도시재정비위원회의 심의로 본다(법 101조의4 1항).

정비구역의 지정권자가 공공재개발사업 또는 공공재건축사업을 위한 정비구역의 지정 · 변경을 고시한 때에는 제7조에 따른 기본계획의 수립 · 변경, 「도시재정비 촉진을 위한 특별법」 제5조에 따른 재정비촉진지구의 지정 · 변경 및 같은 법 제12조에 따른 재정비촉진계획의 결정 · 변경이 고시된 것으로 본다(법 101조의4 2항).

제3절 용적율 완화 및 주택건설비율 등

1. 공공재개발사업에서의 용적률 완화 및 국민주택규모 건설비율 등

공공재개발사업 시행자는 공공재개발사업(「도시재정비촉진을 위한 특별법」 제2조제1호에 따른 재정비촉진지구에서 시행되는 공공재개발사업을 포함한다)을 시행하는 경우 「국토의 계획 및 이용에 관한 법률」 제78조 및 조례에도 불구하고 지방도시계획위원회 및 도시재정비위원회의 심의를 거쳐 법적상한용적률의 100분의 120(이하 "법적상한초과용적률"이라 한다)까지 건축할 수 있다(법 101조의5 1항).

공공재개발사업 시행자는 제54조에도 불구하고 법적상한초과용적률에서 정비계획으로 정하여진 용적률을 뺀 용적률의 100분의 20 이상 100분의 50 이하로서 시 · 도조례로 정하는 비율에 해당하는 면적에 국민주택규모 주택을 건설하여 인수자에게 공급하여야 한다. 다만, 제24조제4항, 제26조제1항제1호 및 제27조제1항제1호에 따른 정비사업을 시행하는 경우에는 그러하지 아니한다. 국민주택규모 주택의 공급 및 인수방법에 관하여는 제55조를 준용한다(법 101조의5 2항 및 3항).

제3항에도 불구하고 인수자는 공공재개발사업 시행자로부터 공급받은 주택 중 대통령령으로 정하는 비율에 해당하는 주택에 대해서는 「공공주택 특별법」 제48조에 따라 분양할 수 있다. 이 경우 해당 주택의 공급가격과 부속 토지의 가격은 제66조제4항을 준용하여 정한다(법 101조의5 4항).

2. 공공재건축사업에서의 용적률 완화 및 주택 건설비율 등

공공재건축사업을 위한 정비구역에 대해서는 해당 정비구역의 지정 · 고시가 있은 날부터 「국토의 계획 및 이용에 관한 법률」에 따라 주거지역을 세분하여 정하는 지역 중 대통령령으로 정하는 지역으로 결정 · 고시된 것으로 보아 해당 지역에 적용되는 용적률 상한까지 용적률을 정할 수 있다(법 101조의6 1항).

다만, 〈다음 각 호〉의 어느 하나에 해당하는 경우에는 그러하지 아니하다(법 101조의6 1항단서).

1. 해당 정비구역이 「개발제한구역의 지정 및 관리에 관한 특별조치법」에 따라 결정된 개발제한구역인 경우
2. 시장 · 군수등이 공공재건축사업을 위하여 필요하다고 인정하여 해당 정비구역의 일부분을 종전 용도지역으로 그대로 유지하거나 동일면적의 범위에서 위치를 변경하는 내용으로 정비계획을 수립한 경우
3. 시장 · 군수등이 제9조제1항제10호다목의 사항을 포함하는 정비계획을 수립한 경우

공공재건축사업 시행자는 공공재건축사업(「도시재정비 촉진을 위한 특별법」 제2조제1호에 따른 재정비촉진지구에서 시행되는 공공재건축사업을 포함한다)을 시행하는 경우 제54조제4항에도 불구하고 제1항에 따라 완화된 용적률에서 정비계획으로 정하여진 용적률을 뺀 용적률의 100분의 40 이상 100분의 70 이하로서 주택증가 규모, 공공재건축사업을 위한 정비구역의 재정적 여건 등을 고려하여 시 · 도조례로 정하는 비율에 해당하는 면적에 국민주택규모 주택을 건설하여 인수자에게 공급하여야 한다(법 101조의6 2항).

제2항에 따른 주택의 공급가격은 「공공주택 특별법」 제50조의4에 따라 국토교통부장관이 고시하는 공공건설임대주택의 표준건축비로 하고, 제4항 단서에 따라 분양을 목적으로 인수한 주택의 공급가격은 「주택법」 제57조제4항에 따라 국토교통부장관이 고시하는 기본형건축비로 한다. 이 경우 부속 토지는 인수자에게 기부채납한 것으로 본다(법 101조의6 3항).

제 6 장

공공시행자 및 지정개발자 사업시행의 특례

토지주택공사등이 공공시행자로 지정되거나 신탁업자가 지정개발자가 되는 경우 정비구역 지정 등 몇가지 사항에서 특례가 인정되고 있다.

1. 정비구역 지정의 특례

(1) 정비구역 지정 제안

토지주택공사등(제26조에 따라 사업시행자로 지정되려는 경우로 한정한다. 이하 이 장에서 같다) 또는 지정개발자(신탁업자로 한정한다. 이하 이 장에서 같다)는 제8조에도 불구하고 대통령령으로 정하는 비율 이상의 토지등소유자의 동의를 받아 정비구역의 지정권자(특별자치시장 · 특별자치도지사 · 시장 · 군수인 경우로 한정한다. 이하 이 장에서 같다)에게 정비구역의 지정(변경지정을 포함한다. 이하 이 조에서 같다)을 제안할 수 있다. 이 경우 토지주택공사등 또는 지정개발자는 〈다음 각 호〉의 사항을 포함한 제안서를 정비구역의 지정권자에게 제출하여야 한다(법 101조의8 1항).

1. 정비사업의 명칭
2. 정비구역의 위치, 면적 등 개요
3. 토지이용, 주택건설 및 기반시설의 설치 등에 관한 기본방향
4. 그 밖에 지정제안을 위하여 필요한 사항으로서 대통령령으로 정하는 사항

(2) 정비계획 수립 전 정비구역 지정

제1항에 따라 토지주택공사등 또는 지정개발자가 정비구역의 지정을 제안한 경우 정비구역의 지정권자는 제8조 및 제16조에도 불구하고 정비계획을 수립하기 전에 정비구역을 지정할 수 있다(법 101조의8 2항).

정비구역의 지정권자는 제2항에 따라 정비구역을 지정하려면 주민 및 지방의회의 의견을 들어야 하며, 지방도시계획위원회의 심의를 거쳐야 한다. 다만, 제15조제3항에 따른 경미한 사항을 변경하는 경우에는 그러하지 아니하다(법 101조의8 3항).

2. 사업시행자 지정의 특례

정비구역의 지정권자는 제26조제1항제8호 및 제27조제1항제3호에도 불구하고 토지면적 2분의 1 이상의 토지소유자와 토지등소유자의 3분의 2 이상에 해당하는 자가 동의하는 경우에는 정비구역의 지정과 동시에 토지주택공사등 또는 지정개발자를 사업시행자로 지정할 수 있다. 이 경우 제101조의8제1항에 따라 정비구역 지정제안에 동의한 토지등소유자는 토지주택공사등 또는 지정개발자의 사업시행자 지정에 동의한 것으로 본다(법 101조의9 1항).

정비구역의 지정권자는 제1항에 따라 토지주택공사등 또는 지정개발자를 사업시행자로 지정하는 때에는 정비사업 시행구역 등 토지등소유자에게 알릴 필요가 있는 사항으로서 대통령령으로 정하는 사항을 해당 지방자치단체의 공보에 고시하여야 한다(법 101조의9 2항).

3. 정비계획과 사업시행계획의 통합 수립

(1) 정비사업계획 수립

사업시행자는 제101조의8에 따라 정비구역이 지정된 경우에는 제9조에 따른 정비계획과 제52조에 따른 사업시행계획을 통합하여 〈다음 각 호〉의 사항이 포함된 계획[정비사업계획]을 수립하여야 한다(법 101조의 10 1항).

1. 제9조제1항에 따른 정비계획의 내용(제9호는 제외한다)
2. 제52조제1항에 따른 사업시행계획서의 내용

(2) 정비사업계획 인가

사업시행자는 정비사업을 시행하려는 경우에는 정비사업계획에 정관등과 그 밖에 국토교통부령으로 정하는 서류를 첨부하여 정비구역의 지정권자에게 제출하고 정비사업계획인가를 받아야 하고, 인가받은 사항을 변경하거나 정비사업을 중지 또는 폐지하려는 경우에도 또한 같다. 다만, 제15조제3항 및 제50조제1항 단서에 따른 경미한 사항을 변경하려는 때에는 정비구역의 지정권자에게 신고하여야 한다(법 101조의 10 2항).

지정개발자가 정비사업을 시행하려는 경우에는 정비사업계획인가(최초 정비사업계획인가를 말한다)를 신청하기 전에 제35조에 따른 재개발사업 및 재건축사업의 조합설립을 위한 동의요건 이상의 동의를 받아야 한다. 이 경우 제101조의9에 따라 사업시행자 지정에 동의한 토지등소유자는 동의한 것으로 본다(법 101조의 10 3항).

(3) 고시

정비구역의 지정권자는 정비사업계획인가를 하거나 정비사업을 변경 · 중지 또는 폐지하는 경우에는 국토교통부령으로 정하는 방법 및 절차에 따라 그 내용을 해당 지방자치단체의 공보에 고시하여야 한다. 다만, 경미한 사항을 변경하려는 경우에는 그러하지 아니하다(법 101조의 10 4항).

정비사업계획인가의 고시가 있는 경우 해당 정비사업계획 중 「국토의 계획 및 이용에 관한 법률」 제52조제1항 각 호의 어느 하나에 해당하는 사항은 같은 법 제50조에 따라 지구단위계획구역 및 지구단위계획으로 결정 · 고시된 것으로 본다(법 101조의 10 4항).

정비사업계획인가의 고시는 정비계획 결정의 고시 및 사업시행계획인가의 고시로 본다(법 101조의 10 5항).

제 7 장

정비사업전문관리업

제1절 서 설

정비사업은 유관법령이 복잡하게 얽혀 있고 정비구역 지정부터 이전고시 등 사업종료시까지 매우 긴 시간이 소요된다. 이 기간동안 소유자, 지방자치단체, 설계자, 시공자, 채권자, 회계 및 법률전문가 등 많은 이해관계자를 리드하고 조정해 나가야 한다. 물가 등 경제상황 변화도 고려해야 한다. 소홀하면 사업이 무산될 수도 있다. 이러한 이유로 토지등소유자나 조합을 대신하여 정비사업 전반을 대행하는 자 즉 소위 정비사업전문관리업자가 생겨날 수 밖에 없다. 정비사업 관리가 이해관계자에 미치는 영향이 크기 때문에 법에서는 이들의 등록, 업무범위 등을 엄격히 제한하고 있다. 또한 이들에 대한 종합적인 정보관리, 조사, 감독 등을 규정하고 있다.

제2절 정비사업전문관리업의 등록

1. 정비사업전문관리업의 등록

추진위원회 또는 사업시행자로부터 정비사업 관리를 위탁받거나 이와 관련한 자문을 하려는 자는 대통령령으로 정하는 자본 · 기술인력 등의 기준을 갖춰 시 · 도지사에게 등록 또는 변경(대통령령으로 정하는 경미한 사항의 변경은 제외)등록하여야 한다. 다만, 주택의 건설 등 정비사업 관련 업무를 하는 공공기관 등으로 대통령령으로 정하는 기관의 경우에는 그러하지 아니하다.

♣ 정비사업전문관리업의 등록기준 (영 제81조제1항 별표4)

1. 자본금(자산총액에서 부채총액을 차감한 금액): 10억원(법인인 경우에는 5억원) 이상이어야 한다.
2. 인력확보기준
   가. 다음의 어느 하나에 해당하는 상근인력(다른 직무를 겸하지 않는 인력을 말한다)을 5명 이상 확보하여야 한다. 다만, 정비사업전문관리업자가 관계 법령에 따른 감정평가법인 · 회계법인 또는 법무법인 · 법무법인(유한) · 법무조합(이하 "법무법인등"이라 한다)과 정비사업의 공동수행을 위한 업무협약을 체결하는 경우에는 협약을 체결한 법무법인등의 수가 1개인 경우에는 4명, 2개인 경우에는 3명으로 한다.
      1) 건축사 또는 「국가기술자격법」에 따른 도시계획 및 건축분야 기술사와 「건설기술 진흥법 시행령」 제4조에 따라 이와 동등하다고 인정되는 특급기술인으로서 특급기술인의 자격을 갖춘 후 건축 및 도시계획 관련 업무에 3년 이상 종사한 자
      2) 감정평가사 · 공인회계사 또는 변호사
      3) 법무사 또는 세무사
      4) 정비사업 관련 업무에 3년 이상 종사한 사람으로서 다음의 어느 하나에 해당하는 자
         가) 공인중개사 · 행정사
         나) 정부기관 · 공공기관 또는 제81조제3항 각 호의 기관에서 근무한 사람
         다) 도시계획 · 건축 · 부동산 · 감정평가 등 정비사업 관련 분야의 석사 이상의 학위 소지자
         라) 2003년 7월 1일 당시 관계 법률에 따라 재개발사업 또는 재건축사업의 시행을 목적으로 하는 토지등소유자, 조합 또는 기존의 추진위원회와 민사계약을 하여 정비사업을 위탁받거나 자문을 한 업체에 근무한 사람으로서 법 제102조제1항제2호부터 제6호까지의 업무를 수행한 실적이 국토교통부장관이 정하는 기준에 해당하는 자
   나. 가목의 인력확보기준을 적용할 때 가목1) 및 2)의 인력은 각각 1명 이상을 확보하여야 하며, 같은 목 4)의 인력이 2명을 초과하는 경우에는 2명으로 본다.
3. 사무실 기준: 사무실은 「건축법」 및 그 밖의 법령에 적합하여야 한다.

2. 정비사업전문관리업자의 업무범위

정비사업전문관리업자의 업무범위는 다음과 같다(법 102조).

1. 조합설립의 동의 및 정비사업의 동의에 관한 업무의 대행
2. 조합설립인가의 신청에 관한 업무의 대행
3. 사업성 검토 및 정비사업의 시행계획서의 작성
4. 설계자 및 시공자 선정에 관한 업무의 지원
5. 사업시행계획인가의 신청에 관한 업무의 대행
6. 관리처분계획의 수립에 관한 업무의 대행

7. 제118조제2항제2호에 따라 시장 · 군수등이 정비사업전문관리업자를 선정한 경우에는 추진위원회 설립에 필요한 〈다음 각 목〉의 업무
   가. 동의서 제출의 접수
   나. 운영규정 작성 지원
   다. 그 밖에 시 · 도조례로 정하는 사항

다만 동일한 정비사업에 대하여 〈다음 각 호〉의 업무를 병행하여 수행할 수 없다(법 103조).

1. 건축물의 철거
2. 정비사업의 설계
3. 정비사업의 시공
4. 정비사업의 회계감사
5. 그 밖에 정비사업의 공정한 질서유지에 필요하다고 인정하여 대통령령으로 정하는 업무[영 83조 2항 : 안전진단]

3. 정비사업전문관리업자의 결격사유

〈다음 각 호〉의 어느 하나에 해당하는 자는 정비사업전문관리업의 등록을 신청할 수 없으며, 정비사업전문관리업자의 업무를 대표 또는 보조하는 임직원이 될 수 없다(법 105조 1항).

1. 미성년자(대표 또는 임원이 되는 경우로 한정한다) · 피성년후견인 또는 피한정후견인
2. 파산선고를 받은 자로서 복권되지 아니한 자
3. 정비사업의 시행과 관련한 범죄행위로 인하여 금고 이상의 실형의 선고를 받고 그 집행이 종료(종료된 것으로 보는 경우를 포함한다)되거나 집행이 면제된 날부터 2년이 지나지 아니한 자
4. 정비사업의 시행과 관련한 범죄행위로 인하여 금고 이상의 형의 집행유예를 받고 그 유예기간 중에 있는 자
5. 이 법을 위반하여 벌금형 이상의 선고를 받고 2년이 지나지 아니한 자
6. 제106조에 따라 등록이 취소된 후 2년이 지나지 아니한 자(법인인 경우 그 대표자를 말한다)
7. 법인의 업무를 대표 또는 보조하는 임직원 중 제1호부터 제6호까지 중 어느 하나에 해당하는 자가 있는 법인

정비사업전문관리업자의 업무를 대표 또는 보조하는 임직원이 제1항 각 호의 어느 하나에 해당하게 되거나 선임 당시 그에 해당하였던 자로 밝혀진 때에는 당연 퇴직한다. 다만 퇴직 전에 관여한 행위는 효력을 잃지 아니한다(법 105조 2항 및 3항).

4. 등록취소 등

시 · 도지사는 정비사업전문관리업자가 〈다음 각 호〉의 어느 하나에 해당하는 때에는 그 등록을 취소하거나 1년 이내의 기간을 정하여 업무의 전부 또는 일부의 정지를 명할 수 있다. 다만, 제1호 · 제4호 · 제8호 및 제9호에 해당하는 때에는 그 등록을 취소하여야 한다(제106조 1항).

1. 거짓, 그 밖의 부정한 방법으로 등록을 한 때
2. 제102조제1항에 따른 등록기준에 미달하게 된 때
3. 추진위원회, 사업시행자 또는 시장 · 군수등의 위탁이나 자문에 관한 계약 없이 제102조제1항 각 호에 따른 업무를 수행한 때
4. 제102조제1항 각 호에 따른 업무를 직접 수행하지 아니한 때
5. 고의 또는 과실로 조합에게 계약금액(정비사업전문관리업자가 조합과 체결한 총계약금액을 말한다)의 3분의 1 이상의 재산상 손실을 끼친 때
6. 제107조에 따른 보고 · 자료제출을 하지 아니하거나 거짓으로 한 때 또는 조사 · 검사를 거부 · 방해 또는 기피한 때
7. 제111조에 따른 보고 · 자료제출을 하지 아니하거나 거짓으로 한 때 또는 조사를 거부 · 방해 또는 기피한 때
8. 최근 3년간 2회 이상의 업무정지처분을 받은 자로서 그 정지처분을 받은 기간이 합산하여 12개월을 초과한 때
9. 다른 사람에게 자기의 성명 또는 상호를 사용하여 이 법에서 정한 업무를 수행하게 하거나 등록증을 대여한 때
10. 이 법을 위반하여 벌금형 이상의 선고를 받은 경우(법인의 경우에는 그 소속 임직원을 포함한다)
11. 그 밖에 이 법 또는 이 법에 따른 명령이나 처분을 위반한 때

5. 정비사업전문관리업자에 대한 조사 등

국토교통부장관 또는 시 · 도지사는 일정한 경우 정비사업전문관리업자에 대하여 그 업무에 관한 사항을 보고하게 하거나 자료의 제출, 그 밖의 필요한 명령을 할 수 있으며, 소속 공무원에게 영업소 등에 출입하여 장부 · 서류 등을 조사 또는 검사하게 할 수 있다(법 107조). 또한 국토교통부장관은 정비사업전문관리업자의 자본금 · 사업실적 · 경영실태 등에 관한 정보를 종합적이고 체계적으로 관리하고 시 · 도지사, 시장, 군수, 구청장, 추진위원회 또는 사업시행자 등에게 제공하기 위하여 정비사업전문관리업 정보종합체계를 구축 · 운영할 수 있다(법 108조).

제 8 장

기 타

제1절 감독 등

1. 자금 차입의 신고

추진위원회 또는 사업시행자(시장 · 군수등과 토지주택공사등은 제외한다)는 자금을 차입한 때에는 대통령령으로 정하는 바에 따라 자금을 대여한 상대방, 차입액, 이자율 및 상환방법 등의 사항을 시장 · 군수등에게 신고하여야 한다(법 111조의2).

2. 회계감사

시장 · 군수등 또는 토지주택공사등이 아닌 사업시행자 또는 추진위원회는 법에서 정한 사유 발생일로부터 정하여진 기간 이내에 「주식회사 등의 외부감사에 관한 법률」에 따른 감사인의 회계감사를 받기 위하여 시장 · 군수등에게 회계감사기관의 선정 · 계약을 요청하여야 하며, 그 감사결과를 회계감사가 종료된 날부터 15일 이내에 시장 · 군수등 및 해당 조합에 보고하고 조합원이 공람할 수 있도록 하여야 한다(법 제112조 1항).

시장 · 군수등은 요청이 있는 경우 즉시 회계감사기관을 선정하여 회계감사가 이루어지도록 하여야 하며(법 112조 2항) 시장 · 군수등은 공정한 회계감사를 위하여 선정된 회계감사기관을 감독하여야 하며, 필요한 처분이나 조치를 명할 수 있다(법 112조 3항). 시장 · 군수등은 회계감사가 끝난 경우 예치된 금액에서 회계감사비용을 직접 지급한 후 나머지 비용은 사업시행자와 정산하여야 한다(법 112조 4항).

3. 감독

정비사업(해산한 조합의 청산 업무를 포함)의 시행이 이 법 또는 이 법에 따른 명령 · 처분이나 사업시행계획서 또는 관리처분계획에 위반되었다고 인정되는 때에는 정비사업의 적정한 시행을 위하여 필요한 범위에서 국토교통부장관은 시 · 도지사, 시장, 군수, 구청장, 추진위원회,

주민대표회의, 사업시행자(청산인을 포함) 또는 정비사업전문관리업자에게, 특별시장, 광역시장 또는 도지사는 시장, 군수, 구청장, 추진위원회, 주민대표회의, 사업시행자 또는 정비사업전문관리업자에게, 시장 · 군수등은 추진위원회, 주민대표회의, 사업시행자 또는 정비사업전문관리업자에게 처분의 취소 · 변경 또는 정지, 공사의 중지 · 변경, 임원의 개선 권고, 그 밖의 필요한 조치를 취할 수 있다(법 113조).

4. 건설업자 및 등록사업자의 시공자 선정 취소, 과징금, 입찰참가 제한

시 · 도지사(해당 정비사업을 관할하는 시 · 도지사를 말한다)는 건설업자 또는 등록사업자가 해당 법령을 위한 경우 사업시행자에게 건설업자 또는 등록사업자의 해당 정비사업에 대한 시공자 선정을 취소할 것을 명하거나 그 건설업자 또는 등록사업자에게 사업시행자와 시공자 사이의 계약서상 공사비의 100분의 20 이하에 해당하는 금액의 범위에서 과징금을 부과할 수 있다. 이 경우 시공자 선정 취소의 명을 받은 사업시행자는 시공자 선정을 취소하여야 한다(법 113조의2).

또한 시 · 도지사는 제113조의2제1항 각 호의 어느 하나에 해당하는 건설업자 또는 등록사업자에 대해서는 2년 이내의 범위에서 대통령령으로 정하는 기간 동안 정비사업의 입찰참가를 제한할 수 있다(법 제113조의3).

제2절 정비사업의 지원

1. 정비사업 지원기구

국토교통부장관 또는 시 · 도지사는 정비사업 상담지원, 교육, 사업시행계획 및 관리처분계획 수립지원, 공사비 검증 업무 등을 수행하기 위하여 정비사업 지원기구를 설치할 수 있다. 이 경우 국토교통부장관은 한국부동산원 또는 한국토지주택공사에, 시 · 도지사는 지방공사에 정비사업 지원기구의 업무를 대행하게 할 수 있다(법 114조).

2. 도시분쟁조정위원회

(1) 도시분쟁조정위원회 구성

정비사업의 시행으로 발생한 분쟁을 조정하기 위하여 정비구역이 지정된 특별자치시, 특별자치도, 또는 시 · 군 · 구(자치구를 말한다. 이하 이 조에서 같다)에 도시분쟁조정위원회를 둔다. 다만, 시장 · 군수등을 당사자로 하여 발생한 정비사업의 시행과 관련된 분쟁 등의 조정을 위하여 필요한 경우에는 시 · 도에 조정위원회를 둘 수 있다(법 116조 1항). 조정위원회는 부시장 · 부지사 · 부구청장 또는 부군수를 위원장으로 한 10명 이내의 위원으로 구성한다(법 116조 2항).

(2) 조정위원회의 조정 등

조정위원회는 정비사업의 시행과 관련하여 〈다음 각 호〉의 어느하나에 해당하는 분쟁사항〉을 심사 · 조정한다. 다만, 「주택법」, 「공익사업을 위한 토지 등의 취득 및 보상에 관한 법률」, 그 밖의 관계 법률에 따라 설치된 위원회의 심사대상에 포함되는 사항은 제외할 수 있다(법 117조 1항).

1. 매도청구권 행사 시 감정가액에 대한 분쟁
2. 공동주택 평형 배정방법에 대한 분쟁
3. 그 밖에 대통령령으로 정하는 분쟁(영 제91조)
   - 건축물 또는 토지 명도에 관한 분쟁
   - 손실보상 협의에서 발생하는 분쟁
   - 총회 의결사항에 대한 분쟁
   - 그 밖에 시 · 도조례로 정하는 사항에 대한 분쟁

당사자가 조정안을 수락한 경우 조정위원회는 즉시 조정서를 작성한 후, 위원장 및 각 당사자는 조정서에 서명 · 날인하여야 하며(법 117조 5항), 당사자가 강제집행을 승낙하는 취지의 내용이 기재된 조정서에 서명 · 날인한 경우 조정서의 정본은 「민사집행법」 제56조에도 불구하고 집행력 있는 집행권원과 같은 효력을 가진다(법 117조 6항).

3. 정비사업의 공공지원제도

(1) 공공지원제도 개요

정비사업(재개발 · 재건축 등)의 투명성을 높이고 사업기간과 비용을 줄이기 위해 정비사업의 계획 수립단계에서부터 사업이 완료될 때까지 공공에서 사업진행 및 관리를 지원하는 제도이다. 과거 재개발 · 재건축사업 과정에서 나타난 각종 문제점을 개선하여 정비사업의 투명성 확보, 공사비 절감, 공사기간 단축을 통해 조합원의 권익을 보호하기 위해 2010년 4월 공공관리제도가 처음 도입되어 규정이 신설었으며, 2017년 2월 전부개정을 통해 정비사업 공공지원제도로 명칭이 바뀌게 되었다.

현행 도시및주거환경정비법에 따르면 시장 · 군수등은 정비사업의 투명성 강화 및 효율성 제고를 위하여 시 · 도조례로 정하는 정비사업에 대하여 사업시행 과정을 지원하거나 토지주택공사등, 신탁업자, 주택도시보증공사 또는 한국부동산원에 공공지원을 위탁할 수 있다(법 118조 1항, 영 81조 3항).

(2) 업무 수행 및 점검 등

정비사업을 공공지원하는 시장 · 군수등 및 공공지원을 위탁받은 자는 〈다음 각 호〉의 업무를 수행한다(법 118조 2항).

1. 추진위원회 또는 주민대표회의 구성
2. 정비사업전문관리업자의 선정(위탁지원자는 선정을 위한 지원으로 한정한다)
3. 설계자 및 시공자 선정 방법 등
4. 사업시행계획서 내용에 따른 세입자의 주거 및 이주 대책(이주 거부에 따른 협의 대책을 포함) 수립
5. 관리처분계획 수립
6. 그 밖에 시 · 도조례로 정하는 사항

시장 · 군수등은 위탁지원자의 공정한 업무수행을 위하여 관련 자료의 제출 및 조사, 현장점검 등 필요한 조치를 할 수 있다. 이 경우 위탁지원자의 행위에 대한 대외적인 책임은 시장 · 군수등에게 있다(법 118조 3항).

(3) 비용부담

공공지원에 필요한 비용은 시장 · 군수등이 부담하되, 특별시장, 광역시장 또는 도지사는 관할 구역의 시장, 군수 또는 구청장에게 특별시 · 광역시 또는 도의 조례로 정하는 바에 따라 그 비용의 일부를 지원할 수 있다(법 118조 4항).

제3절 기타

1. 토지등소유자의 설명의무

토지등소유자는 자신이 소유하는 정비구역 내 토지 또는 건축물에 대하여 매매 · 전세 · 임대차 또는 지상권 설정 등 부동산 거래를 위한 계약을 체결하는 경우 〈다음 각 호〉의 사항을 거래 상대방에게 설명 · 고지하고, 거래 계약서에 기재 후 서명 · 날인하여야 한다(법 122조 1항).

1. 해당 정비사업의 추진단계
2. 퇴거예정시기(건축물의 경우 철거예정시기를 포함한다)
3. 제19조에 따른 행위제한
4. 제39조에 따른 조합원의 자격
5. 제70조제5항에 따른 계약기간
6. 제77조에 따른 주택 등 건축물을 분양받을 권리의 산정 기준일
7. 그 밖에 거래 상대방의 권리 · 의무에 중대한 영향을 미치는 사항으로서 대통령령으로 정하는 사항

위 각 호의 사항은「공인중개사법」제25조제1항제2호의 "법령의 규정에 의한 거래 또는 이용제한사항"으로 본다(법 122조 2항). 즉 개업공인중개사는 위 사항을 정확하게 설명하고 근거자료를 제시하여야 한다.

2. 정비사업 시행방식의 전환

재개발사업과 주거환경개선사업에 대해 시행방식을 관리처분방식으로 전환하는 것을 규정하고 있다.

(1) 재개발사업의 시행방식 전환

시장 · 군수등은 사업대행자를 지정[제28조제1항]하거나 토지등소유자의 5분의 4 이상의 요구가 있어 재개발사업의 시행방식[제23조제2항]의 전환이 필요하다고 인정하는 경우에는 정비사업이 완료되기 전이라도 정비구역의 전부 또는 일부에 대하여 시행방식의 전환을 승인할 수 있다(법 123조). 시행령에서는 환지방식을 관리처분방식으로 전환하는 것에 대해서 규정하고 있다(영 93조).

시행방식을 전환하기 위하여 관리처분계획을 변경하려는 경우 토지면적의 3분의 2 이상의 토지소유자의 동의와 토지등소유자의 5분의 4 이상의 동의를 받아야 하며, 변경절차에 관하여는 관리처분계획 변경에 관한 규정을 준용한다(법 123조 2항). 정비구역의 일부에 대하여 시행방식을 전환하려는 경우에 재개발사업이 완료된 부분은 준공인가를 거쳐 해당 지방자치단체의 공보에 공사완료의 고시를 하여야 하며, 전환하려는 부분은 이 법에서 정하고 있는 절차에 따라 시행방식을 전환하여야 한다(법 123조 3항). 제3항에 따라 공사완료의 고시를 한 때에는「공간정보의 구축 및 관리 등에 관한 법률」제86조제3항에도 불구하고 관리처분계획의 내용에 따라 제86조에 따른 이전이 된 것으로 본다(법 123조 4항).

(2) 주거환경개선사업의 시행방식 전환

사업시행자는 정비계획이 수립된 주거환경개선사업을 제23조제1항제4호의 시행방법[관리처분방식]으로 변경하려는 경우에는 토지등소유자의 3분의 2 이상의 동의를 받아야 한다(법 123조 5항).

3. 재건축사업의 안전진단 재실시

시장 · 군수등은 정비구역이 지정 · 고시된 날부터 10년이 되는 날까지 사업시행계획인가를 받지 아니하고 〈다음 각 호〉의 어느 하나에 해당하는 경우에는 안전진단을 다시 실시하여야 한다(법 131조).

1. 「재난 및 안전관리 기본법」 제27조제1항에 따라 재난이 발생할 위험이 높거나 재난예방을 위하여 계속적으로 관리할 필요가 있다고 인정하여 특정관리대상지역으로 지정하는 경우
2. 「시설물의 안전 및 유지관리에 관한 특별법」 제12조제2항에 따라 재해 및 재난 예방과 시설물의 안전성 확보 등을 위하여 정밀안전진단을 실시하는 경우
3. 「공동주택관리법」 제37조제3항에 따라 공동주택의 구조안전에 중대한 하자가 있다고 인정하여 안전진단을 실시하는 경우

4. 벌칙 적용에서 공무원 의제

추진위원장 · 조합임원 · 청산인 · 전문조합관리인 및 정비사업전문관리업자의 대표자(법인인 경우에는 임원을 말한다) · 직원 및 위탁지원자는 「형법」 제129조부터 제132조까지의 규정[뇌물관련죄]을 적용할 때에는 공무원으로 본다(법 134조).

참 고

도시 및 주거환경정비법 개정사항(요약)

(개정일 : 2024.12. 3)

재건축사업의 안정적이고 신속한 진행을 위해 관련 제도를 합리적으로 개선함.

■ 주요 개정사항

1) 재건축사업 안전진단 관련
   - 명칭 변경 : 안전진단 ⇒ 재건축진단
   - 실시시기 연장 : 정비계획 수립시기 도래한 때부터 정비계획 입안전까지 ⇒ 사업시행계획인가 전까지
   - 조합설립추진위원회 또는 사업시행자도 재건축진단 실시 요청 가능(제12조)
   - 정비구역이 지정 · 고시된 날부터 10년이 되는 날까지 사업시행계획인가를 받지 않으면 안전진단을 다시 실시하도록 하는 규정을 삭제함(현행 제131조 삭제).

2) 정비계획 입안 요청 등 관련

   기본계획을 수립하지 않은 지역도 정비구역의 지정을 위한 정비계획의 입안을 요청할 수 있도록 하고, 조합설립추진위원회도 정비계획의 입안 요청 및 입안 제안을 할 수 있도록 함(제13조의2 및 제14조).

3) 토지주택공사등, 신탁업자와의 사업시행자 지정 이전 협약 체결 및 주민대표회의 구성

   토지주택공사, 신탁업자 등과 재개발사업 또는 재건축사업의 준비 · 추진에 필요한 사항에 대하여 협약 또는 계약 등을 체결하려는 자는 일정 비율 이상의 토지등소유자의 동의(신탁업자의 경우 공개모집 절차 포함)와 시장군수의 확인을 통해 사업시행자 지정 이전에 협약 등을 체결할 수 있으며, 협약 또는 계약 등이 체결된 경우에는 정비구역 지정 · 고시 이전에도 주민대표회의를 구성할 수 있도록 함(제26조제4항 및 제27조제7항 신설, 제47조제1항).

4) 조합설립추진위원회 구성 대상 지역 확대

   추진위원회 구성은 정비구역으로 지정 고시된 지역 뿐만 아니라 기본계획상 정비예정구역으로 설정된 지역, 정비계획 입안요청 및 입안제안에 따라 정비계획 입안을 결정한 지역, 정비계획 입안을 위해 주민공람한 지역 등도 추진위원회 구성이 가능(제31조제2항)

5) 전자서명방법, 온라인 총회 등

   정비사업 과정에서 필요한 동의서 제출과 총회의 의결권 행사시 전자적 방법을 활용할 수 있도록 하고, 총회 온라인 참석도 직접 출석으로 인정하도록 함(제36조제1항 및 제45조).

6) 동의 간주 특례 규정 신설

   토지등소유자가 정비계획의 입안 요청, 입안 제안, 조합설립추진위원회의 구성 중 어느 하나에 대한 동의를 하는 경우 일정 요건을 충족하면 동의하지 않은 다른 사항에 대해서도 동의를 한 것으로 보는 특례 규정을 신설함(제36조의3 신설).

■ 시행시기 : 2025. 6. 4.부터 시행(단, 전자서명동의서 및 온라인 총회 관련 내용은 2025.12. 4.부터 시행)

제 6 편

건축법

제 1 장

서 설

1. 입법 배경

건축의 역사 만큼 건축법은 다른 부동산공법과 달리 역사가 오래된 법이라 할 수 있다. 건축법의 효시라 할 수 있는 일제 강점기 「조선시가지계획령(朝鮮市街地計劃令1934.6.20.)」은 도시계획, 구획정리사업, 건축관련 규제 등의 내용을 담고 있었으며 광복후에도 계속 적용되어 왔으나, 1962년 1월 20일 건축관련 규제들은 「건축법」으로, 도시계획과 구획정리사업은 「도시계획법」으로 나누어 제정하여 왔다. 당시 건축법의 주요 내용은 건축물의 대지 · 구조 · 설비 기준 및 규모, 용도 등을 골자로 하였으며 이후 시대적 요청에 따라 새로운 내용이 추가 보완되었을 뿐 법 제정 당시의 기본적 틀은 그대로 유지하고 있다고 볼 수 있다.

2. 법의 목적

이 법은 건축물의 대지 · 구조 · 설비 기준 및 용도 등을 정하여 건축물의 안전 · 기능 · 환경 및 미관을 향상시킴으로써 공공복리의 증진에 이바지하는 것을 목적으로 한다(법 1조).

3. 주요 용어 (법 2조 1항)

대지	「공간정보의 구축 및 관리 등에 관한 법률」에 따라 각 필지(筆地)로 나눈 토지. 다만, 대통령령으로 정하는 토지는 둘 이상의 필지를 하나의 대지로 하거나 하나 이상의 필지의 일부를 하나의 대지로 할 수 있다.
건축물	토지에 정착(定着)하는 공작물 중 지붕과 기둥 또는 벽이 있는 것과 이에 딸린 시설물, 지하나 고가(高架)의 공작물에 설치하는 사무소 · 공연장 · 점포 · 차고 · 창고, 그 밖에 대통령령으로 정하는 것
건축설비	건축물에 설치하는 전기 · 전화 설비, 초고속 정보통신 설비, 지능형 홈네트워크 설비, 가스 · 급수 · 배수(配水) · 배수(排水) · 환기 · 난방 · 냉방 · 소화(消火) · 배연(排煙) 및 오물처리의 설비, 굴뚝, 승강기, 피뢰침, 국기 게양대, 공동시청 안테나, 유선방송 수신시설, 우편함, 저수조(貯水槽), 방범시설, 그 밖에 국토교통부령으로 정하는 설비를 말한다.

지하층	건축물의 바닥이 지표면 아래에 있는 층으로서 바닥에서 지표면까지 평균높이가 해당 층 높이의 2분의 1 이상인 것
주요 구조부	내력벽(耐力壁), 기둥, 바닥, 보, 지붕틀 및 주계단(主階段)을 말한다. 다만, 사이 기둥, 최하층 바닥, 작은 보, 차양, 옥외 계단, 그 밖에 이와 유사한 것으로 건축물의 구조상 중요하지 아니한 부분은 제외.
건축	건축물을 신축 · 증축 · 개축 · 재축(再築)하거나 건축물을 이전하는 것
대수선	건축물의 기둥, 보, 내력벽, 주계단 등의 구조나 외부 형태를 수선 · 변경하거나 증설하는 것으로서 대통령령으로 정하는 것
리모델링	건축물의 노후화를 억제하거나 기능 향상 등을 위하여 대수선하거나 건축물의 일부를 증축 또는 개축하는 행위
도로	보행과 자동차 통행이 가능한 너비 4미터 이상의 도로(지형적으로 자동차 통행이 불가능한 경우와 막다른 도로의 경우에는 대통령령으로 정하는 구조와 너비의 도로)로서 〈다음 각 목〉의 어느 하나에 해당하는 도로나 그 예정도로를 말한다. 가. 「국토의 계획 및 이용에 관한 법률」, 「도로법」, 「사도법」, 그 밖의 관계 법령에 따라 신설 또는 변경에 관한 고시가 된 도로 나. 건축허가 또는 신고 시에 특별시장 · 광역시장 · 특별자치시장 · 도지사 · 특별자치도지사(이하 "시 · 도지사"라 한다) 또는 시장 · 군수 · 구청장(자치구의 구청장을 말한다. 이하 같다)이 위치를 지정하여 공고한 도로
고층건축물	층수가 30층 이상이거나 높이가 120미터 이상인 건축물 •초고층건축물 : 50층 이상이거나 높이가 200미터 이상인 건축물(영 2조 15호) •준초고층건축물 : 고층건축물 중 초고층건축물이 아닌 것(영 2조 15의2호)

4. 건축물의 용도

"건축물의 용도"란 건축물의 종류를 유사한 구조, 이용 목적 및 형태별로 묶어 분류한 것을 말한다(법 2조 1항). 건축물의 용도와 각 용도별 세부용도는 다음과 같다(법 2조 2항, 영 3조의5 별표1).

■ 건축법 시행령 [별표 1]

용도별 건축물의 종류(제3조의5 관련)

1. 단독주택[단독주택의 형태를 갖춘 가정어린이집 · 공동생활가정 · 지역아동센터 · 공동육아나눔터(「아이돌봄 지원법」 제19조에 따른 공동육아나눔터를 말한다. 이하 같다) · 작은도서관(「도서관법」 제4조제2항제1호가목에 따른 작은도서관을 말하며, 해당 주택의 1층에 설치한 경우만 해당한다. 이하 같다) 및 노인복지시설(노인복지주택은 제외한다)을 포함한다]
   가. 단독주택
   나. 다중주택: 다음의 요건을 모두 갖춘 주택을 말한다.
      1) 학생 또는 직장인 등 여러 사람이 장기간 거주할 수 있는 구조로 되어 있는 것
      2) 독립된 주거의 형태를 갖추지 않은 것(각 실별로 욕실은 설치할 수 있으나, 취사시설은 설치하지 않은 것을 말한다)
      3) 1개 동의 주택으로 쓰이는 바닥면적(부설 주차장 면적은 제외한다. 이하 같다)의 합계가 660제곱미터 이하이고 주택으로 쓰는 층수(지하층은 제외한다)가 3개 층 이하일 것. 다만, 1층의 전부 또는 일부를 필로티 구조로 하여 주차장으로 사용하고 나머지 부분을 주택(주거 목적으로 한정한다) 외의 용도로 쓰는 경우에는 해당 층을 주택의 층수에서 제외한다.
      4) 적정한 주거환경을 조성하기 위하여 건축조례로 정하는 실별 최소 면적, 창문의 설치 및 크기 등의 기준에 적합할 것
   다. 다가구주택: 다음의 요건을 모두 갖춘 주택으로서 공동주택에 해당하지 아니하는 것을 말한다.
      1) 주택으로 쓰는 층수(지하층은 제외한다)가 3개 층 이하일 것. 다만, 1층의 전부 또는 일부를 필로티 구조로 하여 주차장으로 사용하고 나머지 부분을 주택(주거 목적으로 한정한다) 외의 용도로 쓰는 경우에는 해당 층을 주택의 층수에서 제외한다.
      2) 1개 동의 주택으로 쓰이는 바닥면적의 합계가 660제곱미터 이하일 것
      3) 19세대(대지 내 동별 세대수를 합한 세대를 말한다) 이하가 거주할 수 있을 것
   라. 공관(公館)

2. 공동주택[공동주택의 형태를 갖춘 가정어린이집 · 공동생활가정 · 지역아동센터 · 공동육아나눔터 · 작은도서관 · 노인복지시설(노인복지주택은 제외한다) 및 「주택법 시행령」 제10조제1

항제1호에 따른 소형 주택을 포함한다]. 다만, 가목이나 나목에서 층수를 산정할 때 1층 전부를 필로티 구조로 하여 주차장으로 사용하는 경우에는 필로티 부분을 층수에서 제외하고, 다목에서 층수를 산정할 때 1층의 전부 또는 일부를 필로티 구조로 하여 주차장으로 사용하고 나머지 부분을 주택(주거 목적으로 한정한다) 외의 용도로 쓰는 경우에는 해당 층을 주택의 층수에서 제외하며, 가목부터 라목까지의 규정에서 층수를 산정할 때 지하층을 주택의 층수에서 제외한다.

가. 아파트: 주택으로 쓰는 층수가 5개 층 이상인 주택

나. 연립주택: 주택으로 쓰는 1개 동의 바닥면적(2개 이상의 동을 지하주차장으로 연결하는 경우에는 각각의 동으로 본다) 합계가 660제곱미터를 초과하고, 층수가 4개 층 이하인 주택

다. 다세대주택: 주택으로 쓰는 1개 동의 바닥면적 합계가 660제곱미터 이하이고, 층수가 4개 층 이하인 주택(2개 이상의 동을 지하주차장으로 연결하는 경우에는 각각의 동으로 본다)

라. 기숙사: 다음의 어느 하나에 해당하는 건축물로서 공간의 구성과 규모 등에 관하여 국토교통부장관이 정하여 고시하는 기준에 적합한 것. 다만, 구분소유된 개별 실(室)은 제외한다.

1) 일반기숙사: 학교 또는 공장 등의 학생 또는 종업원 등을 위하여 사용하는 것으로서 해당 기숙사의 공동취사시설 이용 세대 수가 전체 세대 수(건축물의 일부를 기숙사로 사용하는 경우에는 기숙사로 사용하는 세대 수로 한다. 이하 같다)의 50퍼센트 이상인 것(「교육기본법」 제27조제2항에 따른 학생복지주택을 포함한다)

2) 임대형기숙사: 「공공주택 특별법」 제4조에 따른 공공주택사업자 또는 「민간임대주택에 관한 특별법」 제2조제7호에 따른 임대사업자가 임대사업에 사용하는 것으로서 임대 목적으로 제공하는 실이 20실 이상이고 해당 기숙사의 공동취사시설 이용 세대 수가 전체 세대 수의 50퍼센트 이상인 것

3. 제1종 근린생활시설

가. 식품 · 잡화 · 의류 · 완구 · 서적 · 건축자재 · 의약품 · 의료기기 등 일용품을 판매하는 소매점으로서 같은 건축물(하나의 대지에 두 동 이상의 건축물이 있는 경우에는 이를 같은 건축물로 본다. 이하 같다)에 해당 용도로 쓰는 바닥면적의 합계가 1천 제곱미터 미만인 것

나. 휴게음식점, 제과점 등 음료 · 차(茶) · 음식 · 빵 · 떡 · 과자 등을 조리하거나 제조하여 판매하는 시설(제4호너목 또는 제17호에 해당하는 것은 제외한다)로서 같은 건축물에 해당 용도로 쓰는 바닥면적의 합계가 300제곱미터 미만인 것

다. 이용원, 미용원, 목욕장, 세탁소 등 사람의 위생관리나 의류 등을 세탁 · 수선하는 시설(세탁소의 경우 공장에 부설되는 것과 「대기환경보전법」, 「물환경보전법」 또는 「소음 · 진동관리법」에 따른 배출시설의 설치 허가 또는 신고의 대상인 것은 제외한다)

라. 의원, 치과의원, 한의원, 침술원, 접골원(接骨院), 조산원, 안마원, 산후조리원 등 주민

의 진료 · 치료 등을 위한 시설

마. 탁구장, 체육도장으로서 같은 건축물에 해당 용도로 쓰는 바닥면적의 합계가 500제곱미터 미만인 것

바. 지역자치센터, 파출소, 지구대, 소방서, 우체국, 방송국, 보건소, 공공도서관, 건강보험공단 사무소 등 주민의 편의를 위하여 공공업무를 수행하는 시설로서 같은 건축물에 해당 용도로 쓰는 바닥면적의 합계가 1천 제곱미터 미만인 것

사. 마을회관, 마을공동작업소, 마을공동구판장, 공중화장실, 대피소, 지역아동센터(단독주택과 공동주택에 해당하는 것은 제외한다) 등 주민이 공동으로 이용하는 시설

아. 변전소, 도시가스배관시설, 통신용 시설(해당 용도로 쓰는 바닥면적의 합계가 1천제곱미터 미만인 것에 한정한다), 정수장, 양수장 등 주민의 생활에 필요한 에너지공급 · 통신서비스제공이나 급수 · 배수와 관련된 시설

자. 금융업소, 사무소, 부동산중개사무소, 결혼상담소 등 소개업소, 출판사 등 일반업무시설로서 같은 건축물에 해당 용도로 쓰는 바닥면적의 합계가 30제곱미터 미만인 것

차. 전기자동차 충전소(해당 용도로 쓰는 바닥면적의 합계가 1천제곱미터 미만인 것으로 한정한다)

카. 동물병원, 동물미용실 및 「동물보호법」 제73조제1항제2호에 따른 동물위탁관리업을 위한 시설로서 같은 건축물에 해당 용도로 쓰는 바닥면적의 합계가 300제곱미터 미만인 것

4. 제2종 근린생활시설

가. 공연장(극장, 영화관, 연예장, 음악당, 서커스장, 비디오물감상실, 비디오물소극장, 그 밖에 이와 비슷한 것을 말한다. 이하 같다)으로서 같은 건축물에 해당 용도로 쓰는 바닥면적의 합계가 500제곱미터 미만인 것

나. 종교집회장[교회, 성당, 사찰, 기도원, 수도원, 수녀원, 제실(祭室), 사당, 그 밖에 이와 비슷한 것을 말한다. 이하 같다]으로서 같은 건축물에 해당 용도로 쓰는 바닥면적의 합계가 500제곱미터 미만인 것

다. 자동차영업소로서 같은 건축물에 해당 용도로 쓰는 바닥면적의 합계가 1천제곱미터 미만인 것

라. 서점(제1종 근린생활시설에 해당하지 않는 것)

마. 총포판매소

바. 사진관, 표구점

사. 청소년게임제공업소, 복합유통게임제공업소, 인터넷컴퓨터게임시설제공업소, 가상현실체험 제공업소, 그 밖에 이와 비슷한 게임 및 체험 관련 시설로서 같은 건축물에 해당 용도로 쓰는 바닥면적의 합계가 500제곱미터 미만인 것

아. 휴게음식점, 제과점 등 음료 · 차(茶) · 음식 · 빵 · 떡 · 과자 등을 조리하거나 제조하여 판매하는 시설(너목 또는 제17호에 해당하는 것은 제외한다)로서 같은 건축물에 해당 용도로 쓰는 바닥면적의 합계가 300제곱미터 이상인 것

자. 일반음식점

차. 장의사, 동물병원, 동물미용실, 「동물보호법」 제73조제1항제2호에 따른 동물위탁관리업을 위한 시설, 그 밖에 이와 유사한 것(제1종 근린생활시설에 해당하는 것은 제외한다)

카. 학원(자동차학원 · 무도학원 및 정보통신기술을 활용하여 원격으로 교습하는 것은 제외한다), 교습소(자동차교습 · 무도교습 및 정보통신기술을 활용하여 원격으로 교습하는 것은 제외한다), 직업훈련소(운전 · 정비 관련 직업훈련소는 제외한다)로서 같은 건축물에 해당 용도로 쓰는 바닥면적의 합계가 500제곱미터 미만인 것

타. 독서실, 기원

파. 테니스장, 체력단련장, 에어로빅장, 볼링장, 당구장, 실내낚시터, 골프연습장, 놀이형시설(「관광진흥법」에 따른 기타유원시설업의 시설을 말한다. 이하 같다) 등 주민의 체육 활동을 위한 시설(제3호마목의 시설은 제외한다)로서 같은 건축물에 해당 용도로 쓰는 바닥면적의 합계가 500제곱미터 미만인 것

하. 금융업소, 사무소, 부동산중개사무소, 결혼상담소 등 소개업소, 출판사 등 일반업무시설로서 같은 건축물에 해당 용도로 쓰는 바닥면적의 합계가 500제곱미터 미만인 것(제1종 근린생활시설에 해당하는 것은 제외한다)

거. 다중생활시설(「다중이용업소의 안전관리에 관한 특별법」에 따른 다중이용업 중 고시원업의 시설로서 국토교통부장관이 고시하는 기준과 그 기준에 위배되지 않는 범위에서 적정한 주거환경을 조성하기 위하여 건축조례로 정하는 실별 최소 면적, 창문의 설치 및 크기 등의 기준에 적합한 것을 말한다. 이하 같다)로서 같은 건축물에 해당 용도로 쓰는 바닥면적의 합계가 500제곱미터 미만인 것

너. 제조업소, 수리점 등 물품의 제조 · 가공 · 수리 등을 위한 시설로서 같은 건축물에 해당 용도로 쓰는 바닥면적의 합계가 500제곱미터 미만이고, 다음 요건 중 어느 하나에 해당하는 것

1) 「대기환경보전법」, 「물환경보전법」 또는 「소음 · 진동관리법」에 따른 배출시설의 설치 허가 또는 신고의 대상이 아닌 것

2) 「물환경보전법」 제33조제1항 본문에 따라 폐수배출시설의 설치 허가를 받거나 신고해야 하는 시설로서 발생되는 폐수를 전량 위탁처리하는 것

더. 단란주점으로서 같은 건축물에 해당 용도로 쓰는 바닥면적의 합계가 150제곱미터 미만인 것

러. 안마시술소, 노래연습장

머. 「물류시설의 개발 및 운영에 관한 법률」 제2조제5호의2에 따른 주문배송시설로서 같은 건축물에 해당 용도로 쓰는 바닥면적의 합계가 500제곱미터 미만인 것(같은 법 제21조의2제1항에 따라 물류창고업 등록을 해야 하는 시설을 말한다)

5. 문화 및 집회시설

가. 공연장으로서 제2종 근린생활시설에 해당하지 아니하는 것

나. 집회장[예식장, 공회당, 회의장, 마권(馬券) 장외 발매소, 마권 전화투표소, 그 밖에 이와 비슷한 것을 말한다]으로서 제2종 근린생활시설에 해당하지 아니하는 것

다. 관람장(경마장, 경륜장, 경정장, 자동차 경기장, 그 밖에 이와 비슷한 것과 체육관 및 운동장으로서 관람석의 바닥면적의 합계가 1천 제곱미터 이상인 것을 말한다)
라. 전시장(박물관, 미술관, 과학관, 문화관, 체험관, 기념관, 산업전시장, 박람회장, 그 밖에 이와 비슷한 것을 말한다)
마. 동·식물원(동물원, 식물원, 수족관, 그 밖에 이와 비슷한 것을 말한다)

6. 종교시설
가. 종교집회장으로서 제2종 근린생활시설에 해당하지 아니하는 것
나. 종교집회장(제2종 근린생활시설에 해당하지 아니하는 것을 말한다)에 설치하는 봉안당(奉安堂)

7. 판매시설
가. 도매시장(「농수산물유통 및 가격안정에 관한 법률」에 따른 농수산물도매시장, 농수산물공판장, 그 밖에 이와 비슷한 것을 말하며, 그 안에 있는 근린생활시설을 포함한다)
나. 소매시장(「유통산업발전법」 제2조제3호에 따른 대규모 점포, 그 밖에 이와 비슷한 것을 말하며, 그 안에 있는 근린생활시설을 포함한다)
다. 상점(그 안에 있는 근린생활시설을 포함한다)으로서 다음의 요건 중 어느 하나에 해당하는 것
1) 제3호가목에 해당하는 용도(서점은 제외한다)로서 제1종 근린생활시설에 해당하지 아니하는 것
2) 「게임산업진흥에 관한 법률」 제2조제6호의2가목에 따른 청소년게임제공업의 시설, 같은 호 나목에 따른 일반게임제공업의 시설, 같은 조 제7호에 따른 인터넷컴퓨터게임시설제공업의 시설 및 같은 조 제8호에 따른 복합유통게임제공업의 시설로서 제2종 근린생활시설에 해당하지 아니하는 것

8. 운수시설
가. 여객자동차터미널
나. 철도시설
다. 공항시설
라. 항만시설
마. 그 밖에 가목부터 라목까지의 규정에 따른 시설과 비슷한 시설

9. 의료시설
가. 병원(종합병원, 병원, 치과병원, 한방병원, 정신병원 및 요양병원을 말한다)
나. 격리병원(전염병원, 마약진료소, 그 밖에 이와 비슷한 것을 말한다)

10. 교육연구시설(제2종 근린생활시설에 해당하는 것은 제외한다)

가. 학교(유치원, 초등학교, 중학교, 고등학교, 전문대학, 대학, 대학교, 그 밖에 이에 준하는 각종 학교를 말한다)
나. 교육원(연수원, 그 밖에 이와 비슷한 것을 포함한다)
다. 직업훈련소(운전 및 정비 관련 직업훈련소는 제외한다)
라. 학원(자동차학원 · 무도학원 및 정보통신기술을 활용하여 원격으로 교습하는 것은 제외한다), 교습소(자동차교습 · 무도교습 및 정보통신기술을 활용하여 원격으로 교습하는 것은 제외한다)
마. 연구소(연구소에 준하는 시험소와 계측계량소를 포함한다)
바. 도서관

11. 노유자시설
가. 아동 관련 시설(어린이집, 아동복지시설, 그 밖에 이와 비슷한 것으로서 단독주택, 공동주택 및 제1종 근린생활시설에 해당하지 아니하는 것을 말한다)
나. 노인복지시설(단독주택과 공동주택에 해당하지 아니하는 것을 말한다)
다. 그 밖에 다른 용도로 분류되지 아니한 사회복지시설 및 근로복지시설

12. 수련시설
가. 생활권 수련시설(「청소년활동진흥법」에 따른 청소년수련관, 청소년문화의집, 청소년특화시설, 그 밖에 이와 비슷한 것을 말한다)
나. 자연권 수련시설(「청소년활동진흥법」에 따른 청소년수련원, 청소년야영장, 그 밖에 이와 비슷한 것을 말한다)
다. 「청소년활동진흥법」에 따른 유스호스텔
라. 「관광진흥법」에 따른 야영장 시설로서 제29호에 해당하지 아니하는 시설

13. 운동시설
가. 탁구장, 체육도장, 테니스장, 체력단련장, 에어로빅장, 볼링장, 당구장, 실내낚시터, 골프연습장, 놀이형시설, 그 밖에 이와 비슷한 것으로서 제1종 근린생활시설 및 제2종 근린생활시설에 해당하지 아니하는 것
나. 체육관으로서 관람석이 없거나 관람석의 바닥면적이 1천제곱미터 미만인 것
다. 운동장(육상장, 구기장, 볼링장, 수영장, 스케이트장, 롤러스케이트장, 승마장, 사격장, 궁도장, 골프장 등과 이에 딸린 건축물을 말한다)으로서 관람석이 없거나 관람석의 바닥면적이 1천 제곱미터 미만인 것

14. 업무시설
가. 공공업무시설: 국가 또는 지방자치단체의 청사와 외국공관의 건축물로서 제1종 근린생활시설에 해당하지 아니하는 것
나. 일반업무시설: 다음 요건을 갖춘 업무시설을 말한다.

1) 금융업소, 사무소, 결혼상담소 등 소개업소, 출판사, 신문사, 그 밖에 이와 비슷한 것으로서 제1종 근린생활시설 및 제2종 근린생활시설에 해당하지 않는 것
2) 오피스텔(업무를 주로 하며, 분양하거나 임대하는 구획 중 일부 구획에서 숙식을 할 수 있도록 한 건축물로서 국토교통부장관이 고시하는 기준에 적합한 것을 말한다)

15. 숙박시설
가. 일반숙박시설 및 생활숙박시설(「공중위생관리법」 제3조제1항 전단에 따라 숙박업 신고를 해야 하는 시설로서 국토교통부장관이 정하여 고시하는 요건을 갖춘 시설을 말한다)
나. 관광숙박시설(관광호텔, 수상관광호텔, 한국전통호텔, 가족호텔, 호스텔, 소형호텔, 의료관광호텔 및 휴양 콘도미니엄)
다. 다중생활시설(제2종 근린생활시설에 해당하지 아니하는 것을 말한다)
라. 그 밖에 가목부터 다목까지의 시설과 비슷한 것

16. 위락시설
가. 단란주점으로서 제2종 근린생활시설에 해당하지 아니하는 것
나. 유흥주점이나 그 밖에 이와 비슷한 것
다. 「관광진흥법」에 따른 유원시설업의 시설, 그 밖에 이와 비슷한 시설(제2종 근린생활시설과 운동시설에 해당하는 것은 제외한다)
라. 삭제 〈2010.2.18〉
마. 무도장, 무도학원
바. 카지노영업소

17. 공장
물품의 제조 · 가공[염색 · 도장(塗裝) · 표백 · 재봉 · 건조 · 인쇄 등을 포함한다] 또는 수리에 계속적으로 이용되는 건축물로서 제1종 근린생활시설, 제2종 근린생활시설, 위험물저장 및 처리시설, 자동차 관련 시설, 자원순환 관련 시설 등으로 따로 분류되지 아니한 것

18. 창고시설(제2종 근린생활시설에 해당하는 것과 위험물 저장 및 처리 시설 또는 그 부속용도에 해당하는 것은 제외한다)
가. 창고(물품저장시설로서 「물류정책기본법」에 따른 일반창고와 냉장 및 냉동 창고를 포함한다)
나. 하역장
다. 「물류시설의 개발 및 운영에 관한 법률」에 따른 물류터미널
라. 집배송 시설

19. 위험물 저장 및 처리 시설
「위험물안전관리법」, 「석유 및 석유대체연료 사업법」, 「도시가스사업법」, 「고압가스 안전관

리법」, 「액화석유가스의 안전관리 및 사업법」, 「총포·도검·화약류 등 단속법」, 「화학물질관리법」 등에 따라 설치 또는 영업의 허가를 받아야 하는 건축물로서 〈다음 각 목〉의 어느 하나에 해당하는 것. 다만, 자가난방, 자가발전, 그 밖에 이와 비슷한 목적으로 쓰는 저장시설은 제외한다.

가. 주유소(기계식 세차설비를 포함한다) 및 석유 판매소
나. 액화석유가스 충전소·판매소·저장소(기계식 세차설비를 포함한다)
다. 위험물 제조소·저장소·취급소
라. 액화가스 취급소·판매소
마. 유독물 보관·저장·판매시설
바. 고압가스 충전소·판매소·저장소
사. 도료류 판매소
아. 도시가스 제조시설
자. 화약류 저장소
차. 그 밖에 가목부터 자목까지의 시설과 비슷한 것

20. 자동차 관련 시설(건설기계 관련 시설을 포함한다)
가. 주차장
나. 세차장
다. 폐차장
라. 검사장
마. 매매장
바. 정비공장
사. 운전학원 및 정비학원(운전 및 정비 관련 직업훈련시설을 포함한다)
아. 「여객자동차 운수사업법」, 「화물자동차 운수사업법」 및 「건설기계관리법」에 따른 차고 및 주기장(駐機場)
자. 전기자동차 충전소로서 제1종 근린생활시설에 해당하지 않는 것

21. 동물 및 식물 관련 시설
가. 축사(양잠·양봉·양어·양돈·양계·곤충사육 시설 및 부화장 등을 포함한다)
나. 가축시설[가축용 운동시설, 인공수정센터, 관리사(管理舍), 가축용 창고, 가축시장, 동물검역소, 실험동물 사육시설, 그 밖에 이와 비슷한 것을 말한다]
다. 도축장
라. 도계장
마. 작물 재배사
바. 종묘배양시설
사. 화초 및 분재 등의 온실
아. 동물 또는 식물과 관련된 가목부터 사목까지의 시설과 비슷한 것(동·식물원은 제외한다)

22. 자원순환 관련 시설
가. 하수 등 처리시설
나. 고물상
다. 폐기물재활용시설
라. 폐기물 처분시설
마. 폐기물감량화시설

23. 교정시설(제1종 근린생활시설에 해당하는 것은 제외한다)
가. 교정시설(보호감호소, 구치소 및 교도소를 말한다)
나. 갱생보호시설, 그 밖에 범죄자의 갱생 · 보육 · 교육 · 보건 등의 용도로 쓰는 시설
다. 소년원 및 소년분류심사원
라. 삭제 〈2023. 5. 15.〉

23의2. 국방 · 군사시설(제1종 근린생활시설에 해당하는 것은 제외한다)
「국방 · 군사시설 사업에 관한 법률」에 따른 국방 · 군사시설

24. 방송통신시설(제1종 근린생활시설에 해당하는 것은 제외한다)
가. 방송국(방송프로그램 제작시설 및 송신 · 수신 · 중계시설을 포함한다)
나. 전신전화국
다. 촬영소
라. 통신용 시설
마. 데이터센터
바. 그 밖에 가목부터 마목까지의 시설과 비슷한 것

25. 발전시설
발전소(집단에너지 공급시설을 포함한다)로 사용되는 건축물로서 제1종 근린생활시설에 해당하지 아니하는 것

26. 묘지 관련 시설
가. 화장시설
나. 봉안당(종교시설에 해당하는 것은 제외한다)
다. 묘지와 자연장지에 부수되는 건축물
라. 동물화장시설, 동물건조장(乾燥葬)시설 및 동물 전용의 납골시설

27. 관광 휴게시설
가. 야외음악당
나. 야외극장

다. 어린이회관
라. 관망탑
마. 휴게소
바. 공원 · 유원지 또는 관광지에 부수되는 시설

28. 장례시설
가. 장례식장[의료시설의 부수시설(「의료법」 제36조제1호에 따른 의료기관의 종류에 따른 시설을 말한다)에 해당하는 것은 제외한다]
나. 동물 전용의 장례식장

29. 야영장 시설
「관광진흥법」에 따른 야영장 시설로서 관리동, 화장실, 샤워실, 대피소, 취사시설 등의 용도로 쓰는 바닥면적의 합계가 300제곱미터 미만인 것

5. 건축법의 적용제외 등

(1) 건축법 전체규정 적용제외

〈다음 각 호〉의 어느 하나에 해당하는 건축물에는 이 법을 적용하지 아니한다(법 3조 1항).

1. 「문화재보호법」에 따른 지정문화재나 임시지정문화재
2. 철도나 궤도의 선로 부지(敷地)에 있는 〈다음 각 목〉의 시설
   가. 운전보안시설
   나. 철도 선로의 위나 아래를 가로지르는 보행시설
   다. 플랫폼
   라. 해당 철도 또는 궤도사업용 급수(給水) · 급탄(給炭) 및 급유(給油) 시설
3. 고속도로 통행료 징수시설
4. 컨테이너를 이용한 간이창고(「산업집적활성화 및 공장설립에 관한 법률」 제2조제1호에 따른 공장의 용도로만 사용되는 건축물의 대지에 설치하는 것으로서 이동이 쉬운 것만 해당된다)
5. 「하천법」에 따른 하천구역 내의 수문조작실

(2) 건축법 일부규정 적용제외 또는 완화

「국토의 계획 및 이용에 관한 법률」에 따른 도시지역 및 같은 법 제51조제3항에 따른 지구단위계획구역 외의 지역으로서 동이나 읍(동이나 읍에 속하는 섬의 경우에는 인구가 500명 이상인 경우만 해당)이 아닌 지역은 제44조부터 제47조까지, 제51조 및 제57조를 적용하지 아니한다(법 3조 2항).

「국토의 계획 및 이용에 관한 법률」 제47조제7항에 따른 건축물이나 공작물을 도시·군계획시설로 결정된 도로의 예정지에 건축하는 경우에는 제45조부터 제47조까지의 규정을 적용하지 아니한다(법 3조 3항).

공동주택을 리모델링이 쉬운 구조(라멘식)으로 건축허가 신청하는 경우 용적율, 높이제한, 인접대지와의 이격거리 등에 대해 120%까지 완화적용 할 수 있다(법 8조).

(3) 다른 법령의 적용 배제

건축물의 건축등을 위하여 지하를 굴착하는 경우에는 「민법」 제244조제1항[지하시설 등에 대한 일정거리 이격]을 적용하지 아니한다. 다만, 필요한 안전조치를 하여 위해(危害)를 방지하여야 한다(법 9조 1항).

건축물에 딸린 개인하수처리시설에 관한 설계의 경우에는 「하수도법」 제38조를 적용하지 아니한다(법 9조 2항).

제 2 장

건축물의 대지와 도로

제1절 건축물의 대지

1. 대지의 안전

대지는 인접한 도로면보다 낮아서는 아니 된다. 다만, 대지의 배수에 지장이 없거나 건축물의 용도상 방습(防濕)의 필요가 없는 경우에는 인접한 도로면보다 낮아도 된다(법 40조 1항). 또한 습한 토지, 물이 나올 우려가 많은 토지, 쓰레기, 그 밖에 이와 유사한 것으로 매립된 토지에 건축물을 건축하는 경우에는 성토(盛土), 지반 개량 등 필요한 조치를 하여야 한다(법 40조 2항).

대지에는 빗물과 오수를 배출하거나 처리하기 위하여 필요한 하수관, 하수구, 저수탱크, 그 밖에 이와 유사한 시설을 하여야 한다(법 40조 3항). 손궤(損潰: 무너져 내림)의 우려가 있는 토지에 대지를 조성하려면 국토교통부령으로 정하는 바에 따라 옹벽을 설치하거나 그 밖에 필요한 조치를 하여야 한다(법 40조 4항).

공사시공자는 대지를 조성하거나 건축공사를 하기 위하여 토지를 굴착 · 절토(切土) · 매립(埋立) 또는 성토 등을 하는 경우 그 변경 부분에는 국토교통부령으로 정하는 바에 따라 공사 중 비탈면 붕괴, 토사 유출 등 위험 발생의 방지, 환경 보존, 그 밖에 필요한 조치를 한 후 해당 공사현장에 그 사실을 게시하여야 한다(법 41조 1항).

2. 대지안의 조경

면적이 200제곱미터 이상인 대지에 건축을 하는 건축주는 용도지역 및 건축물의 규모에 따라 해당 지방자치단체의 조례로 정하는 기준에 따라 대지에 조경이나 그 밖에 필요한 조치를 하여야 한다. 다만, 조경이 필요하지 아니한 건축물로서 대통령령으로 정하는 건축물에 대하여는 조경 등의 조치를 하지 아니할 수 있으며, 옥상 조경 등 대통령령으로 따로 기준을 정하는 경우에는 그 기준에 따른다(법 42조 1항).

국토교통부장관은 식재(植栽) 기준, 조경 시설물의 종류 및 설치방법, 옥상 조경의 방법 등 조경에 필요한 사항을 정하여 고시할 수 있다(법 42조 2항).

제2절 공개공지등

1. 의의

"공개공지"란 쾌적한 환경조성을 위하여 대지 안에 소규모 휴게공간을 설치하도록 강제하여 일반 대중이 상시 사용할 수 있도록 개방된 공간이다. 건축법 제43조에서는 일정 용도와 규모의 건축물에 대해서 공개공지 또는 공개공간(이하 '공개공지등')을 확보하도록 규정하고 있다.

2. 공개공지의 설치기준 등

(1) 대상 지역

〈다음 각 호〉의 지역에서 건축물을 건축하는 경우 공개공지를 설치한다(법 43조 1항).

1. 일반주거지역, 준주거지역
2. 상업지역
3. 준공업지역
4. 특별자치시장 · 특별자치도지사 또는 시장 · 군수 · 구청장이 도시화의 가능성이 크거나 노후 산업단지의 정비가 필요하다고 인정하여 지정 · 공고하는 지역

(2) 대상 건축물

위 대상 지역에서 〈다음 각 호〉에 해당하는 건축물의 대지에는 공개공지를 설치하여야 한다(법 43조 1항, 영 27조의2 1항).

1. 문화 및 집회시설, 종교시설, 판매시설(「농수산물 유통 및 가격안정에 관한 법률」에 따른 농수산물유통시설은 제외한다), 운수시설(여객용 시설만 해당한다), 업무시설 및 숙박시설로서 해당 용도로 쓰는 바닥면적의 합계가 5천 제곱미터 이상인 건축물
2. 그 밖에 다중이 이용하는 시설로서 건축조례로 정하는 건축물

(3) 설치 기준

공개공지등의 면적은 대지면적의 100분의 10 이하의 범위에서 건축조례로 정한다. 이 경우 법 제42조에 따른 조경면적과 「매장문화재 보호 및 조사에 관한 법률」에 따른 매장문화재의 현지보존 조치 면적을 공개공지등의 면적으로 할 수 있다(영 27조의2 2항).

누구든지 공개공지등에 물건을 쌓아놓거나 출입을 차단하는 시설을 설치하는 등 공개공지등의 활용을 저해하는 행위를 하여서는 아니 된다(법 43조 4항). 공개공지등을 설치할 때에는 모든 사람들이 환경친화적으로 편리하게 이용할 수 있도록 긴 의자 또는 조경시설 등 건축조례로 정하는 시설을 설치해야 한다(영 27조의2 3항).

(4) 건축기준의 완화 등

공개공지등을 설치하는 경우에는 건축물의 건폐율 · 용적율 · 높이제한을 완화하여 적용할 수 있도록 규정하고(법 43조 2항), 세부적으로는 시행령에 따라 〈다음 각 호〉의 범위에서 대지면적에 대한 공개공지등 면적 비율에 따라 용적율 및 높이제한을 완화하여 적용한다[다만, 건축조례로 정한 기준이 완화 비율보다 큰 경우에는 해당 건축조례에 따름](영 27조의2 4항).

1. 용적률은 해당 지역에 적용하는 용적률의 1.2배 이하
2. 높이 제한은 해당 건축물에 적용하는 높이기준의 1.2배 이하

제3절 대지와 도로

1. 건축법상의 도로

도로의 정의와 관련하여 도로법, 도로교통법, 건축법에서 다소 상이하게 규정하고 있다. 건축법에서 "도로"란 보행과 자동차 통행이 가능한 너비 4미터 이상의 도로로서 국토계획법, 도로법 등 관계법령에 따라 고시된 도로 또는 시 · 도지사, 시장 · 군수 · 구청장이 공고한 도로(예정도로 포함)를 말한다(법 2조 1항 11호).

위와 같이 원칙적으로 너비 4미터 이상의 도로(예정도로 포함)를 말하나 예외적으로 지형적 조건이나 막다른 골목의 경우 따로 너비를 따로 정하고 있다(법 2조 1항 11호, 영 3조의3).

1. 특별자치시장 · 특별자치도지사 또는 시장 · 군수 · 구청장이 지형적 조건으로 인하여 차량 통행을 위한 도로의 설치가 곤란하다고 인정하여 그 위치를 지정 · 공고하는 구간의 너비 3미터 이상(길이가 10미터 미만인 막다른 도로인 경우에는 너비 2미터 이상)인 도로
2. 제1호에 해당하지 아니하는 막다른 도로로서 그 도로의 너비가 그 길이에 따라 각각 다음 표에 정하는 기준 이상인 도로

막다른 도로의 길이	도로의 너비
10미터 미만	2미터
10미터 이상 35미터 미만	3미터
35미터 이상	6미터(도시지역이 아닌 읍 · 면지역은 4미터)

2. 도로의 지정 · 폐지 또는 변경

허가권자[1]는 제2조제1항제11호나목에 따라 도로의 위치를 지정 · 공고하려면 국토교통부령으로 정하는 바에 따라 그 도로에 대한 이해관계인의 동의를 받아야 한다(법 45조 1항 본문).

다만, 이해관계인의 동의를 받기 곤란하거나 오랜기간 이용되어온 사실상의 통로로서 지자체이 조례로 정하는 것인 경우 이해관계인의 동의를 받지 아니하고 건축위원회의 심의를 거쳐 도로를 지정할 수 있다(법 45조 1항 단서).

허가권자는 지정한 도로를 폐지하거나 변경하는 경우에도 그 도로에 대한 이해관계인의 동의를 받아야 한다. 그 도로에 편입된 토지의 소유자, 건축주 등이 허가권자에게 지정된 도로의 폐지나 변경을 신청하는 경우에도 또한 같다(법 45조 1항 단서).

3. 대지와 도로와의 관계

대지가 도로에 접하지 않은 맹지는 원칙적으로 건축할 수 없다. 건축법에서도 건축물의 대지는 2미터 이상이 도로(자동차만의 통행에 사용되는 도로는 제외한다)에 접하여야 한다(법 44조 1항 본문)고 규정하고 있다.

다만, 출입에 지장이 없는 경우, 주변에 공지가 있는 경우, 농막을 건축하는 경우 등은 그러하지 아니하다(법 44조 1항 단서).

4. 건축선

"건축선(建築線)"은 도로와 접한 부분에 건축물을 건축할 수 있는 선을 말한다. 원칙적으로 건축선은 대지와 도로의 경계선으로 한다(법 46조 1항 본문).

다만, 제2조제1항제11호에 따른 소요 너비[4미터]에 못 미치는 너비의 도로인 경우에는 그 중심선으로부터 그 소요 너비의 2분의 1의 수평거리만큼 물러난 선을 건축선으로 하되, 그 도로의 반대쪽에 경사지, 하천, 철도, 선로부지, 그 밖에 이와 유사한 것이 있는 경우에는 그 경사지 등이 있는 쪽의 도로경계선에서 소요 너비에 해당하는 수평거리의 선을 건축선으로 하며, 도로의 모퉁이에서는 대통령령[영 31조]으로 정하는 선을 건축선으로 한다(법 46조 1항 단서).

---

1) 건축법상의 '허가권자'는 특별시장 · 광역시장 · 특별자치시장 · 특별자치도지사 또는 시장 · 군수 · 구청장을 의미한다(법 4조의4).

건축물과 담장은 건축선의 수직면(垂直面)을 넘어서는 아니 된다. 다만, 지표(地表) 아래 부분은 그러하지 아니하다(법 47조 1항). 도로면으로부터 높이 4.5미터 이하에 있는 출입구, 창문, 그 밖에 이와 유사한 구조물은 열고 닫을 때 건축선의 수직면을 넘지 아니하는 구조로 하여야 한다(법 47조 2항).

제 3 장

지역·지구 안의 건축물

제1절 건축물의 대지가 지역·지구 또는 구역에 걸치는 경우

1. 원칙

건축물의 대지가 하나의 용도지역 · 지구 또는 구역에 속하는 경우는 해당 용도지역 등의 건축 기준을 적용하면 된다. 하지만 대지가 서로 다른 용도지역 · 지구 또는 구역에 걸치는 경우에는 그 건축물과 대지의 전부에 대하여 대지의 과반(過半)이 속하는 지역 · 지구 또는 구역 안의 건축물 및 대지 등에 관한 이 법의 규정을 적용한다(법 54조 1항).[2)]

2. 예외

(1) 방화지구의 경우

하나의 건축물이 방화지구와 그 밖의 구역에 걸치는 경우에는 그 전부에 대하여 방화지구 안의 건축물에 관한 이 법의 규정을 적용한다. 다만, 건축물의 방화지구에 속한 부분과 그 밖의 구역에 속한 부분의 경계가 방화벽으로 구획되는 경우 방화지구에 속하는 부분은 방화지구의 건축기준을, 그 밖의 구역에 있는 부분에 대하여는 그 밖의 구역의 건축기준을 적용한다(법 54조 2항).

---

2) 용도지역별 건폐율과 용적율 제한은 건축법이 아니라 국토계획법에서 규율하고 있는 사항이고 건축법 제55조 및 제56조에서도 건폐율 및 용적율 최대한도는 국토계획법에 따르도록 규정하고 있으므로 건축물의 대지가 둘이상의 용도지역에 걸치는 경우 건폐율과 용적율 산정에서도 건축법 제54조제1항을 적용하여 대지 과반이 속하는 용도지역의 건폐율과 용적율 기준에 따라야 하는 것이 아니라 국토계획법에 따른 각각의 용도지역별 건폐율과 용적율 기준에 따라야 한다[법제처 법령해석사례 2019-0392]

(2) 녹지지역의 경우

대지가 녹지지역과 그 밖의 지역 · 지구 또는 구역에 걸치는 경우에는 각 지역 · 지구 또는 구역 안의 건축물과 대지에 관한 이 법의 규정을 적용한다. 다만, 녹지지역 안의 건축물이 방화지구에 걸치는 경우에는 제2항에 따른다(법 54조 3항).

(3) 조례로 따로 정하는 경우

제1항에도 불구하고 해당 대지의 규모와 그 대지가 속한 용도지역 · 지구 또는 구역의 성격 등 그 대지에 관한 주변여건상 필요하다고 인정하여 해당 지방자치단체의 조례로 적용방법을 따로 정하는 경우에는 그에 따른다(법 54조 4항).

제2절 건축물 및 대지의 규모 제한

1. 건축물의 건폐율 및 용적율

(1) 면적 산정

건축물의 건폐율과 용적율 산정을 위한 대지면적, 건축면적, 바닥면적, 연면적의 계산은 건축법 제84조 및 동시행령 제119조에 따른다.

① 대지면적

대지면적은 '대지의 수평투영면적'으로 한다.

다만, 〈다음 각 목〉의 어느 하나에 해당하는 면적은 대지면적에서 제외한다.

가. 법 제46조제1항 단서에 따라 대지에 건축선이 정하여진 경우: 그 건축선과 도로 사이의 대지면적

나. 대지에 도시 · 군계획시설인 도로 · 공원 등이 있는 경우: 그 도시 · 군계획시설에 포함되는 대지(「국토의 계획 및 이용에 관한 법률」 제47조제7항에 따라 건축물 또는 공작물을 설치하는 도시 · 군계획시설의 부지는 제외한다)면적

② 건축면적

건축면적은 '건축물의 외벽(외벽이 없는 경우에는 외곽 부분의 기둥)의 중심선으로 둘러싸인 부분의 수평투영면적'으로 한다.

다만, 〈다음 각 목〉의 어느 하나에 해당하는 경우에는 해당 목에서 정하는 별도의 산정기준에 따라 산정한다.

가. 처마, 차양, 부연(附椽), 그 밖에 이와 비슷한 것으로서 그 외벽의 중심선으로부터 수평거리 1미터 이상 돌출된 부분이 있는 건축물의 건축면적은 그 돌출된 끝부분으로부터 다음의 구분에 따른 수평거리를 후퇴한 선으로 둘러싸인 부분의 수평투영면적으로 한다.
   1)「전통사찰의 보존 및 지원에 관한 법률」 제2조제1호에 따른 전통사찰: 4미터 이하의 범위에서 외벽의 중심선까지의 거리
   2) 사료 투여, 가축 이동 및 가축 분뇨 유출 방지 등을 위하여 처마, 차양, 부연, 그 밖에 이와 비슷한 것이 설치된 축사: 3미터 이하의 범위에서 외벽의 중심선까지의 거리(두 동의 축사가 하나의 차양으로 연결된 경우에는 6미터 이하의 범위에서 축사 양 외벽의 중심선까지의 거리를 말한다)
   3) 한옥: 2미터 이하의 범위에서 외벽의 중심선까지의 거리
   4)「환경친화적자동차의 개발 및 보급 촉진에 관한 법률 시행령」 제18조의5에 따른 충전시설(그에 딸린 충전 전용 주차구획을 포함한다)의 설치를 목적으로 처마, 차양, 부연, 그 밖에 이와 비슷한 것이 설치된 공동주택(「주택법」 제15조에 따른 사업계획승인 대상으로 한정한다): 2미터 이하의 범위에서 외벽의 중심선까지의 거리
   5)「신에너지 및 재생에너지 개발 · 이용 · 보급 촉진법」 제2조제3호에 따른 신 · 재생에너지 설비(신 · 재생에너지를 생산하거나 이용하기 위한 것만 해당한다)를 설치하기 위하여 처마, 차양, 부연, 그 밖에 이와 비슷한 것이 설치된 건축물로서 「녹색건축물 조성 지원법」 제17조에 따른 제로에너지건축물 인증을 받은 건축물: 2미터 이하의 범위에서 외벽의 중심선까지의 거리
   6)「환경친화적 자동차의 개발 및 보급 촉진에 관한 법률」 제2조제9호의 수소연료공급시설을 설치하기 위하여 처마, 차양, 부연 그 밖에 이와 비슷한 것이 설치된 별표 1 제19호가목의 주유소, 같은 호 나목의 액화석유가스 충전소 또는 같은 호 바목의 고압가스 충전소: 2미터 이하의 범위에서 외벽의 중심선까지의 거리
   7) 그 밖의 건축물: 1미터

나. 다음의 건축물의 건축면적은 국토교통부령으로 정하는 바에 따라 산정한다.
   1) 태양열을 주된 에너지원으로 이용하는 주택
   2) 창고 또는 공장 중 물품을 입출고하는 부위의 상부에 한쪽 끝은 고정되고 다른 쪽 끝은 지지되지 않는 구조로 설치된 돌출차양
   3) 단열재를 구조체의 외기측에 설치하는 단열공법으로 건축된 건축물

다. 다음의 경우에는 건축면적에 산입하지 않는다.
   1) 지표면으로부터 1미터 이하에 있는 부분(창고 중 물품을 입출고하기 위하여 차량을 접안시키는 부분의 경우에는 지표면으로부터 1.5미터 이하에 있는 부분)
   2)「다중이용업소의 안전관리에 관한 특별법 시행령」 제9조에 따라 기존의 다중이용업소(2004년 5월 29일 이전의 것만 해당한다)의 비상구에 연결하여 설치하는 폭 2미터 이하의 옥외 피난계단(기존 건축물에 옥외 피난계단을 설치함으로써 법 제55조에 따른 건폐율의 기준에 적합하지 아니하게 된 경우만 해당한다)
   3) 건축물 지상층에 일반인이나 차량이 통행할 수 있도록 설치한 보행통로나 차량통로

4) 지하주차장의 경사로
5) 건축물 지하층의 출입구 상부(출입구 너비에 상당하는 규모의 부분을 말한다)
6) 생활폐기물 보관시설(음식물쓰레기, 의류 등의 수거시설을 말한다. 이하 같다)
7) 「영유아보육법」 제15조에 따른 어린이집(2005년 1월 29일 이전에 설치된 것만 해당한다)의 비상구에 연결하여 설치하는 폭 2미터 이하의 영유아용 대피용 미끄럼대 또는 비상계단(기존 건축물에 영유아용 대피용 미끄럼대 또는 비상계단을 설치함으로써 법 제55조에 따른 건폐율 기준에 적합하지 아니하게 된 경우만 해당한다)
8) 「장애인 · 노인 · 임산부 등의 편의증진 보장에 관한 법률 시행령」 별표 2의 기준에 따라 설치하는 장애인용 승강기, 장애인용 에스컬레이터, 휠체어리프트 또는 경사로
9) 「가축전염병 예방법」 제17조제1항제1호에 따른 소독설비를 갖추기 위하여 같은 호에 따른 가축사육시설(2015년 4월 27일 전에 건축되거나 설치된 가축사육시설로 한정한다)에서 설치하는 시설
10) 「매장문화재 보호 및 조사에 관한 법률」 제14조제1항제1호 및 제2호에 따른 현지보존 및 이전보존을 위하여 매장문화재 보호 및 전시에 전용되는 부분
11) 「가축분뇨의 관리 및 이용에 관한 법률」 제12조제1항에 따른 처리시설(법률 제12516호 가축분뇨의 관리 및 이용에 관한 법률 일부개정법률 부칙 제9조에 해당하는 배출시설의 처리시설로 한정한다)
12) 「영유아보육법」 제15조에 따른 설치기준에 따라 직통계단 1개소를 갈음하여 건축물의 외부에 설치하는 비상계단(같은 조에 따른 어린이집이 2011년 4월 6일 이전에 설치된 경우로서 기존 건축물에 비상계단을 설치함으로써 법 제55조에 따른 건폐율 기준에 적합하지 않게 된 경우만 해당한다)

③ 바닥면적

바닥면적은 '건축물의 각 층 또는 그 일부로서 벽, 기둥, 그 밖에 이와 비슷한 구획의 중심선으로 둘러싸인 부분의 수평투영면적'으로 한다. 다만, 〈다음 각 목〉의 어느 하나에 해당하는 경우에는 각 목에서 정하는 바에 따른다.

가. 벽 · 기둥의 구획이 없는 건축물은 그 지붕 끝부분으로부터 수평거리 1미터를 후퇴한 선으로 둘러싸인 수평투영면적으로 한다.
나. 건축물의 노대등의 바닥은 난간 등의 설치 여부에 관계없이 노대등의 면적(외벽의 중심선으로부터 노대등의 끝부분까지의 면적을 말한다)에서 노대등이 접한 가장 긴 외벽에 접한 길이에 1.5미터를 곱한 값을 뺀 면적을 바닥면적에 산입한다.
다. 필로티나 그 밖에 이와 비슷한 구조(벽면적의 2분의 1 이상이 그 층의 바닥면에서 위층 바닥 아래면까지 공간으로 된 것만 해당한다)의 부분은 그 부분이 공중의 통행이나 차량의 통행 또는 주차에 전용되는 경우와 공동주택의 경우에는 바닥면적에 산입하지 아니한다.
라. 승강기탑(옥상 출입용 승강장을 포함한다), 계단탑, 장식탑, 다락[층고(層高)가 1.5미터(경사진 형태의 지붕인 경우에는 1.8미터) 이하인 것만 해당한다], 건축물의 내부에 설치하는 냉방

설비 배기장치 전용 설치공간(각 세대나 실별로 외부 공기에 직접 닿는 곳에 설치하는 경우로서 1제곱미터 이하로 한정한다), 건축물의 외부 또는 내부에 설치하는 굴뚝, 더스트슈트, 설비덕트, 그 밖에 이와 비슷한 것과 옥상 · 옥외 또는 지하에 설치하는 물탱크, 기름탱크, 냉각탑, 정화조, 도시가스 정압기, 그 밖에 이와 비슷한 것을 설치하기 위한 구조물과 건축물 간에 화물의 이동에 이용되는 컨베이어벨트만을 설치하기 위한 구조물은 바닥면적에 산입하지 않는다.

마. 공동주택으로서 지상층에 설치한 기계실, 전기실, 어린이놀이터, 조경시설 및 생활폐기물 보관시설의 면적은 바닥면적에 산입하지 않는다.

바. 「다중이용업소의 안전관리에 관한 특별법 시행령」 제9조에 따라 기존의 다중이용업소(2004년 5월 29일 이전의 것만 해당한다)의 비상구에 연결하여 설치하는 폭 1.5미터 이하의 옥외 피난계단(기존 건축물에 옥외 피난계단을 설치함으로써 법 제56조에 따른 용적률에 적합하지 아니하게 된 경우만 해당한다)은 바닥면적에 산입하지 아니한다.

사. 제6조제1항제6호에 따른 건축물을 리모델링하는 경우로서 미관 향상, 열의 손실 방지 등을 위하여 외벽에 부가하여 마감재 등을 설치하는 부분은 바닥면적에 산입하지 아니한다.

아. 제1항제2호나목3)의 건축물의 경우에는 단열재가 설치된 외벽 중 내측 내력벽의 중심선을 기준으로 산정한 면적을 바닥면적으로 한다.

자. 「영유아보육법」 제15조에 따른 어린이집(2005년 1월 29일 이전에 설치된 것만 해당한다)의 비상구에 연결하여 설치하는 폭 2미터 이하의 영유아용 대피용 미끄럼대 또는 비상계단의 면적은 바닥면적(기존 건축물에 영유아용 대피용 미끄럼대 또는 비상계단을 설치함으로써 법 제56조에 따른 용적률 기준에 적합하지 아니하게 된 경우만 해당한다)에 산입하지 아니한다.

차. 「장애인 · 노인 · 임산부 등의 편의증진 보장에 관한 법률 시행령」 별표 2의 기준에 따라 설치하는 장애인용 승강기, 장애인용 에스컬레이터, 휠체어리프트 또는 경사로는 바닥면적에 산입하지 아니한다.

카. 「가축전염병 예방법」 제17조제1항제1호에 따른 소독설비를 갖추기 위하여 같은 호에 따른 가축사육시설(2015년 4월 27일 전에 건축되거나 설치된 가축사육시설로 한정한다)에서 설치하는 시설은 바닥면적에 산입하지 아니한다.

타. 「매장문화재 보호 및 조사에 관한 법률」 제14조제1항제1호 및 제2호에 따른 현지보존 및 이전보존을 위하여 매장문화재 보호 및 전시에 전용되는 부분은 바닥면적에 산입하지 아니한다.

파. 「영유아보육법」 제15조에 따른 설치기준에 따라 직통계단 1개소를 갈음하여 건축물의 외부에 설치하는 비상계단의 면적은 바닥면적(같은 조에 따른 어린이집이 2011년 4월 6일 이전에 설치된 경우로서 기존 건축물에 비상계단을 설치함으로써 법 제56조에 따른 용적률 기준에 적합하지 않게 된 경우만 해당한다)에 산입하지 않는다.

하. 지하주차장의 경사로(지상층에서 지하 1층으로 내려가는 부분으로 한정한다)는 바닥면적에 산입하지 않는다.

거. 제46조제4항제3호에 따른 대피공간의 바닥면적은 건축물의 각 층 또는 그 일부로서 벽의 내부선으로 둘러싸인 부분의 수평투영면적으로 한다.

너. 제46조제5항제3호 또는 제4호에 따른 구조 또는 시설(해당 세대 밖으로 대피할 수 있는 구조

> 또는 시설만 해당한다)을 같은 조 제4항에 따른 대피공간에 설치하는 경우 또는 같은 조 제5항제4호에 따른 대체시설을 발코니(발코니의 외부에 접하는 경우를 포함한다. 이하 같다)에 설치하는 경우에는 해당 구조 또는 시설이 설치되는 대피공간 또는 발코니의 면적 중 다음의 구분에 따른 면적까지를 바닥면적에 산입하지 않는다.
> 1) 인접세대와 공동으로 설치하는 경우: 4제곱미터
> 2) 각 세대별로 설치하는 경우: 3제곱미터

④ 연면적

연면적은 '하나의 건축물 각 층의 바닥면적의 합계'로 한다. 다만 용적률을 산정할 때에는 〈다음 각 목〉에 해당하는 면적은 연면적에서 제외한다.

> 가. 지하층의 면적
> 나. 지상층의 주차용(해당 건축물의 부속용도인 경우만 해당한다)으로 쓰는 면적
> 다. 삭제 〈2012. 12. 12.〉
> 라. 삭제 〈2012. 12. 12.〉
> 마. 초고층 건축물과 준초고층 건축물에 설치하는 피난안전구역의 면적
> 바. 건축물의 경사지붕 아래에 설치하는 대피공간의 면적

(2) 건폐율 및 용적율

① 건축물의 건폐율

건폐율은 '대지면적에 대한 건축면적(대지에 건축물이 둘 이상 있는 경우에는 이들 건축면적의 합계로 한다)의 비율'로 산정한다.

건폐율의 최대한도는 「국토의 계획 및 이용에 관한 법률」 제77조에 따른 건폐율의 기준에 따른다. 다만, 이 법에서 기준을 완화하거나 강화하여 적용하도록 규정한 경우에는 그에 따른다(법 55조).

② 건축물의 용적률

용적율은 '대지면적에 대한 연면적(대지에 건축물이 둘 이상 있는 경우에는 이들 연면적의 합계로 한다)의 비율'로 한다.

용적율의 최대한도는 「국토의 계획 및 이용에 관한 법률」 제78조에 따른 용적률의 기준에 따른다. 다만, 이 법에서 기준을 완화하거나 강화하여 적용하도록 규정한 경우에는 그에 따른다(법 56조).[3)]

---

3) 하나의 건축물에 건축법상 여러개의 용적율 특례규정을 적용할 수 있는 경우에도 합리적인 이유없이 용적율을 중첩적으로 적용하여 용적율 상한이 누적적으로 증가되는 것은 건축물밀도관리를 위한 용적율 제도의 취지에 반한

2. 건축물이 있는 대지의 분할[4] 제한

(1) 용도지역별 대지 분할 최소기준

건축물이 있는 대지는 대통령령으로 정하는 범위에서 해당 지방자치단체의 조례로 정하는 면적에 못 미치게 분할할 수 없다(법 57조 1항). 시행령 제80조가 정하는 대지분할 최소기준은 다음과 같다.

> 1. 주거지역: 60제곱미터
> 2. 상업지역: 150제곱미터
> 3. 공업지역: 150제곱미터
> 4. 녹지지역: 200제곱미터
> 5. 제1호부터 제4호까지의 규정에 해당하지 아니하는 지역: 60제곱미터

(2) 법 규정에 의한 대지 분할 제한

건축물이 있는 대지는 건축법 제44조[대지와 도로와의 관계], 제55조[건폐율], 제56조[용적율], 제58조[대지안의 공지], 제60조[건축물의 높이 제한] 및 제61조[일조 등의 확보를 위한 건축물의 높이 제한]에 따른 기준에 못 미치게 분할할 수 없다(법 57조 2항).

(3) 예외 : 건축협정의 경우

제1항과 제2항에도 불구하고 제77조의6에 따라 건축협정이 인가된 경우 그 건축협정의 대상이 되는 대지는 분할할 수 있다(법 57조 3항).

3. 대지 안의 공지

건축물을 건축하는 경우에는 「국토의 계획 및 이용에 관한 법률」에 따른 용도지역 · 용도지구, 건축물의 용도 및 규모 등에 따라 건축선 및 인접 대지경계선으로부터 6미터 이내의 범위에서 대통령령으로 정하는 바에 따라 해당 지방자치단체의 조례로 정하는 거리 이상을 띄워야 한다(법 58조).

다[법제처 법령해석사례 2021. 4.21]

4) 「건축법」 제57조제1항 및 제2항에서 규정하고 있는 "건축물이 있는 대지의 분할"이란 건축물이 있는 1필지의 토지를 2필지 이상으로 나누어 등록하는 것으로서...[법제처 법령해석사례 2020. 4.21]

♣ 대지의 공지 기준 (영 80조의2 별표2)

1. 건축선으로부터 건축물까지 띄어야 하는 거리

대상 건축물	건축조례에서 정하는 건축기준
가. 해당 용도로 쓰는 바닥면적의 합계가 500제곱미터 이상인 공장(전용공업지역, 일반공업지역 또는 「산업입지 및 개발에 관한 법률」에 따른 산업단지에 건축하는 공장은 제외한다)으로서 건축조례로 정하는 건축물	• 준공업지역: 1.5미터 이상 6미터 이하 • 준공업지역 외의 지역: 3미터 이상 6미터 이하
나. 해당 용도로 쓰는 바닥면적의 합계가 500제곱미터 이상인 창고(전용공업지역, 일반공업지역 또는 「산업입지 및 개발에 관한 법률」에 따른 산업단지에 건축하는 창고는 제외한다)로서 건축조례로 정하는 건축물	• 준공업지역: 1.5미터 이상 6미터 이하 • 준공업지역 외의 지역: 3미터 이상 6미터 이하
다. 해당 용도로 쓰는 바닥면적의 합계가 1,000제곱미터 이상인 판매시설, 숙박시설(일반숙박시설은 제외한다), 문화 및 집회시설(전시장 및 동·식물원은 제외한다) 및 종교시설	• 3미터 이상 6미터 이하
라. 다중이 이용하는 건축물로서 건축조례로 정하는 건축물	• 3미터 이상 6미터 이하
마. 공동주택	• 아파트: 2미터 이상 6미터 이하 • 연립주택: 2미터 이상 5미터 이하 • 다세대주택: 1미터 이상 4미터 이하
바. 그 밖에 건축조례로 정하는 건축물	• 1미터 이상 6미터 이하(한옥의 경우에는 처마선 2미터 이하, 외벽선 1미터 이상 2미터 이하)

2. 인접 대지경계선으로부터 건축물까지 띄어야 하는 거리

대상 건축물	건축조례에서 정하는 건축기준
가. 전용주거지역에 건축하는 건축물(공동주택은 제외한다)	• 1미터 이상 6미터 이하(한옥의 경우에는 처마선 2미터 이하, 외벽선 1미터 이상 2미터 이하)
나. 해당 용도로 쓰는 바닥면적의 합계가 500제곱미터 이상인 공장(전용공업지역, 일반공업지역 또는 「산업입지 및 개발에 관한 법률」에 따른 산업단지에 건축하는 공장은 제외한다)으로서 건축조례로 정하는 건축물	• 준공업지역: 1미터 이상 6미터 이하 • 준공업지역 외의 지역: 1.5미터 이상 6미터 이하

다. 상업지역이 아닌 지역에 건축하는 건축물로서 해당 용도로 쓰는 바닥면적의 합계가 1,000제곱미터 이상인 판매시설, 숙박시설(일반숙박시설은 제외한다), 문화 및 집회시설(전시장 및 동 · 식물원은 제외한다) 및 종교시설	• 1.5미터 이상 6미터 이하
라. 다중이 이용하는 건축물(상업지역에 건축하는 건축물로서 스프링클러나 그 밖에 이와 비슷한 자동식 소화설비를 설치한 건축물은 제외한다)로서 건축조례로 정하는 건축물	• 1.5미터 이상 6미터 이하
마. 공동주택(상업지역에 건축하는 공동주택으로서 스프링클러나 그 밖에 이와 비슷한 자동식 소화설비를 설치한 공동주택은 제외한다)	• 아파트: 2미터 이상 6미터 이하 • 연립주택: 1.5미터 이상 5미터 이하 • 다세대주택: 0.5미터 이상 4미터 이하
바. 그 밖에 건축조례로 정하는 건축물	• 0.5미터 이상 6미터 이하(한옥의 경우에는 처마선 2미터 이하, 외벽선 1미터 이상 2미터 이하)

제3절 건축물의 높이 제한

1. 가로구역의 높이 제한

허가권자는 가로구역(街路區域)[5]을 단위로 하여 건축물의 높이를 지정 · 공고할 수 있다. 이 경우 토지이용계획, 가로구역이 접하는 도로의 너비, 간선시설의 수용능력, 도시미관 · 경관계획 등을 고려하고 주민의견 청취 절차와 지방건축위원회 심의를 거쳐야 한다(법 60조 1항, 영 82조 1항 및 2항).

다만, 특별자치시장 · 특별자치도지사 또는 시장 · 군수 · 구청장은 가로구역의 높이를 완화하여 적용할 필요가 있다고 판단되는 대지에 대하여는 대통령령으로 정하는 바에 따라 건축위원회의 심의를 거쳐 높이를 완화하여 적용할 수 있다(법 60조 1항).

특별시장이나 광역시장은 도시의 관리를 위하여 필요하면 가로구역별 건축물의 높이를 특별시나 광역시의 조례로 정할 수 있다(법 60조 2항).

5) 도로로 둘러싸인 일단(一團)의 지역을 말한다(법 60조 1항).

2. 일조 등의 확보를 위한 높이 제한

일조(日照)나 채광(採光) 등의 확보를 위한 건축물의 높이 제한은 건축물 사이의 거리(이격거리)와 상관관계를 가진다.

(1) 일조 확보를 위한 높이 제한

① 정북방향의 높이 제한

전용주거지역과 일반주거지역 안에서 건축하는 건축물의 높이는 일조 등의 확보를 위하여 정북방향(正北方向)의 인접 대지경계선으로부터의 거리에 따라 〈다음 각호〉의 범위에서 건축조례로 정하는 거리 이상을 띄어 건축하여야 한다(법 61조 1항, 영 86조 1항).

1. 높이 10미터 이하인 부분: 인접 대지경계선으로부터 1.5미터 이상
2. 높이 10미터를 초과하는 부분: 인접 대지경계선으로부터 해당 건축물 각 부분 높이의 2분의 1 이상

다만 〈다음 각 호〉의 어느 하나에 해당하는 경우에는 제1항을 적용하지 아니한다(영 86조 2항).

1. 〈다음 각 목〉의 어느 하나에 해당하는 구역 안의 대지 상호간에 건축하는 건축물로서 해당 대지가 너비 20미터 이상의 도로(자동차 · 보행자 · 자전거 전용도로를 포함하며, 도로에 공공공지, 녹지, 광장, 그 밖에 건축미관에 지장이 없는 도시 · 군계획시설이 접한 경우 해당 시설을 포함한다)에 접한 경우
   가. 「국토의 계획 및 이용에 관한 법률」에 따른 지구단위계획구역 및 경관지구
   나. 「경관법」에 따른 중점경관관리구역
   다. 법 제77조의2제1항에 따른 특별가로구역
   라. 도시미관 향상을 위하여 허가권자가 지정 · 공고하는 구역
2. 건축협정구역 안에서 대지 상호간에 건축하는 건축물(법 제77조의4제1항에 따른 건축협정에 일정 거리 이상을 띄어 건축하는 내용이 포함된 경우만 해당한다)의 경우
3. 건축물의 정북 방향의 인접 대지가 전용주거지역이나 일반주거지역이 아닌 용도지역에 해당하는 경우

② 정남방향의 높이 제한

제1항에도 불구하고 〈다음 각 호〉의 어느 하나에 해당하면 건축물의 높이를 정남(正南)방향의 인접 대지경계선으로부터의 거리에 따라 제1항의 범위 안에서 특별자치시장 · 특별자치도지사 또는 시장 · 군수 · 구청장이 정하여 고시하는 높이 이하로 할 수 있다(법 61조 3항, 영 86조 4항).

1. 「택지개발촉진법」에 따른 택지개발지구인 경우
2. 「주택법」에 따른 대지조성사업지구인 경우
3. 「지역 개발 및 지원에 관한 법률」에 따른 지역개발사업구역인 경우
4. 「산업입지 및 개발에 관한 법률」에 따른 국가산업단지, 일반산업단지, 도시첨단산업단지 및 농공단지인 경우
5. 「도시개발법」에 따른 도시개발구역인 경우
6. 「도시 및 주거환경정비법」에 따른 정비구역인 경우
7. 정북방향으로 도로, 공원, 하천 등 건축이 금지된 공지에 접하는 대지인 경우
8. 정북방향으로 접하고 있는 대지의 소유자와 합의한 경우나 그 밖에 대통령령으로 정하는 경우

(2) 채광 확보를 위한 높이 제한

공동주택(일반상업지역과 중심상업지역에 건축하는 것은 제외)은 채광(採光) 등의 확보를 위하여 다음과 같이 일정한 높이 이하로 하여야 한다(법 61조 2항, 영 86조 3항).

① 채광을 위한 창문을 두는 경우의 높이 제한

건축물(기숙사는 제외)의 각 부분의 높이는 그 부분으로부터 채광을 위한 창문 등이 있는 벽면에서 직각 방향으로 인접 대지경계선까지의 수평거리의 2배(근린상업지역 또는 준주거지역의 건축물은 4배) 이하로 할 것(영 86조 3항 1호).

② 하나의 대지에 두 동(棟) 이상을 건축하는 경우 이격거리 확보

같은 대지에서 두 동(棟) 이상의 건축물이 서로 마주보고 있는 경우(한 동의 건축물 각 부분이 서로 마주보고 있는 경우를 포함한다)에 건축물 각 부분 사이의 거리는 〈다음 각 목〉의 거리 이상을 띄어 건축할 것. 다만, 그 대지의 모든 세대가 동지(冬至)를 기준으로 9시에서 15시 사이에 2시간 이상을 계속하여 일조(日照)를 확보할 수 있는 거리 이상으로 할 수 있다(영 86조 3항 2호).

③ 주택단지의 경우 특례

주택법에 따른 주택단지에 두 동 이상의 건축물이 도로를 사이에 두고 서로 마주보고 있는 경우에는 제2호가목부터 다목까지의 규정을 적용하지 아니하되, 해당 도로의 중심선을 인접대지경계선으로 보아 제1호[채광을 위한 높이제한]를 적용한다(영 86조 3항 3호).

(3) 적용 예외

2층 이하로서 높이가 8미터 이하인 건축물에는 해당 지방자치단체의 조례로 정하는 바에 따라 제1항부터 제3항까지의 규정[일조,채광등 확보를 위한 높이 제한]을 적용하지 아니할 수 있다(법 61조 4항).

제4절 맞벽 건축과 연결복도

1. 의의

(1) 맞벽건축

“맞벽건축”이란 도시미관 등을 위하여 둘 이상의 건축물 벽을 대지경계선으로부터 50센티미터 이내로 건축하는 경우를 말한다(법 59조 1항 1호). 극단적인 경우 대지경계선으로부터 이격거리 없이 두개이상의 건축물 벽을 외관상 하나의 벽처럼 보이게 건축할 수도 있다.

맞벽건축은 상업지역(다중이용 건축물 및 공동주택은 스프링클러나 그 밖에 이와 비슷한 자동식 소화설비를 설치한 경우로 한정), 주거지역(건축물 및 토지의 소유자 간 맞벽건축을 합의한 경우에 한정), 허가권자가 도시미관 또는 한옥 보전 · 진흥을 위하여 건축조례로 정하는 구역, 건축협정구역에서만 가능하다(영 81조 1항).

맞벽은 주요구조부가 내화구조이이고 마감재료가 불연재료이어야 한다(영 81조 2항).

(2) 연결복도

“연결복도”란 건축물과 인근 건축물을 이어지는 연결복도나 연결통로를 의미한다. 연결복도를 설치하는 경우에는 내화구조, 불연재, 창문설치, 방화셔터(방화문) 설치 등의 기준을 충족하여야 한다(법 59조 1항 2호, 영 81조 5항).

또한 연결복도나 연결통로를 설치하는 경우 건축사 또는 건축구조기술사로부터 안전에 대한 확인을 받아야 한다(영 81조 6항).

2. 건축제한의 완화

맞벽 건축과 연결복도의 경우 그 특성상 일반적인 건축물에 적용하는 건축제한 사항을 그대로 적용할 수 없다. 건축법 제59조에서는 맞벽건축과 연결복도의 설치와 관련하여 제58조[대지안의 공지], 제61조[일조등의 확보를 위한 건축물 높이 제한], 민법 제242조[경계선 부근의 건축]를 적용하지 않는다고 명시하고 있다.

제 4 장

건축물의 건축

제1절 건축허가

1. 서설

행정청이 구체적인 사실에 대한 법집행으로서 행하는 외부에 대한 직접 · 구체적인 효과를 발생시키는 권력적인 단독행위인 공법행위를 일반적으로 행정행위 또는 행정처분이라 한다. 이러한 행정행위에는 법률행위적 행정행위와 준법률행위적 행정행위로 구분하며, 이 중 법률행위적 행정행위는 행정청의 의사표시가 있고 그 의사표시의 내용에 따라 법적 효과가 발생하는 행위를 말한다. 이러한 법률행위적 행정행위에는 허가, 인가, 특허가 있으며, 이 중 "허가"는 일반적으로 금지된 자유를 특별한 경우 해제하여 자유를 회복시켜주는 행정행위이다.

건축물을 건축하거나 대수선하기 위해서는 건축법에 따라 행정청의 허가를 받아야 한다. 자신의 땅에 건축물을 건축하는 것은 기본적으로 개인의 자유이지만 질서유지 차원에서 국가가 일반적으로 금지해 놓은 후 당사자가 일정한 요건을 갖추어 허가를 신청한 경우 건축할 수 있는 원래의 자유를 회복시켜주는 것이다.

행정행위를 함에 있어 행정청의 재량이 인정되느냐 여부에 따라 행정행위를 재량행위와 기속행위로 분류한다. 허가는 새로운 권리를 설정하는 것이 아니라 원래의 자유 또는 권리를 회복시켜주는 것에 불과하므로 행정청은 일정한 요건을 갖추기만 하면 재량의 여지없이 허가를 해 주는 것이 타당하다. 이러한 측면에서 건축허가는 기속행위이다. 다만 판례의 경우 건축허가를 기속행위로 보아 왔으나[6] 최근 공익적 판단을 이유로 또는 건축허가의 집중효를 이유로

---

6) • 건축허가권자는 건축하고자 하는 건축물이 건축법, 도시계획법 등의 관계법규에서 정하는 제한에 배치되지 않는 이상 당연히 같은 법조 소정의 건축허가를 하여야 하고 관계법규에서 정하는 제한사유 이외의 사유를 들어 그 허가신청을 거부할 수는 없다고 한 사례[대법원 1989. 3. 28. 선고 88누10541 판결]
 • 건축물이 건축법, 도시계획법 등의 관계 법규에서 정하는 어떠한 제한에 배치되지 않는 이상 당연히 같은 법조 소정의 건축허가를 하여야 함[대법원 1992. 6. 9. 선고 91누11766 판결]
 • 건축허가권자는 건축허가신청이 건축법, 도시계획법 등 관계 법규에서 정하는 어떠한 제한에 배치되지 않는 이

재량행위로 본 사례도 있다.[7]

2. 건축 허가권자

(1) 원칙

건축물을 건축하거나 대수선하려는 자는 특별자치시장 · 특별자치도지사 또는 시장 · 군수 · 구청장의 허가를 받아야 한다(법11조 1항 본문). 시장 · 군수는 21층 이상 또는 연면적 합계 10만 제곱미터 이상인 건축물 등 일정한 경우에는 도지사의 사전승인을 받아야 한다(법 11조 2항).

(2) 예외

층수가 21층 이상이거나 연면적의 합계가 10만 제곱미터 이상인 건축물(연면적의 10분의 3 이상을 증축하여 층수가 21층 이상으로 되거나 연면적의 합계가 10만 제곱미터 이상으로 되는 경우를 포함)을 특별시나 광역시에 건축하려면 특별시장이나 광역시장의 허가를 받아야 한다(법 11조 1항 단서).

다만 공장, 창고, 지방건축위원회의 심의를 거친 건축물은 21층이상이거나 연면적 10만제곱미터 이상이더라도 일반허가권자[특별자치시장, 특별자치도시사, 시장, 군수, 구청장]의 허가로 족하다(영 8조 1항 단서).

상 당연히 같은 법조 소정의 건축허가를 하여야 하므로 법률상의 근거 없이 심사를 거부할 수 없고, 심사결과 법정요건에 합치하는 경우에는 특별한 사정이 없는 한 이를 허가하여야 하며, 공익상 필요가 없음에도 불구하고 관계 법령에서 정하는 제한사유 이외의 사유를 들어 허가를 거부할 수는 없다고 함 [대법원 1995 10.13.선고 94누14247 판결]

7) • 학생들의 교육환경과 인근 주민들의 주거환경 보호라는 공익이 숙박시설 건축허가신청을 반려한 처분으로 그 신청인이 잃게 되는 이익의 침해를 정당화할 수 있을 정도로 크므로, 위 반려처분이 신뢰보호의 원칙에 위배되지 않는다고 한 원심의 판단을 수긍한 사례[대법원 2005. 11. 25. 선고 2004두6822 판결]
• 국토의계획및이용에관한법률에 의하여 지정된 도시지역 안에서 토지의 형질변경행위를 수반하는 건축허가의 법적 성질을 재량행위로 본 사례[대법원 2005. 7. 14. 선고 2004두6181 판결]

3. 건축허가 사전결정제도

(1) 의의

건축허가를 규제하는 법령은 매우 어렵고 까다롭다. 뿐만 아니라 건축허가를 신청하기 위해서는 원칙적으로 대지의 소유권을 취득하여야 한다. 게다가 건축과 관련한 인근 주민들의 민원도 점점 늘어만 가고 있다보니 건축주 입장에서 건축허가를 받기가 점점 어려워지고 있다. 건축허가가 나지 않을 경우 그동안 투입한 시간과 노력, 비용은 모두 사라지고 만다.

"건축허가 사전결정제도"는 건축허가를 정식으로 신청하기 전에 해당 건축물을 해당 대지에 건축하는 것이 건축법 및 다른 법령에 적합한지 여부 등에 대해 미리 결정을 받을 수 있도록 함으로써 건축주의 불필요한 경제적 시간적 낭비를 방지하기 위한 제도이다.

(2) 사전결정 대상

건축허가 대상 건축물을 건축하려는 자는 〈다음 각 호〉의 사항에 대한 사전결정을 신청할 수 있다(법 10조 1항).

1. 해당 대지에 건축하는 것이 이 법이나 관계 법령에서 허용되는지 여부
2. 이 법 또는 관계 법령에 따른 건축기준 및 건축제한, 그 완화에 관한 사항 등을 고려하여 해당 대지에 건축 가능한 건축물의 규모
3. 건축허가를 받기 위하여 신청자가 고려하여야 할 사항

(3) 사전결정 신청 등 절차

건축허가 대상 건축물을 건축하려는 자는 건축허가를 신청하기 전에 허가권자에게 사전결정을 신청한다(법 10조 1항). 이때 사전결정신청자는 건축위원회 심의와 「도시교통정비 촉진법」에 따른 교통영향평가서의 검토를 동시에 신청할 수 있다(법 10조 2항). 또한 사전결정이 신청된 건축물의 대지면적이 「환경영향평가법」에 따른 소규모 환경영향평가 대상사업인 경우 허가권자가 환경부장관이나 지방환경관서의 장과 소규모 환경영향평가에 관한 협의를 하여야 한다(법 10조 3항).

허가권자는 제6항 각 호의 어느 하나에 해당되는 내용[허가 · 신고 · 협의 의제사항]이 포함된 사전결정을 하려면 미리 관계 행정기관의 장과 협의하여야 하며, 협의를 요청받은 관계 행정기관의 장은 요청받은 날부터 15일 이내에 의견을 제출하여야 한다(법 10조 7항).

허가권자는 사전결정 신청을 받으면 입지, 건축물의 규모, 용도 등을 사전결정한 후 사전결정 신청자에게 알려야 한다(법 10조 4항).

(4) 사전결정 통지의 효과

① 허가 · 신고 · 협의 의제

사전결정 신청자가 허가권자로부터 사전결정 통지를 받은 경우에는 〈다음 각 호〉의 허가를 받거나 신고 또는 협의를 한 것으로 본다(법 10조 6항).

1. 「국토의 계획 및 이용에 관한 법률」에 따른 개발행위허가
2. 「산지관리법」에 따른 산지전용허가와 산지전용신고, 산지일시사용허가 · 신고. 다만, 보전산지인 경우에는 도시지역만 해당된다.
3. 「농지법」에 따른 농지전용허가 · 신고 및 협의
4. 「하천법」에 따른 하천점용허가

② 기한내 건축허가 신청

사전결정신청자는 사전결정을 통지받은 날부터 2년 이내에 건축허가를 신청하여야 하며, 이 기간에 건축허가를 신청하지 아니하면 사전결정의 효력이 상실된다(법 10조 9항).

4. 건축허가의 절차

(1) 건축허가 신청

건축물의 건축(대수선 포함)을 위한 허가를 받으려는 자는 허가신청서에 설계도서와 허가 등을 받거나 신고를 하기 위하여 관계 법령에서 제출하도록 의무화하고 있는 신청서 및 구비서류를 첨부하여 허가권자에게 제출하여야 한다. 다만, 국토교통부장관이 관계 행정기관의 장과 협의하여 국토교통부령으로 정하는 신청서 및 구비서류는 착공신고 전까지 제출할 수 있다(법 11조 3항).

건축위원회의 심의를 받은 자가 심의 결과를 통지 받은 날부터 2년 이내에 건축허가를 신청하지 아니하면 건축위원회 심의의 효력이 상실된다(법 11조 10항).

(2) 대지 소유권 확보

건축허가를 받으려는 자 즉, 건축주는 원칙적으로 해당 대지의 소유권을 확보하여야 한다. 다만, 〈다음 각 호〉의 어느 하나에 해당하는 경우에는 그러하지 아니하다(법 11조 11항).

1. 건축주가 대지의 소유권을 확보하지 못하였으나 그 대지를 사용할 수 있는 권원을 확보한 경우. 다만, 분양을 목적으로 하는 공동주택은 제외한다.
2. 건축주가 건축물의 노후화 또는 구조안전 문제 등 대통령령으로 정하는 사유로 건축물을 신축 · 개축 · 재축 및 리모델링을 하기 위하여 건축물 및 해당 대지의 공유자 수의 100분의 80 이상의 동의를 얻고 동의한 공유자의 지분 합계가 전체 지분의 100분의 80 이상인 경우

3. 건축주가 제1항에 따른 건축허가를 받아 주택과 주택 외의 시설을 동일 건축물로 건축하기 위하여 「주택법」 제21조를 준용한 대지 소유 등의 권리 관계를 증명한 경우. 다만, 「주택법」 제15조제1항 각 호 외의 부분 본문에 따른 대통령령으로 정하는 호수 이상으로 건설 · 공급하는 경우에 한정한다.
4. 건축하려는 대지에 포함된 국유지 또는 공유지에 대하여 허가권자가 해당 토지의 관리청이 해당 토지를 건축주에게 매각하거나 양여할 것을 확인한 경우
5. 건축주가 집합건물의 공용부분을 변경하기 위하여 「집합건물의 소유 및 관리에 관한 법률」 제15조제1항에 따른 결의가 있었음을 증명한 경우
6. 건축주가 집합건물을 재건축하기 위하여 「집합건물의 소유 및 관리에 관한 법률」 제47조에 따른 결의가 있었음을 증명한 경우

(3) 도지사의 승인

시장 · 군수는 〈다음 각 호〉의 어느 하나에 해당하는 건축물의 건축을 허가하려면 미리 건축계획서와 국토교통부령으로 정하는 건축물의 용도, 규모 및 형태가 표시된 기본설계도서를 첨부하여 도지사의 승인을 받아야 한다(법 11조 2항).

1. 층수가 21층 이상이거나 연면적의 합계가 10만 제곱미터 이상인 건축물. 다만, 도시환경, 광역교통 등을 고려하여 해당 도의 조례로 정하는 건축물은 제외한다.
2. 자연환경이나 수질을 보호하기 위하여 도지사가 지정 · 공고한 구역에 건축하는 3층 이상 또는 연면적의 합계가 1천제곱미터 이상인 건축물로서 위락시설과 숙박시설 등 대통령령으로 정하는 용도에 해당하는 건축물
3. 주거환경이나 교육환경 등 주변 환경을 보호하기 위하여 필요하다고 인정하여 도지사가 지정 · 공고한 구역에 건축하는 위락시설 및 숙박시설에 해당하는 건축물

(4) 건축복합민원 일괄협의회 개최

허가권자는 건축허가를 하려면 해당 용도 · 규모 또는 형태의 건축물을 건축하려는 대지에 건축하는 것이 「국토의 계획 및 이용에 관한 법률」 제54조, 제56조부터 제62조까지 및 제76조부터 제82조까지의 규정과 그 밖에 대통령령으로 정하는 관계 법령의 규정에 맞는지를 확인하고, 제10조제6항 각 호와 같은 조 제7항 또는 제11조제5항 각 호와 같은 조 제6항의 사항을 처리하기 위하여 대통령령으로 정하는 바에 따라 건축복합민원 일괄협의회를 개최하여야 한다(법 12조 1항).

(5) 건축물 안전영향평가

허가권자는 초고층 건축물 등 대통령령으로 정하는 주요 건축물에 대하여 건축허가를 하기 전에 건축물의 구조, 지반 및 풍환경(風環境) 등이 건축물의 구조안전과 인접 대지의 안전에 미치는 영향 등을 평가하는 건축물 안전영향평가를 안전영향평가기관에 의뢰하여 실시하여야 한다(법 13조의2).

(6) 건축 불허가 처분

〈다음 각 호〉의 어느 하나에 해당하는 경우 허가권자는 이 법이나 다른 법률에도 불구하고 건축위원회의 심의를 거쳐 건축허가를 하지 아니할 수 있다(법 11조 4항 단서).

1. 위락시설이나 숙박시설에 해당하는 건축물의 건축을 허가하는 경우 해당 대지에 건축하려는 건축물의 용도 · 규모 또는 형태가 주거환경이나 교육환경 등 주변 환경을 고려할 때 부적합하다고 인정되는 경우
2. 「국토의 계획 및 이용에 관한 법률」 제37조제1항제4호에 따른 방재지구(이하 "방재지구"라 한다) 및 「자연재해대책법」 제12조제1항에 따른 자연재해위험개선지구 등 상습적으로 침수되거나 침수가 우려되는 지역에 건축하려는 건축물에 대하여 지하층 등 일부 공간을 주거용으로 사용하거나 거실을 설치하는 것이 부적합하다고 인정되는 경우

5. 건축허가의 효과

(1) 인 · 허가, 신고 등의 의제

건축허가를 받으면 〈다음 각 호〉의 허가 등을 받거나 신고를 한 것으로 보며, 공장건축물의 경우에는 「산업집적활성화 및 공장설립에 관한 법률」 제13조의2와 제14조에 따라 관련 법률의 인 · 허가등이나 허가등을 받은 것으로 본다(법 11조 5항).

1. 제20조제3항에 따른 공사용 가설건축물의 축조신고
2. 제83조에 따른 공작물의 축조신고
3. 「국토의 계획 및 이용에 관한 법률」에 따른 개발행위허가
4. 「국토의 계획 및 이용에 관한 법률」 제86조제5항에 따른 시행자의 지정과 같은 법 제88조제2항에 따른 실시계획의 인가
5. 「산지관리법」에 따른 산지전용허가와 산지전용신고, 산지일시사용허가 · 신고. 다만, 보전산지인 경우에는 도시지역만 해당된다.
6. 「사도법」에 따른 사도(私道)개설허가
7. 「농지법」에 따른 농지전용허가 · 신고 및 협의
8. 「도로법」에 따른 도로관리청이 아닌 자에 대한 도로공사 시행의 허가, 도로와 다른 시설의 연결 허가
9. 「도로법」에 따른 도로의 점용 허가
10. 「하천법」에 따른 하천점용 등의 허가
11. 「하수도법」에 따른 배수설비(配水設備)의 설치신고
12. 「하수도법」에 따른 개인하수처리시설의 설치신고
13. 「수도법」에 따라 수도사업자가 지방자치단체인 경우 그 지방자치단체가 정한 조례에 따른 상수도 공급신청

14. 「전기안전관리법」에 따른 자가용전기설비 공사계획의 인가 또는 신고
15. 「물환경보전법」에 따른 수질오염물질 배출시설 설치의 허가나 신고
16. 「대기환경보전법」에 따른 대기오염물질 배출시설설치의 허가나 신고
17. 「소음 · 진동관리법」에 따른 소음 · 진동 배출시설 설치의 허가나 신고
18. 「가축분뇨의 관리 및 이용에 관한 법률」에 따른 배출시설 설치허가나 신고
19. 「자연공원법」에 따른 행위허가
20. 「도시공원 및 녹지 등에 관한 법률」에 따른 도시공원의 점용허가
21. 「토양환경보전법」에 따른 특정토양오염관리대상시설의 신고
22. 「수산자원관리법」에 따른 행위의 허가
23. 「초지법」에 따른 초지전용의 허가 및 신고

허가권자는 제5항 각 호의 어느 하나에 해당하는 사항이 다른 행정기관의 권한에 속하면 그 행정기관의 장과 미리 협의하여야 하며, 협의 요청을 받은 관계 행정기관의 장은 요청을 받은 날부터 15일 이내에 의견을 제출하여야 한다. 이 경우 관계 행정기관의 장은 제8항에 따른 처리기준이 아닌 사유를 이유로 협의를 거부할 수 없고, 협의 요청을 받은 날부터 15일 이내에 의견을 제출하지 아니하면 협의가 이루어진 것으로 본다(법 11조 6항).

(2) 건축공사현장 안전관리

건축허가를 받은 자는 건축물의 건축공사를 중단하고 장기간 공사현장을 방치할 경우 공사현장의 미관 개선과 안전관리 등 필요한 조치를 하여야 한다(법 13조 1항).

허가권자는 연면적이 1천제곱미터 이상인 건축물(「주택도시기금법」에 따른 주택도시보증공사가 분양보증을 한 건축물, 「건축물의 분양에 관한 법률」 제4조제1항제1호에 따른 분양보증이나 신탁계약을 체결한 건축물은 제외한다)로서 해당 지방자치단체의 조례로 정하는 건축물에 대하여는 제21조에 따른 착공신고를 하는 건축주(「한국토지주택공사법」에 따른 한국토지주택공사 또는 「지방공기업법」에 따라 건축사업을 수행하기 위하여 설립된 지방공사는 제외한다)에게 장기간 건축물의 공사현장이 방치되는 것에 대비하여 미리 미관 개선과 안전관리에 필요한 비용(예치금)을 건축공사비의 1퍼센트의 범위에서 예치하게 할 수 있다(법 13조 2항).

6. 건축허가의 취소 및 제한

(1) 건축허가의 취소

허가권자는 허가를 받은 자가 〈다음 각 호〉의 어느 하나에 해당하면 허가를 취소하여야 한다. 다만, 제1호에 해당하는 경우로서 정당한 사유가 있다고 인정되면 1년의 범위에서 공사의 착수기간을 연장할 수 있다(법 11조 7항).

1. 허가를 받은 날부터 2년(「산업집적활성화 및 공장설립에 관한 법률」 제13조에 따라 공장의 신설·증설 또는 업종변경의 승인을 받은 공장은 3년) 이내에 공사에 착수하지 아니한 경우
2. 제1호의 기간 이내에 공사에 착수하였으나 공사의 완료가 불가능하다고 인정되는 경우
3. 제21조에 따른 착공신고 전에 경매 또는 공매 등으로 건축주가 대지의 소유권을 상실한 때부터 6개월이 지난 이후 공사의 착수가 불가능하다고 판단되는 경우

(2) 건축 허가·착공의 제한

국토교통부장관이나 시도지사는 국토관리, 국방, 문화재보존, 환경보전 등을 위하여 특히 필요하다고 인정하는 경우 건축허가나 허가를 받은 건축물의 착공을 2년 이내의 기간동안 제한할 수 있다. 다만, 1회에 한하여 1년 이내의 범위에서 제한기간을 연장할 수 있다(법 18조 1항, 2항, 4항).

국토교통부장관이나 시·도지사는 건축허가나 건축허가를 받은 건축물의 착공을 제한하려는 경우에는 「토지이용규제 기본법」 제8조에 따라 주민의견을 청취한 후 건축위원회의 심의를 거쳐야 한다(법 18조 3항).

국토교통부장관이나 특별시장·광역시장·도지사는 건축허가나 건축물의 착공을 제한하는 경우 제한 목적·기간, 대상 건축물의 용도와 대상 구역의 위치·면적·경계 등을 상세하게 정하여 허가권자에게 통보하여야 하며, 통보를 받은 허가권자는 지체 없이 이를 공고하여야 한다(법 18조 5항).

특별시장·광역시장·도지사는 시장·군수·구청장의 건축허가나 건축물의 착공을 제한한 경우 즉시 국토교통부장관에게 보고하여야 하며, 보고를 받은 국토교통부장관은 제한 내용이 지나치다고 인정하면 해제를 명할 수 있다(법 18조 6항).

제2절 건축신고[8)]

1. 신고대상 건축물

〈다음 각 호〉의 어느 하나에 해당하는 경우에는 건축신고를 하면 건축허가를 받은 것으로 본다(법 14조 1항).

---

8) 건축신고가 건축법 등 관계 법령에서 정하는 명시적인 제한에 배치되지 않지만, 건축을 허용하지 않아야 할 중대한 공익상 필요가 있는 경우, 건축허가권자가 건축신고의 수리를 거부할 수 있다고 본 사례[대법원 2019.10.31. 선고 2018두45954 판결]

1. 바닥면적의 합계가 85제곱미터 이내의 증축 · 개축 또는 재축. 다만, 3층 이상 건축물인 경우에는 증축 · 개축 또는 재축하려는 부분의 바닥면적의 합계가 건축물 연면적의 10분의 1 이내인 경우로 한정한다.
2. 「국토의 계획 및 이용에 관한 법률」에 따른 관리지역, 농림지역 또는 자연환경보전지역에서 연면적이 200제곱미터 미만이고 3층 미만인 건축물의 건축. 다만, 〈다음 각 목〉의 어느 하나에 해당하는 구역에서의 건축은 제외한다.
   가. 지구단위계획구역
   나. 방재지구 등 재해취약지역으로서 대통령령으로 정하는 구역
3. 연면적이 200제곱미터 미만이고 3층 미만인 건축물의 대수선
4. 주요구조부의 해체가 없는 등 대통령령으로 정하는 대수선
5. 그 밖에 소규모 건축물로서 대통령령으로 정하는 건축물의 건축

2. 건축신고 절차

특별자치시장 · 특별자치도지사 또는 시장 · 군수 · 구청장은 건축신고를 받은 날부터 5일 이내에 신고수리 여부 또는 민원 처리 관련 법령에 따른 처리기간의 연장 여부를 신고인에게 통지하여야 한다. 다만, 이 법 또는 다른 법령에 따라 심의, 동의, 협의, 확인 등이 필요한 경우에는 20일 이내에 통지하여야 한다(법 14조 3항). 제3항 단서에 해당하는 경우에는 신고를 받은 날부터 5일 이내에 신고인에게 그 내용을 통지하여야 한다(법 14조 4항).

3. 건축신고의 효과

(1) 건축허가의 의제

특별자치시장 · 특별자치도지사 또는 시장 · 군수 · 구청장에게 국토교통부령으로 정하는 바에 따라 신고를 하면 건축허가를 받은 것으로 본다(법 14조 1항).

(2) 신고의 효력 상실

건축신고를 한 자가 신고일부터 1년 이내에 공사에 착수하지 아니하면 그 신고의 효력은 없어진다. 다만, 건축주의 요청에 따라 허가권자가 정당한 사유가 있다고 인정하면 1년의 범위에서 착수기한을 연장할 수 있다(법 14조 5항).

제3절 건축공사

1. 건축물의 설계

건축허가를 받아야 하거나 건축신고를 하여야 하는 건축물 또는 「주택법」에 따른 리모델링을 하는 건축물의 건축등을 위한 설계는 원칙적으로 건축사가 아니면 할 수 없다(법 23조 1항 본문).

다만, 바닥면적의 합계가 85제곱미터 미만인 증축 · 개축 또는 재축하는 경우, 연면적이 200제곱미터 미만이고 층수가 3층 미만인 건축물의 대수선의 경우, 그 밖에 건축물의 특수성과 용도 등을 고려하여 대통령령으로 정하는 건축물의 건축등의 경우에는 건축사가 아니라도 설계를 할 수 있다(법 23조 1항 단서).

2. 착공신고

건축허가를 받거나 신고를 한 건축물의 공사를 착수하려는 건축주는 국토교통부령으로 정하는 바에 따라 허가권자에게 공사계획을 신고하여야 한다. 공사계획을 신고하거나 변경신고를 하는 경우 해당 공사감리자와 공사시공자가 신고서에 함께 서명하여야 한다(법 21조 1항 및 2항).

허가권자는 신고를 받은 날부터 3일 이내에 신고수리 여부 또는 민원 처리 관련 법령에 따른 처리기간의 연장 여부를 신고인에게 통지하여야 한다. 허가권자가 기간 내에 신고수리 여부 또는 민원 처리 관련 법령에 따른 처리기간의 연장 여부를 신고인에게 통지하지 아니하면 그 기간이 끝난 날의 다음 날에 신고를 수리한 것으로 본다(법 21조 3항 및 4항).

3. 건축시공

공사시공자는 계약대로 성실하게 공사를 수행하여야 하며, 이 법과 이 법에 따른 명령이나 처분, 그 밖의 관계 법령에 맞게 건축물을 건축하여 건축주에게 인도하여야 한다(법 24조 1항).

공사시공자는 건축물(건축허가나 용도변경허가 대상인 것만 해당된다)의 공사현장에 설계도서를 갖추어 두어야 한다(법 24조 2항).

공사시공자는 설계도서가 이 법과 이 법에 따른 명령이나 처분, 그 밖의 관계 법령에 맞지 아니하거나 공사의 여건상 불합리하다고 인정되면 건축주와 공사감리자의 동의를 받아 서면으로 설계자에게 설계를 변경하도록 요청할 수 있다. 이 경우 설계자는 정당한 사유가 없으면 요청에 따라야 한다(법 24조 3항).

공사시공자는 공사를 하는 데에 필요하다고 인정하거나 공사감리자로부터 상세시공도면을 작성하도록 요청을 받으면 상세시공도면을 작성하여 공사감리자의 확인을 받아야 하며, 이에 따라 공사를 하여야 하며(법 24조 4항) 건축공사를 착수한 경우에는 해당 건축공사의 현장에 건축허가 표지판을 설치하여야 한다(법 24조 5항).

건축물의 건축주는 「건설산업기본법」이 정하는 바에 따라 공사 현장의 공정 및 안전을 관리하기 위하여 건설기술인 1명을 현장관리인으로 지정하여야 한다. 이 경우 현장관리인은 공정 및 안전 관리 업무를 수행하여야 하며, 건축주의 승낙을 받지 아니하고는 정당한 사유 없이 그 공사 현장을 이탈하여서는 아니 된다(법 24조 6항).

공동주택, 종합병원, 관광숙박시설 등 대통령령으로 정하는 용도 및 규모의 건축물의 공사시공자는 건축주, 공사감리자 및 허가권자가 설계도서에 따라 적정하게 공사되었는지를 확인할 수 있도록 공사의 공정이 일정한 진도에 다다른 때마다 사진 및 동영상을 촬영하고 보관하여야 한다(법 24조 7항).

4. 건축물의 공사감리

(1) 공사감리자 지정

① 건축사 등

건축주는 대통령령으로 정하는 용도 · 규모 및 구조의 건축물을 건축하는 경우 건축사나 건설엔지니어링사업자(다중이용건축물의 경우)를 공사감리자로 지정하여 공사감리를 하게 하여야 한다[다만 공사시공자 본인 및 계열회사는 제외한다](법 25조 1항). 제1항에도 불구하고 소규모 건축물로서 건축주가 직접 시공하는 건축물 및 주택으로 사용하는 건축물의 경우에는 허가권자가 해당 건축물의 설계에 참여하지 아니한 자 중에서 공사감리자를 지정하여야 한다(법 25조 2항 본문).

② 설계자의 감리 지정

다만, 〈다음 각 호〉의 어느 하나에 해당하는 건축물의 건축주가 허가권자에게 신청하는 경우에는 해당 건축물을 설계한 자를 공사감리자로 지정할 수 있다(법 25조 2항 단서).

> 1. 「건설기술 진흥법」 제14조에 따른 신기술 중 대통령령으로 정하는 신기술을 보유한 자가 그 신기술을 적용하여 설계한 건축물
> 2. 「건축서비스산업 진흥법」 제13조제4항에 따른 역량 있는 건축사로서 대통령령으로 정하는 건축사가 설계한 건축물
> 3. 설계공모를 통하여 설계한 건축물

(2) 공사감리자의 임무

① 시정 · 재시공 · 공사중지 요청

공사감리자는 공사감리를 할 때 이 법과 이 법에 따른 명령이나 처분, 그 밖의 관계 법령에 위반된 사항을 발견하거나 공사시공자가 설계도서대로 공사를 하지 아니하면 이를 건축주에게 알린 후 공사시공자에게 시정하거나 재시공하도록 요청하여야 하며, 공사시공자가 시정이나 재시공 요청에 따르지 아니하면 서면으로 그 건축공사를 중지하도록 요청할 수 있다. 이 경우 공사중지를 요청받은 공사시공자는 정당한 사유가 없으면 즉시 공사를 중지하여야 한다(법 25조 3항).

공사감리자는 공사시공자가 시정이나 재시공 요청을 받은 후 이에 따르지 아니하거나 공사중지 요청을 받고도 공사를 계속하면 이를 허가권자에게 보고하여야 한다(법 25조 4항).

② 상세시공도면 작성 요청

대통령령으로 정하는 용도 또는 규모의 공사의 공사감리자는 필요하다고 인정하면 공사시공자에게 상세시공도면을 작성하도록 요청할 수 있다(법 25조 5항).

③ 감리일지 등 작성

공사감리자는 감리일지를 기록 · 유지하여야 하고, 공사의 공정(工程)이 일정한 진도에 다다른 경우에는 감리중간보고서를, 공사를 완료한 경우에는 감리완료보고서를 각각 작성하여 건축주에게 제출하여야 한다. 이 경우 건축주는 감리중간보고서는 제출받은 때, 감리완료보고서는 건축물의 사용승인을 신청할 때 허가권자에게 제출하여야 한다(법 25조 6항).

(3) 적용 제외

「주택법」에 따른 사업계획 승인 대상과 「건설기술 진흥법」에 따라 건설사업관리를 하게 하는 건축물의 공사감리는 제1항부터 제9항까지 및 제11항부터 제14항까지의 규정에도 불구하고 각각 해당 법령으로 정하는 바에 따른다(법 25조 10항).

5. 허용오차

대지의 측량(「공간정보의 구축 및 관리 등에 관한 법률」에 따른 지적측량은 제외한다)이나

건축물의 건축 과정에서 부득이하게 발생하는 오차는 이 법을 적용할 때 국토교통부령으로 정하는 범위에서 허용한다(법 26조).

♣ 건축허용오차 (규칙 20조 별표5)

1. 대지관련 건축기준의 허용오차

항목	허용되는 오차의 범위
건축선의 후퇴거리	3퍼센트 이내
인접대지 경계선과의 거리	3퍼센트 이내
인접건축물과의 거리	3퍼센트 이내
건폐율	0.5퍼센트 이내(건축면적 5제곱미터를 초과할 수 없다)
용적률	1퍼센트 이내(연면적 30제곱미터를 초과할 수 없다)

2. 건축물관련 건축기준의 허용오차

항목	허용되는 오차의 범위
건축물 높이	2퍼센트 이내(1미터를 초과할 수 없다)
평면길이	2퍼센트 이내(건축물 전체길이는 1미터를 초과할 수 없고, 벽으로 구획된 각실의 경우에는 10센티미터를 초과할 수 없다)
출구너비	2퍼센트 이내
반자높이	2퍼센트 이내
벽체두께	3퍼센트 이내
바닥판두께	3퍼센트 이내

6. 건축물의 사용승인

(1) 사용승인 신청 및 검사

건축주가 허가를 받았거나 신고를 한 건축물의 건축공사를 완료[하나의 대지에 둘 이상의 건축물을 건축하는 경우 동(棟)별 공사를 완료한 경우를 포함한다]한 후 그 건축물을 사용하려면 공사감리자가 작성한 감리완료보고서와 공사완료도서를 첨부하여 허가권자에게 사용승인을 신청하여야 한다(법 22조 1항).

허가권자는 사용승인신청을 받은 경우 국토교통부령으로 정하는 기간[규칙 16조 3항 : 7일]에 설계도서대로 시공되었는지에 대해 검사를 실시하고, 검사에 합격된 건축물에 대하여는 사용승인서를 내주어야 한다(법 22조 2항).

(2) 건축물의 사용

건축주는 사용승인을 받은 후가 아니면 건축물을 사용하거나 사용하게 할 수 없다. 다만, 〈다음 각 호〉의 경우에는 사용승인 전이라도 사용하거나 사용하게 할 수 있다(법 22조 3항).

1. 허가권자가 제2항에 따른 기간 내에 사용승인서를 교부하지 아니한 경우
2. 사용승인서를 교부받기 전에 공사가 완료된 부분이 건폐율, 용적률, 설비, 피난·방화 등 국토교통부령으로 정하는 기준에 적합한 경우로서 기간을 정하여 대통령령으로 정하는 바에 따라 임시로 사용의 승인을 한 경우

(3) 다른 법에 의한 준공검사 등 의제

건축주가 사용승인을 받은 경우에는 〈다음 각 호〉에 따른 사용승인·준공검사 또는 등록신청 등을 받거나 한 것으로 보며, 공장건축물의 경우에는 「산업집적활성화 및 공장설립에 관한 법률」에 따라 관련 법률의 검사 등을 받은 것으로 본다(법 22조 4항). 이 경우 허가권자는 〈다음 각 호〉의 어느 하나에 해당하는 내용이 포함되어 있으면 관계 행정기관의 장과 미리 협의하여야 한다(법 22조 5항).

1. 「하수도법」에 따른 배수설비(排水設備)의 준공검사 및 개인하수처리시설의 준공검사
2. 「공간정보의 구축 및 관리 등에 관한 법률」에 따른 지적공부(地籍公簿)의 변동사항 등록신청
3. 「승강기 안전관리법」에 따른 승강기 설치검사
4. 「에너지이용 합리화법」에 따른 보일러 설치검사
5. 「전기안전관리법」에 따른 전기설비의 사용전검사
6. 「정보통신공사업법」에 따른 정보통신공사의 사용전검사
7. 「도로법」에 따른 도로점용 공사의 준공확인
8. 「국토의 계획 및 이용에 관한 법률」에 따른 개발 행위의 준공검사
9. 「국토의 계획 및 이용에 관한 법률」에 따른 도시·군계획시설사업의 준공검사
10. 「물환경보전법」에 따른 수질오염물질 배출시설의 가동개시의 신고
11. 「대기환경보전법」에 따른 대기오염물질 배출시설의 가동개시의 신고
12. 삭제 〈2009. 6. 9.〉

제4절 용도변경

1. 용도변경 기준

건축물의 용도변경은 변경하려는 용도의 건축기준에 맞게 하여야 한다(법 19조 1항).

2. 허가 또는 신고 등

사용승인을 받은 건축물의 용도를 변경하려는 자는 〈다음 각 호〉의 구분에 따라 국토교통부령으로 정하는 바에 따라 특별자치시장·특별자치도지사 또는 시장·군수·구청장의 허가를

받거나 신고를 하여야 한다(법 19조 2항).

허가 대상	하위 시설군(施設群)에 속하는 건축물의 용도를 상위 시설군에 해당하는 용도로 변경하는 경우
신고 대상	상위 시설군에 속하는 건축물의 용도를 하위 시설군에 해당하는 용도로 변경하는 경우

같은 시설군 안에서 용도를 변경하려는 자는 국토교통부령으로 정하는 바에 따라 특별자치시장 · 특별자치도지사 또는 시장 · 군수 · 구청장에게 건축물대장 기재내용의 변경을 신청하여야 한다(법 19조 3항).

♣ 시설군 및 시설군에 속하는 건축물의 세부 용도 (법 19조 4항, 영 14조 5항)

1. 자동차 관련 시설군	자동차 관련 시설
2. 산업 등 시설군	운수시설, 창고시설, 공장, 위험물저장 및 처리시설, 자원순환 관련 시설, 묘지 관련 시설, 장례시설
3. 전기통신시설군	방송통신시설, 발전시설
4. 문화집회시설군	문화 및 집회시설, 종교시설, 위락시설, 관광휴게시설
5. 영업시설군	판매시설, 운동시설, 숙박시설, 제2종 근린생활시설 중 다중생활시설
6. 교육 및 복지시설군	의료시설, 교육연구시설, 노유자시설(老幼者施設), 수련시설, 야영장 시설
7. 근린생활시설군	제1종 근린생활시설, 제2종 근린생활시설(다중생활시설은 제외한다)
8. 주거업무시설군	단독주택, 공동주택, 업무시설, 교정시설, 국방 · 군사시설
9. 그 밖의 시설군	동물 및 식물 관련 시설

3. 사용승인 등

허가나 신고 대상인 경우로서 용도변경하려는 부분의 바닥면적의 합계가 100제곱미터 이상인 경우의 사용승인에 관하여는 제22조[건축물의 사용승인]를 준용한다. 다만, 용도변경하려는 부분의 바닥면적의 합계가 500제곱미터 미만으로서 대수선에 해당되는 공사를 수반하지 아니하는 경우에는 그러하지 아니하다(법 19조 5항).

허가 대상인 경우로서 용도변경하려는 부분의 바닥면적의 합계가 500제곱미터 이상인 용도변경(대통령령으로 정하는 경우는 제외한다)의 설계에 관하여는 제23조[건축물의 설계]를 준용한다(법 19조 6항).

제5절 가설건축물

1. 의의

건축법상의 건축물은 토지에 정착된 공작물로서 지붕과 기둥 또는 벽으로 구성된 것 등을 말한다(법 2조 2호). 즉 정착성, 공작물, 지붕을 세가지 필수요소로 한다. 이에 비추어 "가설건축물"은 정착성이 떨어져 쉽게 이동할 수 있는 임시 공작물이다. 가설건축물은 건축법상의 건축물에 해당하지 않기 때문에 건축물관리대장에 기록되지 않으며, 등기도 할 수 없다. 가설건축물을 건축하는 경우 원칙적으로 허가나 신고를 필요로 하지 않는다. 다만 예외적으로 건축허가를 받거나 신고를 하도록 하고 있다.

2. 가설건축물의 허가

도시 · 군계획시설 및 도시 · 군계획시설예정지에서 가설건축물을 건축하려는 자는 특별자치시장 · 특별자치도지사 또는 시장 · 군수 · 구청장의 허가를 받아야 한다(법 20조 1항). 특별자치시장 · 특별자치도지사 또는 시장 · 군수 · 구청장은 해당 가설건축물의 건축이 〈다음 각 호〉의 기준에 적합한 경우에는 허가를 하여야 한다(법 20조 2항).

1. 「국토의계획및이용에관한법률」 제64조[도시 · 군계획시설부지에서의 개발행위] 에 적합할 것
2. 3층 이하일 것
3. 철근콘크리트조 또는 철골철근콘크리트조가 아닐 것
4. 존치기간은 3년 이내일 것.(다만, 도시 · 군계획사업이 시행될 때까지 기간 연장가능)
5. 전기 · 수도 · 가스 등 새로운 간선 공급설비의 설치를 필요로 하지 아니할 것
6. 공동주택 · 판매시설 · 운수시설 등으로서 분양을 목적으로 건축하는 건축물이 아닐 것
7. 그 밖에 이 법 또는 다른 법령에 따른 제한규정을 위반하는 경우

3. 가설건축물의 신고

재해복구, 흥행, 전람회, 공사용 가설건축물 등 대통령령으로 정하는 용도의 가설건축물을 축조하려는 자는 대통령령으로 정하는 존치 기간, 설치 기준 및 절차에 따라 특별자치시장 · 특별자치도지사 또는 시장 · 군수 · 구청장에게 신고한 후 착공하여야 한다(법 20조 3항).

(1) 신고대상 가설건축물 (영 15조 5항)

1. 재해가 발생한 구역 또는 그 인접구역으로서 특별자치시장 · 특별자치도지사 또는 시장 · 군수 · 구청장이 지정하는 구역에서 일시사용을 위하여 건축하는 것
2. 특별자치시장 · 특별자치도지사 또는 시장 · 군수 · 구청장이 도시미관이나 교통소통에 지장이 없다고 인정하는 가설흥행장, 가설전람회장, 농 · 수 · 축산물 직거래용 가설점포, 그 밖에 이와 비슷한 것
3. 공사에 필요한 규모의 공사용 가설건축물 및 공작물
4. 전시를 위한 견본주택이나 그 밖에 이와 비슷한 것
5. 특별자치시장 · 특별자치도지사 또는 시장 · 군수 · 구청장이 도로변 등의 미관정비를 위하여 지정 · 공고하는 구역에서 축조하는 가설점포(물건 등의 판매를 목적으로 하는 것을 말한다)로서 안전 · 방화 및 위생에 지장이 없는 것
6. 조립식 구조로 된 경비용으로 쓰는 가설건축물로서 연면적이 10제곱미터 이하인 것
7. 조립식 경량구조로 된 외벽이 없는 임시 자동차 차고
8. 컨테이너 또는 이와 비슷한 것으로 된 가설건축물로서 임시사무실 · 임시창고 또는 임시숙소로 사용되는 것(건축물의 옥상에 축조하는 것은 제외한다. 다만, 2009년 7월 1일부터 2015년 6월 30일까지 및 2016년 7월 1일부터 2019년 6월 30일까지 공장의 옥상에 축조하는 것은 포함한다)
9. 도시지역 중 주거지역 · 상업지역 또는 공업지역에 설치하는 농업 · 어업용 비닐하우스로서 연면적이 100제곱미터 이상인 것
10. 연면적이 100제곱미터 이상인 간이축사용, 가축분뇨처리용, 가축운동용, 가축의 비가림용 비닐하우스 또는 천막(벽 또는 지붕이 합성수지 재질로 된 것과 지붕 면적의 2분의 1 이하가 합성강판으로 된 것을 포함한다)구조 건축물
11. 농업 · 어업용 고정식 온실 및 간이작업장, 가축양육실
12. 물품저장용, 간이포장용, 간이수선작업용 등으로 쓰기 위하여 공장 또는 창고시설에 설치하거나 인접 대지에 설치하는 천막(벽 또는 지붕이 합성수지 재질로 된 것을 포함한다), 그 밖에 이와 비슷한 것
13. 유원지, 종합휴양업 사업지역 등에서 한시적인 관광 · 문화행사 등을 목적으로 천막 또는 경량구조로 설치하는 것
14. 야외전시시설 및 촬영시설
15. 야외흡연실 용도로 쓰는 가설건축물로서 연면적이 50제곱미터 이하인 것
16. 그 밖에 제1호부터 제14호까지의 규정에 해당하는 것과 비슷한 것으로서 건축조례로 정하는 건축물

(2) 존치기간 (영 15조 7항)

가설건축물의 존치기간은 3년 이내로 하며, 존치기간의 연장이 필요한 경우에는 횟수별 3년의 범위에서 건축조례로 정하는 횟수만큼 존치기간을 연장할 수 있다. 다만, 공사용 가설건축물 및 공작물의 경우에는 해당 공사의 완료일까지의 기간으로 한다.

제6절 건축위원회

국토교통부장관, 시 · 도지사 및 시장 · 군수 · 구청장은 〈다음 각 호〉의 사항을 조사 · 심의 · 조정 또는 재정하기 위하여 각각 건축위원회를 두어야 한다(법 4조 1항).

1. 이 법과 조례의 제정 · 개정 및 시행에 관한 중요 사항
2. 건축물의 건축등과 관련된 분쟁의 조정 또는 재정에 관한 사항. 다만, 시 · 도지사 및 시장 · 군수 · 구청장이 두는 건축위원회는 제외한다.
3. 건축물의 건축등과 관련된 민원에 관한 사항. 다만, 국토교통부장관이 두는 건축위원회는 제외한다.
4. 건축물의 건축 또는 대수선에 관한 사항
5. 다른 법령에서 건축위원회의 심의를 받도록 규정한 사항

국토교통부장관, 시 · 도지사 및 시장 · 군수 · 구청장은 건축위원회의 심의등을 효율적으로 수행하기 위하여 필요하면 자신이 설치하는 건축위원회에 전문위원회를 두어 운영할 수 있다(법 4조 2항).

각 건축위원회의 조직 · 운영, 그 밖에 필요한 사항은 대통령령으로 정하는 바에 따라 국토교통부령이나 해당 지방자치단체의 조례(자치구의 경우에는 특별시나 광역시의 조례를 말한다. 이하 같다)로 정한다(법 4조 5항).

제 5 장

건축물의 구조 및 재료, 건축설비 등

제1절 건축물의 구조

1. 구조내력 등

(1) 구조내력

건축물은 고정하중, 적재하중(積載荷重), 적설하중(積雪荷重), 풍압(風壓), 지진, 그 밖의 진동 및 충격 등에 대하여 안전한 구조를 가져야 한다(법 48조 1항). 또한 건축물을 건축하거나 대수선하는 경우에는 구조의 안전을 확인하여야 한다(법 48조 2항). 지방자치단체의 장은 구조안전 확인 대상 건축물에 대하여 허가 등을 하는 경우 내진(耐震)성능 확보 여부를 확인하여야 한다(법 48조).

(2) 내진성능

국토교통부장관은 지진으로부터 건축물의 구조 안전을 확보하기 위하여 건축물의 용도, 규모 및 설계구조의 중요도에 따라 내진등급(耐震等級)을 설정하여야 한다. 내진등급을 설정하기 위한 내진등급기준 등 필요한 사항은 국토교통부령으로 정한다(법 48조의2).

〈다음 각 호〉의 어느 하나에 해당하는 건축물을 건축하고자 하는 자는 사용승인을 받는 즉시 건축물이 지진 발생 시에 견딜 수 있는 능력 즉, 내진능력을 공개하여야 한다(제48조제2항에 따른 구조안전 확인 대상 건축물이 아니거나 내진능력 산정이 곤란한 건축물로서 대통령령으로 정하는 건축물은 제외)(법 48조의3). 내진능력의 공개는 건축물관리대장에 기록하는 방법으로 한다(영 60조2 3항).

1. 층수가 2층[기둥과 보가 목재인 목구조 건축물의 경우에는 3층] 이상인 건축물
2. 연면적이 200제곱미터(목구조 건축물의 경우에는 500제곱미터) 이상인 건축물
3. 그 밖에 건축물의 규모와 중요도를 고려하여 대통령령으로 정하는 건축물

2. 피난과 안전

(1) 피난시설 및 소음 · 침수 등 방지

대통령령으로 정하는 용도 및 규모의 건축물과 그 대지에는 국토교통부령으로 정하는 바에 따라 복도, 계단, 출입구, 그 밖의 피난시설과 저수조(貯水槽), 대지 안의 피난과 소화에 필요한 통로를 설치하여야 한다(법 49조 1항). 안전 · 위생 및 방화(防火) 등을 위하여 필요한 용도 및 구조의 제한, 방화구획(防火區劃), 화장실의 구조, 계단 · 출입구, 거실의 반자 높이, 거실의 채광 · 환기, 배연설비와 바닥의 방습 등에 관하여 필요한 사항은 국토교통부령으로 정한다. 다만, 대규모 창고시설 등 대통령령으로 정하는 용도 및 규모의 건축물에 대해서는 방화구획 등 화재 안전에 필요한 사항을 국토교통부령으로 별도로 정할 수 있다(법 49조 2항). 대통령령으로 정하는 건축물은 국토교통부령으로 정하는 기준에 따라 소방관이 진입할 수 있는 창을 설치하고, 외부에서 주야간에 식별할 수 있는 표시를 하여야 한다(법 49조 3항).

대통령령으로 정하는 용도 및 규모의 건축물에 대하여 가구 · 세대 등 간 소음 방지를 위하여 국토교통부령으로 정하는 바에 따라 경계벽 및 바닥을 설치하여야 한다(법 49조 4항).

「자연재해대책법」에 따른 자연재해위험개선지구 중 침수위험지구에 국가 · 지방자치단체 또는 「공공기관의 운영에 관한 법률」에 따른 공공기관이 건축하는 건축물은 침수 방지 및 방수를 위하여 건축물 1층 전체를 필로티 구조로 하고 침수방지시설을 설치하여야 한다(법 49조 5항).

(2) 건축물의 내화구조와 방화벽

문화 및 집회시설, 의료시설, 공동주택 등 대통령령으로 정하는 건축물은 국토교통부령으로 정하는 기준에 따라 주요구조부와 지붕을 내화(耐火)구조로 하여야 한다. 다만, 막구조 등 대통령령으로 정하는 구조는 주요구조부에만 내화구조로 할 수 있다. 대통령령으로 정하는 용도 및 규모의 건축물은 국토교통부령으로 정하는 기준에 따라 방화벽으로 구획하여야 한다(법 50조).

(3) 고층건축물의 피난 및 안전관리

고층건축물에는 피난안전구역을 설치하거나 대피공간을 확보한 계단을 설치하여야 하며 이 경우 피난안전구역의 설치 기준, 계단의 설치 기준과 구조 등에 관하여 필요한 사항은 국토교통부령으로 정한다. 고층건축물에 설치된 피난안전구역 · 피난시설 또는 대피공간에는 화재 등의 경우에 피난 용도로 사용되는 것임을 표시하여야 한다(법 50조의2).

(4) 방화지구 안의 건축물

「국토의 계획 및 이용에 관한 법률」에 따른 방화지구 안에서는 건축물의 주요구조부와 지붕 · 외벽을 내화구조로 하여야 한다(예외 있음). 방화지구 안의 공작물로서 간판, 광고탑, 그 밖에 대통령령으로 정하는 공작물 중 건축물의 지붕 위에 설치하는 공작물이나 높이 3미터 이상의 공작물은 주요부를 불연(不燃)재료로 하여야 한다. 또한 방화지구 안의 지붕·방화문 및 인접 대지 경계선에 접하는 외벽은 국토교통부령으로 정하는 구조 및 재료로 하여야 한다(법 51조).

제2절 건축물의 재료

1. 마감재료

대통령령으로 정하는 용도 및 규모의 건축물의 벽, 반자, 지붕(반자가 없는 경우에 한정한다) 등 내부의 마감재료[복합자재의 경우 심재(心材)를 포함]는 방화에 지장이 없는 재료로 하되, 「실내공기질 관리법」에 따른 실내공기질 유지기준 및 권고기준을 고려하고 관계 중앙행정기관의 장과 협의하여 국토교통부령으로 정하는 기준에 따른 것이어야 한다(법 52조 1항). 대통령령으로 정하는 건축물의 외벽에 사용하는 마감재료(두 가지 이상의 재료로 제작된 자재의 경우 각 재료를 포함한다)는 방화에 지장이 없는 재료로 하여야 한다(법 52조 2항). 대통령령으로 정하는 용도 및 규모에 해당하는 건축물 외벽에 설치되는 창호(窓戶)는 방화에 지장이 없도록 인접 대지와의 이격거리를 고려하여 방화성능 등이 국토교통부령으로 정하는 기준에 적합하여야 한다(법 52조 4항).

욕실, 화장실, 목욕장 등의 바닥 마감재료는 미끄럼을 방지할 수 있도록 국토교통부령으로 정하는 기준에 적합하여야 한다(법 52조 3항).

2. 실내건축

"실내건축"이란 건축물의 실내를 안전하고 쾌적하며 효율적으로 사용하기 위하여 내부 공간을 칸막이로 구획하거나 벽지, 천장재, 바닥재, 유리 등 대통령령으로 정하는 재료 또는 장식물을 설치하는 것을 말한다(법 2조 1항 20호).

대통령령으로 정하는 용도 및 규모에 해당하는 건축물의 실내건축은 방화에 지장이 없고 사용자의 안전에 문제가 없는 구조 및 재료로 시공하여야 하며, 실내건축의 구조·시공방법 등에 관한 기준은 국토교통부령으로 정한다(법 52조2).

제3절 건축자재

1. 건축자재의 제조 및 유통 관리

제조업자 및 유통업자는 건축물의 안전과 기능 등에 지장을 주지 아니하도록 건축자재를 제조 · 보관 및 유통하여야 한다(법 52조의3 1항).

국토교통부장관, 시 · 도지사 및 시장 · 군수 · 구청장은 건축물의 구조 및 재료의 기준 등이 공사현장에서 준수되고 있는지를 확인하기 위하여 제조업자 및 유통업자에게 필요한 자료의 제출을 요구하거나 건축공사장, 제조업자의 제조현장 및 유통업자의 유통장소 등을 점검할 수 있으며 필요한 경우에는 시료를 채취하여 성능 확인을 위한 시험을 할 수 있으며, 점검을 통하여 위법 사실을 확인한 경우 공사 중단, 사용 중단 등의 조치를 하거나 관계 기관에 대하여 영업정지 등의 요청을 할 수 있다(법 52조의3 2항 및 3항).

2. 건축자재의 품질관리

복합자재(불연재료인 양면 철판, 석재, 콘크리트 또는 이와 유사한 재료와 불연재료가 아닌 심재로 구성된 것을 말한다)를 포함한 마감재료, 방화문 등 대통령령으로 정하는 건축자재의 제조업자, 유통업자, 공사시공자 및 공사감리자는 국토교통부령으로 정하는 사항을 기재한 품질관리서를 허가권자에게 제출하여야 한다(법 52조의4 1항).

건축자재의 제조업자, 유통업자는 「과학기술분야 정부출연연구기관 등의 설립 · 운영 및 육성에 관한 법률」에 따른 한국건설기술연구원 등 대통령령으로 정하는 시험기관에 건축자재의 성능시험을 의뢰하여야 하며, 성능시험을 수행하는 시험기관의 장은 성능시험 결과 등 건축자재의 품질관리에 필요한 정보를 국토교통부령으로 정하는 바에 따라 기관 또는 단체에 제공하거나 공개하여야 한다(법 52조의4 2항 및 3항).

3. 건축자재등의 품질인정 등

방화문, 복합자재 등 대통령령으로 정하는 건축자재와 내화구조는 방화성능, 품질관리 등 국토교통부령으로 정하는 기준에 따라 품질이 적합하다고 인정받아야 한다. 건축관계자등은 제1항에 따라 품질인정을 받은 건축자재등만 사용하고, 인정받은 내용대로 제조 · 유통 · 시공하여야 한다(법 52조의5).

국토교통부장관은 건축 관련 업무를 수행하는 공공기관으로서 대통령령으로 정하는 기관을 품질인정 업무를 수행하는 기관(이하 "건축자재등 품질인정기관"이라 한다)으로 지정할 수 있다(법 52조의6).

제4절 건축설비

1. 승강기

건축주는 6층 이상으로서 연면적이 2천제곱미터 이상인 건축물(대통령령으로 정하는 건축물은 제외)을 건축하려면 승강기를 설치하여야 한다. 또한 높이 31미터를 초과하는 건축물에는 제1항에 따른 승강기뿐만 아니라 비상용승강기를 추가로 설치하여야 한다. 고층건축물에는 제1항에 따라 건축물에 설치하는 승용승강기 중 1대 이상을 피난용승강기로 설치하여야 한다. 세부적인 사항은 대통령령 및 국토교통부령으로 정한다(법 64조).

2. 지능형건축물의 인증

국토교통부장관은 지능형건축물[Intelligent Building]의 건축을 활성화하기 위하여 지능형건축물 인증제도를 실시한다. 국토교통부장관은 지능형건축물의 인증을 위하여 인증기관을 지정할 수 있으며, 지능형건축물의 인증을 받으려는 자는 인증기관에 인증을 신청하여야 한다(법 65조의2 1항 내지 3항).

허가권자는 지능형건축물로 인증을 받은 건축물에 대하여 제42조에 따른 조경설치면적을 100분의 85까지 완화하여 적용할 수 있으며, 제56조 및 제60조에 따른 용적률 및 건축물의 높이를 100분의 115의 범위에서 완화하여 적용할 수 있다(법 65조의2 6항).

제 6 장

건축특례제도

제1절 특별건축구역

1. 의의

"특별건축구역"은 조화롭고 창의적인 건축물의 건축을 통하여 도시경관의 창출, 건설기술 수준향상 및 건축 관련 제도개선을 도모하기 위하여「건축법」또는 관계 법령에 따라 일부 규정을 적용하지 아니하거나 완화 또는 통합하여 적용할 수 있도록 특별히 지정하는 구역을 말한다(법 2조 18호).

2. 지정권자 및 대상 지역

(1) 원칙

국토교통부장관 또는 시 · 도지사는 〈다음 각 호〉의 구분에 따라 도시나 지역의 일부가 특별건축구역으로 특례 적용이 필요하다고 인정하는 경우에는 특별건축구역을 지정할 수 있다(법 69조 1항, 영 105조 1항 및 2항).

구분	내용
국토교통부장관이 지정하는 경우	- 국가가 국제행사 등을 개최하는 도시 또는 지역의 사업구역 - 관계법령에 따른 국가정책사업으로서 대통령령으로 정하는 사업구역
시 · 도지사가 지정하는 경우	- 지방자치단체가 국제행사 등을 개최하는 도시 또는 지역의 사업구역 - 관계법령에 따른 도시개발 · 도시재정비 및 건축문화 진흥사업으로서 건축물 또는 공간환경을 조성하기 위하여 대통령령으로 정하는 사업구역 - 그 밖에 대통령령으로 정하는 도시 또는 지역의 사업구역

(2) 지정불가 지역 (법 69조 2항)

1.「개발제한구역의 지정 및 관리에 관한 특별조치법」에 따른 개발제한구역
2.「자연공원법」에 따른 자연공원
3.「도로법」에 따른 접도구역
4.「산지관리법」에 따른 보전산지

(3) 국방부장관 사전 협의

특별건축구역으로 지정하고자 하는 지역이 군사기지 및 군사시설 보호구역에 해당하는 경우에는 국방부장관과 사전에 협의하여야 한다(법 69조 3항).

3. 대상 건축물

특별건축구역에서 건축기준 등의 특례사항[제73조]을 적용하여 건축할 수 있는 건축물은 〈다음 각 호〉의 어느 하나에 해당되어야 한다(법 70조).

1. 국가 또는 지방자치단체가 건축하는 건축물
2. 「공공기관의 운영에 관한 법률」 제4조에 따른 공공기관 중 대통령령으로 정하는 공공기관이 건축하는 건축물
3. 그 밖에 대통령령으로 정하는 용도 · 규모의 건축물로서 도시경관의 창출, 건설기술 수준향상 및 건축 관련 제도개선을 위하여 특례 적용이 필요하다고 허가권자가 인정하는 건축물

4. 특별건축구역 지정 절차

(1) 지정신청

중앙행정기관의 장, 시 · 도지사 또는 시장 · 군수 · 구청장은 특별건축구역의 지정이 필요한 경우에는 법령에서 정한 자료를 갖추어 중앙행정기관의 장 또는 시 · 도지사는 국토교통부장관에게, 시장 · 군수 · 구청장은 특별시장 · 광역시장 · 도지사에게 각각 특별건축구역의 지정을 신청할 수 있다(법 71조 1항).

지정신청기관 외의 자는 제1항 각 호의 자료를 갖추어 사업구역을 관할하는 시 · 도지사에게 특별건축구역의 지정을 제안할 수 있다(법 71조 2항).

(2) 건축위원회 심의

국토교통부장관 또는 특별시장 · 광역시장 · 도지사는 지정신청이 접수된 경우에는 특별건축구역 지정의 필요성, 타당성 및 공공성 등과 피난 · 방재 등의 사항을 검토하고, 지정 여부를 결정하기 위하여 지정신청을 받은 날부터 30일 이내에 국토교통부장관이 지정신청을 받은 경우에는 국토교통부장관이 두는 건축위원회, 특별시장 · 광역시장 · 도지사가 지정신청을 받은 경우에는 각각 특별시장 · 광역시장 · 도지사가 두는 건축위원회의 심의를 거쳐야 한다(법 71조 4항).

(3) 직권 지정 및 심의

국토교통부장관 또는 시 · 도지사는 필요한 경우 직권으로 특별건축구역을 지정할 수 있다. 이 경우 특별건축구역 지정의 필요성, 타당성 및 공공성 등과 피난 · 방재 등의 사항을 검토하고 각각 중앙건축위원회 또는 시 · 도지사가 두는 건축위원회의 심의를 거쳐야 한다(법 71조 6항).

(4) 구역 지정 등 고시

국토교통부장관 또는 시 · 도지사는 특별건축구역을 지정하거나 변경 · 해제하는 경우에는 대통령령으로 정하는 바에 따라 주요 내용을 관보(시 · 도지사는 공보)에 고시하고, 국토교통부장관 또는 특별시장 · 광역시장 · 도지사는 지정신청기관에 관계 서류의 사본을 송부하여야 한다(법 71조 7항).

(5) 도시 · 군관리계획 결정 의제

특별건축구역을 지정하거나 변경한 경우에는「국토의 계획 및 이용에 관한 법률」에 따른 도시 · 군관리계획의 결정(용도지역 · 지구 · 구역의 지정 및 변경은 제외한다)이 있는 것으로 본다(법 71조 11항).

5. 건축물 심의

(1) 건축허가 신청

특별건축구역에서 건축기준 등의 특례사항을 적용하여 건축허가를 신청하고자 하는 자는 지정요건, 사유, 예상효과 등이 포함된 특례적용계획서를 첨부하여 해당 허가권자에게 건축허가를 신청하여야 한다(법 72조 1항).

(2) 건축위원회 심의

특별건축구역안에서 건축허가는 해당 건축물이 특별건축구역의 지정 목적에 적합한지의 여부와 특례적용계획서 등 해당 사항에 대하여 시 · 도지사 및 시장 · 군수 · 구청장이 설치하는 건축위원회의 심의를 거쳐야 한다(법 72조 2항)

6. 특별건축구역 지정 효과

(1) 관계법령 적용 특례

특별건축구역에 건축하는 건축물에 대하여는 〈다음 각 호〉를 적용하지 아니할 수 있다(법 73조 1항).

1. 제42조(대지의 조경), 제55조(건폐율), 제56조(용적율), 제58조(대지안의 공지), 제60조(가로구역 건축물의 높이 제한)및 제61조(일조등 확보를 위한 건축물 높이 제한)
2. 「주택법」 제35조(주택건설기준 등) 중 대통령령으로 정하는 규정

특별건축구역에 건축하는 건축물이 제49조(건축물의 피난시설 및 용도제한 등), 제50조(건축물의 내화구조와 방화벽), 제50조의2(고층건축물의 피난 및 안전관리), 제51조부터 제53조까지(방화지구 안의 건축물, 건축물의 마감재료 등, 실내건축, 지하층 등), 제62조(건축설비기준) 및 제64조(승강기)와 「녹색건축물 조성 지원법」 제15조에 해당할 때에는 해당 규정에서 요구하는 기준 또는 성능 등을 다른 방법으로 대신할 수 있는 것으로 지방건축위원회가 인정하는 경우에만 해당 규정의 전부 또는 일부를 완화하여 적용할 수 있다(법 73조 2항).

「소방시설 설치 · 유지 및 안전관리에 관한 법률」 제9조와 제11조에서 요구하는 기준 또는 성능 등을 대통령령으로 정하는 절차 · 심의방법 등에 따라 다른 방법으로 대신할 수 있는 경우 전부 또는 일부를 완화하여 적용할 수 있다(법 73조 3항).

(2) 통합적용계획의 수립 및 시행

특별건축구역에서는 미술작품 설치, 부설주차장 설치, 공원 설치의 관계 법령의 규정에 대하여는 개별 건축물마다 적용하지 아니하고 특별건축구역 전부 또는 일부를 대상으로 통합하여 적용할 수 있다(법 74조 1항).

(3) 건축주 등의 의무

특별건축구역에서 건축허가를 받은 건축물의 공사감리자, 시공자, 건축주, 소유자 및 관리자는 시공 중이거나 건축물의 사용승인 이후에도 당초 허가를 받은 건축물의 형태, 재료, 색채 등이 원형을 유지하도록 필요한 조치를 하여야 한다(법 75조).

(4) 허가권자 등의 의무

허가권자는 특별건축구역의 건축물에 대하여 설계자의 창의성 · 심미성 등의 발휘와 제도개선 · 기술발전 등이 유도될 수 있도록 노력하여야 한다(법 76조).

제2절 특별가로구역

1. 의의

"특별가로구역"은 도로에 인접한 건축물의 건축을 통한 조화로운 도시경관의 창출을 위하여 이 법 및 관계 법령에 따라 일부 규정을 적용하지 아니하거나 완화하여 적용할 수 있도록 특별히 지정하는 구역을 말한다(법 77조의2 1항).

2. 지정권자 및 대상지역

국토교통부장관 및 허가권자는 〈다음 각 호〉의 어느 하나에 해당하는 지구 또는 구역에서 대통령령으로 정하는 도로에 접한 대지의 일정 구역을 특별가로구역으로 지정할 수 있다(법 77조의2 1항).

> 1. 삭제 〈2017. 4. 18.〉
> 2. 경관지구
> 3. 지구단위계획구역 중 미관유지를 위하여 필요하다고 인정하는 구역

3. 건축위원회 심의 및 주민 통지

국토교통부장관 및 허가권자는 특별가로구역을 지정하려는 경우에는 자료를 갖추어 국토교통부장관 또는 허가권자가 두는 건축위원회의 심의를 거쳐야 한다(법 77조의2 2항). 국토교통부장관 및 허가권자는 특별가로구역을 지정하거나 변경 · 해제하는 경우에는 이를 지역 주민에게 알려야 한다(법 77조의2 3항).

4. 건축물의 건축기준 적용 특례 등

특별가로구역의 변경절차 및 해제, 특별가로구역 내 건축물에 관한 건축기준의 적용 등에 관하여는 제71조제9항 · 제10항(각 호 외의 부분 후단은 제외한다), 제72조제1항부터 제5항까지, 제73조제1항(제77조의2제1항제3호에 해당하는 경우에는 제55조 및 제56조는 제외한다) · 제2항, 제75조제1항 및 제77조제1항을 준용한다. (법 77조의3 2항).

특별가로구역 안의 건축물에 대하여 국토교통부장관 또는 허가권자가 배치기준을 따로 정하는 경우에는 제46조 및 「민법」 제242조(경계선부근의 건축)를 적용하지 아니한다(법 77조의3 3항).

제3절 건축협정

1. 의의

연접한 2개이상의 토지 또는 건축물의 소유자가 상호간 건축물의 건축, 대수선, 또는 리모델링에 대한 세부적인 내용들을 정하는 협정을 체결할 경우 건축법상의 각종 특례 및 완화를 적용받을 수 있는 제도이다.

2. 협정체결 주체 및 대상지역

토지 또는 건축물의 소유자, 지상권자 등 대통령령으로 정하는 자(이하 "소유자등"이라 한다)는 전원의 합의로 〈다음 각 호〉의 어느 하나에 해당하는 지역 또는 구역에서 건축물의 건축 · 대수선 또는 리모델링에 관한 협정(이하 "건축협정"이라 한다)을 체결할 수 있다(법 77조의4 1항).

1. 「국토의 계획 및 이용에 관한 법률」에 따라 지정된 지구단위계획구역
2. 「도시 및 주거환경정비법」에 따른 주거환경개선사업을 시행하기 위하여 지정 · 고시된 정비구역
3. 「도시재정비 촉진을 위한 특별법」에 따른 존치지역
4. 「도시재생 활성화 및 지원에 관한 특별법」에 따른 도시재생활성화지역
5. 그 밖에 시 · 도지사 및 시장 · 군수 · 구청장(이하 "건축협정인가권자"라 한다)이 도시 및 주거환경개선이 필요하다고 인정하여 해당 지방자치단체의 조례로 정하는 구역

3. 건축협정의 내용

건축협정은 〈다음 각 호〉의 사항을 포함하여야 한다(법 77조의4 4항).

1. 건축물의 건축 · 대수선 또는 리모델링에 관한 사항
2. 건축물의 위치 · 용도 · 형태 및 부대시설에 관하여 대통령령으로 정하는 사항

4. 건축협정의 절차

(1) 건축협정서 작성

소유자등이 건축협정을 체결하는 경우에는 건축협정서를 작성하여야 하며, 건축협정서에는 〈다음 각 호〉의 사항이 명시되어야 한다(법 77조의4 5항).

1. 건축협정의 명칭
2. 건축협정 대상 지역의 위치 및 범위
3. 건축협정의 목적
4. 건축협정의 내용
5. 건축협정을 체결하는 자의 성명, 주소 및 생년월일(법인, 법인 아닌 사단이나 재단 및 외국인의 경우에는 「부동산등기법」 제49조에 따라 부여된 등록번호를 말한다. 이하 제6호에서 같다)
6. 건축협정운영회가 구성되어 있는 경우에는 그 명칭, 대표자 성명, 주소 및 생년월일
7. 건축협정의 유효기간
8. 건축협정 위반 시 제재에 관한 사항
9. 그 밖에 건축협정에 필요한 사항으로서 해당 지방자치단체의 조례로 정하는 사항

(2) 의견청취

제1항제4호[도시재생활성화지역에서의 건축협정 체결] 따라 시 · 도지사가 필요하다고 인정하여 조례로 구역을 정하려는 때에는 해당 시장 · 군수 · 구청장의 의견을 들어야 한다(법 77조의4 6항).

(3) 건축협정운영위원회 설립

협정체결자는 건축협정서 작성 및 건축협정 관리 등을 위하여 필요한 경우 협정체결자 간의 자율적 기구로서 운영회[건축협정운영회]를 설립할 수 있다. 건축협정운영회를 설립하려면 협정체결자 과반수의 동의를 받아 건축협정운영회의 대표자를 선임하고, 국토교통부령으로 정하는 바에 따라 건축협정인가권자에게 신고하여야 한다. 다만, 건축협정 인가 신청 시 건축협정운영회에 관한 사항을 포함한 경우에는 그러하지 아니하다(법 77조의5).

(4) 건축위원회 심의 및 협정 인가

협정체결자 또는 건축협정운영회의 대표자는 건축협정서를 작성하여 국토교통부령으로 정하는 바에 따라 해당 건축협정인가권자의 인가를 받아야 한다. 이 경우 인가신청을 받은 건축협정인가권자는 인가를 하기 전에 건축협정인가권자가 두는 건축위원회의 심의를 거쳐야 한다(법 77조의6 1항).

건축협정인가권자는 건축협정을 인가하였을 때에는 국토교통부령으로 정하는 바에 따라 그 내용을 공고하여야 한다(법 77조의6 3항).

4. 건축협정의 효력

(1) 건축협정의 준수 및 지위 승계

건축물의 건축 · 대수선 또는 리모델링을 하거나 그 밖에 대통령령으로 정하는 행위를 하려는 소유자등은 인가된 건축협정에 따라야 한다(법 77조의10 1항). 건축협정이 공고된 후 토지나 건축물 등에 관한 권리를 협정체결자인 소유자등으로부터 이전받거나 설정받은 자는 협정체결자로서의 지위를 승계한다(법 77조의10 2항).

(2) 관계법령의 적용 특례

건축협정을 체결하여 둘 이상의 건축물 벽을 맞벽으로 하여 건축하려는 경우 맞벽으로 건축하려는 자는 공동으로 건축허가를 신청할 수 있으며, 이 경우 건축허가등의 수수료, 착공신고, 사용승인 및 공사감리에 관하여는 개별 건축물마다 적용하지 아니하고 통합하여 적용할 수 있다(법 77조의13 1항 및 2항).

건축협정의 인가를 받은 건축협정구역에서 연접한 대지에 대하여는 〈다음 각 호〉의 관계 법령의 규정을 개별 건축물마다 적용하지 아니하고 건축협정구역의 전부 또는 일부를 대상으로 통합하여 적용할 수 있다(법 77조 3항).

1. 제42조에 따른 대지의 조경
2. 제44조에 따른 대지와 도로와의 관계
3. 삭제 〈2016. 1. 19.〉
4. 제53조에 따른 지하층의 설치
5. 제55조에 따른 건폐율
6. 「주차장법」 제19조에 따른 부설주차장의 설치
7. 삭제 〈2016. 1. 19.〉
8. 「하수도법」 제34조에 따른 개인하수처리시설의 설치

건축협정을 체결하여 둘 이상 건축물의 경계벽을 전체 또는 일부를 공유하여 건축하는 경우에는 제1항부터 제4항까지의 특례를 적용하며, 해당 대지를 하나의 대지로 보아 이 법의 기준을 개별 건축물마다 적용하지 아니하고 허가를 신청한 건축물의 전부 또는 일부를 대상으로 통합하여 적용할 수 있다(법 77조 5항).

건축물에 대하여는 제42조, 제55조, 제56조, 제58조, 제60조 및 제61조와 「주택법」 제35조를 완화하여 적용할 수 있다. 다만, 제56조를 완화하여 적용하는 경우에는 건축위원회의 심의와 지방도시계획위원회의 심의를 통합하여 거쳐야 한다(법 77조 6항).

제4절 결합건축

1. 의의

"결합건축"이란 2개이상의 대지의 건축주가 건축협정서 체결을 통하여 개별적으로 적용되는 용적율을 필지별로 합산(결합)하여 용적율을 적용하는 제도이다. 결합건축을 통해 전체적으로는 밀도가 늘어나지 않는 대신 개별적으로는 용적율의 이전(매각)이 가능함으로써 토지이용의 효율성을 제고할 수 있다.

2. 결합건축 요건

(1) 대상 지역 (법 77조의15 1항)

1. 「국토의 계획 및 이용에 관한 법률」에 따라 지정된 상업지역
2. 「역세권의 개발 및 이용에 관한 법률」에 따라 지정된 역세권개발구역
3. 「도시 및 주거환경정비법」에 따른 정비구역 중 주거환경개선사업의 시행을 위한 구역
4. 그 밖에 도시 및 주거환경 개선과 효율적인 토지이용이 필요하다고 대통령령으로 정하는 지역 [건축협정구역, 특별건축구역, 리모델링 활성화 구역, 도시재생활성화지역, 건축자산 진흥구역]

(2) 대지 요건

2개의 대지는 다음 요건에 적합하여야 한다(법 77조의15 1항, 영 111조 1항).

1. 대지간의 최단거리가 100미터 이내에 있을 것
2. 2개의 대지 모두가 법 제77조의15제1항 각 호의 지역 중 동일한 지역에 속할 것
3. 2개의 대지 모두가 너비 12미터 이상인 도로로 둘러싸인 하나의 구역 안에 있을 것(이 경우 그 구역 안에 너비 12미터 이상인 도로로 둘러싸인 더 작은 구역이 있어서는 아니 된다)

〈다음 각 호〉의 어느 하나에 해당하는 경우에는 3개 이상 대지의 건축주 등이 서로 합의한 경우 3개 이상의 대지를 대상으로 결합건축을 할 수 있다(법 77조의15 2항).

1. 국가 · 지방자치단체 또는 공공기관이 소유 또는 관리하는 건축물과 결합건축하는 경우
2. 「빈집 및 소규모주택 정비에 관한 특례법」에 따른 빈집 또는 「건축물관리법」에 따른 빈 건축물을 철거하여 그 대지에 공원, 광장 등 대통령령으로 정하는 시설을 설치하는 경우
3. 그 밖에 대통령령으로 정하는 건축물과 결합건축하는 경우

3. 결합건축 절차

(1) 결합건축협정서 작성 제출

결합건축을 하고자 하는 건축주는 건축허가를 신청하는 때에 결합건축협정서를 첨부하여야 하며 국토교통부령으로 정하는 도서를 제출하여야 한다(법 77조의16 1항).

(2) 건축위원회 및 도시계획위원회 심의

허가권자는 건축허가를 하기 전에 건축위원회의 심의를 거쳐야 한다. 다만, 결합건축으로 조정되어 적용되는 대지별 용적률이 「국토의 계획 및 이용에 관한 법률」 제78조에 따라 해당 대지에 적용되는 도시계획조례의 용적률의 100분의 20을 초과하는 경우에는 대통령령으로 정하는 바에 따라 건축위원회 심의와 도시계획위원회 심의를 공동으로 하여 거쳐야 한다(법 77조의16 3항).

4. 결합건축의 관리

허가권자는 결합건축을 포함하여 건축허가를 한 경우 국토교통부령으로 정하는 바에 따라 그 내용을 공고하고, 결합건축 관리대장을 작성하여 관리하여야 한다(법 77조의 17 1항).

허가권자는 결합건축과 관련된 건축물의 사용승인 신청이 있는 경우 해당 결합건축협정서상의 다른 대지에서 착공신고 또는 대통령령으로 정하는 조치가 이행되었는지를 확인한 후 사용승인을 하여야 한다(법 77조의 17 2항).

허가권자는 결합건축을 허용한 경우 건축물대장에 국토교통부령으로 정하는 바에 따라 결합건축에 관한 내용을 명시하여야 한다(법 77조의 17 3항).

결합건축협정서에 따른 협정체결 유지기간은 최소 30년으로 한다. 다만, 결합건축협정서의 용적률 기준을 종전대로 환원하여 신축 · 개축 · 재축하는 경우에는 그러하지 아니한다(법 77조의 17 4항).

5. 결합건축의 준수, 효력 및 승계

결합건축협정의 준수 여부, 효력 및 승계에 대하여는 제77조의4제3항 및 제77조의10을 준용한다. 이 경우 "건축협정"은 각각 "결합건축협정"으로 본다(법 77조의 17 6항).

제 7 편

주택법

서 설

제1절 입법 배경

현행 주택법의 연원은 1972년 12월 30일에 제정(법률 제2409호)된 「주택건설촉진법」에서 찾을 수 있다. 70년대 고도성장과 함께 도시의 주거문제가 극심해짐에 따라 주택의 대량공급에 촟점을 맞추어 제정되었다. 주택건설촉진법은 1990년대까지 열악한 주택보급률을 향상시키는 데는 기여하였으나, 주거생활의 질적 수준을 높이는 데는 한계가 있다는 지적이 제기되었다. 이에 따라 변화된 경제적 · 사회적 여건에 맞추어 주거복지 및 주택관리 등의 부분을 보강하여 2003년 5월 29일 기존의 주택건설촉진법의 규정을 전면 개편하여 「주택법」을 제정(법률 제6916호)하게 되었다.

한편 주택법의 특별법으로 「공공주택특별법」과 「민간임대주택에관한특별법」이 있다. 공공부문에 의한 임대주택 공급을 통한 저소득층 주거안정을 위하여 "국민임대주택건설등에관한특별조치법"이 2003년 12월 31에 제정되었으며, 공공분양주택과 다양한 유형의 임대주택을 수요자 맞춤형 보금자리주택으로 통합하여 도심이나 훼손된 개발제한구역 등 도시인근의 주거선호가 높은 지역을 중심으로 공공이 직접 신속하게 건설 · 공급하기 위해 2009년 3월 20일에 법 명칭을 "보금자리주택건설등에관한특별법"을 개칭하고 내용을 전부개정하였다. 이 법은 2013년 7월 16일 일부내용 개정과 동시에 "공공주택건설등에관한특별법" 으로 명칭이 변경되었다. 이 법은 다시 2015년 7월 24일 "공공주택특별법"으로 변경되어 현재에 이르고 있다.

임대주택의 건설을 촉진하기 위하여 1984년 12월 31일 제정된 "임대주택건설촉진법"이 제정되었으며, 이후 민간의 임대주택건설을 촉진하기 위하여 1993.12.27. 전부개정 및 "임대주택법"으로 명칭을 변경하였다. 이후 민간임대주택에 관한 내용만을 따로 모아 2015년 8월 11일 "민간임대주택에관한특별법"으로 명명하면서 임대주택 건설공급과 관련하여 지금까지 공공과 민간의 영역이 혼재되어 있었으나 법적으로 명확하게 분리하여 규정하게 되었다.

제2절 법의 목적

이 법은 쾌적하고 살기 좋은 주거환경 조성에 필요한 주택의 건설 · 공급 및 주택시장의 관리 등에 관한 사항을 정함으로써 국민의 주거안정과 주거수준의 향상에 이바지함을 목적으로 한다(법 1조).

제3절 주요 용어 정의

1. 주택

(1) 주택의 정의

"주택"이란 세대(世帶)의 구성원이 장기간 독립된 주거생활을 할 수 있는 구조로 된 건축물의 전부 또는 일부 및 그 부속토지를 말하며, 단독주택과 공동주택으로 구분한다(법 2조 1호).

(2) 주택의 종류

① 주거형태에 따른 분류

ⅰ) 단독주택 : 1세대가 하나의 건축물 안에서 독립된 주거생활을 할 수 있는 구조로 된 주택을 말하며, 그 종류와 범위는 대통령령으로 정한다(법 2조 2호).

♣ 단독주택의 종류와 범위 (건축법 시행령 [별표 1] 1호)

가. 단독주택
나. 다중주택: 다음의 요건을 모두 갖춘 주택을 말한다.
  1) 학생 또는 직장인 등 여러 사람이 장기간 거주할 수 있는 구조로 되어 있는 것
  2) 독립된 주거의 형태를 갖추지 않은 것(각 실별로 욕실은 설치할 수 있으나, 취사시설은 설치하지 않은 것을 말한다)
  3) 1개 동의 주택으로 쓰이는 바닥면적(부설 주차장 면적은 제외한다. 이하 같다)의 합계가 660제곱미터 이하이고 주택으로 쓰는 층수(지하층은 제외한다)가 3개 층 이하일 것. 다만, 1층의 전부 또는 일부를 필로티 구조로 하여 주차장으로 사용하고 나머지 부분을 주택(주거 목적으로 한정한다) 외의 용도로 쓰는 경우에는 해당 층을 주택의 층수에서 제외한다.
  4) 적정한 주거환경을 조성하기 위하여 건축조례로 정하는 실별 최소 면적, 창문의 설치 및 크기 등의 기준에 적합할 것

다. 다가구주택: 다음의 요건을 모두 갖춘 주택으로서 공동주택에 해당하지 아니하는 것을 말한다.
  1) 주택으로 쓰는 층수(지하층은 제외한다)가 3개 층 이하일 것. 다만, 1층의 전부 또는 일부를 필로티 구조로 하여 주차장으로 사용하고 나머지 부분을 주택(주거 목적으로 한정한다) 외의 용도로 쓰는 경우에는 해당 층을 주택의 층수에서 제외한다.
  2) 1개 동의 주택으로 쓰이는 바닥면적의 합계가 660제곱미터 이하일 것
  3) 19세대(대지 내 동별 세대수를 합한 세대를 말한다) 이하가 거주할 수 있을 것
라. 공관(公館)

ii) 공동주택 : 건축물의 벽 · 복도 · 계단이나 그 밖의 설비 등의 전부 또는 일부를 공동으로 사용하는 각 세대가 하나의 건축물 안에서 각각 독립된 주거생활을 할 수 있는 구조로 된 주택을 말하며, 그 종류와 범위는 대통령령으로 정한다(법 2조 3호).

♣ 공동주택의 종류와 범위 (건축법 시행령 [별표 1] 2호)

가. 아파트: 주택으로 쓰는 층수가 5개 층 이상인 주택
나. 연립주택: 주택으로 쓰는 1개 동의 바닥면적(2개 이상의 동을 지하주차장으로 연결하는 경우에는 각각의 동으로 본다) 합계가 660제곱미터를 초과하고, 층수가 4개 층 이하인 주택
다. 다세대주택: 주택으로 쓰는 1개 동의 바닥면적 합계가 660제곱미터 이하이고, 층수가 4개 층 이하인 주택(2개 이상의 동을 지하주차장으로 연결하는 경우에는 각각의 동으로 본다)
라. 기숙사: 다음의 어느 하나에 해당하는 건축물로서 공간의 구성과 규모 등에 관하여 국토교통부장관이 정하여 고시하는 기준에 적합한 것. 다만, 구분소유된 개별 실(室)은 제외한다.
  1) 일반기숙사: 학교 또는 공장 등의 학생 또는 종업원 등을 위하여 사용하는 것으로서 해당 기숙사의 공동취사시설 이용 세대 수가 전체 세대 수(건축물의 일부를 기숙사로 사용하는 경우에는 기숙사로 사용하는 세대 수로 한다. 이하 같다)의 50퍼센트 이상인 것(「교육기본법」 제27조제2항에 따른 학생복지주택을 포함한다)
  2) 임대형기숙사: 「공공주택 특별법」 제4조에 따른 공공주택사업자 또는 「민간임대주택에 관한 특별법」 제2조제7호에 따른 임대사업자가 임대사업에 사용하는 것으로서 임대 목적으로 제공하는 실이 20실 이상이고 해당 기숙사의 공동취사시설 이용 세대 수가 전체 세대 수의 50퍼센트 이상인 것

☞ "세대구분형 공동주택"이란 : 공동주택의 주택 내부 공간의 일부를 세대별로 구분하여 생활이 가능한 구조로 하되, 그 구분된 공간의 일부를 구분소유 할 수 없는 주택으로서 대통령령으로 정하는 건설기준, 설치기준, 면적기준 등에 적합한 주택을 말한다(법 2조 19호).

② 건설자금에 따른 분류

i) 국민주택 : 〈다음 각 목〉의 어느 하나에 해당하는 주택으로서 국민주택규모 이하인 주택을 말한다(법 2조 5호).

가. 국가 · 지방자치단체, 「한국토지주택공사법」에 따른 한국토지주택공사 또는 「지방공기업법」에 따라 주택사업을 목적으로 설립된 지방공사가 건설하는 주택
나. 국가 · 지방자치단체의 재정 또는 「주택도시기금법」에 따른 주택도시기금으로부터 자금을 지원받아 건설되거나 개량되는 주택

☞ "국민주택규모"란 주거의 용도로만 쓰이는 면적[주거전용면적]이 1호(戶) 또는 1세대당 85제곱미터 이하인 주택(수도권을 제외한 도시지역이 아닌 읍 또는 면 지역은 1호 또는 1세대당 주거전용면적이 100제곱미터 이하인 주택)을 말한다. 이 경우 주거전용면적의 산정방법은 국토교통부령으로 정한다(법 2조 6호).

ii) 민영주택 : 국민주택을 제외한 주택을 말한다(법 2조 7호).

③ 소유형태에 따른 분류

i) 분양주택

ii) 임대주택 : 임대를 목적으로 하는 주택으로서, 「공공주택 특별법」 제2조제1호가목에 따른 공공임대주택과 「민간임대주택에 관한 특별법」 제2조제1호에 따른 민간임대주택으로 구분한다(법 2조 8호).

iii) 토지임대부 분양주택 : 토지의 소유권은 사업계획의 승인을 받아 토지임대부 분양주택 건설사업을 시행하는 자가 가지고, 건축물 및 복리시설(福利施設) 등에 대한 소유권[건축물의 전유부분(專有部分)에 대한 구분소유권은 이를 분양받은 자가 가지고, 건축물의 공용부분 · 부속건물 및 복리시설은 분양받은 자들이 공유한다]은 주택을 분양받은 자가 가지는 주택을 말한다(법 2조 9호).

④ 준주택[1)]

"준주택"이란 주택 외의 건축물과 그 부속토지로서 주거시설로 이용가능한 시설 등을 말하며, 그 범위와 종류는 대통령령으로 정한다(법 2조 4호).

---

1) 준주택은 주택법의 내용이 직접 적용되지는 않고 주택관련 정보 관리, 정책 수립의 참고자료로 활용된다(법 88조). 다만 세법상의 주택에 해당하느냐 여부는 과세기준일 현재 사실상 주거용으로 사용되는지를 기준으로 판단함에 따라 준주택도 주택으로 볼 여지가 있다[오피스텔이 재산세 과세대상인 '주택'에 해당한다고 본 사례 : 대법원 2023. 11. 16. 선고 2023두47435 판결]

♣ 준주택의 종류와 범위 (건축법 시행령 제4조)

1. 「건축법 시행령」 별표 1 제2호라목에 따른 기숙사
2. 「건축법 시행령」 별표 1 제4호거목 및 제15호다목에 따른 다중생활시설
3. 「건축법 시행령」 별표 1 제11호나목에 따른 노인복지시설 중 「노인복지법」 제32조제1항제3호의 노인복지주택
4. 「건축법 시행령」 별표 1 제14호나목2)에 따른 오피스텔

⑤ 도시형 생활주택

"도시형 생활주택"이란 도시지역에 건설하는 300세대 미만의 국민주택규모에 해당하는 주택으로서 대통령령으로 정하는 주택을 말한다(법 2조 20호).

♣ 도시형 생활주택 (시행령 제10조 제1항)

1. 소형 주택: 〈다음 각 목〉의 요건을 모두 갖춘 공동주택
   가. 세대별 주거전용면적은 60제곱미터 이하일 것
   나. 세대별로 독립된 주거가 가능하도록 욕실 및 부엌을 설치할 것
   다. 지하층에는 세대를 설치하지 않을 것
   라. 주거전용면적이 30제곱미터 이상인 경우에는 욕실 및 보일러실을 제외한 부분을 세 개 이하의 침실(각각의 면적이 7제곱미터 이상인 것을 말한다. 이하 이 목에서 같다)과 그 밖의 공간으로 구성할 수 있으며, 침실이 두 개 이상인 세대수는 소형 주택 전체 세대수(제2항 단서에 따라 소형 주택과 함께 건축하는 그 밖의 주택의 세대수를 포함한다)의 3분의 1(그 3분의 1을 초과하는 세대 중 세대당 주차대수를 0.7대 이상이 되도록 주차장을 설치하는 경우에는 해당 세대의 비율을 더하여 2분의 1까지로 한다)을 초과하지 않을 것
   마. 지하층에는 세대를 설치하지 아니할 것
2. 단지형 연립주택: 소형 주택이 아닌 연립주택. 다만, 「건축법」 제5조제2항에 따라 같은 법 제4조에 따른 건축위원회의 심의를 받은 경우에는 주택으로 쓰는 층수를 5개층까지 건축할 수 있다.
3. 단지형 다세대주택: 소형 주택이 아닌 다세대주택. 다만, 「건축법」 제5조제2항에 따라 같은 법 제4조에 따른 건축위원회의 심의를 받은 경우에는 주택으로 쓰는 층수를 5개층까지 건축할 수 있다.

2. 주택단지 등

(1) 주택단지

"주택단지"란 주택건설 사업계획 또는 대지조성 사업계획의 승인을 받아 주택과 그 부대시설 및 복리시설을 건설하거나 대지를 조성하는 데 사용되는 일단(一團)의 토지를 말한다.

다만, 〈다음 각 목〉의 시설로 분리된 토지는 각각 별개의 주택단지로 본다(법 2조 12호).

가. 철도 · 고속도로 · 자동차전용도로
나. 폭 20미터 이상인 일반도로
다. 폭 8미터 이상인 도시계획예정도로
라. 가목부터 다목까지의 시설에 준하는 것으로서 대통령령으로 정하는 시설

(2) 부대시설

"부대시설"이란 주택에 딸린 〈다음 각 목〉의 시설 또는 설비를 말한다(법 2조 13호).

가. 주차장, 관리사무소, 담장 및 주택단지 안의 도로
나. 「건축법」 제2조제1항제4호에 따른 건축설비
다. 가목 및 나목의 시설 · 설비에 준하는 것으로서 대통령령으로 정하는 시설 또는 설비

(3) 복리시설

"복리시설"이란 주택단지의 입주자 등의 생활복리를 위한 〈다음 각 목〉의 공동시설을 말한다(법 2조 14호).

가. 어린이놀이터, 근린생활시설, 유치원, 주민운동시설 및 경로당
나. 그 밖에 입주자 등의 생활복리를 위하여 대통령령으로 정하는 공동시설

3. 기반시설 등

(1) 기반시설

"기반시설"이란 「국토의 계획 및 이용에 관한 법률」 제2조제6호에 따른 기반시설을 말한다(법 2조 15호).

(2) 기간시설

"기간시설"(基幹施設)이란 도로 · 상하수도 · 전기시설 · 가스시설 · 통신시설 · 지역난방시설 등을 말한다(법 2조 16호). 주거생활에 꼭 필요한 핵심적인 시설이라 할 수 있다.

(3) 간선시설

"간선시설"(幹線施設)이란 도로 · 상하수도 · 전기시설 · 가스시설 · 통신시설 및 지역난방시설 등 주택단지(둘 이상의 주택단지를 동시에 개발하는 경우에는 각각의 주택단지를 말한다) 안의 기간시설을 그 주택단지 밖에 있는 같은 종류의 기간시설에 연결시키는 시설을 말한다. 다만, 가스시설 · 통신시설 및 지역난방시설의 경우에는 주택단지 안의 기간시설을 포함한다(법 2조 17호).

4. 공공택지

"공공택지"란 〈다음 각 목〉의 어느 하나에 해당하는 공공사업에 의하여 개발 · 조성되는 공동주택이 건설되는 용지를 말한다(법 2조 24호).

> 가. 제24조제2항에 따른 국민주택건설사업 또는 대지조성사업
> 나. 「택지개발촉진법」에 따른 택지개발사업. 다만, 같은 법 제7조제1항제4호에 따른 주택건설등 사업자가 같은 법 제12조제5항에 따라 활용하는 택지는 제외한다.
> 다. 「산업입지 및 개발에 관한 법률」에 따른 산업단지개발사업
> 라. 「공공주택 특별법」에 따른 공공주택지구조성사업
> 마. 「민간임대주택에 관한 특별법」에 따른 공공지원민간임대주택 공급촉진지구 조성사업(같은 법 제23조제1항제2호에 해당하는 시행자가 같은 법 제34조에 따른 수용 또는 사용의 방식으로 시행하는 사업만 해당한다)
> 바. 「도시개발법」에 따른 도시개발사업[같은 법 제11조제1항제1호부터 제4호까지의 시행자 또는 같은 항 제11호에 해당하는 시행자(같은 법 제11조제1항제1호부터 제4호까지의 시행자가 100분의 50을 초과하여 출자한 경우에 한정한다)가 같은 법 제21조에 따른 수용 또는 사용의 방식으로 시행하는 사업과 혼용방식 중 수용 또는 사용의 방식이 적용되는 구역에서 시행하는 사업만 해당한다]
> 사. 「경제자유구역의 지정 및 운영에 관한 특별법」에 따른 경제자유구역개발사업(수용 또는 사용의 방식으로 시행하는 사업과 혼용방식 중 수용 또는 사용의 방식이 적용되는 구역에서 시행하는 사업만 해당한다)
> 아. 「혁신도시 조성 및 발전에 관한 특별법」에 따른 혁신도시개발사업
> 자. 「신행정수도 후속대책을 위한 연기 · 공주지역 행정중심복합도시 건설을 위한 특별법」에 따른 행정중심복합도시건설사업
> 차. 「공익사업을 위한 토지 등의 취득 및 보상에 관한 법률」 제4조에 따른 공익사업으로서 대통령령으로 정하는 사업

5. 리모델링

"리모델링"이란 리모델링 허가에 따라 건축물의 노후화 억제 또는 기능 향상 등을 위한 〈다음 각 목〉의 대수선 또는 증축에 해당하는 행위를 말한다(법 2조 22호).

> 가. 대수선(大修繕)
> 나. 주택법에 따른 사용검사일(주택단지 안의 공동주택 전부에 대하여 임시사용승인을 받은 경우에는 그 임시사용승인일을 말한다) 또는 건축법에 따른 사용승인일부터 15년[15년 이상 20년 미만의 연수 중 특별시 · 광역시 · 특별자치시 · 도 또는 특별자치도(이하 "시 · 도"라 한다)의 조례로 정하는 경우에는 그 연수로 한다]이 지난 공동주택을 각 세대의 주거전용면적의 30퍼센트 이내(세대의 주거전용면적이 85제곱미터 미만인 경우에는 40퍼센트 이내)에서 증축하는 행위. 이 경우 공동주택의 기능 향상 등을 위하여 공용부분에 대하여도 별도로 증축할 수 있다.

다. 나목에 따른 각 세대의 증축 가능 면적을 합산한 면적의 범위에서 기존 세대수의 15퍼센트 이내에서 세대수를 증가하는 증축 행위[세대수 증가형 리모델링].
다만, 수직으로 증축하는 행위[수직증축형 리모델링]는 다음 요건을 모두 충족하는 경우로 정한다.
1) 최대 3개층 이하로서 대통령령으로 정하는 범위에서 증축할 것
2) 리모델링 대상 건축물의 구조도 보유 등 대통령령으로 정하는 요건을 갖출 것

제 2 장

주택의 건설

제1절 주택건설 사업주체

1. 사업주체의 의의

"사업주체"란 주택법 제15조에 따른 주택건설사업계획 또는 대지조성사업계획의 승인을 받아 그 사업을 시행하는 국가 · 지방자치단체, 한국토지주택공사 또는 지방공사, 주택법에 따라 등록한 주택건설사업자 또는 대지조성사업자, 그 밖에 이 법에 따라 주택건설사업 또는 대지조성사업을 시행하는 자를 말한다(법 2조 10호).

2. 사업주체의 종류

(1) 등록사업주체

연간 대통령령으로 정하는 호수(戶數)[단독주택의 경우 20호, 공동주택의 경우 20세대(도시형 생활주택은 30세대)] 이상의 주택건설사업을 시행하려는 자 또는 연간 대통령령으로 정하는 면적[1만제곱미터] 이상의 대지조성사업을 시행하려는 자는 국토교통부장관에게 등록하여야 한다(법 4조 1항, 영 14조 1항 및 2항).

주택건설사업 또는 대지조성사업의 등록을 하려는 자는 〈다음 각 호〉의 요건을 모두 갖추어야 한다. 이 경우 하나의 사업자가 주택건설사업과 대지조성사업을 함께 할 때에는 제1호 및 제3호의 기준은 중복하여 적용하지 아니한다(영 14조 3항).

1. 자본금: 3억원(개인인 경우에는 자산평가액 6억원) 이상
2. 〈다음 각 목〉의 구분에 따른 기술인력
   가. 주택건설사업: 「건설기술 진흥법 시행령」 별표 1에 따른 건축 분야 기술인 1명 이상
   나. 대지조성사업: 「건설기술 진흥법 시행령」 별표 1에 따른 토목 분야 기술인 1명 이상
3. 사무실면적: 사업의 수행에 필요한 사무장비를 갖출 수 있는 면적

(2) 비등록사업주체

제1항에도 불구하고 〈다음 각 호〉의 사업주체는 국토교통부 장관에게 등록하지 않고 주택건설사업 또는 대지조성사업이 가능하다(법 4조 1항 단서).

1. 국가 · 지방자치단체
2. 한국토지주택공사
3. 지방공사
4. 「공익법인의 설립 · 운영에 관한 법률」 제4조에 따라 주택건설사업을 목적으로 설립된 공익법인
5. 제11조에 따라 설립된 주택조합(등록사업자와 공동으로 주택건설사업을 하는 경우만 해당)
6. 근로자를 고용하는 자(등록사업자와 공동으로 주택건설사업을 시행하는 경우만 해당, 이하 "고용자")

사업자의 등록과 관련된 자본금, 기술인력, 사무실면적에 관한 등록의 기준 · 절차 · 방법 등에 필요한 사항은 대통령령으로 정한다(법 4조 2항).

(3) 공동사업주체

토지소유자, 주택조합, 고용자는 각각 등록사업자와 공동으로 사업을 시행할 수 있다(법 5조).

토지소유자 + 등록사업자	토지소유자가 주택을 건설하는 경우에는 제4조제1항에도 불구하고 대통령령으로 정하는 바에 따라 제4조에 따라 등록을 한 자(이하 "등록사업자"라 한다)와 공동으로 사업을 시행할 수 있다(법 5조 1항).
주택조합 + 등록사업자	주택조합(세대수를 증가하지 아니하는 리모델링주택조합은 제외한다)이 그 구성원의 주택을 건설하는 경우에는 대통령령으로 정하는 바에 따라 등록사업자(지방자치단체 · 한국토지주택공사 및 지방공사를 포함한다)와 공동으로 사업을 시행할 수 있다(법 5조 2항).
고용자 + 등록사업자	고용자가 그 근로자의 주택을 건설하는 경우에는 대통령령으로 정하는 바에 따라 등록사업자와 공동으로 사업을 시행하여야 한다(법 5조 3항).

제2절 주택조합

1. 주택조합의 개요

(1) 주택조합의 정의

"주택조합"이란 많은 수의 구성원이 사업계획의 승인을 받아 주택을 마련하거나 리모델링하기 위하여 결성하는 〈다음 각 목〉의 조합을 말한다(법 2조 11호).

가. 지역주택조합: 해당 지역에 거주하는 주민이 주택을 마련하기 위하여 설립한 조합
[서울특별시 · 인천광역시 및 경기도 / 대전광역시 · 충청남도 및 세종특별자치시 / 충청북도 / 광주광역시 및 전라남도 / 전북특별자치도 / 대구광역시 및 경상북도 / 부산광역시 · 울산광역시 및 경상남도 / 강원특별자치도 / 제주특별자치도]
나. 직장주택조합: 같은 직장의 근로자가 주택을 마련하기 위하여 설립한 조합
다. 리모델링주택조합: 공동주택의 소유자가 그 주택을 리모델링하기 위하여 설립한 조합

(2) 등록사업자(시공사)의 책임 확대

주택조합과 등록사업자가 공동으로 사업을 시행하면서 시공할 경우 등록사업자는 시공자로서의 책임뿐만 아니라 자신의 귀책사유로 사업 추진이 불가능하게 되거나 지연됨으로 인하여 조합원에게 입힌 손해를 배상할 책임이 있다(법 11조 4항).

(3) 조합원 우선 공급

주택조합(리모델링주택조합은 제외)은 그 구성원을 위하여 건설하는 주택을 그 조합원에게 우선 공급할 수 있으며, 직장주택조합에 대하여는 사업주체가 국민주택을 그 직장주택조합원에게 우선 공급할 수 있다(법 11조 6항).

(4) 조합원 탈퇴

조합원은 조합규약으로 정하는 바에 따라 조합에 탈퇴 의사를 알리고 탈퇴할 수 있다(법 11조 8항). 탈퇴한 조합원(제명된 조합원을 포함한다)은 조합규약으로 정하는 바에 따라 부담한 비용의 환급을 청구할 수 있다(법 11조 9항).

2. 주택조합업무의 대행

(1) 업무대행자

주택조합(리모델링주택조합은 제외) 및 주택조합의 발기인은 조합원 모집 등 제2항에 따른 주택조합의 업무를 아래 해당하는 자에게 대행하게 할 수 있다(법 11조의2 1항, 영 24조의2).

① 공동사업주체인 등록사업자
② 〈다음 각 호〉의 어느 하나에 해당하는 자로서 법인은 자본금 5억원 이상, 개인은 자산평가액 10억원 이상인 경우
1. 등록사업자
2. 「공인중개사법」 제9조에 따른 중개업자
3. 「도시 및 주거환경정비법」 제102조에 따른 정비사업전문관리업자
4. 「부동산개발업의 관리 및 육성에 관한 법률」 제4조에 따른 등록사업자
5. 「자본시장과 금융투자업에 관한 법률」에 따른 신탁업자
6. 그 밖에 다른 법률에 따라 등록한 자로서 대통령령으로 정하는 자

(2) 대행 업무

업무대행자에게 대행시킬 수 있는 주택조합의 업무는 〈다음 각 호〉와 같다(법 11조의2 2항).

1. 조합원 모집, 토지 확보, 조합설립인가 신청 등 조합설립을 위한 업무의 대행
2. 사업성 검토 및 사업계획서 작성업무의 대행
3. 설계자 및 시공자 선정에 관한 업무의 지원
4. 제15조에 따른 사업계획승인 신청 등 사업계획승인을 위한 업무의 대행
5. 계약금 등 자금의 보관 및 그와 관련된 업무의 대행
6. 그 밖에 총회의 운영업무 지원 등 국토교통부령으로 정하는 사항

다만 제2항제5호에 따른 업무 중 계약금 등 자금의 보관 업무는 제1항제5호에 따른 신탁업자에게 대행하도록 하여야 한다(법 11조의2 3항).

(3) 업무대행자의 의무와 책임

업무대행자는 국토교통부령으로 정하는 바에 따라 사업연도별로 분기마다 해당 업무의 실적보고서를 작성하여 주택조합 또는 주택조합의 발기인에게 제출하여야 한다(법 11조의2 4항).

주택조합의 업무를 대행하는 자는 신의에 따라 성실하게 업무를 수행하여야 하고, 자신의 귀책사유로 주택조합(발기인을 포함한다) 또는 조합원(주택조합 가입 신청자를 포함한다)에게 손해를 입힌 경우에는 그 손해를 배상할 책임이 있다(법 11조의2 5항).

3. 조합원 모집

(1) 주택조합의 발기인

조합원을 모집하려는 주택조합의 발기인은 대통령령으로 정하는 자격기준을 갖추어야 한다(법 11조의3 6항).

♣ 주택조합 발기인의 자격기준 (영 제24조의3 제1항)

1. 지역주택조합 발기인인 경우: 〈다음 각 목〉의 요건을 모두 갖출 것
   가. 조합원 모집 신고를 하는 날부터 해당 조합설립인가일까지 주택을 소유(주택의 유형, 입주자 선정방법 등을 고려하여 국토교통부령으로 정하는 지위에 있는 경우를 포함한다)하는 지에 대하여 제21조제1항제1호가목1) 또는 2)에 해당할 것
   나. 조합원 모집 신고를 하는 날의 1년 전부터 해당 조합설립인가일까지 계속하여 법 제2조제11호가목의 구분에 따른 지역에 거주할 것
2. 직장주택조합 발기인인 경우: 〈다음 각 목〉의 요건을 모두 갖출 것
   가. 제1호가목에 해당할 것
   나. 조합원 모집 신고를 하는 날 현재 제21조제1항제2호나목에 해당할 것

주택조합의 발기인은 조합원 모집 신고를 하는 날 주택조합에 가입한 것으로 본다. 이 경우 주택조합의 발기인은 그 주택조합의 가입 신청자와 동일한 권리와 의무가 있다(법 11조의3 7항).

(2) 조합원 모집 신고 및 광고

① 신고 요건 및 공개모집

지역주택조합 또는 직장주택조합의 설립인가를 받기 위하여 조합원을 모집하려는 자는 해당 주택건설대지의 50퍼센트 이상에 해당하는 토지의 사용권원을 확보하여 관할 시장 · 군수 · 구청장에게 신고하고, 공개모집의 방법으로 조합원을 모집하여야 한다. 조합 설립인가를 받기 전에 신고한 내용을 변경하는 경우에도 또한 같다(법 11조의3 1항).

다만 공개모집 이후 조합원의 사망 · 자격상실 · 탈퇴 등으로 인한 결원을 충원하거나 미달된 조합원을 재모집하는 경우에는 신고하지 아니하고 선착순의 방법으로 조합원을 모집할 수 있다(법 11조의3 2항).

모집 시기, 모집 방법 및 모집 절차 등 조합원 모집의 신고, 공개모집 및 조합 가입 신청자에 대한 정보 공개 등에 필요한 사항은 국토교통부령으로 정한다(법 11조의3 3항).

② 신고 수리 거부

시장 · 군수 · 구청장은 〈다음 각 호〉의 어느 하나에 해당하는 경우에는 조합원 모집 신고를 수리할 수 없다(법 11조의3 5항).

1. 이미 신고된 사업대지와 전부 또는 일부가 중복되는 경우
2. 이미 수립되었거나 수립 예정인 도시 · 군계획, 이미 수립된 토지이용계획 또는 이 법이나 관계 법령에 따른 건축기준 및 건축제한 등에 따라 해당 주택건설대지에 조합주택을 건설할 수 없는 경우
3. 제11조의2제1항에 따라 조합업무를 대행할 수 있는 자가 아닌 자와 업무대행계약을 체결한 경우 등 신고내용이 법령에 위반되는 경우
4. 신고한 내용이 사실과 다른 경우

③ 조합원 모집 광고

모집주체가 주택조합의 조합원을 모집하기 위하여 광고를 하는 경우에는 〈다음 각 호〉의 내용이 포함되어야 한다(법 11조의5 1항. 영24조의4 1항).

1. “지역주택조합 또는 직장주택조합의 조합원 모집을 위한 광고”라는 문구
2. 조합원의 자격기준에 관한 내용
3. 주택건설대지의 사용권원 및 소유권을 확보한 비율[2)]
4. 조합의 명칭 및 사무소의 소재지
5. 조합원 모집 신고 수리일

모집주체가 조합원 가입을 권유하거나 모집 광고를 하는 경우에는 〈다음 각 호〉의 행위를 하여서는 아니 된다(법 11조의5 2항, 영 24조의4 2항).

1. 조합주택의 공급방식, 조합원의 자격기준 등을 충분히 설명하지 않거나 누락하여 제한 없이 조합에 가입하거나 주택을 공급받을 수 있는 것으로 오해하게 하는 행위
2. 제5조제4항에 따른 협약이나 제15조제1항에 따른 사업계획승인을 통하여 확정될 수 있는 사항을 사전에 확정된 것처럼 오해하게 하는 행위
3. 사업추진 과정에서 조합원이 부담해야 할 비용이 추가로 발생할 수 있음에도 주택 공급가격이 확정된 것으로 오해하게 하는 행위
4. 주택건설대지의 사용권원 및 소유권을 확보한 비율을 사실과 다르거나 불명확하게 제공하는 행위
5. 조합사업의 내용을 사실과 다르게 설명하거나 그 내용의 중요한 사실을 은폐 또는 축소하는 행위
6. 시공자가 선정되지 않았음에도 선정된 것으로 오해하게 하는 행위

④ 설명의무

모집주체는 주택조합가입계약서의 내용을 주택조합 가입 신청자가 이해할 수 있도록 설명하여야 한다(법 11조의4 1항). 모집주체는 설명한 내용을 주택조합 가입 신청자가 이해하였음을 국토교통부령으로 정하는 바에 따라 서면으로 확인을 받아 주택조합 가입 신청자에게 교부하여야 하며, 그 사본을 5년간 보관하여야 한다(법 11조의4 2항).

(3) 주택조합 가입 계약

조합원을 모집하는 자(조합원 모집 업무를 대행하는 자 포함)와 주택조합 가입 신청자는 〈다음 각 호〉의 사항이 포함된 주택조합 가입에 관한 계약서를 작성하여야 한다(법 11조의3 8항).

1. 주택조합의 사업개요
2. 조합원의 자격기준
3. 분담금 등 각종 비용의 납부예정금액, 납부시기 및 납부방법
4. 주택건설대지의 사용권원 및 소유권을 확보한 면적 및 비율
5. 조합원 탈퇴 및 환급의 방법, 시기 및 절차
6. 그 밖에 주택조합의 설립 및 운영에 관한 중요 사항으로서 대통령령으로 정하는 사항

---

2) 주택사업을 위한 토지의 사용권원 확보비율 관련 광고 등을 보고 조합가입계약 체결을 결정하였고, 위 광고 등은 추진위원회나 업무대행자와 사업대행 기타 계약관계가 존재하는 주체에 의하여 작성·게시되었다고 볼 여지가 있으며, 계약서에 첨부된 '사업계획 동의서'의 '매입대지면적' 부분도 원고를 비롯한 계약상대방의 입장에서는 계약 당시 사용권원이 확보된 주택건설대지 면적으로 이해되었을 여지가 충분하므로 토지사용권원 확보 비율에 관한 기망을 이유로 조합가입계약 취소 및 부당이득금 반환을 인정한 사례[대법원 2023.7.27. 선고 2022다293395 판결]

(4) 조합가입 철회 및 가입비 반환

모집주체는 주택조합의 가입을 신청한 자가 주택조합 가입을 신청하는 때에 납부하여야 하는 일체의 금전(이하 "가입비등")을 대통령령으로 정하는 예치기관에 예치하도록 하여야 한다(법 11조의6 1항).

주택조합의 가입을 신청한 자는 가입비등을 예치한 날부터 30일 이내에 주택조합 가입에 관한 청약을 철회할 수 있으며(법 11조의6 2항) 청약 철회를 서면으로 하는 경우에는 청약 철회의 의사를 표시한 서면을 발송한 날에 그 효력이 발생한다(법 11조의6 3항). 주택조합의 가입을 신청한 자가 청약 철회를 한 경우 모집주체는 청약 철회 의사가 도달한 날부터 7일 이내에 예치기관의 장에게 가입비등의 반환을 요청하여야 하며(법 11조의6 4항), 예치기관의 장은 가입비등의 반환 요청을 받은 경우 요청일부터 10일 이내에 그 가입비등을 예치한 자에게 반환하여야 한다(법 11조의6 5항).

모집주체는 주택조합의 가입을 신청한 자에게 청약 철회를 이유로 위약금 또는 손해배상을 청구할 수 없으며(법 11조의6 6항), 가입비등을 예치한 날로부터 30일이내에는 제11조제8항 및 제9항[조합규약에 따른 조합원 탈퇴 및 부담비용 환급]을 적용하지 않는다(법 11조의6 7항).

4. 주택조합 설립인가 등

(1) 주택조합 설립인가

주택조합을 설립하려는 경우(직장주택조합의 경우는 제외)에는 관할 특별자치시장, 특별자치도지사, 시장, 군수 또는 구청장(구청장은 자치구의 구청장을 말하며, 이하 "시장 · 군수 · 구청장"이라 한다)의 인가를 받아야 한다. 인가받은 내용을 변경하거나 주택조합을 해산하려는 경우에도 또한 같다(법 11조 1항).

주택을 마련하기 위하여 주택조합 설립인가를 받으려는 자는 〈다음 각 호〉의 요건을 모두 갖추어야 한다. 다만, 제1항 후단의 경우에는 그러하지 아니하다(법 11조 2항).

1. 해당 주택건설대지의 80퍼센트 이상에 해당하는 토지의 사용권원을 확보할 것
2. 해당 주택건설대지의 15퍼센트 이상에 해당하는 토지의 소유권을 확보할 것

(2) 리모델링조합 설립 인가

주택을 리모델링하기 위하여 주택조합을 설립하려는 경우에는 〈다음 각 호〉의 구분에 따라 구분소유자(「집합건물의 소유 및 관리에 관한 법률」에 따른 구분소유자를 말함)와 의결권(「집합건물의 소유 및 관리에 관한 법률」에 따른 의결권을 말함)의 요건을 갖추어 관할 시장 · 군수 · 구청장의 인가를 받아야 한다(법 11조 3항).

1. 주택단지 전체를 리모델링하고자 하는 경우에는 주택단지 전체의 구분소유자와 의결권의 각 3분의 2 이상의 결의 및 각 동의 구분소유자와 의결권의 각 과반수의 결의
2. 동을 리모델링하고자 하는 경우에는 그 동의 구분소유자 및 의결권의 각 3분의 2 이상의 결의

(3) 직장주택조합 설립 신고

국민주택을 공급받기 위하여 직장주택조합을 설립하려는 자는 관할 시장 · 군수 · 구청장에게 신고하여야 한다. 신고한 내용을 변경하거나 직장주택조합을 해산하려는 경우에도 또한 같다(법 11조 5항).

5. 주택조합의 운영 · 유지

(1) 실적보고 및 관련자료의 공개

① 실적보고서 작성

주택조합의 발기인 또는 임원은 법에서 정한 사항이 포함된 해당 주택조합의 실적보고서를 국토교통부령으로 정하는 바에 따라 사업연도별로 분기마다 작성하여야 한다(법 12조 1항, 규칙 11조 1항).

② 관련자료의 공개

주택조합의 발기인 또는 임원은 주택조합사업의 시행에 관한 〈다음 각 호〉의 서류 및 관련 자료가 작성되거나 변경된 후 15일 이내에 이를 조합원이 알 수 있도록 인터넷과 그 밖의 방법을 병행하여 공개하여야 한다(법 12조 2항, 영 25조).

1. 조합규약
2. 공동사업주체의 선정 및 주택조합이 공동사업주체인 등록사업자와 체결한 협약서
3. 설계자 등 용역업체 선정 계약서
4. 조합총회 및 이사회, 대의원회 등의 의사록
5. 사업시행계획서
6. 해당 주택조합사업의 시행에 관한 공문서
7. 회계감사보고서
8. 분기별 사업실적보고서
9. 제11조의2제4항에 따라 업무대행자가 제출한 실적보고서
10. 그 밖에 주택조합사업 시행에 관하여 대통령령으로 정하는 서류 및 관련 자료
    - 연간 자금운용 계획서
    - 월별 자금 입출금 명세서
    - 월별 공사진행 상황에 관한 서류
    - 주택조합이 사업주체가 되어 법 제54조제1항에 따라 공급하는 주택의 분양신청에 관한 서류 및 관련 자료
    - 전체 조합원별 분담금 납부내역
    - 조합원별 추가 분담금 산출내역

③ 관련자료의 열람 · 복사

제2항에 따른 서류 및 〈다음 각 호〉를 포함하여 주택조합사업의 시행에 관한 서류와 관련 자료를 조합원이 열람 · 복사 요청을 한 경우 주택조합의 발기인 또는 임원은 15일 이내에 그 요청에 따라야 한다. 이 경우 복사에 필요한 비용은 실비의 범위에서 청구인이 부담한다(법 12조 3항).

> 1. 조합원 명부
> 2. 주택건설대지의 사용권원 및 소유권 확보 비율 등 토지 확보 관련 자료
> 3. 그 밖에 대통령령으로 정하는 서류 및 관련 자료

④ 관련자료의 제출

주택조합의 발기인 또는 임원은 원활한 사업추진과 조합원의 권리 보호를 위하여 연간 자금 운용 계획 및 자금 집행 실적 등 국토교통부령으로 정하는 서류 및 자료를 국토교통부령으로 정하는 바에 따라 매년 정기적으로 시장 · 군수 · 구청장에게 제출하여야 한다(법 12조 3항).

(2) 조합임원의 결격사유 등

〈다음 각 호〉의 어느 하나에 해당하는 사람은 주택조합의 발기인 또는 임원이 될 수 없다(법 13조 1항).

> 1. 미성년자 · 피성년후견인 또는 피한정후견인
> 2. 파산선고를 받은 사람으로서 복권되지 아니한 사람
> 3. 금고 이상의 실형을 선고받고 그 집행이 종료(종료된 것으로 보는 경우를 포함한다)되거나 집행이 면제된 날부터 2년이 지나지 아니한 사람
> 4. 금고 이상의 형의 집행유예를 선고받고 그 유예기간 중에 있는 사람
> 5. 금고 이상의 형의 선고유예를 받고 그 선고유예기간 중에 있는 사람
> 6. 법원의 판결 또는 다른 법률에 따라 자격이 상실 또는 정지된 사람
> 7. 해당 주택조합의 공동사업주체인 등록사업자 또는 업무대행사의 임직원

주택조합의 발기인이나 임원이 〈다음 각 호〉의 어느 하나에 해당하는 경우 해당 발기인은 그 지위를 상실하고 해당 임원은 당연히 퇴직한다. 다만 지위가 상실된 발기인 또는 퇴직된 임원이 지위 상실이나 퇴직 전에 관여한 행위는 그 효력을 상실하지 아니한다(법 13조 2항 및 3항).

> 1. 주택조합의 발기인이 제11조의3제6항에 따른 자격기준을 갖추지 아니하게 되거나 주택조합의 임원이 제11조제7항에 따른 조합원 자격을 갖추지 아니하게 되는 경우
> 2. 주택조합의 발기인 또는 임원이 제1항 각 호의 결격사유에 해당하게 되는 경우

주택조합의 임원은 다른 주택조합의 임원, 직원 또는 발기인을 겸할 수 없다(법 13조 4항).

(3) 주택조합에 대한 감독

국토교통부장관 또는 시장 · 군수 · 구청장은 주택공급에 관한 질서를 유지하기 위하여 특히 필요하다고 인정되는 경우에는 국가가 관리하고 있는 행정전산망 등을 이용하여 주택조합 구성원의 자격 등에 관하여 필요한 사항을 확인할 수 있다(법 14조 1항). 또한 시장 · 군수 · 구청장은 모집주체가 이 법을 위반한 경우 시정요구 등 필요한 조치를 명할 수 있다(법 14조 4항).

시장 · 군수 · 구청장은 주택조합 또는 주택조합의 구성원이 ⅰ) 거짓이나 그 밖의 부정한 방법으로 설립인가를 받은 경우 또는 ⅱ) 제94조에 따른 명령이나 처분을 위반한 경우에는 주택조합의 설립인가를 취소할 수 있다(법 14조 2항).

(4) 회계감사

주택조합은 대통령령으로 정하는 바에 따라 회계감사를 받아야 하며, 그 감사결과를 관할 시장 · 군수 · 구청장에게 보고하여야 한다(법 14조의3 1항).

주택조합의 임원 또는 발기인은 계약금등(해당 주택조합사업에 관한 모든 수입에 따른 금전을 말한다)의 징수 · 보관 · 예치 · 집행 등 모든 거래 행위에 관하여 장부를 월별로 작성하여 그 증빙서류와 함께 주택조합 해산인가를 받는 날까지 보관하여야 한다. 이 경우 주택조합의 임원 또는 발기인은 「전자문서 및 전자거래 기본법」 제2조제2호에 따른 정보처리시스템을 통하여 장부 및 증빙서류를 작성하거나 보관할 수 있다(법 14조의3 2항).

(5) 주택조합사업의 시공보증

"시공보증"이란 시공자가 공사의 계약상 의무를 이행하지 못하거나 의무이행을 하지 아니할 경우 보증기관에서 시공자를 대신하여 계약이행의무를 부담하거나 총 공사금액의 50퍼센트 이하에서 대통령령으로 정하는 비율[30%] 이상의 범위에서 주택조합이 정하는 금액을 납부할 것을 보증하는 것을 말한다.

주택조합이 공동사업주체인 시공자를 선정한 경우 그 시공자는 공사의 시공보증을 위하여 국토교통부령으로 정하는 기관의 시공보증서를 조합에 제출하여야 한다(법 14조의4 1항). 사업계획승인권자는 착공신고를 받는 경우에는 시공보증서 제출 여부를 확인하여야 한다(법 14조의4 2항).

6. 주택조합의 해산

(1) 해산 사유

주택조합은 설립인가를 받은 날부터 3년이 되는 날까지 사업계획승인을 받지 못하는 경우 총회의 의결을 거쳐 해산 여부를 결정하여야 한다(법 14조의2 1항).

주택조합의 발기인은 조합원 모집 신고가 수리된 날부터 2년이 되는 날까지 주택조합 설립인가를 받지 못하는 경우 주택조합 가입 신청자 전원으로 구성되는 총회 의결을 거쳐 주택조합 사업의 종결 여부를 결정하도록 하여야 한다(법 14조의2 2항). 이에 따라 개최하는 총회는 다음의 요건을 모두 충족해야 한다(영 25조의2 3항).

1. 주택조합 가입 신청자의 3분의 2 이상의 찬성으로 의결할 것
2. 주택조합 가입 신청자의 100분의 20 이상이 직접 출석할 것. 단 해당 시군구의 집합금지조치에 따라 전자적 방법으로 개최하는 경우는 제외
3. 제2호 단서의 경우에는 제20조제5항 후단 및 같은 조 제6항에 따를 것.

(2) 해산총회 개최

주택조합 또는 주택조합의 발기인은 주택조합의 해산 또는 주택조합 사업의 종결 여부를 결정하려는 경우에는 〈다음 각 호〉의 구분에 따른 날부터 3개월 이내에 총회를 개최해야 한다(영 25조의2 1항).

1. 주택조합 설립인가를 받은 날부터 3년이 되는 날까지 사업계획승인을 받지 못하는 경우: 해당 설립인가를 받은 날부터 3년이 되는 날
2. 조합원 모집 신고가 수리된 날부터 2년이 되는 날까지 주택조합 설립인가를 받지 못하는 경우: 해당 조합원 모집 신고가 수리된 날부터 2년이 되는 날

총회를 소집하려는 주택조합의 임원 또는 발기인은 총회가 개최되기 7일 전까지 회의 목적, 안건, 일시 및 장소를 정하여 조합원 또는 주택조합 가입 신청자에게 통지하여야 한다(법 14조의2 3항).

주택조합의 발기인은 총회의 결과(사업의 종결을 결의한 경우에는 청산계획을 포함한다)를 관할 시장 · 군수 · 구청장에게 국토교통부령으로 정하는 바에 따라 통지하여야 한다(법 14조의2 5항).

(3) 청산임 선임

주택조합이 해산을 결의하거나 사업의 종결을 결의하는 경우 대통령령으로 정하는 바에 따라 청산인을 선임하여야 한다(법 14조의2 4항).

제3절 사업계획의 승인 등

1. 사업계획의 승인

(1) 사업계획승인 대상

대통령령으로 정하는 호수 이상의 주택건설사업을 시행하려는 자 또는 대통령령으로 정하는 면적 이상의 대지조성사업을 시행하려는 자는 사업계획승인권자의 승인을 받아야 한다(법 15조 1항).

▣ 주택건설사업의 경우(영 27조 1항)

1. 단독주택: 30호

다만, 〈다음 각 목〉의 어느 하나에 해당하는 단독주택의 경우에는 50호로 한다.

가. 공공사업에 따라 조성된 용지를 개별 필지로 구분하지 아니하고 일단(一團)의 토지로 공급받아 해당 토지에 건설하는 단독주택

나. 「건축법 시행령」 제2조제16호에 따른 한옥

2. 공동주택: 30세대(리모델링의 경우에는 증가 세대수 기준).

다만, 〈다음 각 목〉의 어느 하나에 해당하는 공동주택을 건설(리모델링의 경우는 제외한다)하는 경우에는 50세대로 한다.

가. 다음의 요건을 모두 갖춘 단지형 연립주택 또는 단지형 다세대주택

1) 세대별 주거전용면적이 30제곱미터 이상일 것

2) 해당 주택단지 진입도로의 폭이 6미터 이상일 것. 다만, 해당 주택단지의 진입도로가 두 개 이상인 경우에는 다음의 요건을 모두 갖추면 진입도로의 폭을 4미터 이상 6미터 미만으로 할 수 있다.

가) 두 개의 진입도로 폭의 합계가 10미터 이상일 것

나) 폭 4미터 이상 6미터 미만인 진입도로는 제5조에 따른 도로와 통행거리가 200미터 이내일 것

나. 정비구역에서 주거환경개선사업(자력방식의 경우만 해당)을 시행하기 위하여 건설하는 공동주택. 다만, 정비기반시설의 설치계획대로 정비기반시설 설치가 이루어지지 아니한 지역으로서 시장·군수·구청장이 지정·고시하는 지역에서 건설하는 공동주택은 제외한다.

▣ 대지조성사업의 경우(영 27조 2항) : 1만제곱미터 이상

주택 외의 시설과 주택을 동일 건축물로 건축하는 경우 등 〈다음 각 호〉의 경우에는 주택법에 따른 사업계획 승인대상에서 제외한다(법 15조 1항 단서, 영 27조 4항).

1. 〈다음 각 목〉의 요건을 모두 갖춘 사업의 경우
   가. 준주거지역 또는 상업지역(유통상업지역은 제외)에서 300세대 미만의 주택과 주택 외의 시설을 동일 건축물로 건축하는 경우일 것
   나. 해당 건축물의 연면적에서 주택의 연면적이 차지하는 비율이 90퍼센트 미만일 것
2. 「농어촌정비법」 제2조제10호에 따른 생활환경정비사업 중 「농업협동조합법」 제2조제4호에 따른 농업협동조합중앙회가 조달하는 자금으로 시행하는 사업인 경우

(2) 사업계획 승인권자

① **원칙** (법 15조 1항)

1. 해당 대지면적이 10만제곱미터 이상인 경우
   ⇒ 특별시장 · 광역시장 · 특별자치시장 · 도지사 · 특별자치도지사, 인구 50만 이상의 대도시의 시장
2. 해당 대지면적이 10만제곱미터 미만인 경우
   ⇒ 특별시장 · 광역시장 · 특별자치시장 · 특별자치도지사 또는 시장 · 군수

② 예외 : **국토교통부장관** (법 15조 1항, 영 27조 3항)

1. 국가 및 한국토지주택공사가 시행하는 경우
2. 330만제곱미터 이상의 규모로 택지개발사업 또는 도시개발사업을 추진하는 지역 중 국토교통부장관이 지정 · 고시하는 지역에서 주택건설사업을 시행하는 경우
3. 수도권 또는 광역시 지역의 긴급한 주택난 해소가 필요하거나 지역균형개발 또는 광역적 차원의 조정이 필요하여 국토교통부장관이 지정 · 고시하는 지역에서 주택건설사업을 시행하는 경우
4. 국가 · 지방자치단체 · 한국토지주택공사 · 지방공사가 단독 또는 공동으로 총지분의 50퍼센트를 초과하여 출자한 위탁관리 부동산투자회사(해당 부동산투자회사의 자산관리회사가 한국토지주택공사인 경우만 해당한다)가 「공공주택 특별법」에 따른 공공주택건설사업을 시행하는 경우

(3) 사업계획승인 절차

① 대지의 소유권 확보 등

주택건설사업계획의 승인을 받으려는 자는 원칙적으로 해당 주택건설대지의 소유권을 확보하여야 한다(법 21조 1항 본문).

다만, 〈다음 각 호〉의 어느 하나에 해당하는 경우에는 소유권을 확보하지 않았더라도 사업계획 승인이 가능하다(법 21조 1항 단서).

1. 지구단위계획의 결정(제19조제1항제5호에 따라 의제되는 경우를 포함)이 필요한 주택건설사업의 해당 대지면적의 80퍼센트 이상을 사용할 수 있는 권원(權原)[등록사업자와 공동으로 사업을 시행하는 주택조합의 경우에는 95퍼센트 이상의 소유권을 말함]을 확보[3]하고 확보하지 못한 대지가 매도청구 대상이 되는 대지에 해당하는 경우
2. 사업주체가 주택건설대지의 소유권을 확보하지 못하였으나 그 대지를 사용할 수 있는 권원을 확보한 경우
3. 국가 · 지방자치단체 · 한국토지주택공사 또는 지방공사가 주택건설사업을 하는 경우
4. 제66조제2항에 따라 리모델링 결의를 한 리모델링주택조합이 제22조제2항에 따라 매도청구를 하는 경우

② 사업계획승인 신청, 심의 및 승인 · 고시

사업계획승인을 받으려는 자는 사업계획승인신청서에 주택과 그 부대시설 및 복리시설의 배치도, 대지조성공사 설계도서 등 대통령령으로 정하는 서류를 첨부하여 사업계획승인권자에게 제출하여야 한다(법 15조 2항). 전체 세대수가 600세대 이상인 경우 주택단지를 공구별로 분할하여 주택을 건설 · 공급할 수 있으며, 이 경우 공구별 공사계획서, 입주자모집계획서, 사용검사계획를 첨부하여 사업계획승인권자에게 제출하고 사업계획승인을 받아야 한다(법 15조 3항, 영 28조 1항). 제1항 또는 제3항의 사업계획은 쾌적하고 문화적인 주거생활을 하는 데에 적합하도록 수립되어야 하며, 그 사업계획에는 부대시설 및 복리시설의 설치에 관한 계획 등이 포함되어야 한다(법 15조 5항).

이미 승인받은 사업계획을 변경하려면 사업계획승인권자로부터 변경승인을 받아야 한다. 다만, 국토교통부령으로 정하는 경미한 사항을 변경하는 경우에는 그러하지 아니하다(법 15조 4항).

③ 사업계획의 통합심의

사업계획승인권자는 필요하다고 인정하는 경우에 도시계획 · 건축 · 교통 등 사업계획승인과 관련된 〈다음 각 호〉의 사항을 통합하여 검토 및 심의(이하 "통합심의"라 한다)할 수 있으며(법 18조 1항) 사업계획 승인을 받으려는 자가 통합심의를 신청하는 경우 통합심의를 하여야 한다(법 18조 2항 본문).

---

3) 국공유지가 포함된 경우에는 해당 토지의 관리청이 해당 토지를 사업주체에게 매각하거나 양여할 것을 확인한 서류를 사업계획승인권자에게 제출하는 경우에는 확보한 것으로 본다.

1. 「건축법」에 따른 건축심의
2. 「국토의 계획 및 이용에 관한 법률」에 따른 도시 · 군관리계획 및 개발행위 관련 사항
3. 「대도시권 광역교통 관리에 관한 특별법」에 따른 광역교통 개선대책
4. 「도시교통정비 촉진법」에 따른 교통영향평가
5. 「경관법」에 따른 경관심의
6. 그 밖에 사업계획승인권자가 필요하다고 인정하여 통합심의에 부치는 사항

사업계획승인권자는 통합심의를 한 경우 특별한 사유가 없으면 심의 결과를 반영하여 사업계획을 승인하여야 한다(법 18조 4항). 통합심의를 거친 경우에는 제1항 각 호에 대한 검토 · 심의 · 조사 · 협의 · 조정 또는 재정을 거친 것으로 본다(법 18조 5항).

④ 사업계획승인의 고시

사업계획승인권자는 사업계획을 승인하였을 때에는 이에 관한 사항을 고시하여야 한다. 이 경우 국토교통부장관은 관할 시장 · 군수 · 구청장에게, 특별시장, 광역시장 또는 도지사는 관할 시장, 군수 또는 구청장에게 각각 사업계획승인서 및 관계 서류의 사본을 지체 없이 송부하여야 한다(법 15조 6항).

(4) 과도한 기반시설 기부채납 금지

사업계획승인권자는 사업계획을 승인할 때 사업주체가 제출하는 사업계획에 해당 주택건설사업 또는 대지조성사업과 직접적으로 관련이 없거나 과도한 기반시설의 기부채납(寄附採納)을 요구하여서는 아니 된다(법 17조 1항). 국토교통부장관은 기부채납 등과 관련하여 기반시설 기부채납 부담의 원칙 및 수준, 기반시설의 설치기준 등이 포함된 운영기준을 작성하여 고시할 수 있다(법 17조 2항).

(5) 주택건설사업에 의한 임대주택의 건설

사업주체가 〈다음 각 호〉의 사항을 포함한 사업계획승인신청서(「건축법」상의 건축허가신청서 포함)를 제출하는 경우 사업계획승인권자(건축허가권자 포함)는 「국토의 계획 및 이용에 관한 법률」의 용도지역별 용적률 범위에서 특별시 · 광역시 · 특별자치시 · 특별자치도 · 시 또는 군의 조례로 정하는 기준에 따라 용적률을 완화하여 적용할 수 있다(법 20조 1항).

1. 일정 호수(법 제15조제1항) 이상의 주택과 주택 외의 시설을 동일 건축물로 건축하는 계획
2. 임대주택의 건설 · 공급에 관한 사항

용적률을 완화하여 적용하는 경우 사업주체는 완화된 용적률의 60퍼센트 이하의 범위에서 대통령령으로 정하는 비율[30%] 이상에 해당하는 면적을 임대주택으로 공급하여야 한다. 이 경우 사업주체는 임대주택을 국토교통부장관, 시 · 도지사, 한국토지주택공사 또는 지방공사

에 공급하여야 한다(법 20조 2항). 사업주체는 사업계획승인을 신청하기 전에 미리 용적률의 완화로 건설되는 임대주택의 규모 등에 관하여 인수자와 협의하여 사업계획승인신청서에 반영하여야 한다(법 20조 4항).

공급되는 임대주택의 공급가격은 「공공주택 특별법」 제50조의3제1항에 따른 공공건설임대주택의 분양전환가격 산정기준에서 정하는 건축비[표준건축비]로 하고, 그 부속토지는 인수자에게 기부채납한 것으로 본다(법 20조 3항).

2. 사업계획 승인의 효과

(1) 다른 법률에 의한 인허가 등의 의제 등

사업계획승인권자가 사업계획을 승인 또는 변경 승인할 때 〈다음 각 호〉의 허가 · 인가 · 결정 · 승인 또는 신고 등(이하 "인 · 허가등"이라 한다)에 관하여 관계 행정기관의 장과 협의한 사항에 대하여는 해당 인 · 허가등을 받은 것으로 보며, 사업계획의 승인고시가 있은 때에는 〈다음 각 호〉의 관계 법률에 따른 고시가 있은 것으로 본다(법 19조 1항).

1. 「건축법」에 따른 건축허가, 건축신고, 허가 · 신고사항의 변경 및 가설건축물의 건축허가 또는 신고
2. 「공간정보의 구축 및 관리 등에 관한 법률」4항에 따른 지도등의 간행 심사
3. 「공유수면 관리 및 매립에 관한 법률」에 따른 공유수면의 점용 · 사용허가, 협의 또는 승인, 점용 · 사용 실시계획의 승인 또는 신고, 공유수면의 매립면허, 국가 등이 시행하는 매립의 협의 또는 승인 및 공유수면매립실시계획의 승인
4. 「광업법」에 따른 채굴계획의 인가
5. 「국토의 계획 및 이용에 관한 법률」에 따른 도시 · 군관리계획(같은 법 제2조제4호다목의 계획 및 같은 호 마목의 계획 중 같은 법 제51조제1항에 따른 지구단위계획구역 및 지구단위계획만 해당한다)의 결정, 개발행위의 허가,도시 · 군계획시설사업시행자의 지정, 실시계획의 인가 및 타인의 토지에의 출입허가
6. 「농어촌정비법」에 따른 농업생산기반시설의 사용허가
7. 「농지법」에 따른 농지전용(農地轉用)의 허가 또는 협의
8. 「도로법」에 따른 도로공사 시행의 허가, 같은 법 제61조에 따른 도로점용의 허가
9. 「도시개발법」에 따른 도시개발구역의 지정, 시행자의 지정, 실시계획의 인가 및 타인의 토지에의 출입허가
10. 「사도법」에 따른 사도(私道)의 개설허가
11. 「사방사업법」에 따른 토지의 형질변경 등의 허가, 사방지(砂防地) 지정의 해제
12. 「산림보호법」에 따른 산림보호구역에서의 행위의 허가 · 신고. 다만, 「산림자원의 조성 및 관리에 관한 법률」에 따른 채종림 및 시험림과 「산림보호법」에 따른 산림유전자원보호구역의 경우는 제외한다.

13. 「산림자원의 조성 및 관리에 관한 법률」에 따른 입목벌채등의 허가 · 신고. 다만, 같은 법에 따른 채종림 및 시험림과 「산림보호법」에 따른 산림유전자원보호구역의 경우는 제외한다.
14. 「산지관리법」에 따른 산지전용허가 및 산지전용신고, 산지일시사용허가 · 신고
15. 「소하천정비법」에 따른 소하천공사 시행의 허가, 소하천 점용 등의 허가 또는 신고
16. 「수도법」에 따른 수도사업의 인가, 전용상수도 설치의 인가
17. 「연안관리법」에 따른 연안정비사업실시계획의 승인
18. 「유통산업발전법」에 따른 대규모점포의 등록
19. 「장사 등에 관한 법률」에 따른 무연분묘의 개장허가
20. 「지하수법」에 따른 지하수 개발 · 이용의 허가 또는 신고
21. 「초지법」에 따른 초지전용의 허가
22. 「택지개발촉진법」에 따른 행위의 허가
23. 「하수도법」에 따른 공공하수도에 관한 공사 시행의 허가, 개인하수처리시설의 설치신고
24. 「하천법」에 따른 하천공사 시행의 허가 및 하천공사실시계획의 인가, 하천의 점용허가 및 하천수의 사용허가
25. 「부동산 거래신고 등에 관한 법률」에 따른 토지거래계약에 관한 허가

인 · 허가등의 의제를 받으려는 자는 사업계획승인을 신청할 때에 해당 법률에서 정하는 관계 서류를 함께 제출하여야 하며, 사업계획승인권자는 해당 법률에서 정하는 관계 서류를 미리 관계 행정기관의 장에게 제출한 후 협의하여야 한다. 이 경우 협의 요청을 받은 관계 행정기관의 장은 사업계획승인권자의 협의 요청을 받은 날부터 20일 이내에 의견을 제출하여야 하며, 그 기간 내에 의견을 제출하지 아니한 경우에는 협의가 완료된 것으로 본다(법 19조 2항).

(2) 사업계획의 이행 및 승인 취소

① 사업시행 및 공사 착수

사업주체는 승인받은 사업계획대로 사업을 시행하여야 하고, 〈다음 각 호〉의 구분에 따라 공사를 시작하여야 한다(법 16조 1항).

1. 원칙 : 사업계획 승인받은 날부터 5년 이내
2. 주택건설 사업계획을 공구별로 분할하여 승인받은 경우
   가. 최초로 공사를 진행하는 공구: 승인받은 날부터 5년 이내
   나. 최초로 공사를 진행하는 공구 외의 공구: 해당 주택단지에 대한 최초 착공신고일부터 2년 이내

다만, 사업계획승인권자는 문화재 발굴, 소유권분쟁, 천재지변 등 정당한 사유(영 31조)가 있다고 인정하는 경우에는 사업주체의 신청을 받아 그 사유가 없어진 날부터 1년의 범위에서 공사의 착수기간을 연장할 수 있다(법 16조 1항 단서).

사업주체가 공사를 시작하려는 경우에는 사업계획승인권자에게 신고하여야 하며, 사업계획승인권자는 신고를 받은 날부터 20일 이내에 신고수리 여부를 신고인에게 통지하여야 한다(법 16조 2항 및 3항). 사업주체가 신고 후 공사를 시작하려는 경우 사업계획승인을 받은 해당 주택건설대지에 매도청구 대상이 되는 대지가 포함되어 있으면 해당 매도청구 대상 대지에 대하여는 그 대지의 소유자가 매도에 대하여 합의를 하거나 매도청구에 관한 법원의 승소판결(확정되지 아니한 판결을 포함한다)을 받은 경우에만 공사를 시작할 수 있다(법 21조 2항).[4)]

② 사업계획승인의 취소

사업계획승인권자는 〈다음 각 호〉의 어느 하나에 해당하는 경우 그 사업계획의 승인을 취소할 수 있으며(법 16조 4항), 취소하고자 하는 경우에는 사업 정상화 계획을 제출받아 계획의 타당성을 심사한 후 취소 여부를 결정하여야 한다(법 16조 5항).

1. 사업주체가 제1항(제2호나목은 제외)의 기한내에 공사를 시작하지 아니한 경우
2. 사업주체가 경매 · 공매 등으로 인하여 대지소유권을 상실한 경우(주택분양보증인 된 사업은 제외)
3. 사업주체의 부도 · 파산 등으로 공사의 완료가 불가능한 경우(주택분양보증인 된 사업은 제외)

제4항에도 불구하고 사업계획승인권자는 해당 사업의 시공자 등이 주택건설대지의 소유권 등을 확보하고 사업주체 변경을 위하여 사업계획의 변경승인을 요청하는 경우에 이를 승인할 수 있다(법 16조 6항).

(3) 매도청구 등

① 매도청구 대상 및 사전협의

사업계획승인을 받은 사업주체는 〈다음 각 호〉에 따라 해당 주택건설대지 중 사용할 수 있는 권원을 확보하지 못한 대지(건축물을 포함한다. 이하 이 조 및 제23조에서 같다)의 소유자에게 그 대지를 시가(市價)[5)]로 매도할 것을 청구할 수 있다. 이 경우 매도청구 대상이 되는 대지의 소유자와 매도청구를 하기 전에 3개월 이상 협의를 하여야 한다(법 22조 1항).

---

4) 매도청구 대상 토지에 대하여 사업주체 앞으로 소유권 이전 등기 없이 단순히 대지 소유자와 합의되었거나 승소판결을 받았다고 해서 공사 착수를 허용하는 것은 법률적 리스크를 수분양자에게 떠넘길 우려가 있다.

5) 여기서 '시가'는 매도청구권이 행사된 당시의 객관적 거래가격으로서, 주택건설사업이 시행되는 것을 전제로 하여 평가한 가격, 즉 주택건설로 인하여 발생할 것으로 예상되는 개발이익이 포함된 가격을 말함[대법원 2019. 11. 28. 선고 2019다235566 판결]

1. 주택건설대지면적의 95퍼센트 이상의 사용권원을 확보한 경우: 사용권원을 확보하지 못한 대지의 모든 소유자에게 매도청구 가능
2. 제1호 외의 경우: 사용권원을 확보하지 못한 대지의 소유자 중 지구단위계획구역 결정고시일 10년 이전에 해당 대지의 소유권을 취득하여 계속 보유하고 있는 자(상속받아 소유권을 취득한 경우에는 피상속인의 소유기간을 합산)를 제외한 소유자에게 매도청구 가능

리모델링의 허가를 신청하기 위한 동의율을 확보한 경우 리모델링 결의를 한 리모델링주택조합은 그 리모델링 결의에 찬성하지 아니하는 자의 주택 및 토지에 대하여 매도청구를 할 수 있다(법 22조 2항).

② 매도청구 절차

매도청구에 관하여는 「집합건물의 소유 및 관리에 관한 법률」 제48조를 준용한다. 따라서 우선 서면으로 동의여부를 촉구한 후 회답기간[2개월] 경과시까지 회답이 없거나 동의하지 않은 소유자를 상대로 회답기간 경과 후 2개월이내에 매도청구한다. 이 경우 구분소유권 및 대지사용권은 주택건설사업 또는 리모델링사업의 매도청구의 대상이 되는 건축물 또는 토지의 소유권과 그 밖의 권리로 본다(법 22조 3항).

③ 소유자 소재 확인이 현저히 곤란한 경우

사업계획승인을 받은 사업주체는 해당 주택건설대지 중 사용할 수 있는 권원을 확보하지 못한 대지의 소유자가 있는 곳을 확인하기가 현저히 곤란한 경우에는 전국적으로 배포되는 둘 이상의 일간신문에 두 차례 이상 공고하고, 공고한 날부터 30일 이상이 지났을 때에는 매도청구 대상의 대지로 본다(법 23조 1항).

기간 경과 후 사업주체는 매도청구 대상 대지의 감정평가액[감정평가법인등 2인 이상이 평가한 금액을 산술평균에 해당하는 금액]을 법원에 공탁(供託)하고 주택건설사업을 시행할 수 있다(법 23조 2항 및 3항).

(4) 수용권의 인정

국가 · 지방자치단체 · 한국토지주택공사 및 지방공사인 사업주체가 국민주택을 건설하거나 국민주택을 건설하기 위한 대지를 조성하는 경우에는 토지나 토지에 정착한 물건 및 그 토지나 물건에 관한 소유권 외의 권리(이하 "토지등")를 수용하거나 사용할 수 있으며(법 24조 2항), 이에 따라 토지등을 수용하거나 사용하는 경우 이 법에 규정된 것 외에는 「공익사업을 위한 토지 등의 취득 및 보상에 관한 법률」을 준용한다(법 27조 1항).

「공익사업을 위한 토지 등의 취득 및 보상에 관한 법률」을 준용하는 경우에는 "제15조에 따른 사업계획승인"을 받은 경우 "「공익사업을 위한 토지 등의 취득 및 보상에 관한 법률」 제20

조제1항에 따른 사업인정"을 받은 것으로 본다. 다만, 재결신청은 「공익사업을 위한 토지 등의 취득 및 보상에 관한 법률」의 규정에도 불구하고 사업계획승인을 받은 주택건설사업 기간 이내에 할 수 있다(법 27조 2항).

제4절 사업 시행 관련

1. 토지 출입 등 및 손실보상

국가 · 지방자치단체 · 한국토지주택공사 및 지방공사인 사업주체가 사업계획의 수립을 위한 조사 또는 측량을 하려는 경우와 국민주택사업을 시행하기 위하여 필요한 경우에는 타인 토지에 출입 및 일시사용, 장애물 변경 또는 제거 등의 행위를 할 수 있다(법 24조 1항).

이에 따른 행위로 인하여 손실을 입은 자가 있는 경우에는 그 행위를 한 사업주체가 그 손실을 보상하여야 하며, 손실보상에 관하여는 그 손실을 보상할 자와 손실을 입은 자가 협의하여야 한다. 협의가 성립되지 아니하거나 협의를 할 수 없는 경우에는 「공익사업을 위한 토지 등의 취득 및 보상에 관한 법률」에 따른 관할 토지수용위원회에 재결(裁決)을 신청할 수 있다. 관할 토지수용위원회의 재결에 관하여는 「공익사업을 위한 토지 등의 취득 및 보상에 관한 법률」 제83조부터 제87조까지의 규정을 준용한다(법 25조 1항 내지 4항).

2. 간선시설의 설치 및 설치비용의 상환

(1) 간선시설의 의의

"간선시설"(幹線施設)이란 도로 · 상하수도 · 전기시설 · 가스시설 · 통신시설 및 지역난방시설 등 주택단지(둘 이상의 주택단지를 동시에 개발하는 경우에는 각각의 주택단지를 말한다) 안의 기간시설을 그 주택단지 밖에 있는 같은 종류의 기간시설에 연결시키는 시설을 말한다. 다만, 가스시설 · 통신시설 및 지역난방시설의 경우에는 주택단지 안의 기간시설을 포함한다(법 2조 17호). 여기서 "기간시설"(基幹施設)이란 도로 · 상하수도 · 전기시설 · 가스시설 · 통신시설 · 지역난방시설 등을 말한다(법 2조 16호).

(2) 간선시설 설치 대상 사업

〈다음 각 호〉에 해당하는 규모 이상의 주택건설사업 또는 대지조성사업을 시행하는 경우 간선시설을 설치하여야 한다(법 28조 1항, 영 39조 1항 및 2항).

1. 주택건설사업
   - 단독주택인 경우: 100호
   - 공동주택인 경우: 100세대(리모델링의 경우 늘어나는 세대수를 기준으로 함)
2. 대지조성사업 : 1만6천500제곱미터

(3) 설치의무자 및 해당 간선시설

〈다음 각 호〉에 해당하는 자는 각각 해당 간선시설을 설치하여야 한다. 다만, 제1호에 해당하는 시설로서 사업주체가 주택건설사업계획 또는 대지조성사업계획에 포함하여 설치하려는 경우에는 그러하지 아니하다(법 28조 1항).

1. 지방자치단체: 도로 및 상하수도시설
2. 해당 지역에 전기 · 통신 · 가스 또는 난방을 공급하는 자: 전기시설 · 통신시설 · 가스시설 또는 지역난방시설
3. 국가: 우체통

♣ 간선시설의 종류별 설치범위 (시행령 별표2)

1. 도로
   주택단지 밖의 기간(基幹)이 되는 도로부터 주택단지의 경계선(단지의 주된 출입구를 말한다. 이하 같다)까지로 하되, 그 길이가 200미터를 초과하는 경우로서 그 초과부분에 한정한다.
2. 상하수도시설
   주택단지 밖의 기간이 되는 상 · 하수도시설부터 주택단지의 경계선까지의 시설로 하되, 그 길이가 200미터를 초과하는 경우로서 그 초과부분에 한정한다.
3. 전기시설
   주택단지 밖의 기간이 되는 시설부터 주택단지의 경계선까지로 한다. 다만, 지중선로는 사업지구 밖의 기간이 되는 시설부터 그 사업지구 안의 가장 가까운 주택단지(사업지구 안에 1개의 주택단지가 있는 경우에는 그 주택단지를 말한다)의 경계선까지로 한다. 다만, 「공공주택 특별법 시행령」 제2조제1항제2호에 따른 국민임대주택을 건설하는 주택단지에 대해서는 국토교통부장관이 산업통상자원부장관과 따로 협의하여 정하는 바에 따른다.
4. 가스공급시설
   주택단지 밖의 기간이 되는 가스공급시설부터 주택단지의 경계선까지로 한다. 다만, 주택단지 안에 취사 및 개별난방용(중앙집중식 난방용은 제외한다)으로 가스를 공급하기 위하여 정압조정실(일정 압력 유지 · 조정실)을 설치하는 경우에는 그 정압조정실까지로 한다.
5. 통신시설(세대별 전화 설치를 위한 시설을 포함한다)
   관로시설은 주택단지 밖의 기간이 되는 시설부터 주택단지 경계선까지, 케이블시설은 주택단지 밖의 기간이 되는 시설부터 주택단지 안의 최초 단자까지로 한다. 다만, 국민주택을 건설하는 주택단지에 설치하는 케이블시설의 경우에는 그 설치 및 유지 · 보수에 관하여는 국토교통부장관이 과학기술정보통신부장관과 따로 협의하여 정하는 바에 따른다.
6. 지역난방시설
   주택단지 밖의 기간이 되는 열수송관의 분기점(해당 주택단지에서 가장 가까운 분기점을 말한다)부터 주택단지 안의 각 기계실입구 차단밸브까지로 한다.

(4) 설치시기 및 비용부담 등

간선시설은 특별한 사유가 없으면 사용검사일까지 설치를 완료하여야 한다(법 28조 2항).

간선시설의 설치 비용은 원칙적으로 설치의무자가 부담한다. 이 경우 도로 및 상하수도시설의 설치 비용은 그 비용의 50퍼센트의 범위에서 국가가 보조할 수 있다(법 28조 3항). 전기간선시설을 지중선로(地中線路)로 설치하는 경우에는 전기를 공급하는 자와 지중에 설치할 것을 요청하는 자가 각각 50퍼센트의 비율로 그 설치 비용을 부담한다. 다만, 사업지구 밖의 기간시설로부터 그 사업지구 안의 가장 가까운 주택단지(사업지구 안에 1개의 주택단지가 있는 경우에는 그 주택단지를 말함)의 경계선까지 전기간선시설을 설치하는 경우에는 전기를 공급하는 자가 부담한다(법 28조 4항).

간선시설 설치의무자가 건설한 주택 또는 조성한 대지의 사용검사일까지 간선시설의 설치를 완료하지 못할 특별한 사유가 있는 경우에는 사업주체가 그 간선시설을 자기부담으로 설치하고 간선시설 설치의무자에게 그 비용의 상환을 요구할 수 있다(법 28조 7항).

3. 공공시설의 귀속

사업주체가 사업계획승인을 받은 사업지구의 토지에 새로 공공시설을 설치하거나 기존의 공공시설에 대체되는 공공시설을 설치하는 경우 그 공공시설의 귀속에 관하여는 「국토의 계획 및 이용에 관한 법률」 제65조[개발행위에 따른 공공시설의 귀속] 및 제99조[도시군계획시설사업의 시행에 따른 공공시설의 귀속]를 준용한다. 이 경우 "개발행위허가를 받은 자"는 "사업주체"로, "개발행위허가"는 "사업계획승인"으로, "행정청인 시행자"는 "한국토지주택공사 및 지방공사"로 본다(법 29조 1항). 따라서 사업주체가 국가 지방자치단체 뿐만 아니라 한국토지주택공사 또는 지방공사인 경우에도 기존 공공시설을 무상으로 귀속받을 수 있다.

제1항 후단에 따라 행정청인 시행자로 보는 한국토지주택공사 및 지방공사는 해당 공사에 귀속되는 공공시설을 해당 국민주택사업을 시행하는 목적 외로는 사용하거나 처분할 수 없다(법 29조 2항).

4. 국공유지 등의 우선 매각 및 임대

국가 또는 지방자치단체는 그가 소유하는 토지를 매각하거나 임대하는 경우에는 〈다음 각 호〉의 어느 하나의 목적으로 그 토지의 매수 또는 임차를 원하는 자가 있으면 그에게 우선적으로 그 토지를 매각하거나 임대할 수 있다(법 30조 1항).

> 1. 국민주택규모의 주택을 대통령령으로 정하는 비율(영 41조 : 50퍼센트) 이상으로 건설하는 주택의 건설
> 2. 주택조합이 건설하는 주택의 건설
> 3. 제1호 또는 제2호의 주택을 건설하기 위한 대지의 조성

국가 또는 지방자치단체는 국공유지를 매수하거나 임차한 자가 그 매수일 또는 임차일부터 2년 이내에 국민주택규모의 주택 또는 조합주택을 건설하지 아니하거나 그 주택을 건설하기 위한 대지조성사업을 시행하지 아니한 경우에는 환매(還買)하거나 임대계약을 취소할 수 있다(법 30조 2항).

5. 환지방식의 도시개발사업으로 조성된 대지의 활용

사업주체가 국민주택용지로 사용하기 위하여 환지방식의 도시개발사업시행자에게 체비지(替費地)의 매각을 요구한 경우 그 도시개발사업시행자는 경쟁입찰의 방식[사업주체가 하나인 경우 수의계약 가능]으로 체비지의 총면적의 50퍼센트의 범위에서 이를 우선적으로 사업주체에게 매각할 수 있다(법 31조 1항, 영 42조).

제1항의 경우 사업주체가 「도시개발법」 제28조에 따른 환지 계획의 수립 전에 체비지의 매각을 요구하면 도시개발사업시행자는 사업주체에게 매각할 체비지를 그 환지 계획에서 하나의 단지로 정하여야 한다(법 31조 2항).

6. 서류의 열람

국민주택을 건설 · 공급하는 사업주체는 주택건설사업 또는 대지조성사업을 시행할 때 필요한 경우에는 등기소나 그 밖의 관계 행정기관의 장에게 필요한 서류의 열람 · 등사나 그 등본 또는 초본의 발급을 무료로 청구할 수 있다(법 32조).

제5절 주택의 건설

1. 주택의 설계 및 시공

(1) 개요

사업계획승인을 받아 건설되는 주택(부대시설과 복리시설을 포함한다. 이하 이 조, 제49조,

제54조 및 제61조에서 같다)을 설계하는 자는 대통령령으로 정하는 설계도서 작성기준에 맞게 설계하여야 하며, 주택을 시공하는 자와 사업주체는 설계도서에 맞게 시공하여야 한다(법 33조 1항 및 2항).

(2) 주택건설공사의 시공 제한

사업계획승인을 받은 주택의 건설공사는 「건설산업기본법」에 따른 건설사업자로서 건설업(건축공사업 또는 토목건축공사업에 한함) 등록을 한자 자 또는 제7조에 따라 건설사업자로 간주하는 등록사업자가 아니면 이를 시공할 수 없다(법 34조 1항).

공동주택의 방수 · 위생 및 냉난방 설비공사는 「건설산업기본법」에 따른 건설사업자로서 대통령령으로 정하는 자(특정열사용기자재를 설치 · 시공하는 경우에는 「에너지이용 합리화법」에 따른 시공업자를 말한다)가 아니면 이를 시공할 수 없다(법 34조 2항).

(3) 설계와 시공의 분리 발주

국가 또는 지방자치단체인 사업주체는 사업계획승인을 받은 주택건설공사의 설계와 시공을 분리하여 발주하여야 한다(법 34조 3항 본문).

다만, 주택건설공사 중 대지구입비를 제외한 총공사비가 500억원 이상인 공사로서 기술관리상 설계와 시공을 분리하여 발주할 수 없는 공사의 경우에는 설계 · 시공 일괄입찰방법으로 시행할 수 있다(법 34조 3항, 영 44조 3항 및 4항).

2. 주택건설의 기준

사업주체가 건설 · 공급하는 주택의 건설 등에 관한 〈다음 각 호〉의 기준(이하 "주택건설기준등"이라 한다)은 대통령령으로 정하며, 그 범위내에서 지방자치단체는 조례로 구체적인 기준을 정할 수 있다(법 35조 1항 및 2항).

1. 주택 및 시설의 배치, 주택과의 복합건축 등에 관한 주택건설기준
2. 세대 간의 경계벽, 바닥충격음 차단구조, 구조내력(構造耐力) 등 주택의 구조 · 설비기준
3. 부대시설의 설치기준
4. 복리시설의 설치기준
5. 대지조성기준
6. 주택의 규모 및 규모별 건설비율

주택법에서는 일반적인 주택건설기준(법 35조) 뿐만 아니라 도시형 생활주택, 에너지절약형 친환경주택, 장수명주택에 대하여 각각 각각 제36조, 제37조, 제38조에서 건설기준을 설정하고 있다.

특히 장수명주택의 경우 인증제도를 운영하고, 장수명 주택을 공급하는 사업주체 및 장수명 주택 취득자에게 법률 등에서 정하는 바에 따라 행정상 · 세제상의 지원을 할 수 있도록 하고 있다. 또한 일정기준 이상의 등급을 인정받은 경우 「국토의 계획 및 이용에 관한 법률」에도 불구하고 대통령령으로 정하는 범위에서 건폐율 · 용적률 · 높이제한을 완화할 수 있도록 하고 있다.

3. 주택의 성능등급

사업주체가 500세대 이상의 공동주택을 공급할 때에는 주택의 성능 및 품질을 입주자가 알 수 있도록 「녹색건축물 조성 지원법」에 따라 〈다음 각 호〉의 공동주택성능에 대한 등급을 발급받아 국토교통부령으로 정하는 방법으로 입주자 모집공고에 표시하여야 한다(법 39조).

1. 경량충격음 · 중량충격음 · 화장실소음 · 경계소음 등 소음 관련 등급
2. 리모델링 등에 대비한 가변성 및 수리 용이성 등 구조 관련 등급
3. 조경 · 일조확보율 · 실내공기질 · 에너지절약 등 환경 관련 등급
4. 커뮤니티시설, 사회적 약자 배려, 홈네트워크, 방범안전 등 생활환경 관련 등급
5. 화재 · 소방 · 피난안전 등 화재 · 소방 관련 등급

사업주체는 공동주택의 경우 기준에 따라 환기시설을 설치하여야 하며(법 40조), 또한 사용검사를 받기전에 바닥충격음성능등급인정기관으로부터 성능검사결과를 받아 사용검사권자에게 제출하여야 하고 기준에 미달하는 경우 보완시공, 손해배상 등의 조치를 권고할 수 있다(법 41조의2). 사업계획승인권자는 주택의 건설에 따른 소음의 피해를 방지하고 주택건설 지역 주민의 평온한 생활을 유지하기 위하여 주택건설사업을 시행하려는 사업주체에게 대통령령으로 정하는 바에 따라 소음방지대책을 수립하도록 하여야 한다(법 42조).

제6절 주택의 감리 및 사용검사

1. 주택의 감리

(1) 감리자 지정

사업계획승인권자가 주택건설사업계획을 승인하였을 때와 시장 · 군수 · 구청장이 리모델링의 허가를 하였을 때에는 「건축사법」 또는 「건설기술 진흥법」에 따른 감리자격이 있는 자를 대통령령으로 정하는 바에 따라 해당 주택건설공사의 감리자로 지정하여야 한다.

다만, 사업주체가 국가 · 지방자치단체 · 한국토지주택공사 · 지방공사 또는 대통령령으로 정하는 자인 경우와 「건축법」 제25조에 따라 공사감리를 하는 도시형 생활주택의 경우에는 그러하지 아니하다(법 43조 1항).

(2) 감리자의 배치 및 업무 등

감리자는 자기에게 소속된 자를 대통령령으로 정하는 바에 따라 감리원으로 배치하고, 〈다음 각 호〉의 업무를 수행하여야 한다(법 44조 1항).

1. 시공자가 설계도서에 맞게 시공하는지 여부의 확인
2. 시공자가 사용하는 건축자재가 관계 법령에 따른 기준에 맞는 건축자재인지 여부의 확인
3. 주택건설공사에 대하여 「건설기술 진흥법」 제55조에 따른 품질시험을 하였는지 여부의 확인
4. 시공자가 사용하는 마감자재 및 제품이 제54조제3항에 따라 사업주체가 시장 · 군수 · 구청장에게 제출한 마감자재 목록표 및 영상물 등과 동일한지 여부의 확인

4의2. 주택건설공사의 하수급인이 시공자격을 갖추었는지 여부의 확인

5. 그 밖에 주택건설공사의 시공감리에 관한 사항으로서 대통령령으로 정하는 사항

감리자는 업무수행 상황을 국토교통부령으로 정하는 바에 따라 사업계획승인권자 및 사업주체에게 보고하여야 한다(법 44조 2항).

감리자는 업무를 수행하면서 위반 사항을 발견하였을 때에는 지체 없이 시공자 및 사업주체에게 위반 사항을 시정할 것을 통지하고, 7일 이내에 사업계획승인권자에게 그 내용을 보고하여야 한다(법 44조 3항). 시공자 및 사업주체는 시정 통지를 받은 경우에는 즉시 해당 공사를 중지하고 위반 사항을 시정한 후 감리자의 확인을 받아야 한다. 이 경우 감리자의 시정 통지에 이의가 있을 때에는 즉시 그 공사를 중지하고 사업계획승인권자에게 서면으로 이의신청을 할 수 있다(법 44조 4항).

사업주체는 감리자와의 계약에 따른 공사감리비를 국토교통부령으로 정하는 바에 따라 사업계획승인권자에게 예치하여야 하며, 사업계획승인권자는 예치받은 공사감리비를 감리자에게 국토교통부령으로 정하는 절차 등에 따라 지급하여야 한다(법 44조 6항 및 7항).

2. 사용검사 전 이행사항

(1) 사전방문

사업주체는 '사용검사'를 받기 전에 입주예정자가 해당 주택을 방문하여 공사 상태를 미리 점검할 수 있게 하여야 한다(법 48조의2 1항). 사전방문 결과 하자[6]가 있다고 판단하는 경우 사업주체에게 보수공사 등 적절한 조치를 해줄 것을 요청할 수 있다(법 48조의2 2항).

하자(제4항에 따라 사용검사권자가 하자가 아니라고 확인한 사항은 제외한다)에 대한 조치 요청을 받은 사업주체는 보수공사 등 적절한 조치를 하여야 한다. 이 경우 입주예정자가 조치를 요청한 하자 중 대통령령으로 정하는 중대한 하자는 대통령령으로 정하는 특별한 사유가 없으면 사용검사를 받기 전까지 조치를 완료하여야 한다(법 48조의2 3항). 입주예정자가 요청한 사항이 하자가 아니라고 판단하는 사업주체는 사용검사를 하는 시장 · 군수 · 구청장에게 하자 여부를 확인해줄 것을 요청할 수 있다(법 48조의2 4항).

사업주체는 제3항에 따라 조치한 내용 및 제4항에 따라 하자가 아니라고 확인받은 사실 등을 대통령령으로 정하는 바에 따라 입주예정자 및 사용검사권자에게 알려야 한다(법 48조의2 5항).

(2) 품질점검단의 설치 및 운영

사업주체가 '사전방문'을 실시한 후 '사용검사'를 신청하기 전에 시 · 도지사는 공동주택의 품질을 점검하여 사업계획의 내용에 적합한 공동주택이 건설되도록 할 목적으로 주택 관련 분야 등의 전문가로 구성된 공동주택 품질점검단을 설치 · 운영할 수 있다(법 48조의3 1항). 품질점검단은 공동주택의 건축 · 구조 · 안전 · 품질관리 등에 대한 시공품질을 점검하여 그 결과를 시 · 도지사(위임된 경우 대도시 시장)와 사용검사권자에게 제출하여야 한다(법 48조의3 2항).

3. 주택의 사용검사

(1) 사용검사 및 분할 · 동별 사용검사

사업주체는 사업계획승인을 받아 시행하는 주택건설사업 또는 대지조성사업을 완료한 경우에는 주택 또는 대지에 대하여 시장 · 군수 · 구청장(국가 또는 한국토지주택공사가 사업주체인 경우와 대통령령으로 정하는 경우에는 국토교통부장관을 말한다. 이하 이 조에서 같다)의 사용검사를 받아야 한다.

다만, 공구별 건설로 사업계획을 승인받은 경우에는 완공된 주택에 대하여 공구별로 사용검사(이하 "분할 사용검사"라 한다)를 받을 수 있고, 사업계획승인 조건의 미이행 등 대통령령으로 정하는 사유가 있는 경우에는 공사가 완료된 주택에 대하여 동별로 사용검사(이하 "동별 사용검사"라 한다)를 받을 수 있다(법 49조 1항).

---

6) 공사상 잘못으로 인하여 균열 · 침하(沈下) · 파손 · 들뜸 · 누수 등이 발생하여 안전상 · 기능상 또는 미관상의 지장을 초래할 정도의 결함을 말한다(법 48조의2 2항).

(2) 사업주체 파산 등의 경우 사용검사

제1항에도 불구하고 〈다음 각 호〉의 구분에 따라 해당 주택의 시공을 보증한 자, 해당 주택의 시공자 또는 입주예정자는 대통령령으로 정하는 바에 따라 사용검사를 받을 수 있다(법 49조 3항).

1. 사업주체가 파산 등으로 사용검사를 받을 수 없는 경우에는 해당 주택의 시공을 보증한 자 또는 입주예정자
2. 사업주체가 정당한 이유 없이 사용검사를 위한 절차를 이행하지 아니하는 경우에는 해당 주택의 시공을 보증한 자, 해당 주택의 시공자 또는 입주예정자(이 경우 사용검사권자는 사업주체가 사용검사를 받지 아니하는 정당한 이유를 밝히지 못하면 사용검사를 거부하거나 지연할 수 없다)

사업주체의 파산 등으로 입주예정자가 사용검사를 받을 때에는「공동주택관리법」제38조제1항에도 불구하고 입주예정자의 대표회의가 사용검사권자에게 사용검사를 신청할 때 하자보수보증금을 예치하여야 한다(법 50조).

(3) 사용검사의 효과

사업주체가 사용검사를 받았을 때에는 사업계획승인에 따라 의제되는 인·허가등에 따른 해당 사업의 사용승인·준공검사 또는 준공인가 등을 받은 것으로 본다. 이 경우 사용검사권자는 미리 관계 행정기관의 장과 협의하여야 한다(법 49조 2항).

사업주체 또는 입주예정자는 사용검사를 받은 후가 아니면 주택 또는 대지를 사용하게 하거나 이를 사용할 수 없다. 다만, 건축물의 동별로 공사가 완료된 경우(주택건설사업) 또는 구획별로 공사가 완료된 경우(대지조성사업)로서 사용검사권자의 임시 사용승인을 받은 경우에는 그러하지 아니하다(법 49조 2항, 영 56조 1항).

제 3 장

주택의 공급

제1절 주택공급의 일반원칙

1. 주택공급의 기준

(1) 적용대상

주택의 공급과 관련된 일반적 원칙과 기준을 담은 주택법 제3장(주택의 공급등)이 적용되는 대상은 '사업주체(법 제2조10호)' 뿐만 아니라 '건축법에 따른 건축허가를 받아 주택 외의 시설과 주택을 동일 건축물로 하여 제15조제1항에 따른 호수[단독주택 30호, 공동주택 30세대] 이상으로 건설 · 공급하는 건축주'와 '사용검사를 받은 주택을 사업주체로부터 일괄하여 양수받은 자'도 포함된다(법 54조 1항 본문).

(2) 입주자모집 승인 및 조건 등

사업주체가 주택을 건설 · 공급하는 경우 〈다음 각 호〉에서 정하는 바에 따라야 하며(법 54조 1항 본문), 세부적인 사항은 국토교통부령[주택공급에관한규칙]으로 정한다.

1. 사업주체(공공주택사업자 제외)가 입주자를 모집하려는 경우
   국토교통부령으로 정하는 바에 따라 시장 · 군수 · 구청장의 승인(복리시설의 경우에는 신고를 말한다)을 받을 것
2. 사업주체가 건설하는 주택을 공급하려는 경우
   가. 국토교통부령으로 정하는 입주자모집의 시기(사업주체 또는 시공자가 영업정지를 받거나 「건설기술 진흥법」 제53조에 따른 벌점이 국토교통부령으로 정하는 기준에 해당하는 경우 등에 달리 정한 입주자모집의 시기를 포함한다) · 조건 · 방법 · 절차, 입주금(입주예정자가 사업주체에게 납입하는 주택가격을 말한다. 이하 같다)의 납부 방법 · 시기 · 절차, 주택공급계약의 방법 · 절차 등에 적합할 것
   나. 국토교통부령으로 정하는 바에 따라 벽지 · 바닥재 · 주방용구 · 조명기구 등을 제외한 부분의 가격을 따로 제시하고, 이를 입주자가 선택할 수 있도록 할 것

이 경우 국가유공자, 보훈보상대상자, 장애인, 철거주택의 소유자, 그 밖에 국토교통부령으로 정하는 대상자에게는 국토교통부령으로 정하는 바에 따라 입주자 모집조건 등을 달리 정하여 별도로 공급할 수 있다(법 54조 1항 단서).

(3) 수분양자의 의무

주택을 공급받으려는 자는 국토교통부령으로 정하는 입주자자격, 재당첨 제한 및 공급 순위 등에 맞게 주택을 공급받아야 한다. 이 경우 투기과열지구 및 조정대상지역에서 건설 · 공급되는 주택을 공급받으려는 자의 입주자자격, 재당첨 제한 및 공급 순위 등은 주택의 수급 상황 및 투기 우려 등을 고려하여 국토교통부령으로 지역별로 달리 정할 수 있다(법 54조 2항).

(4) 견본주택 및 마감재 정보 제공 등

사업주체가 입주자 모집을 위해 시장 · 군수 · 구청장의 승인을 받으려는 경우(사업주체가 국가 · 지방자치단체 · 한국토지주택공사 및 지방공사인 경우에는 견본주택을 건설하는 경우를 말함)에는 견본주택에 사용되는 마감자재의 규격 · 성능 및 재질을 적은 목록표와 견본주택의 각 실의 내부를 촬영한 영상물 등을 제작하여 승인권자에게 제출하여야 한다(법 54조 3항).

사업주체는 주택공급계약을 체결할 때 입주예정자에게 〈다음 각 호〉의 자료 또는 정보를 제공하여야 한다. 다만, 입주자 모집공고에 이를 표시(인터넷에 게재하는 경우를 포함)한 경우에는 그러하지 아니하다(법 54조 4항).

1. 견본주택에 사용된 마감자재 목록표
2. 공동주택 발코니의 세대 간 경계벽에 피난구를 설치하거나 경계벽을 경량구조로 건설한 경우 그에 관한 정보

시장 · 군수 · 구청장은 마감자재 목록표와 영상물 등을 사용검사가 있은 날부터 2년 이상 보관하여야 하며, 입주자가 열람을 요구하는 경우에는 이를 공개하여야 한다(법 54조 5항).

사업주체가 마감자재 생산업체의 부도 등으로 인한 제품의 품귀 등 부득이한 사유로 인하여 사업계획승인 또는 마감자재 목록표의 마감자재와 다르게 마감자재를 시공 · 설치하려는 경우에는 당초의 마감자재와 같은 질 이상으로 설치하여야 한다(법 54조 6항). 이에 따라 사업주체가 마감자재 목록표의 자재와 다른 마감자재를 시공 · 설치하려는 경우에는 그 사실을 입주예정자에게 알려야 한다(법 54조 7항).

(5) 표시 또는 광고의 사본 제출

사업주체는 공급하려는 주택에 대하여 대통령령으로 정하는 내용이 포함된 표시 및 광고(「표시 · 광고의 공정화에 관한 법률」 제2조에 따른 표시 또는 광고를 말한다. 이하 같다)를 한 경우 해당 표시 또는 광고의 사본을 시장 · 군수 · 구청장에게 제출하여야 한다. 이 경우 시장 · 군수 · 구청장은 제출받은 표시 또는 광고의 사본을 사용검사가 있은 날부터 2년 이상 보관하여야 하며, 입주자가 열람을 요구하는 경우 이를 공개하여야 한다(법 54조 8항).

2. 주택의 분양가격 제한 : 분양가 상한제

(1) 분양가상한제의 의의

"분양가상한제"란 공동주택을 분양할 때 일정한 기준에 따라 산정한 가격 이하로만 분양하도록 하는 제도이다. 원래 자유시장경제 체제하에서 아파트 공급은 공급자가 정한 가격에 따라 피분양자와의 자유로운 계약에 따라 공급하는 게 원칙이다. 하지만 우리나라는 한정된 자원, 투기적 수요 등으로 인한 시장질서의 교란과 사회적 혼란을 막기 위해 주택시장에 대해서만은 정부가 적극적으로 개입하고 있다.

(2) 적용지역 및 제외 주택

① 적용지역

사업주체가 일반인에게 공급하는 공동주택 중 〈다음 각 호〉의 어느 하나에 해당하는 지역에서 공급하는 주택의 경우에는 이 조에서 정하는 기준에 따라 산정되는 분양가격 이하로 공급하여야 한다(법 57조 1항).

1. 공공택지
2. 공공택지 외의 택지로서 주택가격 상승 우려가 있어 제58조[분양가상한제 적용지역의 지정 및 해제]에 따라 국토교통부장관이 「주거기본법」에 따른 주거정책심의위원회의 심의를 거쳐 지정하는 지역

② 적용제외

제1항에도 불구하고 〈다음 각 호〉의 어느 하나에 해당하는 경우에는 분양가상한제를 적용하지 아니한다(법 57조 2항).

1. 도시형 생활주택
2. 「경제자유구역의 지정 및 운영에 관한 특별법」 제4조에 따라 지정 · 고시된 경제자유구역에서 건설 · 공급하는 공동주택으로서 같은 법 제25조에 따른 경제자유구역위원회에서 외자유치 촉진과 관련이 있다고 인정하여 이 조에 따른 분양가격 제한을 적용하지 아니하기로 심의 · 의결한 경우
3. 「관광진흥법」 제70조제1항 또는 제2항에 따라 지정된 관광특구에서 건설 · 공급하는 공동주택으로서 해당 건축물의 층수가 50층 이상이거나 높이가 150미터 이상인 경우
4. 한국토지주택공사 또는 지방공사가 〈다음 각 목〉의 정비사업의 시행자로 참여하는 등 대통령령으로 정하는 공공성 요건을 충족하는 경우로서 해당 사업에서 건설 · 공급하는 주택
   가. 「도시 및 주거환경정비법」 제2조제2호에 따른 정비사업으로서 면적, 세대수 등이 대통령령으로 정하는 요건에 해당되는 사업
   나. 「빈집 및 소규모주택 정비에 관한 특례법」 제2조제3호에 따른 소규모주택정비사업

4의2. 「도시 및 주거환경정비법」 제2조제2호나목 후단에 따른 공공재개발사업에서 건설 · 공급하는 주택
5. 「도시재생 활성화 및 지원에 관한 특별법」에 따른 주거재생혁신지구에서 시행하는 혁신지구재생사업 중 대통령령으로 정하는 면적 또는 세대수 이하의 사업에서 건설 · 공급하는 주택

(3) 분양가격 산정기준

분양가 상한제 적용대상의 분양가격은 택지비와 건축비로 구성(토지임대부 분양주택의 경우에는 건축비만 해당한다)되며, 구체적인 명세, 산정방식, 감정평가기관 선정방법 등은 국토교통부령[공동주택 분양가격의 산정 등에 관한 규칙]으로 정한다(법 57조 3항).

분양가격 = 택지비 + 건축비

① 택지비

〈다음 각 호〉에 따라 산정한 금액으로 한다(법 57조 3항).

1. 공공택지에서 주택을 공급하는 경우
   ⇒ 택지 공급가격 + 택지 관련 비용*
   * 규칙 제8조 : 공사비+방음시설설치비+택지대금납부기간이자+필요경비 등
2. 공공택지 외의 택지에서 분양가상한제 적용주택을 공급하는 경우
   ⇒ 택지 감정평가가액 + 택지 관련 비용*
   * 규칙 제9조 : 공사비+방음시설설치비+간선시설설치비+도시공원설치비용+지장물철거비용 등
   다만, 택지 매입가격이 〈다음 각 목〉의 어느 하나에 해당하는 경우에는 감정평가가액 대신에 해당 매입가격(감정평가가액의 120퍼센트 또는 개별공시지가의 150퍼센트 상당금액 범위로 한정)에 택지 관련 비용을 가산한 금액을 택지비로 볼 수 있다. 이 경우 택지비는 주택단지 전체에 동일하게 적용하여야 한다.
   가. 「민사집행법」, 「국세징수법」 또는 「지방세징수법」에 따른 경매 · 공매 낙찰가격
   나. 국가 · 지방자치단체 등 공공기관으로부터 매입한 가격
   다. 그 밖에 실제 매매가격을 확인할 수 있는 경우로서 대통령령으로 정하는 경우

② 건축비

국토교통부장관이 정하여 고시하는 기본형건축비에 국토교통부령으로 정하는 금액을 더한 금액으로 한다. 이 경우 기본형건축비는 시장 · 군수 · 구청장이 해당 지역의 특성을 고려하여 국토교통부령으로 정하는 범위에서 따로 정하여 고시할 수 있다(법 57조 4항).

⇒ 기본형건축비 + 가산비용*
* 규칙 제14조 제2항 [별표1의3] : 특별한 구조 · 설비 · 성능 · 친환경 · 설계 등에 따른 비용, 시공 · 보증 수수료, 공사비 기간이자 등

(4) 분양가격 공시

① 공공택지의 경우

사업주체는 분양가상한제 적용주택으로서 공공택지에서 공급하는 주택에 대하여 입주자모집 승인을 받았을 때에는 입주자 모집공고에 〈다음 각 호[국토교통부령으로 정하는 세분류(細分類) 포함]〉에 대하여 분양가격을 공시하여야 한다(법 57조 5항).

♣ 공공택지 공급주택 분양가격 공시항목 (공동주택 분양가격의 산정 등에 관한 규칙 [별표 2])

항목		세분류(62)
택지비(4)		택지공급가격
		기간이자
		필요적 경비
		그 밖의 비용
공사비(51)	토목(13)	토공사, 흙막이공사, 비탈면보호공사, 옹벽공사, 석축공사, 우수(雨水)·오수(汚水)공사, 공동구 공사, 지하저수조 및 급수공사, 도로포장공사, 교통안전시설물 공사, 정화조시설공사, 조경공사, 부대시설공사
	건축(23)	공통가설공사, 가시설물공사, 지정 및 기초공사, 철골공사, 철근콘크리트 공사, 용접공사, 조적공사, 미장공사, 단열공사, 방수·방습공사, 목공사, 가구공사, 금속공사, 지붕 및 홈통공사, 창호공사, 유리공사, 타일공사, 돌공사, 도장공사, 도배공사, 수장(修粧)공사, 주방용구공사, 그 밖의 건축공사
	기계설비(9)	급수설비공사, 급탕설비공사, 오수·배수설비공사, 위생기구설비공사, 난방설비공사, 가스설비공사, 자동제어설비공사, 특수설비공사, 공조설비공사
	그 밖의 공종(4)	전기설비공사, 정보통신공사, 소방설비공사, 승강기공사
	그 밖의 공사비(2)	일반관리비, 이윤
간접비(6)		설계비, 감리비, 일반분양시설 경비, 분담금 및 부담금, 보상비, 그 밖의 사업비성 경비
그 밖의 비용(1)		제14조제2항에 따라 기본형건축비에 더해지는 비용

비고
1. 택지비 중 "택지공급가격"이란 택지개발사업자로부터 실제로 택지를 공급받은 가격을 말한다.
2. 택지비 중 "기간이자"란 택지를 공급받기 위하여 택지비의 일부 또는 전부를 납부한 경우 그 납부일부터 별표 1의2에 따라 산정한 택지대금에 대한 이자를 말한다.
3. 택지비 중 "필요적 경비"란 제세공과금 등 택지 공급에 따른 필요적 경비를 말한다.
4. 택지비 중 "그 밖의 비용"이란 그 밖에 택지 공급가격에 더하는 비용을 말한다.

☞ 택지비 및 건축비에 가산되는 비용의 공시에는 분양가심사위원회 심사를 받은 내용과 산출근거를 포함하여야 함(법 57조 7항)

② 공공택지 외의 택지

시장 · 군수 · 구청장이 공공택지 외의 택지에서 공급되는 분양가상한제 적용주택 중 분양가격 공시대상은 분양가 상승 우려가 큰 지역으로서 대통령령으로 정하는 기준에 해당되는 지역, 즉 수도권 투기과열지구 또는 주거정책심의회 심의를 거쳐 국토교통부장관이 고시하는 지역(시행령 제59조제5항)에서 공급되는 주택이다.

이 해당주택에 대하여 입주자모집 승인을 하는 경우에는 〈다음 각 호〉의 구분에 따라 분양가격을 공시하여야 한다. 이 경우 제2호부터 제6호까지의 금액은 기본형건축비[특별자치시 · 특별자치도 · 시 · 군 · 구(구는 자치구의 구를 말하며, 이하 "시 · 군 · 구"라 한다)별 기본형건축비가 따로 있는 경우에는 시 · 군 · 구별 기본형건축비]의 항목별 가액으로 한다(법 57조 6항).

1. 택지비	2. 직접공사비	3. 간접공사비
4. 설계비	5. 감리비	6. 부대비

7. 그 밖에 국토교통부령으로 정하는 비용 : 제14조제2항에 따라 기본형건축비에 더해지는 비용

☞ 택지비 및 건축비에 가산되는 비용의 공시에는 분양가심사위원회 심사를 받은 내용과 산출근거를 포함하여야 함(법 57조 7항)

(5) 분양가상한제 적용주택 등의 입주자 거주의무

① 거주의무자(주택) 및 거주의무기간

〈다음 각 호〉의 어느 하나에 해당하는 주택의 입주자(상속받은 자는 제외. 이하 이 조 및 제57조의3에서 "거주의무자"라 함)는 해당 주택의 최초 입주가능일부터 5년 이내의 범위에서 해당 주택의 분양가격과 국토교통부장관이 고시한 방법으로 결정된 인근지역 주택매매가격의 비율에 따라 대통령령으로 정하는 기간(이하 "거주의무기간"이라 함) 동안 계속하여 해당 주택에 거주하여야 한다. 다만, 해외 체류 등 대통령령으로 정하는 부득이한 사유[7]가 있는 경우 그 기간은 해당 주택에 거주한 것으로 본다(법 57조의2 1항).

1. 사업주체가 수도권에서 건설 · 공급하는 분양가상한제 적용주택
2. 행정중심복합도시 중 투기과열지구에서 건설 · 공급하는 주택으로서 국토교통부령으로 정하는 기준에 따라 행정중심복합도시로 이전하거나 신설되는 기관 등에 종사하는 사람에게 입주자 모집조건을 달리 정하여 별도로 공급되는 주택
3. 「도시 및 주거환경정비법」에 따른 공공재개발사업(제57조제1항제2호의 지역에 한정한다)에서 건설 · 공급하는 주택

7) 해외체류, 특별공급받은 군인의 인사발령, 세대원전원 이사, 가정어린이집으로 인가받은 경우 등[시행령 제60조의2 제2항]

② 거주의무주택의 매입

거주의무자가 제1항 단서에 따른 사유 없이 거주의무기간 이내에 거주를 이전하려는 경우 거주의무자는 대통령령으로 정하는 바에 따라 한국토지주택공사(사업주체가 「공공주택 특별법」 제4조에 따른 공공주택사업자인 경우에는 공공주택사업자를 말한다. 이하 이 조 및 제64조에서 같다)에 해당 주택의 매입을 신청하여야 한다(법 57조의2 2항).

한국토지주택공사는 매입신청을 받거나 거주의무자가 거주의무를 위반하였다는 사실을 알게 된 경우 위반사실에 대한 의견청취를 하는 등 대통령령으로 정하는 절차를 거쳐 대통령령으로 정하는 특별한 사유가 없으면 해당 주택을 매입하여야 한다(법 57조의2 3항).

한국토지주택공사가 주택을 매입하는 경우 거주의무자에게 그가 납부한 입주금과 그 입주금에 「은행법」에 따른 은행의 1년 만기 정기예금의 평균이자율을 적용한 이자를 합산한 금액(이하 "매입비용"이라 한다)을 지급한 때에는 그 지급한 날에 한국토지주택공사가 해당 주택을 취득한 것으로 본다(법 57조의2 4항).

제3항 및 제4항에 따라 한국토지주택공사가 취득한 주택을 국토교통부령으로 정하는 바에 따라 공급받은 사람은 제64조제1항에 따른 전매제한기간 중 잔여기간 동안 그 주택을 전매(제64조제1항에 따른 전매를 말한다)할 수 없으며 거주의무기간 중 잔여기간 동안 계속하여 그 주택에 거주하여야 한다(법 57조의2 5항 및 6항).

③ 거주의무 부기등기

거주의무자는 거주의무기간 동안 계속하여 거주하여야 함을 소유권에 관한 등기에 부기등기하여야 한다. 부기등기는 주택의 소유권보존등기와 동시에 하여야 하며, 부기등기에 포함되어야 할 표기내용 등은 대통령령으로 정한다(법 57조의2 5항 및 6항).

(6) 분양가상한제 적용주택 등의 거주실태 조사

국토교통부장관 또는 지방자치단체의 장은 거주의무자 및 제57조의2제7항에 따라 주택을 공급받은 사람(이하 "거주의무자등"이라 함)의 실제 거주 여부를 확인하기 위하여 거주의무자등에게 필요한 서류 등의 제출을 요구할 수 있으며, 소속 공무원으로 하여금 해당 주택에 출입하여 조사하게 하거나 관계인에게 필요한 질문을 하게 할 수 있다(법 57조의3 1항).

(7) 분양가상한제 적용지역의 지정 및 해제

① 지정 대상

국토교통부장관은 주택가격상승률이 물가상승률보다 현저히 높은 지역으로서 그 지역의 주택가격 · 주택거래 등과 지역 주택시장 여건 등을 고려하였을 때 주택가격이 급등하거나 급등할 우려가 있는 지역 중 대통령령으로 정하는 기준을 충족하는 지역을 주거정책심의위원회 심의를 거쳐 분양가상한제 적용 지역으로 지정할 수 있다(법 58조 1항). 여기서 "대통령령으로 정하는 기준을 충족하는 지역"이란 투기과열지구 중 〈다음 각 호〉에 해당하는 지역을 말한다(영 61조 1항).

> 1. 분양가상한제 적용 지역으로 지정하는 날이 속하는 달의 바로 전달[분양가상한제적용직전월]부터 소급하여 12개월간의 아파트 분양가격상승률이 물가상승률(해당 지역이 포함된 시·도 소비자물가상승률을 말한다)의 2배를 초과한 지역.
> 2. 분양가상한제적용직전월부터 소급하여 3개월간의 주택매매거래량이 전년 동기 대비 20퍼센트 이상 증가한 지역
> 3. 분양가상한제적용직전월부터 소급하여 주택공급이 있었던 2개월 동안 해당 지역에서 공급되는 주택의 월평균 청약경쟁률이 모두 5대 1을 초과하였거나 해당 지역에서 공급되는 국민주택규모 주택의 월평균 청약경쟁률이 모두 10대 1을 초과한 지역

② 지정 절차

국토교통부장관은 지정 요건을 충족하는 경우 미리 시·도지사의 의견을 들은 후 주거정책심의위원회 심의를 거쳐 분양가상한제 적용 지역으로 지정할 수 있으며(법 58조 2항), 분양가상한제 적용 지역을 지정하였을 때에는 지체 없이 이를 공고하고, 그 지정 지역을 관할하는 시장·군수·구청장에게 공고 내용을 통보하여야 한다. 이 경우 시장·군수·구청장은 사업주체로 하여금 입주자 모집공고 시 해당 지역에서 공급하는 주택이 분양가상한제 적용주택이라는 사실을 공고하게 하여야 한다(법 58조 3항).

분양가상한제 적용 지역으로 지정된 지역의 시·도지사, 시장, 군수 또는 구청장은 분양가상한제 적용 지역의 지정 후 해당 지역의 주택가격이 안정되는 등 분양가상한제 적용 지역으로 계속 지정할 필요가 없다고 인정하는 경우에는 국토교통부장관에게 그 지정의 해제를 요청할 수 있다(법 58조 6항).

(8) 분양가심사위원회의 운영

시장·군수·구청장은 제57조[주택의 분양가격 제한]에 관한 사항을 심의하기 위하여 분양가심사위원회를 설치·운영하여야 하며(법 59조 1항), 제54조제1항제1호에 따라 입주자모집 승인을 할 때에는 분양가심사위원회의 심사결과에 따라 승인 여부를 결정하여야 한다(법 59조 2항).

분양가심사위원회는 주택 관련 분야 교수, 주택건설 또는 주택관리 분야 전문직 종사자, 관계 공무원 또는 변호사·회계사·감정평가사 등 관련 전문가 10명 이내로 구성하되, 구성 절차 및 운영에 관한 사항은 대통령령으로 정한다(법 59조 3항).

제2절 입주자 모집

1. 입주자 저축

국토교통부장관은 주택을 공급받으려는 자에게 미리 입주금의 전부 또는 일부를 저축(이하 "입주자저축"이라 한다)하게 할 수 있으며, "입주자저축"이란 국민주택과 민영주택을 공급받기 위하여 가입하는 주택청약종합저축을 말한다(법 56조 1항 및 2항).

국토교통부장관은 입주자 자격, 재당첨 제한 여부 확인 등 필요한 경우 입주자저축취급기관의 장에게 입주자저축정보를 제공하도록 요청할 수 있으며(법 56조 5항), 입주자저축정보의 제공 요청을 받은 입주자저축취급기관의 장은 「금융실명거래 및 비밀보장에 관한 법률」 제4조에도 불구하고 입주자저축정보를 제공하여야 한다(법 56조 6항).

그 밖에 입주자저축의 납입방식 · 금액 및 조건 등에 필요한 사항은 국토교통부령으로 정한다(법 56조 9항).

2. 견본주택

사업주체는 주택의 판매촉진과 입주자들을 위하여 견본주택[8]을 건설할 수 있다. 이 경우 견본주택의 내부에 사용하는 마감자재 및 가구는 사업계획승인의 내용과 같은 것으로 시공 · 설치하여야 한다(법 60조 1항).

사업주체는 견본주택의 내부에 사용하는 마감자재를 사업계획승인 또는 마감자재 목록표와 다른 마감자재로 설치하는 경우에는 일반인이 그 해당 사항을 알 수 있도록 국토교통부령으로 정하는 바에 따라 그 공급가격을 표시하여야 한다(법 60조 2항).

견본주택에는 마감자재 목록표와 사업계획승인을 받은 서류 중 평면도와 시방서(示方書)를 갖춰 두어야 하며, 견본주택의 배치 · 구조 및 유지관리 등은 국토교통부령으로 정하는 기준에 맞아야 한다(법 60조 3항).

---

8) 흔히 모델하우스라고도 한다. 건축법상으로는 가설건축물에 해당하며, 주택법에서는 견본주택의 건축기준을 상세히 규정하고 있다.

제3절 입주자 보호 조치 : 저당권설정 등의 제한

1. 제한 기간 및 제한 행위

사업주체는 주택건설사업에 의하여 건설된 주택 및 대지에 대하여는 입주자 모집공고 승인 신청일(주택조합의 경우에는 사업계획승인 신청일을 말한다) 이후부터 입주예정자가 그 주택 및 대지의 소유권이전등기를 신청할 수 있는 날[사업주체가 입주예정자에게 통보한 입주가능일을 말함(법 61조 2항)] 이후 60일까지의 기간 동안 입주예정자의 동의 없이 〈다음 각 호〉의 어느 하나에 해당하는 행위를 하여서는 아니 된다(법 61조 1항).

1. 해당 주택 및 대지에 저당권 또는 가등기담보권 등 담보물권을 설정하는 행위
2. 해당 주택 및 대지에 전세권 · 지상권(地上權) 또는 등기되는 부동산임차권을 설정하는 행위
3. 해당 주택 및 대지를 매매 또는 증여 등의 방법으로 처분하는 행위

다만, 그 주택의 건설을 촉진하기 위하여 〈다음 각 호〉의 경우에는 입주자 동의 없이 저당권 설정 등을 할 수 있다(법 61조 1항 단서, 영 71조 1항).

1. 해당 주택의 입주자에게 주택구입자금의 일부를 융자해 줄 목적으로 주택도시기금이나 〈다음 각 목〉의 금융기관으로부터 주택건설자금의 융자를 받는 경우
   가. 「은행법」에 따른 은행
   나. 「중소기업은행법」에 따른 중소기업은행
   다. 「상호저축은행법」에 따른 상호저축은행
   라. 「보험업법」에 따른 보험회사
   마. 그 밖의 법률에 따라 금융업무를 수행하는 기관으로서 국토교통부령으로 정하는 기관
2. 해당 주택의 입주자에게 주택구입자금의 일부를 융자해 줄 목적으로 제1호 각 목의 금융기관으로부터 주택구입자금의 융자를 받는 경우
3. 사업주체가 파산(「채무자 회생 및 파산에 관한 법률」 등에 따른 법원의 결정 · 인가를 포함한다. 이하 같다), 합병, 분할, 등록말소 또는 영업정지 등의 사유로 사업을 시행할 수 없게 되어 사업주체가 변경되는 경우

2. 부기등기

제1항에 따른 저당권설정 등의 제한을 할 때 사업주체는 해당 주택 또는 대지가 '입주예정자의 동의 없이는 양도하거나 제한물권을 설정하거나 압류 · 가압류 · 가처분 등의 목적물이 될 수 없는 재산임'을 소유권등기에 부기등기(附記登記)하여야 한다. 다만, 사업주체가 국가 · 지방자치단체 및 한국토지주택공사 등 공공기관이거나 해당 대지가 사업주체의 소유가 아닌 경

우 등 대통령령으로 정하는 경우에는 그러하지 아니하다(법 61조 3항).

부기등기는 주택건설 대지에 대하여는 입주자 모집공고 승인 신청(주택건설대지 중 주택조합이 사업계획승인 신청일까지 소유권을 확보하지 못한 부분이 있는 경우에는 그 부분에 대한 소유권이전등기를 말한다)과 동시에, 건설된 주택에 대하여는 소유권보존등기와 동시에 하여야 한다(법 61조 4항).

부기등기일 이후에 해당 대지 또는 주택을 양수하거나 제한물권을 설정받은 경우 또는 압류 · 가압류 · 가처분 등의 목적물로 한 경우에는 그 효력을 무효로 한다. 다만, 사업주체의 경영부실로 입주예정자가 그 대지를 양수받는 경우 등 대통령령으로 정하는 경우에는 그러하지 아니하다(법 61조 5항).

3. 주택건설대지의 신탁

제1항[저당권 설정등의 제한]과 제3항[부기등기]에도 불구하고 사업주체의 재무 상황 및 금융거래 상황이 극히 불량한 경우 등의 사유에 해당되어 주택도시보증공사가 분양보증을 하면서 주택건설대지를 주택도시보증공사에 신탁하게 할 경우에는 사업주체는 그 주택건설대지를 신탁할 수 있다(법 61조 6항).[9]

제6항에 따라 사업주체가 주택건설대지를 신탁하는 경우 신탁등기일 이후부터 입주예정자가 해당 주택건설대지의 소유권이전등기를 신청할 수 있는 날 이후 60일까지의 기간 동안 '해당 신탁의 종료를 원인으로 하는 사업주체의 소유권이전등기청구권에 대한 압류 · 가압류 · 가처분 등은 효력이 없음'을 신탁계약조항에 포함하여야 하며(법 61조 7항), 위 같은 기간 동안 해당 신탁의 종료를 원인으로 하는 사업주체의 소유권이전등기청구권을 압류 · 가압류 · 가처분 등의 목적물로 한 경우에는 그 효력을 무효로 한다(법 61조 8항).[10]

---

9) 이 경우 신탁을 등기원인으로 수탁자인 주택도시보증공사 앞으로 소유권이전 등기가 이루어진다.

10) 이는 사업주체의 채권자가 신탁의 종료를 원인으로 한 사업주체의 보증기관에 대한 소유권이전등기청구권을 압류 · 가압류할 가능성을 배제한 것으로 대법원은 "구 주택법 제40조의 입법 취지와 규정 내용, 금지사항 부기등기와 신탁등기의 관계 등에 비추어 보면, 사업주체가 주택 건설 대지를 대한주택보증에 신탁한 경우, 구 주택법 제40조 제1항의 처분제한 기간이 경과하기 전에는 특별한 사정이 없는 한 당해 대지에 관하여 사업주체가 대한주택보증에 대하여 가지는 신탁의 종료를 원인으로 하는 소유권이전등기청구권은 그 성질상 압류 · 가압류의 대상이 될 수 없고, 이러한 권리를 대상으로 한 압류 · 가압류 결정은 효력이 없다고 할 것"이라 판시한 바 있음[대법원 2014. 6. 26. 선고 2012다2682 판결]

제4절 사용검사 후 매도청구

1. 의의

문중(門中) 소유 토지 등 권리관계가 복잡한 경우 사업주체가 공부(公簿)를 신뢰하고 주택건설을 위한 대지의 소유권을 취득하였으나 소유권이전등기 말소소송 등으로 사업주체가 대지 소유권을 상실하게 되는 수가 있다. 우리나라가 등기의 공신력을 인정하지 않기 때문에 나타날 수 있는 결과이다. 이 경우 주택을 공급받은 자들은 완전한 권리행사를 못하게 되는 상황에 직면한다.

사용검사 후 매도청구제도는 주택(복리시설 포함)의 소유자들이 주택단지 전체 대지에 속하는 일부의 토지에 대한 소유권이전등기 말소소송 등에 따라 사용검사(동별 사용검사 포함)를 받은 이후에 해당 토지의 소유권을 회복한 자(이하 "실소유자"라 함)에게 해당 토지를 시가로 매도할 것을 청구할 수 있도록 한 제도이다(법 62조 1항).

2. 매도청구 소송

주택의 소유자들은 대표자를 선정하여 매도청구에 관한 소송을 제기할 수 있다. 이 경우 대표자는 주택의 소유자 전체의 4분의 3 이상의 동의를 받아 선정한다(법 62조 2항). 대표자 선정에 따라 매도청구에 관한 소송에 대한 판결은 주택의 소유자 전체에 미치게 된다(법 62조 3항).

3. 매도청구 요건

매도청구 해당 토지의 면적이 주택단지 전체 대지 면적의 5퍼센트 미만이어야 하며(법 62조 4항), 매도청구의 의사표시는 실소유자가 해당 토지 소유권을 회복한 날부터 2년 이내에 해당 실소유자에게 송달되어야 한다(법 62조 5항).

4. 매도청구 비용 구상

주택의 소유자들은 매도청구로 인하여 발생한 비용의 전부를 사업주체에게 구상(求償)할 수 있다(법 62조 6항).

제5절 주택의 공급질서 유지

1. 공급질서 교란 금지

(1) 금지행위

누구든지 이 법에 따라 건설 · 공급되는 주택을 공급받거나 공급받게 하기 위하여 입주자저축 증서, 주택상환사채 등 주택을 공급받을 수 있는 증서 또는 지위를 양도 · 양수(매매 · 증여나 그 밖에 권리 변동을 수반하는 모든 행위를 포함하되, 상속 · 저당의 경우는 제외한다. 이하 이 조에서 같다) 또는 이를 알선하거나 양도 · 양수 또는 이를 알선할 목적으로 하는 광고(각종 간행물 · 인쇄물 · 전화 · 인터넷, 그 밖의 매체를 통한 행위를 포함한다)를 하여서는 아니 되며, 누구든지 거짓이나 그 밖의 부정한 방법으로 이 법에 따라 건설 · 공급되는 증서나 지위 또는 주택을 공급받거나 공급받게 하여서는 아니 된다(법 65조 1항).

(2) 금지행위의 효력

국토교통부장관 또는 사업주체는 이를 위반한 자에 대하여는 그 주택 공급을 신청할 수 있는 지위를 무효로 하거나 이미 체결된 주택의 공급계약을 취소하여야 한다(법 65조 2항). 다만 선의의 매수인을 보호하기 위하여 '제1항을 위반한 공급질서 교란 행위가 있었다는 사실을 알지 못하고 주택 또는 주택의 입주자로 선정된 지위를 취득한 매수인이 해당 공급질서 교란 행위와 관련이 없음을 소명하는 경우'에는 이미 체결된 주택의 공급계약을 취소하여서는 아니 된다(법 65조 6항).

국토교통부장관은 제1항을 위반한 자에 대하여 10년의 범위에서 국토교통부령으로 정하는 바에 따라 주택의 입주자자격을 제한할 수 있다(법 65조 5항).

(3) 사업주체의 해당주택 매입

사업주체가 제1항을 위반한 자에게 대통령령으로 정하는 바에 따라 산정한 주택가격에 해당하는 금액을 지급한 경우에는 그 지급한 날에 그 주택을 취득한 것으로 본다(법 65조 3항).

사업주체가 위반 주택을 매입함에 있어 매수인에게 주택가격을 지급하거나, 매수인을 알 수 없어 주택가격의 수령 통지를 할 수 없는 경우 등 대통령령으로 정하는 사유에 해당하는 경우로서 주택가격을 그 주택이 있는 지역을 관할하는 법원에 공탁한 경우에는 그 주택에 입주한 자에게 기간을 정하여 퇴거를 명할 수 있다(법 65조 4항).

2. 주택의 전매행위 제한

(1) 대상주택 및 제한기간

사업주체가 건설 · 공급하는 주택[해당 주택의 입주자로 선정된 지위를 포함]으로서 〈다음 각 호〉의 어느 하나에 해당하는 경우에는 10년 이내의 범위에서 대통령령으로 정하는 기간이 지나기 전에는 그 주택을 전매(매매 · 증여나 그 밖에 권리의 변동을 수반하는 모든 행위를 포함하되, 상속의 경우는 제외)하거나 이의 전매를 알선할 수 없다. 이 경우 전매제한기간은 주택의 수급 상황 및 투기 우려 등을 고려하여 대통령령으로 지역별로 달리 정할 수 있다(법 64조 1항).

1. 투기과열지구에서 건설 · 공급되는 주택
2. 조정대상지역에서 건설 · 공급되는 주택. 다만, 제63조의2제1항제2호에 해당하는 조정대상지역 중 주택의 수급 상황 등을 고려하여 대통령령으로 정하는 지역에서 건설 · 공급되는 주택은 제외한다.
3. 분양가상한제 적용주택. 다만, 수도권 외의 지역 중 주택의 수급 상황 및 투기 우려 등을 고려하여 대통령령으로 정하는 지역으로서 투기과열지구가 지정되지 아니하거나 제63조에 따라 지정 해제된 지역 중 공공택지 외의 택지에서 건설 · 공급되는 분양가상한제 적용주택은 제외한다.
4. 공공택지 외의 택지에서 건설 · 공급되는 주택. 다만, 제57조제2항 각 호의 주택 및 수도권 외의 지역 중 주택의 수급 상황 및 투기 우려 등을 고려하여 대통령령으로 정하는 지역으로서 공공택지 외의 택지에서 건설 · 공급되는 주택은 제외한다.
5. 「도시 및 주거환경정비법」 제2조제2호나목 후단에 따른 공공재개발사업(제57조제1항제2호의 지역에 한정한다)에서 건설 · 공급하는 주택

국토교통부장관은 제1항을 위반한 자에 대하여 10년의 범위에서 국토교통부령으로 정하는 바에 따라 주택의 입주자자격을 제한할 수 있다(법 64조 7항).

(2) 전매가 허용되는 경우

주택을 공급받은 자의 생업상의 사정 등으로 전매가 불가피하다고 인정되는 경우로서 대통령령으로 정하는 경우에는 제1항을 적용하지 아니한다(법 64조 2항). 다만, 제1항제3호[분양가상한제 적용주택]의 주택을 공급받은 자가 전매하는 경우에는 한국토지주택공사가 그 주택을 우선 매입할 수 있다(법 64조 2항 단서).

♣ 전매가 허용되는 경우 : 〈다음 각 호〉의 어느 하나에 해당하여 한국토지주택공사(사업주체가 「공공주택 특별법」의 공공주택사업자인 경우에는 공공주택사업자를 말한다)의 동의를 받은 경우를 말함(영 73조 4항).

1. 세대원(법 제64조제1항 각 호의 주택을 공급받은 사람이 포함된 세대의 구성원을 말한다. 이하 이 조에서 같다)이 근무 또는 생업상의 사정이나 질병치료 · 취학 · 결혼으로 인하여 세대원 전원이 다른 광역시, 특별자치시, 특별자치도, 시 또는 군(광역시의 관할구역에 있는 군은 제외한다)으로 이전하는 경우. 다만, 수도권 안에서 이전하는 경우는 제외한다.
2. 상속에 따라 취득한 주택으로 세대원 전원이 이전하는 경우
3. 세대원 전원이 해외로 이주하거나 2년 이상의 기간 동안 해외에 체류하려는 경우
4. 이혼으로 인하여 입주자로 선정된 지위 또는 주택을 배우자에게 이전하는 경우
5. 「공익사업을 위한 토지 등의 취득 및 보상에 관한 법률」 제78조제1항에 따라 공익사업의 시행으로 주거용 건축물을 제공한 자가 사업시행자로부터 이주대책용 주택을 공급받은 경우(사업시행자의 알선으로 공급받은 경우를 포함한다)로서 시장 · 군수 · 구청장이 확인하는 경우
6. 법 제64조제1항제3호부터 제5호까지의 어느 하나에 해당하는 주택의 소유자가 국가 · 지방자치단체 및 금융기관(제71조제1호 각 목의 금융기관을 말한다)에 대한 채무를 이행하지 못하여 경매 또는 공매가 시행되는 경우
7. 입주자로 선정된 지위 또는 주택의 일부를 배우자에게 증여하는 경우
8. 실직 · 파산 또는 신용불량으로 경제적 어려움이 발생한 경우

(3) 전매주택의 매입

전매제한을 위반하여 주택의 입주자로 선정된 지위의 전매가 이루어진 경우, 사업주체가 매입비용을 그 매수인에게 지급한 경우에는 그 지급한 날에 사업주체가 해당 입주자로 선정된 지위를 취득한 것으로 보며, 제2항 단서에 따라 한국토지주택공사가 분양가상한제 적용주택을 우선 매입하는 경우에도 매입비용을 준용하되, 해당 주택의 분양가격과 인근지역 주택매매가격의 비율 및 해당 주택의 보유기간 등을 고려하여 대통령령으로 정하는 바에 따라 매입금액을 달리 정할 수 있다(법 64조 3항).

(4) 부기등기

사업주체가 제1항제3호[분양가상한제 적용주택] 및 제4호[공공택지외의 주택]에 해당하는 주택을 공급하는 경우에는 그 주택의 소유권을 제3자에게 이전할 수 없음을 소유권에 관한 등기에 부기등기하여야 한다(법 64조 4항).

부기등기는 주택의 소유권보존등기와 동시에 하여야 하며, 부기등기에는 "이 주택은 최초로 소유권이전등기가 된 후에는 「주택법」 제64조제1항에서 정한 기간이 지나기 전에 한국토지주택공사(제64조제2항 단서에 따라 한국토지주택공사가 우선 매입한 주택을 공급받는 자를 포함한다) 외의 자에게 소유권을 이전하는 어떠한 행위도 할 수 없음"을 명시하여야 한다(법 64조 5항).

3. 투기과열지구 및 조정대상지역

(1) 투기과열지구

① 지정권자

국토교통부장관 또는 시 · 도지사는 주택가격의 안정을 위하여 필요한 경우에는 주거정책심의위원회의 심의를 거쳐 일정한 지역을 투기과열지구로 지정하거나 이를 해제할 수 있다(법 63조 1항).

② 지정요건

투기과열지구는 해당 지역의 주택가격상승률이 물가상승률보다 현저히 높은 지역으로서 그 지역의 청약경쟁률 · 주택가격 · 주택보급률 및 주택공급계획 등과 지역 주택시장 여건 등을 고려하였을 때 주택에 대한 투기가 성행하고 있거나 성행할 우려가 있는 지역 중 대통령령으로 정하는 기준을 충족하는 곳이어야 한다(법 63조 2항).

♣ 투기과열지구 지정요건 〈다음 각 호〉 (영 72조의2)

1. 투기과열지구로 지정하는 날이 속하는 달의 바로 전달(투기과열지구지정직전월)부터 소급하여 주택공급이 있었던 2개월 동안 해당 지역에서 공급되는 주택의 월별 평균 청약경쟁률이 모두 5대 1을 초과했거나 국민주택규모 주택의 월별 평균 청약경쟁률이 모두 10대 1을 초과한 곳
2. 〈다음 각 목〉에 해당하는 곳으로서 주택공급이 위축될 우려가 있는 곳
   가. 투기과열지구지정직전월의 주택분양실적이 전달보다 30퍼센트 이상 감소한 곳
   나. 법 제15조에 따른 사업계획승인 건수나 「건축법」 제11조에 따른 건축허가 건수(투기과열지구지정직전월부터 소급하여 6개월간의 건수를 말한다)가 직전 연도보다 급격하게 감소한 곳
3. 신도시 개발이나 주택 전매행위의 성행 등으로 투기 및 주거불안의 우려가 있는 곳으로서 〈다음 각 목〉에 해당하는 곳
   가. 해당 지역이 속하는 시 · 도의 주택보급률이 전국 평균 이하인 곳
   나. 해당 지역이 속하는 시 · 도의 자가주택비율이 전국 평균 이하인 곳
   다. 해당 지역의 분양주택(투기과열지구로 지정하는 날이 속하는 연도의 직전 연도에 분양된 주택을 말한다)의 수가 법 제56조제1항에 따른 입주자저축에 가입한 사람으로서 국토교통부령으로 정하는 사람의 수보다 현저히 적은 곳

③ 지정 및 해제 절차

국토교통부장관 또는 시 · 도지사는 주거정책심의위원회의 심의를 거쳐 투기과열지구를 지정한다. 투기과열지구를 지정하였을 때에는 지체 없이 이를 공고하고, 국토교통부장관은 그 투기과열지구를 관할하는 시장 · 군수 · 구청장에게, 특별시장, 광역시장 또는 도지사는 그 투기과열지구를 관할하는 시장, 군수 또는 구청장에게 각각 공고 내용을 통보하여야 한다. 이 경우 시장 · 군수 · 구청장은 사업주체로 하여금 입주자 모집공고 시 해당 주택건설 지역이 투

기과열지구에 포함된 사실을 공고하게 하여야 한다. 투기과열지구 지정을 해제하는 경우에도 또한 같다(법 63조 3항).

국토교통부장관이 투기과열지구를 지정하거나 해제할 경우에는 미리 시 · 도지사의 의견을 듣고 그 의견에 대한 검토의견을 회신하여야 하며, 시 · 도지사가 투기과열지구를 지정하거나 해제할 경우에는 국토교통부장관과 협의하여야 한다(법 63조 4항).

국토교통부장관 또는 시 · 도지사는 투기과열지구에서 제2항에 따른 지정 사유가 없어졌다고 인정하는 경우에는 지체 없이 투기과열지구 지정을 해제하여야 한다(법 63조 5항).

(2) 조정대상지역

① 지정권자

국토교통부장관은 〈다음 각 호〉의 어느 하나에 해당하는 지역으로서 대통령령으로 정하는 기준을 충족하는 지역을 주거정책심의위원회의 심의를 거쳐 조정대상지역으로 지정할 수 있다(법 63조의2 1항).

1. 주택가격, 청약경쟁률, 분양권 전매량 및 주택보급률 등을 고려하였을 때 주택 분양 등이 과열되어 있거나 과열될 우려가 있는 지역
2. 주택가격, 주택거래량, 미분양주택의 수 및 주택보급률 등을 고려하여 주택의 분양 · 매매 등 거래가 위축되어 있거나 위축될 우려가 있는 지역

② 지정요건

"대통령령으로 정하는 기준을 충족하는 지역"이란 〈다음 각 호〉의 구분에 따른 지역을 말한다(영 72조의3).

1. 법 제63조의2제1항제1호에 해당하는 지역의 경우: 같은 항에 따른 조정대상지역(이하 "조정대상지역"이라 한다)으로 지정하는 날이 속하는 달의 바로 전달(이하 이 항에서 "조정대상지역지정직전월"이라 한다)부터 소급하여 3개월간의 해당 지역 주택가격상승률이 그 지역이 속하는 시 · 도 소비자물가상승률의 1.3배를 초과한 지역으로서 〈다음 각 목〉에 해당하는 지역
   가. 조정대상지역지정직전월부터 소급하여 주택공급이 있었던 2개월 동안 해당 지역에서 공급되는 주택의 월별 평균 청약경쟁률이 모두 5대 1을 초과했거나 국민주택규모 주택의 월별 평균 청약경쟁률이 모두 10대 1을 초과한 지역
   나. 조정대상지역지정직전월부터 소급하여 3개월간의 분양권(주택의 입주자로 선정된 지위를 말한다) 전매거래량이 직전 연도의 같은 기간보다 30퍼센트 이상 증가한 지역
   다. 해당 지역이 속하는 시 · 도의 주택보급률 또는 자가주택비율이 전국 평균 이하인 지역
2. 법 제63조의2제1항제2호에 해당하는 지역의 경우: 조정대상지역지정직전월부터 소급하여 6개월간의 평균 주택가격상승률이 마이너스 1퍼센트 이하인 지역으로서 〈다음 각 목〉에 해당하는 지역

가. 조정대상지역지정직전월부터 소급하여 3개월 연속 주택매매거래량이 직전 연도의 같은 기간보다 20퍼센트 이상 감소한 지역

나. 조정대상지역지정직전월부터 소급하여 3개월간의 평균 미분양주택(법 제15조제1항에 따른 사업계획승인을 받아 입주자를 모집했으나 입주자가 선정되지 않은 주택을 말한다)의 수가 직전 연도의 같은 기간보다 2배 이상인 지역

다. 해당 지역이 속하는 시 · 도의 주택보급률 또는 자가주택비율이 전국 평균을 초과하는 지역

③ 지정 및 해제 절차

국토교통부장관은 조정대상지역을 지정하는 경우에는 미리 시 · 도지사의 의견을 들어야 하며(법 63조의2 3항), 조정대상지역을 지정하였을 때에는 지체 없이 이를 공고하고, 그 조정대상지역을 관할하는 시장 · 군수 · 구청장에게 공고 내용을 통보하여야 한다. 이 경우 시장 · 군수 · 구청장은 사업주체로 하여금 입주자 모집공고 시 해당 주택건설 지역이 조정대상지역에 포함된 사실을 공고하게 하여야 한다(법 63조의2 4항).

국토교통부장관은 조정대상지역으로 유지할 필요가 없다고 판단되는 경우에는 주거정책심의위원회의 심의를 거쳐 조정대상지역의 지정을 해제하여야 한다(법 63조의2 5항).

제 4 장

주택의 리모델링

제1절 리모델링 기본계획

1. 수립권자 및 대상지역

특별시장 · 광역시장 및 대도시의 시장은 관할구역에 대하여 〈다음 각 호〉의 사항을 포함한 리모델링 기본계획을 10년 단위로 수립하여야 한다. 다만, 세대수 증가형 리모델링에 따른 도시과밀의 우려가 적은 경우 등 대통령령으로 정하는 경우에는 리모델링 기본계획을 수립하지 아니할 수 있다(법 71조 1항).

1. 계획의 목표 및 기본방향
2. 도시기본계획 등 관련 계획 검토
3. 리모델링 대상 공동주택 현황 및 세대수 증가형 리모델링 수요 예측
4. 세대수 증가에 따른 기반시설의 영향 검토
5. 일시집중 방지 등을 위한 단계별 리모델링 시행방안
6. 그 밖에 대통령령으로 정하는 사항

대도시가 아닌 시의 시장은 세대수 증가형 리모델링에 따른 도시과밀이나 일시집중 등이 우려되어 도지사가 리모델링 기본계획의 수립이 필요하다고 인정한 경우 리모델링 기본계획을 수립하여야 한다(법 71조 2항).

2. 수립절차

특별시장 · 광역시장 및 대도시의 시장(제71조제2항에 따른 시장을 포함)은 리모델링 기본계획을 수립하거나 변경하려면 14일 이상 주민에게 공람하고, 지방의회의 의견을 들어야 한다. 이 경우 지방의회는 의견제시를 요청받은 날부터 30일 이내에 의견을 제시하여야 하며, 30일 이내에 의견을 제시하지 아니하는 경우에는 이의가 없는 것으로 본다. 다만, 대통령령으로 정하는 경미한 변경인 경우에는 주민공람 및 지방의회 의견청취 절차를 거치지 아니할 수 있다(법 72조 1항).

특별시장 · 광역시장 및 대도시의 시장은 리모델링 기본계획을 수립하거나 변경하려면 관계 행정기관의 장과 협의한 후 도시계획위원회의 심의를 거쳐야 한다(법 72조 2항). 협의를 요청받은 관계 행정기관의 장은 특별한 사유가 없으면 그 요청을 받은 날부터 30일 이내에 의견을 제시하여야 한다(법 72조 3항).

대도시의 시장은 리모델링 기본계획을 수립하거나 변경하려면 도지사의 승인을 받아야 하며, 도지사는 리모델링 기본계획을 승인하려면 시 · 도도시계획위원회의 심의를 거쳐야 한다(법 72조 4항).

3. 기본계획의 고시 등

특별시장 · 광역시장 및 대도시의 시장은 리모델링 기본계획을 수립하거나 변경한 때에는 이를 지체 없이 해당 지방자치단체의 공보에 고시하여야 한다(법 73조 1항).

특별시장 · 광역시장 및 대도시의 시장은 5년마다 리모델링 기본계획의 타당성을 검토하여 그 결과를 리모델링 기본계획에 반영하여야 한다(법 73조 2항).

제2절 안전진단 등

1. 증축형 리모델링의 안전진단

(1) 1차 안전진단

증축형 리모델링을 하려는 자는 시장 · 군수 · 구청장에게 안전진단을 요청하여야 하며, 안전진단을 요청받은 시장 · 군수 · 구청장은 해당 건축물의 증축 가능 여부의 확인 등을 위하여 안전진단을 실시하여야 한다(법 68조 1항).

시장 · 군수 · 구청장은 안전진단을 실시하는 경우에는 대통령령으로 정하는 기관에 안전진단을 의뢰하여야 하며, 안전진단을 의뢰받은 기관은 리모델링을 하려는 자가 추천한 건축구조기술사(구조설계를 담당할 자를 말함)와 함께 안전진단을 실시하여야 한다(법 68조 2항).

안전진단으로 건축물 구조의 안전에 위험이 있다고 평가하여 재건축사업 및 소규모재건축사업의 시행이 필요하다고 결정한 건축물은 증축형 리모델링을 하여서는 아니 된다(법 68조 3항).

(2) 2차 안전진단

수직증축형 리모델링의 경우에는 시장 · 군수 · 구청장은 리모델링을 허가한 후[11]에 해당 건축물의 구조안전성 등에 대한 상세 확인을 위하여 안전진단을 실시하여야 한다. 이 경우 안전진단을 의뢰받은 기관은 건축구조기술사와 함께 안전진단을 실시하여야 하며, 리모델링을 하려는 자는 안전진단 후 구조설계의 변경 등이 필요한 경우에는 건축구조기술사로 하여금 이를 보완하도록 하여야 한다(법 68조 4항).

2. 수직증축형 리모델링의 안전성 검토

(1) 1차 안전성 검토

시장 · 군수 · 구청장은 수직증축형 리모델링을 하려는 자가 「건축법」에 따른 건축위원회의 심의를 요청하는 경우 구조계획상 증축범위의 적정성 등에 대하여 대통령령으로 정하는 전문기관에 안전성 검토를 의뢰하여야 한다(법 69조 1항).

(2) 2차 안전성 검토

수직증축형 리모델링을 하려는 자의 리모델링 허가 신청이 있거나 수직증축형 리모델링 허가 후 2차 안전진단(법 68조 4항)에 따른 안전진단 결과 국토교통부장관이 정하여 고시하는 설계도서의 변경이 있는 경우 제출된 설계도서상 구조안전의 적정성 여부 등에 대하여 제1항에 따라 검토를 수행한 전문기관에 안전성 검토를 의뢰하여야 한다(법 69조 2항).

3. 수직증축형 리모델링의 구조기준

수직증축형 리모델링의 설계자는 국토교통부장관이 정하여 고시하는 구조기준에 맞게 구조설계도서를 작성하여야 한다(법 70조).

11) 일반적으로 리모델링 허가에 따라 주민들의 이주 및 부분철거가 이루어진 후 공사착공 전에 이루어진다.

제3절 리모델링의 허가 등

1. 리모델링 허가 기준

공동주택(부대시설과 복리시설 포함)의 입주자 · 사용자 또는 관리주체가 공동주택을 리모델링하려고 하는 경우에는 허가와 관련된 면적, 세대수 또는 입주자 등의 동의 비율에 관하여 대통령령으로 정하는 기준 및 절차 등에 따라 시장 · 군수 · 구청장의 허가를 받아야 하며(법 66조 1항), 제1항에도 불구하고 대통령령으로 정하는 기준 및 절차 등에 따라 리모델링 결의를 한 리모델링주택조합이나 소유자 전원의 동의를 받은 입주자대표회의가 시장 · 군수 · 구청장의 허가를 받아 리모델링을 할 수 있다(법 66조 2항).

2. 세대수 증가형 리모델링의 허가

시장 · 군수 · 구청장이 세대수 증가형 리모델링[50세대이상으로 세대수가 증가하는 경우로 한정(영 76조 2항)]을 허가하려는 경우에는 기반시설에의 영향이나 도시 · 군관리계획과의 부합 여부 등에 대하여 시 · 군 · 구도시계획위원회의 심의를 거쳐야 한다(법 66조 6항).

리모델링 기본계획 수립 대상지역에서 세대수 증가형 리모델링을 허가하려는 시장 · 군수 · 구청장은 해당 리모델링 기본계획에 부합하는 범위에서 허가하여야 한다(법 66조 9항).

3. 리모델링 허가에 따른 인 · 허가 의제

리모델링에 관하여 시장 · 군수 · 구청장이 관계 행정기관의 장과 협의하여 허가받은 사항에 관하여는 제19조[다른 법률에 따른 인 · 허가등의 의제]를 준용한다(법 66조 5항).

제4절 권리변동계획 수립

세대수가 증가되는 리모델링을 하는 경우에는 기존 주택의 권리변동, 비용분담 등 대통령령으로 정하는 사항에 대한 계획(이하 "권리변동계획"이라 한다)을 수립하여 사업계획승인 또는 행위허가를 받아야 한다(법 67조).

"기존 주택의 권리변동, 비용분담 등 대통령령으로 정하는 사항"이란 〈다음 각 호〉의 사항을 말한다(영 77조 1항).

1. 리모델링 전후의 대지 및 건축물의 권리변동 명세
2. 조합원의 비용분담
3. 사업비
4. 조합원 외의 자에 대한 분양계획
5. 그 밖에 리모델링과 관련된 권리 등에 대하여 해당 시 · 도 또는 시 · 군의 조례로 정하는 사항

기 타

제1절 토지임대부 분양주택

1. 토지임대부 분양주택의 토지에 관한 임대차 관계

토지임대부 분양주택의 토지에 대한 임대차기간은 40년 이내로 한다. 이 경우 토지임대부 분양주택 소유자의 75퍼센트 이상이 계약갱신을 청구하는 경우 40년의 범위에서 이를 갱신할 수 있다(법 78조 1항).

토지임대부 분양주택을 공급받은 자가 토지소유자와 임대차계약을 체결한 경우 해당 주택의 구분소유권을 목적으로 임대차기간 동안 그 토지 위에 지상권이 설정된 것으로 본다(법 78조 2항).

2. 토지임대부 분양주택의 공공매입

토지임대부 분양주택을 공급받은 자가 토지임대부 분양주택을 양도하려는 경우에는 한국토지주택공사에 해당 주택의 매입을 신청하여야 한다(법 78조의2 1항). 한국토지주택공사는 매입신청을 받은 경우 특별한 사유가 없으면 해당 주택을 매입하여야 한다(법 78조의2 2항).

한국토지주택공사가 주택을 매입하는 경우 그 주택을 양도하는 자에게 매입비용을 지급한 때에는 그 지급한 날에 한국토지주택공사가 해당 주택을 취득한 것으로 본다(법 78조의2 3항).

3. 토지임대부 분양주택의 재건축

토지임대부 분양주택의 소유자가 임대차기간이 만료되기 전에 「도시 및 주거환경정비법」 등 도시개발 관련 법률에 따라 해당 주택을 철거하고 재건축을 하고자 하는 경우 「집합건물의 소유 및 관리에 관한 법률」 제47조부터 제49조까지에 따라 토지소유자의 동의를 받아 재건축할 수 있다. 이 경우 토지소유자는 정당한 사유 없이 이를 거부할 수 없다. 재건축하는 경우 해당 주택의 소유자를 「도시 및 주거환경정비법」 제2조제9호나목에 따른 토지등소유자로 본다(법 79

조 1항 및 2항).

재건축한 주택은 토지임대부 분양주택으로 한다. 이 경우 재건축한 주택의 준공인가일부터 제78조제1항에 따른 임대차기간 동안 토지소유자와 재건축한 주택의 조합원 사이에 토지의 임대차기간에 관한 계약이 성립된 것으로 본다. 다만, 토지소유자와 주택소유자가 합의한 경우에는 토지임대부 분양주택이 아닌 주택으로 전환할 수 있다(법 79조 3항 및 4항).

제2절 주택상환사채

1. 주택상환사채의 발행

한국토지주택공사와 등록사업자는 대통령령으로 정하는 바에 따라 주택으로 상환하는 사채(주택상환사채)를 발행할 수 있다. 이 경우 등록사업자는 자본금 · 자산평가액 및 기술인력 등이 대통령령으로 정하는 기준에 맞고 금융기관 또는 주택도시보증공사의 보증을 받은 경우에만 주택상환사채를 발행할 수 있다(법 80조 1항).

주택상환사채를 발행하려는 자는 대통령령으로 정하는 바에 따라 주택상환사채발행계획을 수립하여 국토교통부장관의 승인을 받아야 한다(법 80조 2항).

2. 발행책임과 조건 등

주택상환사채를 발행한 자는 발행조건에 따라 주택을 건설하여 사채권자에게 상환하여야 한다(법 81조 1항).

주택상환사채는 기명증권(記名證券)으로 하고, 사채권자의 명의변경은 취득자의 성명과 주소를 사채원부에 기록하는 방법으로 하며, 취득자의 성명을 채권에 기록하지 아니하면 사채발행자 및 제3자에게 대항할 수 없다(법 81조 2항).

3. 주택상환사채의 효력

제8조[주택건설사업의 등록말소]에 따라 등록사업자의 등록이 말소된 경우에도 등록사업자가 발행한 주택상환사채의 효력에는 영향을 미치지 아니한다(법 82조).

제3절 체납된 분양대금 등의 강제징수

국가 또는 지방자치단체인 사업주체가 건설한 국민주택의 분양대금·임대보증금 및 임대료가 체납된 경우에는 국가 또는 지방자치단체가 국세 또는 지방세 체납처분의 예에 따라 강제징수할 수 있다. 다만, 입주자가 장기간의 질병이나 그 밖의 부득이한 사유로 분양대금·임대보증금 및 임대료를 체납한 경우에는 강제징수하지 아니할 수 있다(법 91조 1항).

한국토지주택공사 또는 지방공사는 그가 건설한 국민주택의 분양대금·임대보증금 및 임대료가 체납된 경우에는 주택의 소재지를 관할하는 시장·군수·구청장에게 그 징수를 위탁할 수 있다. 징수를 위탁받은 시장·군수·구청장은 지방세 체납처분의 예에 따라 이를 징수하여야 한다. 이 경우 시장·군수·구청장이 징수한 금액의 2퍼센트에 해당하는 금액을 해당 시·군·구에 위탁수수료로 지급하여야 한다(법 91조 2항 및 3항).

제8편

농지법

제 1 장

서 설

1. 입법 배경

농지법의 역사는 해방 이후 토지개혁 당시로 거슬러 올라 간다. 2차 대전이 일제의 패망으로 끝나고 우리나라는 일제강점기에서 해방되면서 남과 북은 각각 소련과 미군의 신탁통치에 들어가게 되었다. 이후 북한 공산정권은 1946년 3월 "무상몰수 무상분배"[1]의 원칙아래 강압적으로 토지개혁을 단행하였으며, 남한은 1948년 8월 대한민국이 건국된 후 1949년 6월 "유상매입 유상분배"의 토지개혁 원칙과 함께 「농지개혁법」이 제정되었다. 당시 농지개혁법은 헌법정신에 의거하여 농지를 농민에게 적정하게 분배하기 위하여 비자경(非自耕) · 비농가(非農家)의 농지를 전부 매수하고 농가당 보유할 수 있는 농지 면적을 3정보(町步)로 제한하였으며, 초과된 농지는 다른 농민에게 강제 분배하도록 하고, 농지의 소작, 임대차, 위탁경영 등을 금지하였다. 이로 인해 농지개혁 전인 1947년말 자경농지는 86만8천 정보로 전체농지의 39%에 불과하였으나 4년후인 1951년말에 자경농지는 180만 정보로 전체농지의 92%에 달할 만큼 성공적으로 정착하였다.[2] 농지개혁의 성공으로 생산수단을 매개로한 봉건적 지주제가 해소됨으로써 오늘날 산업화의 밑거름이 되었다.

1949년 제정 이후 45년만에 농지개혁법은 폐지되고 1994년 12월 「농지법」이 제정되어 1996년 1월 1일부터 시행되게 되었다. 기존의 영세농, 생계농 보호 위주로 운용되어온 농지제도를 다양한 농업경영체 육성, 농지 유동화 촉진을 위하여 농지 소유와 거래 및 이용에 관한 각종 규제를 완화하는 한편, 농지개혁법, 농지의보전및이용에관한법률, 농지임대차관리법, 농어촌발전특별법 등 여러 법률에 복잡하게 분산 규정되어 있는 농지관련 법률과 제도를 농지법으로 통합 · 정비하였으며, 이후 10여차례 개정을 거쳐 현행 농지법에 이르게 되었다.

---

1) 무상분배라고 하지만 사실상 경작권만 인정되고 매매는 인정되지 않았다.
2) 한국농촌경제연구원, "농지개혁사연구", 1989, p.1,029

2. 법의 목적

농지법은 농지의 소유 · 이용 · 보전 등에 필요한 사항을 정함으로써 농지를 효율적으로 이용하고 관리하여 농업인의 경영 안정과 농업 생산성 향상을 바탕으로 농업 경쟁력 강화와 국민경제의 균형 있는 발전 및 국토 환경 보전에 이바지하는 것을 목적으로 한다(법 1조).

3. 농지에 관한 기본이념[3)]

농지는 국민에게 식량을 공급하고 국토 환경을 보전(保全)하는 데에 필요한 기반이며 농업과 국민경제의 조화로운 발전에 영향을 미치는 한정된 귀중한 자원이므로 소중히 보전되어야 하고 공공복리에 적합하게 관리되어야 하며, 농지에 관한 권리의 행사에는 필요한 제한과 의무가 따른다(법 3조 1항).

농지는 농업 생산성을 높이는 방향으로 소유 · 이용되어야 하며, 투기의 대상이 되어서는 아니된다(법 3조 2항).

4. 국가와 국민의 의무

국가와 지방자치단체는 농지에 관한 기본 이념이 구현되도록 농지에 관한 시책을 수립하고 시행하여야 한다. 국가와 지방자치단체는 농지에 관한 시책을 수립할 때 필요한 규제와 조정을 통하여 농지를 보전하고 합리적으로 이용할 수 있도록 함으로써 농업을 육성하고 국민경제를 균형 있게 발전시키는 데에 이바지하도록 하여야 한다(법 4조).

모든 국민은 농지에 관한 기본 이념을 존중하여야 하며, 국가와 지방자치단체가 시행하는 농지에 관한 시책에 협력하여야 한다(법 5조).

5. 주요 용어의 정의

이 법에서 사용하는 용어의 뜻은 다음과 같다(법 2조).

---

3) 개별법령에서 목적규정과 별도로 기본이념을 규정하고 있는 경우는 드물다. 농지개혁의 역사적 배경에 바탕을 둔 이념과 정신을 강조하기 위한 것으로 풀이된다.

(1) 농지

"농지"란 〈다음 각 목〉의 어느 하나에 해당하는 토지를 말한다.[4)]

가. 전 · 답, 과수원, 그 밖에 법적 지목(地目)을 불문하고 실제로 농작물 경작지 또는 대통령령으로 정하는 다년생식물* 재배지로 이용되는 토지. 다만, 「초지법」에 따라 조성된 초지 등은 제외함(⇒ 영 2조 1항)

> ♣ 다년생식물
> ① 목초 · 종묘 · 인삼 · 약초 · 잔디 및 조림용 묘목
> ② 과수 · 뽕나무 · 유실수 그 밖의 생육기간이 2년 이상인 식물
> ③ 조경 또는 관상용 수목과 그 묘목(조경목적으로 식재한 것을 제외한다)

나. 가목의 토지의 개량시설과 가목의 토지에 설치하는 농축산물 생산시설로서 대통령령으로 정하는 시설의 부지(⇒ 영 2조 3항)

> ♣ 토지의 개량시설
> ① 유지(溜池: 웅덩이), 양 · 배수시설, 수로, 농로, 제방
> ② 그 밖에 농지의 보전이나 이용에 필요한 시설
> ♣ 농축산물 생산시설
> ① 고정식온실 · 버섯재배사 및 비닐하우스와 그 부속시설
> ② 축사 · 곤충사육사와 농림축산식품부령으로 정하는 그 부속시설
> ③ 간이퇴비장
> ④ 농막 · 간이저온저장고 및 간이액비저장조 중 농림축산식품부령으로 정하는 시설

---

4) 어떤 토지가 농지에 해당되는지 여부는 곧 농지법의 적용대상이 되는지 여부, 농지법상의 각종 의무사항을 위반했는지 여부를 결정한다.

- 공부상 지목이 전(田)인 토지가 농지의 현상을 상실하였으나 상실 상태가 일시적인 것에 불과하여 농지로서의 원상회복이 용이한 경우 이는 농지에 해당[대법원 2015. 3. 12. 선고 2013도10544 판결]
- 공부상 지목이 전(田)인 토지가 농지로서의 현상을 상실하고 그 상실한 상태가 일시적이라고 볼 수 없는 경우, 농지법에 따른 농지전용허가의 대상이 되지 않음[대법원 2010. 6. 24. 선고 2010두6175 판결]
- 농지법상 '농지'였던 토지가 농지전용허가 등을 받지 아니하고 불법 전용되어 현실적으로 다른 용도로 이용되고 있는 경우, 농지법상 '농지'에 해당[대법원 2018. 10. 25. 선고 2018두43095 판결]

(2) 농업인

"농업인"이란 농업에 종사하는 개인으로서 〈다음 각 호〉에 해당하는 자를 말한다(영 3조).

1. 1천제곱미터 이상의 농지에서 농작물 또는 다년생식물을 경작 또는 재배하거나 1년 중 90일 이상 농업에 종사하는 자
2. 농지에 330제곱미터 이상의 고정식온실 · 버섯재배사 · 비닐하우스, 그 밖의 농림축산식품부령으로 정하는 농업생산에 필요한 시설을 설치하여 농작물 또는 다년생식물을 경작 또는 재배하는 자
3. 대가축 2두, 중가축 10두, 소가축 100두, 가금(家禽) 1천수 또는 꿀벌 10군 이상을 사육하거나 1년 중 120일 이상 축산업에 종사하는 자
4. 농업경영을 통한 농산물의 연간 판매액이 120만원 이상인 자

(3) 농업법인

"농업법인"이란 「농어업경영체 육성 및 지원에 관한 법률」 제16조에 따라 설립된 영농조합법인과 같은 법 제19조에 따라 설립되고 업무집행권을 가진 자 중 3분의 1 이상이 농업인인 농업회사법인을 말한다.

(4) 농업경영

"농업경영"이란 농업인이나 농업법인이 자기의 계산과 책임으로 농업을 영위하는 것을 말한다.

(5) 자경

"자경(自耕)"이란 농업인이 그 소유 농지에서 농작물 경작 또는 다년생식물 재배에 상시 종사하거나 농작업(農作業)의 2분의 1 이상을 자기의 노동력으로 경작 또는 재배하는 것과 농업법인이 그 소유 농지에서 농작물을 경작하거나 다년생식물을 재배하는 것을 말한다.

제 2 장

농지의 소유

제1절 농지의 소유제한

1. 원칙

우리나라 농지법은 헌법 제121조의 경자유전(耕者有田)의 원칙(소작농금지)를 이어받아 농지 소유를 엄격히 제한하고 있다. 농지법 제6조 제1항에서는 자기의 농업경영에 이용하거나 이용할 자가 아니면 농지를 소유하지 못한다고 규정하고 있다. 또한 동조 제4항에서는 농지법에서 허용된 경우 외에는 농지 소유에 관한 특례를 정할 수 없다고도 하였다.

2. 예외

(1) 법령 등이 허용하는 경우

〈다음 각 호〉의 어느 하나에 해당하는 경우에는 농지를 소유할 수 있다. 즉, 소유자가 직접 농업경영에 이용하지 않더라도 농지를 소유할 수 있다. 다만, 소유 농지는 농업경영에 이용되도록 하여야 한다(제2호 및 제3호는 제외).(법 6조 2항)

1. 국가나 지방자치단체가 농지를 소유하는 경우
2. 「초 · 중등교육법」 및 「고등교육법」에 따른 학교, 농림축산식품부령으로 정하는 공공단체 · 농업연구기관 · 농업생산자단체 또는 종묘나 그 밖의 농업 기자재 생산자가 그 목적사업을 수행하기 위하여 필요한 시험지 · 연구지 · 실습지 · 종묘생산지 또는 과수 인공수분용 꽃가루 생산지로 쓰기 위하여 농림축산식품부령으로 정하는 바에 따라 농지를 취득하여 소유하는 경우
3. 주말 · 체험영농을 하려고 농업진흥지역 외의 농지를 소유하는 경우
4. 상속[상속인에게 한 유증(遺贈)을 포함한다. 이하 같다]으로 농지를 취득하여 소유하는 경우
5. 대통령령으로 정하는 기간[영 4조 : 8년] 이상 농업경영을 하던 사람이 이농(離農)한 후에도 이농 당시 소유하고 있던 농지를 계속 소유하는 경우
6. 담보농지를 취득하여 소유하는 경우(「자산유동화에 관한 법률」 제3조에 따른 유동화전문회사등이 제13조제1항제1호부터 제4호까지에 규정된 저당권자로부터 농지를 취득하는 경우를 포함한다)

7. 농지전용허가[다른 법률에 따라 농지전용허가가 의제(擬制)되는 인가 · 허가 · 승인 등을 포함한다]를 받거나 농지전용신고를 한 자가 그 농지를 소유하는 경우
8. 농지전용협의를 마친 농지를 소유하는 경우
9. 「한국농어촌공사 및 농지관리기금법」 제24조제2항에 따른 농지의 개발사업지구에 있는 농지로서 대통령령으로 정하는 1천500제곱미터 미만의 농지나 「농어촌정비법」 제98조제3항에 따른 농지를 취득하여 소유하는 경우
9의2. 농업진흥지역 밖의 농지 중 최상단부부터 최하단부까지의 평균경사율이 15퍼센트 이상인 농지로서 대통령령으로 정하는 농지를 소유하는 경우
10. 〈다음 각 목〉의 어느 하나에 해당하는 경우
  가. 「한국농어촌공사 및 농지관리기금법」에 따라 한국농어촌공사가 농지를 취득하여 소유하는 경우
  나. 「농어촌정비법」에 따라 농지를 취득하여 소유하는 경우
  다. 「공유수면 관리 및 매립에 관한 법률」에 따라 매립농지를 취득하여 소유하는 경우
  라. 토지수용으로 농지를 취득하여 소유하는 경우
  마. 농림축산식품부장관과 협의를 마치고 「공익사업을 위한 토지 등의 취득 및 보상에 관한 법률」에 따라 농지를 취득하여 소유하는 경우
  바. 「공공토지의 비축에 관한 법률」에 따른 공공토지비축심의위원회가 비축이 필요하다고 인정하는 토지로서 「국토의 계획 및 이용에 관한 법률」 에 따른 계획관리지역과 자연녹지지역 안의 농지를 한국토지주택공사가 취득하여 소유하는 경우. 이 경우 그 취득한 농지를 전용하기 전까지는 한국농어촌공사에 지체 없이 위탁하여 임대하거나 무상사용하게 하여야 한다.

(2) 농지를 임대 또는 무상사용하게 하는 경우

경자유전의 원칙에 따라 농지의 임대차는 원칙적으로 금지된다. 다만 제한적으로 법률의 규정에 따른 임대차는 허용되며, 이 경우에는 농업인이 아니더라도 농지의 소유를 인정하고 있다. 즉 농지법 제23조제1항제1호부터 제6호까지의 규정에 따라 농지를 임대하거나 무상사용하게 하는 경우에는 제1항 또는 제2항에도 불구하고 임대하거나 무상사용하게 하는 기간 동안 농지를 계속 소유할 수 있다(법 6조 3항).

제2절 농지의 소유상한

1. 원칙 : 소유상한 폐지

1949년 농지개혁 이후 농지소유상한제가 지속되어 왔으나 우리 농업의 경쟁력을 높이기 위해서는 먼저, 영농의 규모화를 이루어야 한다. 이를 위해 정부는 1994년 농지법 개정(1996.1.

1.시행)을 통해 농업진흥지역내의 농지 소유상한을 폐지하였고 2002년 12월 농지법 개정(2003.1.1.시행)으로 농업진흥지역밖의 농지 소유상한까지 폐지하였다.

2. 예외

농지소유상한제를 폐지하면서도 상속등 특별한 경우에는 소유상한을 정하고 있다(법 7조).

상속	상속으로 농지를 취득한 사람으로서 농업경영을 하지 아니하는 사람은 그 상속 농지 중에서 총 1만제곱미터까지만 소유
이농	대통령령으로 정하는 기간[8년] 이상 농업경영을 한 후 이농(離農)한 사람은 이농 당시 소유 농지 중에서 총 1만제곱미터까지만 소유
주말 · 체험영농	주말 · 체험영농을 하려는 사람은 총 1천제곱미터 미만의 농지를 소유(이 경우 면적 계산은 그 세대원 전부가 소유하는 총 면적으로 함)

다만, 위의 상속 또는 이농의 경우 소유상한을 초과하더라도 농지를 계속 소유할 수 있는 특례가 있다. 즉 한국농어촌공사 등에 위탁에 의하여 농지를 임대하거나 무상사용하게 하는 경우에는 그 임대하거나 무상사용하게 하는 기간 동안은 소유 상한을 초과하는 농지를 계속 소유할 수 있다(법 7조 4항).

제3절 농지취득자격증명의 발급

1. 발급대상

농지를 취득하려는 자는 농지 소재지를 관할하는 시장, 구청장, 읍장 또는 면장(이하 "시 · 구 · 읍 · 면의 장"이라 한다)에게서 농지취득자격증명을 발급받아야 한다(법 8조 1항).

다만 〈다음 각 호〉의 어느 하나에 해당하면 농지취득자격증명을 발급받지 아니하고 농지를 취득할 수 있다(법 8조 1항 단서, 영 6조).

1. 제6조제2항제1호[국가, 지방자치단체] · 제4호[상속] · 제6호[담보농지] · 제8호[농지전용협의] 또는 제10호(같은 호 바목은 제외한다)에 따라 농지를 취득하는 경우
2. 농업법인의 합병으로 농지를 취득하는 경우
3. 공유 농지의 분할로 농지를 취득하는 경우
4. 시효의 완성으로 농지를 취득하는 경우
5. 「징발재산정리에 관한 특별조치법」 제20조, 「공익사업을 위한 토지 등의 취득 및 보상에 관한 법률」 제91조에 따른 환매권자가 환매권에 따라 농지를 취득하는 경우

6. 「국가보위에 관한 특별조치법 제5조제4항에 따른 동원대상지역 내의 토지의 수용 · 사용에 관한 특별조치령에 따라 수용 · 사용된 토지의 정리에 관한 특별조치법」 제2조 및 같은 법 제3조에 따른 환매권자 등이 환매권 등에 따라 농지를 취득하는 경우
7. 법 제17조에 따른 농지이용증진사업 시행계획에 따라 농지를 취득하는 경우

2. 신청 · 발급 절차 등

(1) 농업경영계획서 등 제출

농지취득자격증명을 발급받으려는 자는 [농업경영계획서 또는 주말 · 체험영농계획서]를 작성하고 농림축산식품부령으로 정하는 서류를 첨부하여 농지 소재지를 관할하는 [시 · 구 · 읍 · 면의 장]에게 발급신청을 하여야 한다(법 8조 2항).

다만, 제6조제2항제2호 · 제7호 · 제9호 · 제9호의2 또는 제10호바목에 따라 농지를 취득하는 자는 농업경영계획서 또는 주말 · 체험영농계획서를 작성하지 아니하고 농림축산식품부령으로 정하는 서류를 첨부하지 아니하여도 발급신청을 할 수 있다(법 8조 2항 단서).

시 · 구 · 읍 · 면의 장은 제출된 농업경영계획서 또는 주말 · 체험영농계획서를 10년간 보존하여야 한다(법 8조의2).

(2) 농지위원회 심의

시 · 구 · 읍 · 면의 장은 농지 투기가 성행하거나 성행할 우려가 있는 지역의 농지를 취득하려는 자 등 농림축산식품부령으로 정하는 자가 농지취득자격증명 발급을 신청한 경우 농지위원회의 심의를 거쳐야 한다(법 8조 3항).

(3) 농지취득자격증명 발급

시 · 구 · 읍 · 면의 장은 농지취득자격증명의 발급 신청을 받은 때에는 그 신청을 받은 날부터 7일(제2항 단서에 따라 농업경영계획서 또는 주말 · 체험영농계획서를 작성하지 아니하고 농지취득자격증명의 발급신청을 할 수 있는 경우에는 4일, 제3항에 따른 농지위원회의 심의 대상의 경우에는 14일) 이내에 신청인에게 농지취득자격증명을 발급하여야 한다(법 8조 4항).

(4) 등기시 첨부

농지취득자격증명을 발급받아 농지를 취득하는 자가 그 소유권에 관한 등기를 신청할 때에는 농지취득자격증명을 첨부하여야 한다(법 8조 6항).[5)6)]

5) 농지취득자격증명은 농지를 취득하는 자가 그 소유권에 관한 등기를 신청할 때에 첨부하여야 할 서류로서, 농지를

3. 발급 제한

시 · 구 · 읍 · 면의 장은 농지취득자격증명을 발급받으려는 자가 농업경영계획서 또는 주말 · 체험영농계획서에 포함하여야 할 사항을 기재하지 아니하거나 첨부하여야 할 서류를 제출하지 아니한 경우 농지취득자격증명을 발급하여서는 아니 된다(법 8조의3 1항).

또한 1 필지를 공유로 취득하려는 자가 시 · 군 · 구의 조례로 정한 수를 초과한 경우와「농어업경영체 육성 및 지원에 관한 법률」에 따른 실태조사 등에 따라 영농조합법인 또는 농업회사법인이 해산명령 청구 요건에 해당하는 것으로 인정하는 경우에는 농지취득자격증명을 발급하지 아니할 수 있다(법 8조의3 2항 및 3항).

제4절 농지의 처분의무와 처분명령

1. 농업경영에 이용하지 아니하는 농지 등의 처분의무

(1) 처분의무 대상

농지 소유자는 〈다음 각 호〉의 어느 하나에 해당하게 되면 그 사유가 발생한 날부터 1년 이내에 해당 농지(제6호의 경우 농지 소유 상한을 초과하는 면적)를 그 사유가 발생한 날 당시 세대를 같이 하는 세대원이 아닌 자, 그 밖에 농림축산식품부령으로 정하는 자에게 처분하여야 한다(법 10조 1항).

취득하는 자에게 농지취득의 자격이 있다는 것을 증명하는 것일 뿐 농지취득의 원인이 되는 법률행위의 효력을 발생시키는 요건은 아니라고 할 것이므로 농지에 관한 소유권이전등기청구소송에서 비록 원고가 사실심 변론종결시까지 농지취득자격증명을 발급받지 못하였다고 하더라도 피고는 자신의 소유권이전등기의무가 이행불능임을 내세워 원고의 청구를 거부할 수 없다[대법원 2006.1.27. 선고 2005다59871 판결]

6) 농지취득자격증명은 농지를 취득하는 자에게 농지취득의 자격이 있다는 것을 증명하는 것으로, 농지를 취득하려는 자는 농지 소재지를 관할하는 시장, 구청장, 읍장 또는 면장으로부터 농지취득자격증명을 발급받아 농지의 소유권에 관한 등기를 신청할 때에 이를 첨부하여야 한다. 농지를 취득하려는 자가 농지에 관하여 소유권이전등기를 마쳤다고 하더라도 농지취득자격증명을 발급받지 못한 이상 그 소유권을 취득하지 못하고, 농지에 관한 경매절차에서 농지취득자격증명의 발급은 매각허가요건에 해당한다[대법원 2018.7.11. 선고 2014두36518 판결]

1. 소유 농지를 자연재해 · 농지개량 · 질병 등 대통령령으로 정하는 정당한 사유 없이 자기의 농업경영에 이용하지 아니하거나 이용하지 아니하게 되었다고 시장 · 군수 또는 구청장이 인정한 경우
2. 농지를 소유하고 있는 농업회사법인이 제2조제3호의 요건에 맞지 아니하게 된 후 3개월이 지난 경우
3. 제6조제2항제2호에 따라 농지를 취득한 자가 그 농지를 해당 목적사업에 이용하지 아니하게 되었다고 시장 · 군수 또는 구청장이 인정한 경우
4. 제6조제2항제3호에 따라 농지를 취득한 자가 자연재해 · 농지개량 · 질병 등 대통령령으로 정하는 정당한 사유 없이 그 농지를 주말 · 체험영농에 이용하지 아니하게 되었다고 시장 · 군수 또는 구청장이 인정한 경우

4의2. 제6조제2항제4호에 따라 농지를 취득하여 소유한 자가 농지를 제23조제1항제1호에 따라 임대하거나 제23조제1항제6호에 따라 한국농어촌공사에 위탁하여 임대하는 등 대통령령으로 정하는 정당한 사유 없이 자기의 농업경영에 이용하지 아니하거나 이용하지 아니하게 되었다고 시장 · 군수 또는 구청장이 인정한 경우

4의3. 제6조제2항제5호에 따라 농지를 소유한 자가 농지를 제23조제1항제1호에 따라 임대하거나 제23조제1항제6호에 따라 한국농어촌공사에 위탁하여 임대하는 등 대통령령으로 정하는 정당한 사유 없이 자기의 농업경영에 이용하지 아니하거나, 이용하지 아니하게 되었다고 시장 · 군수 또는 구청장이 인정한 경우

5. 제6조제2항제7호에 따라 농지를 취득한 자가 취득한 날부터 2년 이내에 그 목적사업에 착수하지 아니한 경우

5의2. 제6조제2항제10호마목에 따른 농림축산식품부장관과의 협의를 마치지 아니하고 농지를 소유한 경우

5의3. 제6조제2항제10호바목에 따라 소유한 농지를 한국농어촌공사에 지체 없이 위탁하지 아니한 경우

6. 제7조에 따른 농지 소유 상한을 초과하여 농지를 소유한 것이 판명된 경우
7. 자연재해 · 농지개량 · 질병 등 대통령령으로 정하는 정당한 사유 없이 제8조제2항에 따른 농업경영계획서 또는 주말 · 체험영농계획서 내용을 이행하지 아니하였다고 시장 · 군수 또는 구청장이 인정한 경우

(2) 처분의무 통지

시장 · 군수 또는 구청장은 농지의 처분의무가 생긴 농지의 소유자에게 처분 대상 농지, 처분의무 기간 등을 구체적으로 밝혀 그 농지를 처분하여야 함을 알려야 한다(법 10조 2항).[7]

---

7) 시장 등 행정청은 농지의 소유자가 농업경영계획서의 내용을 이행하였는지 여부 및 그 불이행에 정당한 사유가 있는지 여부를 판단하여 그 사유를 인정한 때에는 반드시 농지처분의무통지를 하여야 하는 점, 위 통지를 전제로 농지처분명령, 이행강제금부과 등의 일련의 절차가 진행되는 점 등을 종합하여 보면, 농지처분의무통지는 단순한 관념의 통지에 불과하다고 볼 수는 없고, 상대방인 농지소유자의 의무에 직접 관계되는 독립한 행정처분으로서

2. 농지의 처분명령

(1) 처분명령과 매수청구

시장 · 군수 또는 구청장은 〈다음 각 호〉의 어느 하나에 해당하는 농지소유자에게 6개월 이내에 그 농지를 처분할 것을 명할 수 있다(법 11조 1항).

> 1. 거짓이나 그 밖의 부정한 방법으로 농지취득자격증명을 발급받아 농지를 소유한 것으로 시장 · 군수 또는 구청장이 인정한 경우
> 2. 제10조에 따른 처분의무 기간에 처분 대상 농지를 처분하지 아니한 경우
> 3. 농업법인이 「농어업경영체 육성 및 지원에 관한 법률」 제19조의5를 위반하여 부동산업을 영위한 것으로 시장 · 군수 또는 구청장이 인정한 경우

농지 소유자는 처분명령을 받으면 한국농어촌공사에 그 농지의 매수를 청구할 수 있으며, 한국농어촌공사는 매수 청구를 받으면 「부동산 가격공시에 관한 법률」에 따른 공시지가(해당 토지의 공시지가가 없으면 개별 토지 가격을 말한다)를 기준으로 해당 농지를 매수할 수 있다. 이 경우 인근 지역의 실제 거래 가격이 공시지가보다 낮으면 실제 거래 가격을 기준으로 매수할 수 있다(법 11조 2항 및 3항).

(2) 처분명령의 유예

시장 · 군수 또는 구청장은 처분의무 기간에 처분 대상 농지를 처분하지 아니한 농지 소유자가 〈다음 각 호〉의 어느 하나에 해당하면 처분의무 기간이 지난 날부터 3년간 처분명령을 직권으로 유예할 수 있다(법 12조 1항).

> 1. 해당 농지를 자기의 농업경영에 이용하는 경우
> 2. 한국농어촌공사나 그 밖에 대통령령으로 정하는 자와 해당 농지의 매도위탁계약을 체결한 경우

(3) 이행강제금 부과

시장 · 군수 또는 구청장은 처분명령을 받은 후 정당한 사유 없이 지정기간까지 그 처분명령을 이행하지 아니한 자에 대하여 해당 농지의 감정가격 또는 개별공시지가(개별공시지가가 없는 경우 표준지공시지가) 중 더 높은 가액의 100분의 25에 해당하는 이행강제금을 부과한다(법 63조 1항).

항고소송의 대상이 된다[대법원 2003. 11.14. 선고 2001두8742 판결]

제5절 담보농지의 취득

농지의 저당권자가 농업협동조합, 농어촌공사, 금융기관, 한국자산관리공사 등 법령의 규정에 해당하는 자인 경우 농지 저당권 실행을 위한 경매기일을 2회 이상 진행하여도 경락인(競落人)이 없으면 그 후의 경매에 참가하여 그 담보 농지를 취득할 수 있다(법 13조).

제 3 장

농지의 이용

제1절 농지의 이용증진 등

시장 · 군수 · 자치구구청장, 한국농어촌공사, 그 밖에 대통령령으로 정하는 자(이하 "사업시행자"라 한다)는 농지이용계획에 따라 농지 이용을 증진하기 위하여 〈다음 각 호〉의 어느 하나에 해당하는 사업(이하 "농지이용증진사업"이라 한다)을 시행할 수 있다(법 15조).

1. 농지의 매매 · 교환 · 분합 등에 의한 농지 소유권 이전을 촉진하는 사업
2. 농지의 장기 임대차, 장기 사용대차에 따른 농지 임차권(사용대차에 따른 권리를 포함한다. 이하 같다) 설정을 촉진하는 사업
3. 위탁경영을 촉진하는 사업
4. 농업인이나 농업법인이 농지를 공동으로 이용하거나 집단으로 이용하여 농업경영을 개선하는 농업 경영체 육성사업

제2절 농지의 임대차 등

1. 임대차 등 가능한 경우

원칙적으로 농지를 임대하거나 무상사용하게 할 수 없다. 다만 〈다음 각 호〉의 어느 하나에 해당하는 경우에만 가능하다(법 23조).

1. 제6조제2항제1호 · 제4호부터 제9호까지 · 제9호의2 및 제10호의 규정에 해당하는 농지를 임대하거나 무상사용하게 하는 경우
2. 제17조에 따른 농지이용증진사업 시행계획에 따라 농지를 임대하거나 무상사용하게 하는 경우
3. 질병, 징집, 취학, 선거에 따른 공직취임, 그 밖에 대통령령으로 정하는 부득이한 사유로 인하여 일시적으로 농업경영에 종사하지 아니하게 된 자가 소유하고 있는 농지를 임대하거나 무상사용하게 하는 경우

4. 60세 이상인 사람으로서 대통령령으로 정하는 사람이 소유하고 있는 농지 중에서 자기의 농업경영에 이용한 기간이 5년이 넘은 농지를 임대하거나 무상사용하게 하는 경우
5. 제6조제1항에 따라 개인이 소유하고 있는 농지 중 3년 이상 소유한 농지를 주말 · 체험영농을 하려는 자에게 임대하거나 무상사용하게 하는 경우, 또는 주말 · 체험영농을 하려는 자에게 임대하는 것을 업(業)으로 하는 자에게 임대하거나 무상사용하게 하는 경우
5의2. 제6조제1항에 따라 농업법인이 소유하고 있는 농지를 주말 · 체험영농을 하려는 자에게 임대하거나 무상사용하게 하는 경우
6. 제6조제1항에 따라 개인이 소유하고 있는 농지 중 3년 이상 소유한 농지를 한국농어촌공사나 그 밖에 대통령령으로 정하는 자에게 위탁하여 임대하거나 무상사용하게 하는 경우
7. 〈다음 각 목〉의 어느 하나에 해당하는 농지를 한국농어촌공사나 그 밖에 대통령령으로 정하는 자에게 위탁하여 임대하거나 무상사용하게 하는 경우
   가. 상속으로 농지를 취득한 사람으로서 농업경영을 하지 아니하는 사람이 제7조제1항에서 규정한 소유 상한을 초과하여 소유하고 있는 농지
   나. 대통령령으로 정하는 기간 이상 농업경영을 한 후 이농한 사람이 제7조제2항에서 규정한 소유 상한을 초과하여 소유하고 있는 농지
8. 자경 농지를 농림축산식품부장관이 정하는 이모작을 위하여 8개월 이내로 임대하거나 무상사용하게 하는 경우
9. 대통령령으로 정하는 농지 규모화, 농작물 수급 안정 등을 목적으로 한 사업을 추진하기 위하여 필요한 자경 농지를 임대하거나 무상사용하게 하는 경우

2. 임대차 기간

제23조제1항 각 호(제8호는 제외한다)의 임대차 기간은 3년 이상으로 하여야 한다. 다만, 다년생식물 재배지 등 대통령령으로 정하는 농지의 경우에는 5년 이상으로 하여야 한다(법 24조의2 1항). 임대차 기간을 정하지 아니하거나 제1항에 따른 기간 미만으로 정한 경우에는 제1항에 따른 기간으로 약정된 것으로 본다. 다만, 임차인은 제1항에 따른 기간 미만으로 정한 임대차 기간이 유효함을 주장할 수 있다(법 24조의2 2항).

임대인은 제1항 및 제2항에도 불구하고 질병, 징집 등 대통령령으로 정하는 불가피한 사유가 있는 경우에는 임대차 기간을 제1항에 따른 기간 미만으로 정할 수 있다(법 24조의2 3항).

제1항부터 제3항까지의 규정에 따른 임대차 기간은 임대차계약을 연장 또는 갱신하거나 재계약을 체결하는 경우에도 동일하게 적용한다(법 24조의2 4항).

3. 묵시의 갱신

임대인이 임대차 기간이 끝나기 3개월 전까지 임차인에게 임대차계약을 갱신하지 아니한다는 뜻이나 임대차계약 조건을 변경한다는 뜻을 통지하지 아니하면 그 임대차 기간이 끝난 때에 이전의 임대차계약과 같은 조건으로 다시 임대차계약을 한 것으로 본다(법 25조).

농지의 보전 등

제1절 농업진흥지역의 지정 및 행위제한

1. 농업진흥지역의 지정

(1) 농업진흥지역의 의의 및 구분

농업진흥지역은 농지를 효율적으로 이용하고 보전하기 위하여 시 · 도지사가 지정하는 지역이다.[8] 농업진흥지역은 〈다음 각 호〉의 용도구역으로 구분하여 지정할 수 있다(법 28조 1항 및 2항).

농업진흥구역	농업의 진흥을 도모하여야 하는 〈다음 각 목〉의 어느 하나에 해당하는 지역으로서 농림축산식품부장관이 정하는 규모로 농지가 집단화되어 농업 목적으로 이용할 필요가 있는 지역 가. 농지조성사업 또는 농업기반정비사업이 시행되었거나 시행 중인 지역으로서 농업용으로 이용하고 있거나 이용할 토지가 집단화되어 있는 지역 나. 가목에 해당하는 지역 외의 지역으로서 농업용으로 이용하고 있는 토지가 집단화되어 있는 지역
농업보호구역	농업진흥구역의 용수원 확보, 수질 보전 등 농업 환경을 보호하기 위하여 필요한 지역

(2) 농업진흥지역의 지정 대상

농업진흥지역 지정은 「국토의 계획 및 이용에 관한 법률」에 따른 녹지지역 · 관리지역 · 농림지역 및 자연환경보전지역을 대상으로 한다. 다만, 특별시의 녹지지역은 제외한다(법 28조 3항).

8) 전국의 농지는 결국 농업진흥지역 안의 농지, 농업진흥지역 밖의 농지로 구분할 수 있으며, 전자는 다시 농업진흥구역과 농업보호구역으로 구분할 수 있다.

(3) 농업진흥지역의 지정 절차

시 · 도지사는 시 · 도 농업 · 농촌및식품산업정책심의회의 심의를 거쳐 농림축산식품부장관의 승인[국토교통부장관 사전협의]을 받아 농업진흥지역을 지정하며(법 29조 1항), 농업진흥지역을 지정하면 지체 없이 이 사실을 고시하고 관계 기관에 통보하여야 하며, 시장 · 군수 또는 자치구구청장으로 하여금 일반인에게 열람하게 하여야 한다(법 29조 2항).

2. 농업진흥지역에서의 행위제한

(1) 농업진흥구역의 경우

농업진흥구역에서는 농업 생산 또는 농지 개량과 직접적으로 관련된 행위로서 대통령령으로 정하는 행위 외의 토지이용행위를 할 수 없다. 다만, 〈다음 각 호〉의 토지이용행위는 농업진흥구역에서도 가능하다(법 32조 1항).

1. 농수산물의 가공 · 처리 시설의 설치 및 농수산업 관련 시험 · 연구 시설의 설치
2. 어린이놀이터, 마을회관 등 농업인의 공동생활에 필요한 편의 시설 및 이용 시설의 설치
3. 농업인 주택, 어업인 주택, 농업용 시설, 축산업용 시설 또는 어업용 시설의 설치
4. 국방 · 군사 시설의 설치
5. 하천, 제방, 그 밖에 이에 준하는 국토 보존 시설의 설치
6. 문화재의 보수 · 복원 · 이전, 매장 문화재의 발굴, 비석이나 기념탑, 그 밖에 이와 비슷한 공작물의 설치
7. 도로, 철도, 그 밖에 대통령령으로 정하는 공공시설의 설치
8. 지하자원 개발을 위한 탐사 또는 지하광물 채광(採鑛)과 광석의 선별 및 적치(積置)를 위한 장소로 사용하는 행위
9. 농어촌 소득원 개발 등 농어촌 발전에 필요한 시설로서 대통령령으로 정하는 시설의 설치

♣ 농업진흥구역에서 할 수 있는 행위 (영 29조 1항)

1. 농작물의 경작
2. 다년생식물의 재배
3. 고정식온실 · 버섯재배사 및 비닐하우스와 농림축산식품부령으로 정하는 그 부속시설의 설치
4. 축사 · 곤충사육사와 농림축산식품부령으로 정하는 그 부속시설의 설치
5. 간이퇴비장의 설치
6. 농지개량사업 또는 농업용수개발사업의 시행
7. 농막 · 간이저온저장고 및 간이액비 저장조 중에서 농림축산식품부령으로 정하는 시설의 설치

(2) 농업보호구역의 경우

농업보호구역에서 가능한 행위는 다음과 같다(법 32조 2항).

> 1. 제1항에 따라 허용되는 토지이용행위
> 2. 농업인 소득 증대에 필요한 시설로서 대통령령으로 정하는 건축물 · 공작물, 그 밖의 시설의 설치
> 3. 농업인의 생활 여건을 개선하기 위하여 필요한 시설로서 대통령령으로 정하는 건축물 · 공작물, 그 밖의 시설의 설치

제2절 농지의 전용

1. 농지전용의 의의

"농지의 전용"이란 농지를 농작물의 경작이나 다년생식물의 재배 등 농업생산 또는 농지개량 외의 용도로 사용하는 것을 말한다. 다만, 제1호나목에서 정한 용도로 사용하는 경우에는 전용(轉用)으로 보지 아니한다(법 2조 7호).

2. 농지전용의 허가 및 신고

(1) 농지전용의 허가 · 사전협의

농지를 전용하려는 자는 농림축산식품부장관의 허가(다른 법률에 따라 농지전용허가가 의제되는 협의를 포함)를 받아야 한다. 허가받은 농지의 면적 또는 경계 등 대통령령으로 정하는 중요 사항을 변경하려는 경우에도 또한 같다(법 34조 1항).

다만 〈다음 각 호〉의 어느 하나에 해당하는 경우에는 허가를 필요로 하지 않는다(법 34조 1항).

> 1. 삭제 〈2023. 8. 16.〉
> 2. 「국토의 계획 및 이용에 관한 법률」에 따른 도시지역 또는 계획관리지역에 있는 농지로서 제2항에 따른 협의를 거친 농지나 제2항제1호 단서에 따라 협의 대상에서 제외되는 농지를 전용하는 경우
> 3. 제35조에 따라 농지전용신고를 하고 농지를 전용하는 경우
> 4. 「산지관리법」 제14조에 따른 산지전용허가를 받지 아니하거나 같은 법 제15조에 따른 산지전용신고를 하지 아니하고 불법으로 개간한 농지를 산림으로 복구하는 경우
> 5. 삭제 〈2024. 1. 2.〉

주무부장관이나 지방자치단체의 장은 〈다음 각 호〉의 어느 하나에 해당하면농림축산식품부장관과 미리 농지전용에 관한 협의를 하여야 한다(법 34조 2항).

1. 「국토의 계획 및 이용에 관한 법률」에 따른 도시지역에 주거지역 · 상업지역 · 공업지역을 지정하거나 같은 법에 따른 도시지역에 도시 · 군계획시설을 결정할 때에 해당 지역 예정지 또는 시설 예정지에 농지가 포함되어 있는 경우. 다만, 이미 지정된 주거지역 · 상업지역 · 공업지역을 다른 지역으로 변경하거나 이미 지정된 주거지역 · 상업지역 · 공업지역에 도시 · 군계획시설을 결정하는 경우는 제외한다.

1의2. 「국토의 계획 및 이용에 관한 법률」에 따른 계획관리지역에 지구단위계획구역을 지정할 때에 해당 구역 예정지에 농지가 포함되어 있는 경우

2. 「국토의 계획 및 이용에 관한 법률」에 따른 도시지역의 녹지지역 및 개발제한구역의 농지에 대하여 같은 법 제56조에 따라 개발행위를 허가하거나 「개발제한구역의 지정 및 관리에 관한 특별조치법」 제12조제1항 각 호 외의 부분 단서에 따라 토지의 형질변경허가를 하는 경우

(2) 농지전용의 신고

농지를 〈다음 각 호〉의 어느 하나에 해당하는 시설의 부지로 전용하려는 자는 시장 · 군수 또는 자치구구청장에게 신고하여야 한다. 신고한 사항을 변경하려는 경우에도 또한 같다(법 35조 1항).

1. 농업인 주택, 어업인 주택, 농축산업용 시설(제2조제1호나목에 따른 개량시설과 농축산물 생산시설은 제외한다), 농수산물 유통 · 가공 시설
2. 어린이놀이터 · 마을회관 등 농업인의 공동생활 편의 시설
3. 농수산 관련 연구 시설과 양어장 · 양식장 등 어업용 시설

3. 농지의 타용도 일시사용 허가 및 신고

(1) 타용도 일시사용의 허가

농지를 〈다음 각 호〉의 어느 하나에 해당하는 용도로 일시 사용하려는 자는 “일정 기간 사용한 후 농지로 복구한다”는 조건으로 시장 · 군수 또는 자치구구청장의 허가를 받아야 한다. 허가받은 사항을 변경하려는 경우에도 또한 같다. 다만, 국가나 지방자치단체의 경우에는 시장 · 군수 또는 자치구구청장과 협의하여야 한다(법 36조 1항).

1. 「건축법」에 따른 건축허가 또는 건축신고 대상시설이 아닌 간이 농수축산업용 시설(제2조제1호 나목에 따른 개량시설과 농축산물 생산시설은 제외한다)과 농수산물의 간이 처리 시설을 설치하는 경우
2. 주(主)목적사업(해당 농지에서 허용되는 사업만 해당한다)을 위하여 현장 사무소나 부대시설, 그 밖에 이에 준하는 시설을 설치하거나 물건을 적치(積置)하거나 매설(埋設)하는 경우
3. 대통령령으로 정하는 토석과 광물을 채굴하는 경우
4. 「전기사업법」 제2조제1호의 전기사업을 영위하기 위한 목적으로 설치하는 「신에너지 및 재생에너지 개발 · 이용 · 보급 촉진법」 제2조제2호가목에 따른 태양에너지 발전설비(이하 "태양에너지 발전설비"라 한다)로서 〈다음 각 목〉의 요건을 모두 갖춘 경우
   가. 「공유수면 관리 및 매립에 관한 법률」 제2조에 따른 공유수면매립을 통하여 조성한 토지 중 토양 염도가 일정 수준 이상인 지역 등 농림축산식품부령으로 정하는 지역에 설치하는 시설일 것
   나. 설치 규모, 염도 측정방법 등 농림축산식품부장관이 별도로 정한 요건에 적합하게 설치하는 시설일 것
4. 「건축법」에 따른 건축허가 또는 건축신고 대상시설이 아닌 작물재배사(고정식온실 · 버섯재배사 및 비닐하우스는 제외한다) 중 농업생산성 제고를 위하여 정보통신기술을 결합한 시설로서 대통령령으로 정하는 요건을 모두 갖춘 시설을 설치하는 경우

(2) 타용도 일시사용의 신고

농지를 〈다음 각 호〉의 어느 하나에 해당하는 용도로 일시사용하려는 자는 대통령령으로 정하는 바에 따라 지력을 훼손하지 아니하는 범위에서 일정 기간 사용한 후 농지로 원상복구한다는 조건으로 시장 · 군수 또는 자치구구청장에게 신고하여야 한다. 신고한 사항을 변경하려는 경우에도 또한 같다. 다만, 국가나 지방자치단체의 경우에는 시장 · 군수 또는 자치구구청장과 협의하여야 한다(법 36조의2 1항).

1. 썰매장, 지역축제장 등으로 일시적으로 사용하는 경우
2. 제36조제1항제1호 또는 제2호에 해당하는 시설을 일시적으로 설치하는 경우

4. 농지의 전용 및 타용도 일시사용에 대한 허가 등의 제한

(1) 전용 허가의 제한

농림축산식품부장관은 농지전용허가를 결정할 경우 대기오염배출시설, 폐수배출시설, 농업진흥이나 농지보전을 해칠 우려가 있는 시설의 부지로 사용하려는 농지는 전용을 허가할 수 없다. 다만, 「국토의 계획 및 이용에 관한 법률」에 따른 도시지역 · 계획관리지역 및 개발진흥지구에 있는 농지는 전용을 허가할 수 있다(법 37조 1항).

(2) 전용 허가 · 협의 및 일시사용 허가 · 협의의 제한

농림축산식품부장관, 시장 · 군수 또는 자치구구청장은 농지전용 허가 및 협의를 하거나 농지의 타용도 일시사용허가 및 협의를 할 때 우량농지 보전, 농지 및 농지개량지설 훼손 예방 등을 위하여 전용을 제한하거나 타용도 일시사용을 제한할 수 있다(법 37조 2항).

5. 농지전용 허가의 취소 등

(1) 전용허가의 취소

농림축산식품부장관, 시장 · 군수 또는 자치구구청장은 농지전용허가 또는 농지의 타용도 일시사용허가를 받았거나 농지전용신고 또는 농지의 타용도 일시사용신고를 한 자가 거짓이나 부정, 허가 조건 위반 등이 있는 경우 허가를 취소하거나 관계 공사의 중지, 조업의 정지, 사업규모의 축소 또는 사업계획의 변경, 그 밖에 필요한 조치를 명할 수 있다(단, 제7호에 해당하면 그 허가를 취소하여야 함)(법 39조 1항).

(2) 사업승인 등의 취소 요청

농림축산식품부장관은 다른 법률에 따라 농지의 전용이 의제되는 협의를 거쳐 농지를 전용하려는 자가 농지보전부담금 부과 후 농지보전부담금을 납부하지 아니하고 2년 이내에 농지전용의 원인이 된 목적사업에 착수하지 아니하는 경우 관계 기관의 장에게 그 목적사업에 관련된 승인 · 허가 등의 취소를 요청할 수 있다. 이 경우 취소를 요청받은 관계 기관의 장은 특별한 사유가 없으면 이에 따라야 한다.(법 39조 2항).

6. 농지보전부담금

(1) 농지보전부담금 납부의무자

농지보전부담금은 농지를 다른 용도로 전용하는 자가 농지의 보전 · 관리 및 조성을 위하여 농지관리기금을 운용 · 관리하는 자에게 납부하는 부담금이다. 농지보전부담금을 납부해야하는 자는 다음과 같다(법 38조 1항).

1. 제34조제1항에 따라 농지전용허가를 받는 자
2. 제34조제2항제1호에 따라 농지전용협의를 거친 지역 예정지 또는 시설 예정지에 있는 농지(같은 호 단서에 따라 협의 대상에서 제외되는 농지를 포함한다)를 전용하려는 자

2의2. 제34조제2항제1호의2에 따라 농지전용에 관한 협의를 거친 구역 예정지에 있는 농지를 전용하려는 자

3. 제34조제2항제2호에 따라 농지전용협의를 거친 농지를 전용하려는 자
4. 삭제 〈2023. 8. 16.〉
5. 제35조나 제43조에 따라 농지전용신고를 하고 농지를 전용하려는 자

(2) 농지보전부담금의 납부방법

농림축산식품부장관은 농지보전부담금을 한꺼번에 내기 어렵다고 인정되는 경우에는 농지보전부담금을 나누어 내게 할 수 있으며(법 38조 2항), 농지전용부담금은 농지전용허가 · 농지전용신고(다른 법률에 따라 농지전용허가 또는 농지전용신고가 의제되는 인가 · 허가 · 승인 등을 포함한다) 전까지 납부하여야 한다(법 38조 4항).

(3) 농지보전부담금의 감면

〈다음 각 호〉의 어느 하나에 해당하면 대통령령으로 정하는 바에 따라 농지보전부담금을 감면할 수 있다(법 38조 5항).

1. 국가나 지방자치단체가 공용 목적이나 공공용 목적으로 농지를 전용하는 경우
2. 대통령령으로 정하는 중요 산업 시설을 설치하기 위하여 농지를 전용하는 경우
3. 제35조제1항 각 호에 따른 시설이나 그 밖에 대통령령으로 정하는 시설을 설치하기 위하여 농지를 전용하는 경우

(4) 농지보전부담금의 부과기준

농지보전부담금은 「부동산 가격공시에 관한 법률」에 따른 해당 농지의 개별공시지가의 범위에서 대통령령으로 정하는 부과기준[9]을 적용하여 산정한 금액으로 하되, 농업진흥지역과 농업진흥지역 밖의 농지를 차등하여 부과기준을 적용할 수 있다.

농지보전부담금의 부과기준일은 〈다음 각 호〉의 구분에 따른다(법 38조 7항).

1. 제34조제1항에 따라 농지전용허가를 받는 경우: 허가를 신청한 날
2. 제34조제2항에 따라 농지를 전용하려는 경우: 대통령령으로 정하는 날
3. 다른 법률에 따라 농지전용허가가 의제되는 협의를 거친 농지를 전용하려는 경우: 대통령령으로 정하는 날
4. 제35조나 제43조에 따라 농지전용신고를 하고 농지를 전용하려는 경우: 신고를 접수한 날

9) 제곱미터당 최근 개별공시지가의 30%(5만원 초과의 경우 5만원으로 함)(영 53조 1항)

(5) 가산금 등

납부기한까지 부담금을 내지 아니한 경우에는 납부기한이 지난 날부터 체납된 농지보전부담금의 100분의 3에 상당하는 금액을 가산금으로 부과한다(법 38조 9항). 또한 납부기한이 지난 날부터 1개월이 지날 때마다 체납된 농지보전부담금의 1천분의 12에 상당하는 가산금(이하 "중가산금"이라 한다)을 제9항에 따른 가산금에 더하여 부과한다. 다만 체납된 농지보전부담금의 금액이 100만원 미만인 경우는 중가산금을 부과하지 아니하며, 중가산금을 가산하여 징수하는 기간은 60개월을 초과하지 못한다(법 38조 10항).

7. 농지의 전용과 지목변경

농지는 전 · 답 · 과수원 외의 지목으로 변경하지 못한다.

다만 농지전용 허가 또는 신고하고 전용한 경우, 천재지변 불가항력의 사유로 원상회복이 불가능한 경우 등에는 다른 지목으로의 변경이 가능하다(법 41조 1항).

토지소유자는 제1항 각 호의 어느 하나에 해당하는 사유로 토지의 형질변경 등이 완료 · 준공되어 토지의 용도가 변경된 경우 그 사유가 발생한 날부터 60일 이내에 「공간정보의 구축 및 관리 등에 관한 법률」 제2조제18호에 따른 지적소관청에 지목변경을 신청하여야 한다(법 41조 2항).

8. 농지전용허가의 특례

농지전용허가를 받아야 하는 자가 '농업진흥지역 밖의 경사도 15퍼센트 이상으로 영농여건이 불리한 농지'를 전용하려면 제34조제1항 또는 제37조제1항에도 불구하고 대통령령으로 정하는 바에 따라 시장 · 군수 또는 자치구구청장에게 신고하고 농지를 전용할 수 있다(법 43조).

참고문헌

References

- 건설교통부, 국토기본법제정을 위한 기초연구, 2001.
- 국토교통부, 『수용 · 보상의 이해』, 2022.
- 권인규, 『건축공학개론』, 동화기술, 2014.
- 김상조외, 용도지역제의 문제점과 향후과제, 국토정책브리프, 2018.
- 김성호외, 『농지개혁사 연구』, 한국농촌경제연구원, 1989.
- 김홍엽, 『민사집행법』, 박영사, 2022
- 대한국토도시계획학회, 『도시재생』, 보성각, 2014.
- 류지성, 『정책학』, 대영문화사, 2012.
- 박준, 영국의 그린벨트 운영과 시사점, 국토연구원, 2021.
- 법제처, 법령정보센터(https://www.law.go.kr/LSW/main.html)
- 변동식, 『부동산공법 이론과 실무』, 부연사, 2022.
- 서울특별시, 『2030 서울생활권계획 백서』, 2019
- 서충원외, 『현대도시계획의 이해』, 한울아카데미, 2004.
- 윤지은, "사업시행자의 비용부담과 원인자부담금 – 수도법상 상수도원인자부담금을 중심으로 – ", 법조협회(법조 학술저널), 제69권 제5호, 2020.1.
- 이상훈외, 『부동산공법론』, 박영사, 2018.
- 정태용, 『도시계획법』, 한국법제연구원, 2001
- 하명호, 『행정법』, 박영사, 2024.

찾아보기

Index

〈개정판〉 알기쉽게 풀어 헤친 **부동산공법론**

개정 1판 1쇄 인쇄 2025년 02월 20일
개정 1판 1쇄 발행 2025년 02월 28일
저　　자 서남진
발 행 인 이범만
발 행 처 **21세기사** (제406-2004-00015호)
경기도 파주시 산남로 72-16 (10882)
Tel. 031-942-7861　　Fax. 031-942-7864
E-mail : 21cbook@naver.com
Home-page : www.21cbook.co.kr
ISBN 979-11-6833-176-1

정가 34,000원